In Mortal Combat
Korea, 1950—1953
@ John Toland
William Morrow and Company, inc. New York
根据纽约 William Morrow and Company 1991 年版译出

IN MORTAL COMBAT:KOREA,1950-1953

漫长的战斗 修订版

美国人眼中的朝鲜战争

[美] 约翰·托兰◎　　著
孟庆龙　杜继东　俞金尧◎等　译
孟庆龙　吴必康◎等校订

中国社会科学出版社

图字 01—2007—5826 号

图书在版编目(CIP)数据

漫长的战斗：美国人眼中的朝鲜战争／(美) 托兰著；孟庆龙等译．—北京：中国社会科学出版社，1993．8
(2013.4 修订重印)

书名原文:In Mortal Combat Korea,1950～1953

ISBN 978-7-5004-1250-2

Ⅰ.①漫…　Ⅱ.①托…②孟…　Ⅲ.①美国侵略战争(1950～1953)—史料　Ⅳ.K321.52

中国版本图书馆 CIP 数据核字(2007)第 177807 号

出 版 人　赵剑英
责任编辑　李庆红
责任校对　姚　颖
责任印制　王　超

出　　版　中国社会科学出版社
社　　址　北京鼓楼西大街甲 158 号（邮编 100720）
电　　话　010—84029450
网　　址　http://www.csspw.cn
经　　销　新华书店

印　　刷　北京奥隆印刷厂
装　　订　北京市兴怀印刷厂
版　　次　1993 年 8 月第 1 版
印　　次　2013 年 4 月第 4 次印刷

开　　本　710×980 1/16
印　　张　38.75
插　　页　2
字　　数　593 千字
定　　价　59.00 元

再版序

约翰·托兰关于朝鲜战争的力作《漫长的战斗》的中译本修订再版，说明了托兰作品旺盛的生命力及读者对于朝鲜战争及其影响的关注度。诚然，今年是朝鲜战争宣告停战60周年，然而发生这场战争的地方，60年来一直是东北亚地区政治、军事的热点，今尤为烈。

托兰已经在2004年以92岁的高龄告别人世。在他生命的最后几年里，他因病已经不能写作。本书是他除了自传以外的最后一本著作，它注入了作者极为丰富深厚的感情和心血，也遂了他完成东亚三部曲《战争之神》《占领日本》和《漫长的战斗》的心愿。

在托兰的全部著作中，绝大部分都是关于20世纪的几场战争或跟战争有关。然而他是个和平主义者，他写战争的目的是反对战争。约翰·托兰起于草根，终其一生，他的良心和实践是站在弱势群体一边的。在他的笔下，不但受到欺侮的朝鲜人民是弱势，那些为所谓公民责任所蛊惑而被裹挟去替资本卖命的萝卜头美国大兵以及参加"联合国军"的其他15国的士兵也是弱势的。从战争的结局看，美国没捞到什么便宜。美国政府打这场战争是非正义的。

如果托兰今天仍然在世，他很可能会继续为领导着他的国家的政府感到羞愧。如果有哪个国家想领导世界，就需要首先端正一下对待弱势群体的态度。朝鲜半岛之继续成为国际关注的热点，而且越演越热，其主要根源在于美国恃强凌弱，而且日益发展到了极致。其结果是引起缺乏安全感的当事国的强烈反抗，造成一些国家的无奈。同时，美国还变本加厉地养虎为患，总有一天会导致猛虎乘机出笼，祸害生灵，甚至反噬美国自己。

前事不忘，后事之师。但愿美国和有关方面能从这场战争中吸取教训，而不忘乎所以。

华庆昭

2013 年 2 月　于天津

中文版序

约翰·托兰的著作，此前至少已有五本在我国出版，《漫长的战斗》是第六本。在这六本书中，五本是历史专著，一本是历史小说。一个外国历史学家有这么多部著作在中国出版，是不多见的。

托兰的书为什么会受到中国读者的欢迎？托兰本人说他写的是活的历史。我想这当然是读者爱看的主要原因。

在我看来，托兰的历史著作还有以下特点：

不受传统框框束缚　托兰不是学历史的。他43岁时受出版社委托写一本关于大飞艇的书，这才开始搞历史。这当然说明他的史学根底不是很厚，但也恰恰使他较少受传统史学的束缚。例如，传统史学很注意所引材料的出处，而托兰却很少这样做。又如，历史书籍往往可读性较差，而托兰的书是既给学者看又给大众看的，所以人们看他笔下的历史就像看小说一样，易懂爱读。

调查研究深入充分　托兰的历史著作虽然不直接引材料的出处，但很受史学界尊重。重要原因之一是他作调查研究深入细致，不遗余力，把他的书置于可靠可信的事实基础之上。他写作本书时，光是战俘就访问了不下百十来个。除了在美国、韩国和我国大陆跟许多前朝鲜战争战俘谈话外，还在台湾分别见了四十多个原中国人民志愿军战俘。他为了写希特勒传，买了一辆汽车在德国作调查，待一年后调查结束时，汽车已经旧得不堪入目了。美国学术界很赞赏托兰的成就和努力，他写书用的调查档案、记录、访问录音、通信等材料，已由国会图书馆和罗斯福总统图书馆分别收藏。拜读他的这些工作档案，乃是一种极大的学术享受。

带着感情来看和写　我们可能不同意托兰以世界公民身份来写历史的观点，但是不能否认，他在观察和写作历史时，抱着对整个人类的同情和对邪恶的憎恨。然而在他的笔下，即使像希特勒和东条英机那样的恶魔，也并非以漫画或脸谱式的人物出现，而是有血有肉，有思想有感情，这是历史的真实。托兰出生于美国中西部一个爱尔兰裔艺术家庭。他上大学时恰逢美国经济大萧条，于是与流浪汉为伍，扒火车走南闯北，曾被铁路警察逮捕过八次。他一生都怀念流浪生活，并以自己善于乞讨而自豪。他说："我长相和善无邪，讨起饭来从不落空。"第二次世界大战时，他是陆军航空队少尉，管理劳军演出事宜，曾因带黑人军官去白人军官俱乐部吃饭而险些受到军法审判。托兰的这些经历，无疑对他日后思想的形成有很大的影响。在他的著作中，这位曾浪迹江湖的作家总是以深切的同情关心着小人物——当兵的和老百姓——的命运。

有独立创见 托兰在书中往往提出不同于前人、不同于同代人的独立见解。其中最突出的一件事是，他在写关于珍珠港事件的历史时，批评罗斯福总统蓄意压下事先获得的有关日军准备偷袭珍珠港的情报。这件事使他受到学术界许多人的攻击，甚至一些老友也从此与他反目。但是托兰至今不悔，始终坚持自己言有可据。尽管有关珍珠港事件的全部真相尚待最后澄清，不过我们尽可以从他敢于冒受攻击、冷落发表自己的独立见解而见其不落寻常窠臼。

富有文学性、感染力 托兰写得一手好英文，结构巧妙，语言明快，用字遣句考究。然而，更重要的是，看他写的书，就若置身于当时当地的氛围之中，一个个人物跃然纸上。托兰曾说："你要特别注意我怎样写开头，这是把读者引入书中的关键。"托兰的书既是历史，又是文学，甚至是戏剧，极富感染力。托兰在大学里学的是英、法文学，毕业后在耶鲁大学做过一年戏剧研究生。在他出版第一本书之前，他已隐身于戏剧演艺界十余年，写过一二百个短篇小说，25 个剧本，5 部小说，其中除极少数短篇外，都没有刊登或出版过。但是这些功夫并没有白费。没有这么多的失败，便没有日后成功的托兰。很明显，良好的学校文学教育和极有功底的写作及文艺实践，对于托兰后来的历史著作产生了巨大影响。它赋予托兰的作品独特的魅力，感染了千百万人。

托兰是中国人民的老朋友。虽然他第一次来中国时已是 1985 年，但他对于新中国早就心向往之。20 世纪 30 年代末，托兰在纽约结识了一位中国好友，他是一位中共党员。从他那里，托兰听到了关于中国革命、长征及中共领袖的事情。这时他也读了埃德加·斯诺的著作。托兰深深为中国革命所打动，为中国人民的英勇斗争而折服。他想做第二个斯诺，并且在那位朋友的影响下加入了美国共产党。40 年代初，他不满当时美共领导追随苏联，一再在战争与和平的问题上改变政策，因而脱离美共。但是他对中国却始终怀有深厚感情，一贯对新中国友好，并一直念念不忘那位对他一生经历产生了巨大影响的中国朋友。

《漫长的战斗》是约翰·托兰光辉史学生涯的终篇。他著作等身，先后写了 12 部历史书，2 部小说，搁笔之后，他只写了一本关于自己一生的回忆录《历史捕影》。我们可以想见，一位个子不高、略为瘦削的白发老者，在新英格兰白雪皑皑的山丘上一座红房子里，伛身在一架老掉了牙的打字机上用两个手指击打键盘，滴滴答答地把他那丰富多彩、传奇式的一生经历敲印在一张张白纸上。

我深感荣幸，常有机会聆听他叙说自己睿智的结晶，能在他写作本书过程中帮他了解一些有关中国的事情，又在书成之后推荐在我国出版，并为之写序。我希望这本书能使读者从更多侧面来了解伟大的抗美援朝战争，以及有关朝鲜问题的历史根源。本书的再版也是对 2004 年辞世的托兰的一种很好的纪念。

华庆昭

2008 年 2 月

活的历史

——中文版作者自序

当我 14 岁时，一位著名的剧作家波特·爱默逊·布朗来我们家住。当时他的夫人刚刚故去。孤寂之中，他跟我详细地讲了他的剧作，及怎样为写它们而作研究；不仅待在美国，而且还到中国和墨西哥去过。我听得着了迷，说我也想做一个剧作家，问他肯不肯教我。于是，矮矮胖胖的布朗便像对待成年人那样向我讲述了写剧本的原则。例如，我必定得让我的角色按他们自己坚持走的路去演。我本人不过是个不偏不倚的旁观者。我的剧作则应当置于实际、真相和人道的基础之上。

布朗说他最著名的剧作《不法之徒》好就好在真实。剧中主要角色是个革命领袖，是以潘科·维拉为原型的。布朗本人曾当过维拉的秘书，跟随他行军两年之久。布朗说："如果我写的是一出正剧，那就失败了。因为美国人认为维拉是个罪恶的强盗。而我写的是一出喜剧，表现出那个所谓不法之徒其实是个优秀的爱国者。"

布朗在我家住了一年多。他的临别赠言使我日后写历史时受益匪浅。他说："不管你写什么，别讲出来，而要表现出来。"这也就是说，我不应当以自己的观点来讲述，而是像一出戏那样，让实际上发生过的事情重演。

当我 43 岁时，我已经写了 25 个没有上演过的剧本和 5 部没有出版的小说，这时我的第一本书终于出版了。那是一部关于大飞艇的历史。正如布朗教导我的那样，那本书是以实际、真相和人道为基础的。我并未去讲述故事，而是将它戏剧性地表现了出来。在此之后，我所写的历史著作也都遵循了同样的原则。我称它为活的历史。

《漫长的战斗》一书，是活的历史的一个好例子。我并非以一个美国人而是以一个世界公民的身份来写它的。《纽约时报》评论道："虽然朝鲜战争的故事已经被人们讲过多次，但是托兰先生向我们展示了全景，扣人心弦，而其洞察力之卓有创见则达到了非凡的程度。"同时，本书也因其客观态度及反映了关于中华人民共和国在朝鲜战争中举措的新材料而受到称赞。为此，我要对中国人民解放军表示感谢。

很久以来，中国人民便对我写的客观历史表示赞赏。本书将是第六部在贵国出版的拙作。

约翰·托兰

于康涅狄格州丹伯里市

1991 年 11 月 27 日

目　　录

第五部　中国谜团

第六部　长津湖

第七部　进攻与反击

第八部　“这次战斗是联合行动”

第九部　通向和平的崎岖之路

第十部　集中营里的战争

第十一部　战争与和平

前　言

朝鲜战争为什么会发生？由于此前引起全球剧变的两次世界大战，从世界性意义上来说，朝鲜战争显得有些逊色，人们的兴趣也没那么大。过去我和大多数人一样，也厌恶这场战争。同诸多的美国人一样，由于被二战搞得精疲力竭，我在这场乏味的长达三年的朝鲜战争中度过了郁郁寡欢的岁月。我们主要关心的是本国和欧洲的复兴，对于介入东方事务的危险并无重视之意。

在看了大量报道，会见了美国、英国、韩国和朝鲜、日本、中国台湾和中国大陆的许多当事人之后，我逐渐认识到这场战争在我国的历史上是非常独特的。为了遏制共产主义，哈里·杜鲁门总统不宣而战，迅捷地采取了人们所称的警察行动，加入了这场冲突，劝说不大情愿的联合国批准了他的行动，并使15个国家参加了美国同北朝鲜和中国的战争。在这场显然双方都很惨烈、使这个面积同犹他州一样大小的半岛被吞噬于狂飙之中，在这次残酷战争中，有400万生灵遭涂炭，其中有一半是平民。

战争的第一年里，在取得诸如麦克阿瑟出人意料地在仁川登陆那样耀眼的胜利之前，美国人遭到了一系列灾难性的失败。尔后，当和平露出曙光时，杜鲁门硬要坚持自愿遣返所有战俘。此后两年，在和平谈判断断续续进行的同时，为了小小的领土变更，许多人葬身战场。

刀枪火海的战斗常常不时地同双方战俘营里发生的残忍的战争交织在一起。战俘营里的情况同样具有极大的戏剧性和高昂的赌注。在这段使人恼火的时期，美国领导人曾考虑过使用核武器，核武器可能造成的巨大破坏引起了人们的不安。

1953年停战协定最终签署时，引发这场战争的问题一个也没有获得解决，遗留下来的只是仇视和分裂，至今仍有1000万朝鲜人被戒备森严的非军事区分隔两处，不能合家团圆。

这场美国第一次未能打赢的朝鲜战争，给美国留下了政治上的苦果，还使欧洲加速了重新武装的步伐，大大增加了军事预算。这场战争也开了在警察行动中美国总统未经宪法批准指导一场没有宣战的战争的危险先例。

本书试图就许多有争议的问题提出见解。杜鲁门认为苏联和中国共产党密谋策划了这场战争是否正确？近期历史学家们断言美国唆使、怂恿南韩傀儡发动了这场战争是否符合事实？杜鲁门坚持战俘自愿遣返理由正当吗？中国共产党一直声称美国进行了细菌战情况属实吗？被俘的美国飞行员是否在被洗脑之后承认他们曾投掷细菌弹？最后，这一仗打得值不值？

朝鲜战争是一部值得纪念的、充满人类悲剧和洋溢着交战双方英雄们的英勇气概的传奇历史，是一部令人难忘的世界性的重要史诗。希望我所做的努力对我在1950—1953年时的想法作出修正。

序　言

历史之车

1

朝鲜地扼东亚交通咽喉，这一地理位置就决定了它在漫长的历史中风波迭起，曲折多变。争夺权力的地方战争此伏彼起，屡见不鲜。直到公元前7世纪，新罗王国才在邻近的中国人的帮助之下取得了控制权，而中国人又设法把他们的社会关系的儒教体制传播给了朝鲜人。他们也留传下伦理、艺术和文学的丰富遗产，经千百年而持久不衰，尽管其间有过很多次蛮族入侵和西方人的造访。

19世纪中叶，西方人前来贸易，却未能理解中国和朝鲜之间的儒教关系，以为朝鲜只是一个仆从国。但日本人熟谙此中关系，决心把这个具有战略意义的半岛变成日益扩张的日本帝国的一部分。1910年，他们吞并了朝鲜，并且以残酷无情的暴力手段使之变成半工业化的日本的殖民地。一个学校体系得以建立，培养出有效率的劳动力，并且使许多最聪颖的朝鲜青年成为日本军队的军官。朝鲜人多次反叛的企图被粉碎，而且，日本人在珍珠港事件之后很快就将朝鲜变为一个重要的军事基地。

朝鲜半岛自东北亚突出伸向日本，境内山峦重叠，仅有20%左右的可耕土地。或许，正是由于这种地形和吃苦耐劳的生活才使得朝鲜人既不同于中国人，也不同于日本人。他们以其体格健壮、吃苦耐劳而自豪，对于挑战反应激烈，既天性和善又大胆无畏。不过，他们即使身处莫大之逆境，也能保持幽默感。他们经常被人称为东方的爱尔兰人。

历经日本33年的压榨之后，朝鲜爱国者们终于得到了来自外部世界的鼓励。1943年，罗斯福、丘吉尔和蒋介石在《开罗宣言》中声明，“朝鲜将获得自由和独立”。但是，罗斯福在雅尔塔却告诉斯大林说：在朝鲜做好准备获得完全的独立之前，将需要 20—30 年的时间。日本投降后，杜鲁门总统建议苏联人在三八线以北接受日军投降，美国人在三八线以南接受日军投降。这个貌似无害的协议不仅使朝鲜人盼望已久的独立梦想归于破灭，也使一个同宗同族的民族/国度分裂成不共戴天的仇敌。

这条横穿朝鲜的刻板的纬度线，是任意武断的，有悖于“自然的”国界。美占区不仅包括大约 42% 的国土面积和 3000 万人口中的绝大多数，而且主要是农业地区，提供北方所需的粮食。苏占区矿产丰富，提供南方所需的大部分工业品，而且拥有国家唯一的石油资源和水泥工厂，北方的水电站由日本建造，是世界上最好的水电站之一。因此，南方在很大程度上依赖北方的电力。

二战的结束使国际力量的平衡发生了不可避免的变化，苏联人和美国人非但不再是盟友，而且在一场自杀性的意识形态冲突中成为仇敌。很不幸，对于朝鲜人来说，他们的国家成了争夺对象之一。挑选三八线作为南北朝鲜之间非自然的分界线一事，刺激了此线两边的朝鲜人。苏联人反应迅速，封锁了三八线上的边界，切断了北朝鲜几乎所有的出入交通。

现在，突然有了两个朝鲜。杜鲁门总统在与俄国人达成协议后，来了个大转变，于 1946 年 7 月怒气冲冲地宣布说，朝鲜是“一个意识形态战场，我们在亚洲的所有成功都决定于此”。国务卿乔治·马歇尔屡屡试图与俄国人达成妥协，全都徒劳，随后在 9 月，美国将此问题提交联合国。联合国大会投票决定在全朝鲜举行选举，并任命了一个由九国组成的“联合国朝鲜临时委员会”去监督选举。所有外国军队将在合法政府成立后撤出。但是，苏联不仅反对举行普选，而且拒绝联合国观察员进入北朝鲜，反而提议所有外国军队在 1948 年之初撤出朝鲜。5 月 10 日，南朝鲜 92% 以上的登记选民选出了国会议员。1948 年 8 月 15 日，李承晚当选为大韩民国的首任总统。

75 岁高龄的李承晚不仅是一个无畏的爱国者、一个毫不妥协的反共分子，也是一个激进好斗的独裁者。他曾受过日本人的拷打，于 1904 年 12 月流亡美国。他在美国成为一名热情的卫理公会教徒，并且毕业于普林斯顿大学。他是美国人的宠儿，但是，许多朝鲜人却认为他长期在外失去了与他的国家的联系。他甚至曾与一个外国人（一位奥地利女郎）结了婚。

北朝鲜共产党人的回应是成立朝鲜民主主义人民共和国，年仅28岁的金日成出任首相。[①] 金日成在第二次世界大战中曾在莫斯科受过训练，在中国内战中曾在满洲里是一个卓越的游击战士，还是极少几个既能拥抱中国共产主义又能拥抱苏联共产主义的朝鲜人之一。他为人精明，擅长政治。与苏联结好，奋力闯途爬上顶峰。一些美国人对他有偏见。但是，他绝不是一个可以小看之人。

苏联迅速承认了金日成政府，又允诺至1948年底撤出全部苏军。美国人本来也会这样做的，但是，新建立的南朝鲜军队尚未得到训练装备。两年之后，依然有约16000名美国军人留在朝鲜。

现在有了两个朝鲜政府，每个政府都宣称自己对全国拥有管辖权。在北朝鲜金日成的背后是苏联，在南朝鲜李承晚的背后是美国和联合国朝鲜临时委员会。在苏联与美国对抗的巨大棋局中，朝鲜成了一个被利用的兵卒。历史学家贝文·亚历山大评论说："要是苏、美两国都愿意利用机会实现由所有党派参加的、真正民主的全朝鲜选举，那么就不会出现一个右翼的南朝鲜，也不会出现一个共产主义的北朝鲜了。"

1949年6月的最后一天，最后一批美军离开朝鲜，只留下大韩民国的美军顾问团，约有500名官兵，其使命是完成对南朝鲜军队的训练。他们的使命是一项明显无指望的任务。杜鲁门和他的参谋长们盘算的是既使大韩民国军队强大到足够击退任何共产主义攻击，却又不足以对北朝鲜发起进攻。这就是美国为什么没有把坦克、重炮和飞机留给李承晚的步兵部队的原因。

两支敌对的军队开始沿着三八线掘壕据守，双方都决心占据整个朝鲜。边界冲突早在1950年之初就爆发了。有谣言纷纷传说即将有对南朝鲜的入侵；而在3月3日至10日仅一周之内，在三八线上就有18次武装冲突事件，在整个南朝鲜有共产党游击队发动的29次攻击。随后在5月，军事冲突和游击队袭击突然之间迅速减少了。这是暴风雨前夕的平静吗？

---

① 原文如此，应为36岁。——译者

在鸭绿江以北，中国共产党新近在反对蒋介石国民党军队的内战中赢得了胜利，建立了中华人民共和国，定都于北京。此时，中华人民共和国正在准备进攻中国的海岛之省台湾（西方人称为福摩萨），蒋介石和国民党残部逃避于此岛。一旦夺取了台湾，将全中国统一在一个政府之下的大业就告成了。但是，中国共产党人并不想同美国发生麻烦，美国在蒋介石快要战败之时就已抛弃了他。同时，毛泽东也感到他对许多北朝鲜共产党人欠了一笔债，这些北朝鲜共产党人曾在中国内战中浴血奋战。中国人民解放军中约有1.6万名北朝鲜士兵已被送回国内。1950年春天，毛又交还中国人民解放军中1.2万名之多的朝鲜老兵去组建两个师的朝鲜人民军。除了这些师外，朝鲜人民军的第1师和第4师各有一个团的中国人民解放军中的老兵。这些久经沙场、身历百战的北朝鲜人在朝鲜人民军中约占1/3。

至6月初，身兼朝鲜人民军总司令的金日成首相，手下已有了8个满员师和2个半员师，全都由苏联高级军事顾问加以训练。虽然俄国人已经撤走其军队，却留下了数量可观的装备，包括迫击炮、榴弹炮、自行火炮、反坦克炮，以及150辆T－34型坦克。金日成的地面兵力总数达15万人，其中有8.9万名训练有素的战斗部队。

在南朝鲜，对抗这些共产党军队的大韩民国战斗部队约有6.5万人，只受到部分训练，武器装备仅有M－1步枪、卡宾枪、迫击炮、榴弹炮和无威胁性的反坦克火箭炮。他们没有中程大炮，也没有无后坐力的步枪，他们那可怜的空军有22架教练机和联络机。1950年6月11日，靠近边界的4个南朝鲜师中，仅有1个团进入防御阵地，这些师中有1/3的士兵在家帮助收获庄稼。其余团队在10—30英里外作为后卫预备队。

2

就在同一天，北朝鲜首都平壤，24名北朝鲜军官涌进了作战部部长俞成哲中将的办公室。当金日成的副总司令崔庸健元帅带着原负责文化事务的副司令林海进来时，这些军官都大吃一惊。林曾是1948年派往莫斯科的一个军事观察团的成员，但在回来时因行为不端而被革除军职。当作为一名有少将军衔的朝鲜劳动党代表被介绍给大家时，他咧嘴大笑。

作战部部长俞成哲中将开始讲话。室内气氛紧张起来。他说："朝鲜人民军迄今只进行了小规模战斗演习，但是现在，各师都将投入一场大规模演习，这将是我们朝鲜人民军建军以来规模最大和最重要的一次，以此求得完善。"他并不知道这次演习将持续多久。所有人都将发给够几周用的衣袜，只带必不可少的个人物品。他还交代说："即将进行的'演习'是绝密的，你们不得对妻子和亲友谈及此事。"

崔庸健元帅随之宣布演习将在两地同时举行。出席会议者将配属第2军参谋部，第2军由作战部部长指挥，副司令将由林海少将出任。

6月12日拂晓前夕，3名身着戎装的将军和20名高级军官上了两辆吉普车和12辆装运军事装备的卡车。当他们离开首都驱车南行时，天空变得明亮起来。

6天之后，这些军官们得到了明确指令。他们的苏联军事顾问，工兵部门的多尔津上校已用俄文写下发布给所有配属各步兵师工兵营的行动命令。国防部长命令精通俄文的朱永福少校将行动命令内容译成朝鲜文。

他写道："至6月23日，要求所有各工兵营扫清敌人布在各自所属师前面的雷区。"各工兵营要保持全面的战斗准备状态，为各师前进提供充分的技术支援。工兵们还要协助渡河行动。他们的前进地点和路线均已列出，还有7个步兵师和坦克团队的前进部署计划。

此前，朝鲜人民军还从未作过全国性大规模演习的计划。像这样一个如此庞大的行动唯有来自苏军的专业高级顾问方可领会，他们已被派往朝鲜人民军的高层司令部。所有关于南北朝鲜的情报——尤其是军事情报——都被收集起来并通过莫斯科进行分析整理。

几个月前，首席顾问已由一名随身带来许多军事专家的中将取代。一场战争即将开始。

6月18日，美国国务卿迪安·艾奇逊的顾问约翰·福斯特·杜勒斯应李承晚的邀请来到汉城。他访问了三八线，韩国第7师师长刘载兴少将期望有更多的美国援助的请求深深感动了他。在三八线了解到的情况，以及李承晚总统对美国正在让他倒台而提出的激烈抗议，都给杜勒斯留下了深刻印象。杜勒斯于次日上午向韩国国会允诺："你们并不是孤立的。只要你们在人类自由的伟大事业中继续发挥有价值的作用，你们就绝不会是孤立的。”大多数观察家都把这些话看作是自发之语，然而在实际上，这些话事先已在华盛顿起草好了，借以表达美国对韩国的政策。

杜勒斯的话安抚了李承晚，但是，甚至他也未曾想到美国的援助将会是如此亟需。

第一部

六月里的七天七夜

第1章　战争时刻

（1950年6月24～25日）

1

1950年6月24日，夜色阴沉，苏式122毫米榴弹炮、76毫米大炮和自行火炮已部署在三八线。150辆苏制T－34坦克和9万人的战斗部队小心翼翼地向前运动，进入最后的攻击阵地。这些部队全都是经苏联军事顾问训练而成。朝鲜人民军早已摆好突袭南朝鲜的阵势。

在三八线另一边，处在前线的是韩国4个兵员不足的师和一个团。数月以来，不断有警告说会有一次重大入侵发生。但是，流言和警报太频繁，以致使前线的人们以为这又是一个太平无事之夜。从乡村招募来的韩国士兵已放假15天回家去帮助收割庄稼。数量上已经处于劣势了，韩国的前线在这个夜晚又危险地兵力空虚。

"狼来了"的喊声太频繁了，使得一些前线司令官们放心前往汉城的韩国军队司令部庆祝军官俱乐部的隆重开业，出席开业仪式的还有国防部的大多数高级军官们。这件灯红酒绿寻欢作乐之事，后来让人想起日本偷袭珍珠港前夕在檀香山的军营宴会上的某些美国人，他们在周末之夜也是如此这般。

在军官俱乐部，有许多美国人出席，包括美国大使约翰·J. 穆乔。他出生在意大利，在拉丁美洲干过差事，而且在舞会上备受欢迎——他可是一位50岁的单身汉，总用一只眼睛瞟着女士们——在舞会上就爱唱西班牙情歌。他个子不高，却使人有宽宽的双肩上立着一个大脑袋的印象，头发乌黑发亮，略有几根灰白，总是打着蝴蝶结更使他显得整洁俊俏。

老天爷叫他生来就是为了在汉城任职，据他的一秘哈罗德·诺布尔说："韩国是这么年轻没有经验，有如此之多的东西要讨教，必定要犯这么多的错误，它的官员们从个人到民族自豪感都是这么皮包骨头，都使得穆乔的从容自若和关心同情颇为理想。他真心喜欢朝鲜人，大多数朝鲜人也真心称赞、喜欢和尊敬他。"

然而很不幸，南朝鲜最重要的人物李承晚总统却被他的亲昵随便和腔调弄倒了胃口，背后轻蔑地叫他"穆乔那家伙"，尽管他知道这位大使勤劳奉公，讲究效率和聪颖明智。

6月24日夜晚，这位轻飘快乐的单身汉一如既往，又在舞会上大显身手，光彩夺目。出席舞会的还有美军顾问团的一些军官。过去两年中，这些美国人一直在组织和训练韩国军队。他们的司令官陆军少将威廉·罗伯茨也像普遍认为的那样，相信嫩得发绿的韩国军队有能力击退北朝鲜的任何进攻。但是，罗伯茨甚为重视，认为是其指挥中不可或缺的詹姆斯·豪斯曼上尉却绝没有这么乐观。豪斯曼被罗伯茨推崇为韩国军队之父，本来早就该有上校军衔了。

为了提升豪斯曼，罗伯茨将军作了一次未获结果的努力，写信给人事行政副官署的一位朋友："他是第一流的组织者，机智老练，有号召力。他调动师旅指挥自若，组织作战部和总参谋部，并教导他们做什么和怎么做。但是，由于他未达到规定的学历要求，却依然不是一位正规军官。"

豪斯曼年仅32岁，却有了16年军旅生涯。母亲去世时，他就参军入伍了，用的是他哥哥的出生证明，因为他不够服役年龄。他作为一名上尉参加了第二次世界大战，并在突出部战役中负了伤，于1948年派往朝鲜。尽管他对这个国家及其人民一无所知，而且也几乎没受什么正规教育，他还是很快就认识到，如果他以美国人的思维从事训练韩国军队这一工作，他无法帮助他们。在与韩国军队密切交往工作的一年中，他了解了他们的能力和局限性。与大多数美国人不同，他认识到加以适当的训练和装备，就可以使他们成为出色的士兵。现在，他在美军顾问团中据有最重要的位置：他不仅是韩国总参谋长的顾问，也是李承晚总统所倚重的美国军官。

天黑之时，拉里・泽勒斯神父驱车回到距三八线仅几英里的家中。他属于驻在朝鲜古都开城的美国卫理公会传教团。他的邻居约瑟夫・达里哥上尉，美军顾问团军官，曾告诫他不要打着车灯向北开车。他没有听从这个劝告；而且，在城里也没有军事活动的迹象，所以，他也就以为这又是一个太平无事之夜。

像泽勒斯那样，南朝鲜极少有人在上床安睡时会担忧一觉醒来会发现残酷的内战打乱他们的生活。在东京，美国远东司令部最高司令官道格拉斯・麦克阿瑟将军也在美国大使馆内进入梦乡。两年来，他一直在警告华盛顿说北朝鲜可能发动突袭，但是没有收到来自汉城方面的警报。

在华盛顿，时近正午，哈里・S. 杜鲁门总统的繁忙一日，有着比朝鲜远为重要的事情：共产主义在欧洲持续增长的威胁，以及羽翼未丰的北大西洋公约组织的命运。

午夜时分，三八线上不时下起倾盆大雨。漫长的前线万籁俱寂——除了三八线以北几英里传来一种轻微而神秘的隆隆之声，坦克和卡车缓缓驶向最后的攻击阵地。金日成的 7 个师已成功地完成了向三八线边界开进的隐秘调动，与之相随而来的还有一个装甲旅，一个独立步兵团，一个摩托化团，以及边界保安旅——一支由苏联军官训练和督察的内务安全部队的精锐之师。这 8 万人的军队现已进入阵地，另有 1 万人的军队已部署在三八线上。还有另外 1 万人的预备队。

在朝鲜半岛西端一块 40 英里的地带，集中了北朝鲜大多数俄国 T－34 坦克和半数的北朝鲜军队。这里将发起对汉城的主攻，并且将是沿着议政府走廊，一条自古以来入侵汉城的路线。首当其冲的目标之一是开城，泽勒斯和达里哥的家属所在地。几英里之外，北朝鲜人正在悄悄地重新铺设他们在很久以前就拆毁了的铁路路轨。步兵们开始登上一列长长的火车，准备对这个古都发起一次精心组织的攻击。

尽管总司令金日成曾在苏联军队中参加过战斗，然而无论是他本人还是其副手崔庸健元帅，都没有营级以上规模的作战经验，不得不依赖俄国顾问。1948 年晚些时候，苏联宣布它的全部武装力量已撤离朝鲜，但是，金日成却拒不允许一个联合国委员会进入北朝鲜进行核查。根据美国陆军情报报告，约有 3000 名俄国人仍在朝鲜人民军中指导和督察，每个步兵师中有 15 名之多的苏联军官作顾问。其他报告表明，金日成首相每周都从俄国大使特伦蒂·F. 史蒂可夫那里接收指示，这位大使是一位将军，原是苏联在朝占领军的指挥官。

2

南朝鲜的守卫者们完全处于突然袭击之下。唯一在前线的美国顾问是约瑟夫·达里哥上尉，泽勒斯神父的邻居，他在拂晓时被惊醒，就在他跳下床时，弹片击中了他在开城西北端的房屋。他穿上短裤，手里提拉着鞋子和衬衣就直冲下楼。小型武器火力打在他的房屋上嘎吱嘎吱直响。他和一个家仆跳上吉普车。虽然没有遇到敌军，达里哥从密集的火力中已知道这里正在进行一场大规模攻击。

他抵达市中心时，惊愕地看见从车站一长列火车上下来的北朝鲜士兵。有两三个营，或许是整整一个团！当这些从火车上下来的军队向城中开进时，达里哥猛踩油门加速，一溜烟直奔韩国军队第一师司令部，该司令部驻在临津江对岸的汶山。

在整个前线，炮轰震醒了韩国军队的士兵们。然而在混乱之中，加之缺乏通讯联络，每一个孤立的集团都以为正在受到又一次袭击。

约在凌晨 4 点 30 分，电话铃声唤醒了豪斯曼上尉。他急匆匆穿上衣服，几分钟后就到了美军顾问团和韩国司令部。韩国总参谋长也很快抵达。陆军少将蔡秉德体重几乎达 300 磅，真是看来可观，比他的绰号“胖子”还要绰绰有余。他下令已在从汉城开往大田路上的第 2 师，配合驻在离汉城以北约 12 英里议政府的第 7 师发起攻击。然而，第 7 师师长刘载兴准将甚至不知道他所有的部队在何处。他的一名情报官打电话叫醒了他：“师长！敌人正在炮击我们的整个前沿！”刘将军命令他向所有军官发出紧急呼号。但是，这是星期天早晨，他的部队有 1/3 放假了。他有两个团在前线，约 4000 人，第 3 个团在汉城以南。情况危机，他手头只有约 1/4 的部队可用来阻挡敌军。他想起刚刚在一个星期之前在三八线上见到杜勒斯先生，告诉他说急需美国援助。由于杜勒斯的理解，刘载兴感到放心，美国将来援助。但是却在**何时**呢？

三八线上几乎所有地区尽管大雨倾盆，而在汉城仅有小雨偶然淅沥。首批战况报告正在送进美军顾问团总部，但它们被认为太零碎，不值得转交美国大使馆。韩国军队第 1 师师长，29 岁的白善烨上校（1951 年晋升为少将——译者），正在城中为补充训练临时休假，在 7 点钟被他的 G3（作战军官）叫醒，得知开城失守。白上校是一名和蔼可亲又颇具才干的军官，美国人高度评价他，称他为“白人”，因为他的朝鲜语姓名在英语中是“白”的意思。他穿上衣服，匆匆来到街上。没有出租车，所以他拦下一辆吉普车，命令司机将他送往韩国军队司令部。

他一头冲进了蔡胖子的办公室。

“您认为我要赶回我的部队行吗？”

“你在说什么？”蔡胖子气怒地大叫，“你必须赶回去！”

白上校跑进美军营地，把他的高级顾问劳埃德·洛克韦尔的门敲得砰砰直响。洛克韦尔在城里过夜，有一辆汽车。“打仗啦！北朝鲜人，他们已经占领了开城！”

洛克韦尔大吃一惊，但他俩很快就赶到了第 11 团团长的家。白善烨从这儿打电话给师部，命令第 11 团和其他部队掉头转向，进抵汶山——临津江南岸的一个村庄的防御阵地。然后，他和洛克韦尔朝北直奔汶山，在那里见到了达里哥上尉，从他口中得知开城发生的事情。白善烨的第 11 团和第 13 团此时都已在临津江北岸苦战。进行了一次侦察之后，白善烨和洛克韦尔都同意应当炸毁几英里外那座唯一的桥梁，尽管第 12 团还未过桥撤回来。一个工兵引爆炸药，却毫无动静。导火线已被切断。尽管遭此挫折，河南岸白善烨的部下仍以猛烈火力使北朝鲜人无法冲过这座桥。白善烨的第 12 团筋疲力尽，也无法过桥。

与此同时，东面约 15 英里，北朝鲜第 3 师和第 4 师两个步兵师在第 105 装甲旅的坦克支援下，正沿着两条大道向南直扑距汉城仅 20 英里的议政府。韩国第 7 师第 1 团已在首次攻击中被重创，以致向汉城的国防部长发出绝望的急电。关键阵地已失守，亟须立刻增援。

在更东面的青川，韩国军队第 6 师的一个连是预备队。连长李大庸正在去图书馆的路上，忽然听见了炮声。但他满不在乎，直到一个信使告诉他这是一次真正的进攻。他连换军装的时间都没有了。他的连队116名官兵中有40人正在度周末，他派了一辆卡车去把他们接回基地。李连长带着这帮还穿着咔叽布衣服的士兵向北前进，参加战斗。

河上游约13英里处，白善烨的第13团遭到猛烈炮击，仍在坚守。该团却没有反坦克武器。美国人留下的仅仅只是2.36英寸的小型火箭筒，打在苏制坦克上像乒乓球一样弹落下来，毫无作用。已有90人自愿做自杀攻击。有些人带着高爆炸药连冲入坦克履带之下，有些带着炸药包或爆破筒向前冲，其他人跳上坦克顶部死命地企图打开顶盖扔手榴弹。几乎没有坦克被摧毁，但敌军前进速度减慢了，而且，尽管几乎被包抄，北线仍在坚守。

那天临近中午时，好消息传到北朝鲜前线总指挥部：敌军慌乱溃逃，连重要桥梁甚至都未炸毁。朝鲜人民军第2师报告说，所有团队都在向前推进，没有迟延，在过去的4个小时中推进了5公里。一位苏军上校激动得大叫："你们这些家伙比我军还快！"

上午10点，指挥部奉命前进。一支摩托车队蜿蜒向西进发，渡过平静的华川水库。他们一路顺利，抵达距三八线仅5公里的一个村庄。至此，两名俄国上校已离开，他们已确信其进攻计划得到了执行。

北朝鲜翻译官朱少校，在听到平壤电台第一次广播声称李承晚的腐朽军队发动战争，占领了三八线以北一些城镇的消息时，不觉吃了一惊。广播继续宣布朝鲜人民军现在正进行反攻，解放了十多个城镇。

3

汉城，直到早上8点，仍在回味昨夜在军官俱乐部至夜深的舞会的穆乔大使，接到副手打来的一个电话，了解到前线一些韩国部队遭到进攻。从他的住处到班多楼（Bando Building）中办公处的5分钟路上，他遇见了合众社的杰克·詹姆斯，他看来好像熬了大半夜。"什么事一大早就叫你忙乎？"詹姆斯开口问。

"哦，我们有些关于三八线上活动的烦人报告，你也许想看一下。"

这并非詹姆斯在这个星期天早上听到的第一个关于北朝鲜可能进攻

的消息，但是，一位陆军情报官叫他放心，说这不过又是一个谣言。他现在冲进大使馆新闻室打电话联系以确认此事。别的记者还在蒙头大睡，没人和他抢消息，如果这是真的，那可是一条轰动的头条独家新闻。他向韩国司令部的军官们询问，然后回到使馆去找穆乔的助手查证，后者认为这是他们一直预料的重大进攻，但又提醒他谨慎点。当他了解到大使在9点刚过就给华盛顿发去一封急电时，就对一位军事专家说："如果这事足以叫你去发电讯，对我也是好极了。"

詹姆斯急匆匆起草他的电讯稿，还加了一条谨慎的注脚说他的消息仍是"零碎不全的"。（当时他并不知道穆乔的电报结尾是直截了当地说："从进攻的性质和发动的方式来看，构成了对大韩民国的全面进攻。"）詹姆斯匆忙乘吉普车穿过三个街区赶往交通部的国际电报处，急速发出他的报道。不一会儿电报就打好发出，由旧金山接收转给纽约的合众社总部。

东京，麦克阿瑟的参谋长爱德华·阿尔蒙德少将在这个星期天早上待在办公室里，以完成上周因与国防部长刘易斯·约翰逊、参谋长联席会议主席奥马尔·布雷德利举行会议而延搁的工作。他到达第一大厦（麦克阿瑟的总部——译者）后20分钟，驻韩国美军顾问团的一份报告打断了他的工作，说是在三八线发生了"边界事件"。接下来的3个小时里，他得到6份关于越过三八线的"事件"的报告。很明显，对方已发动了一次大规模进攻。阿尔蒙德命令一位副官去报告麦克阿瑟。

美国大使馆内麦克阿瑟的卧室里，电话铃声唤醒了他。听到北朝鲜人以重兵进攻的消息后，他有"一种噩梦般的可怕感觉"。9年前的一个星期天早晨，马尼拉旅馆顶层的房间里，一个同样的紧急电话，在同样的时间里唤醒了他。"正是同样的战争警报的可怕消息，又在我的耳边响起，我这么告诉自己。不会重演了！我还是睡觉和做梦。"然后，他听到他的参谋长用发硬而生冷的语调说："将军，有什么命令吗？"

麦克阿瑟自己问自己：美国是怎么搞的？让形势糟到如此地步？1945年时，美国曾是世界上最大的军事强国。"但是，仅在短短5年时间里，走向长远目标的积极大胆的领导却破产了，这个强国的力量被耗尽了。我再次自问：'美国的亚洲政策是什么？'一个令人可怕的想法涌上心头：‘美国在亚洲没有明确的政策。’”

麦克阿瑟在房中一边踱步一边想：美国在太平洋地区的软弱招致了共产党人采取行动。他的国家曾操持建立了这个新生的共和国，现在负有予以帮助的道义责任。但是用什么去帮助？尽管麦克阿瑟发出过警告，参谋长联席会议却把他剥皮抽筋弄得只剩下 4 个师。每个师有 3 个团，可是大多数的团少一个营，而大多数的营又缺一个连。

美联社东京分社，比尔·乔登正在值班。由于星期天难得有什么事发生，他就带了一本小说来看。突然，传来电报，纽约方面说合众社已报道说北朝鲜军队南进了。乔登打电话给在汉城的 O. H. P. 金，却被告知他外出野餐去了。乔登好不容易总算找到了金，金说：“我无法相信这条消息。我肯定我是应该知道的。”

乔登回电给纽约：“已同金取得联系，转告了合众社消息一事。他表示怀疑但在查证。”再说金转身回到汉城，发现此事竟然言中。野餐就此告吹了。

在北朝鲜首都，朝鲜人民共和国的内务局正在电台上宣布在黎明时分，南朝鲜傀儡政权的军队在整个三八线发动了一次突然入侵。因此，人民共和国的安全部队已奉命去打击敌人。“在此时刻，我们的安全部队正在对敌人发起凌厉的反击。”

学习朝鲜文学的大学二年级学生宋景泽正在平壤看一场足球赛，忽然听到了这一宣布。他并不相信听到的这些话，他的大多数朋友也不相信。

《芝加哥每日新闻》的凯斯·比奇正在东京以南的一处海滩尽情游泳。那座城市闷热潮湿，但在这儿却是气候宜人。他在淋浴时电话铃声响起来了，是东京的拉里·泰伊打来的电话。他说：“你赶紧到这儿来，北朝鲜人入侵南朝鲜啦!”

“你怎么知道南朝鲜就没有入侵北朝鲜?”比奇回答说。李承晚一直都盘算着这么干。比奇已 37 岁了，是太平洋战争中的老兵，作为一个谨慎的观察家享有名副其实的声誉，既坚定不移也诚实得可爱。

泰伊说：“这有什么区别？反正打起来了，45 分钟后有一架飞机从羽田飞往金浦。”

比奇匆忙抓紧时间赶往机场。当然啦，飞机又照常推迟一小时起飞。匆匆赶来又只好干等着。来的记者们可没有他想的那么多。其中有一位新来的女记者，她是《纽约先驱论坛报》的玛格丽特·希金斯。

她还带来了用漂亮姿色搞新闻的名声。比奇肯为那漂亮脸蛋担保。她当然有一种街头顽童的魅力。她小巧玲珑，活泼别致，流露出她如果不是更强，也不会逊色于任何男人的竞争的信心。

4

直到朝鲜时间上午 10 点 4 分，首次进攻的消息才传到美国官员那里。在华盛顿，时间是星期六晚上 9 点 4 分，此时，合众社打电话给国务院公共事务官员 W. 布拉德利·康纳斯，要求证实杰克·詹姆斯发来的电讯，那天早上他在汉城街头碰见了穆乔大使。

康纳斯打电话给副国务卿迪安·腊斯克。腊斯克正在和著名记者约瑟夫·艾尔索普一起进餐。他告诉康纳斯立即打电话给穆乔大使查询情况。康纳斯试图打电话给穆乔，但是他沮丧地了解到所有通往朝鲜的无线电话线路刚刚关闭了，只得去拍发一份电报。

碰巧，陆军部长小弗兰克·佩斯也在艾尔索普处。他立即起身赶往五角大楼，他在那里打电话给在家的国防部长刘易斯·约翰逊。约翰逊已从参谋那里听到这个消息，感到惊愕。他刚从日本回来，在日本参加了情报简况汇报会，会上并未说有迹象表明北朝鲜的进攻迫在眉睫。约翰逊要陆军部长佩斯临时代管国防部，因为陆军在朝鲜的利益很重大。约翰逊部长曾因削减国防开支受到陆军的抨击，加之长途旅行已劳累不堪，就上床睡觉去了。佩斯着手收集各种信息，努力加以整理，以便能向杜鲁门总统交出一份关于发生之事的适当报告。

穆乔的电报在拍发后两小时总算到了国务院。这份电报经过东京，在此出于某种原因延误了。最后，在下午 1 点 15 分，译出的电文交给了在国务院的康纳斯，几分钟内又转给了五角大楼的佩斯部长。两份副本送往白宫，但是，杜鲁门总统却在密苏里州独立城的家中。

佩斯匆匆赶往国务院，与腊斯克和助理国务卿约翰·D. 希克森简要地讨论了问题。希克森接着又打电话给迪安·艾奇逊，艾奇逊正在马里兰州的农场，他向上司汇报了穆乔的报告，建议应试图召开一次联合国安理会会议。

“干吧，”艾奇逊说，“尽一切努力在明天把他们都召来。我打电话给总统告之此事，如果他同意，一切就好办了，我们就干起来。”如果总统另有打算，他们还能取消这个会议。但是，希克森准备立即付诸行动。

那天早上，杜鲁门在巴尔的摩的一个机场参加落成仪式，然后登上“独立”号专机飞往堪萨斯城。他打算与家人共度一个愉快的周末，料理一些家事，如为农舍订购一个新屋顶。9 点 20 分（密苏里时间），电话响起铃声，是艾奇逊，他说：“总统先生，我有非常严重的情况向你汇报。北朝鲜人已经入侵了南朝鲜。”

“我必须赶回首都。”杜鲁门说。

艾奇逊并不认为有此必要，“冒险夜航大可不必”。这可能会使全国乃至全世界惊慌。他说他已授权布克森安排一次联合国安理会紧急会议。总统同意吗？

总统同意。艾奇逊于是建议说，鉴于国防部长约翰逊和布雷德利将军不在国内（他并不知道他们已从远东回国了），如果总统授权国务卿承担起处理该事的主要责任，这可能是有益的。杜鲁门又同意了。大批保加利亚军队云集在南斯拉夫的边境线上（南斯拉夫已同斯大林决裂了）；强大的俄国军队威胁着伊朗和土耳其；一支庞大的俄国军队驻扎在东德；而且，俄国人又明显在背后支持对南朝鲜的进攻。

他担心第三次世界大战就要开始了。

第 2 章　“不管怎样，我们挡住了这帮家伙！”

（6 月 25～26 日）

1

汉城，6 月 25 日星期天，时近中午。偶尔而来的雅克式战斗机低飞掠过城市上空，其中还有一群轰炸了铁路车站，敌机和防空炮火令人恐怖。政府官员们的电话响个不停，匆匆聚集的高级官员们焦急地在办公室等待着内阁会议的召开。李承晚总统非正式地在政府官邸接见了其中一些人，但没有召集内阁。这座建筑叫做青瓦台，是一个自有文秘人员和特殊警卫力量的私人世界，正在汇报从日本电台根据传言的广播或是从共产党电台所广播的可怕消息，更精确的消息来源于李总统自己的国防部长或是参谋长蔡胖子。但是，总统被一架雅克飞机刚刚扫射了他的住所而激怒，似乎越发只有无奈地等待坏消息接踵而至了。

美国大使馆没有惊慌。人人都相信韩国军队的战斗力和战斗士气。军队看起来泰然自若。即使如此，为从伊利诺伊州泰克来的教师们举办的午后聚会被取消了。至正午时，坐在家里倾听着防空炮火而焦虑万分的美国使团成员们打来如此之多的电话，以致穆乔大使指示英语广播电台 WVTP 广播了一个对美国公民的通告。“没有理由恐慌。到目前为止，还不能确定北朝鲜共产主义分子是否打算发动大规模战争。”

当詹姆斯·李，一位大学生，第一次听到进攻消息时，他正在理发。他想北朝鲜人决不会打到汉城的，告诉理发师继续理发。但是在下午，他从朋友那儿接到一个电话敦促他立即去学校，他们必须保护学校。李到学校后，学校给他和同学们下发拖把和扫帚去挡住敌人。

凯斯·比奇和其他美国记者直到下午5点才乘C-54飞机离开韩国去日本。他们终于要奔赴另一个战场了！但当他们到达大岛——本州沿海的一个火山岛时，飞行员说他接到命令返航。他们的目的地——汉城附近的金浦机场正在遭到两架雅克飞机猛击，并且击中一个汽油库和一架着陆的C-54飞机。

汉城的一位文职情报官员给一位高级使馆职员打电话，询问有关雅克飞机攻击的事。“事态严重，”那人气愤地回答，“他们扫射了一架美国的飞机。这可是破坏美国的财产!”同时，美军顾问团正在发表另一份战况公报。韩国军队已丢失了开城东面和临津江西面的整个地区，而此时北朝鲜的坦克团和步兵距汉城西北仅有25公里，并向议政府推进。这不同于另一位美军顾问团官员正在向记者们发布的消息，即大规模攻势“事实上在那天下午已被阻挡住了”。韩国国防部也发表了同样滑稽荒唐的乐观报告。

麦克阿瑟也满不在乎。他在第一大厦的办公室里来回踱步，嘴里叼着烟斗，告诉刚从韩国回来休息的约翰·福斯特·杜勒斯：“这大概只是一次武力侦察。如果华盛顿方面不拦我，对付这点小事儿对我来说真是小菜一碟。”

杜勒斯可不大相信，因为他对在三八线的所见所闻仍记忆犹新，但也没有忘记李承晚那使他印象深刻的爱国精神。他在一张黄色便笺上给艾奇逊和腊斯克写下一封短信：

> 袖手旁观韩国无端遭到武装攻击而垮台，将引起一连串灾难事件，极可能导致一场世界大战。

穆乔给华盛顿方面也拍发了电报。他报告了金浦和汉城机场遭到空袭的消息。两小时后，韩国国防部长来到美国使馆，告诉穆乔说总统想要约见他。穆乔发现青瓦台已处在惊恐之中。穆乔大使见李总统决定继续留在汉城，便来到李总统夫人处劝说其还是离开首都为佳。

穆乔乘车回到使馆，遇上了一场争论。有人认为所有美国人的家属都应当立即撤走，有人支持穆乔要求等待的决定。当大使坚持主张家属应留下来以给韩国人士气上的支持时，豪斯曼坚决反对。“大使先生，”

这位上尉直率地说，“我无法干事，其他顾问也无法工作，不知道他们的家人是否会被杀害，他们已打算回去。”争议汹涌而起。最后，当听到敌人的坦克抵达议政府的消息时，穆乔才让了步，在午夜命令全部美国妇女和孩子撤离。

当撤离正在进行时，李总统对形势惊恐至极，他不顾此时是 6 月 26 日凌晨 3 时，打电话给麦克阿瑟，麦克阿瑟的一位助手回答说要李等些时候再打电话。李气愤地大叫：“美国公民在韩国就要一个个死去了，而你却让将军安心睡大觉！”

总统夫人吓了一跳，赶紧用手捂住话筒。她的丈夫气得发抖，“我们的人民正在死去，”他对她说，“他们却不肯叫醒将军！”那位助手显然为李承晚的话所打动，说他去叫醒麦克阿瑟。几分钟后，李承晚对麦克阿瑟脱口而出：“倘若你的国家稍微多关心一下我们，我们今天就不会落到这种地步！我们多次警告过你们，现在，你们必须救救韩国！”

麦克阿瑟答应马上送去 10 架野马式战斗机、36 门 105 毫米口径的榴弹炮和 35 门 155 毫米口径榴弹炮以及许多火箭筒。

李承晚放心了，打电话给他派驻美国的大使约翰·张博士。他的声音愤怒地发抖：“你马上去见杜鲁门总统，对他这样说：‘敌人已经到了我们的家门口！美国国会批准、您已签署的 2000 万美元武器（拨款）究竟是怎么搞的？’”

2

美国的诸家星期日晨报几乎没有注意朝鲜的事情。报头标题关切的是一架美国西北航空公司的 DC－4 型飞机一头栽进了密执安湖。《纽约时报》第 20 版上的标题是：“华盛顿找俄国算账”，刊载的是国务院的评论，谴责苏联挑动对南朝鲜的攻击。

国防部长约翰逊告诉新闻界：“苏联是一个可能扮演侵略者角色的国家，并且可能与美国交战。”但这没什么可担心的，我们的作战计划已经获得批准，密封起来，这次只不过对付的是一次偷袭。

国务院联席会议同意，应该建议向麦克阿瑟的司令部提供一些可能的行动方案，如让该司令部拥有美国在韩国的全部军事行动的作战控制权。

下午2时，联合国安全理事会紧急会议开始，气氛紧张，有一种压抑不住的激动。冷战会变成一场热战吗？德国投降后，苏联把从波罗的海至伊朗，紧接其西部和西南部边境的地区置于它的军事统治之下，自此以来，东西方之间的紧张关系不断加剧。苏联的侵犯十分坚决，使得杜鲁门总统要求国会参众两院授权并拨款去支援被围攻的希腊和土耳其，这就是著名的杜鲁门主义，而且，苏联的一次重大失误还帮助了它。当时在1948年，斯大林向南斯拉夫大施压力，导致这两个共产主义政权之间出现分裂。杜鲁门谨慎地向铁托提供经济援助，因而惹恼了斯大林。同年，柏林封锁危机又大大加剧了两种意识形态之间的对抗，而如今，欧洲和亚洲都出现了如此之多的麻烦地区，以至于小规模敌对行动都有可能触发一场第三次世界大战。这一回要是打起来，双方都拥有原子弹，因为9个月前俄国试爆了它的第一个核装置。

安理会的美国代表欧内斯特·格罗斯进入会场时，看到苏联代表雅各布·马立克的座位空着，不禁喜上眉梢。这可真是天赐良机！6个月前，由于蒋介石的国民党政府依然占据联合国席位，苏联宣布抵制一切联合国会议。但是，苏联人为什么会在眼下缺席呢？

会议很快开始，秘书长特里夫·赖伊宣布他深信北朝鲜人已破坏了联合国宪章。他引用了联合国驻朝鲜委员会的报告，在结束发言时说："我认为安理会的明确职责就是采取必要措施，重建那个地区的和平与安全。"

接着，格罗斯回顾了过去为在朝鲜达成一项和平解决方案所作的种种努力，然后大声宣读了美国提出的决议案：应命令北朝鲜停止敌对行动，将其军队撤回三八线以北。

下午4点15分，安理会短暂休会以便磋商。不到一小时，代表们便同意接受美国的决议案，只是略作几处小小的修正。安理会重新开会，并在15分钟内一致通过了修正后的决议，唯有南斯拉夫缺席。

下午，电台广播中断正常节目，报告了北朝鲜入侵南朝鲜的消息。许多听众想起了日本偷袭珍珠港那个星期天中断正常节目的情景，深信苏联在幕后支持了北朝鲜的这次攻击。根据6个月前的一次盖洛普民意调查，75%的人认为苏联人正在谋取“统治全世界的权力”。自由世界未能阻止苏联对朝鲜的干预，只会鼓励苏联人继续侵略，引起第三次世界大战。

苏联方面的首批新闻报道却连苏联驻安理会代表未出席会议都没有提及。苏联新闻界一面忠实地报道关于南朝鲜进攻北朝鲜方面的说法，一面又转载了路透社、法新社和美联社的客观报道。俄国读者总算被给予了一个选择。《真理报》使在莫斯科的西方人士吃了一惊，它刊登了联合国会议上美国决议案的全文。《真理报》尽管谴责了联合国安理会的这一行动，却也语调温和。

在密苏里，杜鲁门全家的活动好像还是在度一个普通的星期天。电话铃响了，玛格丽特接了电话。她说：“爸爸，是迪安·艾奇逊，说是有重要事情。”

“总统先生，消息很糟，沿着三八线的是武力进攻。”

杜鲁门火了，大叫：“迪安，不管怎样，挡住这些狗娘养的！”

艾奇逊表示同意，说安理会就要召开一次紧急会议。

杜鲁门要艾奇逊召集各部长和参谋长们以便提出对策建议。“我马上就赶回华盛顿。”

机场的记者们注意到杜鲁门“神情严厉”，而总统夫人的神色，如他们在她听到罗斯福的死讯时所注意到的那样，有着同样的沉静严肃。杜鲁门敦促记者们不要夸大进攻的严重性。私下里，杜鲁门的一位助手告诉一位采访者：“不要搞得危言耸听，老板正要狠狠敲打那些家伙们。”

在前往华盛顿的 3 个小时旅途中，杜鲁门思考着过去发生的重大事件。“我想起了每一次民主国家是如何未能采取行动，从而鼓励了侵略者得寸进尺。共产主义像希特勒、墨索里尼和日本人在 10 年、15 年和 20 年所前干的那样，在朝鲜动手了……如果就这么顺当地放过去，就将意味着一场第三次世界大战……我也很清楚：联合国的原则和基础危如累卵，除非对朝鲜的这一无端攻击被制止。”

杜鲁门和艾奇逊都还蒙在鼓里，不知斯大林正在朝鲜玩弄一场骗人把戏。他之所以怂恿这次入侵，主要目的是想将美国的人力、武器和财力从欧洲吸引开来，因为在欧洲，新生的北大西洋公约组织日益羽翼丰满。

杜鲁门在飞机上致电艾奇逊，要艾奇逊和他的顾问，以及高级将领参加他的工作晚餐会议。艾奇逊和国防部长约翰逊到机场迎接总统后直接去了布莱尔大厦，杜鲁门从白宫穿过街道到达临时下榻处。出席晚餐会的有空军的霍伊特·范登堡将军，陆军的J. 劳顿、“乔”·柯林斯将军和海军的福雷斯特·谢尔曼上将。杜鲁门请大家先吃完饭再讨论事情。饭后，红木桌子清理干净后变成了会议桌。杜鲁门请国务卿宣读穆乔从汉城发来的第一份报告。

有人建议杜鲁门从汉城地区撤出美军，指示麦克阿瑟空投补给物品（包括武器弹药），并将第七舰队从菲律宾调往福摩萨（即中国台湾——译者）与中国大陆之间的某一地点。总统同意采纳这些建议。杜鲁门果断作出派兵援助韩国的决定，让许多西方人士（还有斯大林）都大吃一惊。它看起来是急剧地背离了总统的这一政策：重视美国在欧洲的作用要远甚于美国在亚洲扮演的角色。

杜鲁门从艾奇逊那里获知消息时，他的本能反应是深深源于美国的经历和传统。精心盘算的政策顷刻间就被推翻了，代之而起的是对一个新生国家的欠债，美国曾劝服该国人民走上民主之路。

3

就在杜鲁门的飞机接近华盛顿时，平壤正是星期一的清晨，一个晴朗而炎热的夏日伴随着北方刮来的一阵清风开始了。清津医学院的宿舍里，由于没有收音机，也没有报纸，学生们都不知道战争的消息。上午9点30分，大约200名师生被召集到足球场南端，去听将由金日成元帅广播的一则重要消息。

他们高唱爱国歌曲直到被命令不要作声，然后，喇叭里传来了他们的英雄人物的熟悉声音：“亲爱的兄弟姐妹们！”金日成开始说，“我们的祖国和人民处在巨大威胁之中！要消灭这种威胁，需要什么呢……我们在朝鲜民主主义人民共和国的旗帜之下，必须完成祖国统一大业，创造一个唯一的、独立的和民主的国家！我们被迫进行的这场战争，是为了祖国的统一和独立，为了民主和自由而进行的正义之战！”

他说：李承晚想要使朝鲜人成为“美帝国主义的殖民奴隶”。他呼吁在南方的游击队打击敌人后方，破坏通讯设施，摧毁桥梁和道路。南方的所有公民都不要服从李承晚政权。工人要罢工；农民要拒绝向敌人提供食物；知识分子要从事政治宣传，鼓动群众起义。

“历史告诉我们，决心为自由和独立而战的人民，”他总结说，“必定胜利。统一我们国家的时刻已经到来……前进！”

汉城，那天上午，在韩国军队司令部传来一个不准确的报告，说是在议政府以北 12 英里的东豆川，第 7 师向朝鲜人民军发起了一次突袭，杀死了 1580 名敌军，并摧毁了 58 辆坦克。司令部里好一阵子欢庆。然而，接着传来了一个真实消息：北朝鲜第 3 师的坦克已经冲进了议政府。

李亨根将军的韩国第 2 师终于从南面赶到了汉城。但是，他认为蔡胖子命令他参加第 7 师的反攻已毫无益处。相反，他在议政府的东北面留了两个营保卫城市。

蔡胖子暴跳如雷，拔出手枪威胁要毙了李亨根。但是，豪斯曼上尉赞同李亨根的见解，认为应当给他更多的时间集合部队。李和蔡是老对头了。尽管在日本军队中时蔡胖子就是李亨根的上级，后者却得到了韩国军官序列编号的头一名——10001，而蔡胖子只得到了 10002 号。

由于前线崩溃，第 2 师成了议政府和通往汉城直道的唯一防卫力量。但是，李亨根的两个营，连同他们无效力的火箭筒，无力挡住俄国的T-34 坦克。

坦克突破这两个营的防线冲进城内。坦克后面的朝鲜人民军步兵如潮涌般进入韩国军队的防线，不久，这两个营的残部就逃进山林。没有有组织的部队派往议政府，很明显，汉城很快就要遭到攻击，尽管城内并未出现惊恐之状，往南的主要公路上却挤满了惊慌失措的男女老少，他们把行李包袱背在背上和顶在头上，一些男人还牵着牛。

汉城电台现在由韩国陆军掌管，工作人员仍然在履行职责，但是只允许广播经军方批准的节目。政府希望使人民保持镇静，以使公路和铁路不要被慌张的难民们堵塞，一整天都在发出安定人心的公报。已数次重复播送穆乔大使的一条消息。他说：“我们已度过了骚动不安的 24 小时。”但是，韩国军队表现良好，他们的阵地比头天黎明时更加坚固。“我深信，独立的大韩民国热爱自由的公民们的正义事业将会胜利。”

他并没有报告说美国妇女儿童，包括豪斯曼的家属和泽勒斯的妻子，已经登上了挪威的肥料船“雨林”号。尽管船上仅有12个人的居住舱室，可是在起锚离开仁川港之前，却有682名乘客挤满了甲板。

再说汉城，形势已变得如此严峻，以致穆乔大使打电话给在东京的阿尔蒙德将军：天亮时派来足够的运输机撤离200名使馆人员去日本。整个白天，穆乔都在请李承晚告知局势的发展；但是，穆乔却未被告知总统已下令准备两列火车在天亮前撤退他本人和政府官员。穆乔后来回忆说：“接下来几个月我忘不了李承晚施惠于我的一件事，那就是在我离开汉城之前他就先跑了。”

6月26日，美国人在这个星期一早晨醒来时，发现报纸终于真正关心起朝鲜危机了。《华盛顿邮报》的社论说：“美国出于它在亚洲的威望和对韩国人的道义责任，投身击退侵略者。”《纽约时报》甚至更为强硬：“迄今为止，我们妥协拖延，临时凑合。北朝鲜坦克冲过边界时，我们的时间已为此耗费殆尽。在这一点上，我们如果丧失勇气，就会失去半个世界。”

华盛顿又是一个炎热之日。在椭圆形办公室，乔治·华盛顿肖像下放着一个地球仪，杜鲁门正指着地球仪上的韩国，语气严峻地对一位助手说：“这儿是远东的希腊，如果我们现在足够强硬，就不会有任何下一步的事情发生。”

外交关系委员会主席、得克萨斯参议员汤姆·康纳利与杜鲁门在那天临近中午时交谈，杜鲁门并不害怕苏联的任何反应。“我不会在俄国佬儿面前像个精神病人那样发抖，我也不会拱手放弃我们的权利和南韩人的权利。”康纳利会认为杜鲁门不经国会批准就有权派美国军队去朝鲜吗？

这位得克萨斯参议员回答说：“如果强盗闯进了你的家中，你不必跑到警察局去获得批准就可以开枪打死他。您可能会陷进国会冗长的辩论之中而束缚住双手，完全不能动弹。作为总司令并根据联合国宪章，您有权这么干。”

杜鲁门与艾奇逊磋商后，在正午前发表了他关于朝鲜的第一个正式声明：“蓄意无视维持和平的责任，是支持联合国宪章的国家所不能容忍之事。”

同时在参议院，共和党人正在攻击民主党人的犹豫不决。新罕布什尔州的斯泰尔斯·布里奇斯说：“这是绥靖主义的道路。”总统应当诱逼俄国摊牌，“我认为共产党情报局太狡猾了，不会冒险与自由世界发生全面规模的武装冲突”。

加利福尼亚州的威廉·诺兰德说：“时间具有重大意义，我们必须牢记不忘纳粹德国五天之内就压垮了荷兰，两天就席卷了丹麦。”

康纳利尽管刚刚对杜鲁门作了上述指点，还是敦促他耐心点：“我们已经建立了联合国，当它决定应当采取的行动路线时，比起今天来，我们就会处在更好的位置上去判断我们的责任，决定我们应当干什么。”

诺兰德讥讽说：“如果苏联人回到联合国安理会，来上一票否决权，他不知道美国会怎么办。”“这位得克萨斯的参议员会认为我们应当坐回去，玩弄手指头，一事无成吗?”尽管怒气冲天，亚瑟·克洛克还是在《纽约时报》上说：很显然，“总统将拥有两党的坚定支持，采取与全国性政策相关的任何一种形式的政策”。

甚至就在康纳利和诺兰德争论不休时，在白宫，韩国大使约翰·张也在绝望地乞求援助他那被围攻的国家。杜鲁门费力地鼓励这个哭哭泣泣、心神错乱的韩国人，他说：“挺住点，正在援助哩。”但是，张大使还是不放心，记者们也没有杜鲁门的那份信心。有些人认为军事干预朝鲜风险太大了，韩国便要一笔勾销了。《纽约时报》的詹姆斯·雷斯顿报道说，首都正湮没在一种冷漠的宿命论感觉中，“此间一些官员认为，由联合国建立的韩国无端遭到攻击，为向共产主义的侵略攻势发出挑战提供了最有可能的道义基础。但是，大多数人看来似乎认为在一个天时更有利于共产党人而不利于西方国家的时候，去找一个打仗的地方实在不明智。”

那天晚上，杜鲁门与顾问们开会。艾奇逊掌控了会议进程，提议逐渐增加军事行动，发布一道“全力以赴的命令”：指示海军、空军向韩国军队“提供最大可能的支援”，还发布特别命令派第七舰队去防止对台湾的进攻。杜鲁门则走得更远。他说，过去 5 年中，他已尽一切可能去防止这种危机。现在，他们不得不为韩国去干一切所能干的事情。“韩国正在发生的事情在我看来，就像柏林危机在更大规模上的重演。

赤色分子正在试探我们武力的薄弱环节，我们必须迎击他们的威胁，又不卷入一场世界范围的战争。”

杜鲁门要国防部长约翰逊用保密电话通知麦克阿瑟：“亲自告诉他我的指示。”麦克阿瑟应当用他指挥的海空力量去支援大韩民国，“但只能在三八线以南”。

杜鲁门的顾问们，包括约翰逊部长，通过了所有的建议，于是，会议在充满信心中结束了。杜鲁门诚挚地对艾奇逊说：“我当了5年多总统，还花了5年时间去避免作出像今晚不得不作出的那样的决定，我想让你知道的是，这个决定并非只是为了韩国，也是为了联合国本身。”

正是这个决定叫许多注意华盛顿情况的观察家们大吃一惊，他们并不了解杜鲁门和头号冷战斗士艾奇逊的亲密关系。这俩人是古怪的一对儿。杜鲁门是来自密苏里一个小镇好动不安的前服装零售商，曾经每天晚上都在水槽里洗他自己的袜子，而那位艾奇逊则是来自哈佛大学的一流外交官，无论说话还是写文章都讲究优雅。有条理又直率的杜鲁门放心地让艾奇逊处理外交事务，而艾奇逊则把杜鲁门看作是“我的总统”，以极大的敬意忠心耿耿地为他服务。就是这么古怪的一对儿正在合伙创造历史。

第 3 章 “炸桥啦!”

(6 月 27 ~ 28 日)

1

当参议员诺兰德和康纳利在参议院争辩时，在汉城，国防部长申善模却在敲李总统卧室的门。这是 6 月 27 日凌晨 2 点，李夫人顿感不祥。“阁下,”申激动地说,“我们必须离开汉城!”

“不!”李把门敲得呼呼直响，气愤地喊道：“誓死保卫汉城！我决不离开!”几分钟后，一位警官到了，他递给总统一份报告：朝鲜坦克已到达市郊。这下子，李匆忙穿好衣服，一点儿也没觉察到这个报告是个计策。他与顾问们见面时，表示同意撤离首都。一位前总理敦促他们到汉江的南岸，然后把桥炸掉，这将不仅会阻止朝鲜人民军过江，而且还会迫使韩国军队在首都作战。他们决定在早上 7 点用一趟专列疏散政府高级官员及其家眷。普通官员将在一个小时后乘第二列火车离开。总统一行整理好行装，大约凌晨 4 点钟乘车穿过漆黑一团的街道，奔往火车站的专列。不久，专列过了汉江，直驶大田。

外交部长卞荣泰和另外两位官员准备去美国大使馆，告诉穆乔他们对李承晚内阁会议的决定表示不满。他们发现大使馆正在烧毁绝密文件，火光熊熊。大厅里乱七八糟地放着箱子和旅行包，美国海军陆战队士兵们正在用钍炸弹破坏掉译码机，精力旺盛的警卫官员亲自抡起大锤砸碎电话交换机。他们要干什么？卞问穆乔。穆乔面色镇静，没有做明确的劝告，但向他们保证他不会离开汉城。

大使此时面对的是一个艰难的选择。如果他让手下人被北朝鲜人抓住，他将受到严厉谴责；但如果让他们过早离开，他也会遭到非难。大约清晨5点，穆乔，一位实干者，决定撤离所有人员，他本人和少数几个志愿者除外。一小时后，他打电报给国务院说，李承晚和大多数内阁成员已离开，“我建议与少数几个志愿者继续留在汉城直至最后关头”。但他接到命令，“在无法安全脱身之前”加入李承晚的队伍。

火车站一片惊慌。上午7点，内阁成员的专列拥挤不堪，有许多人爬到车厢顶上，而高级官员却没几位上了车，大多被那些坚持带走家财的夫人们拖延了。

韩国官员及百姓都在慌乱地打算逃跑。那些错过了头班车的人们正准备乘8点钟的专列，但站长拒绝发车，原因是他没有接到命令。谁都找不到交通部长。北朝鲜飞机撒的传单满街都是，要南朝鲜投降了事。国防部长申善模担心，如果士兵们知道他们的政府已经逃跑就不会作战了，他还担心数以百万计的老百姓会堵塞汉江大桥。因此在上午10点广播了一个称政府仍在指挥、**没有**离开汉城的声明。这一招儿产生了戏剧性的效果，秩序有些恢复，许多人放心地回家了。

但是负责公布消息的头目听到这个弥天大谎时被激怒了。他给申打电话表示抗议。国防部长答应更正报道，并在上午11点让HLKA广播电台宣布政府一部分人**已经离开**，但包括副总统在内的一些人仍留在汉城。不过行使职责的政府却没有了。

上午11点40分，李承晚的火车到达大邱，此地在汉城东南150多英里。他踏上站台时面容憔悴。“我犯了平生大错，”他说。他的顾问试图使他平静下来，但他死倔不听，非要回去。一小时后，火车向北开去。李夫人很关心他的身体，递给他一杯茶，但他没理睬，双目紧盯着窗外。“我们一到水原，”他喃喃地说，“就能乘小汽车返回汉城。”当火车返回途中到达大田时，交通部长告诉他汉城已落入“赤色分子”手中。李承晚和随行人员进入站长室短暂休息，在那里，总统听穆乔的助手说，联合国通过了谴责北朝鲜的决议，杜鲁门总统将派遣军队参战，李承晚由悲转喜，决定将韩国第六大城市大田作为临时首都。

穆乔已经通知其他外国外交官说美国人正在乘飞机撤离。法国代办让他的妻儿和美国妇女一起离开；但由于许多法国公民，尤其是天主教教士拒绝离开，他本人便决定留下。英国公使维维安·霍尔特，一位单身汉，也拒不离开。当罗马教廷驻韩国宗座代表帕特里克·伯恩主教听说所有剩下来的美国人都被汽车送到金浦机场时，他召见了秘书威廉·布思神父，并让他安排所有外国教士撤离，他自己则留下了。他二战期间在日本曾是囚犯，因而也不怕北朝鲜人。

这个爱尔兰裔美国人伯恩告诉穆乔：“我的职责是留下。”布思神父回来报告说一切已经安排好了——他已从他的上级——卡罗尔主教那儿得到允许和主教待在一起。伯恩主教，这位身材修长、头发灰白、长着一双快乐的蓝灰色眼睛的人什么话也没说，只是紧紧握住布思的手。他俩都不知道这个地区其他外国天主教教士们也都将仿效他们。新教牧师们都离开了，只有拉里·泽勒斯和其他 5 个卫理公会传教士被隔断在开城。

穆乔在住宅中打点了一些随身物品，然后开车直奔美军顾问团总部。在那里，他了解到有一批 15 名代表麦克阿瑟的军官在大约下午 6 点将到达水原机场。他离开汉城的最后时刻到了。

10 个人围坐在韩国军队司令部用天鹅绒覆盖的圆桌旁，他们是总参谋部的全体人员、4 个内阁部长和豪斯曼上尉。如同往常一样，参谋长蔡胖子坐在桌首主持会议。“我们必须战斗到底!”国防部长申恳求说，“让我们宣誓吧!”

“等一等，”豪斯曼上尉说，他让司机去旁边他的房间，“我卧室壁柜的上层有一瓶威士忌，把它拿来。”

几分钟后，他们举杯宣誓战斗到底，如果必要，不惜战死。他们决定在汉城和水原之间的安养建立司令部。大家走了之后，蔡胖子拔出他的左轮手枪放在桌上。

大约下午 2 点 30 分，一支小护送车队——蔡胖子不在内——开过了汉江桥。车队的电台从麦克阿瑟那里收到消息，麦克阿瑟命令美军顾问团“坚守原岗位”，人数有限的美国海军部队不久就会到达，重大的决定正在拟议之中。“欢呼吧，”豪斯曼知道这意味着什么，“统统回你们司令部去!”然后命令一个韩国爆破工兵撤除放在桥上的炸药。

豪斯曼想起蔡胖子还把手枪放在桌上呆坐着。他命令司机迅速开车去司令部，祈求在蔡胖子打穿自己的脑袋前赶到那儿。他快步冲上楼梯来到办公室。蔡胖子还坐在桌旁，手枪也仍放在那儿。豪斯曼告诉了他从麦克阿瑟那里传来的消息。豪斯曼离开房间，他还有一大堆事情要做，当务之急就是让韩国人都听到从东京传来的消息。大约下午4点30分，HLKA电台广播说，麦克阿瑟司令部正在汉城建立一个战斗指挥部，美国人答应空军将直接参加明天早上的战斗。“国防军决心坚守他们现在的阵地。”广播在军乐之间每10分钟就这么重复一次。不知道人们在想些什么，但麦克阿瑟具有魔力的名字产生了效果。

汉城的北面，朝鲜人民军重兵压境。韩国军队的残部正在溃退，有一些完全溃乱，有一些仍顽强战斗。他们没有反坦克地雷，杀伤性地雷也所剩无几。但是，韩军工兵学校一位指挥官匆忙组成的一个小组，用炸药在汉城北边几公里的一个桥上摧毁了4辆坦克。

就在几乎人人都打算离开韩国时，穆乔的副领事哈罗德·诺布尔一直竭尽全力想从东京赶到韩国去。终于，他在那个早上离开了日本，但是C-54飞机在途中耽搁，直到下午2点才在金浦着陆。出生在韩国一个传教士家庭的诺布尔，永远忘不了他在机场所见到的景象。200人焦急地等待登上他刚离开的飞机，为的是能去安全之地东京。逃跑的美国海军陆战队员胡子拉碴，看上去像戴着杂色帽子的海盗，他们正从行李里倒出不重要的东西，掀开盖的空箱子乱丢在沥青路上。

二秘汤姆·科里含混不清地告诉诺布尔，汉城已被占领，北朝鲜人已过了汉江，目前正在汉城郊外大工业区永登浦。“如果你想活命，就赶快乘飞机回去！”

“穆乔在哪儿？我必须和他在一块儿。”诺布尔坚持说，他以前在陆军情报部门工作过。

“他不见了，没人知道他出了什么事。”

诺布尔决心与李承晚政府在一起，直到得到命令。“政府在哪儿？”

“没有政府让你去找了！它垮台啦！”

诺布尔深感震惊，但仍坚定不移。他从东京一路赶来不是为了逃跑，同时，也没有后悔药吃了。他向大使馆安全官员询问：“穆乔怎么样了？”

“哦，他被关在房间里了，如果你想当囚犯，就去找他吧。”

正在这时，一个海军上士艾尔·埃姆斯利坐着吉普车来了，吉普车上堆着高高的行李包。诺布尔想，搭车去釜山吗？他至多想去水原，如果美军顾问团不在那儿，他就继续南行。一个海军陆战队员给了埃姆斯利和诺布尔一支卡宾枪、一支 45 毫米口径手枪和一些弹夹，因为他们要经过永登浦，这个地方据说被北朝鲜人占领了。

他们开车向南经过郊区、要道路口和铁路，诺布尔一路上举着卡宾枪随时准备开火。街上空荡荡，寂静中透出不祥，但他们没有看见任何人。几分钟后，他们安全地通过了这座城市。驶进水原时，诺布尔让埃姆斯利把车开到机场去，美军顾问团可能驻在那儿，如果那儿有相当于政府的机构，他就加入其中，否则，他将继续向釜山方向去。当他们快到机场时，一辆墨丘利牌汽车急速朝他们开来，穆乔在驾驶座上，和他在一起的还有两个助手。诺布尔激动地挥着手。两辆车停下了，诺布尔跑向穆乔的车。

“你究竟打算去哪儿?”大使粗暴地问，“日本吗?”

“不，我来报到。”

“哦，上来。”他说道。

在水原西面约 2 公里的一个农业学院建立了韩国和美国联合指挥司令部后，穆乔和诺布尔去机场迎接美军指挥官约翰·H. 丘奇将军。他们接近短短的着陆跑道时，天开始下起毛毛细雨。他俩绕着草坪漫步，向美军顾问团官员们询问，那些人正等着撤往日本。突然，从汉城的韩国军队司令部传来一个消息：所有机场上的美军顾问团军官们和人员整装返回汉城。诺布尔从没见过这么士气低落的队伍。

大约下午 6 点，诺布尔和穆乔听到一架飞机从西边向停机坪飞来。C-47 载着丘奇停在他们身边。穆乔领着一行人来到农业学院，那里准备了晚餐。就在他们吃晚餐的那个小木房里，设立了丘奇的办公处和使馆办公处，这座木房简陋残破，几乎没有家具。丘奇坚持要去汉城，以便他能了解形势，但穆乔说不可能——往最好处说，丘奇会迷路；往最糟处说，不是被俘就是送命。

在大田的南面，穆乔的助手欧内斯特·德鲁姆赖特追赶上了李总统，李正在他的夏日别墅。总统情绪不佳，他讥讽地抨击缺乏美国军事援助，尤其是杜勒斯最近允诺美国决不会抛弃韩国之后。哦，美国军队在哪儿呢？他声称整个败仗都是因为美国说话不算数。

德鲁姆赖特知道所有这些都是不公正的，但他始终保持镇静，直到李总统发完牢骚。他不像穆乔那样显得教条并容易发脾气，他只是简单地说他为总统效劳，尽其所能，然后就走了。在等待了很长时间之后，他终于和汉城联系上了，遭破坏的大使馆电话交换机终于修好了。美军顾问团的上校 W. H. S. 赖特仍在韩国军队司令部，报告说丘奇和穆乔目前在水原。德鲁姆赖特匆忙来到省长家，李承晚和夫人已搬到那儿。李的情绪好多了，尤其是听到麦克阿瑟的消息后，他嚷嚷道："太好了！"

当德鲁姆赖特告诉他丘奇到来时，李不停地说："我要回汉城！"此时，许多文职政府领导人来了，成群地在省长房屋中团团转，交换小道消息，传递最新传言。

德鲁姆赖特告诉李承晚，杜鲁门已命令麦克阿瑟向三八线以南的韩国提供海空军援助。美国飞机已经在汉城北边攻击敌人的坦克并摧毁其运输线。情绪高昂的李承晚紧握双手祈祷，大喊他一定要去电台讲话，鼓舞他的人民！这事被迅速安排妥当。很快，李总统在大田电台讲了话，这是自战争开始以来，人们第一次听到他的声音。

在汉城西边几英里的金浦机场，两架飞机正在跑道的尽头燃烧。一架 C－54 飞机在头上盘旋，4 个美国记者的脸紧贴着有机玻璃舷窗，他们能看见下面美国人激动地挥动着床单和枕巾，这是金浦仍在友方手中的信号。

飞机着陆了，但发动机仍在吼叫。记者们——《芝加哥每日新闻》的凯斯·比奇、《纽约先驱论坛报》的玛格丽特·希金斯、《纽约时报》的伯顿·克兰和《时代》周刊的弗兰克·吉布尼——走下飞机。吉布尼曾劝说希金斯不要一起来，朝鲜可不是女人来的地方。意识到她的一些同事们不喜欢她的那股冲劲，希金斯认为她与任何男人不相上下并在欧洲证实了这点。对她来说，朝鲜不只是一个新闻，而且是一次十字军东征。

当乘客们挤上飞机时，机务长喊 4 个记者回到飞机上，可得到的回答是："我们留下不走了。"

“你们疯了,”机务长喊道,“呯”的一声在他们身后关上了舱门。

飞机轰鸣着飞走了,一阵可怕的寂静。比奇看看四周想:“瞧,我们跑来看到的就是这些东西。”

附近有 3 辆军用卡车,堆满了丢弃的箱子和提包。停车场上挤满了丢弃的美国车,足有二十多辆。有的车钥匙还插在点火装置上。吉布尼和克兰上了一辆吉普车,希金斯搞到一辆斯图贝克牌车,比奇取了一辆新的道奇车。约在 8 点钟,3 辆车向北朝着战场开去。去汉城的路上挤满朝相反方向逃跑的难民,用树枝伪装起来的卡车正三摇两晃,威胁着吉普上和骑在马上的韩国士兵。

当这支小小的美国车队经过时,人们欢呼招手,希金斯又激动又惊恐。韩国人对美国的什么东西都产生希望,真令人悲哀。比奇按着汽车喇叭高喊着鼓舞人心的蠢话,这时又开始下雨了。“这些可怜的傻瓜们不知道我们不过只是 4 个记者,其中一个还是妇女。我手按喇叭也像个傻瓜一样大笑。我高兴得忘乎所以。我不正是民主的象征吗?”

他们向左开到汉江桥上。这是一座高水平的钢筋水泥桥,人们压根儿不知道这桥安上了炸药。豪斯曼的命令无人理睬。汉城的街上没有恐慌。士兵们乘着卡车、吉普车、旧出租车、老掉牙的公共汽车和电车经过时,人们正安静地向南走去,唱着歌的士兵们并排而行。

记者们径直奔向美军顾问团总部——它靠近韩国军队司令部,是一个阴暗的灰色石头建筑。赖特上校告诉他们,敌人离这里只有 12 英里了,形势多变但充满希望。“南朝鲜人患有恐坦克症。这就是这次退却的部分原因。”

记者们正要离开时,蔡胖子步履蹒跚地走到他们面前,告诉他们:“我们打得很苦,形势现在好些了。”

玛吉·希金斯在赖特上校指挥部分得了一个住处,其他 3 位记者和一个副官住在一起。

精疲力竭的记者们蜷曲在帆布床上睡着不久,一个正在穿裤子的美军顾问团军官喊醒了他们。“他们进城了!朝水原来了!”有人跑下门厅嘲弄地大叫,“美军顾问团——亲亲我的屁股,再见了!”

比奇、克兰和吉布尼匆忙地穿衣,收起他们的打字机和行李包。一个美国少校告诉他们,敌人的坦克正向汉江桥开来。他劝告说:“如果我是你们，就也去那儿。如果你们抓紧点儿，还有时间赶到那儿。”

克兰开着吉普车，这 3 个男人穿过漆黑的街道向汉江桥那边驶去。人人都在寻路朝那儿跑。克兰为抓紧时间在路上左侧逆行，令比奇精神紧张不已。迫击炮炮弹不断在附近爆炸。

靠近桥时，他们看见豪斯曼上尉就在前头。蔡将军比他们先行几分钟，已经过了汉江。玛吉·希金斯在一辆吉普车上紧跟着赖特上校，只比比奇他们落后几分钟。

因为桥上的路面很窄，一群难民、牛车和自行车挡住了比奇的吉普车。比奇、克兰和吉布尼下车走上前去看出了什么事，然后失望地回到车上。炮声更响了。桥的那一头——安全地带——仅有 100 码之遥了。克兰拼死命地转动方向盘。“要是当初不在总部停留的话，我们现在早已过桥了。”

在总部停留是比奇的主意，此刻他自己恨得要命。“现在不是想已做过什么的时候，而是该考虑究竟现在该怎么办。”他烦躁地说。吉布尼坐在副驾座上，一声不吭。突然，天空被巨大的橙红色火焰照亮了。

他们前面的整个世界爆炸了。比奇看见一满卡车的士兵可怕地被炸飞到空中，他本人的吉普车猛地向后退了 15 英尺。

豪斯曼的吉普车过桥后几秒钟，传来一声巨大的爆炸。就在吉普车向上弹起时，他的两耳听到了响声。吉普车随着一阵响声坠落在地，却没有翻车。豪斯曼想这一定是一颗炮弹，于是他驱车向南直冲而去。

桥已炸成两半。豪斯曼身后横过一道大裂口，3 个记者茫然地站在桥的北半截上。克兰用干巴巴的声音说：“我被打中了，我看不见。我的眼睛有血。”

吉布尼的眼镜碎了，眼睛也在流血。比奇想这是多精彩的镜头啊！那些坦克一定是把火力集中在桥上了。

但这不是大炮或坦克开火。有人惊慌失措炸毁了大桥。炸死的和垂死的人布满桥上，汽车连人栽进 75 英尺深的江水中。有些难民认为江水更安全，纷纷往水里跳。

“一定还有另一发炮弹，”比奇说，“咱们离开这儿吧。”几分钟过去了，什么也没发生，只是桥在燃烧，伤员们在喊救命。比奇围绕着那辆卡车残骸和车上的死人转了转。他靠着“龇牙咧嘴”的断桥边沿，向黑黑的江水看了看，吉普车已无路可走了。

克兰血流如注，眼睛已失明。比奇从他的提包中找到一件内衣包住了克兰的头。他还带着打字机。眼前真是一条惊心动魄的新闻，如果他能活着写出来的话。3个疲倦不堪的记者慢慢地回身向汉城方向走去，他们不知道玛吉的情况怎样。比奇感到快要垮掉了，筋疲力尽。那天晚上早些时候，他们一直互相祝贺找到了汉城这个地方发独家新闻报道，此时汉城却压在了他们头上。

他们决定回到美军顾问团总部。如果他们被抓住，那块美国地盘也是最好的场所，比奇希望玛吉还在那儿。

当玛吉和她的司机看见一道橙红色的闪电撕破天空时，司机大叫：“炸桥了!”他掉转吉普车往回开到美军顾问团总部，赖特上校的吉普车紧跟其后。在不时划破了黑暗夜空的炮弹爆炸火光中，他们发现参谋长正在召集人员。赖特感到厌恶，“韩国人甚至没有给我们发出警告就炸了那座桥，”他向玛吉解释道，“太快了。”城市的大部分却仍在韩国人手中。

玛吉越来越紧张，但赖特用平静而权威的口气说：“大家听着，没有人能靠自己迅速撤退，我们一起都在这儿。”他们要找另一条路线离开汉城，可能是座铁路桥，然后他们也能保住车辆。一个大约60辆吉普车、卡车和武器弹药车的车队不久开着车灯离开了。由于没有找到铁路桥，最后他们又停下了。玛吉挂念着他的3个同伴。

“哦，他们可有充分时间，”一位作战军官说，“他们此刻可能在水原，抢在你前头发新闻呢。”她想象他们3人已舒适地安顿好了，正在键盘上全力敲出他们的报道呢。她决心过江，哪怕是游过去。赖特上校注意到她低沉的情绪。“孩子，怎么了？担心弄不出你的报道吗?”她什么也没说。“看，固定这个无线电转向架，如果你的文字不长，我们可以试着为你送出消息。”她愁眉不展地坐在吉普车里等待着天亮。

6月28日，星期三，当第一道曙光出现在天际时，玛吉恢复了生气。她把打字机放在吉普车的车盖上，开始拼命地打起字来。难民队伍在此经过，很多人气喘吁吁地看着这位穿着海军衫和迷彩上装的年轻美国人远远地在烟雾中拼命地打字。

比奇、克兰和吉布尼也仍然在汉城倒霉的北岸，他们在美军顾问团总部过了一夜。一个韩国下士说他知道一条过江的路，他们准备离开这里。吉布尼抽出他的海军谍报员证件烧了。“以防万一，我们不留它。”伯顿·克兰伸手拿出他的皮夹，他在美国战略情报局干过，也把证件烧了。比奇也摸出了证件，那是上次战争留下的海军陆战队证件，因此，没必要毁了它。

当他们乘两辆吉普车沿汉江北岸向上游出发时，天色已经灰白。就在他们背后的山上传来激烈的枪声。他们终于在江水的支流上——不是汉江——找到了桥，但桥已断，数百个穿着白衣裳的韩国人正在涉水渡江。和吉布尼坐在第一辆吉普车里的一个韩国士兵把车开进水中，向江那边开去。比奇开的第二辆吉普车在中游受阻，毫无防备地陷入泥里。一群韩国人抬起汽车运到了对岸，而比奇一直坐在司机驾驶室里。

他们向着汉江进发，发现岸上挤满了盼望过江到安全地带的韩国人。江太深了无法涉水，只好用几只小船和筏子摆渡。过了江，他们看见一个大空筏子，一个年轻的韩国士兵和吉布尼坐一条小船去捞取它，克兰和比奇在岸上等着，比奇感到好多了，他说：“我不想谈这个，伯顿，这是自硫磺岛以来，第一次我感觉还活着。”

“我知道你的意思。”

2

在华盛顿。正是晚餐时间，6 月 27 日对于总统来说又是一个闹哄哄的日子。那天上午，杜鲁门接见过副总统和 14 个国会议员——9 个民主党人和 5 个共和党人。他坐在艾奇逊旁边，让这位国务卿介绍朝鲜危机的概况。军事形势危急，许多国家担心美国可能不会采取足够强硬的措施去击退入侵者。艾奇逊说，未遭抗击的侵略肯定会导致第三次世界大战。

艾奇逊讲完后，杜鲁门宣布：“我已命令美国空军和海军给韩国政府军队提供掩护和援助。”杜鲁门请大家提出问题并讨论，大家对于总统采取的行动没有反对意见。当国会议员们从白宫会议室鱼贯而出后，被那些刚刚得到杜鲁门声明副本的记者们围住了，这个声明不仅要求采取行动反击北朝鲜，而且警告中国共产主义分子不要袭击台湾。参议员布里奇斯说：“我认为这是一个绝好的行动。”另一位共和党参议员、新泽西州的 H. 亚历山大·史密斯表示同意。一位不明身份的与会者告诉《纽约时报》的詹姆斯·雷斯顿：“总统的决定扯出了数不清的麻烦。”《芝加哥论坛报》的记者注意到当杜鲁门走过街道去布莱尔大厦进午餐时是“满面笑容”，而他的顾问们却是“一脸愁容”。

《基督教科学箴言报》的约瑟夫·哈奇生动地描述了总统声明对华盛顿政界的影响：他在这个城市内外居住工作了 20 年，从没有感到在首都有这样的宽慰和团结的意识。最令人好奇的是和前一天沉闷的气氛相比，当时人们普遍认为，杜鲁门将坐失时机，并且会做些毫无效果或华而不实的事。“我从没见过华盛顿这么一大部分人几乎一致满意政府的决定。”股票市场行情也看涨了。

那天下午在联合国安理会有个戏剧性的会议，许多人担心苏联代表马立克会出席会议。而在头天晚上，查尔斯·基普·波伦和乔治·凯南已经向杜鲁门保证马立克不会出席。这两位苏联问题专家指出，莫斯科不会迅速作出决定。

当马立克出现在斯德哥尔摩大厅进午餐时，秘书长赖伊请他出席那天下午的会议。这将对苏联极为有利，而这个苏联人却说：“不，我不参加。”听到此话，欧内斯特·格罗斯宽慰地松了一口气。当他和赖伊开车去成功湖时，美国人谴责他作为老朋友，竟打算说服马立克出席。“特里夫，你能想象出如果他接受了你的邀请将会发生什么事吗？”格罗斯想，自有记录的历史以来，第一次有一个世界组织投票用武力阻止武装侵略。“无论幸运与否，这对哈里·杜鲁门是个重大胜利。”

在伦敦，艾德礼首相对下院宣读了杜鲁门的决议。“这（北朝鲜进攻）是赤裸裸的侵略行为，”他说，“必须制止。”他说在联合国的英国代表已奉命支持美国的决议。在安理会上，只有南斯拉夫反对这项决定，杜鲁门在美国从来没有如此博得人心。

第4章 “我们的军队连一天也坚持不了啦!”

（6月28～30日）

1

蔡胖子命令朴基炳上校带着他的第4团死守汉城。但在汉江桥被炸不久，朴基炳命令士兵们向汉江撤退，收集船和空油桶。28日黎明，朴基炳带着仅剩的50个人抵达汉江上游那座被摧毁了桥梁的完好铁路边。他发现有250个士兵也正在岸边等候，他们已扎了筏子并找到一条小渔船。朴基炳下令过江，他们全力过江，奋力推开那些从桥上掉下漂浮在水面上的尸体。到达南岸后，朴基炳开始组织残部。

天空仍然乌云密布，来自日本的空中掩护看来是没指望了。这时天空传来响声，一架美国侦察机出现了。飞行员的报告令人鼓舞，上午7点30分，12架B－26轻型轰炸机从日本起飞轰炸三八线附近的铁路，这是战争中美国空军第一次出击。

罗马教廷驻韩国宗座代表帕特里克·伯恩主教命令向共产主义分子打开所有大门。约在11点，枪声大作。半小时后，身穿平民衣服戴着红袖章的人们涌进来把能拿走的全拿走了。主教把祭坛布和神器收集起来，送到附近的韩国牧师那里保护起来。他推着手推车带着几个天主教男孩来了，但北朝鲜人禁止他们搬任何东西。

“为什么不许？”牧师问道，“难道我们现在不是在人民政府领导下吗？这些东西属于我们正如属于你们的一样。”

北朝鲜人没话说了，牧师带着他的宝物离开了。由于北朝鲜人继续搜寻掠夺，伯恩主教抗议了。

“你们信仰上帝，对吗?”一位北朝鲜人问。

“当然了。”

“太好了，你们不久就会去那儿了。”

丘奇将军在水原的司令部不断接到报告说汉城已崩溃，但穆乔大使精干的一秘诺布尔不满意，他说服丘奇的两个作战军官和他一起向北，到永登浦南边的安养步兵学校的韩国军队新司令部，在那儿他们会得到更为准确的形势估计。他们的吉普车在南逃难民人流中硬是挤出路来缓慢逆进。人群中混杂着成千个精疲力竭的韩国败兵，但许多人向美国人挥手欢呼，诺布尔印象最深的是他们中的大多数人还扛着武器，虽然吃了败仗但没有一败涂地。当他们的吉普车经过时，百姓们也欢呼鼓掌。美国军装仍是最后胜利的象征。

四五千士兵正在步兵学校的检阅场上整齐地一排排站着或坐着。军官们和军士们正在组建新的部队。韩国军事学院院长金弘一少将自告奋勇重组溃散的军队——从北方下来的 4 个师的残部，他不知道第 1 师在哪儿，另两个师——第 6 师和第 8 师——据说仍在东边作战。

诺布尔询问汉江的情况怎么样，金将军不太清楚，他的确不知道几支韩国军队正在汉江桥东边奋力坚守铁路桥。诺布尔向他的同伴建议沿着江的南岸继续向上游方向前进，从永登浦郊区的高处，他们能看见汉城。除了远处炮声隆隆，一切看起来都很平静。当他们走进两座汉江桥南面通道时，一辆军车出现了，幸运的是，这是南朝鲜的军车。一个中尉告诉他们他正沿着江南岸进行侦察。金浦机场未像谣言所说落入敌人手中，也没有北朝鲜人在桥的附近过江。诺布尔想他能在炸毁的铁路桥南端的火车站找到第 7 师师长刘载兴将军。他们向桥走去。车站从另一边爆炸起火，他们小心地走进车站，看不见韩国士兵。但当他们进入车站时，一个卫兵盘问了他们。接着，诺布尔见到正坐在桌旁的刘将军。

刘将军讲了他正在和大约 400 人坚守铁路桥，他将尽其所能用一门反坦克炮和一挺机枪阻击敌人，但没有东西炸桥，他求他们从水原送些炸药，还希望从步兵学校的金将军那儿得到增援。他请求这两个美国人，派飞机轰炸袭击北岸。

下午1点，白善烨上校正在汉江北岸集合溃败的残兵从步兵学校过江。当他们正用渡船和小船过江时，美国飞机吼叫着飞到他们头顶上，开始向他们扔炸弹。有些士兵气愤地大叫，美国人的炸弹究竟为什么要炸他们？白善烨也非常气愤，但他安慰大叫的士兵们说这是好事。“美国人来了！他们终于参战了！现在我们有希望了！”

玛吉·希金斯渡过汉江，备受激烈但打得不准的步枪的火力折磨之后，正在通往水原的山道上，行进在一列漫长的士兵和难民的单列队伍中，其中包括韩国内务部长。希金斯决心不添任何麻烦，紧紧地和纵队一起前进。她听到深沉的嗡嗡声，抬头看见银色的美国战斗机正向汉城俯冲。“我的心激动得要跳出来了——这一定是麦克阿瑟的消息中提到的‘重大事件’的一部分。”美国空军参战同时也鼓舞了每一个人，希金斯周围的韩国人高兴地狂呼尖叫，附近村庄的妇女们冲出来，拉着她的手狂喜地指着天空。

穆乔大使正要乘飞机去拜访李总统，突然有雅克飞机猛烈袭击水原的简易机场。他赶紧躲起来，出来时未受伤，只是满身泥土，一条裤腿破了，腿上流了血。他穿着破衣服在下午2点50分左右到了大田，但同往常一样表现得信心坚定。他直接来到李总统的办公室，李夫人觉得他看上去像是刚从垃圾堆里爬出来一样。他从国务院得到的唯一指示是“大胆行事”，因此他自作主张告诉李承晚，大量的美国援助正在途中——虽然事实上他不知道杜鲁门的决定会是什么。满身污泥斑斑的衣服，使他那呼唤信心的热情更显得炽烈。他们必须——并且能够——战斗到胜利！

穆乔冒着丢官的危险发誓说，美国已决定为南朝鲜全力以赴。美国海空军将阻止越过三八线的军事供应。韩国和美国应联合努力，有些事由韩国人做更好些，其余的事由美国人干会更好些。后来，穆乔站在李承晚身边向他泄露了从麦克阿瑟那儿得来的一个秘密消息。他明早将来水原，以决定为在战争中抵抗共产主义分子应当给予什么样的帮助，并请李承晚在那儿见他。

这一邀请对李承晚来说比穆乔所讲的全部鼓舞的话都更来劲。他说他拼命也非去水原不可。

2

杜鲁门总统已经呼吁援助南朝鲜。6 月 28 日下午，他公开表态了，在美国新闻协会举行的一次大会上发表了演讲，4 大广播网向全国播出了他的讲话，同时，美国之音向海外作了转播。杜鲁门说北朝鲜的进攻是“一个危险的榜样，尤其危及不发达地区”，并指出他反对侵略的强有力的行动仅仅是保护“和平建设的伟大任务”的一面“盾牌”。

美国国内外对白宫给予了热情支持。前总统胡佛宣称“解除紧张局势的唯一途径”，就是“去赢得胜利，为了胜利，我们必须团结一心，行动一致”。《纽约时报》称杜鲁门的决定是“一个重大和无畏的行动”，但是伦敦《工人日报》把他的行动称之为“华尔街为统治整个亚洲和太平洋所干出的冒险主义的残暴无情和侵略成性的帝国主义行径”。

法国大使打电话给杜鲁门说，他的政府和人民已欣然接受“杜鲁门的决定和联合国安理会的行动”。尼加拉瓜、哥伦比亚、多米尼加共和国、菲律宾、加拿大和美洲国家组织全都赞同杜鲁门。但是苏联的反应令人困惑。《真理报》周日版甚至没有提到朝鲜战争，但在第二天，塔斯社从平壤发出的两条快讯引述了北朝鲜公报，该公报声称是南朝鲜发动了攻击。第二天早上，苏联出现了抗议浪潮，谴责美国“直接针对朝鲜民主主义共和国和中华人民共和国的侵略行径”。

在北京，46 位中国共产党领导人已听到了外交部长周恩来对杜鲁门声明所做的有力回应，而此时华盛顿刚刚天亮。周认为杜鲁门的决定是“对于中国领土的武装侵略，对于联合国宪章的彻底破坏”。他谴责美国命令“李承晚傀儡军队”进攻北朝鲜，而这次进攻只是美国为“侵略台湾、朝鲜、印度支那和菲律宾”制造的一个“精心构织的借口”，是“美帝国主义夺取亚洲的秘密计划”中的又一步骤。周恩来讲话后有一次“热烈的讨论”，讨论中，毛泽东说杜鲁门是个伪君子。“中国人民和世界人民起来!”他说道，“打败美帝国主义的任何挑衅!”

虽然国会绝大多数人的反应是赞同杜鲁门的声明，但俄亥俄州的共和党参议员罗伯特·塔夫脱强烈地反对。“至少在国会，如果不加抗议就让这事过去了，我们最终就会失去一直由国会拥有的宣战权。而宣战权是美国宪法只授予国会的。”

尽管白宫有一种欣喜过头的感觉，艾奇逊还是警告杜鲁门说，这种一致支持他的政策的明显势头可能不会持久。“总统误解了我的意思，”艾奇逊回忆说，“我的意图是去准备迎接批评和大为费劲的事情。总统却坚持说我们既已开始就无法后退了。对于他和他的党的政治命运所具有的影响都无法动摇他，实际上他也没想到这点。他认为这是正确的，符合国家的最大利益，广为人们所理解。”

3

6 月 29 日上午 8 点，穆乔大使拜访了李承晚在大邱的住所，发现总统“处于可怕的境地”，李夫人也非常紧张。整个夜里，两人已听到关于汉城形势耸人听闻的大量传言。很显然，美国对援助韩国什么也没做！在极不愉快的 1 小时 5 分钟后，他们动身去机场。

东京，黎明时分，羽田机场乌云密集，雨水淅沥，麦克阿瑟的助手们决定飞机延迟起飞。麦克阿瑟将军简短干脆地说：“我们走。”麦克阿瑟的 B－34 型座机“巴丹”号，在那天早上晚些时候迎着满天雨云起飞了。

当穆乔和李承晚正准备乘各自的飞机离开大邱去水原时，B－29 轰炸机正成功地在金浦机场投下了一颗颗 500 磅炸弹，同时，另两架 B－29 轰炸机正在轰炸汉城的主要火车站。不幸的是，没有一个人转告韩国想炸毁铁路桥的要求，它仍然完好无损。仅仅用一小队作战坚决的韩国士兵保卫它，看来是毫无指望之事。汉江北岸的江滩上满是准备过江的北朝鲜人。

白善烨上校终于设法使他的 3000 残兵中的一些人过了江。当白善烨带领部队在金浦上边奋力通过泥泞的稻田时，有一半人仍留在江北岸。从东边打来一些机枪子弹，但没有造成伤亡。在步兵学校附近，他遇见了美军顾问团的雷·梅中尉，白善烨又饿又累，找梅要些东西吃。梅一无所有。“那么有糖吗?”梅找到一些。白恢复力气后，问情况怎么样了。梅告诉他议政府附近的反攻失败了，但还有希望。美军正在赶来，空军已经投入战斗，但还没有投入地面部队。于是白去找到金弘一将军——韩国军事学院院长——告诉他关于从金浦机场一路上被攻击的情况。金弘一将军问他为什么不反攻，白耐心地解释说：“金弘一将军，我还得在这儿等我的队伍集合。”

当“巴丹”号飞近朝鲜时，麦克阿瑟从通道上走下去对他的空军参谋长乔治·斯特拉特迈耶中将说，如果他们不能轰炸三八线以北的目标，北朝鲜人将拥有明显的优势。他有攻击三八线以北的授权吗?“没有,”麦克阿瑟的密友和高级助手考特尼·惠特尼说，他就在旁边。但麦克阿瑟让斯特拉特迈耶制订轰炸共军空军基地的计划，然后回头看着惠特尼。“现在，你在这些命令中找出一些东西，以便日后在军事法庭上为我辩护。”

四架“野马”式战斗机为“巴丹”号护航。但是，正在他们接近水原时，一架“雅克”飞机俯冲下来并向没有武装的运输飞机扫射。一位副官大叫“快呼救!”除了麦克阿瑟，每个人都俯下身子。麦克阿瑟冲向窗口，“我们的战斗机正在接近攻击它,”将军说，“我们会把它好好收拾一顿的。”

合众社的欧内斯特·霍布赖特却在想，“我希望麦克阿瑟不要太想撞大运了；我可不想让他拉我当垫背的去充英雄。”

穿过早几分钟前被轰炸和扫射着火的两架运输机上升起的浓浓油烟，他们着陆了。因为每时每刻都可能再遭攻击，因此，他们都匆匆挤出“巴丹”号。刚刚以一步之差在汉城从共产党人手下逃出来的凯斯·比奇上前迎接麦克阿瑟：“将军，很高兴在这儿见到你。”

“很高兴在这儿。”

比奇过去几天中亲眼所见的遍布于韩国人和美国人中的恐惧与惊慌消失了。

15 分钟内，麦克阿瑟一行来到丘奇将军的临时司令部。麦克阿瑟听取了丘奇、豪斯曼上尉和其他军官们的简要军情汇报。他不时用他的烟斗指点强调，提出一个个问题。丘奇原本不打算让任何韩国人说话，但麦克阿瑟和诺布尔说服他让参谋长蔡胖子提出韩国方面的观点，因为一直是这些韩国人在打仗。蔡的英语不太好，因此他通过一位翻译讲话，结结巴巴，给人留下模糊不清的印象。当丘奇问到蔡未来的作战计划时，回答是："我将召集一百万人打仗。"麦克阿瑟转向阿尔蒙德说："我可无此印象。"

大家都明显看出麦克阿瑟很不耐烦。他敲着膝盖说："我们上前线去看看。"几个人尽力劝说他不要作如此冒险之行，敌人的坦克和先头部队已经穿插进薄弱的韩国防线，并且随时会过汉江。更有甚者，敌人的飞机几乎随心所欲地扫射。

麦克阿瑟平静地回答："判断战局的唯一办法就是去看实战部队。走吧！"麦克阿瑟一行乘一辆老掉牙的美国轿车和几辆吉普车向汉江出发，成群的精疲力竭的溃兵减慢了他们的前进速度。看来，韩国军队全面败退，溃不成军，因为美国人拿不出有力措施去重组首次攻击波后的幸存者。当车队到达汉江岸附近时，麦克阿瑟用烟斗柄指着一个小山坡，转向他的参谋长阿尔蒙德将军："尼德，我们上那儿去，你说怎么样？"车队蜿蜒爬上灰色的小山，所有人下车向山顶爬去。眼下是一个戏剧性的景象——汉城正在燃烧冒烟，记者和摄影师围在麦克阿瑟周围，从各个角度照相，此时炮弹从头顶呼啸而过，其他人猛地卧倒在地，而麦克阿瑟眼盯着破坏景象毫不在意爆炸。豪斯曼上尉为他的临危不惧所感动。这不是虚张声势，麦克阿瑟只是笔直站立，镇静自若。其他人敬畏麦克阿瑟的这种行动，每次爆炸时都不再退缩。

汉城景象令麦克阿瑟永难忘怀。"在我眼下，这座小山两旁都是如潮的溃兵，仓皇后撤，身穿黄褐色军装的士兵队伍蜿蜒展开，到处间杂着明晃晃红十字标志的救护车，车中装满呻吟的伤兵。炮弹在天空中呼啸，犹如死亡之神在尖声厉叫。弹痕累累的战场上四处弥漫着恶臭，满目荒凉至极。"这景象使他震惊。"在这个饱灌鲜血的小山上短暂停留之时，我制订了计划。这计划的确是绝望之举，但是除了接受在朝鲜乃至整个亚洲大陆的失败之外，我看是别无他法了。"单靠海空军支援无法阻挡敌人。麦克阿瑟将不得不把他的占领军投进这巨浪汪涛。"这将是背水一战，却也是我唯一的机会。"

站在这土山上时，麦克阿瑟向他的情报官查尔斯·A. 威洛比将军提到了拿破仑在雷根斯堡的情形。麦克阿瑟用战地望远镜观察了那座依然完好无损的铁路桥后，说了一声“炸掉它!”然后走下山，上了车。

尽管有豪斯曼的警告，麦克阿瑟仍坚持一直向前，去看一位老朋友金昌甲（译音）将军——他的师在沿江一带。“上那儿看看，”他简洁地说，“走吧。”

麦克阿瑟问金战局如何。“哦，我们在这儿，”他指着防御工事说，“我认为我们能够干得更好。我们能守住这儿。”

“打算什么时候撤退?”

“我们不打算撤退! 命令撤退也不撤退。如果需要，我们准备战斗到最后一个士兵。”

豪斯曼感到这正是麦克阿瑟上前线以来想听到的。

当麦克阿瑟到达水原时，李承晚正在农业学院丘奇司令部的外面等候。李承晚和麦克阿瑟在第一次世界大战前就认识了。当时李承晚在美国是一名学生，麦克阿瑟在陆军部门服役，现在他们是彼此敬慕的亲密朋友。麦克阿瑟把两只手放在总统肩上，总统深情地拥抱着麦克阿瑟，然后喊道：“将军，你们真及时啊!”

“总统先生，我原先不知道，”将军歉意地转向一旁说，“对不起了。”不知怎么，这恢复了李承晚的好性情，后来当他告诉妻子关于麦克阿瑟的道歉时，他快活地笑起来了。

两个人私下里谈了1小时之久。麦克阿瑟答应给予一切可能的援助。当将军听说李承晚和穆乔分别乘两架L-5飞机来时，他建议他们同乘一架“山毛榉”飞机回去。他们两人登上这架飞机，还没来得及系好安全带，飞机就开始滑行了。飞机在跑道上才滑了一半，猛然急转弯。一个机务员打开门喊道：“快跳下去! 隐蔽起来!”一架雅克飞机正直朝他们俯冲过来。

飞行员紧紧抓住李承晚的手跑到附近的一块泥泞稻田里。总统和穆乔一头扑倒在地。飞行员说：“你们最好待在这儿，我去看看飞机怎么样了。”

李站起来，满身泥污却还在咧嘴笑。飞行员报告说，飞机修好还需一段时间，穆乔建议他们坐头天留在机场另一端的汽车返回大田。

玛吉·希金斯在水原简易机场的边上低头弯腰，正在用打字机打出关于麦克阿瑟将军访问韩国的新闻报道。这时，将军本人戴着那顶著名的、已皱巴巴的金带镶边帽，穿着咔叽布军装走过来了。他一认出希金斯就说："你好!"并问她是否想就便飞回东京。她高兴地接受了，这意味着她将很快发出她的新闻报道。

15分钟后，"巴丹"号，这架两小时前在4架雅克飞机攻击下逃生的飞机起飞了。当他们飞出北朝鲜飞机的航程之外时，麦克阿瑟的所有随员都长长地松了一口气，但将军已在客舱里写关于军事形势的完整报告了。飞机着陆前，麦克阿瑟坦率地与希金斯交谈。南朝鲜迫切需要注入美国力量。"给我两个师我就能守住韩国。"目前，他有件事要做。"我到东京后，将把立即向韩国派出几个美国师的建议呈报杜鲁门总统。但我不知道他是否会接受我的建议。"

"巴丹"号下午10点15分降落在羽田。

4

华盛顿，同一个星期三上午9点15分，各新闻通讯社关于朝鲜危机的报道远比麦克阿瑟的报告乐观得多。《纽约时报》的林赛·帕罗特写道："自入侵的共产主义分子打进汉城以来，过去的24小时是大韩民国最光辉的时刻。"来自麦克阿瑟的司令部更准确的信息传到了国防部：汉江防线能否守住令人怀疑。就在正午前，国防部长约翰逊给杜鲁门打电话说，那儿的形势是如此严重，下午应当召集他的顾问们开会。到那时为止，还没有人提议派遣美国地面战斗部队。

下午4点，总统在约定会议的1个小时前，举行了一次记者招待会。有人问："我们是否处在战争中?"他反驳道："我们没有处于战争中。"

"有可能称此为联合国的警察行动吗?"

"对，就是这么回事，"杜鲁门说，"一次帮助联合国击退一伙匪徒的警察行动。"

下午5点，国家安全委员会在白宫举行了45分钟的会议。参谋长联席会议建议在朝鲜使用战斗部队投入战斗，但他们的主要目的是保护美国公民撤退——而不是采取进攻行动。

杜鲁门尤其关心苏联的反应，但麦克阿瑟向他保证说，杜鲁门的专家乔治·凯南确认苏联打算“尽一切办法置身事外，但想使我们在最大限度上同朝鲜和中国混战一气”。

杜鲁门说：“这么说苏联人打算让中国人和北朝鲜人为他们打仗。”

会议以杜鲁门批准他的军事顾问的提议结束。这些顾问们满以为他们的决定足以控制朝鲜危机。

6 月里最后一天的上午，一架载着特殊乘客钟日昆准将的飞机在水原着陆。直到去年 3 月，钟日昆是蔡胖子的副参谋长，那时他被送到佐治亚的本宁堡步兵学校。朝鲜发动进攻的那天，他正在夏威夷等候去韩国的飞机。麦克阿瑟将军听说后，立刻派了一架飞机送他去韩国，因为他认为钟日昆若不是韩国头号出色军官，也是佼佼者之一。

当钟日昆走下飞机时，蔡胖子——他把钟日昆看成是他的门生——说：“欢迎回国!”两人拥抱在一起。他们乘一辆吉普车向汉江驶去，因此钟日昆可以在麦克阿瑟头天爬上的小山去估计形势。当钟日昆吃惊地盯着燃烧中的汉城时，炮弹开始在附近爆炸。每一颗炮弹落地时蔡胖子就骂一声：“赤色杂种!”他们无视危险，站立着，两人都情感冲动。在返回水原的路上，总参谋长昏昏入睡，钟日昆只好紧拽着他，免得他掉下吉普车。

5

6 月 30 日上午 3 点，当蔡胖子和钟日昆正在观察汉城时，麦克阿瑟的加急电报传到五角大楼。韩国军队混乱一团，丢盔弃甲，遗弃辎重。在没有大炮、迫击炮和反坦克炮的情况下，大多数南朝鲜人只是希望延缓敌人的速度。韩国军队无法联合行动，存在进一步被突破的严重危险。

美国陆军参谋长 J. 洛顿·柯林斯将军迅即得知了这些情况。他急匆匆来到五角大楼，在那儿布雷德利将军可以通过通往东京的电讯线路与麦克阿瑟通话。凌晨 3 点 40 分，电讯会议开始，却非声音传递，屏幕上闪现出问题和回答。这次沉默的历史性会议的神奇特点铭刻在柯林斯的记忆中。“我们深更半夜聚集在漆黑一团的陆军无线电讯室，空气紧张得快要凝固了。”

麦克阿瑟重复了他最近提出的建议：派一支美国团级战斗部队迅速投入前线战区。他还要求授权加强那支战斗先遣队以便它能发动反攻。五角大楼所有人的脸上显得很平静，但是在明白决定的重要性后，当问题不断出现在屏幕上时，人们说话的声音都带着本能的急促。在东京，麦克阿瑟和他6个主要参谋人员同样紧张。

柯林斯解释说，在昨天的国家安全会议上，总统表示不愿投入战斗部队。这时，东京对这个问题没有回答，柯林斯认为这意味着麦克阿瑟仍坚持他果断的请求，认为做出的决定已“刻不容缓”。在与他的参谋们磋商后，柯林斯送去这样的回答：“我将立即转告陆军部长，请求总统同意你的建议，派一个团级战斗队，进入前沿作战区。将尽快告诉你，大约在半小时内。”

柯林斯又没有收到回答，因为时间紧促，他本没有打算确保参谋长联席会议的其他成员一致同意。在他的参谋人员继续通话交换一些次要问题时，他离开会议室，打电话到佩斯部长家，给佩斯讲了麦克阿瑟报告的要点和出动一个团的紧急要求。

清晨4点57分，佩斯打电话给在布莱尔大厦的总统。杜鲁门已经起床，刮完了胡子。他拿起床边的电话听筒听了一会儿说：“立即通知麦克阿瑟将军，同意使用一支团级战斗部队。”这些话爽快地传了过去，产生了力量。杜鲁门胆大包天，采取了能够导致另一次世界大战的一个危险步骤。

几分钟后，柯林斯电告东京：“已批准你向战区派一支团级战斗部队的提议。至于部队的进一步集结，随后再给你指示。”麦克阿瑟回答：“谢谢。现在还有什么其他进一步的事情？”

给麦克阿瑟最后的话是这样的：“这里的每一个人对于你亲自弄到形势的第一手资料的迅速行动感到高兴。恭贺你，致以最良好的祝愿。我们对于你和你的指挥充满信心。”

6

蔡胖子和钟日昆回到水原司令部时天色已黑。钟日昆看见一张命令他去大田见李总统的条子。他在飞机旅行中和与蔡胖子度过的几个小时中虽已疲惫不堪，但还是坐着吉普车去往大田。

玛吉·希金斯已返回水原。情况比昨天还糟糕。从东京来的上校和少校们到处喧闹着奔跑，传递着他们认为是秘密的消息。一些美国记者感到他们像红色间谍那样被对待。希金斯发现凯斯·比奇和美联社的汤姆·兰伯特为面临遭受攻击的危险而焦虑。比奇说：“我们搞到了一辆吉普车以备万一有麻烦。有你的座儿。”

希金斯希望这意味着她至少在男记者中赢得了一个同盟者。她和这两位男记者待在会议室外面，希望从这些川流不息、出出进进的人们中捞点信息。突然，会议室的门开了，她听到跑动的脚步声呼呼作响，这时有人用一种尖叫的声音大喊：“快向飞机场跑!”

为什么？三个记者吃惊了。他们跳起来跑进房间。没有人回答任何问题。玛吉注意到一个老上校向门口跑去，挡住他问：“如果没有什么差错的话，为什么我们都要上路往南去大田？”

“我们被包围了!”上校大喊着推开她跑了出去。

这地方一团混乱。每个人都在寻找交通工具。她听到有人哭着大喊，“赤色分子已到公路上了!”也有人回答，“不，他们在飞机场!”

美军顾问团的一位少校大叫：“我们去保卫机场!”

比奇把他的卡宾枪检查了一遍。“我的上帝，”比奇自言自语地说，“他们真的认为这么一撮人能守住机场吗？”在漆黑的夜晚，三个记者挤进一辆吉普车。一位中士带着机关枪，希金斯随身带的只有打字机和牙刷。

在机场，美军顾问团的那位少校组织起大约 60 个人的环形防御圈。玛吉看着人们埋地雷、架机枪。撤退的飞机仍然没有出现，突然传来大官们已向大田逃窜的谣言。

“这么说我们根本就没被包围!”希金斯对比奇说，“这可是找出来的一条好路!”

接着，他们听说包括丘奇将军在内的几乎每个人都已经冒着倾盆大雨向南狂奔。3 个记者紧跟上这落汤鸡似的队伍。

钟日昆将军正在大田附近。在长途跋涉中，他已想到他的老师所面临的前途。大多数美国人从来就不欣赏蔡胖子。在他们眼中，蔡胖子像一大堆肉山。他短胖的脸看起来毫无生气。他们不晓得蔡是一个既有精力又能干的人。钟日昆的父亲是一位曾在沙皇俄国军队当翻译的帅气浮华之士。钟日昆长大后被送到日本东京军事学院，后来在班上以头名成绩毕业。二战期间他在日本军队服役。和平到来后，他应征进入韩国军队，1948 年成为蔡的副总参谋长。

晚上 10 点左右，钟日昆到达大田向李总统报到。“对不起，我来晚了，”他说，“从现在起，我将竭力帮助总参谋长。”

“钟将军到这儿来真是太好了，”李承晚热情地说，“麦克阿瑟将军也向我提起你。根据报告，我了解到我们的国防军已沿汉江南岸组成防线。”他停了一会儿问：“你认为我们这条防线能坚守多久?”

钟知道如果他说实话，一定会使李总统震惊，但他又不能仅仅说些乐观的话以取悦年迈的总统。他狠了狠心说：“李总统，如果北方共产党军队再次攻击，我军连一天也坚持不了。”

李的脸色沉了下来。“留在汉城的市民们将会如何呢?”他悲哀地说，“你的下一步作战行动计划是什么?”

“坦率地说，最好的计划是保住汉江防线，那是最标准的作战行动计划，但此时已不可能。因此，我们必须保存实力。”

“你的意思是从汉江撤退以尽可能多地保住兵员吗?”

“对，这是首要目的。”

李承晚递给钟日昆一张纸——任命他为总参谋长，钟日昆呆住了。他来是帮助蔡胖子的，现在他却不得不带给蔡一个坏消息。钟日昆离开了李承晚那儿，一会儿就在敲蔡胖子办公室的门了。他发现这个大块头懒散地伸着四肢堆在一张椅子上，正在酣睡。钟日昆用力弄醒了他。

蔡胖子笑了。“哦，你来了。”李承晚已告知他被撤职一事，但他不知道谁替代他。“总统告诉你什么了?”

钟日昆勉强地递给了他写有李总统命令的纸，说：“我来这儿原是做你的副手的，但却接到了这个任命。对不起。”

眼泪顺着蔡胖子的脸颊流了下来，这是高兴的眼泪。“这么说钟将军接替我的职位!”他充满感情地拍拍钟日昆的肩膀。他知道这是他军旅生涯的末日，但他是被自己所信任的人替代的。他还知道豪斯曼也高度敬重钟日昆，因为钟日昆是一个知道如何与人相处的优秀管理人员。

7

6 月里最后的一个日子，星期五早上，9 点 30 分，杜鲁门把五天前在布莱尔大厦会见的同一批人召集到白宫内阁会议室。他告诉他们，他已同意向朝鲜派遣一个团，并认为他干了一件不错的事，接着他征求大家的意见，全体同意。

总统询问他们对使用额外军队的看法。他本人倾向于同意接受一天前蒋介石愿在 5 天内向朝鲜派遣 3.3 万中国国民党军队的提议，认为这是及时的和重要的援助。但他让大家仔细考虑可能会出什么麻烦。例如，毛泽东会干些什么？苏联可能会在巴尔干、伊朗和德国干些什么？

艾奇逊认为，如朝鲜出现来自台湾的中国军队，可能使毛泽东加入这场冲突，因此，中共军队将重创这位总司令（指蒋介石——译者）的部队，而且如果中国共产党军队进攻台湾，还会削弱蒋的自卫能力。柯林斯补充道：“蒋提供的 3.3 万人部队几乎没有现代化装备，在对抗北朝鲜坦克时会像李承晚军队一样毫无用处。”

杜鲁门听从了这个意见，同意婉言谢绝蒋介石的援助。接着，他告诉大家他已决定将授予麦克阿瑟将军全权使用他统辖的全部军队。在这个仅半小时的会议上，作出了至关重要的决定。杜鲁门以轻率的态度走出了重大和冒险的一步：他未经宣战就投入了战斗部队，这是美国历史上罕见的事例之一。

不到一个小时，杜鲁门向国会领导人作了简要介绍，有 7 个民主党人、7 个共和党人和白宫发言人萨姆·雷伯恩。杜鲁门回顾了他本周前已作出的决定，宣布他刚刚命令美国地面部队保卫大韩民国。

接着是漫长而紧张的沉默。只有一个反对意见，来自一位共和党人——内布拉斯加州参议员肯尼思·S. 惠里，少数党议员领袖。他认为，总统派遣地面部队进入战斗前，首先应当与国会进行磋商。杜鲁门回答说，由于局势紧迫，没有时间磋商，因而作出了紧急决定。惠里打断了总统的话，却又被共和党众议员，密苏里的杜威·肖特所打断。肖特说，他认为当他说全国感激总统在这次危机中有力的领导时，他是在代表几乎每一个国会成员。

尽管有几个人找碴儿攻击，国会两院仍以压倒多数支持杜鲁门果断的行动。《纽约时报》的社论是热烈的："关于地面部队的使用，有一些戏剧性和决定性的东西，部分是因为它们在整个历史上既是战争的一种象征，又是重要的手段，部分是因为地面部队意味着领土的有形占领。阻止采取必要手段是愚蠢的。"

6月30日凌晨1点22分，此时此刻，向麦克阿瑟发出了命令。美国参战了。

第二部

胜败难卜的战斗

第 5 章　“给，喂你们两把土吧!”

（6 月 30 日 ~7 月 10 日）

1

开战 6 天之后，韩国军队就土崩瓦解了，首都汉城也被李承晚和他的政府所放弃。以苏制坦克开路的北朝鲜人势不可挡，大韩民国的命运似乎已经注定。但是，来自密苏里州的矮个子杜鲁门决定拿他的名誉冒险，因为这是理所当然的。难道美国没有鼓动南朝鲜起来反对北方的共产党吗？作为民主的倡导者和维护者，美国现在怎能把处于初创阶段的大韩民国（尽管它存在局限和错误）弃之不顾呢？

哈里·杜鲁门的决定勇气十足，却来得不是时候。美国的军事状况令人遗憾，部分原因是杜鲁门不喜欢花费国帑，还轻视三军将帅。尽管他自己奉行遏制共产主义的强硬的冷战政策，他还是把五角大楼的预算削减了 1/3。相反，他把钱用于援助那些受到苏联压力的国家。

到 1948 年，装备精良、训练有素、在二战中闻名遐迩的近 100 个师的美军地面部队已被大幅度裁减。例如，48 万人的海军陆战队被裁减至 8.6 万人。当来自西弗吉尼亚的大富豪律师刘易斯·约翰逊于 1949 年接替詹姆斯·福莱斯特尔出任国防部长后，情况就更为糟糕了。他在数星期内便把陆军削减为 9 个师。几个月后，当俄国人因造出原子弹而震惊世界的时候，约翰逊和杜鲁门都未严肃对待，视之为“实验室里的偶然结果”。两个月后，另一件令人震惊的事情发生了：毛泽东的部队击败蒋介石的国民党，取得了决定性的胜利。

这两件事使国务卿艾奇逊确信一个“不同的时代”已经来临，美国应该重新整军备战了；但是当金日成的部队蜂拥越过三八线时，美国军队的状态仍很糟糕。虽然一次平时征兵活动招收了30万人，但其中的许多人对此抱有反感甚至敌意。他们的装备和所受的训练都很差。1950年6月25日以前，朝鲜连一个3.5英寸口径的火箭筒都没有。性格直率的李奇微将军曾说："简言之，我们处在准备不足的尴尬境地。"

杜鲁门向朝鲜派遣地面部队的决定因联合国的支持而得到了加强。澳大利亚、加拿大、新西兰、荷兰和英国都答应派遣军队。

杜鲁门在美国几乎没有遭到批评，因为几乎每个人都认为朝鲜战争是苏联在欧洲和亚洲推行新的军事扩张政策的标志。随此误解而来的另一个错觉是：中国共产党是苏联这个征服世界的阴谋的伙伴。

凯南和波伦都曾竭力使杜鲁门总统相信：俄国人力量太弱，不可能实施这样一个宏大的计划。苏联新闻界极少报道有关这一战争的消息，这表明斯大林也很震惊，正在思考对策。凯南和波伦说苏联人确实给金日成送去了武器，而且军事行动也是斯大林的军事顾问策划的，但是根据这两位苏联问题专家的看法，苏联人的目的不是征服全世界，而只是为了把美国的注意力从欧洲引开。

有关中国与北朝鲜是伙伴关系的错觉也是从错误的情报中得来的。实际上，两国之间只是有一条结实的共产主义纽带而已。毛泽东好像无意过深地卷入南北朝鲜之间的内战，因为他的首要目标是重建刚经历过残酷内战的中国，并攻占台湾以使蒋介石彻底完蛋。杜鲁门派第七舰队保卫台湾的决定已经引起北京的忧虑，中国军队正在做保卫沿鸭绿江与北朝鲜接壤的边界的准备。

战争开始前两天，中共中央军委曾发布命令：解放军复员100万官兵，回家为国家的繁荣兴旺作贡献。正在他们准备离开部队时，战争爆发了。开始时毛泽东认为它只是朝鲜的一场内战，与中国毫无关系。但当杜鲁门正式宣布全力支持李承晚后，中共领导人就认识到形势很严重并且与中国有直接关系。毛非常愤怒，在6月的最后一天指责傀儡李承晚在美国政府的煽惑下挑起了战争。他马上撤销了复员100万部队的命令，并增派部队到满洲（中国东北——译者）以防美国人接近鸭绿江。尽管毛十分震怒，但还是决心不与美国发生军事冲突。

和许多来自湖南的农民一样，毛泽东也深受楚文化的影响，有自大自傲的倾向，赞成通过武力解决争端。与他的重要助手、出生于儒教知识分子家庭的周恩来不同，毛从未到过外国，所以他从来没有周恩来和邓小平等看到过外部世界的那些人所具有的那种开阔视野。他自学成才，成了能运用古代政治艺术的卓越实践家。因多年受肺结核的折磨，毛在1950 年看上去很瘦，但精力仍很旺盛。

杜鲁门和艾奇逊都未认识到 1949 年毛泽东和斯大林的那次重要会晤的实际意义，这次会晤导致了两个月后中苏互助同盟条约的签订。在某种意义上说，该条约显示了两国之间的尖锐分歧。甚至在美国人抛弃蒋介石以后，斯大林还在暗中支持他，因为这位苏联领导人对其他共产主义革命有一种本能的不信任感。他担心毛会变成另一个铁托，深信与软弱无能的所谓民主政权打交道要比与迅速发展的共产党政权打交道更有好处。

1949 年年末至 1950 年年初斯大林与毛泽东会谈期间，双方发生过许多争执。只是在毛的一再坚持下，两国才签订了一项条约。毛召来周恩来与苏联人谈判，周拒不离开莫斯科，直到条约签订为止。斯大林最后才同意了周坚持的一点，即如果一方受到侵略，另一方将“立即给予全力援助”。

会谈期间苏联人一直以傲慢的态度对待他们的客人。一天晚上，他们邀请中国代表团全体成员观看芭蕾舞剧《红罂粟》，因该剧极力贬低中国人，所以只有一个中国代表团成员在剧院包厢里表情冷漠地露了面。

日本投降后中苏两国的关系就立即恶化了。当时，到达满洲的苏联军队拆除了日本占领时期修建的所有工厂的机器设备并运回了苏联。美国的一个委员会估计，苏联运走的食品和工业设备总价值约为 8.5 亿美元，苏军在中国东北肆意破坏所造成的损失总计超过了 20 亿美元。

当中苏于 1950 年年初最终签订同盟条约时，双方代表均无笑脸。虽然苏联人同意给中国人贷款 3 亿美元以帮助他们重建家园，但这只是毛泽东希望得到的贷款数的 1/10，而且 1% 的利息是一种侮辱，因为此前不久，苏联给波兰提供了 4.5 亿美元的无息贷款。

对知悉内情的人来说，这显然是由于斯大林自 20 年代中期确信毛是一个托洛茨基分子以来一直鄙视和不信任他的结果。虽然毛与莫斯科签订了条约，但他对斯大林对西方的好战态度仍抱有疑虑。毛对斯大林的反感还涉及个人因素。毛的第二个妻子贺子珍在二战期间旅居莫斯科时，曾在一家精神病院里被关了好几年。对毛来说，这是一件仍然难以忘怀的大丢颜面的事情。

因此，杜鲁门和艾奇逊作出的北朝鲜是中苏阴谋的工具的判断是完全错误的。中国只派遣了两个完全由北朝鲜人组成的师；虽然苏联人策划了北朝鲜的军事行动，提供了大量的军事设备，但他们并不打算进一步提供援助。

2

7 月 1 日凌晨 2 点 30 分，当副领事诺布尔到达大田郊区时，天色阴暗，大雨依然如注。他找到了穆乔大使的小木屋。大使正在屋里与几位助手及他所信赖的《芝加哥论坛报》的资深记者沃尔特·西蒙斯谈话。大使显得疲倦、沮丧和焦躁不安。电话铃响了，是李承晚总统打来的。穆乔说："诺布尔先生刚从水原到达这里。我要派他去您处。有些事我不想在电话里谈，我想让他去告诉您。"

穆乔告诉诺布尔，丘奇将军打电话对他说，所有的人都已撤离水原，因为形势已无可挽回。诺布尔将等候丘奇到来后再把大使馆人员用小汽车撤往西南。最重要的是需要说服李承晚总统，他必须放弃大田，政府必须迁往一个安全的地方，但如果李不先行一步，大多数部长是不会离开的。他们离开后还可以摆脱追随在李总统左右的一大批政客和有势力的私人门生。这些人正在通过散布流言飞语制造恐慌，这些流言飞语暗示几乎所有的部长和高级军官都是共产党的秘密成员。

诺布尔前去完成他的使命时天仍在下雨。凌晨 3 点钟，他找到了那栋集日本和西方建筑风格于一体的两层大楼。总统和夫人正在焦急地等候，他们看上去很疲劳。诺布尔简要描述了他在水原和汉江的见闻，然后转告了美国大使要李继续南迁的建议。

年迈的李总统气冲冲地拒绝了这个建议，李夫人也支持他。"没有任何获胜的机会了，"李说。共产党的坦克已到水原，什么也挡不住他们向南推进。如果北朝鲜人攻进大田杀了他，也好。"我宁愿死在大田也不愿含垢忍辱继续南逃。"李夫人也发誓要留下来与丈夫同生共死。

诺布尔争辩说，总统无权按照个人的喜好行事，他对韩国人民负有责任，如果他死了，大韩民国也就完了。他们的争论持续了近一小时。最后，诺布尔觉得他的话正在动摇总统的决心，而且他看出李夫人也愿意南迁了。这时候国防部长申善模和新任总参谋长钟日昆将军来了，他们两人都支持诺布尔。但李发誓说，如果穆乔和美国大使馆全体人员仍处危境中，他就决不离开大田。诺布尔向他保证说，穆乔正在计划撤离，一俟见到丘奇将军就会出发，大使馆全体人员是会赶上来的。

不知疲倦的诺布尔匆匆返回穆乔处时见到了刚刚抵达的丘奇。丘奇带来了惊人的消息：杜鲁门总统已经命令美国地面部队进入朝鲜！第 24 师的第一批部队将于几天内空运到大田。每个人都为此感到欢欣鼓舞。一个美国陆军师将会狠揍那些北朝鲜人！穆乔欣喜异常，定要让诺布尔去告诉李承晚，现在谁也不必离开大田了。

诺布尔颇感为难：刚才和李总统夫妇费力地磨了一个小时的嘴皮子，现在又得回去说刚才的话全错了！穆乔只好同意亲自送去这个好消息。等他匆匆赶去时，才知道总统和夫人已经上路了。

经过一番痛苦的驱车旅程，玛吉·希金斯和她的三位伙伴终于驾着汽车到了大田，浑身都湿透了。他们把汽车开到政府大楼，找到了身体虚弱的丘奇将军，他独自坐在会议室的一张长桌边。这时，玛吉冷得直发抖。

丘奇平静地说：“今天早晨已有两连美军乘飞机前来南朝鲜，你们知道了大概很高兴吧。”

希金斯想，美国又在这里参战了。她并不知道这是联合国的行动，所以问：“你不觉得这太迟了吗?”

“当然不迟。美国人到了这儿情况就会改观。我们就会有可以信赖的人了。实话对你说吧，和南朝鲜军队在一起，我们一直非常艰难。我们无法叫他们鼓起勇气来。我们无从确定南朝鲜人的报告依据的是实情还是谣言。”在水原附近仍无共产党的部队，所以他们乘吉普车踏上的可怕旅程再无须担忧了。

丘奇说第一批美军将被部署在大田以北，而且几小时后即可抵达。这时玛吉问道：“我们要多久才能发动一场进攻?”

“噢，大约两星期，也许得一个月。”

“如果俄国人干涉呢?”比奇问。

“如果他们干涉，我们将把他们打回去。”

记者们现在有了两大题材：水原的大溃退和美军的抵达。玛吉和兰伯特两人的交稿期限都已迫近，所以他们冲进了美国情报处的办公室。由于没时间把消息写成文字，他们只得进行口授。这是希金斯以前从未干过的。兰伯特在东京没有同事，但希金斯求得了美联社的帮助。她刚口授了三段，美联社东京分社经理的妻子巴巴拉·布赖恩斯就打断了她："我们只能记录这么多，玛格丽特。”希金斯打电话给东京记者俱乐部，力劝一位同事记录全部消息，精疲力竭的她把水原溃退的消息压缩为两段，把其余的新闻分成了六小段。口授完后，她和兰伯特与一位衣着整齐、英语流利的韩国军官一同乘车返回了穆乔的住处。汤姆拍拍那位军官的肩说：“嗨，伙计，你也在部队里干吗?”

“嗯，我打算在部队里干。”他礼貌地回答。

汤姆又拍了拍他的肩问：“你是干什么的?”

“我刚被任命为韩国军队的总参谋长。我是钟日昆少将。”

把两位记者送到穆乔处后，文质彬彬的钟将军继续驱车前往韩国军队的总指挥部。他在那里与蔡胖子讨论了军事形势。这时候，诺布尔已抽空睡了几个小时，他打电话给丘奇将军，汇报了前一天在汉江边的见闻，还解释了刘将军正在努力做什么，之后他到隔壁的办公室与这位韩国指挥官取得联系。诺尔布惊奇地发现蔡胖子已被钟日昆替代，二人均想与丘奇将军讨论美军的义务和今后的计划，但他们受到了几位美国军官的冷遇，不知道怎样才能见到丘奇。

从不墨守成规的诺布尔径直打开连接两间屋子的门，说韩国的将军们想与丘奇将军谈话。诺布尔回忆道：“战斗到了这个阶段，在韩国的美国高级军官仍然要催促再三才肯与韩国军队的高级指挥官们谈话，这是令人十分惊奇的。”

这位热心的副领事没时间休息。穆乔命他去追赶李承晚夫妇。毫无疑问，总统获悉情况有变后定会返回大田。诺布尔准备劝他在外地逗留几天，直到所有的政客和散布谣言的人离开为止。诺布尔和一位同事以及使馆高级翻译分乘一辆小汽车和一辆为防备紧急情况之用的吉普车出发了。小汽车由他驾驶，吉普车由一个韩国人驾驶。他们驶向不熟悉的地区，那里即使有好路，也没有好路标。

在丘奇将军与钟日昆和蔡胖子讨论军事形势的时候，敌人正在强渡汉江，尽管他们遇到了韩国军队第 1 师和第 7 师残部的顽强抵抗。所有韩国军队中，只有这两个师撤退时秩序良好，原有的 98000 人差不多有一半已被打死、被俘或失踪。

在汉城，征服者们让孩子们坐到坦克上，使一些人相信真正的民主政权已把他们从腐败的李承晚政权统治下拯救出来了。起初，北朝鲜记者金申吉（音译）注意到人们很害怕，但也有人告诉他：“我们听说北朝鲜的共产党军队都是些头长兽角、脸膛赤红的恶魔。但我们看到他们和我们一样，士兵们都年轻、勇敢而且英俊。”

同时，数以千计的前政府官员、市政官员以及社会名流正在被逮捕。有些人被当作卖国贼立即处死了，有一些可能有用的人则被送往北方。年轻人被集中起来组成一个志愿军为朝鲜的统一而战。有些人很积极，但大部分是被迫的。

3

美国的第一批援军——史密斯特遣队从日本飞抵朝鲜。该队的 406 人均来自美军第 24 步兵师 21 团 1 营。每人携有 120 发 0. 30 英寸口径的步枪子弹和两天的 C – 口粮。* 他们带来了一些 75 毫米口径的无后坐力炮、两门 4. 2 英寸口径的迫击炮和一些 2. 36 英寸口径的火箭筒（已证明它们对付不了苏制坦克）。许多人手挥旗子向特遣队欢呼致意，就像是过节。当特遣队在火车站登上列车向大田进发时，韩国的几支乐队热烈欢送了他们。

12 小时后列车抵达大田。西点军校毕业的查尔斯 · 布雷德利 · 史密斯中校被簇拥到丘奇将军的指挥部。史密斯参加过太平洋战争，但他手下的军官只有 1/3 有作战经验，军士虽有一半是二战期间入伍的老兵，但他们当中并非所有的人都参加过战斗。士兵们大都是 20 岁或 20 岁以

* C – 口粮：美国陆军战斗部队的一种听装日用口粮。——译者

下的年轻人。史密斯本人34岁，中等身材，身体强壮结实，性格开朗友善。

丘奇指着地图上的一个地方说："在这里有小规模的战斗，我们需要一些见到坦克不逃跑的人到这里去，打算派你们去支援韩国军队。"

史密斯建议在部队宿营时去观察地形。他和手下的主要军官迎着成群结队的韩国败兵和难民沿崎岖不平的公路往北走。他在乌山附近找到了一个极好的步兵阵地，可以控制通往水原的将近8英里公路和铁路。他把这个地方确定为史密斯特遣队的防守阵地，然后返回了大田简易机场。当天夜里，丘奇将军命令他率部乘火车向北进发。

诺布尔越过西海岸泥泞的山区，终于在釜山赶上了李总统夫妇。在前往他们住处的路上，他遇到了同事格雷戈里·亨德森副领事。亨德森是哈佛大学毕业的儒雅之士，他对诺布尔海盗式的外表深感惊讶。诺布尔穿着领口敞开的咔叽布衬衫和一套军装，一支手枪耀武扬威地插在腰带上。亨德森同意陪他去李总统夫妇下榻的省长官邸。亨德森事后回忆："我当时的印象是，哈罗德·诺布尔好像一只正在挥动翅膀向猎物最后扑击的鹰隼，而总统夫妇正是他的目标。"

他们两人在接待室等了一会儿，总统夫妇就进来了。李总统态度和蔼但显得紧张和忧虑。他说当知悉美国大使馆还在大田时，他很生诺布尔的气，但经过思考，他意识到诺布尔是出于善意行事的，现在他得回大田去和穆乔及其他人会合。他自己舒舒服服地住在釜山而政府其他人员却在前线附近，他的人民会怎样想呢？

诺布尔转告了穆乔的口信，让政客们离开大田是极为重要的。穆乔的话很有道理，李同意等待几天。诺布尔力劝李在与穆乔联系上之前不要做任何事情。他打电话给穆乔，穆乔说24师师长迪安将军已到大田。迪安不希望李在战况不稳定的情况下回大田。一俟安全有了保障，总统即可返回。

威廉·迪安少将身高6英尺，留着硬硬的板刷头。他向丘奇将军了解发生的情况。丘奇告诉他，史密斯特遣队将守卫汉城至釜山公路在安城和平泽交叉处的阵地。从理论上讲，这些阵地可封锁敌军极可能循之前来进攻的两条通道。每条通道只有一连部队防守，别无良策。

第二天（7 月 4 日）下午，迪安将军得知史密斯中校要到乌山以北去侦察，便命师属炮兵部队的代理指挥官乔治·巴思准将乘吉普车到平泽去告诉史密斯：“固守你给丘奇将军说过的乌山附近的那些阵地。”这个决定比一些参谋人员提出的防守更靠南边的阵地的建议更有道理。

巴思找到了史密斯。那天下午，史密斯前去察看了作为最后防线的一个阵地。午夜刚过，特遣队的步兵和炮兵就乘坐征用的韩国卡车开出了平泽。这些卡车都由美军驾驶，因为当地的司机都拒绝向北去。平泽到乌山只有 12 英里，但由于有大批难民，美军在黑暗中走了两个半小时方才抵达。

那天白天，记者们也都到达平泽，要采访美军的第一次战斗。迄今最大的战斗发生在希金斯和霍默·比加特之间，他们都是《纽约先驱论坛报》的记者。

比加特为人沉静，因在二战中的出色报道而备受敬重，年轻记者把他当作偶像，极力模仿他。他是个极为称职的记者，自认为是《纽约先驱论坛报》的资深记者，觉得希金斯没有任何理由留在朝鲜。他叫她去东京负责那里的分社。她反应冷淡，拒绝回东京。他打电话给纽约总社，要求把她马上调去。虽然许多随军记者都不喜欢希金斯的粗鲁，但那些在平泽的记者看到她积极肯干，对她表示同情。比奇对她说：“他们不可能辞退你，你干得不错。”

那天夜间，在平泽记者们聚集的小屋里，希金斯走到《时代》周刊和《生活》周刊的著名摄影记者卡尔·迈登斯身边，含着眼泪说比加特曾对她大喊大叫，声称他不能和像她这样的人共事。比加特在东京见过的每一个人都说不喜欢她。她抗议说自己只是想分担任务，哭着说：“我该怎么办呢？”

“玛吉，对你来说，报道朝鲜战争或失去工作这两件事，哪一样更重要呢？”

她心事重重地去睡觉。“我感到不管我的同事出于什么理由对我抱有敌意，都没有比我是个女人更让我难受了。由于我是这里唯一的女记者，肯定会有许多人议论我，这样男女杂处会成为新话题。”

她于黎明前醒来后决心到前线去，并和迈登斯以及路透社的一位澳大利亚年轻记者乘上了一辆吉普车。天不久就下起雨来。当他们驶进平泽城区时，不得不绕过一些还在燃烧的韩国弹药车，这些车是被澳大利亚空军误炸的，许多尸体还躺在草席上。三人冒着蒙蒙细雨继续北行，来到34团1营的指挥部。在一个四周积满泥水的草顶小木屋里，他们见到了营长哈罗德·印第安人·艾尔斯少校，他是几小时前抵达的。

史密斯特遣队于黎明前就到达了乌山以北6英里处的预定位置，但尚未把战壕完全挖好。史密斯把一门75毫米无后坐力炮架到公路东侧，把另一门架到更东边的铁路附近。4.2英寸口径的迫击炮被架到了山坡背后，离1英里宽的步兵防线大约400码。迫击炮背后2000码的地方，吉普车把4门105毫米口径的榴弹炮拉进了阵地，另一门榴弹炮被拉到了前边，以便摧毁沿公路而来的坦克。

尽管下着雨，史密斯仍能隐隐约约看到水原。清晨刚过7点，他就发现敌军已出动。半小时后，他看清来的是一个坦克纵队。他的排长们来回给散兵坑里的士兵们打气。当敌军坦克纵队行进到距前沿阵地2000码处时，美军的一个榴弹炮开火了，这时正好是8点16分。美军的其他武器也随之响起来，但前沿的士兵发现那些坦克未受损坏，仍在继续逼近。无后坐力炮直接向坦克轰击，而坦克则以85毫米口径火炮和机枪予以反击。2.36英寸口径的反坦克火箭击中了刚抵达美军阵地的前几辆坦克，而且击中的都是坦克最薄弱处的后部装甲钢板，但它们仍在步步向前逼近，直到一门榴弹炮用高爆反坦克炮弹击中了最前面的两辆坦克为止。受损的坦克被推到一边，其余的31辆坦克无情地驶过了史密斯特遣队的阵地。它们没有停下来进攻美军步兵，而是向炮兵阵地开去。行驶至500码处时，它们隐蔽到一座小山后躲避炮火，然后一辆接一辆呼啸而出，安全地冲向乌山。

当玛吉和其他记者正与艾尔斯在临时营房里喝咖啡时，巴思准将闯了进来。他大声说："敌人的坦克正向南驶来！赶快把反坦克火箭小组交给我！"他说这是共产党的坦克第一次遇到美军——史密斯特遣队，"我们可以依靠他们顶住敌军，但如果坦克冲过炮兵阵地，就会直向这里开来!”

坦克攻击史密斯特遣队之后，阵地上是一种令人恐惧的寂静。美军至少有 30 人死亡，但史密斯未发现敌步兵从水原沿公路开来。在连绵不断的雨中，士兵们挖深散兵坑，等待必定要来的步兵进攻。

一小时后，史密斯在观察哨位发现水原附近有了敌情。又过了一小时，由 3 辆坦克当先开道，总长达 6 英里的卡车和步兵纵队的先头部队进入了离美军阵地 1000 码以内的区域。史密斯决定痛击他们，迫击炮炮弹使敌卡车队陷入了严重混乱，0.50 英寸口径的机枪也密集地扫向敌军纵列。近中午时分，敌军步兵开始推进到公路东侧。

洛兰·钱伯斯上士是位参加过二战的老兵，曾荣获 5 枚紫心勋章。当他打电话请求 60 毫米口径的迫击炮支援时，对方回答：“打不了那么远。”

“81 毫米口径的怎么样?”他大吼道。

“我们没有。”

“真见鬼。看在上帝的份儿上，放 4.2 英寸口径的迫击炮吧!”

“我们也没有。”

“那么大炮呢?”

“联系不上。”

“空军呢?”

“我们不知道他们在哪里!”

“真该死。呼叫海军!”

“海军到不了这么远的地方。”

钱伯斯骂了一句脏话，说：“给我送一架照相机来，我想拍一张这里的照片。”几分钟后，迫击炮弹的一只碎片击中了他，这使他得到了第 6 枚紫心勋章。

下午两点半，史密斯的环形防线建起来了，但部队已有 1/4 的人受伤或战死，弹药也已所剩无几且无从补充。他的特遣队被敌人包围，只在左边还有一条逃生之路。没有空中支援，甚至没有一架联络机引导他们冲向安全地带，因为浓厚的乌云布满了天空。史密斯也无法架设电线与炮兵联络，因为公路仍处在密集火力控制之下。

史密斯命令 C 连带非战斗人员、军医、能行走的伤员和营指挥部向后撤退，B 连掩护。当理查德·达什默的 C 连接到撤退命令后，他们就像长耳大野兔似地跑下了山。“班排组织已荡然无存，人们只顾向后奔命。”沉重的武器装备成了负担，有些人甚至把钢盔都扔掉了。谁都不想送死。但我们能冲出去吗？达什默这么想。

史密斯计划让部队互相掩护着撤下山岗，但卡尔·伯纳德少尉从未接到命令。后来他才得知只有他的排还留在阵地上。他收容了大约 25 名掉队人员（大多是伤员），率领他们到了暂时还算安全的另一个高地。当撤退命令最终传来时，北朝鲜军队几乎已从四周将伯纳德他们包围。他们奋力穿过几片稻田来到另一个阵地后，遭到了猛烈射击。B 连指挥部扔下的一挺 0.50 英寸口径的机枪被敌人掉转枪口，向他们猛扫过来。

史密斯的军官们最恶劣的一点是对求救的伤员不施援手。有位中尉遇到了 6 名躺在地上的士兵，其中一个叫道：“中尉，能救救我们吗？”那位年轻的军官塞给他一个手榴弹，说：“我只能这么做了！”

战斗结束后，当获胜的北朝鲜军队正在休息时，好奇的村民们上前和他们搭上了话。沃允旭（译音）中尉对美国兵一点儿都不佩服；许多美国兵吓得不敢放枪。那些乞求饶命的美国兵都没有被打死，而那些负隅顽抗的人则全被无情地击毙了。沃允旭查看了尸体，嘴巴大张的美军尸体到处可见。他手下 9 班的一个士兵大笑道：“这些美国佬虽然死了，可他们的肚子还饿着呢！给，喂你们两把土吧！”他往每具死尸的嘴里都撒进一些土，逗得每个人（甚至村民们）都乐了起来。

那天下午不久，巴思准将同意玛吉·希金斯和其他记者随反坦克火箭小组活动。他告诫小组成员：“当心一点，有些坦克也许已经冲过来了。伙计们，不要在 150 码以外打它们。”

个子矮小的卡尔·迈登斯常常在遇到危险时仍设法保持良好的风度，但巴思的告诫却使他的脊梁骨上掠过了一股寒意。记者们裹在被雨水浸湿的毯子里，随这个 6 人小组分乘 4 辆吉普车出发。车到山顶停了下来，希金斯看到美军跳下卡车，在与公路平行的一道山梁上散开。这时，一个荒唐地把白薯秧放在钢盔上做伪装的南朝鲜军人策马从北边向他们急奔而来，大喊道：“坦克！坦克！就在我身后！”

“等一等,”那位澳大利亚记者说,“虽然坦克来了,可步兵没来。坦克不能驶下公路,可我们能。我们可以步行。”

不久,他们碰到一位名叫查理·佩恩的中尉,他说有辆坦克发现了他们,然后就折回去了。“我们要在这里挖战壕固守,并派巡逻兵去摧毁坦克。”

但是几分钟后,当记者们正在挖战壕时,左边1500码处的铁道上出现一辆苏制坦克,接着又冒出第二辆。这时美军一个运送弹药的小分队恰好沿公路从后边开来,有两名尉官急匆匆跑到山上。他们显然还很年轻幼稚,其中一个对佩恩说:“查理,上级命令我们带这些弹药在狙击手的掩护下猛冲过去。”他们打算把这些宝贵的弹药送到史密斯中校手中,他势单力薄的部队正在被击溃。两名尉官是想找两位志愿者。

“情况正在发生变化,”佩恩说。他劝他们等候进一步的消息,还说:“我们也许会成为卡斯特那样的英雄。”*

与此同时,希金斯注意到火箭筒小组的小伙子们盯着那辆坦克,好像在看一部新闻纪录片。在一名军官的严令之下,他们才慢慢地离开散兵坑爬过豆地去攻击。他们在离坦克500码的地方发射了一枚火箭弹,似乎直接命中了坦克,但佩恩却说:“见鬼,那些小伙子真是胆小怕事。他们本该靠得更近一些去击毁坦克。”

铁道上的坦克开火反击。希金斯看到有北朝鲜人从坦克里跳出来。机关枪吼叫起来。她从望远镜中看见一名头发金黄的美军从草地里露出了脑袋,随之便倒了下去。几分钟后,她听到有人喊:“他们打中了谢德里克,在胸部。”那个声音平淡地说:“我想,他已经死了。”

虽然火箭筒还在发射,却毫无效力。后来,火箭筒小组突然撤了下来。

一直在拍双方交火照片的迈登斯说:“天啊,他们好像是在看球赛,现在球赛结束,该回家了。”

希金斯问一位中士发生了什么事。

“他们没弹药了,”中士痛苦地说,“而且敌军步兵比他们多。另外,

* 乔治·阿姆斯特朗·卡斯特(1839—1876),美国骑兵军官,美国内战时任联邦军将领,战绩卓著,后在袭击蒙大拿州小比格霍恩河附近印第安人营地时战败身亡。——译者

这些该死的火箭筒对那些重型坦克没什么威胁，打上去却弹落下来了。”

回到营部后，当希金斯正与医疗队的一名中士谈话时，谢德里克的尸体被抬了进来，放到了房中的薄木板上。她看到他脸上有惊恐的表情。金黄色的头发和瘦弱的身体使他看上去比 19 岁的年龄更年轻。

晚上 10 点，迪安将军抵达离乌山 15 英里的平泽。他来到艾尔斯的指挥部，与巴思准将商议军情。史密斯特遣队仍无确实消息，但敌军坦克在附近的出现使他感到不安。他离开后不久，来了 4 名筋疲力尽、浑身湿淋淋的特遣队士兵。他们带来了灾难性的消息：他们已被坦克和成群的步兵打垮！几乎所有的人都已阵亡！

几分钟后，史密斯特遣队的炮兵指挥官米勒·佩里中校一瘸一拐地走进指挥部。他的叙述更确切：当史密斯下令撤退后，士兵们就拆下了炮上的瞄准器和保险栓。后来，他和史密斯回到乌山郊区后，发现拉大炮的卡车只受到了轻微的损伤。当转过通向乌山的一条弯道时，他们突然发现有三辆敌军坦克停在路上，坦克上的敌人正在抽烟。史密斯的小车队一枪未放就逃走了。他们折而向东，奔向安城，路上至少收容了约 100 名美军步兵，有些人丢了鞋、钢盔甚至衬衫。天黑后，他们全部安全抵达安城。没有敌人追击他们。

听完叙述，前来拜会艾尔斯的记者们离开战斗指挥部去睡觉。他们找到的地方太拥挤，迈登斯只得睡在桌子上。午夜前，有位随军牧师叫醒了他：“卡尔，你最好到指挥部去。”艾尔斯上校叫迈登斯去唤醒了其他记者。当希金斯走进静悄悄的指挥部时，她发现艾尔斯原先的自信已被深深的忧虑一扫而光。敌军正在突击前进，记者们奉命南撤。7 月 6 日凌晨，他们到了 34 步兵团在松乔的指挥部。希金斯累得呈大字形躺在一张桌上，迈登斯躺在另一张桌上。尽管有蚊子、臭虫，有冷风凄雨，二人还是沉沉地睡着了。他们在朝鲜参加战斗的第一天就这样结束了。

黎明时分，玛吉·希金斯醒了过来。她发现那里连一个士兵都没有了。地板上满是 C－口粮的盒子、地图和枪支。迈登斯在桌子上眨巴着眼睛，他不相信人会走完。34 团团长杰伊·洛夫莱斯上校走进屋里，他让玛吉坐他的吉普车去他在 10 英里外天安的指挥部，迈登斯坐通信队的吉普车。他们出发时，大雨倾盆而下，雨水漫过公路。迈登斯走进天安的指挥部时，有位少校告诉他：“你们离开松乔是好事。半小时后，坦克就开进去了。”洛夫莱斯对那位少校说：“让汽车离开这个城镇，这里将成为前线。”

这时，疲惫不堪、头晕眼花的美军成群结队涌进了天安，许多人没有枪、背包、钢盔或子弹带。他们非常愤怒，有些在咒骂政府把他们投进了一场毫无希望的战争，有些在指责他们的长官，有些人则感到羞愧。虽然他们看上去蓬头垢面，但他们当中的一些人面对优势敌军，确曾英勇地进行了战斗。只有经历了那个恐怖之夜的人，才能了解人们惊慌失措往回跑的情景对意志坚定的人会产生什么样的影响。

后来，大田 24 师指挥部的官员向记者们通报了情况。巴思准将承认他们已放弃无用的阵地。另一位军官说大约有 150 ~ 170 辆坦克横冲直撞。迈登斯洗漱后拿着滴滴涕急匆匆去消灭蚊虫时，听到一名少校在问一名上尉：“你有地图吗？”

“没有。我们已有好几个小时没有地图了。”

另一位军官插话道：“你不知道我们在倒霉吗？”

有人说 24 师 21 团正在城南挖战壕，“这是一种自杀性的防守。没有山，只有平坦的稻田”。

24 岁的孪生兄弟查尔斯·琼斯和尤金·琼斯在前线拍摄了美军急速后撤的纪录片。战争爆发后，他们不再为互相竞争的华盛顿各报社工作，而是设法当上了全国广播公司电视部的摄影记者。曾在二战中当过海军的他们，目标是在胶片上摄下比尔·莫尔丁在动画片中设计的画面和厄尼·派尔在散文中描述的“脸面肮脏武器干净的职业战士”的形象。

今天的战斗遭到了惨败。人们看见一名美军士兵冒着枪林弹雨，从四分之一英里处的一个村庄的废墟里摇摇晃晃地走了出来。他显然受了伤，呼救声隐约可闻，但没有人去救，最后查尔斯·琼斯跳起来大叫道：“救救他！朝敌人开火！”他冲上前去救那个士兵，尤金则尽可能快地扣动着 M-1 步枪的扳机向敌人射击，并大声叫其他人也开火。当查尔斯救回那个士兵时，尤金又丢下步枪，开始拍片。附近的一个士兵跳起身来帮助他。

玛吉·希金斯在附近的山坡上看到了这一幕。当查尔斯开始给那个伤兵包扎伤口时，她把手搭在他肩上说："当兵的，把你的名字告诉我，我一定要让你因刚才的行动而得到褒奖，那是我见过的最了不起的行动之一。"

查尔斯以为她是因大撤退而被疏散的美国平民，便朝她咧嘴笑笑说："女士，我只是个随军记者。"

4

这些日子的战地新闻在美国非常吸引读者。《纽约先驱论坛报》因两位明星记者的实地报道而大获其利。

希金斯题为《南朝鲜的一个前线指挥部》的电讯详细描写了谢德里克，但她说谢德里克是死在朝鲜的第一个美军步兵，是不正确的。她写到："军医们把那个士兵的尸体运到这里，轻轻地从吉普车上抬下来。死者被裹在一个毯子里，倾盆大雨落不到他那张年轻英俊的脸上。当军医们把尸体抬进屋时，一个二等兵痛心说：'这是什么样的找死之地啊！'"

混乱状态和紧张的撤退仍在继续。7 月 8 日晨，北朝鲜的坦克和步兵攻进天安，被击溃的第 3 营残部与敌进行了巷战。取代洛夫莱斯上校任 34 团团长的罗伯特·马丁上校抓起一个反坦克火箭筒，和 S3（作战处）的杰里·克里斯坦森中士一同行动。在城东郊，他们看见一辆坦克冲过来，就赶快跑进一间小屋里。马丁瞄准坦克射出了一枚火箭弹。同时，那辆坦克上 85 毫米口径的火炮也射过来一枚炮弹，把他炸成了两半。克里斯坦森中士奇迹般地活下来了，只是一只眼珠凸了出来，他费了好大劲才把它塞回眼窝。

更多的坦克和步兵涌进了天安。美军似乎无一能够逃走。好在友军的炮火形成了一道白色的烟障，使许多人（包括克里斯坦森）冲上了通往大田的公路。

两天之前（即 7 月 6 日），麦克阿瑟的司令部里就有传言说他计划把散布在日本各地的第 8 集团军 4 个师派往朝鲜。第 8 集团军司令官沃尔顿·沃克中将深为来自朝鲜的消息感到不安，便自告奋勇于 7 月 7 日飞抵大田。素以硬汉作风和好斗立场而受人敬服的迪安将军前往迎接，他比矮胖敦实的沃克高出许多。迪安向沃克介绍了战术上的失败、指挥方面存在的问题及一些严重的缺点。

战况比沃克想象的还要糟。在他看来，东京和华盛顿显然还未意识到朝鲜正在发生着什么。鉴于形势已非常危险，他建议迪安把介绍过的情况要点电告麦克阿瑟，以引起他本人的重视。黄昏时分，电文发了出去。

沃克发现迪安的负担太重。他的参谋人员被迫已前去指挥投入战斗的两个团作战，其余的部队散布在釜山至大田沿线。他的第 19 步兵团部署在浦项至大邱之间保护通讯线路。沃克告诉迪安首先应尽快把全师集中起来。

第二天（8 日），沃克又到了大田。这次他给迪安带来了好消息：第 8 集团军将全部开到朝鲜。迪安终于松了口气，他再也不会兼任师长和全军司令这两重头衔了。这两位将军及沃克唯一的副官莱顿·泰纳少校乘吉普车北行至离天安最近的一个高地，离他们只有 600 码的天安城里一片混乱。路上挤满了难民和士兵，其中大部分是美军第 3 营的士兵。

他们把地图铺到吉普车车盖上。泰纳听到两位将军镇静地讨论了已发生的情况和应该做的事。虽然迪安通宵未眠，但泰纳看到他仍很机敏沉着。他们的讨论被第 3 营的一名军官打断了，他汇报了坦克进攻天安和马丁被炸成两半的情况。抵抗已遭瓦解，部队正在急速撤退。

迪安面临着新的抉择。公路在天安分为两条：一条是通往釜山的大道，沿铁路伸向东南；另一条则直接向南与汉城至釜山公路相汇合。两条路均需防守，不过第一条更为重要，它经全义通到交通重镇鸟致院，并进而通往锦江。一旦北朝鲜军越过这条重要的河流，大田就会受到威胁。

鉴于 34 团已疲惫不堪，迪安派他们到北边去保护公路，另派新到朝鲜的 21 团到全义和鸟致院去进行阻击战。另一个团——19 团留做预备队。

迪安命令配属 19 团的坦克开到前线。当他和沃克还在高地上时，这些轻型坦克开来了。先到的一个排的中尉排长来到高地上，沃克叫住他：“你到下面去要干吗?”

“我要去狠揍他们。”中尉咬牙切齿地说。

沃克平静地说：“现在我们的想法是挡住这些人。我们无须冲上去狠揍他们，应守住对我们有利、我们能首先开火并能延缓敌人推进的阵地。”

迪安对此颇为敬服。沃克在战场上给中尉上了“一堂和任何军事院校的讲座同样精彩的坦克战术课”。这才是真正的沃克，不是记者们所说的“莽汉”，而是朋友们昵称的“约翰尼”。沃克是乔治·巴顿将军的得意门生，巴顿说他是“狗娘养的会打仗”，但他毫无巴顿的暴躁和自负。沃克很少骂人，从不吸烟，偶尔喝点酒。和他的偶像巴顿一样，沃克也信奉宗教，但从不认为上帝是他的私人情报官。

两位将军讨论了每团只剩两营所造成的问题。由于陆军条例是以三三制为基础的，所以有必要对部队的部署加以调整。迪安解释了建立预备队的各种困难，在第二次世界大战中用极少的预备队打过许多仗的沃克表示理解。沃克讲了其他部队在相同的形势下曾行之有效的一种战术：在纵深建立坚固的支撑点，用密集火力控制支撑点之间的地区。“在这种情况下，”他强调说：“各作战单位不要全力投入是绝对必要的。”为预防此点，各级指挥官在分配任务、选择阵地、制订火力支援计划、选择撤退路线及发布撤退命令时都应十分谨慎。最后，他要求制定出在如此复杂的条件下指挥作战的方针来。在分析问题时，他没有忘记巴顿在无数个场合反复说过的话：“高级指挥官必须着眼于是在何处而不是如何打败敌人。”这是指挥作战的要诀！在把美军和韩国军队分派到指定地点后，他将集中考虑在哪里打大仗。这意味着他可能随时调动手下的某些师，换句话说，在有重大战斗行动时，他将有例外的特别指挥。

迪安的命令已被传达下去：“不惜一切代价守住锦江防线。最大限度——再次强调，是最大限度——地延缓敌人的推进速度。”第 21 团必须守住全义或鸟致院，而且在 4 天之内不会有部队增援。锦江在大田外围流过，所以必须延缓敌人对锦江的逼近速度，才能在锦江南岸建起最后一道防线。大田的命运实系于此。

那天，沃克返回东京后发现，他本人直到 7 月 12 日才会获得指挥权。他认为自己做好了承担拯救南朝鲜的重任的准备，心中充满了常胜将军才有的充分自信。

当麦克阿瑟从沃克和迪安的报告中获悉朝鲜的局势非常严重后，他致电参谋长联席会议，说受过良好训练、具有一流素质的敌军装甲部队势不可挡。他不正确地报告说：“现在可以越来越明显地看出，这支部队在受苏联人的指挥和中共地面部队的战术指导，不能再视之为北朝鲜人自己的杰作了。”两天前他曾提出过所需军队的数字，但现在他说，他需要增加将近一倍的兵力。他最后断言：“局势已发展为大规模战争行动。”

10 日，联合国安理会决定设立朝鲜联合国军司令部，并正式任命麦克阿瑟为联合国军司令。

与此同时，他的部队正在鸟致院英勇作战，抗击北朝鲜两个精锐师的进攻达两天之久。然而美军的伤亡也非常惨重。美军参战的第一周，有两个团几乎一触即溃。许多士兵惊恐万分，把武器弹药都留给了敌人。美军装备不良，训练不精，在许多情况下还指挥不当。

现在除锦江之外，再无天然屏障可以延缓北朝鲜军队对大田的进攻了。如果这个军事要地陷于敌手，美军和韩国军队将被迫一直退到另一条重要河流——洛东江边。一旦失去这道屏障，他们将在朝鲜半岛南端受到包围。

金日成未能按原计划在 5 天内拿下釜山，但他在与世界头号强国的军队作战中所获得的胜利，确实极大地提高了其部队的士气。

第 6 章　兵败大田

（7 月 12～21 日）

1

7 月 12 日，决心尽一切可能长久固守战略要地大田的迪安将军终于意识到，从日本抵达韩国的增援部队根本没有做好战斗准备。1949 年夏天，沃克将军就已开始实行一项旨在使第 8 集团军在长期的占领任务以后做好战斗准备的训练计划。虽然他的大部分官兵进行了营一级的训练，但没有进行过团一级、师一级和集团军一级的协同作战训练，更没有进行过军事演习，因为人口稠密的日本没有可供军事演习的场所。

美军带到韩国的军事装备也是又破又旧。有些汽车是被拖上开往釜山的运输船的。许多电讯设备不能正常运作，许多武器（从 M－1 型步枪到迫击炮）不适于作战。抵达韩国的第一批美军甚至没有擦拭武器的装备。

沃克深知他的部队在训练、装备和数量等方面的不足，但他是个标准的军人，不去抱怨政府和五角大楼谁该对部队这种悲惨状况负责。他的职责是守住战略要地大田，以待更多的援军从日本赶来。他把这个任务交给了迪安。迪安推测，敌人的主要进攻将来自汉城至釜山公路与锦江的交叉处、距大田东北 20 英里的大坪里。另外，迪安预计锦江下游 8 英里处的公州也会有强大的攻势。

这项异常艰巨的任务得由迪安兵员不足的 24 师来完成。他的 3 个团（34 团、21 团和 19 团）的战斗力都已很弱。34 团在过去一周内已被击溃，它的指挥官之一被解职，继任者又在一次激烈战斗中被炸成两半。第三任团长罗伯特·韦德林顿上校，49 岁，是该团原来的主任参谋。

由理查德·斯蒂芬斯指挥的 21 团在艰苦条件下打得相对出色一些，但在天安和乌致院的两次残酷战斗之后，该团大幅减员，只有 1100 人。迪安命令这两个残缺不全的团作为预备队部署在大田以北的飞机场。

迪安的 19 团团长是小盖伊·梅洛伊。该团有辉煌的历史，曾在 19 世纪的美国内战中因战功卓著而获得“奇克莫加磐石”的称号。但是梅洛伊手下的 2276 人中绝大部分都是新兵，而且尚未来得及对他们进行适当的编组。更为不幸的是，他们在向北去汉城至釜山公路大桥途中，见到了撤往预备阵地的疲弱之师——21 团。这些年轻人看到 21 团的模样后产生了动摇，自信心减退了。7 月 12 日，他们在公路大桥两侧挖好了战壕。那天夜里，工兵炸毁了部分大桥，准备第二天再彻底炸掉。

下游 8 英里处，34 团的工兵于 13 日凌晨 4 点钟成功地破坏了公州的钢梁桥。他们炸的正是时候，因为黎明时分，朝鲜人民军第 4 师的步兵就把机枪架到了锦江北岸。罗伯特·韦德林顿的部下看到一辆坦克正在逼近，便匆忙隐蔽到离锦江数百码远的散兵坑里。直到下午，敌人才向公州城发射了炮弹，但随即又停了下来。美军不知道锦江战役何时才能打响。

杜鲁门总统派柯林斯将军和范登堡将军亲临远东直接判断形势。他们两人从华盛顿飞抵东京，于上午 9 点钟会见了麦克阿瑟和他的参谋长阿尔蒙德少将及刚从韩国飞回的沃克。

麦克阿瑟希望阻断中国对北朝鲜的援助，但只有中程轰炸机才能做到这一点。他断定苏联人不会参战，但会继续支援敌人。他呼吁立即最大限度地增援美军和韩国军队，而不是按部就班地调兵遣将。他说：“让平时的办事观念见鬼去吧。”

柯林斯和范登堡都同意必须挡住北朝鲜军队的推进。柯林斯说他必须把麦克阿瑟的要求和政府总的军事计划结合起来，因此他需要知道麦克阿瑟什么时候能够发动大规模反攻。麦克阿瑟说目前还无法确定，希望美军 3 个师投入战斗后能挡住敌人的挺进。他的目标不仅仅是把北朝鲜军队赶回三八线的另一边，而且要消灭他们，并进而“统一朝鲜”。他也许得占领朝鲜全境，为此，他需要 8 个步兵师。

范登堡问如果中国人参战怎么办，麦克阿瑟说：那就把他们消灭在北朝鲜。这是动用原子弹和阻断他们的补给线的大好时机！沃克将军说他需要马上得到11个步兵营。麦克阿瑟最后说："我们要么在这个地方赢，要么在所有的地方输；如果我们在这儿赢了，我们就增加了在所有的地方赢的机会。"

会议结束后，沃克和柯林斯飞往韩国。下午，他们抵达第8集团军在大邱新设的司令部。沃克同意麦克阿瑟对战局的估计，认为如不出现意外情况，他可以在半岛南端守住一片很大的根据地。

柯林斯只停留了一个小时，但却感到不虚此行。他更了解了朝鲜山地的崎岖难行和美军在战场上面临的难题。

玛吉·希金斯受到了一次严重打击，这打击就"像被子弹射中一样"令她震惊：她被命令离开朝鲜。她当时认为这可能是有人指责她写了对敌人有帮助和安慰作用的报道的结果，后来才得知这是因为沃克将军认为在朝鲜没有妇女的容身之处。麦克阿瑟赞同这项命令，他说沃克有权管理所有的随军记者，而且有权"决定哪些记者可以留在朝鲜"。

虽然得到了迈登斯和比奇的安慰，希金斯还是很担心自己的工作。自从比加特警告她如果继续留在朝鲜将被解雇之后，她就一直未接到来自《纽约先驱论坛报》报社的任何消息。她给自己在纽约的办公室打电话："我要到大邱沃克将军的司令部去提醒他，我是受正式委任的特派记者，并说服他相信，我是一名称职的记者，而不仅仅是一个妇女。"

她的声明被《纽约先驱论坛报》刊出并通过电讯机构传遍了世界。希金斯还向麦克阿瑟发出了呼吁，迪安和许多官兵支持她。斯蒂芬斯上校甚至答应，如果她被报社解雇，他就让她加入步枪排。

柯林斯将军和范登堡将军刚一离开韩国，沃克将军就召集各部负责人开会，向他们阐述首要任务和作战方针。这次会议对参战的高级官员都是第一次。沃克的开场白就引起了他们的重视："你们应该忘掉我们在第二次世界大战中的胜利，而应记住那些失败。我们就像开战初期与日军作战的那些美军，指挥官几乎没有经验，部队缺乏训练，装备残缺不全，状态极差，缺乏足够的通讯设备，供应系统令人头痛，火力支援几乎谈不上。你们当中也许有人认为我们的情况比敌人好，其实不然！

大田以北的战况即可证明此点。但是，我们一定会把局面扭转过来的。”

他说敌人打算夺取南朝鲜，“就我个人所看到的而言，他们也许有能力实现这个目标”，这时他的脸绷紧了，更突出了他的硬汉形象。他继续说：“我不想让他们得逞，现在我们无力阻止他们，但援军已在途中。我们必须延缓他们的推进以待援军的到来。”

7 月 14 日晨，罗伯特·韦德林顿上校的 34 团在公州发现敌人在锦江北岸集结了更多的坦克。不久，L 连的侦察员报告说北朝鲜军正在下游乘两条驳船渡江。到 9 点半钟，已有大约 500 名敌军渡过了锦江。L 连连长阿尔奇·史密斯中尉由于无从寻求机枪和迫击炮的支援，下令全连撤退。当他到了营部报告了撤退以后，即被解除了职务。这时，34 团的整个左翼防线已完全不复存在，北朝鲜军蜂拥进入阵地。不久，敌步兵在准确的迫击炮火支援下，占领了 34 团的炮兵指挥部。

当沃克获悉敌人正在强渡锦江时，他就知道 24 师的火力不足以抵挡敌人的大规模进攻。他们急需空军的近距离支援，他把这个情况通知了正从其他地方调集飞机的第 5 航空队。

沃克和他的私人飞行员尤金·迈克尔·林奇上尉乘飞机前去视察战场。在飞往大田途中，沃克收听了报告战况的电讯，许多飞行员说发现的目标太多，不知道首先轰炸哪个才好。锦江已“红浪滔滔”！飞临现场上空后，沃克将军震惊了。北朝鲜第 4 师的全师部队正在渡江猛攻 34 步兵团设在公州以北的防线。正在燃烧的敌军坦克停在江岸，直接向守军开炮轰击。敌军的大炮炮弹也不断地落在 24 团的前沿阵地上。驳船、泅水或涉水过江的士兵以及漂浮的尸体铺满锦江水面，还有更多的敌军在岸上等待渡江。下游几英里处，另一个渡江地点的战斗也同样激烈。在沃克观察地面的激烈战斗时，空军联络员在东线看到朝鲜人民军第 3 师的部队正在突破 19 步兵团的防线挥师向东。敌军坦克利用成堆的干草和小木屋隐蔽了起来。24 师一架联络机的飞行员发现许多坦克履带印痕通向不同的地点，但没有返回的印痕，便进行了汇报。这个消息引起美军的不安。这意味着敌人改变了战术，在夜间向前推进以躲避侦察。24 师的左右两翼现在均受到了威胁，如果在 24 师右边的韩国军队也受到进攻的话，迪安很可能被消灭在大田。在返回指挥部的途中，沃克飞临韩国军队上空，看到他们仍在牢牢地坚守朝北的阵地才松了口气。显然，第8集团军组织最后防御的速度必须加快。

一下飞机，沃克看见了作战处的阿伦·D. 麦克莱恩，麦克莱恩是一位冲锋陷阵的虎将，他希望采取行动，不愿长时间等待。沃克把地图铺到飞机机翼上，大略介绍了建立后来著名的"釜山防御圈"的计划。他说："麦克，我要你找到尽可能靠前的最佳防线。"麦克莱恩点头答应。沃克又说："林奇和你一同去。他参加过步兵作战，知道怎样看地形，乘我的飞机去。"

"你什么时候要结果？"麦克莱恩问。"就现在，"沃克回答。"你想让我们从这条线向前飞多远？"麦克莱恩又问。沃克从地图上抬起眼睛盯着他说："一直往前，直到他们开炮轰击为止。"

罗伯特·韦德林顿直到下午3点15分才获悉团部和两个炮兵阵地都已被敌人攻占。他命令1营发动反攻，一个多小时后1营才向北出击。他们在途中一直未遇到敌人，直到先头连接近被攻占的大炮阵地时，才听到了零星的枪声。由于夜幕即将降临，营长下令全体撤退。

锦江防御战一开始就是一场灾难。一天下来，防线的西端即被敌人攻占。34团的撤退使其东部19团的左翼门户洞开。T－34型坦克和自行火炮在被炸毁的公路大桥附近渡过锦江后，对美军开炮轰击。19团毫无作战经验的士兵们防守着大约30英里的锦江防线。很明显，敌人不久就会从他们的两翼包抄过来。

迪安将军通过无线电给韦德林顿和从未率军队打过仗的19团团长、47岁的小盖伊·梅洛伊上校下达了激励士气的命令："固守所有阵地，直到我们能够打垮敌人并重新控制局面为止。眼下我正在赶往前线的途中。"但在写这道电令时，迪安肯定知道他守不住大田。他通知斯蒂芬斯上校说34团已遇到了麻烦，他必须率21团进入大田以东的阵地。"我们必须同心协力让19团和34团撤出来。"斯蒂芬斯上校带领他的21团（只剩下1100人了），从大田机场向北回军8英里奔向沃川——一个在汉城至釜山干线公路上的村庄。迪安命令史蒂芬斯占领沃川以西的高地以保护34团的背面。史蒂芬斯派遣一个工兵连去准备爆破大田以东的所有隧道和桥梁。

梅洛伊所能做的，就是派托马斯·麦格莱尔中校率领一个连，开着两辆 M－24 轻型坦克和两辆载有 0.5 英寸口径机关枪的防空车（占预备队总数的 2/3）前去阻挡敌人在左翼的进攻。这就是麦格莱尔特遣队，任务是保卫左翼的安全。

阵地上的寂静是一种假象。梅洛伊知道大规模的进攻不过是个时间问题。对着他的阵地中心，即被炸毁的公路桥附近，有一些试探性的射击，但并不密集，敌军的坦克和大炮也只是偶尔从对岸打过几发炮弹来。

晚上只有一些小规模的进攻。凌晨 3 点钟，一架北朝鲜飞机扔下了一颗照明弹，梅洛伊的部队开始受到敌军坦克和大炮的猛烈轰击。一小时后，北朝鲜军在 C 连和 E 连阵地的间隙渡过了锦江。C 连连长亨利·麦吉尔中尉打电话给 1 排排长托马斯·马尔少尉，问他是怎么搞的。“我们干得很出色，”马尔说，“只是弹药打光了。”半分钟后，一发小型冲锋枪子弹射进了他的脑袋。

3 小时之内，C 连就被彻底打垮，北朝鲜军队冲过了滩头阵地。这就像一道堤坝被炸开了口子一样，一发而不可收拾。整个 19 团一下子陷入了将要被包围的险境。梅洛伊上校迅速组织炊事兵、面包师、司机、技术兵、文职人员和警卫排发动反击，但遭到了失败。在组织第二次反击时，梅洛伊受了伤，不得不把指挥权交给 1 营营长奥索·温斯特德中校。温斯特德中校下令向大田撤退，但南撤数英里后，他们又遭到了一股强敌的伏击。

7 月 14 日晨，除了一个高地外，美军挡住了敌人的所有进攻，但到下午，整个锦江防线就崩溃了。

2

负责防守汉城至釜山公路以东阵地的韩国军队南撤的速度与西线的美军一样快，但他们也曾进行了顽强的抵抗。沃克将军前去拜见李承晚时称赞了韩国军队，他的风度和必胜的信念吸引了李总统。这只是一次简短的拜访，但当诺布尔事后打电话给李时，发现他们夫妇二人的情绪都高昂了起来。他们终于盼来了一条真正的硬汉！

玛吉·希金斯仍避而不去沃克的指挥部。现在，要她回东京的命令已成为国际性的新闻。俄国的《新时代》周刊的一幅漫画描述她正在被刺刀赶出朝鲜，漫画题为《麦克阿瑟的第一个胜利》。

第二天（7月17日），沃克得到通知，在李总统的建议下，他将被授予韩国所有地面部队的指挥权。豪斯曼上尉和美国顾问团的高级军官们都很欢迎这个消息，这些军官曾和钟日昆将军一起重新整编了被击溃的韩国军队。韩国军队在战争开始阶段损失惨重，但他们的大规模重新武装活动不得不推迟，因为公路和铁路上都拥满了美军。对被围困在半岛东部的韩国军队来说，要得到数量极少的给养和武器装备都是很困难的。

他们的顾问建议把尚存的韩国军队整编为两个军。在钟将军的协助下，军队已按建议进行了整编，现在需要补齐残存的5个师的兵员。

吉姆·豪斯曼与沃克的第一次交谈是在紧张的气氛中开始的。沃克走到豪斯曼的桌子边相当粗率地问："你就是我必须征得你的同意才能调动韩国军队的那个上尉吗？"

"我希望不是，先生。"豪斯曼解释了顾问的职权范围，终于使沃克将军相信，如果他的命令通过韩国军队的指挥系统下达，定会得到最有效的贯彻执行。他说："只要你下命令，我就会监督执行。我会让钟日昆将军下达指令。如果他下令调动某部而该部不动，该部指挥官将被当场枪毙。"他说这项命令是李总统签发的，非常有效。从那一刻开始，豪斯曼和沃克就一直保持了良好的关系。

7月18日早晨，玛吉·希金斯走进了大邱沃克的指挥部。谁都没有注意到她，因为她身穿咔叽布军装，头戴钢盔衬帽，大家都以为她是个士兵。当她问一位公共关系官员，记者们在哪里住宿时，他认出了她，说："我正要带你去机场呢。现在我得去叫一些宪兵来，你可以把这些写在你的小笔记本上。"

"我被逮捕了吗？"

"别废话，我知道你那套宣传鬼把戏。"

一到东京，她就获悉麦克阿瑟已撤销了把她赶出朝鲜的命令，她决定重返战场。

当霍伯特·盖伊——二战中曾担任过巴顿的主任参谋——率领美军第 1 骑兵师到达韩国时，沃克将军亲自前往迎接。沃克问他怎么样，他说："还是老样子。"

"这里却不一样，霍伯特，"沃克说，"你离开日本后，情况就越来越糟了。你没有整顿队伍的时间。实际上，你不可能以团为单位集中队伍。我需要马上在迪安身后部署尽可能多的部队。你要做好以营为单位调动的准备。"

沃克和他的老朋友多待了几分钟。"霍伯特，你手下的指挥官几乎都没有实战经验，就像巴顿常说的，他们只有匹夫之勇，容易受到敌人的攻击。"他把对迪安和基恩说过的话告诉了盖伊："我们必须以时间换空间。"他还讲了一些行军打仗的基本原则："尽可能久地控制高地，进行纵深防御，保留预备队，注意两翼，保护好大炮，不惜一切代价保持通信的畅通，不要与敌人进行决战。"对老兵来说这都是老生常谈，但没有实战经验的指挥官们却常常要付出血的代价才能懂得这些原则。第 1 骑兵师将在战争的祭坛上洒下更多的鲜血。

当沃克要离开时，几名记者围住了他。"骑兵师来了，你打算反攻吗？"有记者问。沃克盯了他一眼，一句话也没说就上了飞机。林奇注意到了问话人脸上吃惊的表情，对沃克说："将军，这些家伙不会很欢迎你。"

"我知道，"沃克说，"但是你无法给一个愚蠢的问题以聪明的回答。"

沃克飞到大田机场把骑兵师到朝鲜的消息告诉了迪安。他估计盖伊的先头部队抵达永同增援 24 师得花两天时间。他想知道迪安能否将大田固守至 7 月 20 日。他们一起研究了地图；迪安认为尽管兵力薄弱易散，但在城西高地进行阻击战还是可以的。尽管如此，战局仍然无可挽回。迪安的 19 团与敌初次交锋即被击败，回到大田东南 30 英里处的永同——24 师后方指挥部所在地进行休整。21 团在锦江北岸的防御战结束以后，情形与 19 团一样糟糕。这样，守卫大田的只剩下 34 团了。另外，迪安还剩两个炮兵营阻击敌军两个精锐师的联合进攻。

大田坐落在锦江以南一条南北走向的又长又窄的山谷里，共有人口13万。它位于汉城至釜山公路上，距北部的首都100空里，距半岛南端的港口城市釜山130空里。

沃克命林奇向南飞行，以便查看一下通往群山的公路。群山位于锦江的出海口。如果北朝鲜军队要包围大田迪安的部队，必定得经过这条路。林奇降低高度从24师侦察连头顶上飞过，沃克看到他们占据了大田以南约10公里处的最佳的一道防线。他们从那里继续飞行，飞临大田正西的一道山岭。通过大邱的公路在此经过一条隧道，有美军部署在这块高地上。“沿那道山岭飞。”将军命令道。林奇把飞机降低到与山岭同样的高度，绕行了一周，使沃克对战地的情况有了总的了解。大田和大田通往隧道的道路一览无余，是一个带有一片开阔地的理想防御阵地。飞回大邱途中，他们在山岭和永同之间的地面上看到了24师的许多部队。沃克放心了。只要迪安不在大田与敌进行决战，他就能坚守到7月20日。

到7月19日傍晚，迪安的防线就建立起来了。34团1营在大田东北2英里处公路边的一个高地上挖好了工事。该高地距大田机场1英里。第1营背后、距大田只有半英里的一道山岭上，迪安部署了第3营。

1营东北是19团残部。晚上10点半，2营G连的罗伯特·赫伯特中尉奉命率全排47人从连部防线撤到营部所在地作预备队。他的部队试图冲破北朝鲜军队路障的行动失败后，已变得疲惫不堪。

一到营部，上级就命赫伯特做好应付一切紧急情况的准备，翌晨将由他组建一支警卫部队。当赫伯特去营部附近的一个地方宿营睡觉时，四周是一片令人恐惧的寂静，他有点担心，便返回了指挥部。他和营长麦格莱尔中校正在闲谈时，听到了急促的奔跑声。一名士兵疯了似的冲进来，结结巴巴地说E连已经全军覆没！每个人都遭到了无情的屠杀。

麦格莱尔命令赫伯特率领全排前去抗击敌人。他刚率部走上公路，麦格莱尔就乘吉普车追来，说：“上车。”他们一同前去侦察。他们到E连被“屠杀”的地方已是午夜。E连连长说，敌军一个排的进攻已被击退，现在一切正常。

“好了，赫伯特，”麦格莱尔中校说，“把你的人撤回去吧。”当头发金黄、身材修长的赫伯特正准备撤回时，那个报告了屠杀消息的人又风风火火地跑来大喊："敌人的一挺机枪正在大桥的另一端扫射吉普车，屠杀美军。"

"赫伯特，"麦格莱尔耐着性子说，"带你的人去看看发生了什么事。"

赫伯特带人到 E 连驻地据说美军正在被机枪扫射的地方，什么声音也没有听见。真是白折腾了一夜！

东边 3 英里处，令人不安的报告也不时地传入 34 团 1 营的指挥部。营长艾尔斯上校本人曾听到坦克的轰鸣声，并派出一个侦察员前去侦察。但侦察员一直未回来报告。快到午夜时传来了一个令人震惊的消息：大田以南的公路上出现了敌人；一辆巡逻的吉普车在大田以南 6 英里处为敌人路障所阻。显然，敌人在向大田背后移动。7 月 20 日凌晨刚过 3 点，1 营的 S2（参谋官）跑进艾尔斯的指挥部说："敌人已突破主要防线！"

艾尔斯听见了轻武器的射击声。他走出指挥部，看见照明弹在炮兵阵地上空闪耀。

北朝鲜军第 4 师正在沿公路向艾尔斯的右翼推进。凌晨 4 时，艾尔斯的指挥部受到了轻武器的扫射。他试图与前线的几个连取得联系，但未成功。他电告飞来韩国继韦德林顿任 34 团团长的查尔斯·比彻姆上校，敌军坦克已突破了他的防线。

局面异常混乱，艾尔斯不得不下令撤出指挥部。当比彻姆要与他联络时，他已经离开了。

黎明时分，迪安在大田被零星的枪声惊醒。他闻到了炮火硝烟的刺鼻气味。随着时间的推移，他希望 34 团固守阵地以待更多援军到达的可能性已越来越小。他的副官阿瑟·克拉克报告说敌军坦克已出现在大田郊区。克拉克在收拾铺盖时说："我想我们今晚不会再睡在这儿了。"

天快亮时，赫伯特中尉越过大桥去疏散村民。他在大桥另一端发现了一辆还在燃烧冒烟的吉普车，司机已被烧死，他的助手躺在吉普车旁边，也已死去。他回到自己的指挥部不久，一辆吉普车从大田方向呼啸而来。车上的人报告说公路上一处重要的交叉口已被敌军 3 辆坦克封锁！

赫伯特看得见城里的硝烟，也听得见城里传来的爆炸声。

麦格莱尔命令赫伯特会同34团B连打通公路，但没有反坦克火箭筒或手榴弹供给他。赫伯特率部向距大田市中心不足1英里处的那个交叉口进发。敌军坦克显然会沿公路前来进攻，所以赫伯特在交叉口附近的一个采石场周围设置了路障。

迪安将军没有离开大田。他和副官以及一名韩国翻译在各处搜寻敌人的坦克。他们发现了两辆被打坏的T-34型坦克，坦克附近有一辆美军的无后坐力炮车。炮车上的司机看到了迪安，迪安便把另外一辆未受损的敌军坦克指给他。他一连打了4发炮弹，均未击中目标。受挫后，迪安调来携有两支2.36英寸口径火箭筒的小组，步行追赶一辆向南驶去的敌军坦克。迪安将军像猎犬一样，终于在接近赫伯特设置的路障时追上了那辆苏制T-34型坦克。赫伯特见坦克朝他驶来，正准备开火，猛听到有人喊："别开火！那是我们的坦克！"赫伯特赶忙住了手，因为他听说大田有友军的4辆坦克。那辆T-34型坦克在距路障30码的地方停下来。坦克顶盖打开后，一名北朝鲜坦克手探出头来，看了看路上的尸体和燃烧的车辆，然后飞快地关上了顶盖。当赫伯特意识到那是敌人时，坦克已经开走了。继而，他从望远镜中看到一支队伍向他走来。他认出了在肮脏的公路上循坦克印痕而来的迪安将军。

"先生，"他问，"到底发生了什么事？"

迪安大笑起来。他问赫伯特为什么把敌人的坦克放走了。

赫伯特讲了事情的经过，然后说："士兵们会留在这里战斗，但我必须告诉他们我们正在干什么。"

"我们正在固守大田以西的阵地，等待第1骑兵师完成集结，前来增援。"

"什么时候，先生？"

"等他们集结完毕。"

"什么时候，先生？"他坚持问道。

"等他们集结完毕。"迪安笑着重复道。他又说第1骑兵师正在大田以南集结，而敌军坦克已有9辆在早晨冲进了大田。他命令赫伯特，如果刚才那辆坦克返回，就将它击毁。然后他带着那支小队和两支火箭筒步行回大田去了。

赫伯特爬上公路交叉口南侧的高地，发现从西南方向来了一支部队，但看不出他们是敌是友。他们兵分两路，一路在公路上，一路在山谷里，相距75码远。有人叫喊说敌人的坦克回来了！身材修长的赫伯特边往山下跑边喊："打掉它，打掉它，看在上帝的份儿上！"打掉它并不困难，但发射火箭筒的士兵发抖了，火箭弹落到了坦克后面的地上，坦克丝毫未受损伤，仍在隆隆地行进。赫伯特忽然恨起自己来。他本应该带着火箭筒留在公路上。如果是他自己，肯定不会打偏。他又冲上高地，观察正在靠近的那支队伍。那支部队人数很多，不会是2营，肯定是北朝鲜军队。

北朝鲜军队的炮弹开始落在阵地上并炸死了几个士兵。赫伯特在自己的观察点看到34团的官兵们撤出了大田。他决定固守至夜幕降临即率部撤退，即使他没有接到命令。阵地上的情况很不妙，他只好派一名通信员去寻找迪安将军。

迪安将军回到大田以后仍在寻找打坦克的机会。他和副官克拉克中尉找到了一个携有3.5英寸口径火箭筒的小组。他们和几名步兵一同爬上了一幢二层商业大楼的顶层。迪安在窗口看到了一辆敌军坦克，坦克的炮口离他只有大约12英尺远，他完全可以打掉它的炮筒。他告诉火箭筒手应该精确瞄准的部位，火箭弹果然打中了坦克，他们听到坦克内的敌人在惊恐地尖叫，据克拉克回忆，第二发火箭弹"使大部分尖叫声沉寂下来，第三发炮弹就使所有的尖叫声都沉寂了"。

3

那天天刚放亮，迈克·林奇就和麦克莱恩上校飞到大田去取迪安的阵地图。大田机场已遭炮火袭击，麦克莱恩询问了34团指挥部的几位军官后，就马上飞回了大邱。他告诉作战处，敌军已发起对大田的进攻，迪安需要一切可能的支援。

数小时后，一位空军少校来到第8集团军的航空分队问："迈克·林奇在哪儿？他得开飞机把我送到大田。24师急需一个空军联络官。"

"大田已处在炮火之中，"林奇告诉他，"我今天早晨到过那儿。"

“沃克的指挥部要你把我送到那儿，”少校说，“另外我被告知机场仍是开放的。”他们就立即驾机起飞了。

他们降低高度，降落在大田机场，把飞机停在隐蔽着几名步兵的散兵坑附近。少校打开座舱盖准备下飞机时，士兵们突然大声喊道：“快离开这儿！机场对面的活动房屋里有敌人。”就在这时，机枪响了起来。他们来不及返回跑道，匆忙驾机起飞，在活动房屋和惊恐的敌人的头顶上掠过。升到空中后，少校看到两架雅克飞机向他们开炮，均未击中。南飞途中，林奇发现侦察连已经开走，只有少数步兵守卫着那道山岭。他知道沃克很重视这两处阵地，认为它们对迪安的大田保卫战来说是至关重要的。

一下飞机，林奇就向作战处汇报了24师处境的变化情况，由他们转告沃克。迈克还告诉沃克侦察连已开走，那道山岭上守军极少。沃克猜想是迪安改变了防御计划，而且知道这些变化。这个推测的结果是灾难性的，因为迪安毫不知情。

正午以前，迪安成功地结束了他的坦克搜索战。回到34团指挥部找比彻姆上校。在吃C－口粮时，迪安对扫毁敌军坦克一事津津乐道。迪安和比彻姆都未意识到他们已陷入绝境，所以平静地讨论了下一步的行动计划，认为他们的部队还在西线1英里左右的地方阻击敌人。实际上，34团的两个营已在山上被击溃，19团残部中也只有顽强的赫伯特少尉在坚持作战。尽管如此，当吃完午饭后，迪安还是命令比彻姆让部队在白天撤退，而不必按原计划等到晚上再撤。

下午大约2点钟，比彻姆叫他的作战主任用电报或电话给各部下达准备马上撤退的命令。但是34团1营和19团2营都联络不上，只有34团3营接到了命令。

北朝鲜人已从三面逼近了大田。守卫路障的赫伯特等人的弹药已经打光，好在撤退的命令终于下达了。这批英勇战斗了一天的战士挤在剩下的卡车里，很快就撤到了大田市中心。赫伯特看到19团和34团的大约150辆卡车一辆挨一辆停在那里，其中有工程车、炮车、步兵的卡车、运兵车以及载重武器的车。每个人显然都在为能否出城担心，但大家都没有恐慌。

将近下午6时，军车车队出发了。由韦德林顿上校的吉普车当先开路，车队穿过弥漫的硝烟向南行驶。大田的许多地方都在燃烧，破砖碎瓦不时落在横七竖八躺着美军和北朝鲜军尸体的街道上。混乱中，车队的后半部分没有跟上，停了下来。赫伯特走到最前头，见有位炮兵少校迷迷糊糊地坐在吉普车里。

“先生，我们得往前开！”赫伯特说。

“好的，好的。”少校说。但他又问谁知道出城的路。

“往前开！”赫伯特气冲冲地大喊。车队终于又启程了。赫伯特认为他们出城不会有什么困难，就和通信员跳上了离他最近的一辆炮车。敌人从没有燃烧的建筑物中用轻武器袭击车队，美军则在车上开枪回击。在车队最前面，韦德林顿的吉普车遭到了密集火力的阻击。人们纷纷跳出车外。待敌人的射击稍一放缓，韦德林顿又命令车队继续前进。他本来可以跟上，但因他的吉普车落在了卡车之后且难以超过去，他便命司机绕道往车队最前头赶。他们不幸迷了路，开进了一所校舍附近的一个死胡同。敌人的轻武器火力使他们无法调转车头，最后吉普车被打坏，他们都逃走了。

车队的后半部分由于拐错了弯，也恰好开进了这条死胡同。他们和韦德林顿一样放弃了汽车。赫伯特也在这批人中间，他走回去找自己的部下，但未找到。

迪安等人的两辆吉普也迷了路。迪安的司机没有看到前一辆汽车向左拐上了通往釜山的公路，而是照直往前开，第二辆吉普和 L 连的汽车尾随而来。克拉克中尉发觉他们忘了拐弯，但不等他们调转车头，敌人的枪声就响了起来。他们只得继续往前开。

开往釜山的主要车队行驶数英里后，遭到了敌人迫击炮的猛烈轰击。当先开道的半履带式车被击中起火，第二辆半履带式车把前边那辆车的残骸推下公路，继续前进，但司机又被打死，车也燃烧起来。敌军机枪火力横扫路面，迫使美军爬进了路边的沟里。北朝鲜士兵从稻田里爬起来，用冲锋枪向公路上扫射。

美军冲上公路，把汽油浇在汽车上点燃，然后向公路北侧的高地上转移。

在车队的后半部分受阻的地方，赫伯特听到一位少校在命令部下往高地上冲。少校的部下共有 125 人。其中有些人已被打死，剩下的惊恐万分，没把汽车烧毁就四散逃上了山。赫伯特指责了他们的军官，但也于事无补。他还有一支 M－1 步枪和四五梭子弹。他从他乘过的卡车上抓起4颗手榴弹，把2颗给了他的通信员，然后向山上爬。赫伯特跑到队伍前头去负责指挥。这时已是晚上9点左右，赫伯特在徐徐降临的夜幕中看到一支北朝鲜军队从西北边逼了过来。

到达另一个山头时，殿后的一位中校向前面的队伍下达了休息的命令。但是性格坚毅的赫伯特知道休息会带来灾难性的后果，所以继续前行，有大约60个人跟随他。走到另一个高地上时，他回头远望，听到枪炮声在其他人休息的地方不断传来。他猜想他们那批人很快就会被打死或被俘。他率领疲劳之兵继续南进，终于潜出敌军防线，来到了安全的地方。他们后来又参加了战斗。

迪安将军的吉普车拐错弯之后，他查看了一下地图，决定走另一条路，沿这条路走可能比卡车堵塞的大道走得更快。在大田以南1英里处，他们遇到几个步行的伤员，迪安让他们坐进了吉普车。这时有个狙击手放了一枪。迪安瞥见山头上有个北朝鲜人的影子，就端起 M－1 步枪放了一枪，那个影子应声倒下。不久，两辆吉普车遇到了路障。敌军以密集火力扫射公路，迪安摔到沟里后，把 M－1 步枪和手枪都丢了。克拉克和他在同一条沟里，另有17名美军和一个被吓昏了头的朝鲜平民。他们爬过一块豆地，坐在一条河岸上休息。他们几乎没有武器，克拉克还有一支手枪，他坚持让迪安带上它。他说："反正我已不能用它了。"他的肩膀受了伤。

迪安率他们涉水过河后，又爬上了一个陡峭的山坡。这时天已漆黑，已看不见公路上的其他美军。有一次休息时，迪安听到了流水声，就循声去找水，结果失足滚下了山坡。"我记得我在一个陡峭的山坡上往下跑，怎么也停不住。"他摔下去后失去了知觉。

克拉克到处找他，都没有找到。当苏醒过来时，迪安将军发觉自己起不了身。他头晕眼花地看了看手表，才知道当时是7月21日午夜12点半。他独自一人躺在干涸的河床上，两面都是陡峭的山坡。他所想的只是："我的上帝，上边的那些人怎么样了？我不知道我在哪里。"

第7章　一个二等兵掌握了指挥权

（7月19～31日）

1

沃克将军面临的不仅是大田的突破，而且还有另外两个地方的极其危险的大规模进攻。在西海岸，朝鲜人民军第6师在未被发觉的情况下向南迅速推进，并占领了大田西南40空里处的全州。防守这个重要城市的只有警察，北朝鲜人几乎没有什么伤亡。人民军第6师是由以前在中共军队中服役的北朝鲜志愿人员组成的两个战斗力很强的师之一。他们在人民解放军与蒋介石的战争中得到了锤炼，是美国人所遇到的最有战斗力的部队。这时他们奉命继续向朝鲜半岛的西南端挺进，然后挥师东向，发起对釜山的最后进攻。

与此同时，金日成的主力部队正在经由大田以东的两个山地走廊无情地穿越南朝鲜中部山区，这个地区是麦克阿瑟交给韩国军队防守的。在大田受袭的时候，北朝鲜军队从半岛的主要山脉上冲下来，在东海岸形成了令人恐惧的势头。沃克将军派刚刚抵朝的美军第25师前去帮助韩国军队遏制敌军在他的大邱指挥部以北不足70空里处的攻势。美军的初次行动是在金泉——大邱以北55空里处一个重要的交通中心。7月19日，北朝鲜人攻破了金泉城。沃克命令25师师长威廉·基恩将军夺回该城。基恩派他的24团去完成这个使命。该团除了一些白人军官外，都是黑人。他们急于用实际行动驳斥黑人是蹩脚的战士的闲言。

24团团长霍顿·怀特49岁，从未率领部队参加过战斗。到韩国后他曾私下里对77工兵连黑人连长查尔斯·布西中尉承认自己要打仗是太老了。他说：“直到今天早晨我才认识到当兵打仗是年轻人的事，我的青年时代已过去。”不过他发誓要尽职尽责。

7月20日晨，24团向金泉前面的一个村庄运动。美联社记者汤姆·兰伯特蹲伏在山坡上的一小块大豆地里，看到了敌军两个连在大炮和迫击炮掩护下向美军侧翼发动的突击战。这种战术是共产党一直在成功运用的战术。

在兰伯特的西边，分成小股的美军正在急速穿越稻田。兰伯特看到一名机枪手扛着枪弹挣扎着走进了一片树林。沉默了一会儿，机枪就响了起来。兰伯特的注意力又被吸引到了北边，黑人士兵正在小心翼翼地走进一些房屋。他们一边走一边开枪。突然，敌人的迫击炮弹落进了刚被美军放弃的一个土屋。然而美军毫不犹豫地推进到了一个前哨阵地。

金泉为一条山脉所环绕，其一部分由于两架“野马”式战斗机的俯冲扫射而燃起了熊熊大火。山脊上的美军紧张地跑来跑去以躲避枪炮的袭击。向侧翼进攻的敌军两个连进到郊区后，美军又受到了迫击炮的猛烈轰击。美军指挥官把部队撤退到一个环形防线内请求大炮支援。整个晚上炮火不断，使北朝鲜军队无法突入美军防线。

午夜以后，24团的一个营在获悉进攻计划后进入阵地，由L连打头阵。21日黎明，该营黑人营长、来自伞兵部队的布雷德利·比格斯上尉按常规展开了部队。他们冒着猛烈的机枪火力和迫击炮向前挺进，依次摧毁了北朝鲜军队的阵地。

布西中尉带着给他的工兵们的第一个邮包，乘一辆吉普车向金泉进发。中午1点左右，他在途中听到了战场上传来的枪声。碰上了一队卡车，他从一名步兵口中得知他的工兵们正在带头冲锋陷阵，看到一些小木屋正在燃烧。他爬上一座小山俯视金泉，看到该城和另一座山之间的峡谷里有大约25个身着白衣的人。后来有更多的人（至少有200个）跑出来，像士兵一样发起了进攻。如果他们把那些卡车点燃的话，全营都将被包围在金泉。布西冲下山去，调集了一些士兵、两挺机枪和几箱弹药。正当那些白衣人靠近时，他把机枪架起来，朝他们头顶上扫射了一排子弹。如果他们是平民，他们定会四散逃跑，但他们没逃，所以布西命令两挺机枪一齐开火猛扫。敌人的迫击炮弹开始落下来，弹片击中了布西，炸死了一名机枪手。另一挺机枪因枪管过热，不能再射击了。布西抓过那挺好机枪，对攻到近前的北朝鲜军一阵猛扫，许多敌人倒了下去。他知道这是一场残酷的战斗。战斗结束后统计尸体，总共打死了250名敌人。

汤姆·兰伯特关于这天战况的电讯向全美国宣告黑人赢得了“美军在朝鲜战争中的第一次重大胜利”。基恩将军向布西颁发了一枚银星勋章和一枚紫心勋章，并说这只是一枚“更大的勋章”的替代品。

7月23日，筋疲力尽的迪安师残部仍然在狼狈不堪地向南、西南和东南方向败退。全国广播公司电视部的摄影记者、孪生兄弟查尔斯·琼斯和尤金·琼斯摄下了晕头转向的美军经过永同零零落落地沿汉城至釜山公路败退的情景。惊慌失措的士兵在大叫：“朝鲜佬来了，快逃啊！”

琼斯兄弟看到身穿黄褐色军衣的北朝鲜人在西北边的地平线上缓慢移动着。他们拍摄了疲惫不堪、情绪低落的美军坐卧在街道上的镜头。他们问：“这儿离前线有多远？”

“这儿就是前线，伙计，”一个浑身脏兮兮的士兵说，“那里除了朝鲜佬之外什么也没有，我们是最后一批中的最后一批。”

有人威严地喊了一声，那个士兵就捡起步枪走到行进中的队列里去了。除了武器装备的撞击声外，一切都静悄悄的。一双双阴郁茫然的眼睛毫无表情地盯视着摄影记者，他们只得把视线转向别处，因为目睹自己的同胞败退是很痛苦的。

他们加入队伍经过一所支离破碎的砖房。砖房的一部分屋顶已被炮火掀掉，房内的人正在收拾行李。炮弹在头顶上呼啸而过时，每个人都在满是尘土的路上卧倒，然后再小心翼翼地慢慢爬起。死尸发出浓烈的恶臭。一只兔子跳过发烫的灰烬，后面有一只因炮击震荡而发疯的狗在追赶。他们听见了兔子临死前发出的短促的尖叫声。天气热得要命，炮弹在头顶上耀眼地飞过后在附近爆炸。美军正在撤退。

他们经过一个马厩，看到弹药整齐地堆放在马粪中。附近的一辆卡车正在燃烧，车的后半部已被炸飞，琼斯兄弟在汽车残骸中看到了两个士兵的尸骨。其中一个士兵被烧焦的躯干仍然直直地坐着，露出白骨的双手还握着方向盘，好像他仍在驾驶汽车。

他们叫住路过的一辆吉普车，爬进车内后问：“你们要走多远？”

“一直走到头儿!”

同一天，迪安将军的副官克拉克上尉安全返回了大邱。他向沃克的副官乔·泰纳少校讲述了迪安在大田指挥战斗以及他在取水时失踪的情况。看样子，迪安要么已经死去，要么已成了俘虏。

玛吉·希金斯也已返回大邱。她发现沃克将军既正直又坦率。虽然他仍认为前线无妇女立足之地，但他不反对麦克阿瑟将军的决定，并向她保证从此以后给予她完全平等的待遇。他没告诉她强制她离开朝鲜的命令是一位负责公共关系的军官拟定的，他自己只是签发了该项命令而已。他告诉她：“如果一位美国妇女出了事的话，美国公众将永远不会原谅我。所以请你小心，千万不要被杀死或被俘。”

沃克将军命令第1骑兵师阻止在大田获胜的敌军继续向前推进。他对该师师长霍巴特·盖伊少将说：“要保住永同。请记住，你们身后没有友军，你们必须确保自己的退路。没有食品你们还可以活，但如没有弹药，你们就维持不了多久，而如果永同至大邱的公路不能保持畅通，你们的弹药很快就会用光。”

盖伊在欧洲战场上一直是巴顿将军的得力主任参谋。现在他不得不第一次率军作战。他企图延缓北朝鲜人向永同北边和西北边推进的计划未获成功。到7月25日早晨，他的3个营已被消灭或击溃。更糟的是大批难民（其中包括北朝鲜特工人员）涌进永同，严重妨碍了部队的调动。绝望中的盖伊不得不执行沃克的最后命令，确保通往大邱主要公路的畅通。要做到这点，唯一的选择是马上撤退。

继这个令人悲痛的消息之后，又传来了在金泉遭美国黑人痛击的北朝鲜人再次从东北方向威胁大邱的军情。然而，沃克更担心的是，一份空中侦察报告表明，敌军显然已经在西海岸从锦江三角洲发起了一次强大的攻势。他估计这支部队将挥师东进，插到第8集团军西翼之后。虽然他的情报官员们尚未想到朝鲜人民军第6师正在接近半岛西南端并准备东进攻取釜山，但沃克已断定西边离前线很远的地方正在酝酿着一场危机。为防止这个威胁，他于7月24日召来了接替失踪的迪安任24师师长的丘奇将军。他告诉丘奇必须把24师调往西南部受到威胁的地区。

他说："我很遗憾这样做，但是左翼全未设防，各种报告均显示北朝鲜人正在向该地区运动。"丘奇将负责防守釜山至釜山以西 55 空里处的晋州为止的广大山区。

考虑到 24 师残存的两个团战斗力太弱，抵挡不住敌军的突击，沃克便派 29 步兵团的两个营去支援丘奇的疲劳之师。增援部队均是前一天刚从日本冲绳到达韩国的新兵，只在冲绳受过简单的训练。他们连把武器调整归零并进行试射的时间都没有，就被指望能阻挡来势凶猛的敌人。25 日晚，他们的指挥官哈罗德·莫特中校受命率其中的一个营占领河东。河东靠近半岛顶端，在晋州以西 20 空里处，是一个重要的交通枢纽。他们得挡住据说约 500 名敌人从西部向河东的推进。

豪斯曼上尉派原韩国军队总参谋长蔡胖子到该地区去判断形势到底有多严重。蔡将军要求随莫特的部队前往西线，因为他熟悉那一带的地形，既可做向导又可任翻译。午夜 12 点半，蔡胖子带领莫特的机械化纵队在崎岖不平的山路上行进。由于被一无法通过的要津所阻，他们不得不绕道而行，折腾了整整一夜。

黎明时他们遇到了一辆卡车，车内有大约 20 名受重伤的南朝鲜人。他们是河东地方民兵仅有的一些幸存者。由于第 19 步兵团没有无线电通讯设备，主任参谋便乘吉普车返回晋州去接受上级指令。上级命令先头营继续前进，攻占河东。黄昏时分莫特率部到达距河东 3 英里的一个小村庄。他们将于第二天（7 月 26 日）早晨发起进攻。

朝鲜人民军第 6 师师长方虎山将军在河东西南 15 空里处的一个地方发布了向釜山方向的总攻击令。虽然该师为实施这一雄心勃勃的计划所做的准备严重不足，而且他的给养已减少了一半，方将军在那天夜里还是号召全体将士力争取得胜利。他说："同志们，敌人的士气非常低落！我们的任务是解放晋州和马山，全歼残余之敌。"他断言解放这两个城市"是割断敌人气管的最后一战！"

他的号召得到了热烈响应，但炮兵指挥官朴金吉少校对此却不以为然。他不理解北朝鲜军的这位高级指挥官为什么会愚蠢地让全师花那么长的时间来做进攻釜山的准备。如果不是花几天时间为夺取一个不重要的港口城市做准备的话，他们肯定已经出其不意地拿下釜山了。

自从率领一干人马从中国转到朝鲜以后，朴金吉就一直对来自上面的指令感到不快。原因之一是他更喜欢中国的那种无军衔的制度。军人的身份只有士兵和指挥官两种。所有官兵都穿同样简朴的军装，不佩戴显示身份的徽章。所有的人都是同志。现在他被授予了少校军衔。他尽量躲避级别高于他的人，同时又得不到每一个级别比他低的人的信任。

在过去一年里，他的一位知识分子兄弟一直在劝他不要相信金日成政权。在6月25日战争爆发以前，朴就对金日成标榜的共产主义产生了怀疑。现在，经过一系列的挫折，他断定自己的兄弟是对的。唯一的选择就是投向大韩民国和民主政权一边。他坚信，尽管李承晚总统实行独裁统治，但美国人最终将会看到一个真正民主的大韩民国。他为抛开同志们而深感羞愧，但又感到投向另一边的时候到了。

那天天黑以前他告诉上司要去侦察。他来到一个农舍，找了些朝鲜人的衣服，包括一位朝鲜绅士用马尾做的头饰。他把这些衣服套在军装上面向美军的阵地摸去。天亮后他小心谨慎地往前走，终于来到了美军阵地。他高高地举起双手。一位美军哨兵甚至懒得缴他的械，只是搜去了他的手表和大约80万元钱。另一个美军士兵走上前来打了他几个耳光。朴少校被激怒了，这就是民主吗？看来北朝鲜的宣传是正确的。美国人和南朝鲜人只对金钱感兴趣！一丝悔意从他心头掠过，但事到如今他又能怎样呢？

2

7月26日凌晨，莫特的第3营翻山越岭向3英里外的河东进发，去品尝他们初次战斗的滋味。乔治·沙拉上尉的L连和重武器连的一个排当先开路，莫特的指挥部和K连、M连以及工兵连紧随其后。沙拉是员老将，参加过非洲、西西里、法国和德国的战斗。将近一个小时后，当他们走到离河东关口约半英里的地方时，沙拉上尉看到了大约12名带有伪装的北朝鲜士兵。重武器连的无后坐力炮响了起来。当子弹嗖嗖地从他们的头顶飞过时，北朝鲜人逃走了。沙拉命令L连爬上去守住关口。他们在那里挖了战壕，等待计划好的9点45分对1.5英里处的河东的空袭。

莫特中校和他的参谋人员、蔡胖子将军和他的副官李尚国（音译）上校匆匆赶到了关口。沙拉说有一批人正在向北边更高的地方运动。

“是的，”莫特说，“是我让 K 连上那儿去的。”

另一支队伍出现在河东公路的弯道南侧。莫特把他们指给站在蔡胖子身边的主任参谋看。他们想弄清那些人是敌是友。他们中有些人穿着美军军服，但其他人都穿着敌军的黄褐色军服。重武器连的二等兵查尔斯·道森看到这些军官好像在欣赏美丽的风景。后来他听到蔡将军在向弯道上的队伍喊话，显然在要求对方表明他们的身份。他们听到喊话，赶紧躲进了沟里。显然是敌人。L 连的机枪响了起来，北朝鲜人也开枪予以还击。道森附近的一辆联络车被击中爆炸，碎片飞得到处都是。好家伙！他想。这可真像电影！他看到蔡胖子倒在地上，血从右耳上方喷射出来。

把笨重的蔡将军拖上汽车后，李上校把他抱在了怀里。蔡胖子说：“告诉申部长，我很抱歉！”然后就死了。李上校确信他是像他希望的那样，光荣地战死在疆场。

莫特和另外 3 名参谋也被击中了。虽然背部受了伤，莫特还是爬下了关口。就在他帮助卸弹药时，一只箱子跌下来砸伤了他的脚。有个士兵为他挖了一个散兵坑。这期间，由于无人指挥，山上一片混乱。

这时，预备队 I 连赶来了。当二等兵鲍德温·弗兰克·迈耶斯的班绕过山顶的弯道时，他看到了一片开阔的稻田和一个山坳。他的尖兵已经开了火，向迈耶斯急驰而来的一辆美军吉普遭到了敌人机枪的扫射。吉普开出路面，翻了好几个滚，车里的人无一幸免。

转过弯道以后，迈耶斯的班遭到了迫击炮的轰击，有两个人受了伤。迈耶斯帮着把肚子被炸破的一个士兵抬到安全的地方，然后在山顶上挖了一个浅坑，通过步枪上的红外线瞄准镜凝神观察正在大约 500 码以外进行的战斗。显然莫特的营伤亡惨重。有些美军丢盔弃甲，正在越过稻田急急逃窜，迈耶斯想开火但又怕伤了自己人。K 连和 L 连已被包围，而且似乎已无逃脱的希望。

后来，马卡鲁尼斯中尉命 I 连前去营救被包围的两个连。迈耶斯说：“穿越稻田就等于自杀！”他认为他们应该控制山头，以密集火力支援 K 连和 L 连，使他们在黄昏时撤退。

马卡鲁尼斯命迈耶斯向前冲，并以将送上军事法庭来威胁他。他说："我不能容忍在我手下有任何胆小鬼！"

这激怒了迈耶斯，他可不是胆小鬼，他左躲右避，以最快的速度越过了稻田。有零星的枪弹袭来，但没有击中他。当他到稻田的另一边时，连队的其他战友还在他身后250码之外。

他在山坳里发现了被包围的两个连。到处都是受伤或奄奄一息的士兵。似乎没有人负责指挥。看到有人正在卡车上往下卸弹药，他就拿起几颗手榴弹，向上爬了100码，来到靠近山头的一个沟里，在能看到战斗全景的地方停下来。突然一连串迫击炮弹呼啸而来，落在了正在卸弹药的那条沟里，使那里的士兵们遭到了灭顶之灾。枪炮的爆炸声震耳欲聋，连绵不绝。出路似乎都已被卡死了。

他听到马卡鲁尼斯在下面稻田的沟里大叫："继续前进！"但那里的大多数人还是趴在沟里不动。

不久传来马卡鲁尼斯的命令，他们将"有秩序地撤退"。怎么办？迈耶斯意识到必须有人有所作为，否则他们将全部被歼或被俘。"我发现每一种选择都存在死亡：如果撤退，其他人会死在稻田里；如果投降，就会被处死；还有就是冲上前去把敌人赶下山。我选择了最后一种。当看到我连战友在山下无助地遭受杀戮的时候，我尽管非常愤怒，但却很镇静。某一时刻，我设想自己冲上山去向敌人扔手榴弹，并朝他们开枪扫射，冲到他们中间威吓他们，用步枪猛击他们的头。我使自己进入了狂怒状态，克服了我或曾有过的任何恐惧和惊慌。我所想的就是冲上山去消灭敌人，我无所畏惧，我感到身上有个保护网。"

"来吧！"他大吼道，"我们去杀死那些杂种！"他狂怒地叫骂着冲上山去。当接近一个灌木丛时，他听到吉姆·耶格尔在高喊："下来！"子弹在他周围嗖嗖地掠过。炮弹的呼啸声震耳欲聋，都在他头顶上飞过，在下面的稻田里爆炸。当他靠得更近时，他发现那丛灌木是敌人的伪装。三名敌军跳了起来，他一下子扫过去8发子弹。子弹打完后，他卧倒在地，看到他右边更多的"灌木丛"中都有步枪伸出来，向下射击。

迈耶斯冲到山头下一条安全的沟里，向山头上扔了两颗手榴弹，然后趴在地下。等手榴弹爆炸后，他向山头上爬，不知道会有什么结果。他看到了6具冒烟的尸体。幸存的敌人则浑身是血，正拿着武器向山下逃跑。有位北朝鲜军官正拿着棍子抽打那些可怜鬼，但他们仍在溃退。迈耶斯大怒，他瞄准那个卑鄙军官的腹部开了一枪。那人的左臂抽动了一下，打了一个转身。迈耶斯再开一枪，那人就倒了下去，好像腹部被穿了一个洞。继而，他看到三群敌人正在穿过稻田向 I 连先前防守的阵地推进。迈耶斯知道如果敌人占据了那个阵地，他的战友将受到致命的交叉火力的封锁。I 连似乎已没有希望了。敌人比他们多 10 倍或 15 倍，而且包围了他们。只有南边还有一个缺口可使他们越过另一片稻田而脱离困境。

他不得不折回去警告他们已被包围。他尽可能快地换上子弹向敌人射击，直到他的肩膀痛得忍受不了为止。他的枪管打红了，木头枪托冒出了烟。他担心下一发子弹会因高温而在枪膛里爆炸。子弹在他周围乱飞，他最后决定离开那个鬼地方。敌人从四面八方包围过来。他们朝所有的东西甚至自己战友的尸体开枪。他听到他们在大呼小叫。他只剩一颗手榴弹，但他宁愿死也不愿被俘虏。他的枪托已被打掉，枪已没有多大用处。他祈求上帝保佑，让他回到自己的阵地。

他越过伤兵和尸体，尽可能快地跑下了山。他在稻田里看到一些美军隐蔽在田埂后边，其中只有 4 人在向山上的敌人射击。先前命令他们全部越过稻田的马卡鲁尼斯中尉现在正竭力率部向东移动。迈耶斯大声告诉他不要往东去，并问道：“我们该怎么办？”

“我们该怎么办？”马卡鲁尼斯说，“各顾各吧！”

迈耶斯异常愤怒：“你为什么不告诉我们怎样冲出去？是你让我们到这儿来的！”

泪水涌出了中尉的双眼，迈耶斯忽然感到有点对不起他。他是个宪兵，不是军事指挥员，但是，越过稻田的愚蠢决定是他作出的，该由他负责。这时迈耶斯已失去了对上司的尊重。有两位军官已经逃走，只有中尉在与他们一同遭受他自己造成的苦难。当迈耶斯向仍在射击的 4 个人跑去时，他突然停了下来，感到有一只巨手在猛压他的右肩。他被压倒在地上，继而听到迫击炮弹呼啸而来，在离他 15 码远的稻田里爆炸。他的钢盔被炸飞，热乎乎的泥浆像大雨一样倾泻到他的身上，但他没有受伤，多亏了那只神秘的巨手。他发现马卡鲁尼斯中尉不顾他的警告，正在率领他的人向东突围。中尉的背上满是血迹。突然从东边喷出密集的侧射火力，随马卡鲁尼斯进沟的150余人很快就倒了下去。迈耶斯感到右边有颗子弹差点击中他，衣服似被轻轻地扯动了一下，低头一看，他发现一颗子弹洞穿了他的外衣。

随马卡鲁尼斯东去的幸存者已到后边200码远的地方，但仍有二三百人畏缩在沟里，有些在号啕大哭，有些在呜呜咽咽。迈耶斯大声叫他们起来，把该死的枪支武器用起来，否则会全部死在沟里，但是没有人听他的话。

迈耶斯找到一支勃朗宁自动步枪向敌人射击。枪爆炸了，火药烧焦了他本已被灼伤的脸，他的双耳嗡嗡作响。迈耶斯身边的人被机枪子弹击中后，抓住迈耶斯的手腕，叫了声"妈妈"就死了。迈耶斯用了很大劲才把手腕从那人手中挣脱出来。敌人仍在扫射，迈耶斯把他能找到的所有武器都用上了。

"我想我也许能找到一条出路，"他告诉附近的人，"如果我成功了，你们带着武器跟上。"他带着一颗手榴弹、一把刺刀和一只水壶进了沟。在远处河岸边，他装成死人顺水往下漂。后来他露出脸来，呼吸新鲜空气，并把脸慢慢转向山冈。他发现敌人停止了射击，正站在山脊上。他暴露无遗，心想子弹随时都可能向他射来。好在战斗结束了，只有零星的枪声。当迈耶斯跨出河水向上爬时，有支步枪开了火。他想可能是战友，就继续向上爬，直到看见两只脚从灌木丛中伸出来。原来是个北朝鲜人，他挥舞着长枪向迈耶斯扑来。迈耶斯绝望了，他浑身湿淋淋地站在那里，手中只有一颗手榴弹，如果拉响手榴弹，自己也可能同归于尽。他只好把手榴弹当成石头扔过去，砸中了那个北朝鲜人的肚子。迈耶斯向前一跃，抓住他的步枪枪管，猛地拉了过来，他和迈耶斯同样吃惊。满腔仇恨的迈耶斯用步枪痛击那个敌人，把枪托都打断了。他把枪扔给后边无武器的人，说："掩护我，更多的敌人向这里冲来了。"

当两军在河东酣战之际，麦克阿瑟将军抵达大邱。在与沃克秘密会晤时，他强调第8集团军应该坚守阵地。他宣布不再撤退，在朝鲜不会有敦刻尔克大撤退，沃克也决心不再往后撤。

河东战后余生的美军于那天黄昏向东撤退。他们丢下了300多具战友的尸体，其中的大部分死在稻田和稻田附近。有些人成了俘虏，始终和战士们在一起的马卡鲁尼斯即是其中之一。但是足智多谋、善于随机应变的迈耶斯仍然没事。他率领一部分人向友军阵地转移。那天夜里，他们到达一个村庄后分散找地方睡觉。

7 月 27 日凌晨 4 点 30 分，迈耶斯被一个战友叫醒。敌人正在逼近！他们急忙分成两部分：他和另外 5 人到山上阻击敌人，其余的人带伤员沿公路快速后撤。

迈耶斯等人在山头上等了数小时。早晨 9 点钟左右，套伪装网的三轮摩托车队、拖榴弹炮的卡车和几辆吉普车开进了村子。他们是缴获了美军装备的北朝鲜军队。当敌人跳下卡车扑进河水里时，迈耶斯想："我们报仇的时候到了。"他先对河里的敌人猛扫一阵，然后专打卡车的油箱。当敌人东躲西藏隐蔽时，卡车燃烧了起来。

迈耶斯的脚踝严重扭伤，但他还是尽可能快地向东南撤退，终于赶上了正在设置路障的美军。"看到战友就像看到上帝一样。"当他们最终到达晋州的指挥部后，精疲力竭的迈耶斯喝了一杯白兰地，就倒在一张床铺上昏睡过去。

7 月 28 日凌晨 4 点钟左右，有人叫醒了他，说敌人正在突破西北方向距晋州仅有大约 5 英里的美军防线。他拿起一支新狙击步枪，跳上了开往前线的卡车。他和另外 125 人爬上了一座山峰。没有军官，只有一位中士在负责指挥。迈耶斯不知这次指挥他们作战的会是谁。整个早晨，他们都在挖战壕准备固守。下午，迈耶斯用泥糊上自己被火药烧焦的脸，还在身上绑了一些灌木丛做伪装，然后到半英里外的山脊上观察敌军的动向。他看到山下的北朝鲜军队正在从卡车上下来。他们共有数千人！离美军不到半英里！他极想用一下手中的狙击步枪，但最终决定再等一等。不久，有人跑来叫他回去，他说自己正在做很重要的事情。他叫来人回营部报告：大批敌人已到阵地外围，应尽快呼叫飞机和大炮进行轰击。来人一走，迈耶斯又回到了观察地点。

半个多小时后，飞机的轰鸣声从南边传来。至少有 12 架海军的"海盗"式战斗机和 1 架"野马"式战斗轰炸机呼啸而来，吓得敌人四处奔跑躲藏。有几个敌人跑进一所房子，一架"海盗"式战斗机瞅准目标俯冲轰炸。迈耶斯看见炮弹射击，房子就爆炸了。有三个士兵从后门逃出来，钻进了稻田。迈耶斯射出一梭子子弹放倒了两个，又用将近一梭子子弹放倒了另一个。他连续射击，直到前一天被撞伤的胳膊疼得受不了为止。

忽然有一架“野马”式战斗机向他飞来！他挥动不疼的那只胳膊，给飞行员指点敌人的藏身之处。最后，当这架飞机飞走时，飞行员摆动机翼并挥手向他致意。

他射击一梭子子弹祝好运，然后回阵地告诉战友们晚上可能会发生什么事。午夜后下起了小雨，大地一片寂静，但他料定敌人会进攻。友军在山脚埋设的一颗地雷爆炸了，山下的敌人正在上山。有两人跑过迈耶斯身边，他不知他们是敌是友，就喊了一声：“卧倒！”一个人影突然从左边跃上山来，朝那两个奔跑的人开了 20 枪。子弹显然是从后边射来的，敌人怎么会到后边来呢？

他瞄准了那个人影，对方也许是敌人，但迈耶斯不想冒险。他爬近一些问：“嗨，你是美国兵吗？”那人没有回答，但迈耶斯看到他紧张地举起了枪。迈耶斯狂躁地想，这家伙到底是谁呢？是阵地上负责指挥的那个中士吗？“中士，是你吗？”他大声问。那个人影放松下来，果然是那个中士。迈耶斯往前跳了一步，中士说：“站住！口令！”

“你没对任何人讲过口令，”迈耶斯吼道。他把卡宾枪从中士手中夺过来，说：“滚下山去，否则我就杀了你。你刚才打死了两个战友！”

这时来了一名上尉和一名宪兵。他们问：“发生了什么事？”

“这个狗娘养的疯子刚才打死了两个战友。我叫他滚下山去，否则我就杀了他。”见到一名上尉来到前沿阵地，他感到很惊讶。

“谁负责指挥？”上尉问。

“中士。”

上尉问迈耶斯入伍多久了，有什么样的经历。迈耶斯说他入伍时间虽然不长，但他是军官学校毕业的。

“你就是那个向上级报告敌情的人吗？”

迈耶斯说：“是。”上尉又问如果叫他负责指挥他将怎么办。“我要固守阵地至拂晓，让敌人误认为我们要在这里待到天亮时给他们一个迎头痛击。”实际上，他将乘天色还暗时率部撤下山头，穿过稻田。他没忘记河东的战斗，“如果不这么做，我们就没有机会撤退了。”

“听起来你的计划很好。”上尉说。他命令迈耶斯指挥那 125 名士兵。鉴于已被任命为临时指挥员，迈耶斯便下令，在他天亮之前发布有秩序撤退的命令以前，所有的人必须固守阵地。10 分钟后敌人发起了进攻。火光照亮了夜空，他看到大批北朝鲜军队向山上冲来。当敌人冲到距阵地 200 码远时，他下令开火。他们没有机枪，只有一些手榴弹，眼看就要被敌人消灭。好在友军的大炮及时吼叫起来，迫使北朝鲜军队逃进了布雷区。右面山头上的美军也开始袭击敌人。在手榴弹的爆炸声中，迈耶斯发现敌人转向右翼进攻。这次进攻十分猛烈，迈耶斯的人眼看就要顶不住时，敌人突然撤了下去。随后是两个小时的沉寂。7 月 29 日凌晨 4 点半左右，迈耶斯又听到了敌人的警报声、吹号声和嘈杂声。天快亮了，迈耶斯下令各种武器一齐开火，将敌人痛击一通后再全部撤退。

当迈耶斯他们向山下敌人开火后，友军的大炮也吼了起来。许多北朝鲜人倒下了，但其他人仍凶猛地冲锋。当敌人冲到距阵地 100 码时，迈耶斯下令全线撤退。几分钟后敌人就占领了山头。迈耶斯等人从山的另一侧下撤，每个人都在没命地奔跑，有些人已在过河。有个士兵被水流卷走，急得大呼救命，被迈耶斯拉了起来。敌人在山头上用冲锋枪扫射，子弹在美军周围乱飞，但没有人被打中。

当他们撤往营指挥部时，迈耶斯回头看到北朝鲜军队像蚂蚁一样布满了山头。这时 3 架一组的野马式战斗轰炸机群飞来，在迈耶斯等人的头顶上掠过，把炸弹投向山上敌人密集的地方。来得太是时候了！在野马式战斗轰炸机开始俯冲轰炸的同时，82 毫米口径的迫击炮弹也四处开花，更使敌人雪上加霜。整个山上到处在燃烧，到处在爆炸。迈耶斯看到敌人被炸得血肉横飞。他想，我们的好日子终于来了！

大邱第 8 集团军的司令部，沃克在仔细考虑显然已糟糕至极的战况。在东线，韩国军队和美军第 25 师正在节节败退。在汉城至釜山公路，骑兵 1 师未能挡住敌人的进攻。在西线，敌军一个师像幽灵一样突然歼灭了新调去的一个营，并正在向釜山推进。

过去几天里，沃克把大部分时间用于视察各部队和乘坐他的座机驾驶员迈克·林奇驾驶的侦察机巡视整个战场。他极少与林奇讲话，但曾说过他对第 27 步兵团最近在东线的战斗很满意。该团引人注目的团长约翰·米凯利斯是参加过二战的打仗老手。他果断地挡住了敌人的一次猛烈进攻，并摧毁了6辆T-34型坦克。他的部队则安全撤退，未受损失，准备进行下一个战斗。沃克计划把该团当作特别机动队以应付紧急情况。

和许多参谋人员不同，沃克相信自己能在西线挡住因二等兵迈耶斯和其他人的阻击而缓慢推进的强大的北朝鲜军队，但他没向别人透露这一想法。沃克没有忘记美军在突出部战役中慌乱撤退，但几星期后又杀回来打垮德军的往事。他相信只要装备充足，指挥有方，美军在朝鲜也会获得同样的胜利。

7月29日下午，沃克和副官泰纳少校驱车来到骑兵1师设在大田和大邱之间一所学校里的指挥部。当沃克对盖伊的撤退命令提出疑问时，盖伊承认撤退也许不是个好主意，但他担心通讯线路会被切断。沃克告诉他不能再如此后撤了。

沃克还乘吉普车往东找25师师长基恩商议军情，并与基恩的参谋人员谈了话。他说："我们在与时间作战。不应再后撤、调整防线或采取任何其他你可能采取的措施了。我们背后已无路可退。各部必须进行反攻使敌人陷于混乱失调的状态。"泰纳对沃克的指挥若定非常佩服。"我们不会再有敦刻尔克的撤退，也不会再有巴丹的失败。撤退到釜山将会造成历史上最大规模的屠杀，我们必须战斗到最后一刻。被这些人俘虏比死亡还糟，我们要齐心协力战斗。如果我们当中有些人必须得死，那就让我们死在一起。谁放弃阵地，谁就得为成千上万战友的死负全责。"沃克的声音没有提高，但他的结束语却给他们留下了极深的印象："我希望你们把我的决定告诉每个人。我希望每个人都能了解我们将固守这道防线的意图。我们必将获得胜利。"

沃克没有透露他的计划：以大邱为端点，在釜山外围形成一道环形防线。他打算把南朝鲜军队和美军撤到这个滩头堡。他们不久就会从西侧得到美国海军陆战队强有力的支援。这次不是以前那样杂乱无章的溃败，而是有秩序的撤退。

命令很快传遍了全军。有些指挥官认为无法执行这道命令，有些则认为官兵们会这样理解：这项命令等于是让大家"留在原地等死"。但是许多在前沿阵地的部队接到沃克的命令后大大地松了口气。对他们来说，撤退——即逃跑——的日子终于结束了，他们必须拧成一股绳。

那天晚上，李总统命令夫人即刻飞往麦克阿瑟在东京的司令部，但李夫人拒绝离开他。心情悲痛的李总统说：“亲爱的，如果敌人突破大邱防线逼近我们，我将首先用枪打死你，然后上战场。”她再三请求让她坚持到最后，她决不会成为负担。他抓住她的双手，情绪激动地说：“我决不再组织流亡政府，让我们和我们的人死在这里吧。”

在西线，又苦战了一夜的二等兵迈耶斯终于得到了休息的机会。当他扛着一支沉重的勃朗宁自动步枪一瘸一拐地走向他的阵地时，有辆吉普车缓缓从他身边驶过。车内的一位随军牧师问他：“你要到哪里去?”他说他要到河边去阻击敌人的进攻。牧师盯视着他的双眼说：“你太累了，应该回医疗队休息一下。”迈耶斯吃力地爬进吉普车，被带进一个混凝土筑成的小农舍。伤员们都在那里接受治疗。他把枪靠墙一立，就倒卧在地上。几小时后，他醒过来，意识到自己处在危境之中。他听见了爆炸声、炮击声和子弹破空飞过发出的声音。他没找到自己的勃朗宁自动步枪，但发现了一支卡宾枪。他听到院子里有尖叫声和爆炸声。子弹打穿窗户，在屋子里乱飞。人们争先恐后地从门外跑过。他听到有美军在喊：“这边来!”后来有些穿白衣服的人跑了过去。他挣扎着走到门口朝他们开了火。右边山上大约有 40 名敌人。他把卡宾枪扳机推到自动挡上进行近距离扫射。一梭子 30 发子弹打光后，他很难再装进一个新弹夹。敌人的手榴弹落到了他附近。他在向公路跑时被绊倒栽进沟中。他在沟里躺了几分钟，以判断发生了什么情况。他估计美军已经撤退。他听到他们的声音从 1/4 英里远的公路上传来，他也能听到朝鲜人的吵嚷声。枪声停下来后，他忍着脚踝的疼痛，弓着身子跑上公路向美军撤离的方向追去。

他逃到安全的地方时已疲惫不堪，被送进了晋州的医疗站，他的脚踝肿得又粗又大。他刚刚躺下就听到有人边跑边喊：“敌人正在包围这个地方!”他又跳起身来，抓起一支步枪，一瘸一拐地来到街上。当看到 6 个北朝鲜兵时，他吃惊得失去了平衡，跌倒在地。其中一个北朝鲜兵挥动刺刀向他刺来，但仅擦伤了他的腿。他坐在地上开枪射击，迫使他们躲藏隐蔽，然后他趔趄着来到正在运送伤员的火车站。他刚挤进火车，就看到敌军朝他们冲来，他和其他伤员从车窗向外射击。迈耶斯数了数，在火车启动前他一个人就打倒了7个敌人。

后来他们又遭到了伏击。他还是从火车车窗向外射击，再后来，他就昏了过去。等醒过来时，他发现自己躺在担架上，有个护士正在从他手中取步枪，他则在咕咕哝哝地说要回自己的部队。当他再次醒来时，他听到了一个又大又怪的声音，便一下子坐直了身子，他发现自己在一间洁净的屋里，身上盖着清爽干净的被子。他看到窗外阳光明媚，还有一座青翠美丽的小山。不久，一位身着白衣的漂亮护士出现在他身边。

"妈妈和爸爸在哪儿?"他问，"我在哪儿？在天堂里吗?"当意识到自己还活着时，迈耶斯拿不准自己是否依然是战场上受委任的临时指挥官。不过，有两点是确定无疑的：他还是个二等兵，没人为作战英勇授勋而鼓吹捧场。

然而，沃克依靠的正是迈耶斯这样的人。沃克将军没有忘记，在突出部战役中美军阵地也曾多次易手。就像在朝鲜一样，有许多一人或两人孤军奋战而决定战斗胜败的战例。根据以往的经验，沃克知道美军士兵是进行此类作战的行家里手。美军贪图享受的品性在战斗开始阶段曾使他们表现不佳。但在突出部战役中他们很快就明白过来：求得生存的唯一办法是英勇战斗。不是为政治和意识形态而战，而是为自己的生命而战。

沃克将军在国内一下子就成了民族英雄，他那张硬汉的脸上了《时代》周刊的封面。对他作为巴顿最宠爱的将领之一在二战中所获得的丰功伟绩的详细描述，使读者们都相信他能收拾朝鲜的残局。"这次战争的结局是毫无疑问的，"沃克在大田被敌人攻占后对记者说，"我们一定会赢。"

一个带兵打仗的老手终于得到了指挥权。读者们感到他们的子弟在他的手下会安然无恙。

第 8 章　“将军，真是又混乱又凄惨！”

（7 月 11 日～8 月 13 日）

1

在沃克将军正在把部队收缩到以釜山为中心的环形防线，无数船舰从美国、冲绳和日本把仍旧不知所措的五角大楼紧急征集来的部队和武器装备运往韩国的同时，北朝鲜人正在深入被占领地区的各个角落，试图把南方从他们所称的李承晚和美帝国主义的奴役下解放出来。

在这次内战中，北朝鲜人通过散发小册子等宣传品赢得了许多追随者。这些宣传品声称，美军在朝鲜作战不是为了民主，而是为了实现其在远东的帝国主义目标；美国人根本不为朝鲜人民着想，视朝鲜人民为劣等民族，他们只是把李承晚当作傀儡加以利用。“现在他们直接动用自己的武装力量侵略我们的国土，用炸弹和枪炮屠杀朝鲜儿女。”

北朝鲜人的小册子还指出，美军把韩国士兵当作炮灰，自己却不发动决定性的战役。他们还声称美国人的“解放”实质上是破坏。有些宣传品号召人们与朝鲜人民军合作，说人民军只想把朝鲜统一成为一个自由的国家。是谁解放了受日本人压迫的朝鲜？绝不是美国，美国早已与仇敌日寇结成了盟友。是光荣的苏联军队赶走了日寇，带来了自由！

小册子还赞颂了朝鲜人民军的人道主义精神，对那些被强迫在韩国军队中作战的人表示同情，说他们会得到宽恕，一点都不用担心！“和李承晚的宣传完全相反，人民军是由友爱、朴实和仁厚的年轻人组成的。”

每个被解放的城镇都安装了有线广播，标语和布告随处可见。学校的教科书早就准备好了，这对从来把教育视为一项神圣事业的朝鲜父母产生了重大影响。最有影响力的宣传材料均来自北朝鲜、中国和苏联的共产党报纸杂志。

随着宣传而来的是具体的行动。金日成的目的不仅是要以武力控制南朝鲜，而且要改革现存的社会制度。他们首先进行的是土地改革。农村的租佃制度在北方已被废除，佃农已成了土地的主人。现在他们正在取消南朝鲜农民的高额地租，农民们的生活水平一定会提高。他们组织了数以千计的村民委员会以进行彻底的土地改革，农民们对免除1950年夏粮税收的措施非常感激。

但是他们的其他措施却不受欢迎。那些厌恶李承晚政权的人开始时尚能容忍对南朝鲜要人的逮捕和杀害，但无节制的狂捕滥杀很快引起了人们的憎恶。7月3日晨征召南朝鲜青年参加北朝鲜“志愿军”的工作正式开始了。汉城85所学校的大约1.6万名学生被集中到了汉城体育场和金华（音译）小学。三天后，征募所谓志愿军的工作就有了更大的强制性。

中学高年级学生安洪均（音译）看到坦克和北朝鲜士兵拥入汉城时非常震惊。他出身于传统的儒士家庭，他觉得为朝鲜的独立奋斗了40年的李承晚是一位伟大的领袖。他深信美国会引导他的国家走向民主。开始时他没有被吓倒，士兵们都很和气善良，像安一样的年轻人被免费邀请去剧院看苏联的艺术片和娱乐片。但是青年们不久就发现剧院的门被锁上了，除了极少数人外，绝大多数年轻人都被强行赶上卡车运走了。安的家人在地板下挖了一个地洞，他白天藏在黑暗、闷热的洞里与蟑螂为伍，晚上爬出来睡觉。他因营养不良而日渐虚弱。

战时逃离汉城的某些人回来后发现自己的家已被占据或毁坏了。但是当年轻的李仁淑（音译）与家人返回汉城时，他们的家仍完好无损，生活过得也不错。北朝鲜士兵有纪律约束，而且专注于自己的事务。她听说许多邻居已遭监禁，但是新上任的官员们却宣布，投进监狱的只是那些坏分子，而且他们当中无一人被杀。他们说这些都是李承晚的宣传，新政府要为每个人的利益服务，而李政权中的某些官员则是贪官污吏。

她可以随意用母亲的衣服换取食物，因为她是家中最会讨价还价的人。由于她上过中学，所以找到了一份工作，在一间行政办公室里接电话和做文秘工作。后来她又到一家面包厂里去做工，那可真是一份令人愉快的工作！她可以随心所欲地吃想吃的面包，另外厂里还允许她每天带 3 只面包回家。

其他人可没有这么幸运，成千上万的汉城居民被“迁移”到了北方。他们劝诱那些被选中的人。有个小册子称：“你们是这个城市可爱的居民！如果迁到人民共和国的北方去，你们会得到充足的食物、住房、家具和宅基地。”

7 月 11 日，罗马教廷驻韩国宗座代表伯恩主教及其秘书在汉城遭逮捕后被投入了临时改为监狱的一幢商业大楼。他们被关在地下室的黑暗角落里。他们在那儿遇到了其他传教士，其中包括 82 岁高龄的法国神父保罗·维尔莫。后来，加尔都西会年迈的修女院长贝阿特里克丝、5 名加尔默罗会白衣女修士、2 名比利时人和另外 3 名法国人（其中一个是瞎子）以及菲力普·克罗斯比神父也被关了进来。克罗斯比神父是澳大利亚人，第二次世界大战中曾被日本人囚禁过。

那间屋子大约有 20 平方英尺，却挤了 300 多人。有个看守坐在门内，常对蜷缩在面前的朝鲜人大声嚷嚷。克罗斯比神父很快就知道他是在灌输共产主义信条。从早到晚他都受到无休止的纠缠盘问。纠缠结束时，他们总是高喊：“坦白交代！坦白交代！”

这些被囚的宗教界人士受到盘问之后，被带上了人民法庭。法庭上，他们在 500 名同情金日成的汉城居民面前连续不断地受到审讯。当年老体弱且患病在身的维尔莫神父请求给杯水喝时，人们高喊：“为什么要把这个洋人恶棍当朋友对待呢？”法庭询问伯恩主教为什么来朝鲜，他说是为了传播宗教。这时人们又大叫：“杀死这个美国佬！”

法官说：“伯恩主教有两条路可走，一是通过广播谴责美国、联合国和梵蒂冈，二是死亡。”

“对我而言只有一种选择，”主教平静地说，“那就是死亡。”他的勇气肯定使法官感到敬佩，他没有判处主教死刑。

审讯结束后，传教士们被运货列车运到了平壤。伯恩主教在途中患了重病。克罗斯比神父回忆说三位不信教的妇女对主教给予了热心的照料。克罗斯比认为那是一个令人感动的缩小了的联合国：一位德国妇女、一位土耳其妇女和一位波兰—朝鲜混血儿在照料一位美国主教，同时在场的还有法国、比利时、爱尔兰、美国和澳大利亚的代表人物。

7月21日（星期五），他们到了平壤。他们列队——外国人在前——穿街走巷来到法院。克罗斯比很想知道那些看到这支奇怪队伍的人在想些什么。他们见到这些囚犯——8名外国妇女、8名外国男子，其中两个年老体衰，其他则患有慢性病——是感到羞愧呢，还是自豪？

2

在遥远的南方，伦敦《工人日报》的记者艾伦·温宁顿被北朝鲜人护送到了大田。他是拥护共产党的一位知识分子。他对跨过鸭绿江后的所见所闻感到震惊。他遇见了成群结队正在躲避美军轰炸的难民。他曾看见一架野马式战斗轰炸机俯冲扫射平民百姓。“它带来了尖叫声、哀嚎声、婴儿的啼哭声、救命声、鲜血、失亲之痛和生命的毁灭”。

温宁顿在前往大田途中的所见所闻使他坚信，首先挑起战争的是受美国人煽动的南朝鲜人。这是帝国主义奴役全世界的又一个步骤。他得知大田附近曾发生过对数千名政治犯的一次“大屠杀”。他被告知，那儿的村民们被强迫挖了一些大坑，以掩埋那些已死或还未死的受害者。有人带温宁顿去看一个山谷，山谷中被雨水冲下来的一层薄土覆盖着腐烂的尸体。“通过缝隙可以看见发臭的尸骨、手、腿、白森森的脑壳、被子弹打裂的头以及捆在一起的手腕等。”有人告诉他该处至少有7000具尸体。当他们离开时，温宁顿的一名随护者陷入了死人坑，是温宁顿把他拉出来的。以后好几天，温宁顿似乎还可以嗅到和看到从薄土层中露出来的臭气和腐烂的尸身。

许多人认为他发表在《工人日报》上的报道是他这个左派记者捏造的，但是联合国观察团的澳大利亚成员梅杰·皮奇早些时候就报告了他在开战初的几天中亲眼目睹过的类似的暴行。

双方均有暴行，金日成对负责看守美国和韩国战俘的人的所作所为深表不安。他发布了如下命令：“我们中的一些人仍在杀害投降的敌人。因此，各部队的政治部门应负起责任，教育士兵们友好地对待战俘。”李承晚总统则没有发布相似的命令。

3

沃克需要把他的第 25 师从中部调到南部阵地，还需要在西线部署能够挡住人民军第 6 师的危险突击的部队。这迫使他把第 8 集团军全部撤过了洛东江。

撤退始于 8 月 2 日，大批情绪狂躁的难民随着南迁，挤满了公路。总共有 50 万无家可归的难民涌进了联合国军队控制的地区。难民的到来更加剧了大邱居民的恐慌。穆乔大使竭尽全力缓解人们的忧虑和不安情绪。他和使馆全体人员对战局都持乐观态度：无论伤亡多么惨重，联合国军队都会获胜。他们的自信确实大大地缓解了记者、地方政府官员和居民们的不安情绪。沃克的自信心从未动摇过，但他曾私下对穆乔和诺布尔说，他的一些参谋人员对战局表示绝望。

沃克很少待在司令部里。他每天都和他的座机驾驶员迈克·林奇或第 5 航空队指挥官厄尔·帕特里奇少将乘坐飞机以低得吓人的高度侦察敌军阵地。他也常乘吉普车，拉响警报，开亮一闪一闪的红灯呼啸来去，因此他的吉普车队常被误认为是巡回演出的马戏团。实际上，吉普车只有两辆，每一辆上都架着一挺机关枪。沃克坐第一辆，由在欧洲就开始为他开车的乔治·贝尔顿驾驶。沃克的副官泰纳少校坐第二辆，他很庆幸自己不与沃克将军同乘一辆车，因为贝尔顿以开车胆子太大而闻名。沃克在欧洲没有死真是个奇迹。他和巴顿一样，常常不计个人安危，让司机驾车高速行驶，因为耽误一分钟就可能造成一次战斗的失败。

两辆吉普都经过了改装，在车底焊接了装甲钢板以防碰上地雷。车篷上装有钢丝钳，可轧断任何横在路上的绳索。

除了在空中和陆地上视察之外，沃克几乎每天早晨都出席第 8 集团军的简况汇报会，另外还常与穆乔大使晤谈。他也常会见钟日昆将军和大韩民国国防部长及其他各部部长，并邀请他们参加重要的简况报告会。

到 8 月 2 日，沃克把部队都收缩到了大体上呈长方形的一个地区。这个地区从北到南大约 70 空里，从东到西大约 60 空里。在这个面积相当于半个马里兰州的地区，沃克将发动一次旨在保卫“釜山防御圈”内的桥头堡战役。

沃克指挥部的人都知道有两个沃克。一个是敢作敢为的领导者，当高级指挥官因指挥不当而造成了伤亡时，他会变得冷酷无情。另一个是喜欢思考的学者，每次战役之后，他都要了解敌我双方进行战斗的第一手资料。当坐进吉普车时，他总是对敌我双方的表现评头论足，指出所犯的错误和改正的方法。他的副官乔治·泰纳和他的座机驾驶员迈克·林奇都认为他是在实际演练如何指挥作战，因为他们注意到他的观察所得总是他下一站进行讨论的主题。

他们感到乔治·S. 巴顿对沃克产生了巨大的影响。虽然他极少在别人面前提到这位老上司，但在发表评论时却常常引述他的话。他的房子里存有一本巴顿的《我所知道的战争》。他的桌子上总是摆着一本第3集团军在欧洲的无数次战斗中总结出来的《作战教训录》的摘要。

麦克莱恩、林奇和泰纳是与沃克接触最多的三位军官。他们深信沃克在与朝鲜人民军的战斗中表现得和巴顿一样出色。他的“头脑一直处于高度戒备状态”，这使他能够比敌人更迅速地对飞速变化的形势作出估价和反应。他在运动战方面的丰富经验使他在敌人有惊人之举或友军的表现令人失望时均能应付自如。

沃克从未忘记巴顿一再重复的忠告：“高级指挥官应着眼于在哪里打败敌人，而不是如何打败敌人。”但是由于朝鲜的战局迅速恶化，沃克不得不同时着眼于上述两个方面。

他采用了两种方法。确定在何处发动重大战役时，他运用军事上闻名的“情报要素法”。每个指挥官都非常重视情报要素，目的在于估计对手的能力。沃克很注意敌人的动向。

第二种方法可被称为“作战指标法”，是指挥员赖以确定敌人怎样及何时采取行动的一种方法。在这方面他很注意后勤供应、兵力、武器装备和作战方法。

当第8集团军撤进釜山防御圈时，沃克对敌人已有了很多了解。指挥作战几天来，他已确信釜山是金日成的最后目标。所以沃克最重视的是敌人向釜山方向运动的情报。在密切注意大田至大邱间的战斗的同时，沃克还动用航空小分队的飞机侦察敌人向南推进的情况。他的座机驾驶员驾机带着情报处和作战处的参谋军官，首先发现了正在包抄前进的人民军第4师和第6师。沃克给他们下达的命令也是：“一直往前，直到他们开炮轰击为止。”

发现这一敌情后的几天里，沃克面临一场严重危机。24 师残部分布在釜山和新出现的朝鲜人民军之间的地带。在飞行员证实敌人至少有两个师以后，他决定调派驻扎在大邱西北的 25 师去增援 24 师。尽管阿尔蒙德表示反对，但沃克在解决了内线的交通问题后，硬是在不足 24 小时的时间内把 25 师全部向北调动了 100 英里。第 8 集团军的航空历史学家达赖奥·波利泰拉写道：“……对釜山环形防御圈保卫战期间所采用的军事战术作过评价的专家们均认为，25 师的这次调动对朝鲜防御战的胜利起了至关重要的作用。”正是沃克的远见和胆略促成了这次调动。

同样重要的是他选用了作战指标法。在回顾战斗行动时，他注意到了许多重要动向。首先，敌人的一次攻势一般只能持续三天。三天之后他们就得停止进攻，等待补充给养。第二，一旦冲锋在第一线的部队遭受了重大伤亡，他们就得依靠缺乏良好训练的部队继续进攻。第三，虽然苏制 T－34 型坦克在开战初期的几个星期中掌握了战场上的主动权，但它们无法与美制谢尔曼 E－8 型、潘兴 M－26 型以及新造的巴顿型坦克相匹敌。另外，新到的 3.5 英寸口径火箭筒的出色表现也使步兵在遇到敌军装甲部队时有了信心。

他最主要的发现是在作战方法方面。事实证明，北朝鲜军队是实行双重包围的行家里手，而且从连级到野战军级都采用这种方法。但沃克注意到了敌人的一个致命弱点：每当联合国军粉碎敌军的一次进攻后，前线都要平静一段时间，因为敌人得重新组织力量。他决定利用敌人的这个弱点，使用德国人在欧洲对付过他的一种战术：德军假装要在某个地方集结，当美军准备向该地发动进攻时，德军就故意提供一条安全的侧翼进攻路线以迷惑他们。当美军沿这条路线进攻时，德军就以密集炮火进行轰击，使美军遭受最重大的伤亡。一旦得手，他们就撤出战斗。

沃克试图把这种战术教给手下的指挥官，但缺乏作战经验仍是他们最大的弱点。只有迈克·米凯利斯上校聪明过人，能抓住要领。他根据沃克的建议，制定出了一种“迂回包抄战术”。他多次欺骗、迷惑了正在执行包围计划的北朝鲜军队并给他们以重创，然后从容撤退。

米凯利斯的成功使得他和他的部队常常在迫切需要新奇战术的战斗中扮演重要角色。

沃克的最大任务是制订出釜山环形防御圈的防御计划。这次，巴顿的格言又起了作用。他还记得在1944年9月，当部队因缺乏给养而被迫停止前进时，第3集团军给将军一级的指挥官发出的一封指令信。这是巴顿军事生涯中被迫进行的几次防御战之一。

沃克不得不按照自己的处境执行那项指令。指令要求各部尽快恢复进攻以掩盖这次暂时的防御。做到这一点殊非易事。巴顿的本意是不想让敌人知道他实际上正在执行一项防御计划。但是沃克别无选择。第8集团军是由经验丰富的老兵组成的，他们不用上级提醒即可采取适当的军事行动。而在韩国的第8集团军则不然，因缺乏作战经验，连连失误，第8集团军正在付出沉重的代价。巴顿横扫千军万马，使敌军指挥官不愿主动挑战，而朝鲜人民军则连连战胜联合国军，更激起了他们取得最后胜利的热望。另外，巴顿及其手下的军官们都了解德军并知道怎样对付他们，而沃克和他的部将则仍处在摸索阶段。

沃克运用巴顿的军事思想制订了作战计划。战役开始阶段，他将建立“一个以处在合适地点、机动性强和力量强大的预备队为后盾的前哨阵地……以炮火控制敌人坦克所能发动进攻的所有通道……”。各营和营以下单位之间的防御将由“相互支援、处在布有地雷的纵深位置的小分队”承担。为避免被包围或遭伏击，他指示各部队“在公路上行军，在田野上作战”。当自认为这些行动准则很完善以后，沃克便开始着手建立他的环形防御圈。

4

当玛吉·希金斯获悉迈克·米凯利斯上校的“特别机动队”正在釜山以北33空里处的镇东里作战以后，她就驾驶着一辆借来的吉普车翻山越岭来到了他所在的一所残破的校舍里。

第二天早晨，她正在吃早餐，一连串轻武器子弹击中了校舍，打碎了窗玻璃。有颗手榴弹在她睡过的木头架子上爆炸了。人们争相逃跑，但从两边射来的子弹迫使他们伏倒在地。希金斯不知道发生了什么事。他们这里离前线还有好几英里呢。北朝鲜军队怎么会到这儿？环形防御圈出了什么事？

战斗异常激烈。有人把三名受伤的战俘抬进了屋子。他们用手抓着地板高声哀嚎，就像被子弹射穿了纸样薄的胸膛的木偶。希金斯低声对《星期六晚邮报》的记者哈罗德·马丁说，看来得向公众详细报道这次战役的情况。

她向窗子走去时，看到那三名战俘已死在血泊之中。她跳出窗子，看见军官和非战斗人员都在边躲避射来的子弹，边寻找自己的部属或战友。米凯利斯、主任参谋以及各连连长都在把躲在吉普车和卡车底下的美军赶出来，强迫他们各就其位。有位美军军官开枪打伤了一名美军机枪手，因为这名机枪手已变得疯狂，正在向战友和美军车辆开火扫射。

美军在一堵石墙和一辆电台车之间设立了紧急指挥部。希金斯听到一位侦察少尉报告说，一批新发现的敌人正沿峡谷向北运动，另有数百名北朝鲜军队刚刚登上距此地 1000 码处的河岸。

她想对正在笔记本上记东西的马丁说点什么，但牙齿本能地打起颤来，使她语不成句，感到脸上无光。开战以来，这是她第一次感到冰冷。她断定自己已绝无生路，“和许许多多突然发现死亡已不可避免且正在迫近的人在一起，我只是感到惊讶：死亡终于要降临到我们头上了”。她的情绪稳定了一些，牙齿也不打战了。米凯利斯问她：“你怎么样，伙计?”她回答：“我很好，先生。”

米凯利斯不顾乱飞的子弹，起身大喊：“停止射击！我们整顿一下队伍，再看看对方到底是什么人!”

秩序逐渐得到了恢复。一位侦察军官报告，登上河岸的“敌军”原来是前来支援的韩国军队。在连长洛根·韦斯顿上尉的率领下，A 连消灭了山头上敌人的两挺机枪。韦斯顿一瘸一拐地下山到校舍来治疗受伤的大腿。希金斯在校舍里帮助军医管理血浆。韦斯顿返回了山上的阵地。半小时后他又来到校舍，肩膀和胸膛上各带着一颗子弹。他坐下来抽烟时平静地说：“我想我现在最好打一针吗啡。后中的两颗子弹开始疼了。”

战斗结束后，希金斯拿了一支卡宾枪放到吉普车里准备离去。她问米凯利斯有没有给基恩将军的口信。米凯利斯说：“告诉他，我们一定能守住。”

5

8 月 3 日，杜鲁门和国家安全委员会讨论三天以前麦克阿瑟对蒋介石的闪电式访问，麦克阿瑟力图尽可能策略地向蒋介石解释：国民党军队对中国大陆的任何空袭都将受到美国第七舰队的拦截。麦克阿瑟对新闻界的简短声明没有引起轰动，但蒋介石的公报却是一颗炸弹。蒋声称他与麦克阿瑟的会谈不仅涉及联合保卫台湾的问题，而且包括“中美军事合作”的问题。他最后称，现在可以“确定”他能战胜大陆上毛泽东的军队。

蒋介石的声明激怒了杜鲁门和五角大楼。他们不想与毛泽东发生任何可能导致蒋介入朝鲜战争的纠纷。艾奇逊赞成他们的意见，并对麦克阿瑟吻蒋夫人的手一事颇为恼火。他给美国驻东京大使拍了一封措辞激烈的电报，要求给他提供一份关于麦蒋会谈的详细报告。

麦克阿瑟对他引起的轰动假装表示惊讶。他说台湾之行不是他本人的主意，而且他的声明措辞谨慎。但是由于艾奇逊坚持要对麦克阿瑟加以谴责，杜鲁门便通知麦克阿瑟，他将派艾夫里尔·哈里曼去东京商讨远东的政治形势。“作为一名士兵，”麦克阿瑟告诉温文尔雅的哈里曼，“我将执行总统发布的任何命令。我和蒋总司令只讨论了军事问题。”

哈里曼的报告使总统大体上安了心。他完全同意麦克阿瑟的判断：他们应该在世界各地与共产主义进行斗争，只有台湾除外。总统在一次记者招待会上说他和麦克阿瑟“在台湾问题上的看法完全一致”。他还认为这是“最终的结论”。

6

8 月 2 日，往韩国运送美国海军陆战队的舰队的先导舰“克莱默”号驶入釜山港。舰上的官兵是海军陆战队第 1 旅的先遣部队。他们拥在舰栏边欣赏热情很高的一支韩国军队演唱《海军陆战队颂歌》。

他们在舰上向人们挥手致意，好像不是在釜山而是要在圣地亚哥登陆似的。这个旅包括航空兵在内共有 6534 名官兵。站在码头上的该旅旅长爱德华·克雷格准将见此情景，颇感惊愕。他向舰上的一位军官大喊：“你接到我的命令了吗？”——他曾打电报命令全体官兵一登陆就做好战斗准备。

“没有，先生。”

由于舰艇一艘接一艘驶入港口，数以千计的海军陆战队队员登上了码头，釜山港一片喧闹之声。由于机器出了故障，运送海军陆战队 5 团 1 营的“亨里科”号最后一个驶进港口。舰上的美军颇感失望。釜山的山虽然美丽，但城里只有极少数建筑物高过了树顶。一等兵 H. R. 勒斯特是个又瘦又高的堪萨斯人。他觉得这里的每样东西都是七拼八凑起来的。

“嗨，埃利斯，”他大声问埃利斯下士，“这儿真是韩国吗？我没有听见枪声。”他觉得他们根本不在战场附近。

“我们不久就会听到的，”戴尔·埃利斯说，“走，我们吃饭去。”

由于某些原因，他们那天夜里住在船上。当上级唤醒他们并命令他们上岸时，天色依旧很黑。他们走下跳板拿起真枪实弹——这是勒斯特离开拉霍亚附近的射击场后初次见到枪弹——时，码头上的灯亮了。他们乘卡车走到一砖铺的街道。这使勒斯特回想起了火奴鲁鲁。越过一条宽度约等于阿肯色河 1/3 的河流后，他们跳下卡车，奉命把行李放进一个高大的建筑物。勒斯特不想随行李放下他的《圣经》，不过他知道自己不是到韩国来读书的。

他加入队伍，沿砾石路向前行进。13 磅重的弹药、21 磅重的勃朗宁自动步枪和其他必带的装备压得他喘不过气来。他们经过一头肿大的死牛，穿过一片稻田向远处的一座山进发。中士告诉大家那山是当天夜间的宿营地。由于蚊子很多，他们在衣服上洒了驱蚊剂。

突然天空中升起了一颗红色的照明弹，接着又升起了一颗绿色的。敌人来了！“埃利斯，”勒斯特问下士，“我可以开枪吗？”

“不忙。”

刚刚抵达釜山的美军还有隶属基恩将军 25 师的步兵第 5 团战斗队。由于朝鲜人民军第 6 师的进攻异常凶猛，沃克被迫派步兵第 5 团战斗队和海军陆战队前去增援釜山环形防御圈的西南端。这两支部队共有 6 个营，有坦克和大炮，一旦进入阵地，就会使最薄弱的一段防线变成最强的防线。沃克决定在这个地方发动美军的第一次反攻，由基恩将军指挥的基恩特遣队具体实施。包括海军陆战队在内，基恩共有20000名官兵。

8月5日，正当美军在进行反攻准备的时候，25师的一个连占领了玛吉·希金斯差点遇难的校舍以北大约10英里处的一座小山。他们没有遇到任何抵抗，但在晚上却遭到了敌人的反攻。那天晚上，全由黑人组成的第77工兵连的切斯特·伦农中尉被一个白人上尉叫醒了。他告诉伦农，人们认为获得了胜利的那个连正在遭受敌人的屠杀。31岁的伦农是路易斯安那州一位浸礼会牧师的儿子。他在欧洲打过仗，担任过中士，后来被编入了工兵部队。

"我奉命发动一次反攻，"上尉说，"但我手下没有可以调派的军官。要么你去，要么我去。"

伦农自告奋勇率部反击。他集合了大约125个人，其中包括司机、炊事员和文职人员。他向他们详细介绍了情况。他说这是他们第一次经受战火的洗礼，他敢肯定他们知道怎样用步枪和手榴弹。"我相信你们，"他说，"我知道你们能行。上帝会保佑你们。"午夜12点半钟，他们开始向那座黑乎乎的山进发。伦农没有地图，他们穿树丛越沟渠摸索上山。黎明时分，他们听到了零星的枪声。天刚放亮，子弹就在他们周围乱飞起来。他们被敌人发现了。伦农命令大家卧倒，然后和一名中士爬向敌人一挺机枪的隐蔽处，每人扔了一颗手榴弹。伦农的左大腿被击中了，他说了声"噢，我受伤了"，就昏了过去。

他苏醒过来已是下午。听不到任何声音。他感到四肢麻木，但当他试图移动身子时却痛得厉害。他等了一会儿，四周仍无声息。"这儿还有人吗?"他提高声音问了五次。所有的伤员们设法聚到了一起。伦农记得上山途中曾见过一条小溪，便说："试试看，我们能否爬到那儿喝点水。"他们首先清点了一下各人身上所带的东西，发现谁也没有吃的，香烟也只有半包。到了傍晚，他们仍未爬到小溪边。有个大个子说："中尉，我爬不动了。"

"大家都在这儿等你好点了再走。"伦农说。他为他的部下感到自豪，没有人恐慌，没有人抱怨。那个大个子一等兵说："我会看到你的，中尉。"然后他就死去了。

"现在只剩我们5个人了。"有人说。

天气非常热，他们不得不爬到灌木丛下面去。除了偶尔有飞机飞过外，四周一片寂静。他们挥动手臂，但飞机上没有人注意到他们。伦农产生了幻觉。他的妻子来到了他身边。他说：“亲爱的，我很饿。”她说：“别担心。”然后打开了一只盒子，里面是他见过的最诱人的牛排。

他们忍痛继续爬行数小时，终于口干舌燥地来到了小溪边。小溪只有大约6英寸宽，他们筑起了一个小堤坝以积水。

8月6日，即伦农受伤的那天，海军陆战队归由基恩将军指挥，并受命向玛吉·希金斯险遭不测的镇东里挺进。先头部队是海军陆战队5团1营，营长是身材修长的罗伯特·塔普莱特中校。他32岁，是南达科他州人。塔普莱特使营部军医、海军中尉罗伯特·哈维想起了一匹赛马：“他是多好的一幅招兵广告！他说话生硬干脆，硬邦邦地像钉子。”塔普莱特并得知27步兵团在镇东里遇到了麻烦，他得赶去营救。

中午时分，塔普莱特抵达米凯利斯的指挥部。那里的人不知道米凯利斯上校在哪里，塔普莱特便问部队的行动计划是什么。当得知他将与正在防守阵地的3个营换防时，他驱车1英里半去寻找可做指挥部的地方。

他在公路上碰到了步兵设的一个指挥部。

“这是个好地方，”那位陆军军官说，“刚好在公路上。”

“你疯了吧，先生，”性格直率的塔普莱特说，“我们海军陆战队常选择公路以外的地方。”他指着一个山坡说，“我要翻过山脊到背面的山坡上去。我要把我的营指挥部设在那儿。”

“你疯了吧，”那位军官说，“我们是不会那么做的。”

塔普莱特不善外交辞令。“我不便指责你们怎么干，”他说，“但我敢肯定你们迄今为止没怎么成功过。”

塔普莱特刚把指挥部建立起来，就接到了克雷格将军的命令：他的部队脱离海军陆战队，归由米凯利斯指挥。这样他加入了陆军序列。那天下午，他向米凯利斯报告了自己所在的地点和防御阵地的位置，然后命令迫击炮和大炮做好向北轰击的准备。

第二天（8月7日）早晨，基恩特遣队的反攻开始了。反攻的主要目的是夺回塔普莱特的指挥部以西大约20空里处的晋州。步兵第5团战斗队从镇东里向西出击；海军陆战队跟进一段后，再沿江岸公路分道进袭；在镇东里以北13空里处出击的第35步兵团将在半道上一个叫武川里的村庄与步兵第5团战斗队会师。

北线的进攻很顺利，35团在突破北朝鲜军队一个重要阵地后继续向武川里挺进，但步兵第5团战斗队还未发起进攻便在342高地前陷入了困境。这时，基恩将军打电话给克雷格将军，指示他负责指挥镇东里一带的所有部队，直到接到下一步的命令为止。全体海军陆战队官兵很欢迎这个消息。克雷格乘吉普车去看步兵第5团战斗队发生了什么事，他发现该部及其军事装备都被堵塞在342高地以南6英里处的兔山公路交叉口。高地上，步兵正在消灭敌人的狙击手。毫无疑问，步兵第5团战斗队步履维艰，华氏110度的高温把他们搞垮了。

伦农中尉和受伤的4位战友仍旧饿着肚子躺在那条小溪旁。白天，他们爬出灌木丛向过往的飞机招手，但没有结果。“中尉，”一个名叫桑德斯的二等兵说，“我们躺在这儿只能等死。”他只是脚踝受了伤，因此他要求下山去求救。

“你爬不了多远，”伦农说，“如果我让你去，我等于在杀你。”

但是其他人坚持叫桑德斯去，伦农最后只得同意让他下山。

在遥远的大田附近，疲惫不堪、饥肠辘辘的迪安将军仍在敌后东奔西走，机智灵活地躲避着敌人的搜捕。

7

8月10日早晨，海军陆战队5团2营越过了拥挤的兔山交叉口。他们在该处被耽误了两天。他们行进到了兔山西南1空里多远的背屯里，但克雷格将军不满意这样的前进速度，命令他们“全速”向下一个目标高城进袭。高城在背屯里以南7空里处。行进到全程的1/3处时，他们得通过长1000码的关隘，他们可能在此处遇到真正的麻烦。

下午，第一辆负责侦察的吉普车开进了关口。突然机关枪和自动武器向道格连猛扫过来。当美军隐蔽到沟中时，一发反坦克炮弹击中了一辆吉普车。下午 4 点半钟，海军陆战队的两辆坦克开到关口，迫使敌人躲藏了起来。

正在这时，塔普莱特的第 3 营乘卡车抵达关口。团长雷蒙德·默里上校命令 3 营做好超过 2 营当先开路的准备。他们二人爬上一个斜坡，窥视 5 英里外的高城。默里命令塔普莱特立即发动进攻。

塔普莱特的部队刚冲上公路，一架 F-51 型战斗机突然出现在天空中，并向他们俯冲轰炸。炮弹相继在公路上爆炸了。这时有人大喊：“把空军信号板拿出来!”但是美国空军的空袭结束了。有位海军陆战队队员跳进一处灌木丛躲避空袭，不料正好跳在一个北朝鲜士兵的身上。那人跳出来用手提机关枪打了 6 发子弹后，扔下武器想逃跑，但海军陆战队员的 12 发子弹全打进了他的后背。

默里和塔普莱特交谈之后，下坡去找 2 营营长哈罗德·罗伊斯中校。罗伊斯和其他人都不知道敌人阵地的确切位置。罗伊斯的作战军官要求率领侦察队去侦察。结果，乘吉普车下山侦察敌情的摩根·麦克尼利少校以及三名侦察兵和一名报务员都被打死了。

那天晚上，上司命令塔普莱特于第二天（8 月 11 日）早晨8 点再次发动进攻。他命令 G 连打头阵，天亮时他们受到了敌人的突然袭击。虽然敌人被歼灭了，但罗伯特·博恩中尉的脖子和肩膀也被手榴弹的碎片炸伤了。博恩见自己伤势并不严重，无须撤出战斗，便让一名士兵给他包扎伤口。尽管如此，G 连还是在半小时后退回了原来的位置。

默里上校非常恼火，他说：“我说 8 点就是 8 点，绝不是 8 点零 1 分!”

他们于 8 点半发起了进攻。博恩虽然受了伤，但仍渴望参加战斗。部队沿着一条砾石小路向高城进发时，太阳光已经有点烫人。博恩向两边的高地派了侦察员和哨兵。他让大家跑步前进，并时常安慰他们以保持较快的速度。他知道只有快速前进才能使他们免遭伏击。

博恩和先头排在一起，能看见尖兵在涵洞下面探查地雷。他们来到一条干涸的河边。河上的桥已被炸毁。有名士兵看到桥身废墟底下有东西在动，就用勃朗宁自动步枪打了几发子弹。之后，他才发现是一名韩国妇女和几个孩子，他惊恐地丢下枪哭了起来。“嗨,”博恩说，“如果那儿不是个韩国妇女会怎样呢?”

博恩想，那个妇女可能会认为美国人是故意开枪的，就让一名韩国翻译告诉她，这是一个可怕的意外事件。开始，她拒绝接受美军的治疗，但最后还是勉强地接受了。

尽管天气越来越热，博恩还是让部队快速前进。他感到一切都很顺利，这次又快又顺的行军是他战斗生涯中最满意的一件事情。

塔普莱特命令乔·费根的H连向左拐进攻高城，博恩的连留在后边。塔普莱特又派两辆坦克增援费根，自己则与前线空军联络员丹尼尔·格林中尉乘坐载有发报机的吉普车往前线赶。他们来到了那座被炸毁的桥边。

“现在我们干什么呢?”格林问。

“很简单，背上背包到那个地方去。”

“中校，你这不是让我去送死吗?”

“不是，丹尼，”从来没想过自己会被打死的塔普莱特说，“因为我要和你一起去。”

格林跟随塔普莱特和报务员到达高城郊区，在一所很大的校舍里建立了前沿指挥部。不一会儿，一辆吉普车拖着一辆救护车从后面开来，歪歪斜斜地从他们身边驶过，往右一拐向西川方向驶去。几秒钟后响起了三声急促的爆炸声。一发炮弹击中了吉普车，炸死了两名中士。另一发炮弹炸毁了救护车，炸死了司机和一名士兵。

如果费根率领满载着士兵的4辆战车走在前面的话，定会造成一场灾难。塔普莱特派侦察队去侦察敌人反坦克火炮阵地的确切位置。他们发现的两门炮被费根的坦克摧毁后，又发现了第三门。这门反坦克火炮的炮弹已经打光，它也被坦克摧毁了。这时美军发起了进攻，由坦克在前开路。塔普莱特和他的前沿指挥部就在H连的后面，博恩的连队在最后。塔普莱特没有向两侧派遣侦察兵。他们的进展很顺利，但格林中尉却很紧张。

“你知道，上校，”格林说，“我不认为前线空军联络员应该跟尖兵在一起。我前面只有几个人。”

“丹尼，本来就应该这样。我们不久就会知道有没有敌军抵抗。如果敌人开了枪，我们会隐蔽的。”

每当遇到阻击，格林就呼叫空军来掩护，塔普莱特则命令大家向两边的山坡扫射大约 5 分钟。每次遇敌，部队只是短暂地停留一下。他们的行军非常顺利，甚至连塔普莱特对此也有点吃惊。“丹尼，你没有参加我们在彭德尔顿的野营真是太遗憾了。这次行军和那次野营简直一模一样。”

身材修长、眼睛碧蓝的一等兵弗雷德·F. 戴维森来自俄克拉何马州。他信仰美国和美国海军陆战队。有一次部队停下来时，他突然要去大便。他到左边一条几乎干涸的小河边，心中想每个人拉大便要避开其他人，真是太奇怪了。他滑下 5 英尺高的河岸。当双脚落地时，他突然看见一个北朝鲜人正隐蔽在灌木丛中窥视路上的美军。那人离戴维森约 50 英尺远，显然没有听到他滑下河岸的声音。他的后背正对着戴维森。戴维森马上端起卡宾枪，心想枪上的快慢机肯定是打开的。他扣动了扳机，枪没有响！可该死的保险机是打开的。他没把卡宾枪从肩头取下，而是用手指直接摸到并关上了保险。但是，装着 30 发子弹的弹匣从枪上掉到了地下。原来是他扳错了扣。大吃一惊的北朝鲜士兵初次转过身来面对着戴维森。戴维森在敌人惊奇地盯着他的瞬间把弹匣重新装到枪上。他拉动枪栓，把一颗子弹推进枪膛后扣动了扳机。这次完成了自动射击，一连串子弹射入敌人的身体，把他仰面打倒在地上。

戴维森跑过去，看到敌人双目圆睁，已经死去。他把冲锋枪踢到一边，以防敌人装死。他搜查了敌人的口袋，只找到了一盒北朝鲜香烟。

这时，好奇的美军围过来看为什么响枪。他们站在尸体周围，仔细打量死去的敌人。后来，他们听到部队出发了，才匆匆返回公路上。戴维森忘了要大便。他在想这是他第一次真正杀死人。以前他开枪从来无从确认他的子弹是不是真的杀死了人。这次是确定无疑的，尸体上所有的子弹都是他的“杰作”。

就在塔普莱特准备进入高城时，海军陆战队一个航空兵分队的 VMF－323“海盗”式战斗机群俯冲轰炸了 100 多辆试图逃脱第 3 营打击的敌军汽车。北朝鲜军队完全陷入了停顿，卡车和卡车相撞翻进了壕沟，步兵则溃逃到了山上。飞行员经过集中轰炸后又开始射击单个的目标。尽管敌人的自动武器和轻武器火力十分密集，但海军陆战队的飞行员坚持俯冲轰炸。在他们被另外一小队“海盗”式飞机和美国空军的飞机替换以前，至少有 40 辆汽车已被炮弹击中起火。

当塔普莱特率全营最终到达敌军溃败的地方时，他们惊奇地发现，在被炸毁的车辆中有为敌人所缴获的美军吉普，另外还有俄国人的吉普和卡车，以及装有俄国军官制服的粗厚呢料背包。不一会儿，克雷格将军传令停止进攻。第二天早晨，2 营将转进到 3 营的前面。塔普莱特和他的通信官赫尔克里士·凯利中尉往回走，想找一个合适的地方做指挥部。塔普莱特在距公路 50 码的河床上看到有一个死去的北朝鲜士兵，他本想把那具尸体当成桥踩着过河，但转念一想，这样做不太好，就纵身跳了过去。走了几步后，他听到了一声枪响，他转身发现凯利的枪口在冒烟，就问："你到底在朝哪里开枪？"

"中校，我刚救了你一命，河里的敌人没死。如果不是我恰好跟在你身后，他会用那支冲锋枪把你打成两半。"

塔普莱特浑身颤抖起来。他说："那我们今晚上就在公路边建指挥部吧。"这是漫长的一天，也差点成为他最后的一天。"在前面沿公路两侧部署两个连，这次我要破例选那儿的树丛做指挥部。"他边环顾四周边说，"我想他们不会有大炮，否则我就得在那个山坡上建指挥部。"

8

8 月 11 日对于力图与第 35 步兵团会合的步兵第 5 团战斗队来说是十分漫长的一天。他们的反攻从一开始就不太顺利。沃克将军对该部的表现颇为恼火。在海军陆战队穿过高城向下一个目标挺进时，步兵第 5 团战斗队仍滞留在兔山交叉口东北数英里的地方。虽然沃克将军一再给基恩将军施加压力，但仍毫无进展。美军的主要供给线——通往镇东里的公路仍处在敌军狙击手的火力控制之下。美军不得不派 3 辆坦克和 1 门火炮护送向前沿阵地运送给养的车队。

午夜时分，由黑人组成的第 555 野战炮兵营在距兔山 5 英里的凤岩里被敌人包围。该营附近是第 90 野战炮兵营。8 月 12 日天刚破晓，两个营就从三面受到了敌人的猛攻。555 营的榴弹炮对付不了敌人的装甲车，90 营榴弹炮的高度不能降低到足以平射敌人 T－34 型坦克和自行火炮的程度。早晨 10 点左右，敌步兵收缩了对 555 营的包围并突破了该营阵地。90 营也受到了严重打击，丢失了所有的 6 门 105 毫米口径榴弹炮。

那天早晨 6 点半，海军陆战队 5 团 1 营奉命越过塔普莱特的阵地，迈着轻快的步子前去攻占泗川。虽然每个人都希望快一点赶到泗川，但在途中还是遇到了敌人的阻击。由于 555 营和 90 营的溃败，敌人在那里横行无忌。基恩将军被迫请求海军陆战队给予支援。中午，克雷格将军乘直升机在 50 码开外降落，他沿公路前去和塔普莱特及其参谋人员商议此事。他告诉他们，步兵第 5 团战斗队仍处在困境中，555 炮兵营已被击溃。

克雷格对塔普莱特说：“你得马上返回去和 25 师的基恩将军取得联系。”塔普莱特将在镇东里 25 师指挥部见到基恩。克雷格说：“我将安排你营乘卡车返回，你要搞清楚局势到底怎样。”

下午 1 点半，塔普莱特和克雷格的作战主任约瑟夫·斯图尔特乘飞机飞临镇东里西北部地区。他们看见大炮炮身和其他零部件杂乱无章地散布在地上，长长的河沟里到处是尸体，还有燃烧的吉普车。不远处有座桥。克雷格说 25 师的联络官将在桥边接应他们。他将乘一辆吉普车前来，车顶上放一块红色的信号板。塔普莱特指了指河滩和附近一张铺白布的桌子，告诉飞行员：“那儿还有人活着。”地面有辆吉普车朝桥边驶来，但车顶上没有红色的信号板。

直升机着陆了。塔普莱特和斯图尔特走下飞机来到吉普车前。“你到底是谁啊?”塔普莱特问司机。

“我是托尔曼中尉。”他是 25 师一个装甲侦察连的连长，有几辆运兵车。他汇报了 555 营被围歼的情况。他说：“我一直试图攻到那儿去营救他们，但每次都遭到敌军火力的阻击。”

他们走到塔普莱特在空中看到的那张桌子边。有位炮兵中校和几位军官坐在那儿，正准备吃午饭。

塔普莱特很惊讶，桌子上摆着玻璃杯和银器。他们都是一副蓬头垢面的样子。他们被击溃后只剩下了一门炮，其他的都丢了。他们不知道步兵第 5 团战斗队的指挥官在哪里。

“看在耶稣的分上!”塔普莱特说，“请告诉我 25 师师部在哪里?”

无人知道。

托尔曼表示愿帮塔普莱特和斯图尔特寻找基恩将军。他们三人乘一辆运兵车前往镇东里。公路上有许多长长的电话线。因托尔曼有一部电话机，塔普莱特便建议把它安装在电线上。他说："我们看看能否接通一条线与别人谈一谈。"他们一连试了40根线都没有通，就又返回了那个河滩。直升机还停在地上，螺旋桨仍在转动。飞行员转达了克雷格将军的来电，说塔普莱特的部队正在乘卡车向靠近555营覆灭之地的这个河滩进发。

"有两条路，"塔普莱特说，"一条经过高城，另一条通过山区，是捷径。炮兵指挥官告诉我们敌人就在那儿。"他想去看一下主任参谋约翰·坎尼少校率领全营走的是不是正确的路。他登上直升机让飞行员寻找3营的先头部队。

他们沿一道山岭飞行，没发现人。当他们飞临另一条路的上空时，塔普莱特看见了他的部队。坎尼正叼着一支粗大的黑雪茄坐在塔普莱特的放电台的吉普车上，他们互相挥手招呼，塔普莱特向坎尼大喊："返回去！走另一条路！"

坎尼转身大声应道："好，好！"

"他们在这条路上已经走了很远了，"塔普莱特告诉飞行员，"我们飞到他们前面去看看有没有敌人。"他们没有发现敌踪，塔普莱特便在空中引导部队前进。

他仍未接到具体执行何种任务的命令。最后他与克雷格取得了联系。"将军，"他说，"我没有找到25师师部，也没有见到原定要到桥边给我传达命令的那个联络官。真是又混乱又凄惨！没有一个人了解情况。"他承认他甚至不知道敌人在哪里，只是猜想大概在555营残部所在地附近的高地上。

克雷格刚接到基恩将军要他从泗川进行战术撤退的命令。这使海军陆战队的士气大受影响，因为他们相信已经击溃了泗川一带的敌人，现在却要他们放弃流血流汗夺得的土地。他们又累又饿，都盼望吃一顿热饭。他们甚至连咖啡或汤都没来得及喝，却只能眼睁睁地看着所有的食物和陆军消费合作社的给养被付之一炬，以防为敌人所获。这仗到底是怎么打的？

塔普莱特率部于黄昏时分抵达那片河滩后，再次通过报话机要求克雷格将军下达指令。

“你认为应该干什么就干什么好了。”他对塔普莱特说。

塔普莱特下令进攻河滩北边的高地。G 连和 H 连沿陡峭的山坡登上了高地。晚上 9 点，博恩和费根都报告说未遇抵抗即占领了阵地。塔普莱特命令他们建立一个环形防线。

那天夜里，25 师炮兵指挥官乔治·巴思准将终于赶到了那片河滩。他问塔普莱特什么时候能做好进攻准备。“我已经在第一个攻击目标前部署了两个连。”塔普莱特说。巴思称赞他动作迅速，并赞同他制订的翌晨攻占该高地其他地方的计划。巴思将军命令几辆轻型坦克和 3 辆装甲运兵车支援海军陆战队的进攻。

第二天（8 月 13 日，星期天）清晨，随军天主教牧师伯纳德·希基神父主持了礼拜仪式。仪式完毕后，塔普莱特的进攻就开始了。美军刚发起冲锋，敌人的机枪就吼叫起来。他们跑到右边躲避密集的子弹，但看不见一个敌人。上午 10 点，G 连和 H 连占领了两个制高点。虽然他们的人无一伤亡，但他们也没有打中一个敌人。

塔普莱特在指挥部获悉原定前来与他的 3 营换防的美军没有来，就让坎尼去找。坎尼到处寻找，没有找到。

“他们肯定已到了某个地方，”塔普莱特说，“我每次打电话，对方都说该部已接近了我们的阵地。”

大约下午两点，坎尼终于找到了那支前来换防的部队。他把 3 营的位置告诉了一位陆军上校，并说：“你们得接管我们的阵地。”

“我才不呢，”上校说，“我要在这儿建指挥部。”那个地方离塔普莱特有一英里半。怒不可遏的塔普莱特中校叫通了克雷格将军的指挥部，说：“将军，这支陆军部队不愿与我们换防。我该怎么办？”

“撤退！”克雷格说。

塔普莱特气冲冲地命令他的疲劳之师乘上卡车向密阳附近的宿营地驶去。

9

星期日清晨，在距555营被围歼的河滩数英里的地方，伦农中尉和其他3个人仍然奄奄一息地躺在那条小溪边。尽管又痛又累又饿，他还是在一直鼓励另外3个人打起精神。受伤8天以来，他的体重已降低了许多，瘦得只剩下了一把骨头。他迷迷糊糊地听到有人在喊："喂!"但他不敢应声，怕是敌人。叫喊声越来越近，他终于听清是美国人的声音。他答应了几声，但声音又小又嘶哑。后来那人终于到达他们身边，是布西中尉率领的一个营救小组。布西中尉在金泉大捷中的表现非常出色。他从爬出去求救的桑德斯口中得知还有4位战友活着。桑德斯被敌军俘获并遭到了毒打，然后被扔到一条沟里等死，幸好布西发现了他。4个皮包骨头的伤兵被轻轻地抬下了崎岖不平的山冈。那可真是一段又缓慢又令人痛苦的行程。由于山坡陡峭，抬架的人不得不每隔几分钟就换一次班。好在天生具有领导才能的布西知道怎样让自己的部下尽心尽力。他们历尽艰辛抬了5个小时，终于把伤员抬到了一个救护站。布西在路上一直背着伦农。

伦农到救护站后苏醒过来，他不知自己伤得有多重，只知道非常疼。有位中士手拿写字夹板问他的姓名、军衔和入伍编号。"中士，"伦农说，"我没力气告诉你，我饿极了。在你给我一些吃的东西之前我不回答你的问题。"但他们只给他喂了一点点汤，不给他吃任何别的东西。

他问："我们得多长时间才能返回部队?"他被告知他再也不能走路了。但是，信仰宗教的伦农不相信这一点，尽管他感觉不到受伤的腿的存在，他的体重仅有100磅多一点。他到达韩国时的体重是220磅。

伦农及其3位战友的获救是那天在基恩特遣队的战斗区域内发生的少数几件值得称道的事之一。美军的第一次反攻失败了。傍晚，基恩特遣队差不多都退回到了他们出击前的阵地。虽然默里的海军陆战队第5团在空军和炮兵的配合下，毁灭性地打击了朝鲜人民军第6师，但最后还是被迫放弃了攻占的地区。

虽然美军的人数远远超过北朝鲜军，而且有性能优越的大炮和强大的空中力量，但他们的反攻还是失败了。北朝鲜军的胜利一方面是由于美军第 25 师作战不力，另一方面也是由于金日成的士兵能够英勇顽强地作战。他们被美军包抄后不慌不乱，各部被分割后仍能不屈不挠地与敌周旋。虽然美军机动性强，能控制公路，但山地却掌握在北朝鲜军队手中。他们能整天在酷热中翻山越岭，而又高又壮的美军却被一个个累倒了。

北朝鲜军队打的不是各部队密切配合的西方式的战争，美军很少知道敌人在哪里。这是一种新型的战争，人民军正规部队常像游击队一样行军打仗。他们换上农民的白色衣装从背后偷袭美军。世界头号强国美国渐渐懂得在朝鲜仅靠兵力和技术还远远不够。他们能够从过去一星期的沉痛教训中得到些有益的经验吗?

第三部

釜山外围战

第 9 章　洛东江之战

（8 月 14～23 日）

1

8 月 14 日，星期一，当北朝鲜人接近釜山环形防御圈时，其主要目标——大邱——一片恐慌。沃克将军不仅在西边面临基恩特遣部队的溃败，而且两支敌军渡过了洛东江，一支到达大邱西北 15 空里的地方，另一支抵达大邱东南 15 英里的永浦（音译）。从北向南流的洛东江是大邱防御的关键所在。一个多星期以前，两个北朝鲜师已经渡河，其先头部队到达该城北不到 20 英里的地方。

在南面 30 空里、邻近荣山的地方，正在发生另一场灾难。人民军第 4 师 8 天前渡过洛东江，突破环形防御圈建立了强大的突出角阵地，对密阳构成威胁并可能切断从大邱到釜山的主干公路补给线。尽管一些参谋人员对形势感到绝望，但沃克依然冷静，把特别部队迅速调到最危险的阵地，以防环形防御圈瓦解。

敌军越来越大的隆隆炮声使大邱人惊恐不安，因为这意味着金日成的大军不久将强渡洛东江，攻占这座城市。在李承晚的寓所，穆乔大使为总统的安全感到不安，建议政府南迁到济州岛。即便整个朝鲜半岛陷入北朝鲜人之手，那儿也是安全的，李承晚可在那里组织流亡政府。

李愤怒地拔出手枪逼近穆乔，穆乔脸色发白。李夫人也感到震惊。“敌人来了，我就用这把手枪打死我妻子。然后，把最后一颗子弹留给我自己。”李承晚愤怒得全身颤抖。“我们毫无政府迁出这片土地之意。”

穆乔尽管是一位十分英勇之人，却一言不发便匆匆离去了。

纽约城。爱德华·R. 默罗正在为晚上7点45分的新闻广播录音，骇人听闻地谴责在朝鲜的战争行为。默罗看到了向大邱的混乱撤退和釜山外围令人绝望的战斗，对羞辱的失败惊愕不已。在欧洲的战争中从未出现过这样的事。

“这是一次最艰难的广播，”他这样开始，“但现在的问题在于是否发生了严重的失误。”他指责麦克阿瑟的基恩特遣部队的灾难性反攻。反攻削弱了重要防线，损兵折将却一无所获。“这不是敌人强加到我们头上的一个决定。我们的高级司令官发动了这次反攻，用一名在职的知情军官的话来说，‘我们决定需要一次胜利’。”

这条拟晚上广播的新闻稿火速送到哥伦比亚广播公司新闻部主任埃德·切斯特手中。几分钟后，它被送到包括公司总裁和董事长在内的最高会议上。切斯特带着他们的决议回来。“这则新闻给砍掉了。”他说。

有人表示抗议，但回答是：“维持决议。”

默罗没有辞职或诉诸公众。然而，数百名记者在海外新闻俱乐部向麦克阿瑟发去抗议电报。《新闻周刊》披露了此事：“默罗的强烈反对使新闻检查问题在广播公司的新闻室里极端尖锐化，因为其他美国人想报道美军在朝鲜进行的战争。”在一张严肃的默罗相片下写着题目：“默罗：新闻检查已在国内开始。”

正当默罗被堵上嘴巴时，沃克将军正准备发动一场决定性的进攻，以消灭渡过洛东江的突出角的危险敌人，那里在大邱南30空里的地方。预定8月17日开始，将由海军陆战5团及其死气沉沉的士兵们在美军3个团的支持下实施进攻。

与此同时，沃克十分关心大邱北边和东北方向敌人5个师的进攻。盖伊将军的第1骑兵师暂时顶住了北边的进攻，两个韩国师抵抗住了来自东北方向的进攻。大邱是釜山外围的关键，没有人比金日成更清楚这一点了。他号召部队在8月15日，即朝鲜1945年从日本统治下获得解放的五周年纪念日夺取大邱。“胜利在望。”金要求一切战斗人员宣誓，在战斗中用他们的血肉之躯去争取胜利。

在纪念日的前一天，人民军第10师迎着美军空袭和盖伊将军的猛烈炮火，跨过洛东江，建立了一座桥头堡。尽管盖伊调兵遣将，在天黑前拔去了桥头堡，但美军严重受挫。

在大邱，韩国政府的办公室里笼罩着恐慌的气氛。成群的政客和那些寻求李承晚恩宠的文职人员努力刺探总统准备什么时候逃往釜山。他们想跟他一块儿逃。

沃克将军劝穆乔大使撤离大邱，并劝李承晚也撤走。但是，穆乔在前一天受到李承晚的手枪威逼，指出 8 月 15 日是日本投降之日，是解放的象征；大韩民国又是在 1948 年这一天建立的。如果政府现在离开大邱，士气就会瓦解。沃克承认这很有道理，但认为如果形势真是绝望了，他们都不得不走。

因此，在被围困的大邱，李承晚、他的内阁、国民议会和外交使团头面人物正式庆祝了解放日。众人同仇敌忾，对敌人必败充满了信心。

当这一切正在进行时，白善烨准将指挥的韩国第 1 师在城北 10 英里处击退了两个北朝鲜师一些部队的进攻。白的左翼与盖伊的骑兵师相连接，但敌人企图在其间打进一个楔子。到日暮时分，从敌军对盖伊左翼 303 高地的进攻和对白的压力来看，沃克认为局势十分危机，李必须离开大邱。

大约 750 名南朝鲜警官在城郊排成队列，以控制骚动不安的人群。大邱的人口从平常的 30 万膨胀到 70 万。16 日晨，沃克再次同穆乔通话。他说，麦克阿瑟担心敌人突破阵线，造成总统的死亡或被俘。

穆乔在仍然武装得像突击队员的诺布尔的陪同下拜谒李承晚。总统常常告诉诺布尔，他决不会再撤退了；如果需要的话，他将率领 100 多个忠于他的部下在大街小巷同敌人血战到底。直到此前，穆乔总是给总统描绘一幅光明的图景，诺布尔也支持他这么做。但今天大使严肃地告诉总统，保卫大邱的部队随时可能崩溃，沃克将军和麦克阿瑟将军都催他立即南撤。

李承晚本能地一口咬定他决不离开大邱。如果政府里的其他人想走，随他们去好了，反正他要留下来。他再次提到他有 100 多个忠心耿耿的人，只要有枪他们就能投入战斗。穆乔争辩说，李不能像一个普通士兵那样战斗，政府的稳定有赖于他。

“那么我就辞职！”李承晚反驳道，“让别人来当总统。”他语无伦次地不停地讲啊讲啊，却在最后同意第二天上午飞离大邱。

2

《纽约时报》被情报报告所蒙骗，报道说美国和韩国部队“至少仍处于四比一的人数劣势”。事实上，金日成只有7万人而美国和韩国共有9.2万人的部队。大多数年轻的美国兵到达韩国时只知道朝鲜佬是一群无知的、偷窃成性的劣等人——“戈克斯”*。几乎没有人了解朝鲜的历史或文化。当一个朝鲜人说“我不是戈克斯（I'm not gooks），你才是戈克斯”时，他们全都茫然不解。在朝鲜，Miguk就是美国人的意思。

吉姆·豪斯曼上尉在韩国工作了几年，对他们正在进行的顽强抵抗一点也不感到意外。他相信像钟日昆和白善烨将军那样的人会干得非常漂亮。他对白善烨信心十足，认为他会守住防线，大可不必跑去指手画脚。“你不需要我的帮助。”他对白说。

到8月17日，大邱北面的关键地方在白的右侧，即303高地。这是一个1000英尺高的宽阔地带，呈椭圆形，周径超过两英里。谁占据此地，谁就控制了汉城至釜山铁路和跨过洛东江的主干公路。

敌军的一个营渡过了洛东江，包围了盖伊的一个连，夺取了303高地。17日拂晓前，盖伊的两个营在一个坦克营的支援下发动反攻。在进行充分的炮火准备和空袭以后，骑步兵向高地发起猛烈冲锋，没有遇到抵抗。在炮火准备和空袭中，北朝鲜人伤亡惨重，已经撤退了。但他们留下了26具被俘美国人的尸体，这些美国人被解除武装、剥去衣服后，被赶到水中撵上山坡，最后他们双臂被反剪绑在背后，集中到山涧里，四个朝鲜人向这些无望的俘虏开枪，列兵罗伊·曼林，一个来自芝加哥的19岁青年，设法挪到同伴的身体下面，尽管胳臂和腿上挨了几枪，但爬到了安全地带，向那些惊骇不已的骑兵讲述了他的遭遇。

---

* 原文“gooks”，系美国人对越南人、菲律宾人、朝鲜人、日本人及中国人等亚洲人轻蔑的称呼。——译者

3

当 303 高地的战斗接近尾声时，第 5 陆战团正在密阳附近休整。他们只是暂时待在那儿，因为他们被挑选担任沃克拔掉敌军在大邱以南的突出角阵地的先锋。在参谋会议上，克雷格扼要地介绍了沃克的进攻计划。进攻将于 8 月 17 日晨以袭击渡过洛东江的敌军桥头堡开始。两个美军团将从东北方向在突出角阵地会合，第 9 团战斗队和海军陆战旅发动正面进攻，两团美军从北面进攻，陆战旅从南面夹击。后者将袭击密阳以西 10 空里的五峰里山脊。山脊像一条史前巨蟒，它那迟钝脑袋向东南延伸一英里多以后，变成一些泥沼和不规则的小山包。巨蟒又高又窄的脊椎，则是一连串从 300 英尺到 500 英尺不等的山峰。

陆战旅将率先发动攻击，用 2 营攻占第 1 个目标。然后是 1 营，最后轮到塔普莱特的 3 营。17 日晨 8 时，2 营两个步枪连并肩跃出战壕，迎着敌军火力进攻。尽管得到炮火支援，但进展缓慢，迟滞不前。

到中午时分，战斗进行了 4 个小时，伤亡 143 人（其中大多是两个步枪连的人）以后，整个 2 营都动摇了。接着，1 营在乔治·牛顿中校的指挥下，挥师越过大伤元气的第 2 营，用两个连——即埃布尔连和贝克连进攻五峰里山脊。他们也陷入了拉锯战中，贝克连连长约翰·托宾受伤。他的副官弗兰西斯·芬顿接管指挥权。芬顿渴望来朝鲜作战，宁愿做连的副官，尽管那低于他的军衔。他的父亲在海军陆战队服役了 34 年。他的弟弟是一名海军士兵，战死在冲绳岛；他的岳父是一个海军陆战队上校。而他自己现在终于成了连长！

战斗一直持续到晚上 7 点。接着是较长时间的平息，芬顿设法同埃布尔连合起来，准备晚上的防御。一小时后，当他的部下正在挖战壕时，路边出现了两辆 T-34 坦克。芬顿立即发出信号，报告敌坦克的位置。P-51野马式战斗轰炸机旋即尖叫着开火，但没有击中目标，坦克轰隆隆地在路边号叫。

芬顿在同营长牛顿上校通话时，发现第三辆坦克跟着前两辆上来了，现在只有半英里多一点远。“放坦克过来，”牛顿说，“我们用反坦克武器对付它们。”

芬顿心醉神迷地观察着。他好像坐在50码长的玫瑰碗露天剧场（the Rose Bowl）上，一个观看就要开场的好戏的最佳位置。三辆坦克完全不顾战术上的要求横冲直撞，就如同它们拥有整个世界似的。它们本该迂回深入，因为路两边土质坚硬，坦克不会陷进去的。但是它们直往营部冲来。P－51野马式战斗轰炸机继续朝坦克开火，但打到了B连地段，芬顿的前沿火控人员叫它们停止射击。

当第一辆黑色的坦克绕拐角而行逼近营部时，3.5英寸的火箭炮和无后坐力炮从道路两边的高处一齐向它开火。第一辆坦克的右履带被火箭击中，但它继续疯狂地射击，直到无后坐力炮的炮弹炸毁了它的左履带和前装甲。芬顿亲眼目睹陆战队的一辆坦克的90毫米炮击中它，它在转弯处震颤着化成一团熊熊烈火，最后爆炸了。一个人从燃烧着的坦克里爬了出来，但被步枪击倒在地。

第二辆T－34坦克用它的所有武器不停地射击，被一枚火箭炮击中，右履带被毁，在路的拐弯处失去了控制。另一枚火箭炮击中了它的油箱。紧接着无后坐力炮和两辆陆战队的坦克的炮火一齐倾泻到这辆已经受伤的坦克上，可它那疯狂的射击一直没有停下来，直到另外7发炮弹炸毁了它的炮塔。坦克爆炸了。

第三辆坦克在它两位同伴的熊熊烈焰后面停了下来。无后坐力炮、火箭炮和两辆陆战队坦克一齐雷鸣般地向它开火。它先摇摇晃晃，随后爆炸了。整个战斗只打了5分钟，粉碎了T－34坦克不可征服的神话。对芬顿来说，这真是激动人心的场面，但他担心晚上还有另一次反攻，向他的士兵发出警告，设下潜伏哨，让连里1/4的人一夜不睡。贝克连恢复平静后一直紧张地守候到天亮。所幸的是，8月18日凌晨2点30分，当照明弹划破深邃的夜空时，北朝鲜人以优势兵力朝关键阵地即芬顿的连和A连的交接地带猛扑过来时，大家都做好了准备，

芬顿的左翼殊死抵抗两排敌人的进攻，但一些北朝鲜人潜到陆战队的散兵坑里，攻击芬顿的指挥所。一场殊死的白刃战展开了，火箭炮手、迫击炮手和文职人员都作为步兵加入格斗。在混战中，牛顿中校来电话，询问战况如何。芬顿回答说，他真的说不准，“我们周围到处都是朝鲜佬”。

“你必须守住阵地。”营长命令道。左侧的A连已有三处被突破。

“不要担心，中校，”芬顿回答说，“今晚留在山上的陆战队员都将英勇战斗到底！”他意识到他的声音同约翰·韦恩的差不多，真他妈的说不准贝克连能否顶住。

在伸手不见五指的黑暗中，芬顿重新集结被打散的连队的士兵，组织反攻。芬顿收紧左翼，把队伍开到第 3 排背面的斜坡阵地上，成功地把他的阵地周围的敌人包围起来加以歼灭，但代价高昂，那天下午贝克连投入战斗时有 190 名士兵和 5 名军官。到天亮时，芬顿似乎是连里唯一幸存的军官，队列里只有 88 名士兵。但部队士气高昂；他们在漫漫长夜中守住了阵地，干得非常漂亮。现在他们可以看见在他们左翼沿山脊的高地上成群的北朝鲜人，A 连的右翼在五峰里山脊下红色的林中空地上。

在进攻中，施莱佛少尉的头部被一颗手榴弹严重炸伤，被送到营急救站。当芬顿看到他沿山坡往上走时，感到十分意外。他头上缠着大绷带，活像个木乃伊。芬顿沉默了，最后又说：“尼克，你在这儿干吗？我还以为你早完蛋了！”

“嗯，”他解释说，“在急救站时，我想少尉很少有机会指挥一个连，你的运气恐怕快完了。头儿，你知道，你还没有被打死真是太幸运了。于是我扳着指头算，等我回到这儿时，如果你真的被击中，这个连就归我了。”

塔普莱特原定和他的两个步兵连连长博恩和费根那天上午晚些时候越过芬顿，摸到前面去侦察第二个目标——207 高地。塔普莱特在五峰里山脊北侧建立起他的指挥所，G 连和 H 连向前推进到山脊底部。大约上午 9 时，塔普莱特下令对目标进行重炮射击，并进行空袭和迫击炮炮火准备。一小时后，博恩和费根分别向山脊的东面支脉推进。

起初两人进展缓慢。他们可以看见北朝鲜人，那好像是一个团指挥所，尽管敌人在白天总是掩蔽起来。陆战队第 33 航空大队对那儿发动空袭，破坏了朝鲜人民军第 18 团的通讯设施和武器装备。与此同时，博恩请求空中支援，迅速向他指向的斜坡挺进。

对弗雷德·戴维森这个一等兵——一个对美国和陆战队坚信无疑的青年来说，眼下最大的困难是面前的陡坡。这真是他妈的好事，他想，朝鲜佬不堪一击。中午时分，他比预料的更早登上了 207 高地的巅峰。他数了数，敌人留下了 8 具尸体。

费根的部队遭到激烈抵抗，进展更慢些。最后他们终于接近支脉的巅峰，北朝鲜人沿着山脊南逃。

两面进攻和猛烈的空中与地面炮火赶走了北朝鲜人。小股力量的撤退汇合成整个北朝鲜第 4 师的全面大溃退。

塔普莱特在他的观察所看到大批敌军逃下山坡，从山麓平地奔向洛东江。他命令大炮进行射击，炮弹给敌人造成极大的杀伤。空中观察员不停地向塔普莱特报告说，洛东江里漂浮着各种各样的尸体。

就在附近，山谷的对面，博恩中尉正用轻机枪阻击敌人。戴维森借来一支 M－1 步枪，加入厮杀。博恩通过双筒望远镜观察，看到北朝鲜人在轻武器、机枪和火炮的打击下四散奔逃。“看啊，冈尼，”戴维森听见他对一个中士尖声说道，“他们在河里成打成打地宰杀敌人。”

下午 2 点 30 分，塔普莱特命令他的两个连从 207 高地撤下来。在山脚下，他们由一个坦克排引导，开往第三个目标——311 高地。陆战队飞机扔下的燃烧弹把高地都烤焦了，大炮、迫击炮和无后坐力炮不停地向山坡倾泻炮弹。

戴维森向 311 高地的一条支脉上走去，左边是一片甘蔗地，他把卡宾枪开到全自动，对甘蔗地猛扫了一通。他不知道自己是否击中了什么目标，便开始爬山。一会儿后，他看到一个北朝鲜人双腿被 207 高地上的机枪击伤，一名陆战队员看着他，他抽着一支美国雪茄，露齿而笑，活像一只猴子。

“很疼吗?”戴维森问。

敌兵点点头。戴维森解释说，很快会有看护兵处理他的伤口。他继续爬山。

除清除最后残敌外，洛东江之战结束了。

4

在离大邱市中心 15 空里的东北面，另一场凶残的战斗激战犹酣。战斗在曾经肥沃而宁静的一条狭长的山谷两边的草木不生、崎岖不平的山上进行。该地由白善烨准将所率的韩国第 1 师防守，但大量的敌人在此通往大邱的入口处会合，沃克将军不得不把他的炮兵旅派来增援白。

8 月 18 日陆战队攻占五峰里山脊时，现已晋升为准将的迈克·米凯利斯受命以第 25 师第 27 步兵团从北侧进攻通往大邱的大路。与此同时，白善烨受命以两个团的兵力分别从两侧进攻这条直线般的、白杨成阴的公路。

米凯利斯的卡车隆隆北驶，直到可以看见北朝鲜人和韩国部队在俯瞰公路的高地上进行的战斗。他的步兵下了车，一边部署一个营。坦克在前面开路，大约下午 1 时向陡峭的山坡开火。大炮连续射击的轰鸣声在狭窄的山谷里的回音汇合成一种超自然的旋律。敌人开始从前哨阵地撤退，在一个小时内，美军步兵几乎在没有遇到抵抗的情况下向前推进。随后米凯利斯得悉白在山谷两侧高地上的两团人马未能取得进展，奉命停止前进，组织力量进行防御。一个坦克排在前沿驻扎，两个坦克排驻扎在路上，四个坦克排留在后面作预备队用。炮兵架起大炮，6 个火箭炮队在步兵前面安营扎寨。天黑后不久，北朝鲜人的迫击炮和大炮开始进行猛烈的炮火准备。两辆 T－34 坦克和一门自行火炮推进到离美军阵地不到两英里的地方。双方发生了激烈的遭遇战。两辆 T－34 坦克被毁。另外 3 辆北朝鲜人的坦克驶到路上，然后突然打开夜行灯，急忙北逃而去。午夜后一切恢复了平静。第二次微弱的进攻被大炮和迫击炮击退了。

这便是白善烨唯一所能得意的事。在过去的一周里，他两次差点被俘。现在他和米凯利斯对付两个强大的北朝鲜师，即第 1 师和第 13 师。它们的坦克团新近补充了 21 辆新的 T－34 坦克。

同一天，在大邱，一个公关军官告诉新来的英国记者伯特·哈迪，其他所有的记者都离开了，因为局势很清楚，大邱就要落入敌手。一个身材不高却长得很壮实的人走进屋里，这人就是沃克将军。他对公关军官描绘的暗淡前景十分恼火，粗暴地吼道："真他妈的扯淡！他们永远也不能拿下这座城市，我看你还是最好给我闭嘴！"

沃克在过去的一周里紧张而忙碌。白天，他大多与迈克·林奇一块乘飞机飞到敌人阵地上空，或是与乔·泰勒一起乘吉普车去前线视察。沃克如鱼得水，把他的炮兵旅派到最需要的地方，不动声色地撤换年龄太大或没有经验从而无法控制战场局势的军官们。他在前线的出现使那些因军官指挥失误而垂头丧气的士兵重新振作。他常常停下来，对士兵们发表简短的讲话，鼓舞士气。他说，他们要挺身而出抵抗凶恶的敌人；形势很危急，但已无退往釜山之路。阵地要守住，我们每天都得到增援。

沃克在大邱大街小巷的出现同样能鼓舞市民。那天，炮弹落到火车站附近，他在现场出现，有助于把惊慌大逃亡组织成有秩序地向釜山撤退。8 月 20 日，星期天，一个相对平静的日子，美军飞机俯冲扫射北朝鲜人的阵地。飞机飞得这样近，甚至子弹壳都掉到友军的散兵坑里去了。

沃克向东北方向赶去，看白善烨和米凯利斯干得怎样了。他回到大邱后告诉记者："大邱肯定得救了。"星期一上午，米凯利斯的部下看到前沿阵地上出现了白旗。当地人报告说，一些北朝鲜军队想投降。一支美军巡逻队遭到零星的步枪射击和大炮骚扰，他们发现了 5 辆被毁的 T－34坦克。

傍晚晚些时候，第 27 步兵团遭到大炮袭击，直到午夜方止。随后人民军第 13 师对高地上白善烨的部队和山谷里的美国人发动进攻。敌军步兵从道路两侧逼近时，坦克和自行火炮向第 27 步兵团开火。其他步兵同时进攻高高的山脊。

潘兴式坦克一直等到 T－34 驶近了才向领头的敌坦克开火，同时火箭炮队摧毁了一门自行火炮。夹在中间的 T－34 成了瓮中之鳖，被火箭炮弹炸成了废铁。在持续 5 个多小时的战斗中，美国人还摧毁了另外 7 辆坦克和 3 门自行火炮，还有卡车和运兵车。这是一场大屠杀。敌军俘虏透露，他们中仅 1/4 的人得以生还。对那些在如漆的漫漫长夜中听到敌军坦克的炮弹爆炸声和看到疾速如飞的子弹倾泻到大路上的人来说，这真像一个在地狱中的鲍灵谷。

在战斗中，白善烨的部队英勇顽强守住了高地，使敌人无法包围在大路上的美国人。22 日拂晓，该师精疲力竭的部队到山谷的小溪里洗了个澡，弄了点吃的，但他们总是爬回美军炮火保护下的阵地。

然而，在某一时刻，一个营长在白善烨的指挥部见他时说："将军，我必须撤退。"

"撤退？怎么啦？"

"我必须撤退。"他的左翼正在后退，"我的部队支持不住了。"

“在我上来调查清楚以前，中校，你给我守在那儿。”白善烨乘吉普车走了一段不远的路程后，开始朝该营阵地爬去。人们正疯狂逃命，一片混乱。白善烨设法集合一大群人训话：“先生们，我要领导你们进攻敌人。如果我逃跑，你们就必须打死我。”他下令进攻，端着手枪带头把人们逼回阵地。枪林弹雨中，炮弹四面开花，但白善烨好像刀枪不入似的继续指挥部队，后面跟着该营官兵。敌人开始后退，半小时后部下请求白停下来，他是师长，不属于前线。

白善烨一直等到亲眼目睹部队重新占领山头后，才回到指挥部。米凯利斯得悉这次溃退后，急忙向沃克报告，称他左侧的韩国部队放弃战斗，溃不成兵。白表示强烈抗议，说调查表明他的官兵回到了阵地。米凯利斯得悉白的勇敢行为后，向白表示道歉并称赞他的大无畏精神。从那时起，他们就成了好朋友。

当晚北朝鲜人的另一次进攻被轻而易举地击退了。8 月 23 日午后不久，米凯利斯准将向沃克报告：人民军第 13 师在炸毁一些设施和在前线道路上埋雷后撤退。沃克命令他的炮兵旅撤回到马山附近的第 25 师驻地。鲍灵谷战役结束，大邱得救了。

第 10 章　形势糟透了

（8 月 31 日~9 月 7 日）

1

美国—南朝鲜的第一场大胜仗不仅拯救了大邱，而且来得正是时候。金日成新近集结了 9.8 万人的新军，准备发动最后一场大进攻，粉碎敌军釜山环形防御圈，把沃克赶下海去。

金日成手下的军官提醒他，他过高估计了他的部队的实力，这些部队正全速行进开往洛东江，而低估了沃克第 8 集团军的防御能力。惊心动魄的南下大进军以北朝鲜人力物力的巨大损耗为代价。联合国军的空袭使铁路和公路不时中断，同时送往南方前线的大量军火和汽油补给也被摧毁。新到洛东江准备发动大规模地面攻势的人民军部队已不得不忍受食品匮乏之苦。而且，其中的近 1/3 是新兵，没有受过什么训练。他们匆忙南进，以至许多人手里连武器都没有。

但金日成愤怒地拒绝了部下的劝告。他预期韩军的鲍灵谷防线摇摇欲坠，认为他的部队能轻易跨过洛东江。但是，釜山环形防线虽有数处被突破，却仍然有 12 万美国和韩国军队摇摇晃晃地守着。

北朝鲜指挥官知道，他们的部队已大伤元气，在大进攻前夕发布激动人心的指示，以提高士气。但是，金日成的进攻并不像预定的那样在 8 月 31 日落暮后迅速开始。在伦农中尉负伤的威安附近，直到午夜进攻还未打响。9 月 1 日拂晓前，伦农所在团的两个营被赶回威安东面高地；人民军第 6 师的两个团的大部涌进釜山环形防线南端附近的一条 3 英里宽的缺口里。在北边约 8 空里处，美军 25 师的右翼遭到猛烈进攻，虽然 35 步兵团守住了阵地，到清晨时在阵地后出现了 3000 北朝鲜人。再往北 8 英里，靠近北朝鲜人渡过洛东江建立的突出角阵地，2 师 9 团遭到猛烈袭击。这里两周前就发生过激烈的战斗。美国人正筹划发动进攻，结果被打了个措手不及。天亮前北朝鲜人把第 2 师截成两段，再次占领了五峰里山脊，这是陆战队曾经付出了极大牺牲后攻占的。清晨 8 时 10 分，2 师师长劳伦斯·凯泽少将打电话到第 8 集团军司令部汇报战场形势：他的战线被打开了一个宽 6 英里、纵深 8 英里的巨大缺口。

9 点，沃克将军要求空军在洛东江一带尽最大可能封锁战场，防止敌军增援和对前沿部队进行补给。沃克还得应付第 25 师的危机。他应该在什么地方投入防线预备队？预备队包括 3 个不满员的步兵团和新到的英国第 27 步兵旅的两个营，他们还没有做好战斗准备。虽然他现在有第 2 师，这些部队由一个他不怎么了解的人指挥着。

从一开始，在对北朝鲜人民军的意图的估计上，沃克就同麦克阿瑟发生了冲突。麦克阿瑟除为数不多的出访外，都是通过他的参谋人员同第 8 集团军保持联系。这对沃克来说以前从未这么干过。指挥乔治·巴顿的“鬼怪军”（Ghost Corps）时，沃克赢得了美国最优秀的战术指挥官之一的声誉。在第二次世界大战的关键阶段，他习惯于同巴顿、布雷德利，有时同艾森豪威尔当面交谈。沃克还有另一个问题，作为艾森豪威尔的一个密友，他知道麦克阿瑟过去在战术上失手的隐秘。从到达朝鲜的那一天起，沃克从不怀疑他自己的命运或历史将怎样对他作出裁决，但作为一名真正的军人，他不会让这些烦扰他。

沃克熟悉北朝鲜人民军的战术，预计将是一场经典的两面包抄，包括三个方面的行动。他预料大邱西北敌人将发动有限的进攻，以拖住骑兵 1 师和韩国 1 师。同时，在西南方向的马山至釜山走廊和浦项外的东海岸大道一线，他将面临敌军的主力突击。他得做好准备。

在两面包抄中，对马山的进攻更为危险，它离釜山最近。地形有利于大规模攻击。一旦敌军控制了密阳南面的关键通道，他就再也不能在那儿和釜山之间进行有效防御了。

一旦认准了敌军的意图，沃克认识到必须调整目前的部署。他把“猎犬团”和第 23 团撤出鲍灵谷战场，重新拨归其原属师部。他要求在预料的敌军大举进攻前保留第 5 陆战团，重新命令参谋人员优先考虑战斗打响后如何迅速作出反应。

为了在马山地区保持纵深力量，他在第25师的最南部和第2师之北部署了陆战队。为对付来自北面和东面的威胁，他把24师19团和21团部署在大邱至浦项中轴线上。他们从那里可以既支援骑兵1师保卫大邱，又可以支援韩国部队守住东翼战线。最后，所有能弄到的弹药都存放在枪械处，以保证战斗打响后能持久地支持战斗。

在研究战斗需要时，沃克深感手头的弹药只能勉强支持。他要求总司令部发放储备起来准备用于即将来临的仁川两栖登陆的弹药。对他来说，自己就要投入的战斗将真正决定朝鲜的命运，但他的要求遭到拒绝。一场尚未打响的战斗被置于一场可能失败的战斗之上，沃克感到，这是自战争开始以来他所处的后娘养的地位的又一例证。

第8集团军有一个重大的薄弱环节，这就是新来的第2步兵师。无论师长劳伦斯·凯泽少将还是他的3个团长，都未曾驰骋战场挥师作战。该师仓促组建，缺乏战场经验丰富的军官和士兵，沃克可担当不起师一级规模上的失败。

由于这些原因，他把2师派到他认为威胁最小的洛东江突出角。北朝鲜人民军第4师最近在这里被歼，加之认定敌人将倾其全力坚持马山进攻，因此沃克断定第2师能够担当此任。

9月1日凌晨，刚过午夜，关于敌军在整个釜山环形战线上的活动的报告陆续送到，预料中的进攻开始了。但这一次沃克做好了准备，他所有的部队要干的就是守住阵地，最大限度地消灭敌人。如果这一计划奏效，将以己方的最小损失击败敌人。

到黎明时，北朝鲜人民军第6师和第7师在坦克的增援下冲出晋州，向西南方向的马山挺进。在大邱的北边和西边，第1、第3和第13师的部队压向骑兵1师和韩国1师。在太白山和东海岸沿线，敌军第5、8、12和第15师的部队进攻4个韩国师。只有不满员的第2师、不成熟的第9师和第10师的残余部队没有遭到攻击。沃克的计划是正确的，他对胜利充满了信心。

最初的麻烦来自第25师。敌人渗透到第24步兵团的阵地上。基恩将军要求投入目前尚在第8集团军辖下的第27“猎犬团”以收复阵地。沃克为此派出了一个营。几分钟后，沃克接到新的增援要求，第27“猎犬团”的又一个营调了过去。

离开司令部前，沃克接到劳伦斯·凯泽少将的电话，说他的前沿部队遭到进攻。这真令人费解，他们驻防的是预计威胁最小的地段，而且，前一天他还批准第 2 师对洛东江进行威力搜索。如果进行得顺利，这本是一次抢先行动。沃克认定这很可能是师里首次作战被吓得胆战心惊的指挥官们的夸张，要求第 5 航空队的同僚，厄尔·帕特里奇少将在他们的地段洛东江做出最大的努力，封锁战场以防止敌军增援和把补给品送到任何可能渡江的敌军手里。

几分钟后，沃克来到迈克·林奇正在等他的简易机场时，形势进一步恶化。看来敌人的渗透威胁到第 25 师的右翼。他本想带上他的作战军官和乔·泰勒视察他手下所有各师。他的 4 个座位的 L－17 飞机正准备起飞，但第 25 师和第 2 师的报告使他改变了主意。他换乘双座位的 L－5 飞机，这架飞机使他能够在关键地区进行低空观察并在出现紧急情况时着陆。

他告诉乔·泰勒他要亲自估计第 2 师的形势后，爬进飞机。迈克问将军先去哪儿。“我不知道我们应该从哪儿开始，”他回答说，“但有一个地方我们绝不能让敌人闯进来：这就是洛东江突出角。”他们沿着河往下飞，早些时候他们曾发现敌人在水下几英尺建成的两座沙袋桥，要求把它们炸掉，可今天却仍在水中完好无损。

沃克断定北朝鲜第 2、第 7 和第 10 师的部队已在晚上悄悄渡河，向荣山然后向密阳挺进，这是从大邱到釜山的主干道和铁路走廊。沃克不顾地面炮火，指示林奇飞得再低些。飞机急剧下降，他们发现北朝鲜人在凯泽的第 9 团和第 35 团之间打开了一个巨大的缺口！第 9 团一定是惊慌失措了，正拼命往南撤退。

他们看到了南河与洛东江的汇合处。洛东江从这里转向东流，有一条通往釜山、几乎是笔直的开阔大道。一旦敌军抵达此处，就会造成极大的混乱；倘或敌军坦克渡河到达这条大道，他们就势如破竹锐不可挡了。

“迈克，”沃克大声喊道，“我们是不是再飞低一点儿擦水飞行？我们得看清楚究竟有多少敌人过了河，他们是否有装甲部队。”他们不能用飞机里的对讲机，只得冲着人大声喊。他们决定在水面几英尺高的地方轻轻掠过。迈克看右岸的情况，将军则观察左岸。如果发现了坦克履带印痕，沃克知道他可就真的有麻烦了。

林奇关闭飞机引擎，开始降低飞行高度，使飞机贴近水面飞行。飞机轮胎不时嚓嚓地掠过水面。敌人完全没有料到，他们的飞机就在两岸哨兵眼皮下从水下暗桥上飞过。等北朝鲜人举枪射击时，飞机早已在射程之外了。沃克松了一口气，他们没有发现坦克履带留下的痕迹。

当飞机回到能看见美军的地方时，发现美国兵正从河床和小路上溃退。“天啊，”沃克吼道，“他们甚至没有到应该集结的地方！我们得制止他们溃退。”但飞机找不到着陆的地方。“我要给他们训话！”将军坚持这样做。

“好，”林奇大声回答，“我把飞机升上去，然后关掉马达，希望能重新启动。我们飞到他们头上，这样你就能对他们喊话了。”

林奇把飞机升高到200英尺，降低速度，放下襟翼。飞机的后门打开了，沃克探出半边身子吼道：“都给我回去，狗娘养的黄杂种！给我回到阵地打仗！”他转过身对林奇喊道：“你有没有在飞机上涂三颗星？”

“没有。不过我带来了一面您的三星旗。”林奇把三星旗贴在飞机外面，机身擦断了河床上的树梢。沃克不停地对部队喊话，他让马达慢慢转动但不熄火。乱成一团的美国兵四处奔跑，许多人把钢盔和武器都扔了。林奇听见有人尖叫：“他们要杀我们！”

20分钟后，飞机引来了敌人的炮火。“上帝啊，”林奇说，“我们再不能这样干了！”再说，沃克的喊叫一点也不管用。人们被吓坏了。

当他们沿山路飞去时，发现山隘口简直是一场噩梦。卡车尽力冲向前线，而其他车辆却不要命地往后跑。他们降低飞行高度，在山隘口盘旋，以便看清楚第35团究竟发生了什么事。

突然山上开始形成一条战线，装载弹药的车辆向前推进。林奇未经沃克允许就把飞机降到50英尺高。沃克对眼前发生的事情感到惊讶。“看来局势开始稳定了！我们到‘荷兰人’凯泽的指挥部去。”

他们飞往第2师师部，飞机降落在一条大道上。两人走进凯泽的帐篷。“荷兰人，”沃克劈头便问，“你那一师人马在哪儿？”凯泽回答说他派了一名军官去第9团，看战斗进行得怎样了。

“你的预备队在哪儿？你怎样部署预备队？你不能把荣山丢了。如果丢了荣山，就丢了密阳，随后便是釜山。现在我们正处于最生死攸关的时刻，而你却对战场上的事情一无所知！”沃克态度坚定地补充了一句，“我们绝不能输掉这场战斗！”

他走到凯泽的战斗形势图前，粗看了一眼便一目了然。在进行火力搜索时，凯泽没有努力为先头部队和主要防线之间提供安全保障。敌人利用了这个战术上的失误。

派往第 9 团的那名军官胳膊下夹着地图，气喘吁吁地跑了进来。“非常抱歉，先生，我被耽搁了，”他对凯泽说，“其实我差点儿就回不来了。”为什么？“一个高个子红脸上校堵在山隘口，‘看哪个还能打仗的狗杂种敢从这条战线退下去！’”

“你怎么回答？”

“伙计，我还真得从这儿回去。那人到底是谁？”

“那是我的作战军官，艾伦·麦克莱恩上校。”沃克答道。他明白了战线为什么在通往釜山的大道上奇迹般地稳定了下来。一条真正的汉子能创造奇迹。

结束讨论后，凯泽起身护送沃克出门上飞机。“你忙你自个儿的吧，”沃克说，“我不需要人送我回去。”

一回到飞机上，林奇和沃克就摊开地图进行研究。下一步上哪儿去呢，林奇心里琢磨着，随后大声说：“这又是一场突出角战役。没有人知道正在发生的事情，谣言四处蔓延。伙计们无故惊慌失措，另一些人则说敌人完蛋了。”

沃克一言不发。突然他一只手撑在地图上，热泪从他的脸颊上滚滚而落。“我的整个集团军正在瓦解，而我却无能为力！”

林奇觉得一阵心酸。他恨沃克所有的上司和部下。但是事情就是这样，他想，在和平时期弄来一批行政人员，让他们指挥部队，为的就是他们能得到晋升提拔。

在返回途中沃克说得极少，不过他承认他已不再占有洛东江。现在的问题是弄清楚敌人弄过河的都是些什么东西。有重装备吗？他得同敌人的重炮较量吗？敌人把坦克也弄过了河没有？在回司令部途中，他脑海里一直萦绕着第 2 师是否能顶住。

第二天，人民军以 3 个师进攻骑兵 1 师，把盖伊的部队一直撵回鲍灵谷。荣山形势异常严峻，沃克再次请求动用陆战队支援。经麦克阿瑟批准，陆战第5团奉命加入第2师协作反攻。听说要打回洛东江突出角，陆战5团感到惊讶和厌恶。部队里传说敌人已重新渡过洛东江，抵达荣山。

“我们开始感到自己像棋盘上的车，到处将军。”芬顿上尉回忆时这样说。9月2日午夜后不久，他的贝克连开拔了。

上午9点前，1营冲锋，芬顿连在右翼。他们穿过一片水稻田，从深深的稀泥中趟过，遇到了许多丢盔弃甲的美军散兵游勇，这些人在敌军阵地被冲散已有好几天了，大多负了伤，全都精疲力竭。陆战队开始登山，下午晚些时候攻占了117高地。

2

当天下午，在通向五峰里河的山脊上，塔普莱特的第3营偶然路过一个美军营地。这一定是个指挥所，地上横七竖八地放着尸体。其中有的人还在睡袋里或行军床上。洗过的衣服还在铁丝上随风飘曳。饭菜都还摆在桌上。塔普莱特推测北朝鲜人一定洗劫了这个营地。第3营越过第2营继续前进。2营里很多人中了暑，衰竭不堪。塔普莱特原以为左侧驻有第2营的美国兵，可连个人影儿也看不到。到天色渐晚时，大雨倾盆而下。士兵们甩开膀子挖战壕过夜。

9月4日黎明时分，默里上校命令塔普莱特与第8集团军第5团战斗队联络，他们以为该部正在右侧发动进攻。塔普莱特通过报话机回答：“这一带除了北朝鲜人外什么也没有。”他派他的执行官去确定第5团战斗队的位置，发现这些美国兵甚至还没有出发，远远落在后面。几小时后G连的博恩中尉报告：“成群结队的北朝鲜人从河床上蜂拥而来。”塔普莱特把他的指挥所和拥有额外机枪的勤务连转移到一个控制河床的高地上。勤务连很少有这样的机会一显身手。塔普莱特居高临下观察战斗。H连和S连的机枪和迫击炮瞄准敌人射击，就像除草机割草，只见敌兵纷纷倒下。但北朝鲜人还是不顾一切地往上冲。塔普莱特听见H连和S连欢快地尖叫和呐喊：“我击倒了一个！”“我击毙了一个！”“我击毙了两个！”

大约上午8点，默里命令塔普莱特向1营左侧运动，两营一起进攻五峰里。在进军过程中，塔普莱特的部队要艰难地穿过一片宽阔的稀泥水稻田。部队刚攻占五峰里山麓下的两个小山包，又接到默里的命令："停止进攻！"

"吉，谢谢！"塔普莱特回答。

"我们要改变部署。"集团军原想在山脊另一侧发动进攻，但陷入了困境。"我们要去支援他们，我命令你调两个步枪连过去，把他们调到右侧与预备战斗排会合，打开一条通往山脊之道。"

然而，塔普莱特的前沿指挥小组遭到敌军炮火的猛烈袭击，一直到下午晚些时候他才终于爬出了那片水稻田——他只得立即向默里报告。到他摸到默里的指挥所时，浑身都湿透了，散发着一股恶臭味儿，满腹牢骚。"我们简直弄不清乔治·牛顿都向我们汇报了些什么，"默里说。牛顿是 1 营营长。"我担心他的部队失去了控制。你沿路上去看看那儿情况怎样？"

塔普莱特自言自语地说："看在上帝的分上，他有行动处参谋和执行官。为什么他们不上去或他自己亲自去看看呢？"塔普莱特调他自己的一营人马已经够棘手的了。

"我以什么名义去找乔治？"他不无怨言地问。

"你去看看战斗进行得怎样了，"默里重复了一遍，"如果必要的话，制止那儿的混乱。"

塔普莱特二话没说，带上他的无线电报务员和两名枪手钻进吉普车上路了。吉普车最后拐了个弯，塔普莱特看见牛顿、艾克·芬顿和 1/5 指挥所的几个人站在路旁。

"有什么问题吗？"他问牛顿。

"没有，要不我们都进了地狱。每次我告诉默里说，今晚拿不下山脊因为敌人力量太强，他就只会说给我拿下来！"

塔普莱特转向他的密友芬顿。"艾克，一切还顺利吗？"

"嗯，"大雨滂沱。"我们团的部队听不到我们的命令——情况真是糟透了。"

塔普莱特恍然大悟。他的部队也有麻烦，只是他们在山坡另一边罢了。他刚才听说靠近山峰的部队遭到山坡另一边的手榴弹袭击。他在报话机里告诉默里："这儿一切正常，乔治很好。只是他们都像入了地狱似的。我的两个连也遭到阻击不能动弹。我们无法前进，尤其是在晚上。”

“好！停止前进原地防守。”默里放心了。

3

当天晚上，沃克将军不得不发布一条他知道会危及整个釜山环形防御圈的命令，让所有参加战斗的陆战队第二天退出战斗。这是麦克阿瑟的命令。麦克阿瑟正在筹划用陆战队在汉城附近的仁川进行一次绝密的两栖登陆。沃克提出过抗议，但最后还是不得不屈服于麦克阿瑟的压力，尽管洛东江突出角的形势极为严峻，大邱北面和东面的防线已遭重创。

到9月5日上午，大邱附近的战场已成了泥沼。琼斯孪生兄弟不顾恶劣的天气，乘吉普车冒大雨驶往战场，决心把战斗拍成电影。他们在一个团部停了下来，看见团长默默地守着电台。透过静电干扰和哗哗的雨声，他们听见前线传来的断断续续的模糊声音：“贝克呼叫罗斯玛丽……他们在石墙；请给我们炮火支援。”

“福克斯·埃布尔呼叫福克斯……我们听到坦克马达声……请派……”随后传来一阵金属一样的声音，同教堂执事牧师的声音一样平静：“是的……是的……山上到处都是他们的人……是，现在就在我们的屁股后头……我们这儿伤亡惨重……等你回话……是的……”

孪生兄弟已经听够了，离开这群默默地挤在电台周围的人。他们的吉普车在泥浆里艰难地溅水而行，后来开到了一个路障前。一辆卡车陷在水沟里，地上食物狼藉不堪，食物加热器还在雨中冒着热气。这里一个人影也没有，但两位摄影师不停地向前移动时，枪炮声在山谷间来回震荡。事情变得更有吸引力了。一颗冷弹击中了吉普车引擎盖，引擎盖隆起了一个窟窿。他们跳出吉普车，滚到一条小沟里。在那里，两个美国兵淋着雨，望着迷雾笼罩的山峦。其中的一人放了一枪，另一个靠在他的勃朗宁自动步枪枪托上，紧张地观察着。敌军撕耳裂心的枪炮声同友军枪炮的号叫混合一起。兄弟俩发现他们处在一个昏蒙蒙的、神奇的、浓雾紧锁的地方。他们看见有个东西摇摇晃晃地走向已毁坏的食品车，这是一个美国兵。他双膝下跪，开始往嘴里塞东西，鬼鬼祟祟地东张西望，就像一只困兽。透过大雨，他们听见他喃喃而语："他妈的，饿死我了……"

他们冒着雨，抓紧拍下这一场景。前面的山上传来一种异样的哭泣声，随后出现了三个人。他们抱着头前摇后晃，相互间嘟嘟哝哝说着什么。他们眼球泛着白光，略略看了两兄弟一眼，飞快地奔下山路。其他枪手弯着腰，双手不停地拨开前面的枝条，从灌木丛里跑了出来。步枪噼噼啪啪的声音从两边向中间收缩。两个人从灌木林里奔了出来，抬着一个面色苍白的年轻伤员。他的手扶在脸颊上，想把挫破的皮按回原处。猩红的血从指缝间淌出来。"吃的……哦……吃的"，他轻轻哼着，唱着，喉咙里咯咯作声。三人跌跌撞撞跑在路上，他们的脚在稀泥里发出叽叽咕咕的声音。

后面又出现了一个人，肩上披着一条湿透的毯子，嘴里咕咕哝哝："告诉他们……让他们了解朝鲜佬……进攻石墙。听啊，他们正在发起最后的冲锋……主啊，让事情好点……仁川……他们管那儿叫仁川。"

就像有魔法一样，士兵们似乎总能发现受到最严格保守的机密。或许在一支平民部队里，根本就没有机密，甚至麦克阿瑟绝密的两栖登陆也不例外，其成功取决于它的突发性。

沃克与他的飞机驾驶员林奇和助手泰勒很少说话，但两人都知道缠绕在他心头的是什么。陆战队午夜离开前线后，他们就得完全靠自己了。在南线，看来他们不能把第 2 师组织起来投入战斗；北线的情况也不妙。在整个战线上将不再有海军的支援了，航空母舰很快就要北驶执行仁川突袭登陆任务。那天上午，沃克不得不作出决断：是否到了撤退到"戴维森线"的时候？

大约四周前，沃克根据麦克阿瑟的亲自部署，口头指示加里森・H. 戴维森构筑了第二道防线，以便第 8 集团军在洛东江不能阻止敌人时使用。它起于釜山外的东海岸，沿着山脉一直向西延伸到密阳东北，然后折到马山东北的高地。

"我们飞到戴维森线，我要好好观察一下那儿的情况。"沃克对林奇说。他的飞机驾驶员已在"戴维森线"上空飞过好多次了。尽管大雨倾盆，但他们飞得离地面仅 10 英尺，以便将军能看清楚修好的铁丝网和其他工事。他们从东海岸开始，掠过韩国部队保卫大邱的防线，有意在上空盘旋，让人们看见飞机上的三颗星。下面的人热情地向飞机挥手，林奇然后驾着飞机直取大邱正北。他在那儿把飞机降低，让第1骑兵师认出这是将军的飞机。部队再次欢呼起来。他们继续西行，飞抵2师防地，最后视察了25师的防线。沃克一次又一次地向部队挥手致意，地面上的官兵则报以高声喊叫。

飞机终于着陆时，林奇说："你看，将军，这些部队都做好了战斗准备。我听厌了一切所谓我军'被猛揍了一顿'的说法。他们已经承受了敌人所能给予他们的最凶残的打击。我觉得他们看上去已做好进攻准备。"

前一天晚上，沃克相信他应该撤退。现在他说："我也这么想，迈克。我们所见的让我大大地松了一口气。"回到第8集团军总部后，沃克向他的参谋人员下达了一条简短的命令："我们要死守阵地。"

尽管下着雨，韩国部队和美国人在整个战线死守阵地岿然不动。在南面，尚未去仁川登陆的陆战队正在进行反攻。9月6日早上8点20分，1营跃出战壕。按照计划，他们要攻占两个山头，然后拿下最后的目标——五峰里山脊，它封锁着通向洛东江的道路。芬顿上尉的贝克连正在等待开拔的命令，就在来了热咖啡时，命令下来了，人们还没有分到咖啡就得出发。虽然遭到零星的迫击炮袭击和狙击手射击，偶尔的机枪骚扰，贝克连不断向前推进，前进了3000多码，到达与五峰里山脊平行的一座山上。几分钟后，A连与他们会师。他们接到命令暂停前进，等待附近部队的到来。

芬顿上尉猜测敌人一路后撤，退到五峰里山脊建立他们的主要抵抗阵地。他敢肯定敌人预料他会来到这座小山上，陷入已经给他造成许多伤亡的臭气熏天的水稻田里。然后，他们就瞄准他开枪放炮，狠狠地揍他一顿。

当他正在仓促组织防御时，追击炮弹和反坦克高速火炮的炮火从山上滚滚而来。天下着瓢泼大雨，芬顿不能要求飞机进行近距离空中支援。大雨淋坏了他所有的5部536型电台，现在他的营战术电台也不能工作了。一个通信兵飞奔而至，美军先锋部队正并肩开往他的右翼。

随后北朝鲜人在3辆坦克支援下发动进攻。其中一辆伪装得像半履带车。芬顿估计有 350 名敌步兵正向他涌来。他派一名通信兵到正在向上开来的部队去问他们有无火炮支援；如果有，立即向贝克连前面的敌人开火。另外两名通信兵回营部向牛顿中校汇报这里的情况。第四个人被派去警告他们在下边的路上的坦克不要莽撞。同第一次五峰里战斗一样，T－34 坦克开到拐弯处。但这一次北朝鲜人的坦克使陆战队领头那辆坦克弄错了射击方位，一辆 T－34 对准它的炮塔就是一炮。陆战队的第 2 辆坦克犯了敌人在前一次遭遇战中同样的错误——它竭力要绕过领头那辆坦克，也被打得人仰马翻。

在上边的山坡上，芬顿终于走运了。陆军进行大炮支援，使他的火箭炮队得以进入阵地。他们向敌人的三辆坦克发射火箭，差点把它们切割分隔。头两辆 T－34 被击中，炮塔无法转动向芬顿开火。又是两枚火箭射向这两辆伤痕累累的坦克，把它们炸成熊熊烈火。

与此同时，敌步兵冒着大雨再次发动进攻。芬顿守卫着一座椭圆形的小山，能见度很低，实际上直到北朝鲜人摸到芬顿阵地眼皮底下也看不见他们。他不断接到来自防线前后的报告，说遭到 40 到 100 人的北朝鲜人小队的攻击。情况十分紧急，芬顿不得不把他身边的每一个人派到战线上去——火箭手、卫生兵和迫击炮手都冲上火线投入战斗。开始感到弹药紧张了。形势危急，幸好 A 连的一排突然带来了 5 箱手榴弹，北朝鲜人离得这么近，芬顿的部队直接把手榴弹传向阵地上的人们，士兵们立即拉开引线就向敌人投去。

芬顿好不容易把他的一台无线电修好了，交给前沿观察员。后者立即要求发射 80 毫米口径炮弹，因为敌人离我们不到 100 码。80 毫米炮密集轰炸，留下一片死亡区。当 45 分钟的反攻终于停止时，只剩下 18 发炮弹了。

同时，默里上校通知塔普莱特，晚上 9 点有一支陆军部队替换他。现在快 11 点了。“我们全在这儿，自己替换自己，”他告诉他的主任参谋坎尼少校，“那支部队在什么鬼地方？约翰，你回路上看看去，看能否找到他们。”

坎尼回来时说连个人影也没有。塔普莱特在无线电里对默里说：“喂，你到底要我怎么办呢？”他抱怨说，那支部队已迟到了两个小时。

默里心平气和地要他耐心点儿。

来自博恩的消息说，他的连遭到零星射击，士兵们坐卧不安。塔普莱特命令G连和H连撤回来，因为他们就要换防了。随后指挥所哨兵报告说他听到沙沙沙的声音。“我们盘问他们，他们回答说‘我们是陆军！我们是陆军！’”一会儿后，塔普莱特同陆军的一个中尉坐在一起。“你们营在哪儿?”塔普莱特问。中尉带来了一个步枪连的部分队伍。

“我不知道。但我接到命令到这里替换陆战队。”他是连的副官，带来了大约45个人。他们装备有步枪、卡宾枪、手榴弹和两门60毫米迫击炮。

“你们连长呢?”塔普莱特问。

“哦！一两天前我们在大邱附近打了一场消耗战，形势危急，弹药吃紧。上尉对我说：‘你负责指挥这个连，我得去弄点弹药。’打那以后，就再没他的影儿了。”当中尉得知他要换下两个连时，他震惊了。“你能借我一台无线电吗?”

塔普莱特说他愿借给他两台无线电、三根迫击炮管和一些炮弹，以及一些火箭、机枪。“你打算怎么干?”

“我看我只能接管你指挥所人员的阵地。”

“我原以为要派一个营来换下我们。”塔普莱特说。他向默里喊话：“雷，现在已相当晚了。我怎么办呢?”一个排已经上路了，塔普莱特营要掩护他们撤退。“很快就要天亮了，却只来了一个中尉。他只有50名装备很差的陆军士兵。”

“把责任交给他们。”默里回答说。他答应向第8集团军汇报：陆战队把这片战区交给了陆军部队。“现在就整队出发，”默里最后说，“把部队拉上路。”

塔普莱特准备出发时，陆军中尉说：“你们一走，我们在这儿就待不久了。我们会跟在你们的屁股后头。”

他们确实紧随其后。

天黑时，有人摸到山上尖声喊道：“B连。”芬顿的部下都是老兵，没有一个人回答。这可能是敌人要的花招。最后，一名陆军中尉出现了。他问这是不是B连。

“是。”芬顿答道。

“那你们怎么不回答?”

芬顿三言两语，简洁地告诉他其中的缘由。

当尴尬的中尉问他应该怎样部署他的人马时，芬顿还以为他有一连兵呢，并建议他在战线上部署两个排。中尉只得承认他只有 40 个人。

只是同样老掉牙的故事。陆军派了一个排来替换他们！当北朝鲜人摸清防线情况后，陆军很可能得撤出。该团后卫贝克连开始步行回荣山，然后乘汽车去釜山。陆战队的战斗结束了。

回到瞭望山，鲍勃·博恩的连队在午夜时分接到通知，要他们在黑暗中集合，步行到山脚下，然后上路。他们在那儿同营里的其他部队会合。

塔普莱特的部队在稻田里艰难跋涉，翻过该死的山坡，现在又得冒雨行军。大家疲惫不堪，冷得发抖，心绪不佳。步行了五六英里，他们到了上卡车的地方。当他们正在地上转悠时，B 连到了。芬顿来到塔普莱特跟前。“喂，塔普，”他说，“要不要来一瓶白兰地?”

“艾克，你他妈从哪儿弄来的?”

“从哈维医生那儿。”他一边说，一边从作战夹克服里摸出半打小瓶子，随手递给塔普莱特两瓶。干杯！

卡车一夜不停地开。天亮后不久，他们就到了釜山。部队里谣传说他们要乘船去日本。后来有一条更为确切的传闻，他们要同陆战 1 师并肩作战，在汉城至仁川附近的一个港口进行两栖登陆。

默里告诉塔普莱特，他的营将是第一批登陆部队。他们要攻占一个小岛，从那儿有一条砌道通往仁川。陆战 5 团的其余人马随后会同陆战 1 师进攻防波堤。塔普莱特受命准备他的登陆作战方案，但不得向部下走漏风声。塔普莱特遵从命令，然后舒舒服服睡了一觉。

第二天，9 月 7 日，人民军第 7 师的残存者在南河与洛东江汇合处一带逃命。与此同时，美国人在他们的阵地后面发现并埋葬了 2000 多具北朝鲜人的尸体。沃克损失很大，但他给敌人造成的伤亡更为严重。人数和武器占劣势的敌人发起了猛烈进攻，但没有取得成功。釜山环形防御圈岿然不动，危机过去了。

第 11 章　仁川

（8 月 21 日 ~9 月 15 日）

1

海军陆战队和参谋长联席会议从一开始就反对麦克阿瑟在仁川进行绝密的两栖登陆作战，认为这是一个注定要酿成灾难的想入非非的计划。通往仁川港的航道狭窄而不可靠，容易布雷，大多数时间里这儿是一片广阔的、臭气熏天的沼泽。麦克阿瑟固执地坚持认为，这些问题将保证进攻的突然性。

他挑选他的参谋长、身强力壮头发灰白的内德·阿尔蒙德指挥登陆战斗。阿尔蒙德当了 30 年的陆军军官，尽管已 58 岁，精力却异常旺盛。他在一战中的军衔是少校，二战中出任师长，希望每个人都像他那样勤奋工作，恪尽职守。一遇到优柔寡断或无能之辈，他那两只蓝眼睛就闪烁出愤怒的光芒，有如天空的闪电。虽然中等身材，他发脾气时看上去要高大得多——大多数时候都是如此。他得到麦克阿瑟的绝对信任。反过来，他也敬畏他的上司，把无限的精力投入到这场大进攻中。

虽然参谋长联席会议仍然坚持认为入侵太冒险，但还是勉强同意了这个主张。8 月 21 日，陆军参谋长 J. 劳顿·柯林斯和海军作战部长、海军上将福里斯特·谢尔曼奉命同麦克阿瑟研究这一计划。业已做出安排，8 月 23 日在东京进行全面审查。

前一天下午，将在仁川指挥登陆作战的陆战师师长奥利佛·P. 史密斯少将同内德·阿尔蒙德会晤。白发苍苍的史密斯性格平静，颇有涵养，与快活而好动的阿尔蒙德形成鲜明的对比。看来两人相处不易。阿尔蒙德刚受命指挥一支新军（第 10 军），该军将负责指挥进攻仁川的两个师。阿尔蒙德曾提出抗议，因为这意味着他得同时戴两顶帽子身兼两职。但麦克阿瑟向他保证，他仍是他的“缺席”参谋长。仁川登陆后，战争很快就会结束，阿尔蒙德将回到东京适合他的职位上。

史密斯很有礼貌地对仁川登陆提出疑问，但阿尔蒙德把所有的反对意见都搁置一边不予理睬。仁川地区没有组织良好的北朝鲜部队，登陆将是一场纯粹的机械作业。随后史密斯被领去见麦克阿瑟，受到麦克阿瑟的热情问候。麦克阿瑟点燃他的烟斗沉思着，接着滔滔不绝地讲述他的两栖登陆思想。这不只是军事意义上的“思想”，而是通过勇敢的进攻结束战争的胜利展望。史密斯觉得他似乎对成功充满了至高无上的、几乎是神话般的信仰。是的，战争将在一个月内见分晓，正是史密斯的陆战队来完成这一使命。他们要在 1950 年 9 月 15 日创造历史，美国历史上永放光芒的日子。

沃克期待着 8 月 22 日柯林斯将军的到来。他们马不停蹄地乘飞机视察了美军各师。由于几个重要原因，林奇对细节记得一清二楚。这是他第一次得到警告，不要泄露飞机里讨论的内容。他对陆军的两位战场经验最为丰富的领导人的战术分析也得保守秘密。飞机升空后，他们开始讨论即将到来的两栖作战。他们谁也不赞成在仁川登陆。柯林斯说参谋长联席会议的多数成员也不赞成。但总司令部发起了一场感情战，根本不可能从军事意义上讨论这次行动。自 6 月 29 日以来，麦克阿瑟一直在为仁川登陆奔波劳顿，投入了太多的个人威望，不可能承认他是错的。

柯林斯不喜欢总司令部在关键问题上的不诚实做法。没有人反对进行两栖登陆作战。从军事上说，这是符合逻辑的。而且，美国海空军的绝对优势使在朝鲜海岸任何地方登陆都能成功，问题在于登陆的地点。这个事实正模糊不清。与此同时，麦克阿瑟这样抛出他的方案，反对仁川登陆就等于反对任何两栖登陆。这样，对于那些不了解情况的人来说，这个方案就成了麦克阿瑟个人天才的展现。

除登陆地点外，在合围的目的和目标上也存在深刻的分歧。沃克还记得巴顿的观点：“大多数美国军官忽略了一个关于合围的重要事实：他们把在敌人后面的任何运动，不管为什么而运动，都叫做合围。他们大多醉心于自己的计划而忘记了敌人的存在。”巴顿认为，“在敌军大炮阵地后完成合围或仅仅从后面攻击敌军的大炮阵地就能取得最佳战果。这里你切断了他的补给线、通讯信号和武器供应，距离又近，完全可以在合理的时间内同沿主轴线攻击的部队会合。”他提醒说，“为使合围成功，他们不能迂进太深或包围太宽的地域。”

这把柯林斯和沃克的讨论引向了二战期间法国加普登陆战的惨败，他们两人都卷入了这场灾难。那次行动失败了，因为合围部队未能迅速关闭缺口以达到预期效果。现在他们两人都感到仁川要重蹈覆辙。部队相距太远，不能迅速收缩战线立即产生战果。集结部队的能力取决于潮汐和天气。部队几乎得立即进攻彼此连接的敌军工事。上岸后，部队的进攻动力不能维持，给敌人以宝贵的时间，或组织抵抗，或往后撤退。除了攻占汉城的政治意义外，不能保证歼灭南边的北朝鲜人民军部队这一首要军事目标。

当陆军参谋长说他赞成在群山登陆时，沃克已做好了准备。他和帕特里奇将军最近在群山至大邱地区作过低空飞行。沃克摊开地图，提出了除仁川登陆外改变战争结局的选择方案。他解释说，自麦克阿瑟最初选择仁川以来，战场局势发生了很大的变化。最近的无线电监听表明，金日成计划倾其全力在联合国部队能够阻止他们以前攻占釜山。对最南部的进攻将置于优先地位。这意味着北朝鲜人民军主力部队将在拟议中的登陆时的大田至大邱主轴线以南。北朝鲜大量的战术和后勤增援可以绕开汉城南北运动，却不能不通过大田来影响战斗。因此，大田而非汉城是战争顺利发展的关键。

沃克的地图上标了两个合围箭头。一个起于群山；另一个起于釜山环形防御圈西北的枢轴上。两个箭头在大田会合。在连成一体的北边战线上画了一长串“纽扣钩”，表示韩国部队步兵发起进攻，在崎岖不平的多山地带分割包围敌军部队。尚州、安东和盈德等城市被标为关键目标。

沃克认为登陆部队的先锋最迟在第二天就能推进到大田。如果他自己的防线部队得到渡河装备、装甲部队和足够的炮火支援，他们可在第三天同登陆部队会师。如此以迅雷不及掩耳之势，敌人来不及作出反应便束手就擒了。完成包围以后，他将依靠炮火歼灭残余之敌，减少我军损失。

一旦消灭了北朝鲜人民军的部队，美军和韩国部队就能在三八线附近建立牢不可摧的防线。由于地势所迫，这意味着要占据三八线以北的阵地。随后，韩国部队接管阵地，美军撤出。剩余武器和装备用于加强李承晚的军事力量。这样，联合国出面解决政治争端时，他有力量对付未来的威胁。

至于东北前线的北朝鲜人民军，沃克说阻止他们逃跑的最好办法是“用火力牵着它的鼻子团团转，趁它在东奔西跑中来不及喘气时狠狠踢它一脚”。这是巴顿粉碎敌方守军的策略。

柯林斯似乎同意沃克的计划。迈克·林奇驾着飞机飞过他们所谈论的地方，相信这个计划能够奏效。他天真地认为，既然**麦克阿瑟名义上的上司**柯林斯在军事上赞成群山登陆，他会推翻总司令部的政治论争，改变登陆地点。从作战意义上看，这样事情能够成功。

但是，第二天下午 5 点 30 分在第一大厦六楼上举行的关键会议却由个性和政治主宰。麦克阿瑟表演得棒极了！因为他知道他必须说服柯林斯和谢尔曼，否则参谋长联席会议不会最后批准仁川登陆。出席会议的还有美国远东海军司令官、海军中将 C. 特纳·乔治，第七舰队司令官、海军中将阿瑟·斯特鲁布尔和将要指挥两栖部队的海军少将詹姆斯·多伊尔。

多伊尔的 8 名两栖登陆专家论述了登陆的技术问题。既然每年秋天只有那么几天的潮汐能把登陆艇和供应船送上仁川港的泥沼，他们认为进攻几乎不可能是突然袭击。同时他们指出，仁川口上的月尾岛不得不在登陆前中立化，否则月尾岛上的大口径火炮会把登陆艇炸到海底。而且，通往港口的航道很可能布满了磁性定位水雷。最后，9 月 15 日将是台风季节的高峰。多伊尔结束讲话时说，他不主张在仁川登陆。

麦克阿瑟一本正经地听了一个半小时。然后，他发表了 45 分钟辉煌的演说。他的雄辩，即便使用一种谈话的语调，也给在座的人留下了深刻的印象。“共产党的主力，”他说，“集中在沃克的防御阵地。我深信，敌人没有在仁川进行适当的防御准备工作。你们提出的仁川登陆的不切实际恰好保证了攻击的突发性。因为敌人会推论，没有人莽撞到进行这样的冒险。出其不意攻其不备是战争中制胜的关键因素。”他接着说，1759 年，沃尔夫将军在魁北克赢得了对蒙特卡姆的令人眩晕的胜利。

“像蒙特卡姆那样，北朝鲜人会认为仁川登陆根本不可能。我要像沃尔夫那样出其不意地获得胜利。”

他承认这会遭到海军方面的强烈反对。“但是这些困难是可以克服的。我对海军完全充满了信心。事实上，我对海军的信心比海军自己的信心还要大。”

他说，夺取汉城就能有效地切断敌军的补给系统。“这反过来使沃克对面的敌军战斗力陷于瘫痪。”除此之外的唯一选择就是让我们的部队在釜山地区继续遭受重大牺牲。“你们愿意看到我军像肉牛在屠宰场里那样消耗在腥风血雨的釜山地区吗？谁敢对这样的悲剧负责？毫无疑问，我不敢！”

西方世界的威望系于千钧一发。“数百万人在等待结果。我意识到仁川是5000比1的一场赌博，但我喜欢这样下赌。”然而，仁川绝不会失败。它要成功，拯救10万人的生命。“我们要在仁川登陆，”他结束了讲话，“我们要碾碎北朝鲜人。”

在座的人静静地坐着，心醉神迷地倾听他的演说。最后，原先反对声叫得最响的谢尔曼从座位上站起：“谢谢！这是伟大事业中的伟大召唤。”当陆战队和海军官员回到喧嚣的大街上时，他们感到最后的一弦已经拨响。

后来，迈克·林奇问沃克将军为什么选中了仁川而不是群山时，沃克的回答十分简洁：“麦克阿瑟让大家把朝鲜看作一个岛，汉城是最后的目标。一旦夺取了汉城，战争就结束了。”

第二天，8月25日，威廉·迪安少将还躲藏在大田之南的山林中。他在人民军第6师控制的地盘上东躲西藏，游荡了36天，有几次差点被俘。他设法从农民那儿弄点吃的，但主要还是吃草莓、高粱秆和野菜。他身上只有12发子弹，准备打死11名共产主义分子，把最后一颗留给自己。他军衔高，知道自己不能投降。共产党人肯定会不惜利用一名将军的投降这笔政治资本的。他口袋里装满了从果园里摘来的桃子，情绪很高。当他正在一棵栗树下休息时，听见东边传来的大炮声。自从离开大田以后，他就再也没有听见过大炮声了。此情此景，他感到自己仿佛在倾听一个老朋友讲话，格外亲切。“我在回部队的路上，”他想，“我要找到部队。”

那天下午，他遇到了一个老汉和几个年轻人。他发现如果他要吃的，人们总愿意给他。老汉一脸笑容，用手指指村庄。“哦，该死的，”迪安心想，“我总算转运了。”他可以吃饱肚子，然向东朝美军防线走去。“现在一切顺利，我的运气会更好的。”

人们拿米饭给他吃，大蒜头算是小菜吧。真香！他又要了一些吃的，包在手帕里。那天下午晚些时候，他遇到了一个姓韩的友好的韩国人。韩一句英语也不会讲，不过他明白，如果他把迪安带到大邱，迪安愿出 1000 万元。他们涉水过河，在河的对岸遇见十多个手持棍棒和梭镖的村民。其中一人用手示意，要迪安过河回去。迪安拔出手枪逼着他们，他们才放韩和他通过。走了约摸 8 英里，韩走进一所房子弄吃的。迪安喝了一小杯日本米酒，吃了点蒜头。房主人又端出日本米酒，韩劝他喝了。“他们是不是想把我灌醉?”他脑子里寻思，但又喝了一杯。最后两人在月光下上路了。当他和韩坐在路边休息时，出现了大约 15 个人，有人开了枪。迪安正要伸手去取手枪，被韩一把抓住手腕。迪安手抓脚踢想要挣开，一边吼道：“开枪呀！狗娘养的，开枪呀！”

他们把他双手反剪绑在背后，然后送到了警察局。韩站在门边，看上去很得意。人们对迪安进行搜身时，将军注意到了墙上的朝鲜挂历，这是 8 月 25 日，他的结婚纪念日。

2

在返回华盛顿的旅途中，柯林斯将军重新思考如何向他的同事和杜鲁门汇报。这次访问达到了一个有用的目的，强化了麦克阿瑟仁川登陆的决心。他要使麦克阿瑟的充分信心在总统心目中留下深刻印象，同时强调谢尔曼和海军陆战队的警告。

柯林斯的报告丝毫没有减轻杜鲁门对麦克阿瑟日益增长的愤怒。总统对麦克阿瑟最近赞扬蒋介石“抵抗共产党人的统治”的决心仍感愤愤不平。此外，在海外战争退伍军人协会及其在芝加哥举行的年度野营会上公开宣读的这位五星将军的信件中，麦克阿瑟把台湾称为“一艘不沉的航空母舰和潜艇供应船”，批评那些反对向蒋提供进攻性美援的人。

由于这些“犯上”行为，杜鲁门受到伤害，严肃地考虑解除他的职务。但他不仅克制自己，而且允许仁川登陆计划继续进行。为这次进攻集结了近7万人的部队，但参谋长联席会议还是持强烈的保留意见。8月28日，当五角大楼还在为海外战争退伍军人协会的争吵伤脑筋时，参谋长联席会议最后批准了麦克阿瑟的登陆计划，但仍未明确限定登陆地点。这是华盛顿官僚政治模棱两可的杰作。部队将“或者在仁川，如果仁川附近敌军防御力量薄弱的话，或者仁川以南一个能找到的有利的海滩上”实施登陆。麦克阿瑟甚至没有作出答复。8月30日他发布了他自己的为仁川登陆进行准备的命令。他亲自关照，不要立即把命令的副本送回华盛顿。

甚至麦克阿瑟正在积极推行他的计划时，参谋长联席会议还发给他一个一旦登陆失败，或者登陆没有带来速胜的灾难性影响的最后警告。“我们一方面同意尽快在朝鲜发动反攻，但同时极为关注朝鲜最近事态发展的趋势。”

麦克阿瑟读到这些指示的关键部分时感到一阵心寒，因为它们暗示整个计划应该放弃。但是，他立即答复说这是从敌人手中夺回主动权的唯一办法。“否则，我们必将陷入一场永无止境的战争。”

参谋长联席会议恪尽职守，答复麦克阿瑟他们批准了计划并将他们的决定通知了总统。即便如此，麦克阿瑟仍担心他们最后变卦取消计划。9月10日以前，他没有把仁川登陆的详细命令的副本送交参谋长联席会议。

“别送得太快了。”他对信使林恩·史密斯中校半真半假地说，“假如他们说这是一场太大的赌博，就告诉他们说，我认为这是往存钱罐里扔一个镍币；打开罐时就是一大笔钱了。华盛顿最大的赌注莫过于决定把美军投入亚洲大陆。”

当史密斯中校离开东京前往华盛顿时，海军陆战5团正在釜山进行他们不知道为什么或将要去哪儿的准备。塔普莱特还没有向任何人透露他们营将最先在月尾岛登陆。这个小岛上到处是藏着枪炮的地道孔洞，足以威胁整个登陆行动。9月10日，当塔普莱特正努力把他的士兵的身体恢复到最佳状态时，28架陆战队的飞机开始向月尾岛扔燃烧弹，以削弱敌军防御。第一波空袭烤焦了岛的东半部，第二攻击波只得待到滚滚浓烟消失后再进行。飞机遭到月尾岛上和朝鲜半岛上的防空火炮的射击。几小时后，第三次空袭把这个驼背一样的小岛化为一片火海。

第二天，满载用于攻打仁川港的重要设备、坦克、补给品和登陆艇的船只缓缓驶向仁川。月尾和仁川地区再次遭到陆战队飞机的空袭。

3

在过去的 12 天里，麦克阿瑟不断接到潜伏在离仁川仅几英里的一个小岛上的情报小组发回来的秘密情报。组长是一个 39 岁的老海军上尉，叫尤金·克拉克。他曾在中国海岸出任运输登陆舰舰长，在关岛战争犯罪审判担任主任翻译，讲一口流利的日语。1949 年审判结束后，他转到麦克阿瑟在东京参谋部的 G2（情报处）。他的妻子伊妮德和两个孩子随同前往日本。他的能力为那时与情报处在一起的美国海军上尉埃迪·皮尔斯所发现，皮尔斯也是个日语专家。皮尔斯看了他的关于仁川一带的地形研究报告后，考虑到他最近的经历，询问他是否有兴趣率领一个情报小组前往仁川地区，并说“我们需要来自那里的更多的情报”。

克拉克当即接受了任务。除搜集情报外，他还要负责指挥一个朝鲜人谍报小组。小组的人每天要潜往远至汉城的地方，以探明敌人是否进行了阻止登陆的准备工作。克拉克找到中央情报局特别行动负责人汉斯·托夫特，要求在募集合格的情报人员方面予以大力支持。克拉克还寻求反谍报处的帮助，找到了精力旺盛，能说两种语言的朝鲜海军中尉尹钟和李承晚的前反谍报主要军官、韩国上校居仁洙（音译），后者是个中年人，因没有预见到北朝鲜人的进攻而被革职。他由于担心自己被害，寻求美国陆军的保护。

8 月 28 日，托夫特派一架中央情报局的飞机把克拉克和他的两名助手送到美国在日本南部的海军基地佐世保。在这里的一所安全的房子里，他与他的一个 3 人通信队会合。通信队由一个快到 40 岁的上校领导，另外两人一个是中尉，一个是下士。克拉克还帮着挑选了 10 名朝鲜平民谍报人员，称为“防线潜越者”。所有这些人除了一个年龄很大形容枯槁的人外，都是年轻人。商议好如何同中央情报局的几个特工合作后，他要了一些小型冲锋枪、3 挺 50 毫米口径机关枪，一批半自动步枪和必备的弹药。这些武器将由灵兴岛上急于参加战斗、保卫他们营地的平民使用，他们太年轻不能当兵。他还要了许多大米、干鱼、糖和其他不需冷冻的食品。尹劝他多带些糖拿去卖，多带些威士忌去换取情报。

克拉克向负责封锁朝鲜东海岸的英国皇家海军中将安德鲁斯简要通报情况后，把所有的东西都装到英国皇家海军驱逐舰“博爱”号上，随后军舰在佐世保抛锚。在 8 月的最后一天，他们踏上了通往仁川之路。驱逐舰把他们送到飞鱼峡的入口处，把他转交给南朝鲜快艇 PC－703。PC－703 把他们送到目的地灵兴岛，此地距仁川南 10 英里。虽然已是凌晨，克拉克一点也不感到危险。他得知他们经过的所有小岛上都只有老百姓。向海岸的转运非常顺利，这是由一个朝鲜老人驾着一条单引擎的小艇完成的。

灵兴岛大约 4 英里长 4 英里宽。克拉克和他的部下放眼东北方向，可以一眼望到仁川。往北 4 英里，可以看到装有灯塔的小岛——班尼岛。小岛突出在东航道和飞鱼峡的汇合处。这天天气很好，到傍晚时克拉克建立了营地，驻扎着他在当地招募的守卫队。在东边几百码远的地方，有一个比灵兴岛大一倍的大阜岛。这是克拉克的守卫队所注意的地方。几天以后，克拉克惊愕地发现北朝鲜士兵在大阜岛海滨巡逻！他们显然还没有注意到间谍的出现。在头几天里，克拉克和尹驾着他们的小摩托艇侦察了附近的其他岛屿，用糖从友好的渔民那儿换取舢板和当地的情报。夜间，克拉克派他的防线潜越者乘舢板摸到仁川。他们几次潜行到帕尔米岛上去检查是否有炮兵掩体，防线潜越者摸到了远达汉城的地方去侦察任何可能意味着破坏美军安全登陆的北朝鲜军事调动。他最好的间谍是那个老头儿，尽管有点贪杯，总是从远至汉城的地方带回很有价值的情报。

克拉克本人不得不去搞关于海潮和保护仁川滨水区的防波堤的重要情报。潮汐高度从平均 23 英尺到高潮的 36 英尺不等，最低潮时仅 6 英尺。最后一种情况可能发生在 9 月 15 日攻击发动日那天，持续 6 个小时，有时速 5 海里的海浪。

通向仁川港的航道须有 25 英尺深，登陆舰要有 29 英尺深方能得以上岸。只有 9 月和 10 月中旬为数极少的几天海潮能形成这样深的航道。麦克阿瑟否决了 10 月份，因此选择了 9 月 15 日。但美国海军的潮汐表与日本人的不一致。克拉克的任务就是获取准确数字，并探查低潮时的泥底和防波堤的高度。

第六天晚上，克拉克和尹趁低潮时划一叶舢板到防波堤。防波堤有几百码长。他们脱了衣服检查泥地，双膝陷入脏兮兮的污泥中，行走十分艰难，战斗中的部队可能陷到齐腰的地方。随后他们蹒跚着回到舢板上，划到防波堤。防波堤约摸 10 英尺高。他们一直待到海潮奔腾而来，等退潮时再用肉眼测量。克拉克意识到，这种测量技术一靠猜测二靠上帝。你不可能在黑夜中和在偶尔来的巡逻队的威胁下弄到精确的数据。

由于防波堤的长度有几种说法，随后两个晚上他们又回来重新再作严密侦察。克拉克在他的“一次性纸片”（用了一次后就毁掉）上写道：日本人的潮汐数字更准确，几乎不能在泥沼上行走。

两天后，低潮时，大约 60 名北朝鲜士兵开始从大阜岛涉水过来。克拉克的 10 人防卫队开了枪，好不容易把他们赶了回去。克拉克担心敌人会来一次更大的进攻，要求进行空袭。不久，英军飞机进行了 15 分钟的轰炸后离去。北朝鲜人没有发动第二次袭击。克拉克猜测他们的主力部队调到朝鲜半岛南部去了，没有认真对待他的小组。

随后五天中，克拉克的韩国间谍继续在大陆（指朝鲜半岛——译者）进行侦察。克拉克已经知道，月尾岛上的炮兵掩体比原先预料的要多，都是必须拔掉的。在每天进行的舢板巡行中，他的防线潜越者在航道中发现了水雷，这些水雷必须小心翼翼地在航道中予以排除，这些狭窄的航道中哪怕是第一艘船碰上一枚水雷也会给入侵纵队带来极大的破坏。

9 月 12 日，他主要关心的还是天气。那天一整天天气恶劣，晚上来自“凯兹亚”台风边缘的狂风横扫航道。他很担心他的乘舢板回营地的部下。克拉克担心在他们完成所有这一切后，却不得不放弃行动。所幸的是，台风渐渐减弱，最后完全消失。

4

尽管天气不好，麦克阿瑟仍然按计划进行。那天下午，他和他的 6 名参谋在羽田钻进他的标有 SCAP（“盟军最高统帅部”的缩写——译者）的新飞机起飞。他们是秘密出发的，事实上，没有签发书面命令。然而，由于暴风雨，他们在九州的一个机场而不是在福冈着陆。他们一行在九州乘一辆新车前往佐世保。车上只涂了四颗星。司机为此向将军道歉，将军却笑了。

在佐世保，他们不能登上麦克阿瑟的旗舰“麦金利山”号。台风使旗舰晚到并且不得不被拖进船坞里。麦克阿瑟一行上船时已近午夜。舰长紧张得像一只猫。“将军，”他说，“我们要立即开船。风暴又要来了，我得在一刻钟内驶出防波堤，否则又要遭到狂风和海潮的袭击。”

麦克阿瑟向他表示感谢，平静地走向汽车，同司机握手告别，相互问候，然后气宇轩昂地登上旗舰。

第二天，9 月 13 日，6 艘美军驱逐舰驶向月尾岛，仅从 800 码之遥，炮击早些时候海军飞机狂轰滥炸了的小岛。与此同时，两艘美国巡洋舰和两艘英国巡洋舰开始集束射击，飞机轮番轰炸。经过半小时的惩罚后，月尾岛上的北朝鲜人开始用他们尚未被摧毁的大炮进行还击。三艘驱逐舰被击中受轻伤，但北朝鲜人付出了惨重的代价，因为他们的回击暴露了他们幸存的火力阵地。巡洋舰和驱逐舰以致命的精度进行炮击。

黄昏时，克拉克惊奇地发现一只没有甲板上层结构的船朝飞鱼峡漂来。船至少有 70 英尺长，20 英尺宽。由于退潮，漂流时速为五或六海里。他担心船上装着爆炸物，以阻止麦克阿瑟的进攻舰只。克拉克和其他几个人乘摩托艇爬上船去，发现只是一条空船，显然是在偶然事故中被毁的。他们把它弄到另一个小岛边使之搁浅，以免妨碍攻击舰队在黑暗中通过航道。

在第 8 集团军总部，沃克将军刚刚获悉韩国的一个师在永川大败北朝鲜第 15 师。这个胜利具有重要意义，因为第 15 师是由（直到最近仍任北朝鲜副主席的）朴成哲少将指挥的。沃克急忙赶到钟日昆将军的司令部，对韩国总参谋长说他要对他的所有参谋人员讲话。大约 40 人聆听了沃克对韩国人胜利的赞扬。激动之中，他提到麦克阿瑟将军将要在仁川对朝鲜人发动突然袭击。他急忙补充说这是绝密，不得向任何人泄露。

美联社记者申华奉（音译）听到了大楼里的欢呼声。当金军伯（音译）少校出楼时，这位记者把他拦住了，他俩是酒友。申华奉带他到了一个酒吧，申灌了少校几杯酒以后说，他知道沃克将军告诉了参谋人员令人狂喜的事情。少校什么也不想说，后来申说一定是要在群山进行两栖登陆，群山是在仁川南边很远的港口。“不是群山！”已醉昏了头的少校叫了起来，“是仁川！”待他明白自己都说了些什么时，便立即加以否认。记者叫他别着急，因为这一切三天后才会公之于众的。“蠢驴！”醉醺醺的少校大声说，“后天就要开始了。”申把他的消息发到了东京。

太阳下山的时候，麦克阿瑟乘的“麦金利山”号继续往北，驶往仁川。

塔普莱特的营队也正高速运往指定的海岸。

5

进攻的前一天，9月14日上午。美国驱逐舰驶回月尾岛，向小岛倾泻了1700多发5英寸炮弹，只遭到零星的回击。显然，岛上的大炮已被压住了。克拉克上尉醒来时松了一口气。台风的袭击已经结束，只需再等待几个小时。

下午晚些时候，邻近的大阜岛海滨出现了新情况，北朝鲜士兵似乎想打过来，克拉克于是命令大家做好向帕尔米岛转移的准备。他们扔掉了所有笨重的东西，包括机关枪和开动通讯设施发电机的小引擎。

克拉克已向东京发出信号，他要尽力点燃那个法国制造的老式帕尔米油灯塔，引导美军舰只在飞鱼峡通行。睡觉前，克拉克在灯塔门上写上“吉劳埃到此一游”的字样。他能够想象看到这几个字时陆战队员努力猜测走在他们前面的到底是何人的惊愕表情。

那天早些时候，沃克将军打电话给钟日昆，说他刚接到东京的总司令部电话，他们想知道是谁走漏了仁川登陆的风声。钟向李承晚递交了一份辞职书。总统不经意地说：“别去想它。”李开怀大笑，“金日成会认为这是李承晚的另一个花招。”

那天晚上，麦克阿瑟和他的参谋人员在“麦金利山”号上早早上床。麦克阿瑟的密友考特尼·惠特尼觉得他才睡了几分钟就被一个陆战队警卫叫醒，说将军想在他的舱里见他。惠特尼匆匆披上浴袍，发现麦克阿瑟也是这身打扮。“考特，坐下。”麦克阿瑟说。他眉头紧锁，沉思着在屋子里踱来踱去。两人都在想他们很快就要穿过飞鱼峡里的那些漂移的沙滩了。麦克阿瑟以前曾多次进行登陆作战，但这一次是他试图进行的最复杂的两栖作战。这里成千上万的人将英勇奋战，但他自己却要单独对失败负责。“我的灵魂面临考验时刻，而可怕的后果就决定于这个时刻。”

惠特尼知道将军需要有人听他谈他的思绪。当麦克阿瑟继续来回踱步时，他不停地唠叨所有那些参谋长和其他人栩栩如生地列举出来的危险，这些人竭力想阻止他从事这样危险和运气的行动。当他还在那儿唠唠叨叨自言自语时，惠特尼似乎觉得将军要记住这么多战场，实在是太伤神。对麦克阿瑟的心境来说，十分幸运的是，他还没有听到一个美联社记者已泄露了消息。

他反复谈论出奇制胜的要素。这在二战中曾拯救了他部下成千上万人的生命，现在又要保护大多数乘漆成黑色的舰只去飞鱼峡的官兵。但如果北朝鲜人磨刀霍霍严阵以待，1950 年 9 月 15 日将在历史上成为美国最大的军事灾难之一。

最后他终于停止踱步，好像是自言自语：“不，这是正确的决定，我们必须接受一切危险。”他所有的担心都烟消云散了。“谢谢你，考特，”他说，“现在我们睡一会儿吧。”

当惠特尼关上舱门时，他听见钟敲了两下，这是 9 月 15 日凌晨 2 点 30 分。在飞鱼峡的另一头，克拉克上尉刚点燃引导入侵者的那只旧灯塔。他还在一块巨大的岩石上点燃了一盏小渔灯。

惠特尼决定在甲板上待一会儿。舰员们十分警觉但静默无声。惠特尼站在舰首，倾听大海的涛声，发现前面有灯光一闪一烁。他大为振奋！他们的确使敌人大吃一惊！北朝鲜人甚至连灯塔也没关掉：克拉克发往东京的消息即他要尽其所能点燃航灯一事还没有转到“麦金利山”号。

在华盛顿，麦克阿瑟的特使林恩·史密斯中校刚把仁川作战命令交给参谋长联席会议：这时要取消登陆行动已为时太晚了。

金日成曾得到毛泽东的警告，知道美国人要来了。倘若麦克阿瑟等人知道这一点，“麦金利山”号上肯定会乱成一团。8 月份晚些时候，毛研究了令人不安的情报，仔细分析了釜山环形防御圈陆战队不寻常的调动和准备。在同他的年轻助手们仔细分析了目前形势，重新研究了麦克阿瑟过去的胜利以后，毛和周恩来得出结论：将有一次两栖登陆作战，因为这是这位名将的专长。根据逻辑推理，登陆将在西海岸 5 个港口中的一个进行。仁川就是登陆目标，它靠近朝鲜的心脏——汉城。由于仁川特殊的海潮和天气，最有可能的攻击时间是 9 月 15 日。

这一预测传到了金日成那里。几天后，北朝鲜情报部门同意毛的预测。9 月 10 日月尾岛遭到陆战队飞机的燃烧弹袭击以后，一切疑虑都荡然无存了。

金日成知道麦克阿瑟就要登陆，向他的部队下达了指示：“捍卫坚守一切解放地区！用你们的生命和鲜血去捍卫每一寸土地，每一座山，每一条河！”

第四部

回师之路

第 12 章 “这是小意思”

（9 月 15 ~ 19 日）

1

凌晨 3 点钟，高速行驶的运输舰“迪亚琴科”号熄了火，防水舱里的灯亮了，起床号声传遍了船上整个的压力报警系统，塔普莱特的第 3 营的大部分官兵都已经醒了，当早餐的开饭铃响起时，海军陆战队一等兵弗雷德·戴维森走进厨房，他曾听说海军陆战队在登陆前总是有一顿丰盛的早餐：包括鸡蛋、牛排、熏猪肉和热松饼。可是乔治连只有碎屑样的炒鸡蛋，没有黄油的烤面包和杏罐头。

当塔普莱特中校向马里恩要塞的月尾岛靠近时，他看到前面的陆地一片漆黑，远望仁川，没有一丝火光，只能看到天穹衬托下的公墓高地。他们能活着到达那里吗？

“真奇怪！”他低声向副舰长坎内说，“我们现在在正中间，是最糟糕的地方——这次行动太冒险了。”几小时之前，登陆部队指挥官给他看了一份发自多伊尔上将和麦克阿瑟的急电，命令他在伤亡达 87% 之前继续执行行动计划。87% 就等于自杀！

他召来了本营军医罗伯特·哈维中尉（低级军官）。“安静，”塔普莱特耳语道，“别吭声，跟我来。”他把哈维带到甲板上：“你可以看到我们早晨将要攻击的那个岛。”哈维看到了月尾岛的黑色轮廓，有一个小小的灯标岛八尾岛与它毗邻。“我的上帝，”他说，“我们停在两个岛之间。岛上有人吗？”“希望没有。”

当哈维医生在釜山环形防线第一次见到塔普莱特时，认为他很傲慢。但当他们一起战斗过后，哈维医生发现塔普莱特的目标很明确，那就是用尽可能少的伤亡来换取真正的战果。

月尾岛上大约有300人在残酷的轰炸中幸存下来，凝固汽油弹和炮弹的爆炸依旧猛烈得足以显示出这是一场激战，直通仁川城的700码长的堤道实际上没有被毁坏。一股部队悄悄地驻守在飞鱼峡，一个久经沙场的陆战营正准备去攻击他们。天边刚露出第一道曙光，月尾岛上瞭望的哨兵大叫起来：海峡里停泊着许多船。

5点45分，英、美巡洋舰上的炮弹飞出6英寸和8英寸的炮膛，落在仁川的土地上；接着，6艘美国驱逐舰向月尾岛驶去，并开始用5英寸大炮向小岛开火，似乎要把它炸成粉末。当月尾岛静静地躺在硝烟中时，海军陆战队的“海盗”式飞机闪着光穿过烟幕放出火箭和炸弹。

早晨6点钟，塔普莱特的部队开始进入登陆舰艇，戴维森扣紧头盔上的皮带，爬下登陆艇。33分钟以后，鲍勃·伯恩中尉指挥的G连戴维森排和H连的三个排猛攻岛屿西北端的绿海滩。3分钟之后，两个攻击连队的剩余部队也加入战斗。

戴维森感到死一般的寂静，突然，从头顶猛冲下来的“海盗”式飞机的呼啸声把他惊醒，机枪弹壳散落在登陆艇上。这是近距离掩护！他向沙地上打了一拳然后转向右边，由于烟雾他几乎什么也看不见。他们来到一个山洞，往里扔了几颗手榴弹，叫喊着“向洞里开火”。他们等待那些幸存者蹒跚地从洞里走出来，然后开始登上无线电高地的山坡。

塔普莱特跟着第三批部队来到月尾岛，他主要忧虑的是绿海滩，那是一段狭长地带，后面连接着陡峭的山崖。他担心登陆时会遭到从山坡上发出的纵向炮火的猛烈攻击，但是战斗进展得很顺利，当伯恩连的余部继续向山上冲击时，一个军官叫喊着要戴维森和其他一些人向东前进。

戴维森的小组发现了一条战壕直通山的一侧。他们在那里架起一挺轻机枪。现在，他们可以俯瞰仁川了。他们看到“海盗”式飞机拉起又扫射着俯冲下来，他们还看到豪连正接近这个岛的后部。他们这个小组接到命令：与连队的其他部分在无线电高地的山顶会合之前进行火力掩护。

当塔普莱特于7点30分到达时，伯恩中尉已经在山顶升起了一面美国国旗。塔普莱特和他的部下飞速登上这座挺拔的高地，他一生也没有像这样气喘过。豪连曾报告说路上布满了地雷，但他们却小心翼翼地通过了工业地区的废墟。营部作为预备队，I 连跟着坦克向上扫荡。早晨 8 点钟，塔普莱特报告说：该岛已经攻下，他的部队无一人阵亡。

戴维森现在除了坐在无线电高地的山顶上看着其他排进攻以外无事可做。这排人由约翰·康瑟曼少尉率领，他们在几辆坦克的掩护下，穿过堤路到达八尾岛，迅速地俘虏或打死了灯塔里的卫兵。一个半小时以后，3 营已经攻下了麦克阿瑟的第一个目标，代价仅仅是 17 人受伤。

塔普莱特曾经告诉哈维医生他无法从岛上撤走任何伤员，因为潮水持续的时间不够长。哈维在海滩上对伤员进行了紧急处理，然后把他们安置在登陆艇上，这些登陆艇已经在浅滩上弄得满是泥污。

被俘士兵和岛上小村里的平民被赶到海滩附近的铁丝网后面。由于怕他们藏匿武器，他们的衣服全被剥光了。当塔普莱特看到一个赤裸的老人时，他表示异议地说：“那人是个平民不是军人。”

“是的，”一个海军陆战队的卫兵说，“但是，他的那家伙像个种马，我们想看一看。”塔普莱特却并不想笑，“给他穿上衣服！”他命令道。

在“麦金利山”号战舰上的麦克阿瑟被猛烈的炮声唤醒。吃完一顿简单的早餐后，他拿起望远镜瞭望仁川和八尾岛附近的海岸。

巨大的爆炸声沿着仁川附近的海岸不断响起，登陆艇搅起一圈圈无边的水纹，对月尾岛的第一次进攻开始了。如果他们被对方的优势兵力击退，那就证明仁川是被武装的敌人守卫着。当塔普莱特的士兵成扇形展开向绿海滩攻击时，他紧张地注视着战场，但是烟雾使人看不清他们的进攻。

大约一小时以后，“麦金利山”号的舰长卡特·普因特普收到瞭望哨的报告，说一个奇怪的小艇正在向他们靠拢。通过双筒望远镜，他看见一艘机动舢板，船上好像是朝鲜人，但是其中一个高个子正在挥舞着像是海军军官帽子样的什么东西，这可能是敌人的敢死队，普因特普喊道：“拦住它，把它拦在那儿！”

一艘登陆艇被放下去驶向小舢板，当指挥登陆艇的海军少尉看到那个穿着绿色工作服戴着海军帽的高个子是个高加索人时，他扣着机枪的扳机喊道：“你到底是什么人？”

“我是美国海军上尉尤金·克拉克。放下枪，免得伤着人。”

海军上将乔伊的情报官们在上层甲板注视着克拉克，克拉克登上军舰受到欢迎并被命令担任去仁川的向导。

早晨8点钟，一个传令兵爬上了舰桥，麦克阿瑟正在那里关切地注视着月尾岛，传令兵递给两栖作战司令官多伊尔海军上将一份电报，海军上将斯特拉伯从“罗彻斯特”号报告说，登陆部队已经上岸，并开始向内陆进军。麦克阿瑟拍了一下手笑着说：“好！现在我们下去喝杯咖啡吧。”他让多伊尔告诉整个舰队：“海军和海军陆战队从未像今天早晨这样表现得如此出色。”

斯特拉伯上将在早餐时到达，说他打算视察一下月尾岛。“如果您想去，将军，我可以带您去。”

“是的，当然！”麦克阿瑟说。他到下层去穿了一件暖和的夹克，并说一部分随军记者可以随他一块去。斯特拉伯同意带上他们，还邀请了阿尔蒙德将军和谢泼德一起去。当麦克阿瑟回来时，已有30多人在等着被带往月尾岛，以至需要两艘汽艇来运送他们。当他们接近月尾岛时，麦克阿瑟将军向绿海滩望去。山那边小股部队交火的枪炮声引起麦克阿瑟的注意：“我们转过去看看红海滩。”红海滩位于从八尾岛伸出的公路北边的陆地上，它是下午即将攻击的两个登陆点之一。

这是一个冒险的行动，但是海军上将斯特拉伯和多伊尔指挥着他们的汽艇驶向岛屿的北端，在那里可以看到红海滩。幸运的是，那里没有从内陆射出的炮火，汽艇安全地返回了“麦金利山”号战舰。

午后的时光正在过去，塔普莱特从他的观察点目不转睛地眺望着仁川，陆战5团将在紧靠堤路左边的红海滩登陆，同时，已经在朝鲜经历了战斗的陆战1团将攻击东南方2.5公里远的蓝海滩。但是，一种奇怪的沉寂笼罩着这两个地区。北朝鲜人在哪里？那里几乎没有任何抵抗的迹象。他通过无线电对他的团长说：“默里上校，能否允许我穿过堤路，我认为那里不会有强烈的抵抗，我可以派一个巡逻队过去吗？”

“不，要严格照计划进行。”

“这是小意思，”塔普莱特坚持着。他的坦克和工兵现在已经登陆。“喂，我们可以使用坦克部队。”——一个连由坦克掩护——“直接越过堤路，”他们可以扫清红海滩，那样，陆战5团其余的部队就可以在毫无敌人抵抗的情况下登陆。但是默里拒绝和他争辩，塔普莱特只好作一个旁观者。

下午2点半，4艘巡洋舰和6艘驱逐舰开始对仁川进行最后的轰击，炮弹向港口倾泻，摧毁着每一个重要的战术目标。火光冲天，照亮了整个水面。塔普莱特把哈维医生叫到了观察所：“我想让你看看你再也不会看到的场面。”他说着并让哈维爬上一棵树。

现在，海军和空军的轰炸已经使仁川烟雾笼罩，乌云从海面聚拢来，天开始下起了蒙蒙细雨，塔普莱特希望登陆艇可以准时靠岸，因为太阳将在作战行动开始1小时13分钟后落入海里，要想天黑以前攻占海滩，登陆部队必须抓紧每一分钟。

4点45分，海军和空军的轰炸停止了，3艘火箭发射船向前驶去，如雨点般轰击红海滩和蓝海滩。下午5点22分整，两个陆战团的士兵开始从运输船出来爬上登陆艇。塔普莱特和哈维看着8艘登陆艇载着陆战5团的两个排驶向红海滩，他们将要攀上公墓高地。

哈维医生被吸引住了，从他爬的那棵树上，可以看到似乎世界上所有的船都集中到了仁川，几百艘登陆艇向海堤进发，头顶是乌云般黑压压的机群。

塔普莱特的迫击炮和重机枪为陆战5团提供火力掩护。烟幕和爆炸使人几乎无法看到海堤上发生的事情。山顶上哈维身边所有有M－1步枪的人都在射击。

在他们右方，陆战1团已逼近蓝海滩。当登陆艇靠近一片工业滨水区的狭长地带时，美国全国广播公司电视台的摄影记者尤金·琼斯拍下了这个场面。随队的两个记者中只有一个可以登陆，两人掷币猜赢，吉纳是幸运者。这好像5年前的那一天，当时他登上了被日本人占领的海滩。这时，他听到一个下士嘟囔着：“你这个该死的家伙，你就从没学过怎么捆手榴弹吗……哪天你非得像那样把自己炸死！”

最后，发动机的运转逐渐慢了下来，船队排成了双行。这时，信号传来，所有船上的发动机又都加速运转。轰鸣声打破了刚才的平静，他们已经到达了出发点，接着驶进烟雾和阴霾中，吉纳两边的登陆艇都无法看到，看起来它们就像在一条火车轨道上摇摆着向前冲去。

“第一攻击波，”什么人喊道，“前进……打……”

吉纳周围的人都单膝跪着，紧盯着前方，没有行动，也没有任何感觉。“打起精神，开始行动，先生。”有人冷冷地说，吉纳向前沿张望，登陆艇现在已经可以看到，它们正在前方移动，像水里的硬壳虫似地驶向岸边，它们转着圈，踉跄前进，随着海浪起落，向海堤冲去。士兵们弯着腰躲在栏板后面射击，有两个人突然站起身来，第一个人抬起了脚想登上海堤，一颗子弹打中了他，他身子猛地一挺，然后瘫倒下来，滚下了海堤；第二个人滑回到登陆艇的踏板上射击，琼斯赶快低下头回到舱底，他的周围都是来复枪和机枪开火的噼啪声和爆裂声。

“向堤上那个洞前进。”有人指着海堤上的一个弹洞喊着。登陆艇冲过去，撞上了另一艘船。顷刻间，巨大的海堤逼近了，靠近船头的那个士兵跳上了岸，扔了一颗手榴弹，然后匍匐下来看着它爆炸了，随后，他跳起来弯着腰迂回着冲进了烟尘中。琼斯想：“这个步兵是要采访的。”大家跟在他后面。琼斯和其他几个人掉进了一个防空洞，他们可以听到登陆艇开了过来，有人喊着：“下到船底……能过去吗……你赶快回来。”然后，喊声停止了。当他们躺在防空洞里时，泥沙像下雨一样一阵阵打下来，炮弹的爆炸声不断在周围响起。

琼斯可以听到有人走下海堤，用一种平淡、干涩的声音说：“黄色夹克到第 5 掩体……3 营越过海堤……得到迫击炮和轻机枪……向内陆前进……大杰克报告。”然后登陆艇回来了，一个戴着网球帽的陆战队士兵手里端着一支 45 毫米机枪，边跑边射击，并果敢地挥舞着手臂指引着方向。琼斯望着他直到他在海堤下消失了。登陆艇颠簸着，缓慢地跟在他后面行进。艇上 50 毫米口径的机枪喷射出弹雨，越过士兵的头顶洒向前方的阵地，就像巨大的猎狗在保护一只幼犬。

“开始行动！”有人喊道，“长官说要开始行动！”他们越过海堤后已经过去了 30 分钟，天黑得很快，在琼斯背后，太阳像一个血红色的大球静静地贴在海平面上。

大家全部低头弯腰向前奔跑，一会儿单膝跪下，一会儿又爬起来继续跑，一些人掉进坑里或在火车轨道中间跑着，在琼斯的前方，在仁川腾起的火焰中，可以模模糊糊地看到其他陆战队士兵的蓝色身影，所有的人都在暮色中向前移动。一发迫击炮弹在附近爆炸，一块弹片击中了琼斯的腹部，虽然伤势严重，他还是爬了 500 码来到海滩边沿，直到找到一个士兵答应一定把他拍的那些宝贵的胶片交给他的哥哥以后才同意接受治疗。

当第三批登陆艇载着陆战 5 团艾贝尔连的士兵靠近海堤时，海军陆战队一等兵雷·沃尔克透过烟雾辨认出了前几批到来的士兵们在他们的登陆艇前爬上两架梯子，登上了海堤，这简直就像电影里一样。当他看战争片时，他总是咬着指甲，现在在真的战场上，他却很镇定，感觉良好。“艇长，”有人喊道，“让这些混账的船停下来。”然后，他们都爬上了海堤，匍匐下来，沃尔克和其他人一样紧紧地贴在地上，直到一名中士对他们喊道：“过来，赶快行动，海军陆战队士兵们，你们不可能永远活着。”没有人动，沃尔克确信除非什么认识的人让他行动，他决不能到任何地方去。

一颗手榴弹落在他们中间，一名英勇的士兵把它扔了回去，沃尔克向前方扔了几颗手榴弹，呼！感谢上帝，它们没有被扔回来，一名中士跳上了敌人的掩体，把手臂伸进一个缝隙，抓着手榴弹直到它爆炸，基督啊，这是个什么人啊！后来沃尔克才知道，那名英勇的中士的战友就是被那个掩体中射出的子弹打死的。最后，他们爬起来越过了战壕，在什么人的带领下登上了公墓高地。

玛吉·希金斯同第五批部队一起进入战场，当他们靠近海堤时，一颗琥珀色的照明弹在红海滩上空升起，这意味着陆战 5 团的第一个目标——公墓高地已经被攻克。但是，当她刚想松口气时，一颗贼亮的曳光弹划过他们的船头，每个人都吓得深深地弓下了腰。

希金斯凝视着周围的士兵，他们的脸因恐惧都扭曲了，冒着呼啸的子弹，他们的船冲过了海堤，“冲啊，杰出的、勇敢的海军陆战队士兵们！”R. J. 谢宁中尉喊道，一边有力地拍着士兵们的肩背，士兵们蹦跳着跃出船头，一声爆炸使希金斯赶快跳出船，掉进了船边一米深的水里，然后又回身去拿她的打字机。

希金斯跳过了海堤另一边的战壕，跑向一个小土坡以躲避枪弹，在暮色中，陆战队的士兵们成“之”字形向一座山崖进发。大约下午 7 点钟，红海滩已被攻占，只剩下零星的断断续续的枪声。她决定登上一辆坦克登陆舰，以便为写她的战斗记事搜寻素材。

这一天的胜利是辉煌的，只有 20 名海军陆战队士兵阵亡，179 名受伤，其中包括那个摄影记者琼斯。

2

毛泽东曾经警告过金日成，说麦克阿瑟可能会于9月15日在仁川登陆。为什么没有在海岸沿线部署更强大的军事力量据壕固守？为什么没有用猛烈的炮火攻击美国的军舰？像一个希腊悲剧中的英雄一样，金没有听从部下的劝告，坚持要在9月1日对釜山防线发起全面进攻，指望摧毁沃克的第8集团军，结束这场战争，从而作为一位卓越的军事统帅接受全世界的赞扬和喝彩。

他为这个雄心勃勃的行动计划投入了一切可能的力量，但是执行计划的部队已经疲惫不堪，弹药也将告罄，坦克和车辆只有很少的汽油，此外，联合国军的空中轰炸严重地破坏了通往南方的公路和铁路，只有很少的援兵和物资能够到达前线。

金日成的参谋人员们被抵达洛东江时遭受的巨大伤亡所震惊，他们曾经提醒金日成，人民军的状况已不允许进行一次这样的攻击，建议有秩序地撤退到山区，山里的地形对人民军有利，在那里部队可以从友好的南朝鲜人中得到食物，并能够给进攻的美军设下陷阱和埋伏。当时，金愤怒地否决了这个计划。将进攻计划从俄文翻成朝鲜文的翻译朱永福少校担心战争将要失败。接着，消息传到北朝鲜在汉城的工程总部："麦克阿瑟已经在仁川武装登陆。"朱少校命令部下烧毁所有文件，准备战斗。作为工程师，他们要负责架桥铺路，"这是第一次，"他告诉他们，"我们将处在敌人的炮火之下。"

朱永福和另两位下级军官被他们的上司朴上校召去，"从战略眼光来看，"他说，"我们将不得不固守阵地直到在洛东江作战的主力部队撤回汉江。"

当朱的未婚妻在美军最近对平壤的一次空袭中牺牲后，他责怪的是金日成和斯大林而不是美国人。现在，仁川的突然陷落使他对金和共产主义潜在的仇恨升上心头。为什么？他问道。领袖在敌人登陆前向月尾岛炮击时无所作为。当数百艘敌人的战舰和护卫舰在仁川外围集结时，金日成在做什么？为什么他把新到达的18师派往南部的洛东江，他们本可以迅速抵达仁川！在这种危急时刻，史蒂科夫将军在想什么？朱知道苏联大使是金背后真正的决策人物。在仁川至汉城地带有 1.5 万 ~2 万人民军，但是他们大多数是只经过很少训练的新兵，一些人甚至没有武器。此外，也没有空军掩护和坦克，尽管如此，他们最后从金得到的命令是保卫汉城——保卫他们的首都直到最后一个人。

朱不久获悉，金与史蒂科夫将军及其苏联军官磋商后，已经采取了权宜措施：第 15 坦克师和第 9 师的第 87 步兵团被指示离开洛东江地区直奔汉城。孤注一掷的命令已发往所有的人民军部队：“用你们的鲜血和生命保卫每一座山、每一条河。”“誓死保卫我们的首都汉城！”第 105 坦克师已经只剩下 50 辆被损坏的坦克，他们的行动在美国空军的监视下受到极大限制。步兵部队到目前为止几乎损失了所有的重装备，弹药和食品极为缺乏。

下午晚些时候，朴上校召来了朱和其他两个高级军官：“你们的使命，”他说，“就是保障防御工程的完全实施。”一名军官被指定负责汉城至仁川的公路，另外一名负责水原至仁川的道路，朱负责汉城至金浦的道路。三个组都要设置障碍，破坏桥梁和铁路。朴让他们召集部下，在暮色中与工兵和爆破手们一起准备为载重卡车装货。朱精神饱满地执行了命令。尽管有强烈的幻灭感，他还是高兴有机会能为祖国而战。

朱命令他的部下一小时之内在军火库会合，再出发去金浦。同时他还有一些事务要处理。他的叔父住在附近，出于家庭的义务他得去和他道个别。尽管面对这个亲属很是困难，因为他的叔父仇恨共产党和人民军。

由于从东京传来的广播中听到最新消息：“美军不久将进入汉城。”他的叔父正处于激动状态，欢呼着：“啊，真正的解放！”消瘦的脸上充满喜悦。

然后，他的叔父开始抨击韩国政府。在 6 月，政府在广播中欺骗汉城市民，而政府官员却像老鼠一样逃往釜山。“市民们怨恨李承晚政府，所以接受了人民军，并欢迎他们。”

朱试图表达遗憾，但他叔父的声音压过了他：“市民们原谅了逃跑的政府而且在等待国民军回来。他们已经和美军一起在仁川登陆了，全南朝鲜的人民都为此高兴！”

他的叔父用瘦弱的手抓住朱的手说："下次我们再见面时，我们的祖国将得到统一，李总统在今天的广播里已经宣布要取消三八线了。"

当朱请他的叔父转达他对母亲和姐姐的问候时，他才知道婶婶已经被抓走并受到金日成的警察的多次毒打，因为她是一个反对共产党的妇女小组的副组长。

朱一边诅咒着红色政权，一边走出去坐上吉普车向军火库开去。国会大厦在黑暗中看起来像一具残骸。卡车在街上横冲直撞，喇叭声震耳欲聋，战士们来往奔跑着，附近枪声噼啪作响。当吉普车开进一条狭窄的街道时，朱和他的司机遇到一大群平民囚犯。他们大约有3000人，由手持自动步枪的警卫押解着，朱看到这些囚犯被沉重的脚镣连在一起，背上的重负压得他们喘不过气来。内务部士兵大声喊着让他们快点走，囚犯们加快了脚步。他们拖着脚镣走过街道时，脚下发出一阵阵哐啷啷哐啷啷的响声。

后面过来了一队妇女，她们痛苦地拖着赤裸的双脚，头发蓬乱地披散着。朱想象得到她们正在痛悼失去的丈夫和孩子。他感到心中涌起一股愤怒的狂潮，是谁命令这样干的？

在军火库，朱看到卡车都已装好，他的部队也已集合完毕，他们从附近的渡口转移到汉江南岸。天是那样的黑，无法看到永登浦郊外的街道。走了几里路后，他们来到一座正在燃烧的大楼，奇怪的是，这个城市的街道全是空的。从南边和东边都传来枪炮声。在一座大楼的阳台上，斯大林和金日成的画像被下面升起的火焰燃着了。

这一小队人缓慢地向金浦机场移动。

3

9月16日拂晓，美陆战5团离开公墓高地向汉城进发。他们穿过仁川南部，把肃清残敌的任务留给了韩国海军陆战队。仁川的街道上一片沉寂，惊恐的市民们从窗口和小巷中向外张望。看到没有敌人，大家都松了一口气。天快黑时，陆战5团已深入内陆6公里。在他们的右翼，由骄傲自负的刘易斯·普勒上校指挥的陆战1团也在向前挺进，途中行进多于战斗。北朝鲜人在哪里呢？

在“麦金利山”号上的陆战 1 师师长已经准备上岸到他的指挥部去。“祝你好运，史密斯将军，”麦克阿瑟说，“要尽快拿下金浦机场。”

就在 17 日黎明之前，陆战 5 团猎犬连的先遣排看到 6 辆 T－34 坦克和一些步兵正在向他们逼近。几分钟之后，一个反坦克小组摧毁了一辆坦克，其他 5 辆也很快被 M－26 潘兴式坦克和无后坐力炮打得着了火，公路右侧普勒的陆战 1 团已参加了战斗，帮助消灭了那 200 名步兵。

麦克阿瑟就在后面不远。那天早晨，他在一群将军、参谋人员和记者的簇拥下登上了海岸，当他到达战场时，空气中仍然弥漫着强烈爆炸散发出的硝烟和火药味。车队停了下来，麦克阿瑟看到一具北朝鲜士兵的尸体，凯斯·比奇看到他用脚尖踢了一下那具尸体说：“我喜欢看到他们这个样子！”他情绪很高。“对我这双老眼来说，这可是个好景致！”他又转向一位军医说：“医生，那是个再也不需要你医治的病人！”

车队继续向前，来到几辆苏制坦克的残骸前，麦克阿瑟跳下吉普车，以便更好地欣赏那一堆仍在燃烧的扭曲的金属。“考虑到它们是苏联人的，”他说，“我就希望看到它们这个样子。”

对麦克阿瑟来说，这是又一个胜利的日子，他在前线出现不仅使海军陆战队官兵们大感激动，也给百姓们留下了深刻的印象。当他们一行回到“麦金利山”号上时，他又转向海军中将斯特鲁布尔和太平洋舰队司令海军中将雷米尔·谢泼德，“干得好！”他庄重地说。

经过零星的交火，陆战 5 团已行进到离金浦机场 1000 码的地方。先遣部队受到一些小股敌人不太强烈的阻击，不过一个步枪排还是摧毁了一股配有自动化武器的部队，两栖坦克粉碎了残敌的抵抗。下午 6 点钟，陆战 5 团已经到达金浦机场主要通道的南端。

4

这一天对朱永福和他的工程师们来说是紧张而又疲劳的一天，经过多次耽搁，他们在黎明时靠近了金浦机场，但是他既没有看到任何军事活动的迹象，也没有看到撤退的部队的影子，人民军在哪呢？

朱茫然了，他应该前进还是后退？在战斗中他还是第一次经历这种情况，没有人给他任何指示。他坐在一棵大树下，给朴上校写了一份报告。

天黑以后，一个通信员从上校那里给他带来了回音，他说美军主力正在逼近并将穿过防卫力量薄弱的地区，然后从西北部向汉城进军。高层指挥人士命令先遣指挥部从汉城撤退，因此，不用再铺设地雷了，“立即停止工作撤回总部”。

朱感到像被电击了一样。他召集连排长们，告诉他们把地雷集中起来，然后撤退。斯大林曾支持这场战争，可是现在苏联人由于惧怕国际上的反响竟连手指也不想动一下。朱正处在他一生的转折点，他必须行动，这样的机会将不会再有了。他决定去寻找自由，尽管这看起来像是背叛，他已决心与共产主义战斗，因此要求人们带他去找韩国部队，可是没有人知道到哪里去找。朱突然感到异常疲乏，他被带到附近的房子里，便躺在地板上睡着了。

他被什么人的叫声吵醒，“美国兵来了。”3 名身穿绿色制服的人扣着步枪扳机用英语喊叫着。一个年轻的村民向他喊道：“嘿，老兄，美国人让你举起手来，如果你不照他们的话去做，他们就会打死你。”

朱感到很气愤：“我不是俘虏！”他大声说，但还是慢慢地举起了双手，心里涌起一种交织着懊悔、羞愧和绝望的复杂感情。他不再是一个自由人了。

他被带进一辆吉普车，车子向机场开去，他睡着后，被人捆了起来。他看到路边成堆的汽油桶和弹药箱时感到十分震惊，偶尔有一个司机会为了什么事咒骂朱，或威胁地向他竖起中指。

在狭长的登陆地带，朱被转交给两名美国陆战队士兵。他们对他喊着“快走！”其中一个用步枪托狠打他的背。这时，他听到一个美国军官在电话中讲朝鲜语，这简直像在地狱中遇到了佛祖，现在他可以解释为什么他们不应该像对待俘虏一样对待他了。但是，那个军官瞪着他说：“我只要你回答我的问题，我们应该轰炸哪里？”

朱大吃一惊。“轰炸应仅限于军事目标。”他谴责说，然后描述了一些他曾经目睹的不加区别的轰炸。

那个美国人气得涨红了脸：“正是由于有像你这样无耻的罪犯，我们才不得不进行无区别的轰炸！”

朱被带进一座新闻记者们住的帐篷，两个美国记者用蹩脚的朝鲜话询问他。当他们问道“你在哪次战斗中被俘的”时，他大声说：“我并没有打仗，我也没被俘，我是自己走到这里来的。”“该死的，”一个记者说，“你现在被俘了！”

最后，朱被带到铁丝网围起来的一小块地上，身心的极度疲劳使他重重地倒在草地上。想到自己蒙受的耻辱，他真想去死。

第 13 章　跨越两条河

（9 月 16 ~ 22 日）

1

在南部，沃克将军正计划突破釜山环形防线，但他无法集结足够的兵力组成有强大战斗力的部队。敌人仍旧掌握着主动权。第 24 师是沃克的部队中唯一未受牵制的力量，他打算分批把它从东部调出来。如果能拥有陆战 5 团，他早就可以指挥坦克部队跨过洛东江直捣汉城了。

考虑到敌军听到仁川登陆的消息后一定会士气低落，沃克计算着他最终必须准备好于 9 月 16 日开始行动，并且从麦克阿瑟那里得到许可于这天跨过洛东江。可是 16 日的天气太糟糕了，原定对那个地区实行的饱和轰炸不得不取消。

在哈普·盖伊的骑兵 1 师左边，劳伦斯·凯泽指挥的第 2 师攻进了西侧，占领了俯视洛东江的 208 高地。两天之后，9 月 18 日，第 2 师的两个连迎着 12 尺深的激流越过了宽阔的洛东江。

在大邱北面，骑兵 1 师 8 团被伤亡很大的北朝鲜人民军第 13 师牵制在原地。沃克对此很不满意，他直截了当地责备盖伊没有对部下施加足够的压力，他在与南部友邻部队竞争中的这次失败将使整个军事行动受到威胁。幸运的是，在盖伊右翼的韩国 1 师有了一个更富进攻性的指挥官白善烨将军。他的部队进攻勇猛迅速，给人民军第 13 师造成了重大伤亡。尽管如此，沃克还是感到他的突破行动进展得不够理想。两天之后，看了第 8 集团军收到仁川的第一份战报摘要，他意识到为什么会这样了。当仁川的部队只遇到零星抵抗时，环形防线上的部队却遭到占据优势地形的敌人的疯狂攻击，每一场战斗都经过殊死的搏斗。对沃克来说，这意味着两个问题：敌军指挥官仍受命保卫他们的阵地；如果不得不放弃阵地，他们将在给予最大杀伤后撤退。

在仁川行动简报中，除了讨论登陆中的技术问题外，对战况的报道很少。在新闻发布官提到为掩护登陆动用了强大火力之前，局势还比较平静，随着这些数字的公布引发了那些缺乏弹药的部队的怨言。沃克听到人们说："为了歼灭月尾岛和仁川那一小股没有多少作战经验的敌军，他们动用了那么多的弹药，比让我们击败 90% 的北朝鲜军队时所用的还多。"

尽管阿尔蒙德将军的第 10 军目前伤亡不重，但沃克确信，当他们接近永登浦和汉城人口更密集的地区时，伤亡数字肯定会上升。此外，如果部队受命攻击而不是包围和分割这些地形复杂的地区，他们前进的速度将会慢下来，如此就会给敌人提供反攻和增援的时间。第二次世界大战中欧洲指挥官们在横扫法兰西时曾有过这样的教训。只要可能，他们就会避开城市。巴顿曾认为巷战只是碉堡战的一种变体，对步兵来说，最不想碰上的就是巷战。

关于作战事务的讨论已经使沃克确信，阿尔蒙德对战斗的基本知识和原理都所知有限。更糟的是，他的鲁莽性格使他总是低估敌人，却对自己的能力估计过高。

沃克又一次想起了巴顿的话，在谈到军事行动中急速和迅速的区别时，巴顿警告说："这两个词差别极大。当部队没有进行充分的侦察，没有安排适当的火力支援，没有使每一个可以动用的人都行动起来之前就投入攻击，这就是急速。这种攻击的结果是使部队提前行动，却使行动的结束推迟。"

谈到速度，巴顿强调攻击将于这种状况下实施："有一个预先制订的计划以使交火时间尽可能缩短。"沃克认为阿尔蒙德太强悍因此不会按照巴顿的话去做。如果他在攻占汉城时遇到问题，他或许会无视原订的计划而即兴搞一套。如果他这样做，从釜山环形防线过来的"锤子"部队将丧失借以打击敌人的"铁砧"，大批敌军将轻而易举地绕过汉城逃往北方。

在简报之后，沃克和林奇一起进行了他在前线的常规飞行。沃克看起来在沉思。下午刚过了一会儿，他让泰纳告诉临时机场再次为他准备飞机。这使麦克莱恩感到很吃惊，因为他已经接到指示要对鲍灵谷进行详细的侦察。当泰纳叫他们时，他和林奇正准备起飞。

通常，沃克一到就会进入飞机的座舱。这次他却在机翼旁停了下来。他拿着在访问时给柯林斯看的那份地图，用其他人几乎听不到的声音提出了一个惊人的要求："我想沿这条线飞。"这是他群山计划中的一个地区。

"飞多远，将军?"林奇问。

"到大田，"他答道，"我想看看道路怎么样。"一个月前，他曾和帕特里奇将军一起进行过同样的飞行。但当时他们乘坐的是空军 T-6 型飞机，该机机翼较低，结果他们无法对公路进行仔细的观察。"我们可以用 L-5 型飞机，"林奇说，"不过没有那么安全。"他的另一架飞机，L-17，时速比 L-5 快 50 海里，但和 T-6 一样，也是低翼飞机。

"如果我们被击中，哪种飞机更容易着陆?"将军问。

"L-5，我可以使它在任何地方降落。"出人意料的是，刚才第一次命令的飞行却根本没有提及。

沃克让他的驾驶员乔治·贝尔顿中士把他那把常备的猎枪放进座舱。林奇把自己的卡宾枪塞进前面的座位底下，还在地图袋里放了四颗手榴弹，然后他爬进座舱，向后面扫了一眼竖在他背后的是两个直径 12 寸的大桶。贝尔顿已经把猎枪支在了前座上。"将军，"林奇说，"您能把那支枪转过去吗?我绝不愿意被我们自己打下来。"沃克笑了。

他们离开地面，向鲍灵谷飞去，跃过一条不太长的山岭，他们向北飞往洛东镇，察看着下面的河流，从那里他们转向西往尚州飞去。这时，沃克让林奇降低飞行高度以便更清楚地看看公路。他们继续向西低空飞行，来到报恩。当接近天安时，飞机开始爬升。最后，他们转向南方飞往饱经战火的城市——大田。

通往天安的路上没有车辆往来，但是很明显，装甲车曾使用这条道路从大田赶往北方，这说明敌人在夜间调动坦克部队了，但其方向无法确定。

他们从 8000 英尺的高空越过大田，沃克清楚地看到了通往群山的公路。至少在他看来，这里没有任何军队活动的迹象。如果麦克阿瑟按照他沃克的计划在群山登陆，他们现在该已经占领大田了。"那样，"他低声说，“我们就可以包围这些面对环形防线的敌人，我只需要他们给予阿尔蒙德的一小部分。”

按照沃克的计划飞完后，林奇确信他是对的。“您准备从哪里回去？将军？”沃克想了一下，“我想直飞大邱不太安全，那条路线是他们兵力最强的地区，要是敌人知道我们从那里回去，他们可以用任何东西把我们打下来。”他决定了，“飞往晋州吧，我们或许运气好会看到基恩（音译）前面的一些情况。”在飞回环形防线的路上，他们没有看到一个人，一辆车。

在敌人后方飞行了两个多小时后，他们回到了第 8 集团军的临时机场。泰纳正等着他们回来：“飞行愉快吗？”

“我很喜欢这次飞行。”沃克只说了这么一句话。后来，泰纳问林奇他们都到了哪里，以便他把这些记入将军的日志。迈克想显得像沃克那样漫不经心，他说：“我们去了大田。”乔伊不相信地瞪大眼睛望着他。这次远至敌后 75 公里的飞行是美军飞机在朝鲜战争中最深入的一次飞行。

2

18 日，朱永福少校被监禁在金浦机场不久，仁川登陆地面部队的总指挥到达了机场指挥大楼地下室雷·默里上校的指挥部。阿尔蒙德告诉陆战 5 团的指挥官说他打算用钳形攻势攻占汉城。在右翼，陆战 1 团在普勒上校的指挥下向永登浦逼近。到目前为止他们只遇到一些零星的北朝鲜军队的小规模抵抗。一旦永登浦被攻下，普勒上校将跨过汉江从右侧攻击汉城。默里的陆战 5 团将在金浦越过汉江，沿河的北岸进军，以便与 1 团一起夹攻汉城。

第二天下午，雷·默里在指挥大楼召开了有记者参加的参谋会议。提灯里燃烧着菜子油，灯光下，雷·默里说他们将在次日清晨越过汉江。塔普莱特对该计划抱有极大的疑问。渡河地点是一个渡口，他确信那里一定有重兵把守。

塔普莱特离开了会议室，他相信这次会议是为了宣传，有许多虚张声势的言辞和大话：我们将跨过汉江，不久将进入汉城等诸如此类的鬼话。默里已经命令肯尼斯·豪顿上尉率领他的侦察连在天黑以后泅水渡河，攻占一个由三座小山组成的桥头堡。凌晨4点钟，塔普莱特营3/5的部队将开始渡河，罗伊斯中校营2/5的部队紧随其后，留下1/5的部队作预备队，坦克和汽车都将通过载重50吨的浮桥渡河。

塔普莱特对派侦察连渡江这一计划的可行性及侦察连照计划占据三个军事要地的能力均有保留。他的营预计要进行非战斗性渡河——即是说对可能出现的攻击毫无准备的渡河。该营3/5的部队将越过侦察连继续向汉城进军。“我有些担心，”塔普莱特对副手约翰·坎尼及作战处的劳伦斯·史密斯少校说，“我真的不相信渡河会那么容易。”

早晨8点钟，豪顿上尉、达纳·卡申少尉、10名士兵和两名海军预备役军官霍勒斯·安德伍德和恩赛恩·朱达·西格尔组成了一个先遣小组。西格尔是海军情报官员，随身带着一个录音机。他们到达了河岸边，勘察了水流后，脱掉了衬衣，慢慢地走入温暖的水中。在大约35分钟里，他们静静地游过了汉江。从老百姓那里得到该地区没有北朝鲜军队的报告后，豪顿决定立刻用登陆艇把侦察连的其他人运过河。他发报说：“陆战队已经上岸，很好地控制了局势！”正在用录音机录下这次行动的恩赛恩·朱达·西格尔感到一阵激动，这是在创造历史！而他正把这一切录进磁带中。

九艘登陆艇到达了出发地点，发动机的转速开始加快。当它们一个接一个地冲入水中时，喧闹声和机器的轰鸣声震耳欲聋。突然，炮弹开始在登陆艇周围爆炸。有四艘登陆艇陷进淤泥里，履带无助地空转着，泥浆飞溅到艇的周围。豪顿决定游过去把那些登陆艇带上河滩。一发炮弹在他身边爆炸，炸伤了他的后背，他顿时感到视力模糊。豪顿的一位战友把他拉上一艘搁浅了的登陆艇，没有一个人能到达河滩，所有的人都游回了南岸。

现在，登陆艇正在掉头往回开，虽然没有人知道谁下的命令。豪顿小组的其他人也赶快离开河滩，游了400码回到安全的南岸。法兹奥中士和其他8个士兵游了回来，他们最终把仍昏迷在搁浅了的登陆艇上的豪顿带了回来。给默里上校的失真的情报，特别是恩赛恩·西格尔在他第一次进军时激动的报告，使人们几乎无法弄清到底发生了什么事。塔普莱特的预感是正确的，轻易就可渡过河的设想完全是异想天开的鬼话。

塔普莱特本来预定 4 点钟过河。当豪顿的小组登上河滩时，他已指示艾特姆连出发，后面跟着豪连，H 连和 S 连及兵器连夹在中间。当塔普莱特正在他的地段部署这些连队时，他听到豪顿宣布："陆战队已经登岸，较好控制了形势。"

"我仍旧有一种恐怖的感觉，"塔普莱特说，"事情有点儿不对头。"当听到豪顿正在撤退时，塔普莱特命令部下向出发地点集结，上艇准备渡河。然后，他带着报务员钻进一辆吉普车，去见默里上校。有人告诉他默里正在睡觉。"我们得改变计划，"塔普莱特说。作战军官查利·布拉什少校对塔普莱特说："你们应该进行渡河攻击。不过我认为河滩上没有足够的地方供登陆艇并排停靠，因此你们应该让这个营成一字纵队过河。"

"把团长叫起来，"塔普莱特说，"我认为成一路纵队过河是自杀。敌人正好可以一个一个地收拾我们的登陆艇。"

"这是我的命令，也是团长的命令。"

塔普莱特知道此刻只能用一种方式讲话——直言不讳。"好吧，你告诉他，我不同意！"他说着离开了指挥部。他命令连队指挥员们重新装备所有的登陆用车船。把火力排组织起来分成小组，这样，每艘登陆艇上都可以有一个火力掩护组和一个战斗组，以代替原来的大量后勤物资。

然后，他和报务员，一等兵格林开着吉普车返回团部去找默里上校。上校办公室里只有布拉什，塔普莱特要求见上校，布拉什说上校仍在睡觉，不能打扰。格林从未见塔普莱特发过这么大的火——他也感到很愤怒，他们竟无法见到几小时后将指挥他们作战的那个人！

"查利，"怒气冲天的塔普莱特说，"我准备用登陆艇分批渡河，然后让我的连队以纵队登陆，但是我要让登陆艇分批过去——每批 4 至 5 艘。"

塔普莱特没有得到默里的允许就离开了指挥部。他和登陆连的指挥员坐着吉普车向登陆艇的集结地点驶去。到达目的地时，塔普莱特从报话机中收到默里的指示。已经准备上军事法庭的塔普莱特，听到上司的声调平静得似乎什么也没发生过时，简直惊呆了。"你能在 4 点钟进行一次渡河攻击吗？"默里上校问。

"不可能！我将尽力在 5 点或 5 点半进行攻击，"塔普莱特接着说，

"雷，给我一些炮火支援，在电台中给我留些频道以便呼叫。"

3

那一天，沃克在与数量上占绝对优势的敌人交锋时有了一些进展。在洛东江凸出部地区，美军第2师仍在向前推进。第38步兵团的一个营带着坦克、大炮、迫击炮渡过了洛东江。在盖伊右翼，白善烨指挥的韩国第1师在驻守山区的北朝鲜第1师的防区中发现了一个空隙，他们穿过这个地带到达了炭浦（音译）东北部的公路要冲。白的位置比盖伊所辖师最前端的部队还要深入13公里。他们迫使北朝鲜人民军第1师从它最强的山地防御区撤回了两个团。现在白处于第1师和第13师两个敌人师的背后。

虽然有了这样的进展，麦克阿瑟那晚在"麦金利山"号上召开的会议上还是对沃克将军表示了非常关注。沃克是否勇悍得足以及时突破釜山防线与汉城地区的第10军会合？他是否应被撤换？

了解到这些情况后，愤怒的沃克给临时代理阿尔蒙德在东京的公职的多伊尔·希基少将挂了电话。沃克说他正在突围，但是由于桥梁问题他很难把他的装甲部队运过洛东江。他抱怨说，阿尔蒙德的第10军比第8集团军得到了多得多的后勤补给，"我们是后娘养的，就工程装备而言，我们的情况很糟糕，"他接着说，"我希望你不要认为我会裹足不前，但在我军前方有整整一条河需要跨越。"

20日清晨5点30分，第24师于大邱附近在浓雾中开始跨越洛东江。这个在盖伊左翼的成功，加上在他的右翼白的突破，又紧跟而来的是另一个胜利。9月21日拂晓前，人民军第13师参谋长李河九上校，叫醒两名正在熟睡的第8集团军的骑兵，要求投降。李很乐意提供他所在师的全部情况。这个师目前只有不足500人，毫无战斗力，他们的防线已不存在，各团已经与师部失去了联系，许多士兵开了小差。他说大约75%的士兵是在南朝鲜招募的，口粮配给已降到原来的一半，没有坦克，只有很少的自行火炮和迫击炮，300辆卡车中只有30辆可以开动。

虽然李谈了很多，但他并没说出他到联合国军来的全部实情。在第二次世界大战中，他曾经是一名小学教员，后成为一名共产党员，1946

年参加了北朝鲜军队，4 年后升为四星上校（大校），这个级别相当于美军的准将。当部队向鲍灵谷进军时，李与第 13 师师长崔勇进少将的关系日益恶化。由于崔的轻举妄动，使该师遭到重大伤亡，到 8 月便减员至 3000 人。尽管该师的战斗力已严重削弱，但崔仍坚持轻率地进攻。鉴于人员伤亡严重，李提出了抗议，但是崔却冷酷地驱赶士兵们走上战场。在 9 月 20 日夜里，崔命令李准备一次最后的全面进攻。李感到十分震惊。“只要我们活着，我们就能进攻！”崔叫喊着。

李抗议说，士兵们既疲惫又饥饿，几乎没有弹药了。“这不是我的命令，是最高统帅的命令。”崔命令李召集所有受伤和饥饿的士兵“作为人弹”去攻击美军。

“但是，崔同志，我们已经输掉了这场战争。”麦克阿瑟在仁川登陆的消息最终在部队中传开了，军队士气低落。李上校请求崔不要再浪费士兵的生命。

“如果你不服从我的命令，”崔喊道，“你就是党的叛徒。”

“你是人民的叛徒！”

崔说李是个美国特务，然后拔出枪向李射击。可是李比崔更快，他开枪打中了崔的胳膊，然后命令所有残存的部队撤退，自己在夜色中去寻找韩国部队。他终于发现了两名正在熟睡的美国兵，就向他们投降了。

4

9 月 20 日拂晓，陆战 5 团已经从 19 日的混乱中恢复了过来。默里不仅同意塔普莱特施行一次登陆作战的要求，并且把原定 4 点半开始的进攻推迟到一切都准备就绪后再进行。

6 点 30 分，塔普莱特的 3 营开始乘登陆艇渡河。艾特姆连领先，G 连和 H 连紧随其后。塔普莱特的计划是巩固登陆地点然后立刻向右抢占控制登陆点的巨大高地。

在南岸，麦克阿瑟、阿尔蒙德和许多海陆军将军们看着塔普莱特的营冒着敌人猛烈的炮火胜利地过了河。

一艘登陆艇被机枪打中，舱门掉了，士兵们挤了出来。尽管有些伤亡，但 3 排已经毫不犹豫地登上了高地的山坡。同时，2 排在左翼进攻。

战斗十分激烈。敌人的机枪火力使迫击炮部队被割断，2 排排长受了伤，他的排落在后面等待调动。得到工兵支援后，2 排在其他两个排的协助下冲过了第一个山嘴。兵器排排长通过无线电向塔普莱特报告："我已通过第一个目标。"伴随着这个消息的是所有指向登陆点的步枪和机枪都停了火。博恩中尉率领他的步兵连开始渡河，没有任何伤亡顺利到达对岸，然后向东部的目标进发。

当收到博恩的报告"目前尚未遇到任何抵抗"时，塔普莱特命令 H 连过河。他们也安全抵达，没有遇到抵抗。此时是上午 9 点 40 分，距 2 排乘登陆艇冲过汉江北岸仅 20 分钟。

麦克阿瑟非常高兴。

在塔普莱特攻占在北岸的三个军事目标之前，阿尔蒙德便已前往普勒上校在一座山头上的指挥部，准备视察他的目标永登浦。阿尔蒙德到达时，普勒已经按部就班地在城市周围部署了部队。现在他正站在一辆吉普车旁边，叼着烟斗研究着地图。

瞥了一眼地图上的永登浦，骄傲的普勒指着它说："这里只有一条路可以冲过去，阿尔蒙德将军。"他又说："应该烧掉这个镇。"

"那你为什么不去干？"

他需要得到允许。他正准备向陆战队指挥官奥利弗·P. 史密斯少将请示。

"我批准你这样做。"为战斗的声音和气味所激动，阿尔蒙德冲动地说。他曾经在意大利指挥一个师，虽然能够成为麦克阿瑟的参谋长使他感到很高兴，但他仍旧渴望战斗。作为第 10 军的指挥官，他负责整个仁川至汉城战役的全面部署，可他宁愿到前线去，在那里他可以亲自指挥团长和营长们。"你认为怎样最好就怎样做，只要能拿下那个镇。"

在那个值得纪念的日子将要结束时，永登浦在普勒的榴弹炮、105 毫米口径火炮及从 4.2 寸迫击炮飞出的燃烧弹的轰击下变成一片火海。再加上"海盗"式飞机投下的火箭弹和凝固汽油弹，这个镇整整燃烧了一夜。第二天（9 月 21 日）清晨 6 点 30 分，普勒发起了主攻，战斗异常残酷，北朝鲜军队逐渐后退。

第二天，普勒的士兵们在第 7 师第 32 步兵团的协助下突破了敌人的防线。这些士兵两天前刚刚进入战斗，就已经在右翼取得了相当大的战果，敌人全线撤退了。中午，陆战 1 团已经占领了永登浦。他们看到街道上到处是尸体、丢弃的重武器和军需品。

已经过了河的陆战 5 团继续向前推进。塔普莱特已经攻下三座小山。在击退了敌人轻微或中等程度的抵抗之后，1 营挺进了 3000 码。默里很高兴，他的团现在离汉城的国会大厦西侧不足一公里。但是，真正的战斗还未开始。

在金浦机场，朱永福上校和其他北朝鲜俘虏被押进五辆敞篷卡车。他们的目的地是仁川附近的一个大战俘营。当他们穿过第一个村庄时，人们正在欢迎美军。他们高喊着："杜鲁门总统万岁！""李承晚总统万岁！"但他们看到这些俘虏时，便开始喊道："杀死他们！"

有人注意到了朱永福军装上的军衔标志，男孩子们向他扔石头，大人们叫着要杀死他。

那天下午晚些时候，这一队人被押解到了仁川附近的一个临时战俘营。朱永福被带过一段黑暗的通道进入一间牢房。他进去时，里面有 5 个人站了起来向他敬礼，他们都是在月尾岛被俘的，他们那个营的士兵只有 45 人活了下来。"我们被押到这里来的一路上都得光着身子，把双手放在头上，"一个人说，"人们向我们扔石头，用树棍打我们。"

"那是由于我们被迫在这场不公正的战争中战斗。"朱说。

第 14 章　攻陷汉城

（9 月 23 ~ 29 日）

1

汉江北岸，陆战 5 团贝克连正冒着敌人猛烈的炮火坚守地势险要的 106 高地。这是 9 月 23 日正午。上尉连长艾克·芬顿在发火。“戴夫……求你了，你这该死的白痴！”他对《生活》杂志摄影记者戴维·道格拉斯·邓肯大吼道，“挨了枪子儿，我是无法把你转移到安全地点的。趁早夹起尾巴。”

“金秋的阳光一直照耀着我们整个阵地，”邓肯回忆道，“当时阳光依然灿烂。当然，这是针对除他之外的其他人而言的。我身边的那个海军陆战队员就在刚才还热切地开着罐头——那天的阳光使一切都显得比实际更美好。但现在，对于他，黑夜已在近旁——一名北朝鲜狙击手刚刚击中他的胸部，把他击倒在山顶的战壕边。开着一半的涂蜡纸板箱上的粗体标签此刻显得格外冷酷：K 类口粮、个人、战斗。”

芬顿命令 4 名士兵把伤号抬回到可以降落直升机的地方。“死去的已经死了，”他说，“使我们陷入困境的是那些伤员。”艾克的眼睛充满愤怒的血色。“好，”他对邓肯说，“你拍照吧。但看在基督的分上，千万别受伤！”他打开一听罐头。

“打死了又怎么样？”邓肯反问道。

艾克·芬顿几乎要笑了——他们是老朋友。

傍晚时分，摄影记者看到了伦纳德·海沃斯。“他是促使我在仁川登陆后再次加入艾克·芬顿攻打汉城的突击队的原因。伦纳德·海沃斯下士身高 6 英尺 3 英寸，极像扮演一名在朝鲜的海军陆战队下士的演员埃罗尔·弗林。此外，海沃斯还是个淳朴羞涩、温文尔雅的重机枪手。两个星期前在洛东江防御战一个战火纷飞的雨天下午，我曾拍过他泪流满面的镜头。那时他刚打光子弹，从空枪旁爬回来，请求上尉艾克·芬顿再配给些弹药。而艾克·芬顿当时却既没有弹药也没有人手补充伤亡战斗人员，既得不到空军的支援，又失去了同后方的无线电联络，而且北朝鲜军队正在进攻。伦纳德·海沃斯为自己无能为力的挫败而哭泣，而艾克·芬顿的眼睛就像被钉在自己痛苦与信仰十字架上的信徒一样。”

次日凌晨，一名北朝鲜机枪手射中了海沃斯的眉心。片刻之后邓肯突然感到胸部一阵刺痛，他紧紧捂住胸口。芬顿大笑着伸出拳头，一块金属碎片落进邓肯手中。原来一颗强弩之末的敌弹打中邓肯胸部后，落到他脚下的尘土里了。那天晚些时候他走运地奇迹般侥幸脱了几次小险。“我对自己的职业还没来得及多想。它就像开玩笑一般开始了。”

9 月 23 日下午，在第 10 军军部，阿尔蒙德将军告诉史密斯将军，他希望在陆战 5 团继续从西北部攻打汉城时，陆战 1 团能从东南方向组织进攻。他许给陆战队 24 小时的时间向前推进，并要求史密斯保证陆战 1 师在 9 月 25 日之前拿下汉城。

温文有礼的史密斯很可能对阿尔蒙德表现出一种非进攻性姿态。他是个众所周知的基督教科学派信徒，身边的枪袋总是空的。他随时控制着脾气，语气平静。但他对涉及其部队安全问题的任何事情都绝不通融。“我无法向你作任何保证，”他冷冷地说。“这个保证由敌人来作吧，”他接着补充说，他的部队将做最大努力，尽可能快地行动。

史密斯着重指出陆战 5 团已陷入比任何人预先想象的都要激烈得多的抵抗之中，说明北朝鲜军队将会为保卫汉城组织一场殊死决战。

两人间的紧张气氛不断升级。史密斯了解到阿尔蒙德两天来多次光临各陆战队指挥部，他忍不住埋怨说阿尔蒙德最好指挥自己的部队去。

“我没有指挥你的部队！”阿尔蒙德尖刻地反击道，“我只不过是看看你把他们指挥成什么样子！”他又说第二天他还会去参观海军陆战队；如果他们还毫无进展，他将缩小海军陆战队的作战区域，把攻占汉城最重要的南山守区的任务重新分派给巴尔将军的美国陆军第 7 师。他要在次日于永登浦举行的另一次会议上宣布他的决定，巴尔将军将出席这次会议。

当晚（9 月 23 日），普勒完成了于 9 月 24 日凌晨渡过汉江的准备工作。渡江地点的扫雷工作延缓了部队的行动，2 营的侦察队与战斗队直到上午 8 点还未登岸。但因为敌军没有坦克支援，只散乱地开了几枪，2 营在 9 点 45 分之前就已全部安全渡江。

阿尔蒙德没有观看这一行动，而是直接来到巴尔的第 7 师指挥部指示他准备第二天渡江。他将在普勒的右翼攻打汉城。阿尔蒙德随后造访了普勒和默里，亲自提出了他要他们做的事项。他迅速赶回自己的指挥部，吃完午饭，带着两名随同参谋火速赶往永登浦准时参加下午 2 点的指挥官会议。史密斯、巴尔和第 32 步兵团团长查尔斯·比彻姆上校——他刚从第 34 团重新调回到旧部——已经到那里了。一群记者簇拥着与会者。阿尔蒙德宣布他已决定减缩海军陆战队的作战区域并让第 32 团于次日上午渡汉江。

虽然彼此都试图保持平静，但史密斯与阿尔蒙德的对立情绪仍显而易见。“你的水陆两用登陆艇在什么地方呢？”阿尔蒙德问史密斯。

“它们马上就到金浦。”

阿尔蒙德说他需要这些登陆艇把第 32 团运过江去。史密斯傲然昂首拒绝了。普勒团必须用这些登陆艇才能完成渡江任务。“它们已分配给陆战 1 师。”他补充说。

阿尔蒙德反驳说至于这些车辆归谁一点儿都不关他的事。“我需要等多长时间才能得到它们。”

主管登陆艇的海军陆战队少校回答说它们在天黑前能到达。但比彻姆上校抗议说他的士兵从未使用过登陆艇。“他们很可能不知道怎样去发动它们。”

“别紧张，”少校说，“每辆登陆艇里你安排 16 名士兵，我们就把他们带过去。”

看起来这个短会似乎要在没有太多怨恨的情况下结束，直到阿尔蒙德说起当天他事先与默里和普勒都见过面，对他们阐述过这个计划并确切地告知了每个人必须做的事情。这对于史密斯是件失面子的事——就在昨天，他刚对阿尔蒙德试图插手海军陆战队指挥事宜提出过抗议。

“史密斯勃然大怒。”巴尔回忆道。

这突然的发作使阿尔蒙德感到不安。他注意到其他军官也被震惊了，而记者们则十分热心地注视着整个事态的发展。他想平息史密斯的怒火，说他们可以在会后私下讨论这件事。一旦等到只剩下他们两人，史密斯再次重申了阿尔蒙德不得对其团队指挥官发布命令的要求，只此一次第 10 军司令官处于守势。一定有误会，他说，他从未对默里和普勒发布过任何命令。

史密斯冷冰冰地反驳道：可普勒和默里认为他们接到了命令。阿尔蒙德回答说，他一定会纠正这个印象的。于是正如史密斯在日记中所写：“事情就此搁置。”

普勒部队在汉城修筑坚固的桥头堡的同时，默里的陆战 5 团在其左翼的高地遇到猛烈的反击。汉城西北部进行的多次小规模交火和数百次单独作战中，塔普莱特营士兵们的战斗很典型。对于炮兵连火力组的炮手一等兵小普雷斯顿·帕克斯来说，苦难整整延续了一天。他是个大块头男人，这很可能会给他造成不便，因为他的身体为敌人树了一个如此巨大的靶子。但现在事实证明身材恰恰是他的一项资本。帕克斯壮实得足可以踢职业足球，他也是一个彻底的个人主义者。在班长扰乱了他的平静之前，他一直安全地躺在一道壕沟中。“我要你爬上山顶观察一下峡谷，看看那里有什么？”

“如果你想知道山脊那边有什么，你自己爬上去看。眼下我是决不会把脑袋探出去的。”

帕克斯同队的另一名枪手拉姆自告奋勇：“我去!”他说着跳了出去。眨眼间两声枪响，拉姆应声而倒。“我被打中了!”

“天哪，他妈的，爬回这里来。”

拉姆照办了，帕克斯把他拉进战壕。“给我找个卫生员!”他叫喊着。几分钟后一个卫生员到了，他一来就开始抱怨。“我不该被派到这里，”他说，“我属于野战医院。”

“不是我叫你干这行的，”帕克斯咆哮着，“你他妈的到这儿来，帮我给他包扎一下。”

卫生员刚离开没几分钟，一发炮弹就落到了帕克斯和火力组组长波普·米勒之间，帕克斯向右卧倒，耳朵嗡嗡直响。米勒是二战时的老兵，他跳起来，向山上冲击，“呼”又是一发炮弹，米勒应声倒下。

帕克斯猛抓住米勒的领子把他拖下来，再次呼叫卫生员。等到米勒的肘部用药布包扎完，帕克斯告诉两位受伤的伙伴，他会把他们带到急救站去的。帕克斯把勃朗宁自动步枪挂在肩膀上，就像携孩子一样携着他们——拉姆在右，米勒在左，手臂都搭在他的脖子上。帕克斯向山上走去，将近山顶，波普轻声惊叹道：“该死的，看哪儿！”

他们看到前方40英尺处有两名北朝鲜士兵正趴在一挺机枪边，向下盯着峡谷。帕克斯小心地放下两个伤号，递给他们两支枪。数到“三”时，他们同时开了火。

“打中了吗？”波普问。

机枪还在原处，但不见敌人。帕克斯蹑手蹑脚地向机枪爬过去。这是一支南勃（Nambo）机枪，还有两盒子弹。真没想到敌人会留下这样一件好礼物。他把机枪捡起来，现在他有了一支勃朗宁自动步枪、一挺机枪和两名伤员。他把所有这些都带到了山那边的急救站。

他刚赶回阵地，一位中尉就冒了出来。“站起来，”他叫道，“我们要拿下峡谷对过的山头。”

帕克斯推了推边上的人。“琼斯，”他说，“我们开拔了。”琼斯不想开拔：“他娘的，这次我可不走了，我讨厌听什么‘站起来，我们开拔了’之类的鬼话。我就在这儿待着。”帕克斯最终还是说服他跟其他人走。琼斯在队列中磨磨蹭蹭地走着。一阵令人胆战心惊的机枪、步枪扫射紧接而来，大伙儿都趴在地上。前面的侦察员直起腰用望远镜观察。4发子弹打中了他的下巴。“妈的，沾上了这种臭东西，”他嘟哝着向后倒下。

琼斯不耐烦了，“他们打不中我，”他说着站了起来。他竭力向前眺望时突然转过身来。“帕克斯，我中弹了。”帕克斯解开琼斯的作战夹克服的上衣，发现子弹打中了琼斯左边口袋的上方。一小股鲜血徐徐流了出来。琼斯喘着粗气，帕克斯安慰着他。就在这时琼斯发出一声就像临终前喉鸣一样深长的呼噜，帕克斯大叫道：“卫生员！”

终于来了一个卫生员，却说他无法为琼斯再做什么事。“他已经死了。”

“扯你妈的淡，”帕克斯说，“他还在出气呢。看在上帝的分上，救救他。要不你不得好死。”

卫生员给琼斯打了一针吗啡，然后对帕克斯说：“我很抱歉。但我到这儿时他已经死了。”说罢便走了。

帕克斯的香烟抽光了，他伸进琼斯左边的口袋里掏出一包骆驼牌香烟。头三支烟被血濡湿了，帕克斯把它们扔到一边。他找到一支干的，点着。近旁一名年轻士兵惊讶地说：“妈的！你抽他的烟？他已经死了！”

“我来教你懂点儿事吧，孩子。琼斯和我是朋友，如果他还活着，我向他要烟，他也一定会给我的。”

“我不是说这，我是说你在抽一个死人的烟。”

敌军炮火还很激烈。帕克斯把琼斯安置躺好，把枪放在他身边。几分钟后，他们的中尉俯身看着尸体。“琼斯，”他安慰道，“你会好的。我们叫了一架直升机接你来了。”

帕克斯吐着烟圈。“他永远不会相信了。你看不出你是在对一个死人说话？”

“他娘的，既然他死了，那就用尸布把他盖起来！”中尉怒气冲冲地大步走下山去。当两个士兵用布覆盖住琼斯的尸体时，帕克斯无声地坐着。现在除了坐等大炮、迫击炮进行炮击外别无选择。

他们一直坐到傍晚也没等到炮火。就在这时传来一声呼喊：“上刺刀，我们要攻下那座山头！”帕克斯准备火力组时，海军陆战队叫喊着，扫射着，开始了全线进攻。帕克斯的火力组向前冲去，经过一番交火，抓住了 7 名俘虏。帕克斯又派出一名士兵去指挥部问如何处理这些俘虏。一名北朝鲜俘虏不住地说：“给我支烟，乔；给我支烟，乔。”但没有人理睬他。

塔普莱特营具有代表性的一天就此结束。

9 月 25 日凌晨，当切斯蒂·普勒的陆战 1 团渡过汉江进入汉城时，汉城战役进入最后阶段。当日下午他们攻克了汉城西南部离工业区不远的一座山头。

第二天上午，史密斯师最后进入阵地。这是该师自仁川登陆以来第一次3个团并肩作战。左翼的陆战7团已投入战斗。中部是默里的陆战5团，而居于汉城市内的右翼是普勒的陆战1团。

2

当晚在北京，印度大使贾瓦拉姆·潘尼迦与代理总参谋长兼北京军事长官（华北军区司令员——译者）聂荣臻将军共进了晚餐。聂刚毅的面孔和修剪整齐的头使潘尼迦想起了普鲁士军官，但聂通常都是愉快、友好、坦率的。晚饭后他们谈起在朝鲜正在进行的战争。聂平静地透露说，中国人不打算袖手旁观，坐视美国人打到他们的东北边境。将军平静轻松的语气给为这个消息感到震惊、迷惑的潘尼迦留下了深刻印象。

“我们很清楚自己的处境，”聂继续说道，“但必须不惜任何代价制止美国的侵略行径。美国人可以轰炸我们，他们可以摧毁我们的工业，但不能在陆地上击败我们。”

潘尼迦提醒说，这样的破坏将会使中国倒退半个世纪，甚至中国的内陆地区也可能会被轰炸。

“我们已经考虑到了所有问题。美国人甚至会向我们扔原子弹，那又会怎么样呢？他们也许会杀死几百万人，但一个国家不付出牺牲是不能捍卫独立的。”聂考虑到了原子弹的威力，然后说，“中国经济毕竟主要以农业为主。原子弹在中国能发挥什么作用呢？是的，我们的经济发展将会倒退。或许我们无法制止这种情况发生。”

3

在汉城东北部的山里，塔普莱特营士兵们像往常一样遭到猛烈抵抗。豪连经受惨重伤亡后正沿左翼的一条大横岭缓缓前进。黄昏前，艾特姆连穿过防线继续进攻时遭到一支200人的北朝鲜军队的顽强阻击。战斗一直激烈进行到天黑。敌军损失严重，终于撤退了。塔普莱特营几乎处于越过2营、沿着通往汉城郊外的那条讨厌的横岭继续向山下推进的阵势。

晚上8点8分，阿尔蒙德将军给史密斯的陆战1师发了一封电报：

“你部现在应竭尽全力向目标推进，以确保给敌军造成最大限度的破坏。”作战军官阿尔法·鲍泽上校看罢这则电讯深感焦虑。在塔普莱特营自己还遭受着进攻时，陆战 1 师又怎么可能组织进攻呢？他挂通第 10 军的电话，电报没有差错。鲍泽只得不情愿地把它交给史密斯将军。史密斯向阿尔蒙德的参谋长强烈抗议。参谋长告诉史密斯这道命令是由阿尔蒙德亲自签发的。

这位陆战队的将军命令普勒和默里协同作战，坚持在黑暗中也能被识别出的大道上行进。默里不胜烦忧，他向作战经验丰富的中校军官约瑟夫·斯图尔特讨教。约瑟夫说：“我想，我们得等塔普击退敌人的反攻，才能再追击敌人。”整个一天部队伤亡不断的塔普莱特听到这一命令后对默里说：“我已无力再做任何追击了。”

尽管如此，命令还是必须遵从。普勒和默里都计划在深夜 1 点 45 分发起进攻。当一切还都在组织调遣中时，阿尔蒙德信心十足地向记者宣布：北朝鲜军队正向北溃逃，而他的部队攻打汉城已有显著进展。

半夜时分，普勒的 3 营营长中校托马斯·里奇接到准备打一场夜战的命令，他强烈反对。当抗议无效时，他把这一命令传达给兵器连连长少校埃德温·西蒙斯，他也反对这一计划。

“我们的目标是什么？”他问。

“没有目标，就是一直向前进，发射猛烈的炮火。”

西蒙斯已派出一支巡逻队同左翼的塔普莱特营保持联系。他抗议道：“那么，炮火会径直落到科林下士和他的巡逻队头上。”

“这就是战争中的运气。”里奇说。

夜里 1 点 15 分，有情报说北朝鲜的步兵、坦克、机动部队正逼近西蒙斯晚间刚协助建好的麻浦公路上的路障。

西蒙斯和他的报务员正站在指挥部外边，指挥部位于山顶的一所房子里，从那儿可以俯瞰到麻浦公路穿过一条横跨小溪的大桥。而对面则是一幢敌人密集火力保护的有围墙的建筑。西蒙斯正要发布炮火准备的命令，忽然听到有敌军坦克从汉城中心轰隆隆地沿大路向他这里开进。敌人先头坦克刚发出第一发炮弹，西蒙斯就火速通知了所有班排。他大声招呼报务员瓦尔加斯随他冲向通往指挥部的阶梯下面。但瓦尔加斯死了——一块弹片击中他胃部。西蒙斯找到迫击炮观测员的一台无线电话机，调好频率，向营部呼叫："敌军坦克正沿公路而下！他们就要打垮我们了！"

"感谢上帝！"里奇说。

"你说什么？"西蒙斯问。

两辆 T-34 坦克和一群步兵接近了大桥，他们遇到了海军陆战队近程炮火的阻击。一辆坦克被击中，另一辆飞快转动履带躲到一个拐角后面。

西蒙斯命令身后的炮兵把火力缩短到最小距离，清除他占领的高地上的敌群。81 毫米迫击炮也在最近距离继续开火。

西蒙斯下令用重机枪对付坦克。虽说机枪无法穿透坦克装甲，但持续的炮火迫使它们钉在原地。他估摸这是一次营级规模的进攻，在凌晨 4 点之前，机枪手们所待的猫耳洞就几乎都被弹壳掩埋了。炮兵连一班长罗科·朱尔洛命令士兵们坚守战斗岗位；通信员——也是他手下最佳机枪射手塞西尔·桑德斯正从一个猫耳洞跑到另一个猫耳洞，逐一摆正每支枪的位置以防枪位改变。

长时间的战斗中，西蒙斯一直守在台阶下面，以便他能同每一个人都保持联系。幸运的是敌人对他所在山头射击的角度高了些。但他确信等到 5 点半左右，随第一缕曙光的出现，敌人就会纠正这一错误。

他知道必须准备迎接一场坦克战，于是向路障下面呼叫："架起一门无后坐力炮！"无后坐力炮是一种特别精确的武器。黎明时最好把它架在山顶上。西蒙斯把炮位定在台阶前面，告诉了他们坦克的大概位置。特别是有一辆 T-34 坦克——他解释说——一直在制造麻烦。

西蒙斯对炮手说："我要你注意视野中的一切。一旦光线足以让你看到那辆坦克，你就叫我知道。你将只有一次机会，若是第一次你打不中他，他就会看到我们。"临近天亮时，西蒙斯蹲在炮手后面。"我能看到它了！"炮手说。

"开炮！"西蒙斯下令。

炮弹击中了坦克，但他们还没来得及额手相庆，无后坐力炮反射出的一发炮弹在他们身后的房屋里爆炸，落了他们一身的灰土和断砖碎瓦。向来整洁的西蒙斯，此刻也变成了个邋遢鬼。他站起来向山下望去，山下一片沉静。桥上停着一辆被打坏的坦克，另外几辆还在冒烟。他向路障走去，巡视其部下。他们以及炮兵连的士兵们都精神极佳，只是经过一夜的鏖战后已疲惫不堪。科林下士率领巡逻队也奇迹般安全返回。刚才他们隐蔽在一条阴沟中，而北朝鲜军队的进攻部队就在他们头顶上冲了过去。

不一会儿普勒来到里奇的指挥所。前日的夜战耗费的弹药量巨大。普勒怒视着里奇：“你最好向我展示些你昨晚那场所谓夜战的战果。”西蒙斯所部和炮兵部队的战状报告刚刚呈报上来：7 辆坦克、2 门自行火炮和 8 枚 45 毫米反坦克火箭。共有 83 名被枪林弹雨打懵了的俘虏，同时还发现了 400 多具尸体。由意志坚定的指挥官指挥的两个连的意志坚定的海军陆战队在没有坦克，只有火炮和迫击炮令人生畏的炮火支援下，打垮了一个配有苏联坦克和自行火炮的加强营。

普勒的士兵继续沿麻浦公路迅速推进。查尔斯·琼斯在战场附近拍摄这一进展情况。他独自一人，因为他的老搭档还在仁川养伤。开始没遇上什么抵抗；随后从右方的一幢建筑中传来乒乒乓乓的枪声。海军陆战队士兵四下散开，沉重的挎包扭曲着，上下跳动着，子弹在水泥墙上呼啸而下。查理随一支陆战队进入一个峡谷，寻找到几条小路，通往只隔了一个街区的一条偏街。枪手们跳向四面八方，叫喊着，端着武器。琼斯拍下了第一个战俘的镜头：他双手高举过头，伤口流着血。不一会儿，这条旁街就挤满了向前进发的海军陆战 1 团 2 营的士兵。攻击的连队拖着疲惫的步子撤了回来，士兵们分散在 20 英尺宽的间隙中，浮动穿插。他们贴近用土麻袋筑成的路障，猫着腰，紧张地通过大街。琼斯将他的相机对准一支向前开进的反坦克火箭队——他们为后面的部队在街障上轰开一个大洞，随后又射了一枚火箭，击中悬在 30 英尺以外的一条高压电缆，火箭爆炸，碎片散落在街上。一个躺在碎片中的陆战队员皱着眉头怒视着火箭炮手：“看在基督的份儿上……该死的杂种……会死在这里的！”

伦敦《每日电讯报》记者雷金纳德·汤普森为面前的大破坏所震惊。他报道说：“这样可怕的解放，没几个人能活下来。建筑群被暴风雨般的炮火摧毁，在可怕的热浪中把大量的尘雾和瓦砾喷吐到我们身上。”

那天一大早，塔普莱特营就发起了一场旨在消灭环护汉城西北部的荆棘丛生的小山上北朝鲜军队最后抵抗的战斗。乔治连冲在前面，其连长鲍勃·博恩渡过汉江后一直重伤未愈，继任的查尔斯·迈兹上尉是个轻言细语的南方人，他身先士卒而不是以大叫大嚷来行使领导权。士兵们很信任他。乔治连摧毁一片由顽强的北朝鲜士兵据守的纵横交错的壕沟网时，一颗子弹穿透了迈兹的腿。卫生员给他包扎好，但他拒绝撤下战场。

乔治连终于开始沿山脊向山下进发，抵达汉城的郊区。在一个十字路口，一等兵弗雷德·戴维森觉得自己看到一所小平房的窗口有一个脑袋和一支来复枪管。他向门口爬去，打开卡宾枪的保险，心想此时能有一颗手榴弹该多好！他深吸一口气，跳过墙洞，落地时他发现有一个北朝鲜士兵。他扣动扳机，但卡宾枪只射出了一颗子弹。该死的枪卡壳了。可是这一颗子弹也足以击倒那个北朝鲜士兵了——他躺在地上哭喊着。子弹竟然穿过他的屁股打断了他右手的三个手指。

戴维森一边小心翼翼地向敌人走近，一边试图修好卡壳的枪。这个北朝鲜士兵还是个孩子——年龄与戴维森不相上下。戴维森把他的卡宾枪踢到一边，向隔壁房间窥视了一下，里面空无一人。他修好枪，瞄准那个年轻人的脑袋。就在这时，两名陆战队员冲进来帮忙。不一会儿房间里就挤满了看热闹的陆战队员。一名海军卫生员开始为北朝鲜士兵处理伤口，而戴维森梦游般地走出门外。他真想不到一颗子弹竟这么管用，真令人惊奇！

几个小时后麦克阿瑟公布了联合国军第 9 号公报：“大韩民国首都汉城再次掌握在我军手中。包括韩国第 17 团及美陆战 1 师及步兵 7 师的联合国军已完全解放了这座城市。”

平壤电台关于汉城的人民军还在拼死抵抗并“将战斗到最后一个人”的报道更为准确。攻打汉城的战役还远未结束。

4

沃克将军正同部队在一起。他的部队由装甲部队在前面开路，突破南部敌人的防线。从各方面来看，金日成的部队都在混乱地向北撤退，其中一些部队已经崩溃瓦解。在过去的 4 天里，沃克的骑兵 1 师已轻松地获得了巨大战果。盖伊部右翼的第 24 师也已取得进展。沃克一直不停地四处奔波——在地上同他的副官泰纳在一起，在空中则与迈克 · 林奇在一起。

第 8 集团军司令部已迁回大邱，泰勒少校注意到每天晚上休息之前，沃克将军都要研读他那本精装的有关装甲战争的巴顿论文集。他很满意，他的部队大获成功，他儿子又被授予银星勋章——24 师中尉连长萨姆 · 沃克由于在攻占尚州的战役中表现英勇而被授勋。

在 9 月 26 日上午，沃克对林奇特遣队寄予厚望。此特遣队是骑兵 7 团的一个营，增加了一个工兵连，从另一个营调来的 7 辆坦克、一个炮兵营、一个重迫击炮连和一队战术空军。自离开鲍灵谷附近的炭浦（音译）之后，这支强大的机动部队长驱直入向北部的报恩推进，报恩离巴尔将军的 7 师最近在阿尔蒙德第 10 军的右翼攻占的乌山有 106 英里距离。

林奇特遣队的行动使沃克联想起他的偶像在当年诺曼底登陆后横扫法国的雄风。巴顿将军一定会喜爱这些驳倒了朝鲜不宜坦克战理论的年轻坦克手。林奇特遣队的先头部队由罗伯特 · 贝克上尉的坦克排为前锋，于上午 11 点半离开报恩出发，途中只有欢呼的村民。

沃克乘帕特里奇将军驾驶的飞机紧随林奇特遣队迅速推进。他们超过林奇特遣队，于下午三四点钟时没有通报就在水原机场降落，机场由 7 师的部队防守。沃克与驻防部队的指挥官会谈了一个小时，告诉他林奇特遣队正向乌山进发，准备与第 10 军会师，而且将在 36 小时内抵达。但是贝克中尉远比计划的要迅速，在下午 6 点之前，他们已经沿公路行进了 54 英里。他很快到达了汉城至釜山公路主干线，7 月份这里曾发生一场血战，迪安将军的部队在此大败。

接近天安时，贝克搞不清去交叉路口该走哪条路，他从坦克车塔中探出头，大声问一名站岗的北朝鲜士兵：“这是乌山？”

哨兵肯定地点点头，但随即惊愕地发现贝克是个美国人。其他北朝鲜士兵也个个惊得目瞪口呆地看着美国兵开着坦克通过镇子。向北行驶几英里，他们又碰上了更多的敌军，一边开火一边继续前进。此刻，贝克同处于几英里之外的林奇特遣队的其他部队失去了联系。

贝克的坦克队继续前进，在距乌山三英里远的地方遭到敌军炮火攻击，但即使在敌人火力加强时，他们也没有减慢前进的速度。一颗反坦克弹削掉了美军第三辆坦克的机关炮炮架，打死一名士兵。临近第 7 师防线时，他们遇到小型武器与无后坐力炮火力的阻截。第 7 师的坦克兵准备击退一次坦克进攻。但当贝克连的先头坦克突然加速并亮起车灯时，第 7 师的坦克手犹豫了一下。他们刚要开火，一颗照明弹照亮了贝克连坦克上的美国标志。一场美军自相残杀的悲剧在最后关头被惊险地避免了。贝克坦克连一天内疾驰 106 英里后仍安然无恙。此刻是晚上 10 点 26 分。

5

9 月 27 日凌晨，人们看到的是一个四处冒烟、奄奄一息的汉城。普勒的部队正不断地开进商业区。普勒指令手下的连长们让士兵们不停地运动，因为房顶上都有共军的人。如果遇到街垒阻拦，他们可以绕到偏街上，让大韩民国海军陆战队在他们后面肃清残敌。

塔普莱特营当天开拔时本想会遇到猛烈抵抗，但实际上只遇上北朝鲜狙击手零星的射击。穿过从汉城飘来的烟雾，他们从山上摸索而下，在九十点钟之前到达汉城西部的街道。每个路口都有路障。一等兵戴维森跑上一座剧院的台阶，向前望去，看看前面等待他们的是什么。大路上，电车被用来构筑就近的一座路障。在一辆“潘兴”式坦克支援下，乔治连在兵器连的机枪掩护下通过障碍。当他们向临近的另一个路障开进时，戴维森发现了他的排长大个子杰克·韦斯特曼。像往常一样，中尉率部走在大街上就好像他是刀枪不入一般。大个子杰克从一幢建筑中走出，突然“呯”的一声向后倒下——他被一个狙击手击中了。当身边的士兵爬到他的身上开枪还击时，他翻身趴倒地上。北朝鲜狙击手还在射击，子弹雨点般落在大个子杰克和他的伙伴四周。戴维森发现了狙击手的藏身之处，举起了卡宾枪。在他扣动扳机的同时，他看到一颗子弹打在大个子杰克的右肩上。这真令人难以置信，但他确实看到子弹打中了。这一下使得大个子杰克挪动四肢爬到屋后躲了起来。

一辆潘兴式坦克开过来，用 90 毫米加农炮把路障的沙包轰开一个大洞，韦斯特曼排的一个步枪班冲上去，敌人还没来得及重新组织好就被俘虏了。

当一队爆破兵在路障及其周围安放炸药炸开路障时，戴维森和其他人都隐蔽了起来。戴维森向韦斯特曼走去，一个卫生员正在给他包扎伤口。他几乎是在同一地点被打中了两次。戴维森刚想跟韦斯特曼开个玩笑："你负的是发大财的伤，大个子杰克。"但他随即意识到韦斯特曼有可能失去右臂，于是改口道："想开些，队长。"

正午时还有两面红旗在国会大厦大圆拱顶两侧飞舞。塔普莱特命令炮兵连和步兵连继续进攻，进攻部队小心翼翼地接近大厦广场。一辆坦克向后倒了几步，然后向前冲去，轰开大门，闯了过去。步兵紧跟其后，还有零星枪声，但举目所见只有尸体，没有活人。

到此为止，已有几百名陆战队员聚集到广场上。一名名叫凯顿的年轻士兵爬上旗杆，扯下一面漂亮的北朝鲜尼龙丝旗，换上星条旗。一些陆战队员在观看换旗，戴维森等另一部分士兵还在回击敌人零散的小型武器的袭击。当美国国旗终于在微风中飘扬时，旗杆四周的士兵高声欢呼起来。与此同时，陆战队员们攻占了主楼，一间一间、一层一层地肃清北朝鲜士兵。

戴维森看到一名陆战队员用一张整老虎皮裹着身子，趾高气扬地从大厦里走出来。另一个头戴一顶古代武士的头盔。其余的人则正竞相用珍奇的徽章互相打扮着，后来才知道这些徽章都是国宝。

塔普莱特因 G 连升美国国旗这样大胆无礼的举动而陷入困境。第 10 军送来一面联合国旗来换下美国国旗。好在是有两个旗杆，联合国旗挂在第二个旗杆上。塔普莱特为营队保留下一面北朝鲜旗，把另一面旗送给了史密斯将军。这一行动使塔普莱特得罪了第 10 军。

在塔普莱特营的士兵们升旗时，普勒的 2 营在苏联领事馆上空也升起一面美国国旗。8 分钟后附近的美国领事馆上空升起了另一面美国国旗。

汉城燃烧着，摇晃着，战栗着，此刻是下午 4 点半，除搜索残敌的零星战斗外，汉城战役宣告结束。

塔普莱特正坐在飞往汉江对面阿尔蒙德司令部的直升机里。在司令部他被简要告知了在麦克阿瑟为迎接韩国政府回到汉城而安排的仪式上他要承担的任务。塔普莱特要确保举行仪式的国会大厦四周绝对安全。

他乘机返回，降落在四分五裂的大门和圆顶大厦之间。天渐渐暗下来，他决定在那里过夜。在此之前，大厦里挤满了搜寻纪念品的士兵。塔普莱特下令归还全部艺术品，并把所有的人都从博物馆赶了出去。到了早晨，塔普莱特的部队开始为麦克阿瑟次日的光临布置安全防御措施。第 1 和第 7 海军陆战团及第 7 步兵师的士兵们还在忙于占领汉城两边的制高点，沿街清扫残敌，而李承晚的警察也在满城搜捕支持过金日成的市民。陆战队队员和美军士兵被这些警察的屠杀行径骇得心惊胆战。这次搜捕中有几百人被当场杀死，上千人被捕。

当麦克阿瑟正筹划其具有历史意义的交接仪式时，他吃惊地收到参谋长联席会议发来的一份电报，警告他注意恢复李承晚政府的计划，告诫他这样的行动“必须得到更高权力机构的许可”。

将军马上回电道：“你们的命令令人不解。除谨慎执行我收到的指令外我没有任何计划。”他说，“是联合国安理会号召其所有成员国支持大韩民国，抵抗武装侵略，恢复该地区的和平的。”

“大韩民国现政府一直没有停止过履行职责。”他进一步补充道，它是韩国得到联合国承认的唯一合法政府。他在汉城计划做的只是把汉城归还给它的政府。“这样的行动不仅为美国大使也为其他有关国家的大使所热望，而且在给我的指令中似乎也已经包含了这种意思。”

将军的反击终止了华盛顿当局用那些觉得李承晚太刚愎自用的人铲除李的企图。在大邱，穆乔及其幕僚热烈支持麦克阿瑟。当日晚，两辆 C－54 飞机飞到大邱接李、穆乔和他们的幕僚们参加仪式。

9 月 29 日凌晨，陆战队卫兵被隐蔽地安插在从金浦机场到圆顶国会大厦——也叫政府宫——的道路沿线。正当塔普莱特在大厦附近设立安全警备网时，一辆车鸣着笛呼啸着穿过大门。塔普莱特注视着一群身穿军服，手拿作战装备的人从车中跳出，就像他们马上就要发起一场战斗似的。他们说他们是情报官员，想找个地方换一下衣服，塔普莱特把他们邀请进大厦，他们很快穿着显示其礼仪兵身份的军礼服重新出现。

陆战 1 团的特德·塞尔下士和一等兵萨姆·贾菲受命开车前往阿斯克姆城（音译）机场，迎候麦克阿瑟。“不能让他在我们防区被杀。”他们的班长说。二人比麦克阿瑟预定抵达时间早一个小时到达机场。他们还穿着邋遢的粗布作战服，空军的炊事员拒绝向他们提供服务，因为他们没有餐具。塞尔抓起一块薄饼，让会餐的人放了一块腊肉在上面，贾菲也这样办了。然后他们走到外面等候那位大人物，一面不时地在作战服上擦一擦他们的油手。

上午 10 点，盟军最高统帅的飞机着陆。将军偕夫人走上柏油甬道。他穿着一件熨得服服帖帖的漂亮的野战服，没有系领带。麦克阿瑟被引向五辆雪佛莱汽车的头一辆。随后是为新闻记者和其他客人准备的五辆一尘不染的吉普车。他们很快来到汉江边，开进一座浮桥，爱德华·罗尼中校的工兵正在那里抢修。这座浮桥在前天晚上已建好，但狂风又把它吹散了，扭弯的部分还得送到仁川的工厂里重新打制拉直。当迎宾车队开始通过时，中校还在进行最后的修理。罗尼曾给妻子写信说他很希望麦克阿瑟能从水上过江，此刻他一直不安地注视着将军的汽车直到他安全抵达对岸。事前麦克阿瑟拒绝乘直升机前往国会大厦，他坚持说检阅式更能给汉城人留下深刻印象。

街道两旁站满了列队欢迎将军的市民。但车队开得太快，以至于很多人弄不清眼前是怎么一回事。后来，同塞尔一道紧跟在麦克阿瑟后面的贾菲在挡风玻璃边上插上一小面美国国旗，这带来了欢呼声。

当他们通过国会大厦外面的大门后，塞尔吩咐司机停车，他和贾菲跳出汽车跟在麦克阿瑟后面。将军情绪激动地把银星勋章佩戴到阿尔蒙德和沃克胸前。那两个满身污秽的海军陆战队下士被吆喝着离开。但塞尔牢记无论如何他必须紧随将军的命令。他们打听到麦克阿瑟即将发表演讲的地点，不顾高级军官们愤怒的目光，硬挤到里面，站在俯瞰演讲台的楼厅上。

李承晚的专机于 11 点抵达。总统的车队开往汉江。渡江时，这位显贵想起了三个月前他们在这儿乱哄哄的别离场面。在他们进入汉城时，沿途一些市民发出欢呼。很多人兴奋地流出了眼泪。

看到毁坏严重的城市，总统感到心寒。汉城比二战后的东京破坏得更为严重。首先见到的街道被毁于战火。他们来到市中心，却发现许多建筑显然都是在北朝鲜人撤退时被火烧毁的。国会大厦大部分窗户都已破碎，巨大的铜圆顶有些变形而且被熏黑了。

几分钟后，切斯蒂·普勒的吉普车来到大门口。普勒从来都不穿正式场合的军礼服，他穿着皱巴巴的脏作战服。自仁川登陆后他一直没有修过面，看上去不像个样子。一名穿戴整洁的宪兵少校拦住他的吉普车。只有本部的汽车才允许进入围墙内。

普勒从嘴里拿出烟斗，“少校，这个地方是我们的不动产，是我的士兵攻占这个该死的地方的。”

“这是命令，上校。我很抱歉，我不能放您过去。”

普勒猛然抓住挡风玻璃站了起来。“我不管给了你什么命令，给我的命令是到那里去。我一定要进去，你现在就给我滚开。”

“今天不行，上校。”

“听着，少校，如果你想在这儿滥用职权，你应该在陆战 1 师突破这些街道时就到这里来。那时你会让自己口鼻流血的。”

“这是命令，先生。您不能进去。”

普勒转向司机：“闯过去，琼斯！”

琼斯把车子发动起来，普勒被甩进车座。宪兵少校跳到一边叫道：“你从里面出来时我会收拾你的。”

大厦的主厅——拱形圆顶的国民议会厅挤满了大批美国陆海军军官、联合国官员、穆乔大使等外交官、李总统伉俪以及许多韩国官员和军官，还有几名穿着白制服的英国军官。

这个主厅的屋顶是个巨大的天窗。在平台上方呈曲线形延伸的楼厅上，麦克阿瑟的礼仪兵戴着闪亮的头盔像塑像一样静静地站着，令在场的几名海军陆战队成员感到厌倦。“你一定会想，”克雷格对普勒埋怨道，“他们应该举行仪式，把荣誉分些给攻占这个地方的将士们。”

大钟指向 12 点时，麦克阿瑟和李承晚携着手步入大厅。除摄影记者跑来跑去照相外，所有的人都肃立着。塞尔下士与一等兵贾菲站在楼厅中仍招来不满的目光。塞尔点了点，有满满三排穿着咔叽布制服的美国将军。他一直不知道有这么多将军。还有几排国会成员和其他高官显贵。但只有 4 名海军陆战队军官——普勒上校、默里上校、史密斯将军和克雷格将军。

大厅还散发着烟味。塞尔还能听到远处传来小型武器的交火声。偶尔的大炮轰响震动着大厦。麦克阿瑟从容地走上演讲台，他后面坐着李总统夫妇和一名鲜为人知的陆军下级军官——詹姆斯·豪斯曼。

"蒙仁慈的上帝的恩赐，"将军开白道，"我们的军队——在人类最大希望与鼓舞的旗帜下英勇奋战的军队——联合国军，已经解放了韩国的这座古都，它已经从共产主义的专制统治下获得自由，它的人民再次获得机会实现他们关于生活的信念，即坚持把个人自由和个人尊严放在首位的不变的信念……"

被炮火震松了的玻璃突然从高高在上的镶边的天窗上雨点般落下。就像一只上帝之手伸下来，一位海军陆战队员回忆说。军官们迅速戴上头盔，但光着脑袋的麦克阿瑟丝毫没有畏缩，他继续不紧不慢地讲着，就像什么事儿也没发生一样。"李总统，我很高兴能代表联合国军司令部把你的政府所在地归还于你。在这里你可以更好地完成宪法赋予你的责任。"

他停顿一下，然后请大家起立同他一起背诵主祷词。大家站起来时都取下了头盔。

"我们的主啊，在天之灵，你神圣的名字……"泪水沿麦克阿瑟两颊流下来，但他的声音浑厚而坚定。祷告后，麦克阿瑟转向上了年纪的李承晚，深怀感情地说："总统先生，我和我的军官从现在起将收回我们的军事责任，把履行国内职责的权力留给您和您的政府。"李站起来紧紧握住麦克阿瑟的手。"我们崇敬您！"他大声说道，泪水从他皱纹满面的脸颊不停地往下淌。"我们像热爱民族救星一样热爱您！我如何才能对您表达出我以及韩国人民对您永不减退的感激之情？"

普勒在整个仪式过程中一直用崇敬的目光观察着李承晚。"他抗日三四十年，努力拯救他的国家。他的手指残废了，被日本人折磨过的手指都断了并且留下累累伤痕。他也同样强烈地反对共产主义。而现在华盛顿的官僚们却试图抛弃他。"普勒离开大厦时，四下张望寻找威吓过他的那个陆军少校。很幸运他没有发现他，因为切斯蒂还在生气。"他们对海军陆战队竟连一个字都没说，"他嘟哝道，"你能想象这件事吗？他们竟然不想想整个战役是谁打下来的？"

在其他记者、高官显贵们簇拥在麦克阿瑟四周时，玛吉·希金斯一直在一旁观看着。她还穿着邋遢的作战服，努力回避同麦克阿瑟打照面，但他看到她了，大叫道："喂，那儿，高个的金发妞！有空来看看我！"

不久之后麦克阿瑟便上了飞往东京的飞机。当叼着烟斗信步走上长长的精致的舷梯时，他正筹划着结束东京的工作。

战争突然有了起色。经历了被驱赶到几近朝鲜半岛最南端的耻辱之后，麦克阿瑟以全力打回汉城的行动震惊了世界。大获全胜指日可待。

第五部

中国谜团

第 15 章　越过三八线

（9 月 29 日 ~10 月 15 日）

1

在汉城出现欢庆时刻前两天，参谋长联席会议通知麦克阿瑟，其军事目标是摧毁北朝鲜军队，但在任何情况下，其军队都不得越过满洲或苏联边界。麦克阿瑟答复说，第 8 集团军将越过三八线，直取平壤，第 10 军将在东海岸的元山实施两栖登陆，然后穿过朝鲜半岛，协助沃克拿下北朝鲜首都。

但麦克阿瑟心目中的目标远在平壤以北，他要的是**整个**朝鲜。正处于其军事生涯巅峰的麦克阿瑟，9 月 29 日下午以胜利者的姿态昂首跨出汉城的国会大厦几小时之后，在朝鲜已居上风之势。但最先采取军事行动的是李承晚总统，而且他采取行动时并未和这位将军磋商。李召见了参谋长钟日昆，问他沿三八线是否有什么标记，钟回答说没有，所有碑界和标记均被拿掉了。“你认为谁还把这些东西当回事？”总统问。

“这条线，”钟说，“只是画在地图上的一条线。实际上根本不存在。”

李想听的正是这句话。对他来说，三八线是外国人搞的一个象征性的东西，**整个**朝鲜都应属于大韩民国。“为什么不让你那两个团越过那条线？”钟辩解说，采取这种行动的权力掌握在联合国军司令麦克阿瑟将军手上。“那好，你是联合国军的参谋长还是韩国军队的参谋长？”钟说是后者。“这样的话，你不认为你应当服从韩国总统的命令吗？我授予麦克阿瑟将军指挥大韩民国军队的权力是临时性的。如果愿意的话，我今天就可以把权力再收回来。”

“是的，总统先生，如果您给我命令，我立即就执行。”

李大笔一挥，几下子就写在了一张纸上，“这就是我的命令。”它指示钟迅即向北进军，而且总统在上面签上了自己的名字。

钟很快乘一架轻型飞机赶往那几个正在推进的团。9 月 30 日晨，他乘吉普车上了东海岸的公路，追赶第 3 师。上午 11 点钟，钟遇到一位团长，团长说他的部队都很兴奋，他们都想成为第一个进入北朝鲜的人。“我无法控制他们了！”团长说，他的一个营已经靠近三八线。钟问那个营长所处的确切位置，有一个人哆哆嗦嗦地回答说，这些人正由他率领，“营长已经在三八线那边 6 英里的一个镇子里了。”

“你能和他联系上吗?”钟问。

团长用报话机找到了那个营长。

“你知道你这么干违犯了军规吗?”钟说。

“知道，先生，”那位营长说，“可是……”他犹豫了一下，“三八线不是不再管用了吗?”

“我明白你是怎么想的，但你已经破坏了军法。你准备上军事法庭吗?”他说是。“那里地形如何?”

“一个连在一座山的后面。”

“你能看到北朝鲜军队吗?”

“可多啦，先生！他们正忙着逃跑和焚烧粮仓。请给我们下令继续前进吧，我们决不丧失这个大好时机！”

“一个连够吗?”

“这会儿一个排就足矣。”

这个时候，既没有联合国军、沃克将军，也没有李总统，只有一名勇敢的营长。“向北前进。”钟告诉他。

关于越过三八线，麦克阿瑟没有发表任何公开讲话，但他显然认为他有权这么干，这从他致送国防部长的一份电文中可以看出来：“敌人不投降，我就视为整个朝鲜是向我们的军事行动敞开着的。”次日（10 月 1 日），他要北朝鲜军队总司令投降。

绝非巧合，就在同一天——共产党中国的第一个国庆节，周恩来总理在一次讲话中警告西方，中国人民“绝不能容忍外国的侵略，也不能听任帝国主义者对自己的邻人肆行侵略而置之不理”。对于这种如果联合国军越过三八线就要介入朝鲜战争的明确威胁，华盛顿不以为然。参谋长联席会议电告麦克阿瑟：“我们希望，在你今后采取行动的过程中，没有必要再作解释或声明。一切服从作战需要。”

参谋长联席会议已经告诉麦克阿瑟，杜鲁门希望降低越过三八线之影响，任何公开声明都可能“使联合国一下子陷入窘境”。东西方世界已经有所反应。苏联驻联合国代表在 10 月 2 日提出一项提议，呼吁在朝鲜实行停火并撤出所有外国军队。近午夜时分，在北京，印度驻华大使贾瓦拉姆·潘尼迦被叫醒，说中国外交部亚洲司司长陈嘉庚正在客厅等他。在表示歉意之后，陈请潘尼迦立刻去周恩来的住处会见总理。

半小时后潘尼迦离开其住处时，北京的街道上一片寂静。他猜想突然叫他肯定与朝鲜有关，急不可耐地想知道发生了什么事情。周恩来有什么新建议要转达给尼赫鲁？中国人已经参战？他发现周和往常一样谨恭和富有魅力。在照例上茶后，周先对潘迪特·尼赫鲁对和平所作的贡献表示感谢，然后说，如果美国人越过三八线，中国将被迫干预。

他听到美国人已经越过分界线的消息了吗？潘尼迦问。周回答说已有这方面的消息，但他不知道是在何处越过的。

10 月 3 日凌晨 1 点半，潘尼迦用电报把这次会谈的要旨发回新德里。虽然麦克阿瑟在当天晚些时候才宣布大韩民国第 3 师已越过三八线，但潘尼迦当时料想他们已经过线了，而且他肯定集结在满洲的中国军队也已经跨过鸭绿江。那天上午，他把情况告诉了英国驻华公使。

当这个消息传到艾奇逊耳朵里时，这位国务卿并没有认真对待，因为他信不过潘尼迦。“他不是个好通信员。”对于周最近发表的如果北朝鲜遭入侵中国不会袖手旁观的讲话，艾奇逊也没有给予重视。

然而，潘尼迦**的确**是位消息确切的通信员。周恩来的警告可不是开玩笑，而且就在那一天，毛泽东已经决定派军队赴朝鲜同美国和南朝鲜军队作战。满洲有中国 80% 的重工业，**不得不**受到保护。被称为志愿军的中国军队，原定由第四野战军司令员林彪任其战场指挥官。诡计多端的林声称有病，不少人认为他对同美国人打仗不感兴趣。

10 月 4 日中午时分，一架飞机抵达在西北的第一野战军司令部，随机带来了给司令员彭德怀的命令，要他立即动身去北京参加中共中央的特别会议。彭德怀出身农民，进过军事院校，当过军阀部队的团长，后参加了毛的军队。

彭到达首都时已是下午4点过后，在颐年堂举行的会议已开了一会儿，有位同志告诉彭，毛泽东在会议开始时让中央委员会尽量派军队帮助其北朝鲜兄弟。听了大家坦率地列举了出兵的弊端之后，这位主席说，“你们说的都有理由，但是别人危急，我们站在旁边看，怎样说，心里也难过。”

尽管毛得到了周恩来的支持，但彭感觉到出席会议的大多数人反对开战。彭相信毛是对的，但因为有一种自卑感而未发言。和日本人作战期间，彭曾组织过使敌人大感震惊的百团大战，但妒忌他的同事们后来批评这次战役没有必要且代价高昂。在中国的政治和军事生活中，类如“百团大战”引起争论的问题是永远不会被忘掉的。

休会时彭由中央管理科的同志送往北京饭店用餐。彭仍然没有发表意见，但当晚怎么也睡不着。“我以为是沙发床，此福受不了，搬在地毯上，也睡不着。”脑海里怎么也摆脱不掉会上的情景。美国入侵了北朝鲜且与中国隔江相望，威胁中国东北。美国又控制了台湾，威胁上海和华东沿海一带。“美国要发动侵华战争，随时都可以找到借口。老虎迟早是要吃人的，什么时候吃，决定于它的肠胃。”

彭得出结论，他们必须进行抵制，以保卫每一寸土地。不同美帝国主义见过高低，他们要建设社会主义就永远不可能。“如果美国决心向我作战，它利速决，我利长期；它利正规战，我利于对付日本那一套。我有全国政权，有苏联援助，比抗日战争时期要有利得多。为本国建设前途来想，也应当出兵。”

“邻人危急，我们站在旁边看，怎样说，心里也难过。”彭把毛在会上讲的这句炽热的话一直记在心里。其他言语谨慎的同志是民族主义者而不是国际主义者。“我想到这里，认为出兵援朝是正确的，是必要的，是英明的决策，而且是迫不及待的。我想通了，拥护主席这一英明决策。”

第二天下午，中共中央又在颐年堂开会。在其他同志表达了不同意见之后，彭最后一个发言，而且讲得慷慨激昂：“出兵援朝是必要的，打烂了，等于解放战争晚胜利几年。如美军摆在鸭绿江岸和台湾，它要发动侵略战争，随时都可以找到借口。”

毛泽东迅速宣布彭将指挥志愿军，彭也没有推诿。散会后在中南海畔，一位同志对他说：“看来还不服老哟！”

就这样，不是为了推动世界共产主义，而是为了保护自己免遭一个威胁要使用核武器的强大敌人的入侵，中国不情愿地介入了朝鲜冲突。具有讽刺意味的是，美国本已赢得了朝鲜战争，金日成被彻底打败，不再对南朝鲜构成威胁，但麦克阿瑟梦想拿下**整个**朝鲜，而且或许向更北的地方推进，这迫使毛泽东介入一场他几个月来一直试图避免的战争。

由于美国人一直拒绝认真对待周恩来发出的警告，美军对大祸临头一无所知。谁应当受到谴责呢？受谴责的不仅是梦痴的麦克阿瑟，而且还有参谋长联席会议和杜鲁门政府。参谋长联席会议和杜鲁门政府本可以抑制麦克阿瑟，但却在这个由其在仁川震惊世界的胜利——这实际上是金日成送给他的，而且可以说是一场付出极大代价而得到的胜利——而在整个西方世界的民意测验中声望仍然居高不下的人面前卑躬屈膝。现在，美国及其盟国打的是第二场朝鲜战争，一场同更强大的对手红色中国的战争。

毛泽东作出干涉朝鲜的决定和苏联没有关系。虽然斯大林在冲突爆发后最初几天曾盲目乐观，但联合国军重新占领汉城使他相信已丢掉这场战争。斯大林曾电告北京：“金日成同志只好来中国东北建立流亡政府了。”但当斯大林听说中国决定出兵后，据说他潸然泪下，夸中国人好。然而，对于《纽约时报》的哈里森·索尔兹伯里来说，这乃是鳄鱼的眼泪。他认为斯大林用一把钢钳把毛泽东给死死地夹住了。

2

在成功湖联合国举行的一次会议上，围绕着韩国军队越过三八线的争论十分激烈，美国代表团不得不把朝鲜问题提交联合国大会，美国在联大的影响大大压过了苏联。美国人这么干是为了达到其目的。联大通过了一项决议，授予麦克阿瑟以征服和占领北朝鲜的绝对权力。就参谋长联席会议而言，这项决议是对在三八线以北展开的行动的支持。他们给麦克阿瑟发了一份决议的副本，后者将其视为允许他摧毁北朝鲜军队，因为金日成对最近要他投降的呼吁不予理睬。

沃克的韩国第1军（由第3师和首都师组成）正从陆路沿东海岸推进。尽管遭受了重大伤亡，但最终还是逼近了位于三八线以北110空里处的元山港。这正是准备实施两栖登陆但却连起航准备也未做好的阿尔蒙德的第10军的目的地。沃克显得不耐烦了。尽管仍受供应不足的困扰，但他仍准备从西海岸向平壤发起主攻，尔后由韩国第1军和美第9军（由美第2师和第25师加上波多黎各第65团组成）在中部发起进攻，韩国第1军在东部展开行动。沃克认为麦克阿瑟用船把第10军运至元山的命令没什么意义且冒很大风险，那样费时太长，且会使供应线复杂起来。沃克的韩国第1军从陆路只需几天即可抵达元山。

参谋长联席会议对在元山实施两栖登陆行动也心中无数，但又觉得难以对这个在仁川登陆赢得所有美国人、包括其政敌的一片喝彩的麦克阿瑟的判断提出质疑。

10月6日，沃克的韩国第6师越过了三八线，紧接着，韩国第7师也于次日越过这条线。沃克打电话给东京的希基将军，希望知道他何时可得到麦克阿瑟开始向平壤发起主攻的命令。当时仍任代理参谋长的希基答复说："你做好准备之日便是主攻开始之时。"

两天后，沃克通知麦克阿瑟，他已命令其指挥官们向平壤发起攻击。骑兵1师已越过开城以北的三八线，该城市曾在6月25日晨被北朝鲜军队占领。和盖伊的部队一同作战的有英国27旅、白善烨的韩国第1师和美第24师。沃克信心十足，他又和林奇乘飞机飞往距现时部署很远的地方察看了敌情，对可能面临的威胁作了估计。在其他人看来，他跑那么远似乎是一种鲁莽行动。但通过其作战的本能和亲自侦察，他几乎已对安危置之度外，将以职业军人的风范来指挥这场进攻。

受到这次突然行动和联合国决议的鼓舞，麦克阿瑟再次通过无线电广播要金日成投降。可以预料到，金日成明明知道麦克阿瑟的部队已蜂拥压入北朝鲜，但仍拒绝投降。同一天，由于担心麦克阿瑟鲁莽行事，参谋长联席会议命令他"要采取任何针对中国境内目标的军事行动须经华盛顿授权"。但这封电文未能阻止麦克阿瑟，什么都比不上成功重要。10月10日，沃克在东海岸的几个韩国师进入元山，街道上的激烈战斗持续了整整一夜，黎明时占领了该城。沃克得意洋洋：当阿尔蒙德的第 10 军还在海上时元山就已到了他沃克的手里。沃克自信这条好消息会使麦克阿瑟让他指挥第 10 军。

沃克这种认为他的司令官会像他想的那样去做的天真念头很快就荡然无存了。麦克阿瑟从来就没想过把阿尔蒙德置于沃克的指挥之下。“元山的港口设施要保护好，以备第 10 军使用。”他用无线电通知沃克。于是，他就这般贬低了沃克的胜利。一俟阿尔蒙德的军队在元山登陆，沃克将失去对这一地区所有韩国军队的指挥权。“现在我计划由第 10 军在作战行动中指挥韩国第 1 军。”这就意味着在北朝鲜的指挥权一分为二：沃克控制西部，而阿尔蒙德则全权负责东部。此外阿尔蒙德还将拥有在釜山防御战中为沃克出了大力的富有经验的部队——海军陆战队。使事情更糟的是，麦克阿瑟已经把协调在朝鲜的所有联合国军的后勤供应的全权移交给了沃克。沃克对此大惑不解：他被授予协调在朝鲜的**所有**联合国军的供应的任务，却又只让他控制西部。这简直让人无法理解。

3

在麦克阿瑟第二次向金日成发出最后通牒的前一天，中国驻北朝鲜大使通知金，中共中央已决定派中国人民志愿军赴朝作战。与此同时，周恩来正好抵达莫斯科，同斯大林讨论中国参加朝鲜战争问题并同苏洽谈提供军事物资事宜。

也在莫斯科的金日成的一名代表紧急要求斯大林提供更多的援助，但斯大林面带笑容的答复却令人失望：“我祝愿英勇捍卫国家独立的朝鲜人民为争取实现一个统一、独立和民主的朝鲜的长期斗争获得成功。”而对装备或苏联出兵却只字不提。显然，斯大林认为仁川登陆之后北朝鲜已无望取胜，便把火炬传给了毛。10 月 10 日，中国外交部动员全国处于待命状态：“美国侵略朝鲜的战争从一开始就对中国的安全构成严重威胁。”

美军重新占领汉城及美韩军队向北进军使金日成认识到形势严峻，他在鸭绿江口建立了新首都。金还向全军发布了一道命令，解释了败北的原因：“我们一些军官被出现的新情况吓得惊慌失措，擅自丢弃武器，放弃阵地。”他们一步也不能再退了：“现在我们已无处可退了。”他警告说，所有扰乱军心者和逃兵将就地正法。为了执行这一命令，将建立一支由战斗中表现突出的士兵组成的“督战队”。

4

当杜鲁门听到有两架美国战斗机在10月8日攻击了北朝鲜边界以北62英里处符拉迪沃斯托克附近的苏联空军基地后，对此深表关注，他决定必须得同麦克阿瑟进行一次私人会晤。两天之后，杜鲁门的新闻秘书向记者们散发了一份声明，宣布下周末在太平洋的某个地点，总统要会见麦克阿瑟，声明没有提及会谈地点威克岛。总统将由一组精干人马陪同，包括阿夫里尔·哈里曼、迪安·腊斯克、参谋长联席会议主席奥马尔·布雷德利将军和陆军部长弗兰克·佩斯。

这项声明又使我们想到了前边提及的一直受制于麦克阿瑟巨大的胜利的杜鲁门。这则声明强调，举行这次会晤并不是由于任何“突然发生的紧急情况”。尽管一位白宫发言人宣称杜鲁门和麦克阿瑟二人之间的这次会晤是非政治性的，但杜鲁门的这次出行仍被广泛认为是为了在即将来临的选举中为民主党拉选票。

10月11日，总统登上了DC－6“独立”号飞机，在作了两次停留之后，飞往夏威夷的新村（译音）空军基地，14日上午8点着陆。转了一圈并用过餐后，杜鲁门在“独立”号里上床就寝，午夜零点12分之后起飞。5个小时之后，他们越过了国际日期分界线，一下子成了星期天的15日了。

麦克阿瑟已先行到达威克岛，同行者只有美驻日大使穆乔等寥寥数人。这位将军情绪不高，在从日本来的途中，他曾明确向穆乔表示他厌恶“为了政治原因而被召见”，他“愤怒之极”。他的手表还是东京时间，比威克岛的时间早3小时，而且他直到凌晨两点才上床睡觉。但当一个半小时后惠特尼叫醒他时，他似乎已美美睡了一觉，精神很不错。这个时候叫醒他是为了让他在6点总统到达之前有时间洗漱、着衣和用餐。

半小时后，“独立”号出现了。它刚一停稳，麦克阿瑟就大步跨向舷梯旁，伸出手来迎接杜鲁门，神态充满着热情和友谊。他并没有向总司令敬礼，而是紧紧抓住杜鲁门的右臂，使劲地握手，说了声“总统先生!”

杜鲁门微笑着说：“将军，你好吗？能在这里见到你十分高兴。我等待这次会晤已好久了。”

“总统先生，我希望下次会晤不会再隔这么久。”

他们两人握手时，记者们围了个水泄不通。总统和这位将军举行了近 45 分钟的私下会晤。麦克阿瑟对他那封给国外战争退伍军人协会的有关台湾的战略价值的信所引起的误解表示了歉意，但杜鲁门使这个话题一带而过。“哦，不要再想它了。”他发现麦克阿瑟这个人很来劲，很迷人。

上午 7 点 45 分，两人开始在威克岛东南端一幢一层的混凝土结构的房子里举行正式会谈。杜鲁门脱去夹克，麦克阿瑟抽出他的欧石南根大烟斗。“总统先生，我抽烟您不介意吧?”

“不,”杜鲁门幽默地笑了笑，“我倒想吹到我脸上的烟比别人都多。”屋里的其他人大笑。会谈始终充满着轻松自然的气氛。

在讨论了收复失地和南北朝鲜的统一后，杜鲁门提出了大家都在等待的问题：“中国人和苏联人干预的可能性有多大?”

“很小,”麦克阿瑟说，“假如他们在头一两个月干预，那还管用。现在我们已不再怕他们干预了。我们不再畏首畏尾了。中国人在满洲有 30 万军队。”其中部署在鸭绿江沿岸的可能不到 10 万至 12.5 万人，而且可以过江的只有 5 万至 6 万人。“他们没有空军。而我们在朝鲜有可供空军使用的基地，假如中国人想进兵平壤，将会有一场最大的战斗。”

他没有低估苏联的空军实力，但苏联向北朝鲜派不出地面部队。“其他唯一的联系就是苏联为中国的地面部队提供空中支援。”提供地面支援是十分困难的。“我认为中共地面部队和苏联空军配合是成不了什么气候的，我们最棒。”

两人很快便同意发表一份公报，这份 748 个字的公报赞扬了这次会晤，声称“完全一致的意见使我们很快结束了会晤”。

“自我当总统以来，还未曾有过比这次更为满意的会谈。”杜鲁门对记者说，而麦克阿瑟离去时则不愿说话。

在走向机场的路上，麦克阿瑟问杜鲁门是否想竞选下届总统。杜鲁门反问这位将军是否有什么政治抱负。“什么都没有，”麦克阿瑟答道，“要是有哪位将军同您竞争的话，那会是艾森豪威尔，而不是我麦克阿瑟。”

杜鲁门抿嘴笑了笑。“艾森豪威尔对政治还没有入门。噢，万一他成为总统，他的政府会使格兰特政府看起来像一个好样板呢。”

总统登上“独立”号时，将军友好地向他挥手道别。上午 11 点 35 分，飞机离开跑道时麦克阿瑟仍在频频挥手。

在威克岛取得的成果，就是在杜鲁门政府和一位其声望处于鼎盛的将军之间建立了一种友好关系。他们并没有认真讨论中国干预朝鲜战争的可能性。不管事先有无计划，总统通过一位闪耀着光辉的军事英雄得到的宣传效果看来颇为得手，而这对几个星期后开始的总统选举却没有任何影响。

第 16 章　“来了好多好多中国人！”

（10 月 14 ~ 26 日）

1

在杜鲁门与麦克阿瑟威克岛会晤 4 天之后，中国第 40 军黎明时在安东沿着很久以前日本人修建的两座桥跨过了鸭绿江。第 39 军和第 42 军不久也从其他 7 个沿江地方进入北朝鲜。这时在南朝鲜共有 4 个军、3 个炮兵师和 1 个防空团。但毛泽东和彭德怀尚无开战的具体计划。进入北朝鲜的中国军队陆续进入阵地只是为了发动第一次攻击。

美军飞机并未察觉到中国军队的过江行动，而且麦克阿瑟和中央情报局都仍然不相信真有中国干预的危险。就在他离开威克岛之前，麦克阿瑟还十分诙谐地大声叫着记者们：“跟我们去平壤吧，时间不会很久的！”

在进军北朝鲜首都的途中，尽管一路上得到补给比较困难，但沃克的军队还是突破了敌人在三八线和平壤之间构筑良好的主要阵地。北朝鲜军队慌忙后撤，麦克阿瑟所言其部队将很快出现在平壤并非自吹自擂。

骤雨使道路变得泥泞不堪，左翼盖伊的美步兵 1 师和右翼白善烨的韩国骑兵 1 师展开了竞赛，看谁第一个到达北朝鲜首都。

美国全国广播公司的摄影记者琼斯孪生兄弟在路上已奔忙了 16 个小时，10 月 16 日黄昏，他们终于赶上了进攻 57 英里之外的平壤的先头坦克团。从仁川登陆受伤复原后，尤金急于拍摄到更多的战斗场面。

拂晓，在设在校舍里的指挥所外面，热咖啡装满了好几桶。指挥部内，一名上校披着大衣，正在对下属训话。他们要夺取沿途一个叫做沙里院的地方，该地是一个生产北朝鲜大部分军事装备的重要工业区，也是通向北部35英里处的平壤的门户。他们从战俘那里得知，北朝鲜将在这里作最后的强有力的抵抗。

在步兵群前面打头阵的坦克分队接近了第一个目标，一个叫做个屹里（音译）的村子。村子里的土屋棚顶一片火光，里边布满了狙击手。步兵离开坦克，向路两侧的狙击手扑去。琼斯兄弟紧随其后，拍摄着部署在道路边上山脊一侧的部队的行动。坦克开始炮轰山下的隘路，白光闪闪的磷光体飞入那座镇子里。建筑物顿时燃起熊熊大火，却没一个人出来。迫击炮炮弹嗖嗖飞来，但距离太远，无一人伤亡。进攻命令下达了，部队以纵队呈扇形进入村边，坦克在中间隆隆驶过，坦克上的机关枪扫射着边上的街道。步兵一见建筑物里有东西移动就开火。

琼斯兄弟紧随第一排过了镇子边的一座水泥桥。步兵全速冲过郊区进入镇子四周的宽阔地带时，子弹从厚实的桥墩边上“嗖嗖”飞过，站在那里无疑是找死。他们最后到达市郊，尔后进入安全的平地。镇子里火光冲天，在炮火中发出阵阵震颤，支援坦克和步兵把这块地方摧毁为废墟。

部队进展迅速，他们经过的所有村镇都事先遭到了友军飞机的猛烈轰炸。燃烧的茅屋顶和烧焦的尸体发出令人作呕的气味。整整一天，攻击部队一直呼喊着往前冲。在部队攻击的第二个目标迎曦里（音译）的市郊，琼斯哥俩儿找到了盖伊的副师长小弗兰克·艾伦准将，他正在与率领进攻个屹里的坦克部队的那位上校聊天。这俩人的模样教两兄弟以为是正在一起计划开一门学术课程的两位老教授。尔后，准将拍了拍上校的肩膀，弓腰钻进吉普车，上校又爬回坦克的炮塔后面。上校举起一只手，指着下面的大道。坦克纵队继续前进，黄昏之前到达沙里院正南方的小山脚下。突然，他们遭到一个果园里敌人炮火的射击，一切行动停了下来。

艾伦将军又来了。他跳下吉普，迈着重步生气地在路上走来走去，挥舞着地图大声叫着：“妈的，他们在果园里。奶奶的，把他们从里面耙出来！就让他们死在那里！”

一名英国巡逻兵往前边去了，琼斯哥俩儿带着摄像机紧跟其后。当他们接近头一辆坦克时，果园里射出一排子弹。两名士兵应声倒下，那辆坦克的指挥官脸部受了伤。突击连开始前进，这兄弟俩跟在第一排的后边。距坦克之间有一条沟，苹果树上射出密集的子弹，他们翻身滚入沟里，安然无恙。

哥儿俩看了看周围的面孔——是刚从马来亚丛林里和中国香港来的英国旅的部队。琼斯哥俩儿听不懂他们讲的土语。这帮人凶猛、傲慢、目无一切，头戴钢盔，还记得海军陆战队里这孪生兄弟俩。这支精锐突击队，个个都是职业杀手，没显出多少激情，只是用古里古怪的语言开着玩笑。他们对其又长又宽的刺刀感到自豪，不停地抚弄着手中的枪管。一个毛茸茸的列兵对“两个拿摄影机的挺挺的家伙”开了个玩笑，其他人则戏谑琼斯兄弟。但显然他们愿意有这么两个非战斗人员随他们一同进攻。兄弟俩感到很高兴。

打头儿的那辆坦克徐徐前进，以从侧翼给那个排以火力支援。7 分钟后，发出进攻那个果园的命令。忽然接到命令，英国军队高喊着猛冲过大道，扑向一座小山。孪生兄弟俩发现在和其他每一个人赛跑。最后，他俩也到了果园，拍摄下了英军迂回穿过挂满熟透了的苹果的树林的场面。树上，鲜红的小苹果随风摇晃。地上横七竖八躺着敌人的尸体，有些被坦克的炮火撕成了几半。有两名北朝鲜伤员“咯咯”地抽搐着，一个英国兵冲他们开了两枪。

另一个英国兵从一具尸体下边猛地抽出一支步枪，大喊一声举过头顶。不久，在果园的另一头儿，进攻部队被一道树篱所阻，荆棘挂破了他们的衣服，停止了攻击。

山头上敌人的一挺重机枪向树篱喷射着火舌，苹果树的叶子纷纷落下。这时来了一个轻迫击炮小组，小炮弹“嗖嗖”飞向那座山头，英国军队三四个人一组地转移了出去。

孪生兄弟俩爬过军队的封锁线。一名长着淡黄色头发的年轻军官缓慢地站起来，喊着部下的俗名。他像一部电影里的英雄一样，命令他们向前运动，夺占并守住那个山头。士兵们猫着腰往前进，如同逆劲风而行一般。枪上的刺刀急速地劈着前面树上的荆棘，琼斯哥俩儿举起摄像机，抢拍下英国士兵咆哮着往前冲的镜头。

他们攻击的最后一个目标是山顶上的一道篱笆墙。天蒙蒙亮时，士兵们利用夜色作掩护冲了下去。碰到松软、湿润的土地给人以一种奇妙的感觉。这片耕地的轮廓很像他们身体的曲线。大家感到渴了，拿出了身上带的水壶。战斗结束了。

10 月 17 日那天，麦克阿瑟发布了第 4 号作战令，命令在沃克和阿尔蒙德之间，沿位于三八线到鸭绿江之间的太白山的分水岭划一条界。沃克受命在西部平川向北进攻，阿尔蒙德则在东部比原来宽 50 ~ 100 英里的地区向北进攻。

盖伊师的士气十分高昂，因为据传平壤是这场战争的最后一个目标，他们大家都将在东京过感恩节。由于开了绿灯，盖伊命令他的第 7 骑兵团在拂晓继续前进。先头营向平壤迅速推进，路程过半却只遇到轻微抵抗。次日晨，另外两个骑兵营开始攻击敌人的侧翼，发现敌军已放弃阵地。

在右翼，白善烨的韩国第 1 师距平壤只剩下 8 英里了，他由于得到 F－80 喷气式战斗轰炸机发射的火箭的支援而欣喜万分。“这会儿我们至少也有几辆坦克了，”他对《时代》周刊的一名记者说，“这太好了！我的战术就是‘一直向前’，我们现在可以像巴顿将军那样进攻了。”在他猛打猛冲的劲头儿备受赞颂之后，他说这部分是因为他出生在平壤。他对他一直留在这个首都的一个妹妹和她的 6 个孩子感到担忧。

10 月 18 日下午，白善烨向参谋们部署了突破平壤前面 6 英里处的敌军最后一道防线的作战行动。12 团将在美军一个坦克营的炮火支援下，率先在当天晚上向这座城市南部的水上门户——大同江大桥发起主攻。另一个团（11 团）将夺取平壤机场。

整个一晚上，白善烨的两个团仗打得很激烈，却未能突破由碉堡群组成的强固防线，防线那边是一片平地，有利于坦克和炮兵行动。最后，就在 19 日东方破晓时，北朝鲜军队开始撤退。白善烨以 4 个炮兵营和两个步兵团，在美军坦克的增援下，把其强固的战线继续往前推进。美军坦克越过堑壕，粉碎了敌人的机枪和步兵。

当白善烨得知大同江大桥已被炸毁后，便命令 11 团在几英里外的上游浅水滩涉水过江，他小时候曾在那里游过泳。11 团没有遇到任何麻烦，随后向西往这座城市开去。快到上午 11 点时，2 营到达被炸毁的大桥的北端。

要渡河的盖伊的坦克接近大同江南岸时才发现公路大桥已被炸毁。3 营和骑兵 5 团没有被挡住，在中午时设法过了河。

美军上岸后，白善烨看到美军坦克营的一名士兵手里拿着一个牌子从桥上走近他，牌子上写着“韩国 1 师欢迎美骑兵 1 师”。

“这没什么好夸耀的。”白善烨责骂道。

“我是站在你们队这一边的，”那位美军士兵说，“我为此感到骄傲，我们队赢得了向平壤进军的比赛。”

白善烨是 5 年前离开平壤的，当时他背着一个包袱，里面包着他的全部家当。现在他作为一支征服军队的指挥官又回到了家乡。这会儿也许是他一生中最伟大的时刻。在向平壤进军的日子里，他每一天，每一个小时都尝到了这种滋味。

在整个平壤城里，基督教教堂钟声高鸣，人群蜂拥而至，欢迎美军和韩国军队。尽管这座首都遭到毁坏，但它依然给人们留下了深刻印象。英国米德尔塞克斯团的列兵朱里安·滕斯托尔很震惊地看到，美军接管了几幢尚存的大楼和房屋，驱逐里边的平民，夺取他们的财产。美国军队把不要的东西统统打碎。他们炸开保险箱，掠夺古画、古椅、钟表和绣制品，把各种各样的战利品装满了卡车和拖车。乘吉普车赶来的美军围住男性平民，理由是他们是士兵或共产党分子，或是小偷。这些人被夺去了手表和其他值钱的东西。滕斯托尔注意到，大多数军官对他们的士兵掠夺赃物都设法闭起眼睛。

2

第二天，10 月 20 日上午，金日成和彭德怀在北朝鲜鸭绿江口附近的新首都举行了会谈。彭向金透露，中共中央和毛泽东已决定派 39 个师入朝。第一批入朝部队约 26 万人。第二批和第三批入朝的 24 个师正在组建中。彭说，中国人民志愿军将首先集中防御，除非敌人发动进攻，志愿军将不发动攻击。彭特别指出，中央和毛泽东作出这个决定是非常困难的，因为中国自己也面临着许多困难。他说，中国人民志愿军在朝鲜的目标是消灭美国军队，帮助北朝鲜使问题有一个合理的解决。同时，他们还得以备万一美国向中国宣战并轰炸满洲和中国的沿海地区。

彭说，中国参战有三种可能性。第一种可能性是，他们能够消灭敌人，确保达成一项和平解决朝鲜问题的协议；第二种可能性是，他们可以站稳脚跟，但战争相持不下，陷入僵局；第三种可能性是，他们在朝鲜站不住脚，被迫回到国内。彭断定，中国人民志愿军将力争实现第一种可能性。

金日成感谢毛泽东和中共中央，并向彭德怀简要介绍了当前的形势。金说他只有3个多一点儿完整的师：两个步兵师和一个坦克师，再加上一个工人团和一个坦克团。所有在南部受到沃克重创的部队目前正在撤退，或藏在山里打游击。

这次会晤的结果电告了毛泽东，毛在次日命令彭放弃原先的计划，说彭**不该**准备防御，而是要紧紧抓住有利时机，运用运动战，大举进攻敌人。根据毛的指示，彭在21日晚命令3个军在西部前线集结，以摧毁韩国第6、第7、第8师。

3

在占领平壤的第二天，麦克阿瑟对于首都以北30空里的两个目标用空降兵发动了攻击。麦克阿瑟乘坐飞机极为满意地观看了空降行动。在平壤着陆后，他对记者们说，这次行动显然完全出乎敌人的意料，他估计有3万北朝鲜军队（可能占北朝鲜尚存部队的一半）被切断。“这就把敌人关在了陷阱里。”在与沃克将军协商之后，麦克阿瑟又回到了东京，相信他在朝鲜的军事使命业已完成。次日，他预言“这场战争很快就要结束了”。对于麦克阿瑟来说，只有一件小事还没办完：他又一次呼吁金日成投降。回答当然是否定的。

在肃川和顺川附近同时进行的空降行动成为一场壮观的展览。尽管这可能是美军所进行过的最好的一次空降作战行动，但达到的目的却很有限。这时，北朝鲜军队的主力已安全撤过与北面不到60英里的鸭绿江平行而流的清川江。

麦克阿瑟相信杜鲁门总统将利用他的胜利立即采取外交行动，国务院发给他的一份电文使他大吃一惊。这份电文要麦克阿瑟发表一项声明，说他并不打算“对北朝鲜新义州附近的水丰水电站进行干预行动”。位于鸭绿江上的这座水电站不仅供应北朝鲜，而且还供应满洲和西伯利亚的工厂的电力。麦克阿瑟把这座水电站视为首要的军事目标，他通过参谋长联席会议答复说，他并不认为发表这样一项声明是可取的。华盛顿没有强迫他发表声明，而麦克阿瑟则不知道下一步将从他身上剥夺哪些权力。

10 月 24 日，第 8 集团军渡过了具有战略意义的清川江。韩国 6 师一路赛跑到达距鸭绿江只有 55 空里的一个村庄。同一天，麦克阿瑟命令沃克和阿尔蒙德全速向北推进。先前对沃克限定在北朝鲜使用美国军队的限制现在被撤销，授权阿尔蒙德为了夺取整个朝鲜，可“使用任何和全部地面部队”。这项命令决定性地扩大了美国的作用。几个小时后，激动异常的韩国第 6 师的一个团已经距鸭绿江不到 10 英里了。

参谋长联席会议要求对这次甚至未提交华盛顿批准的重大行动作出解释，麦克阿瑟答复说，他是迫于军事需要作出这一决定的，因为韩国军队夺取鸭绿江边界的军事行动有兵力不足之虞，缺乏指挥有方的领导。他提醒参谋长联席会议，马歇尔将军最近曾告诉他战术上不要受什么限制，并暗示说，如果采取任何其他行动方针，就有可能招致灾难性后果。

艾奇逊大发雷霆。多么奇怪的答复！麦克阿瑟违反了美国总统兼武装部队总司令的直接命令。艾奇逊记得在美国内战时期，处于绝望中的林肯总统曾授予格兰特将军不必得到华盛顿进一步的指示全面控制作战行动的权力。这项决定导致了后来的美国军事机构认为战场指挥官通常应拥有完全指挥权。

尽管艾奇逊提出了抗议，参谋长联席会议仍屈从于麦克阿瑟，美军继续迅猛地冲向鸭绿江。现在，麦克阿瑟和当年的格兰特一样，拥有全面的控制权。沃克本人只关心他自己的部队迅速前进，因为他的部队和第 10 军之间有一条大空隙。几千名北朝鲜军队仍在钻过这条空隙向北逃。阿尔蒙德的主力部队海军陆战队还没有在东海岸登陆。一周来，他们乘坐的船只在扫雷舰清理元山港口时就在元山运河外面慢悠悠地来回游弋，焦躁的海军陆战队把这称之为“YOYO（悠悠）作战”。10 月 25 日，21 艘运输船和 15 艘登陆船终于抛了锚。美军步兵用闹哄哄的猫叫声迎接海军陆战队，甚至鲍博·霍普和他的联合服务组织的节目也挤兑他们来元山。“这是我生平第一次在海岸等待海军陆战队”，霍普讥讽说。

4

当韩国3个师向北推进的时候，彭德怀的3个军因道路拥挤堵塞，趁夜色缓慢步行南进。10月25日，即沃克渡过清川江的第二天，只有彭的第40军的两个师到达江西北15英里的目的地，毛泽东将该地作为第一个战场。其他两个军的几个前卫师距其阵地还有20~30英里。这种情况使得毛改变了计划。他命令彭攻击美军和英军东面的3个南朝鲜师，将其歼灭后，再进攻美军和英军。通过新确定的运动战，志愿军先把敌人诱引进山里，然后包围并歼灭之。

毛命令彭在部队面对敌人的轰炸和猛烈扫射仍保持着高昂士气时，在第一次战役中赢得决定性胜利。彭的任务是，在联合国军援军到达朝鲜以前给敌人造成重大伤亡。“中国人民志愿军，”毛说，“必须在安全和可靠的基础上力争取胜。”

“先灭几个团，”毛命令彭，“然后逐步歼灭更多的敌人。这将提高军队的士气，使我们站稳脚。”根据上述命令，彭发布了使用优势兵力的命令。例如，一个师对付敌人的一个团。这样，他们不仅能挡住敌人，而且还能歼灭一个师，甚至两个师。

5

阿尔蒙德的第10军开始在元山登陆那天，沃克将军对记者们说，“一切进展顺利”。白善烨准将不像阿尔蒙德那么乐观，他的韩国第1师正接近清川江西北约15空里的云山村。他对迅速向鸭绿江推进忧心忡忡，其供应线已不能再长了，由于铁路不能使用，供应物资全靠卡车从仁川和浦山运来。甚至更使他关心的是美第8集团军部署太分散。

朝鲜只有从平壤到元山120英里的距离那么宽，可随着第8集团军朝北面的鸭绿江运动，朝鲜半岛被拉长得就像一片400英里的扇形。每一个向北挺进的团之间的空隙扩大到了20~30英里。更糟糕的是，阿尔蒙德和沃克之间很少联系。

当白善烨在上午约11点进入云山后，他的担心成为现实。当美军坦克接近时，敌人的迫击炮弹突然在一座桥附近炸开了。他们抓到了一名俘虏，此人承认他是一个中国师的士兵，并透露还有许多中国人民志愿军也已跨过鸭绿江并向南挺进。白善烨立即向第 1 军报告：“来了好多好多中国人!”可无一人相信他的话，他们认为那个俘虏必定是名刚从中国回来的朝鲜人。白坚持向军长弗兰克·米尔本讲了此事。“我来作翻译，”白说他会讲中国话，“你来亲自审问。”

米尔本很快来到云山，审问了那个中国士兵，他估计已有几万中国军队在附近的山里了。米尔本相信这就意味着中国人已进行武力干预了。当被告知此情后，沃克也这么认为。由韩国第 2 军据守的他的右翼面临崩溃的危险。该军第 6 师已遭猛击，到 10 月 25 日上午，6 师 2 团已没有一个完整的连。部队被冲散到各个山里。6 师 7 团对其战友们的境况一无所知，远在北方。该团曾受命全速向鸭绿江前进，以期在上午到达目的地，现在则要成为远处的一支孤军了。

然而，麦克阿瑟仍拒绝认真对待中国人，尽管其情报头子刚刚得到大批军队已跨过鸭绿江的确切情报。勇敢的海军上尉尤金·克拉克送来了报告，他在仁川登陆前夕曾冒险对北朝鲜的防御情况进行间谍活动。10 月初，克拉克被派往北方执行三项任务。第一是提供空军飞行员在飞机受伤后进行“迫降”的地区，不要在敌方领土或冰面上降落。为了完成这项任务，他要搞清从仁川到鸭绿江所有适于这一目的的沿海岛屿的情况，并且要在行动过程中弄一台安装在鸭绿江口附近大陆上的北朝鲜雷达（或其部件），以作研究其性能之用。第二项任务是，找出并指明敌人运输物资或仁川港南边及东部沿海航道漂浮水雷的地点，还要打听敌人运输和布雷的详细情况。第三，也是最重要的任务是，确定中国军队是否在鸭绿江沿岸集结或过江进入北朝鲜。

克拉克招募了一批南朝鲜特工和游击队员来执行这三项任务。在进行了适当的分工，携带上许多武器和食品后，克拉克和他的手下坐上一艘韩国巡逻船，特工和 150 名游击队员分乘四艘民用机帆船在 10 月 15 日上路了。

他们发现沿岸第一个岛屿大青岛上没有敌军，只有几户农民和渔民。他们继续往北，发现有几个未被占领的岛屿适合飞机在紧急情况下“迫降”。

这会儿，克拉克的队伍远在西海岸以外、距鸭绿江口约10英里的地方。一场大风暴使他丧失了两条船，人员减至约75人。他在附近靠近新义州的一个半岛上建立了一处侦察营地，此地对出入目标区最为方便。天气寒冷刺骨，克拉克让手下的人穿上中国式的夹衣，既取暖又可作伪装。他派特工去探寻敌人的雷达，雷达没有找到，但回来的几个人报告说，在新义州周围和更北边的满洲发现有大规模集结的中国军队，和他们谈过话的当地人说，中国人夸口说将有30万军队来朝鲜。

克拉克大感惊讶，但却没忘通过报话机报告所获得的情况。他还需从几个不同的渠道得到情况才能使中国军队集结之事受到认真对待。两天后，其他特工人员也听说了有30万中国军队正涌入朝鲜，鸭绿江沿岸到处都是军队和装备，一派热火朝天的景象。克拉克再次作了汇报——30万这个数字没有变。第二天，所获证据是那样的吓人，他赶紧用报话机报告：“我确信中国军队的数字和运动情况没有错。”

沃克已向麦克阿瑟报告了第8集团军后勤供应上的弱点。他清楚，全力北进有可能是危险的。筹集那么多物资以满足军队的大量需求是根本不可能的，沃克对白善烨报告的情况很重视。

但沃克的关切仍未在东京或华盛顿得到反应。杜鲁门得到中央情报局的保证，对所有已知因素的研究结果表明，中国进行全面干预在1950年是不可能的，除非苏联人决定打一场世界战争。中央情报局的分析专家断言，中国的一切支援可能只限于对北朝鲜提供帮助。

甚至韩国第6师的失败也未引起东京的警觉。麦克阿瑟是那样的高大，以至于参谋长联席会议也觉得不能看不起他。他们还相信制订战术计划是战场指挥官的特权。他们不仅没有对他向鸭绿江进军的决定提出疑问，而且还批准了这一决定。甚至陆军参谋长柯林斯也表示同意，对他来说，那是“一个完全合理的计划”，而且麦克阿瑟的新计划与迅速结束这场战争、统一朝鲜的总目标是一致的。杜鲁门也没有表示反对，因为他知道取得这样一场军事胜利会在即将与11月举行的两年一度的国会选举中对民主党意味着什么。这些考虑忽视了高级战术指挥官沃克将军的担心，如果他上面的整个指挥环节出现错误，他将被迫同占巨大优势的敌人作战。

尽管有克拉克上尉和白善烨将军的警告，美韩军队又重新开始了向鸭绿江的全速进军。

琼斯兄弟随前进的部队过了清川江，进入高地。到目前，查理已营救了许多美军伤员，他的事迹成为传奇。他和吉恩同一群步兵伏在一条壕沟里。谣传有一种新式的战士出现在前线：斜眼，身穿棉夹军服。

这两位电视摄影记者看到泥泞的道路上开过来一辆吉普。吉普停下后，司机（一名美军顾问团中尉）朝他们走来，3 个韩国人仍待在车上，冷冷地盯着这里。这名高个子、灰头发、满身灰尘的中尉很久没修面或睡眠了，他凝视着壕沟，慢吞吞地问：“前面怎么走？”

一名步兵指了指远处的一个十字路口。中尉又返回吉普车，爬上去，一条长腿耷拉在一边。“你刚才说该走那条道？”他再次和蔼地问。

“中尉，真的不知道，”一位脸色忧郁的步兵说，“但所有的路都有个尽头儿。你们要去哪儿？”

这位美军顾问团军官咧开嘴笑了笑，“我们可想去鸭绿江浸刺刀。”他的三个韩国同伴在吉普车迅速开走时仍一句话也没说。

一阵拉枪栓声，一段长时间的寂静。“主啊，这是什么鬼地方！”壕沟深处有人说。在孪生兄弟的前面可以听到不知谁在喊叫。他们焦急地凝视着山梁那边更靠北的地方，奔向未知之处。

第 17 章　死亡行军

（10 月底～11 月 8 日）

1

到了秋天，大部分联合国军战俘被关在鸭绿江附近的集中营里。迪安将军被安置在距这条大河东部入海口 125 空里的满浦城。迪安一直想趁北朝鲜军队撤退和许多联合国军飞机出现之机逃跑，但他已筋疲力尽，一气儿连 100 码也走不了。10 月底，他被带到鸭绿江北边。他马上注意到这儿和以前的地方不一样，小贩们的车上装满了肉和其他食物。他问负责看管他们的队长，这是不是他第一次到满洲。“这不是满洲”，他被告知，这里是朝鲜的一个中国人地区。

“那我们过的是什么河？”迪安问，没有得到任何回答，因为把他带进一个中立国是违反日内瓦公约的。几天后，迪安被单独一个人带回满浦。他猜想他们承担不起他被杀死的后果，因为他可以在任何和平谈判中作为砝码。

他是对的。鸭绿江沿岸战俘营里的许多其他战俘在东西之间被转来转去，以防他们被某支向鸭绿江挺进的联合国军先头突击部队抢走。虽然迪安是最受尊敬的战俘，而 87 名不同国籍的非战斗人员也具有很大的价值。这些人里面有：一名英国人赫伯特·A. 洛德，他是救世军的副长官。有三人是汉城英国公使馆的成员：维维安·霍尔特上尉、公使乔治·布莱克和副领事诺曼·欧文。此外还有以伯恩主教为首的许多罗马天主教修女和神父，开城卫理公会布道团的 6 名男女，其中包括在三八线附近被俘的拉里·泽勒斯牧师。也是在三八线被逮住的澳大利亚神父菲力普·克罗斯比，自被俘以来一直坚持做笔记。

9 月初，这群人突然被命令准备离开他们在平壤的监狱，在仁川登陆 10 天以前乘火车前往满浦。整个 9 月份和 10 月初，一直阳光明媚，有时热得可以游泳。一名士兵把他们带到鸭绿江，让他们洗衣服、洗澡、晒太阳。但到了 10 月中旬，这种舒服日子就结束了，一周以后，他们开始大吃苦头了。他们被赶走，跟在一大群联合国军战俘后面走了 12 英里，从满浦到了一个矿井倒塌了的城镇。在以后的几天里，他们偶尔可以听到远处的爆炸声，听起来像是大炮的声音，联合国军的部队肯定正往这里开进。小股的松松垮垮的北朝鲜军队不时从旁边经过，许多人没有武器。10 月 26 日，他们被命令再次动起来。他们轻装行进，临时捆了一副担架，抬上受病痛折磨的修女特蕾萨。另一名修女玛丽・克莱尔摔伤后还瘸着腿，而 82 岁的维莱默神父让人扶着才能走路。他们在天黑后出发时，天下起了蒙蒙细雨。这些人抬着特蕾萨修女要通过弯弯曲曲的泥泞山路是不可能的，因此士兵们又把大家带回战俘营。

他们在刺骨的寒风中冒雨一直走了三天。10 月 31 日，他们被命令站好队，一名北朝鲜少校命令他们翻开兜子，交出身上所有的小刀。年纪大的还得交出走路用的棍子。“要服从命令，”那名少校说，“你们现在处于严格的军事管制下。我们要去中江里。”这段距离不下 100 英里。他冷若冰霜地环视了一下这群衣衫褴褛、可怜兮兮的人。“没有我的允许，谁也不许掉队，否则将严厉惩罚。”

春川哥伦比亚修道院的院长昆兰被提名为这群人的头儿，那位少校同意了。他问谁来带领妇女们？他们挑选个子高高、阿肯色州出生的足智多谋的卫理公会布道团的内尔・戴尔来当妇女们的头儿。

克罗斯比心情十分沉重。这位少校是个傻瓜呢，还是个要求这群人排成军队队列走路的恶棍？这群人中有抱着孩子的母亲、一名盲修女、走路踉踉跄跄的维莱默神父，还有身体羸弱的比阿特丽克丝修女和患有结核病的特蕾萨修女。

救世军的副长官洛德走上前说出了他的担心：“如果硬要他们走的话，他们会死的！”

“那就让他们走到死为止吧。这是军事命令！”

俘虏们吓得连话都不敢说了，但克罗斯比心里有数：没几个人不在低声祈求上帝的。

昆兰神父和另一个年轻的神父搀着维莱默神父，他们上路了。最壮实的加尔默罗会白衣修士伯纳多特拉着盲修女玛丽－马德琳。在他们向东走的路上，泽勒斯可以看到一大群美军战俘排好了队，正准备上路。当战俘们转圈圈时，那名北朝鲜少校让这些平民俘虏停了下来，并利用等待美军战俘的这点儿时间发表了一通宣传性讲话："假设你是一名火车司机，机车出了故障，你会怎么办？你们会跪下来祈求火车开起来？还是找一名懂行的专家来修理？在朝鲜，我们知道怎么做。我们不需要你们这些搞宗教的，你们是寄生虫。这个世界上有需要修理的东西。我们知道该干什么。"

最后战俘们都准备好了，这时先来了一辆牛车，车上装满了他们的供应——米袋、干鱼和烟卷。他们后面跟着一长列士兵，约有 700 人，由高级军官约翰·邓恩少校带领。这些战俘从旁边走过时，克罗斯比惊讶地看到有一些士兵们脚上流着血。

平民俘虏们在战俘后面集合好。尽管他们没人光着脚，但许多人穿的鞋很单薄。不少人让人扶着才能走路，泽勒斯和内尔·戴尔轮流帮着玛丽·克莱尔修女，尤金妮娅修女则搀着比阿特丽克丝修女。

接近一座城时，他们认出了那是满浦——他们又回到了当初出发的地方。战俘们走进一个牧场，平民俘虏随着也进去了。他们在地上蹲了几个小时，不知道出了什么事。那位北朝鲜少校先前曾告诉他们，第一天要走 16 英里，他们要为等这么长时间付出惨重的代价。

最后，卫兵把他们叫了起来，好像是因为他们才耽搁了这么长时间。"快点！快点！"他们像牧羊犬似地在队前队后跑来跑去喊叫着。这么紧张的节奏谁都难以忍受。在克罗斯比前面，可以看到有些憔悴的年轻士兵掉了队。在看押他们的士兵的催逼下，他们又跌跌绊绊地往队列里走去。

在他们队列不整地穿过满浦向东走时，天已经黑了。黑暗中，步兵和机枪组急匆匆迈着同一种步伐从他们旁边经过。后边的人用木杠抬着重物小跑着走过，重物左右摇摆着。这是不知疲劳的中国人民志愿军。

战俘们和平民俘虏步履沉重地缓缓而行，但刚走了约 6 英里就让停了下来。现在睡觉，押送的士兵说。他们三四个人挤作一团，这样可以暖和一些。但没几个人睡得好。

11 月 1 日拂晓，他们被叫醒吃了一顿煮玉米。在走出两三英里之后突然停了下来。在队列的前头，救世军的副长官洛德正在为说话的那位北朝鲜少校和几个战俘当翻译。克罗斯比看见他们向一座小山丘顶上走去，边走边说着话。“我命令你们谁也不许掉队，”少校说，“如果掉了队，我将用最严厉的军纪处罚你们，甚至不得不执行死刑。”

他们继续往前走，但几小时后战俘们就不肯走了。少校再次让队列停下来，把各排的负责人叫过来，通过洛德说：“你们违抗了我的命令，我有权处罚你们，现在就把你们都给毙了。”

当少校把手枪顶住洛德的脑袋时，这位救世军副长官还在替年轻士兵们说话，对他面临的危险泰然自若。少校问谁的排掉队的人最多。

停了一会儿，科德斯·桑顿朝山丘上走去。

“你为什么让那 5 个人掉队？”少校责问桑顿。

“因为他们快要死了，先生。”

“你为什么不服从我的命令？”

这位年轻的中尉回答说，那样就会把抬死人的人累死。

少校站在那儿怒目而视，似乎他不知如何是好了，尔后叫过一队路过的北朝鲜士兵，“对一个违抗人民军命令的人该怎么办？”

“毙了他！”他们喊道。

“那就先拿你开刀。”少校说。

“先生，在得克萨斯，”桑顿回话说，“我们把这叫做处私刑。”

少校递给一名看押的士兵一条小毛巾，让他蒙住桑顿的眼睛，用另一条毛巾把桑顿的双手反绑起来。

当少校脱下大衣指着他肩上的徽章时，一等兵威尔伯·雷·埃斯塔布鲁克和杰克·布朗宁在一旁吓得直发抖。埃斯塔布鲁克是在大田附近被俘的，布朗宁是被打散的第 34 步兵师的。“我有权这么干”，少校扣住扳机，走到桑顿中尉背后，父母们试图捂住孩子们的双眼。

少校轻轻地把桑顿头上的皮帽子往上挑了挑，然后扣动了扳机，桑顿一头栽倒在地上。

一名 16 岁的女孩儿尖叫起来。“住口，”少校大叫一声，“再叫把你也给毙了！”他环视了一下受惊的人群。“现在，”他在死一般的寂静中说，“你们明白你们将会怎样了吧。”一名鞑靼商人 8 岁的儿子肖坎特·

萨拉赫津是头一次见死人，他两腿发抖，吓得要解开裤子拉屎了。他这次亲眼看见一个人的脑浆流了出来！

克罗斯比在做祈祷。他们的命运全捏在一个疯子的手心里。外科医生亨利·利厄坎姆平静地从队列中走出来。“这会使我们在平静中团结得更好，”他说，并开始用一根棍在那座小丘脚下挖坟坑。地很硬，利厄坎姆冲呆呆地看着他的人们喊道：“你们没人帮我？”

他的话打破了恐怖的气氛，几名士兵从山丘上把桑顿的尸体抬下来，其他人用棍子和手指头帮利厄坎姆挖坑。桑顿被放进浅浅的坟坑里，盖上土和石头。

他们继续往前走。从那时起，他们给少校起了个新名字“老虎”。战俘和平民俘虏有了一个殉难者——桑顿中尉。在克罗斯比看来，显然战俘们的情况比平民俘虏更糟。壮实些的难友扶着体弱者，架着走不动的人往前走。

“老虎”规定的行进速度太让人受不了了，克罗斯比不知道当有人体力不支不能服从他的命令时会发生什么事情。会有大批的人被杀死吗？

在第一站停下来休息时，一个官衔不小的押送军官走近平民俘虏。他跪下来压低嗓门儿说，“我们并不喜欢看到今天早晨发生的事情。我们的指挥官是个说一不二的人，为了完成这次行军，他什么都可以干。请按他说的办吧。”

一小时后，特蕾萨修女就是扶着也走不动了，便“扑通”倒在地上。克罗斯比把泽勒斯叫过来，“拉里，我们可不能把特蕾萨修女留在后面死掉。”另外两个人帮泽勒斯和克罗斯比七手八脚凑合着绑了一副担架，由四个人抬着她向下一站走去。当他们在路边坐下来时，所有的人都觉得累得简直一点儿也走不动了。特蕾萨修女硬要下来自己走，但当发出继续行进的信号后，4 个人又抬起担架迈着沉重的步伐上路了。走了 1/4 英里后，一名神父大声说：“难道我们不觉得不能再继续走了？我们该怎么办呢？”

他们停下来，轻轻地放下担架。特蕾萨修女硬要在另一位修女的搀扶下自己走。可不管怎样，得设法跟上行进的速度。

泽勒斯感到惊愕。“宾（美国人给克罗斯比起了这个绰号），”他对克罗斯比说，“她怎么能自己走呢？”

“都没劲儿了。特蕾萨修女好久以前就把劲儿用完了。当你身体像她那样虚弱时，你只有拖着走，其他一切信仰都抛弃了。”

同这样的人在一起是一种莫大的殊荣，泽勒斯心想。他第一次认识宾是在开往满浦的火车上。当时，他躺在一个没有任何东西遮掩的窗口边上的厢底上，阵阵寒风袭来，冻得人直发抖。克罗斯比脱下自己身上带拉链的夹克，“来，穿上它。”泽勒斯不肯穿。“穿一会儿，我们轮着穿，”克罗斯比硬是要泽勒斯穿上。泽勒斯这一辈子只是听说过有人脱下自己的衬衫帮助更需要的人，现在他实实在在发现了这样一个人。

那天下午，他们顺着河流行进在蜿蜒于阳光普照的山丘之间。黄昏时，维莱默神父垮了，几个战俘用一张毯子把他抬上。最后他们在一家农舍旁边的牧场里停了下来。他们已走了 20 英里了。战俘们待在露天的牧场上，而平民俘虏则被带到农舍里，在那里，“老虎”对他们说，那些掉了队的俘虏正在军人医院治疗。尔后，他把洛德叫到一边，强迫他在一张纸上签了字，纸上的内容是证明包括桑顿在内的那些掉了队的俘虏是因心力衰竭而死亡的。

外交官们被指定去一间屋子，拖家带口的去另一间屋子，其他的人睡在院子里的稻草上，在大冷天里挤作一团。没几个人能睡得着。拉里·泽勒斯和汉城的贸易交易所的副经理路易斯·丹斯整个晚上都在探望战俘们。

有些战俘试图离押送的士兵们生的火堆近一些，却被赶了回来。黎明后，有 12 个战俘被冻僵了，另有 8 个不能走路。“老虎”命令他们留在后面。洛德听到“老虎”告诉当地人把他们埋了，他说的人里边包括那些走不动的人。

11 月 2 日，他们又走了 20 英里，中途没有休息几站。特蕾萨修女在卡纳万神父和克罗斯比的搀扶下上了路，后来快要晕倒了，不得不用条毯子把她抬起来。可两小时后，她硬要坚持再下地走。伯恩主教和卫理公会传教士克里斯蒂安·马特尔医生互相搀扶着，仍难以继续走下去。76 岁高龄的法国人马特尔太太和两个上了岁数的俄国人芬德拉特太太及伊万·泰雷诺夫也走不动了。但这些人掉在后边时行进速度既没放慢，更没有停下来。他们被迫跟上队形，而不管其遭受的折磨多么痛苦。

他们在一所中学停下来过夜。在给战俘和平民俘虏们吃了一顿饭后，平民俘虏被带到屋里。和上次一样，外交官们用一间屋子，另一间给妇孺们住。其他人被置于一间装满了战俘的大教室的墙角处。屋里边挤得满满的，但仍有数百名冻得够呛的士兵在外边过夜，他们心里暗暗恳求屋里的那些人挤得再紧些。当人们因痉挛、悲哀的下肢痛得直呻吟时，这间屋子就像是一家疯人院。

一名看守的士兵两度让他们安静，第三次，他大声喊道："这是最后一次警告你们。如果再让我回来，我就把门打开，在屋里放一把火!"他砰地把门关上走了。

黑暗处传出一个平静的声音："我说，你们听见那个看守的话了吧。"说话的是美军高级军官约翰·J. 邓恩少校，"我命令你们为了自己保持安静。屋里的军官和军士都在哪儿？你们不能待在一起，要分散开。从现在开始，谁要是叫唤，就把谁扔出去。"

有半个小时没有出现任何声响，后来有人大声呼喊起来。这个冒犯的人被人们从头顶上举到门口猛地扔了出去。又是一阵平静，但后来又有一个人叫了起来。这个人一边叫一边捶着背，直到有人使劲打了他一下喊道："现在就把他扔出去!"

接着是死一般的寂静。"有个军官打那个人了!"屋里回响起一个洪亮、清脆的声音。那名军官自报了姓名、军衔和军号，"如果有谁想在战争结束后站在某个调查委员会面前把这件事弄个明白的话，请说出来!"

屋里鸦雀无声，那天晚上再也没人发出一点响动。

刚过黎明，门被猛地打开了，露出"老虎"笑眯眯的脸。"大家都站起来!"他命令道。可是只有6个男的能站起来。靠近门口的那些人身体往前倒下爬了出去，后面的一排人也跟着爬了出去。

吃过早饭后，"老虎"站到一个箱子上。他宣布，人民政府对他们的健康和最终获释很关心。因此，他们应当为对他们的康乐所做的一切表示感谢，并给予很好的合作。对那些在途中掉队的人不用有丝毫的焦虑！最后，"老虎"带来一个好消息：所有感到走路吃力的妇女将坐车走。

该动身走了，看守们不许克罗斯比和其他搀扶妇女的人仍留在后边，只有救世军的副长官洛德可以，因为还需要他当翻译。男人们刚走得看不见了，内尔·戴尔就被告知到最后也不会有任何车辆，每个人都必须用双腿走，三个老年妇女也不例外——修女比阿特丽克丝和特蕾萨及马特尔太太。

内尔·戴尔尽了她最大的努力使妇女们在一起，但 3 个身体最弱的很快就落在了后面，洛德同她们待在一起。走在前面的妇女也很吃力。内尔乞求看守休息一会，他最后点头同意了。可是她们刚刚伸腿坐在路边，几个看守就开始踢内尔的腿了。妇女们挣扎着站起来继续往前走。过了一会儿，那名懂英语的看守倒是让她们歇一歇，但不许躺在路上。

“你们为什么这样对待我们？”无所畏惧的内尔问，“我们岁数都这么大了，尊重老人难道不是朝鲜的传统？”

“尊重老人是我们的传统，”看守说，“但现在我们是在人民军里，在这些事情上我们是不自由的。”

落在老远的只有修女比阿特丽克丝和尤金妮娅。比阿特丽克丝一屁股蹲在地上起不来了，看守们试图让她起来却是白搭。尤金妮娅也没劲儿了，她恳求看守说，他们正在虐待的是位 76 岁高龄并在朝鲜照顾了 50 年穷人和孤儿的老太太。看守命令她继续往前走，但她硬要和同伴们在一起。“走吧，姐姐，走吧。”比阿特丽克丝说。看守把尤金妮娅推倒在路上。她听到一声枪响，回头一看，比阿特丽克丝的尸体正被推下一个陡峭的山坡！那个小东西翻滚着，最后“砰”的一声滚到深谷里去了。

掉在最后面的两个人终于出现了，洛德用一根绳子拉着俄国寡妇芬德拉太太。吃了点东西后，她们又上路了，但看守非要洛德把芬德拉太太丢在后边。此后她就再也没有追上他们。现在，曾帮着昆兰主教搀扶维莱默神父的那名神父的膝盖也受伤了。克罗斯比接替了膝痛的神父，但上了岁数的维莱默已筋疲力尽了。

“把我留在这儿吧，”他说，“这些人肯定是要我死在他们的院子里，然后把我埋了。”

看守对昆兰和克罗斯比说：“你们不能把他留在这儿，他得继续走。”

两名神父又搀着维莱默走了一英里。在一个拐弯处，他们看见远处停着一辆牛车，便急忙赶过去，恳求那辆牛车不要走开。他们最后到了牛车跟前时，发现了那几个法国外交官和“老虎”。原来是“老虎”截住了一辆运送物资的牛车来给马特尔太太坐。使克罗斯比吃惊的是，“老虎”竟同意让维莱默神父同她一块儿坐上去。在那天下午，“老虎”还为一家处于危难的几口人找到了车辆。

那天晚上，战俘们睡在一所中学里，平民俘虏们则住在一所教堂里。教堂里没有窗户，一名富有同情心的看守点了一个朝鲜式火堆来烘热地板。里边热了起来，连冬天休眠的小虫子也开始乱跑一气。

天刚发亮，看守进来了，平民俘虏们不怎么舒服的休息结束了。泽勒斯往外一看，看见校舍的门口铺着小雪。他环视了一下他们将要走的带状的滑滑的道路，它在丛山中层层蜿蜒。在雪封山之前他们得翻过山顶。“我担心我们中间有人过不了山顶。”泽勒斯说。

“拉里，我的孩子，你是对的，”昆兰主教说，“但是仁慈的上帝会在天国给他们比共产党人在这块不幸的土地上所给予他们的更热烈的欢迎的。”他在此地成为共产党国家之前就已了解它了。

由于下雪，他们没吃早饭就出发了，尽管在头天晚上只吃了一点点。维莱默神父和马特尔太太还让坐牛车，其他人则尽自己最大的努力在蜿蜒于一道道比较宽的环道上往上走。通常总是助人的拉里·泽勒斯扶着修女玛丽·克莱尔，在他们后边是盲修女玛丽－马德琳和修女伯纳多特，伯纳多特在被雪覆盖的茫茫山路上一直陪伴着马德琳。她们边上是为特蕾萨领路的克罗斯比神父。

当往山上爬变得既困难又危险起来时，克罗斯比听到前面响了几枪。他猜想看守们是在像平常一样放几枪解闷儿。在一条深谷的口上，他们遇到一名北朝鲜军官和几名看守正在回头顺着路往下走。他们笑了起来，泽勒斯和克罗斯比谁都没想是发生了什么事情。几分钟之后，他们发现有两名精疲力竭的战俘坐在路边，身后站着几个看守。

平民战俘从另一个拐弯处绕了过去，又听到两声枪响。克罗斯比的脑袋一阵眩晕，两条腿像灌了铅一样，就好像是冲他开的枪一样。原来正在枪杀战俘！

他们走到一名一步也走不动，绝望地坐在路中间的战俘跟前。一名看守站在附近，等着让平民战俘过去。大约过了一分钟，泽勒斯听到“砰”的一声步枪响，他转过身去，看见看守正把尸体往路边上推。首先在他的脑海里，这一野蛮场面几乎很快变幻成被杀害的战俘安然地出现在上帝面前的情景，尔后他又被带回到现实中来。他们又走到其他走不动的年轻士兵跟前。通过这些战俘的眼睛，泽勒斯就可以看出他们明白等待他们的将是什么。

当看到越来越多的战俘筋疲力尽地坐着或躺着，看守们给人以不祥之感地等着平民俘虏经过时，一种绝望的感觉笼罩了克罗斯比神父的心头。如果说昨天还能看出些人性的话，那么恐怖的今天，11 月 4 日，就是人性的终结。

战斗在继续。每一次当他们走近疲惫不堪的战俘——现已极度虚弱，摇摇欲坠，骨瘦如柴——时，克罗斯比都尽可能离他们近些，以便说几句有关在这一时刻上帝的爱怜的话，上帝的宽恕……上帝的报偿正等待着他们。有些战俘点点头，好像听懂了一样。他可以听到前面有一个年轻人的声音在唱《上帝保佑美国》。

泽勒斯来到吃力地抬着一个跟不上行进速度的战友的四个美国大兵前。一名看守命令他们把那个战俘放下，回到队列中去。当这四个美国兵懊悔地服从命令时，一名美军军官出现了，只见牛顿·兰特恩少校一下子把没有活动能力的那个士兵背到肩上，大步往前走去。他这种劲头儿能持续多长时间？泽勒斯弄不明白。和克罗斯比一样，他也被绝望之感主宰了。他看到一个光着脚的战俘试图去扶一名掉在后边的弟兄，但较弱的一个摔倒在地上。看守一把把较壮的那个推开，摆着手势让他自个儿走。光着脚的士兵突然站起来，刚走了几步便又回到摔倒的战友身边，脱下他的两只鞋，尔后紧紧抓在手里，往队列奔去。地上的人和看守都没有表示反对。

在那个死神般的上午，有 21 名战俘被杀害，克罗斯比和泽勒斯现在明白了比阿特丽克丝修女和 18 名在前一天掉队的士兵会是什么样的结果。

由于某些原因，那天上午的死亡行军随后得到了几乎是人道的对待。在昆兰主教和救世军的副长官洛德的恳求下，为所有的妇女、儿童、6 个老头儿和 5 个生病的战俘提供了一辆卡车和一辆公共汽车。此外，还允许他们在第二天早晨休息。次日下午，平民俘虏和战俘的大队一起出发了：后面是行进速度稍慢些的病弱士兵。他们走了 10 英里，在另一个校舍里过了夜。

他们最后于 11 月 8 日在中江里结束了这次行军。包括尤金妮娅修女在内的俘虏们，在寒冷刺骨的雪天里走完了 100 英里崎岖不平的地面，沿途留下了差不多 100 具尸体。这次艰难的长途跋涉现在有一个名字："死亡行军"。

第 18 章　毛泽东设下陷阱

（10 月 26 日～11 月 17 日）

1

10 月 26 日，鸭绿江附近的平民俘虏被转移到另一个战俘营那一天，麦克阿瑟将军正在祝贺韩国第 6 师第 7 团的一支巡逻部队到达鸭绿江边。到达满洲边界的确是一个让人兴奋的时刻，但很快，麦克阿瑟就听说该师的另一个团（第 2 团）在南边 50 空里处遭到灾难性打击。到黎明时，有一个营全军覆没，整个团被打散，幸存者四散逃往山里。这场失败以及直到鸭绿江的过长延伸使第 6 师丧失了战斗力。

韩国第 6 师的崩溃及随之而来的韩国第 2 军其余部队的瓦解，使得美国第 8 集团军的右翼处于危险的境地。白善烨的韩国第 1 师将是中国军队的首要攻击目标，而且看起来生存的机会微乎其微。在白的右翼，韩国第 2 军的残部早已又陷入一片混乱溃退中。在白的左翼，他的部队和美第 24 师之间有一个 15 英里宽的缺口。

盖伊将军的骑兵第 8 团奉命去援助白善烨，但由于路不好走，几天之后才到达白在云山正西、清川江西北 15 空里处的战线。10 月 31 日晨，G 连的一个排长哈里·特罗洛普中尉用两个步兵班、一个配备有一挺轻机枪和一支勃朗宁自动步枪的有 4 名士兵的班和一个火箭筒班建立了一个前哨阵地，包括他自己在内，共 27 个人。他们发现这个地方满地都是韩国军队扔的垃圾。特罗洛普派出一支 4 人巡逻队，用望远镜侦察。当他们走出 400 码之后，遇上了小型武器的火力，特罗洛普打电话给连长戴维斯上尉请求指示，连长要他守住阵地。特罗洛普给营长打电话，得知可在半小时后得到炮火支援。特罗洛普被告知，如果敌人进攻，他要在营里的其他部队增援之前守住阵地。

大约在下午2点，特罗洛普看见有一支营级规模的敌军正向他这边推进。他的排开火了，敌方散开了。可是一个小时左右之后，特罗洛普十分吃惊地看到有更多的敌人集中到他这边来。在他正前方仅300码的地方有一支20人的纵队；在其右翼，另外50名敌军已开始冲过来，这队士兵身穿缝制的棉被似的军服，头戴软软的棉帽，看上去军纪不错。

当敌人靠近时特罗洛普喊了一声“开火！”迫击炮和火箭筒一齐开火，这20名敌人共有5人被打死。右边的敌人散开到掩蔽处，尔后又开始向前运动。

弹药越来越少，特罗洛普请示进一步的命令，被告知马上撤至G连的防区。他这个排带着一具尸体和5名伤员迅速退了回来。特罗洛普奉命用两辆坦克建立了一个防御阵地。晚上9点半他的排遭到75码外的射击之前一切都很平静。尔后敌人推进到25码以内，但在坦克火力的攻击下，他们被击退了。

接下去，50名敌军士兵拿着小型武器和手榴弹过来了。当两个人影向两辆坦克扑去时，特罗洛普用50毫米口径重机枪向他们射击。他听到一声女人的叫声，看见有个人影跪在地上，手捂着脸。在间歇时，他朝人影匍匐过去，看清了是一名妇女。她理了个像士兵一样的短头，身穿军服，带着两颗手榴弹。

一名通信员爬到特罗洛普身边。E兵连的右翼全是敌人，也许G连的后面也渗透进了敌人。有人喊了声：“敌人在那儿！”

当两辆坦克后撤时，从四面八方开始射来弹雨。“冲出去！”特罗洛普喊道。这是一次溃败，他带着两名伤员往回退了25码。两辆坦克上这会儿有八九个伤员，但他们招来了火力，当坦克手和该排的残部往回退过8英尺高的堤岸时，他们被抢走了。

左右两边吹起了军号，敌人看来配合得很好。特罗洛普可以看到许多敌人跑到大道上。他带领大家向南翻过一座小山丘时，他听到有人叫：“特罗洛普中尉，特罗洛普中尉！戴维斯上尉受伤了，他要你来。”

特罗洛普又回到那座山丘，发现戴维斯和一名少尉靠在一起。“想办法把我弄出去。”戴维斯说。他说他的一条腿被击中了，可特罗洛普找不到伤口，尔后他在上尉的肚子上看见有个洞，子弹肯定是从上往下穿过大腿，打在了左膝上。戴维斯已开始出现麻痹，但却丝毫没感到疼痛。“和我在一块，”他说，“替我指挥。”

他被放在一件雨披上。特罗洛普、少尉和两名士兵每人抓住雨披的一个角往山丘上走去。接近山顶时他们发现在约 50 英尺外有敌人。此时，月亮出来了，军号吹了起来，敌人冲下山丘。少尉和两名士兵放下戴维斯，跳进一条好久没用过的沟里。特罗洛普抓住雨披，设法拉着上尉跟在他们后面。当敌人到了 20 英尺远时，少尉和两名士兵跳出去跑了。敌军士兵撒腿就追，而没注意到戴维斯和特罗洛普。一阵密集的枪声，一名士兵栽倒在地上。

少尉逃掉了，但另一名士兵被撂倒了。一刻钟之后，特罗洛普爬了出来，敌军士兵在周围转悠。他又爬了回去，给戴维斯盖上雨披，尔后拔了几把草放上去以作伪装。他手里拿着一支 M－1 步枪向一条冲沟爬去，在那里看到敌人正在查看那两名被打死的士兵的尸体。特罗洛普打出去五发子弹，然后绕过敌人向山丘顶上爬去，把敌人从戴维斯那儿引开。等他又绕回来时已是午夜过后。

特罗洛普先后几次爬上山丘，看一看能否找到援助，结果连个人影也没发现。11 月 1 日凌晨 6 时许，他发现戴维斯身上很热，但脉搏不见了，而且停止了呼吸。为了使尸体好找，特罗洛普在一个棍子上绑了一条草黄色手拍插在地上，然后向前哨阵地摸去，他仍期望发现支援。走了约 200 码之后，他突然撞上两名敌军士兵，一个手里拿着一支 M－1 步枪，另一个拿着一支上了刺刀的苏制卡宾枪。他们把他围住，他站住举起了手，谁也没说话。端着上了刺刀的枪的那个士兵用枪抵住特罗洛普，他们笑着轻轻拍了拍特罗洛普的口袋，嘴里叽叽咕咕说着什么，然后把他推到下面的小路上，朝一间小屋走去。在进小屋之前，一名士兵摘下了特罗洛普的结婚戒指。

在小屋里，特罗洛普试图跟他俩说话，但他们听不懂英语。由于他们穿得比北朝鲜军队好，特罗洛普猜测这两人肯定是他曾听说过的中国士兵。他可以看到拿着 M－1 步枪的士兵手扣着扳机，一副随时开火的姿势，保险机却关着，显然对这种步枪不熟悉。特罗洛普想寻机干掉他。这个看守打着手势让特罗洛普出来，给了他一把镐，为躺在一条小道旁边的一具美军尸体挖一个坟坑。特罗洛普挖土把尸体埋了，在坟头上放了一块石头和一根木棍。

那个中国兵打手势让特罗洛普回小屋去。特罗洛普把镐换到右手上，挥舞起来，在士兵的脑袋上连击三下，夺过M-1步枪迅速翻过山丘，跑进一条小山谷，又爬上一座山丘，藏在树丛里。他身强力壮，又有六发子弹。天气冷得钻心，不管以后怎么样，他已决定去南方过冬了。

到了11月1日，终于有了可信的证据，表明整个云山地区已有大规模中国军队运动。那天下午，一架侦察机发现有两个敌军步兵纵队正沿着距特罗洛普的前哨阵地不远的小道向东南方向运动。“我们的炮弹落在他们队伍的中间，但他们还是一步不停地过来了！”

盖伊将军请求让特罗洛普所属的骑兵第8团撤退，但第1军军长米尔本将军不准。那天晚些时候，米尔本，这位前西点军校的运动员，接到沃克打来的一个电话，说韩国第2军已不复存在，第1军的右翼失去保护，让米尔本带着他的德国种小猎狗“埃博”立即前往清川江南几英里处的小城镇军隅里，以便在通往平壤的大道上组织一支阻击部队。

那天，云山周围的形势不断恶化。夜幕降临时，整个骑兵第8团遭到猛烈进攻。米尔本准许盖伊撤出被围攻的部队。夜里11点45分，盖伊发布了一道命令，让各营和团部做好准备，随时向南撤退。

11月2日晨，特罗洛普中尉被说话声和挖地声吵醒，发现四周都是敌人。但他隐蔽得很好。太阳出来了，天暖融融的，他又睡着了。他第二次醒来时天下起了雨。他看了看表，已是下午6点——幸亏他当初在中国士兵摘他的结婚戒指之前匆忙把表勒到手臂上而没被发现。他等到天黑了才出去，然后慢慢摸了500码来到一条河边。河两边都有中国军队在挖地，可以听到军号声，两个小时后又听到有200名敌军唱着歌沿一条大道站队集合。特罗洛普藏在山上的草丛里观察着这次不寻常的行动，断定他旁边肯定是个什么军营。他猜想，敌人的初次进攻肯定来自西北方向。整个后半夜他都在打瞌睡。

那一天对他所属的团来说是惨痛的一天。到那时，骑兵第8团的全部3个营都被打散，生存者逃往西南方向。

第二天早晨，特罗洛普中尉在敌人的战线后面醒来后发现薄雾蒙蒙，他在草丛中往一座小山爬去，每隔 50 码停下来观察一番。大约上午 10 点钟，他注意到约 100 码开外有一个穿着美军服装的高个子士兵，是个东方人，但看上去又像是在躲避这一地区的敌军，因此特罗洛普猜想他是友军。在用枪对准他后，特罗洛普喊道："嗨，当兵的，你是美国兵吗?"他说是。"哪个连的?"G 连——和特罗洛普是一个连——但他以前从未见过这个家伙。"哪个排的?"

"萨克萨中尉排的。"

"过来，把枪放在左手上，枪口冲地。"

他照办了，说他是下士片川茂。特罗洛普认出了他，说他计划从侧翼绕道逃出去。他俩出发了，突然碰上了几个老百姓，在附近搜寻着什么，其中的两个人拿着枪开了几枪，显然是朝那几个散兵坑开的枪。特罗洛普和片川决定往西去，过了前面的河后再向南转。在小山的盆地里，一些朝鲜老百姓和 200 名中国人正在往北运送伤员。由于这俩美国兵到达河边时正是下半晌，他们一直等到天黑了才过河。但夜幕刚一降临，就吹起了军号——这是中国人的联络信号，而非美国人认为的用以鼓舞士气的东西。河对岸出现了手电筒的光亮。他们回头往小山走时，听到了说话声，便一动也不动地藏了起来，尔后听清了说的是英语，片川爬到前面，藏在一个草丛后面喊道："嗨，你们这俩家伙是美国兵吗?"

"是，我是 G 连的劳伯中尉。"

说话的人同也是 G 连的列兵吉米・沃森和 E 连的一个生病的士兵走了过来。特罗洛普把 M－1 步枪给沃森让他去放哨，当天夜里一直在琢磨计划。他们将在凌晨四五点钟敌人戒备最松的时候往外走，每个人单独行动，相隔 15 英尺距离，以轻轻击掌为联络暗号。特罗洛普告诉他们，万一遇到攻击时才许说话。他们共有四支 M－1 步枪和一把 45 毫米口径手枪，片川有一袋子弹和 4 颗手榴弹、10 袋糖、5 袋咖啡、一个罐头及半壶水。他们打 11 月 1 日中午以后还没吃一口东西，但谁也不饿。他们决定把咖啡和糖留下来在没劲儿时吃，然后交换了姓名和地址，以便有人安全返回后用。除了那个生病的士兵外，其他人都做好了突破敌人防线的准备。生病的士兵只是说："反正他妈的没什么事了。"

2

在北京，毛泽东一直关注着西线战役进展的情况，他在 11 月 2 日夜间致电彭德怀，认为有必要使用第 38 军，隔断清川江南北两边敌人的联系，并坚决消灭北进的美军第 2 师。“此是第一要紧的，其他的都是次要的。”

当沃克奋力支撑正在崩溃的战线的时候，信心十足的阿尔蒙德将军已做好了在东线发动进攻的准备。他命令海军陆战第 7 团从港口城市兴南向北挺进，直扑鸭绿江。美第 7 师也向海军陆战队的右边北进。“当我们把这一带全部扫清后，”阿尔蒙德说，“就让韩国军队来接防，把我们的师撤出朝鲜。”此时他还不知道西线已遭到重大损失。

“我们可望会一会共产党的军队，”第 7 陆战团团长霍默·利曾伯格上校在一份非正式简况介绍中对他的军官和士兵们说，“重要的是，我们得打赢这第一仗。”

11 月 1 日，当中国军队进攻特罗洛普中尉和骑兵第 8 团的时候，陆战第 7 团紧跟在韩国第 26 团后面，乘卡车驶离咸兴。那天下午后半晌，他们为当天晚上的战事形成了一个紧凑的环形防线。那天白天，韩国军队遭到中国军队 124 师的打击，阿尔蒙德的两位参谋断定，进攻部队可能是为了保护中国第 4 野战军的侧翼，并未构成什么威胁。

次日（11 月 2 日）晨，海军陆战 7 团继续前进，中国军队的远程炮火给他们造成了一些伤亡。下午，这支海军陆战队前进了 36 英里，遇到敌人微弱抵抗，到达距离水洞不到一英里的地方，再前进 27 英里多就将到达长津湖南端具有战略意义的村庄下碣隅里了。

他们原以为第二天不会遇到麻烦，因为他们不知道中国军队一个团已集结在北、西两面，另一个团已占领东面高地，第三个预备团就在后面几英里。晚上 11 点，利曾伯格的第 1 营报告说其右翼遭到进攻；一小时后，2 营报告说在其左翼发现北朝鲜军队两个营。形势很快明朗了：陆战 7 团的这两个营正受到左右两侧的全面进攻。

当晚，中国军队增大了压力，阻击了海军陆战队两天。最后，在 11

月 4 日，海军陆战队总算突破阻击，向前推进了 6000 码。

第二天（11 月 5 日）发生了最重要的一件事，麦克阿瑟没有和华盛顿商量就发了一道命令，轰炸鸭绿江大桥北朝鲜一端。此时他认识到了中国军队的干预不是开玩笑，因为他们已经把第 8 集团军赶过清川江，而且有在沃克的主力渡江时攻下桥头堡的危险。

为了阻止中国军队大批拥入朝鲜，麦克阿瑟发出了轰炸鸭绿江大桥北朝鲜一端的命令而事先没有同参谋长联席会议协商。这使远东空军司令斯特拉特迈耶将军非常不安，他立即提醒五角大楼注意这一事态。在执行轰炸任务的飞机起飞 1 小时 20 分钟之前，参谋长联席会议命令麦克阿瑟，在接到进一步的通知之前，推迟对满洲边界 5 英里之内所有目标的轰炸。

11 月 6 日凌晨 2 点，从华盛顿发来的一封急电把麦克阿瑟从床上叫了起来。他把电文拿到桌上的台灯下看，顿感震惊。他先是取消了轰炸的命令，尔后坐下来拟了一封复电。"大队人马和物资正从满洲涌过鸭绿江上的各座桥梁"，麦克阿瑟发电报说，轰炸推迟的每一小时都将使美国军队和其他联合国军队付出大量鲜血。"我是在我所能提出的最严重的抗议之下暂缓进行这次打击，并执行您的命令的。"他要求参谋长联席会议立即重新考虑其命令。

布雷德利接到东京发来的电报后，立即打电话告诉了总统。总统最近在布莱尔大厦差点儿遭到波多黎各革命分子的暗杀。显然，他没有与麦克阿瑟对着干的情绪，便点头同意了。"让他干去吧。"总统答复布雷德利。毕竟麦克阿瑟是在战场上，对问题感觉强烈。这一次，麦克阿瑟又按自己的想法去干了，参谋长联席会议授权他去执行已计划好的轰炸。

似乎暗中参与了东京和华盛顿发生的一切，令美国人大惑不解的是，中国军队在同一天同联合国军脱离了接触。在西部，沿清川江布防的澳大利亚军队看到中国军队在黎明前发动了一次进攻后就撤走了。那天一整天，侦察机都报告说看到中国军队向北撤退。夜幕降临时，他们消失在群山之中。在东面，海军陆战第 7 团仍在镇兴里以北同中国军队交火，但当麦克阿瑟在第一天一清早醒来时，敌人神秘地消失了。

中国军队的撤退使关于中国干预的争执又起。它是真的干预吗？也许他们遭受的打击太重了才不得不后退的。另一些人臆测，中国军队撤退是给联合国军时间，来重新考虑向鸭绿江推进之行动。

对于麦克阿瑟来说，他只赞成制订从东西两面发动一场全面进攻的计划。

3

在北京，毛泽东情绪高昂。他对麦克阿瑟的分析准确无误，强烈的自信正诱引这位最高司令往陷阱里跳。由于沃克不知怎么地已把其大部分军队安全撤过了清川江，毛认识到硬要按他原来的计划发动进攻将是蛮干。志愿军的补给已经消耗殆尽。因此在前一天，毛命令彭在东西两线同时突然停止了进攻，第一次战役结束。

毛认为，虽然没有完全实现当初制订的头 13 天里的歼敌计划，但已经歼敌 15000 人，挫败了麦克阿瑟在感恩节前占领整个朝鲜的计划。朝鲜的形势已经稳定下来，为重新作出估判和金日成重组其被打散的军队赢得了时间。这次战役还使中国人民志愿军在获得了与装备重型武器的敌人作战的经验的同时，在朝鲜建立了一个稳固的阵地。

毛估计，由于这次突然撤退，**自认为**已打退中国军队的麦克阿瑟会命令部队继续向北推进，从而冒险延长其供应线，然后中国人民志愿军和北朝鲜军队可以从其在树林茂密的深山里的隐蔽处出击，赢得决定性的战役。

根据彭的建议，毛命令志愿军采取扩大正面运动防御与游击战相结合的方针。“如小敌则歼灭之，如大敌则边打边退，诱敌深入，以便主力部队消灭之。”

在征得参谋长联席会议批准后，麦克阿瑟在 11 月 8 日命令轰炸鸭绿江上的桥梁。第一批轰炸造成的破坏甚小，中国军队继续进入朝鲜。然而，这次轰炸却产生了历史上第一次喷气式飞机之间的空战。拉塞尔·布朗中尉驾驶一架 F-80 战斗轰炸机击落一架苏制米格-15 战斗机（也许驾驶员是中国人）。米格飞机的出现更使麦克阿瑟深信在鸭绿江边阻止中国军队的严重入侵乃是上策的信念。

同一天，参谋长联席会议的一封电文给了麦克阿瑟所需要的机会。参谋长联席会议征求他如果中国人可能采取下一步行动他对轰炸的最新看法。麦克阿瑟答复说，用他的空中力量，就可以切断从鸭绿江北边对目前正与他对阵的中国军队的增援。“我计划在 11 月 15 日前后发动旨在推进到边界并夺取整个北朝鲜的进攻。任何缺乏这一目的的计划会完全摧毁我的军队的士气，而且心理上造成的后果将是无法估量的。”

尔后，麦克阿瑟想直接给杜鲁门一击：“把北朝鲜任何港口放弃给中国共产党分子的侵略，都将是自由世界在近期的最大失败。如果真要屈从于这样一种邪恶主张，将有损于我们在亚洲的领导和影响，并在政治和军事上使我们难于立足。”

参谋长联席会议又一次屈从了。他们建议，麦克阿瑟提出的全面进攻计划“应当予以审查但不应改变”。换句话说，只要看起来“有适当的成功机会”，就应允许他去干。

艾奇逊、马歇尔等人一字不落地接受了参谋长联席会议给麦克阿瑟怯弱的答复。“总统所有在此问题、民事和军事方面的顾问，都知道出了严重差错，但对于是什么差错、怎么去找以及怎么处理，全都不吭声。”艾奇逊如此坦白承认，“如果杜鲁门当初像英国人建议的那样，支持参谋长联席会议，发布一项命令，退缩到朝鲜的窄腰，而且沃克也愿意这样去做，常识和理性就会处于支配地位。但那样就意味着一场同麦克阿瑟的斗争，会被他指责为否定他取得的胜利……因此，他们犹豫了，动摇了，机会也就失掉了。当每个人都行动无误时，我想，没有谁会在事后对自己十分满意。”

在西部前线，第 8 集团军至少将有 7 个师、大量炮兵和坦克来发动一场全面攻势。最使沃克担忧的是后勤。支持这样一场进攻一天至少需要 4000 吨供应物资，而他只得到了这个数字的一半。沃克告知麦克阿瑟，11 月 24 日之前他不能发起进攻。

在东部前线，存在着另一个问题。麦克阿瑟的作战军官埃德温·赖特准将认为阿尔蒙德把第 10 军的前线铺得太宽，他劝麦克阿瑟给急于在几个地方同时到达鸭绿江的阿尔蒙德降降温，第 10 军应该一切为了支持第 8 集团军推进。随后，赖特建议让阿尔蒙德准备改变其任务，以便配合沃克的全面进攻。

尽管麦克阿瑟很信任阿尔蒙德，但还是同意了赖特的意见。11 月 15 日，这位第 10 军军长奉命重新确定了进攻方向，向鸭绿江的全速推进将服从于对阿尔蒙德不大看得起的沃克将军的支援。阿尔蒙德接受了麦克阿瑟的决定而没有提出异议。向西发动一场进攻以支援沃克的计划将主要由海军陆战队来实施，但允许巴尔将军的第 7 师继续向鸭绿江推进。实际上，阿尔蒙德是在使巴尔不能支援第 8 集团军。

沃克和阿尔蒙德之间长长的缺口最短处，即从第 8 集团军右翼的最北端到第 10 军左翼最靠西的阵地之间的距离，仍至少有 20 空里。再往南，空隙约为 35 空里，而通过山路的路上的实际距离就更大了。

阿尔蒙德和沃克安排了一套巡逻计划，但巡逻队很少进入缺口地带。但这一疏忽似乎并未使阿尔蒙德操心，沃克却深为之担忧。麦克阿瑟个人认为，北朝鲜的山脊使得中国军队不可能利用这一地区展开军事行动。这表明他对新敌人的了解是多么少。对于阿尔蒙德来说，第 10 军和第 8 集团军之间的联络靠无线电和一名联络官每天乘飞机来回一趟似乎就足够了。

到 11 月 17 日，沃克已解决了后勤问题，他通知东京，可在一星期内发起全面进攻。麦克阿瑟把暂定的进攻日期转告给参谋长联席会议，还颇为乐观地说，由于空中进攻大大减少了敌人补给的能力，已切断了战场同中国增援部队的联系。他再次重申，前景一派光明。

4

一周以前，毛泽东已命令彭一个月内在东西两线发动一场联合进攻，争取歼敌七八个团，把战线推进到平壤至东海岸之间。“如果实现了这个目标，”他断言，“我军就在根本上胜利了。”

四天后，彭德怀召集了志愿军党委会议，决定了下一步的作战方针和作战计划。会议同意仍采取运动战、阵地战、游击战相结合，内线和外线相结合的方针，力求在运动中消灭敌军。

会议还认为，歼灭敌人有两种方法：围点打援；以 2 ~ 3 个军（相当于美军 6 ~ 9 个师）进入敌人控制的区域。“坚决执行毛主席的命令，往南推进到平壤至东海岸地区，歼敌六七个团，使敌人由进攻转入防御，以便我军将来进行反攻。”

为了铺设毛泽东计划的陷阱，东部的志愿军在 11 月 7 日突然停止了对向长津湖前进的海军陆战队的进攻，撤退了。两天后，西线的志愿军也佯装败退。

11 月 10 日，沃克和阿尔蒙德按照麦克阿瑟的命令继续向北推进，到第 7 天时，两人都接近彭德怀正准备进行重大战役的地区。不幸的是，第 8 集团军和第 10 军的情报机关都大大低估了彭德怀的实力——事实上，他们都还误认为是林彪负责志愿军——而且也没有查明隐蔽起来、正在为歼灭他们而秘密进行准备的敌人的行踪。

第 19 章　功败垂成

（11 月 6 ~ 26 日）

1

在西线，哈里·特罗洛普中尉因带领一队人通往安全地带的企图屡屡受挫，心情十分沮丧，感到腹背受敌，几乎没有成功的机会。11 月 6 日，他们在一片遗弃的散兵坑里偶然发现两只士兵背囊，内有 6 条毛毯、两只睡袋以及短裤、袜子、剃发用具和牙刷，另外还发现一只装满手榴弹和子弹的木箱。至此，特罗洛普已损失 1 人，剩存的 4 个人在阵地四周用手榴弹布下饵雷后，感觉安全多了。而更能令特罗洛普振作精神的是现在可以刷刷牙了。

次日下午，正寻觅食物的他们听到坦克火炮和密集的轻武器射击声，于是决定坚守原地，以待友军突围出来。天黑后，特罗洛普爬上崖顶瞭望。11 月 8 日凌晨 4 时，他又听到一阵坦克炮声和 T－34 坦克开进的轰鸣声。特罗洛普溜下山崖与同伴会合。他翻出一卷卫生纸，在地上拼出“**HELP**”（“求救”——译者），每个字母五英尺，其上压以石块。黎明时分，一架联络机在上空盘旋，但显然没看到他们，特罗洛普脱下短袖衫挥舞，仍运气不佳，无济于事。

他们饥肠辘辘。下午 3 时左右，特罗洛普和片川决定去搜索一下这一带唯一的民宅。距离民宅尚有 200 码时撞见一个约 18 岁的男孩，特罗洛普勾动食指示意：要不要干掉他？片川也用手势回答：抓活的。他俩爬到离男孩 30 英尺范围内，突然跃起扑上去。

“我，美军的。”那个朝鲜人不住地念叨。特罗洛普问，是哪个营的？“2 营。”“营长是谁？”男孩说出三个名字并将菲尔兹上尉描述一番。最后他说有办法天黑后带来食物。疑念未消，特罗洛普指示他傍晚 7 点老地方见面。

片川和特罗洛普提前一小时返回，以防有诈。几分钟后，看到男孩从山洞出来，背着个大包袱。整 7 点钟时，他发出呼唤："嘞哎。"他搞到近 10 磅小米饭，其中掺杂着菜豆，外带一种深绿色酱，黏糊糊、酸溜溜的。男孩乞求带他一起走。"明天这个时候再带些食物来，"特罗洛普说，"你的事我们会考虑。"

集体摸黑饱餐一顿，余下的第二天享用。对于特罗洛普来说，这些食物味道之美犹如亚赛牛排。第二天一早用过餐后，各自擦拭武器。下午时分，一颗饵雷炸响了。他们提心吊胆等了半小时，一直不见敌人踪影。满腹狐疑的特罗洛普和另外一人摸上山坡，看到炸死一名朝鲜中年妇女。他们将她拖走掩埋掉。

一架 C－47 运输机飞临上空，在这一地区盘旋。能听到一个女人在用外语广播，讲的大概是中国话，然后是音乐，接着又是更多的讲话。一小时后，一架联络机在上空往返飞行，四个人一齐走出丛林挥动手臂，但驾驶员竟视而不见。特罗洛普在日记中写道："我们全体一致用不登大雅之堂的字眼儿对该机发表了意见，并研讨了该驾驶员的先人祖宗。"

天黑后，片川和特罗洛普再次去见那个朝鲜小伙子。他又带来了食物，但声明给他食物的人再也拿不出什么东西吃了。特罗洛普决定让他入伙，他们匀出武器装备给他，但不分派他站岗放哨。三天里，他们不断变换阵位，企图向南突出重围，结果均枉自徒劳。11 月 12 日深夜，直线距离清川江河口 20 英里处，他们跨越一条小溪，经过一座村庄，然后爬上一道山梁，在这里发现孤零零一间小草房，草房里找到一些马铃薯和一桶干玉米粒。他们点燃一堆火，煮咖啡，烧烤玉米粒，味道像爆玉米花，十分可口。

一路陡直上攀，隔 5 分钟就得休息一次。终于到达一处小平台，便安顿下来过夜。近处的枪炮声清晰可闻，但他们个个筋疲力尽，谁也没心思搞清声音是打哪儿传来的。

拂晓，他们登上峰顶，从那里可看到清川江河口和黄海。空气变得寒冷刺骨，地面结了白霜。特罗洛普看到敌军正在北面修筑掩体和反坦克壕。他估计友军阵线当在南面约 5 英里，故决定由此下山，登上山谷那边与北进的联合国军会合。

正准备动身之际，发现一个村民领着 8 名北朝鲜兵沿小路朝山上走来。双方距离已不足 30 码了，来人拐上另一条小路。片川和特罗洛普小心翼翼地摸到山脊，背面有 6 个敌人正向下移动。他们意识到再次被包围了，于是赶紧布下饵雷。

当天夜里冻得人睡不着觉。天亮时，谁都懒得动。最有活力的要算片川，特罗洛普这时全靠他了。他俩负责取水，沃森、劳伯和朝鲜小伙子（此时已有个绰号“查理”）负责寻找食物。后面这三个人几小时后返回，搞到一些红薯和少量小米。沃森透露说，路遇 4 个朝鲜男孩儿，现已带来。

特罗洛普火冒三丈。他们究竟在哪儿？下面，一个山洞里，最大的差不多 17 岁，最小的 15 岁。特罗洛普仔细盘问，他们自称是在躲避北朝鲜兵，因为不愿当兵。注意到他们脚下穿的都是陆军军用胶鞋，特罗洛普猜测他们是开小差的北朝鲜人民军。他问，是否携带着武器？带了。一支脏兮兮的 M－1 步枪，枪栓已被冻死，两只长长的苏式步枪，只有五六发子弹。特罗洛普慢慢相信了他们，并从他们嘴里得知美军坦克已推进到这一地区，但无法突破防线。

“照你们看，我们能不能冲出去？”

回答是否定的。要是能的话，他们几个早那样做了。次日，11 月 16 日上午，特罗洛普带着两名朝鲜人下山取水，顺便侦察一下敌军撤走没有。50 名北朝鲜兵正押送两辆牛车东行。一小时后，三人在回山途中听到一声饵雷爆炸声。“哇，咱们炸死两个。”片川告诉特罗洛普。

“炸死没有？”特罗洛普问。

“没查看，但我相信是炸死了。”

既然发出这么大声响，特罗洛普知道非转移不可了。正打点行装时，忽听有人声越来越近，沃森和特罗洛普抓起 M－1 步枪和手榴弹，趴在一块突岩上居高临下。令特罗洛普惊叹不已的是，眼前是一派日常景象：五六个穿白衣的妇女头顶包裹沿山脊南侧走下溪谷，那边有 3 个孩子在一所房舍周围游戏。特罗洛普回来告诉其他人，务必等到第二天早晨再出发。当晚，大雪纷飞。

他们天亮时离开，先朝西走，然后下山。夜晚，运输车辆南来北往。前方是一片平坦的田野，白日里无任何掩护。由于过度疲劳，他们无法夜间行军。尽管如此，士气倒还满高。第二天早晨，敌军在一英里外按50码间隔展开。特罗洛普一队人白天隐匿，傍晚作出继续前进的决定。

凌晨4点启程，天还没亮。他们来到一条小河边，打算相机渡河，然而敌军活动频繁，只好转向南走，天亮时，他们离开公路，走向几间看上去已废弃的农舍，但考虑到闯进去过于冒险，全体一致同意宁愿在无粮的情况下再走三天。此时是11月19日，特罗洛普和他的小组疲于奔命长达两个半星期了。

2

沃克已制订出挺进鸭绿江的完整计划。英联邦旅已进入阵地，尽管其中许多来自中国香港的士兵还穿着热带服装。没有一人有全套像样的御寒装备。二等兵朱利安·滕斯托尔发现这里的风真是夹着冰碴往脸上刮，这是他头一次领教朝鲜的冬天，有生以来从未经受过如此酷寒。11月19日，风云骤变，接连12小时的倾盆大雨，使钢铁般坚硬的冻土变得泥泞不堪。英军的行动被迫推迟。

11月21日，捷报传来，东京一片欢腾。东线美军第7师的先头部队库珀特遣队长驱直入，未遇任何抵抗，进入鸭绿江畔的一个小镇惠山津。阿尔蒙德驱车30英里赶去拍了张临江望满洲的倩影。麦克阿瑟欣喜若狂，致电第10军军长："最衷心的祝贺，内德，转告戴维·巴尔的第7师中了头彩。"

这一日，摄影师们倾巢出动。不少官兵得意忘形，效仿当年丘吉尔和巴顿在莱茵河畔的行径，朝鸭绿江中大撒其尿。这一景象若被对岸中国哨兵通过阵地望远镜看到，定会大惑不解。

这一消息登上头版头条。艾奇逊连同国防部其他官员会晤了继路易斯·约翰逊任国防部长的乔治·马歇尔。五角大楼的将军们额手相庆，但他们主要关注的是如何设法让中国人同意在边界设立中立区这一棘手问题。国防部副部长罗伯特·洛维特建议：麦克阿瑟应为设立非军事缓冲地带创造条件，部队后撤至鸭绿江以南建立防御阵地。几乎所有在场的人都赞同洛维特的主张，柯林斯将军甚至勾勒出一条鸭绿江以南 10 ~ 25 英里的假想线。此项建议表明参谋长联席会议将沃克的第 8 集团军遭受重创的事实弃之脑后。洛维特纯粹是异想天开。谋臣策士，不论是武将还是文官，大谈特谈上述设想，只能说明坐在半个地球之外的美国领导层思维紊乱。更可悲的是，守在朝鲜这口沸腾大锅旁的麦克阿瑟及其心腹幕僚同样不能面对现实。整整一个韩国第 2 军已被打得仓皇溃逃，而参谋长联席会议居然认为战争要结束了，就因为一小股美军窜到了鸭绿江边。他们可曾记得首批联合国军向同一虚幻目标前进时的下场吗？

3

紫禁城墙根下一座古代平房建筑中，毛泽东正在运筹设置陷阱的最后步骤。这间陋室是自中国参战以来毛同其夫人隐居的地方。他深居简出，甚至不到几英里外的中央军事委员会所在地去主持会议。他私下会见的只有周恩来和其他两个年轻有为的官员。毛对周的信任基于两点：一是周乃大儒，忠心耿耿；二是，他是一位行政大师，有能力处理军事、外交、内政，甚至各级党务等问题。给彭下达的命令便是在这些私下面晤中商定的。这一工作班子如此之小，如此之严密，外人无从知道毛的顾问究竟是何许人。

毛半躺半卧在床上，一连几小时研究中国古代史。他从未上过军事院校，但具有独到的打仗天才，这来自他本人多年成败的经验。彭德怀崇拜毛，但有所保留。主席似乎对现代武器不闻不问，更注重诸如孙子等古代兵法家惯用的韬略权谋，而那些玄妙的东西无法编成明确的教材训导官兵。

毛布下的套圈彭完全赞成，那也是他本人首倡的。这一战略说来也简单，中国军队将门户大开，佯作撤军，一旦敌人猛扑进来，彭的部队将相机击破其中最薄弱的侧翼。当毛得知麦克阿瑟已上钩后，便下令 11 月 24 日发起全线总攻，立即电告彭，25 日拂晓发动反攻。这无疑将给沃克以突如其来的打击。

4

11 月 22 日，感恩节前夕，英国记者雷金纳德·汤普森采访了“矮人”米尔本将军，得出的印象是，这位 1 军军长对即将发起的总攻势并不感到乐观。后勤补供不足却不妨碍将大批火鸡、酸果酱罐头、南瓜馅饼运抵朝鲜，让每个在打仗的妈妈的宝贝儿子享受传统的感恩节聚餐。

汤普森利用节假日遍访了西北前线。各团指挥所印刷了精美的菜单，桌上铺着雪白的桌布，彻底烧焦的村庄废墟中央点缀起节日蜡烛，有些单位居然发放了威士忌酒，更有甚者则提供官兵奢侈的热水浴和用以更换的新军服。

鸭绿江边的惠山津，沿江平行的公路边，特为库珀特遣队的工兵摆下全套的感恩节宴席。他们于晚宴之后又得接着抡锹挥镐。天寒地冻，一等兵勒努瓦·鲍曼觉得连抡三下非把两只手甩下来不可。过江的中国人接二连三地向他们发射迫击炮弹。士兵们接到命令，不许还击，只能埋头干活。

远在南方，第 10 军多数部队一边享受感恩节美餐，一边大谈特谈库珀特遣队直抵鸭绿江且未遇任何抵抗的新闻。陆战第 5 团已在长津湖东岸展开，塔普莱特的第 3 营首当其冲。陆战第 7 团正向湖的另一侧运动，除冰冷的口粮外，什么也没得到。他们那份儿火鸡第二天才能送到。恶劣的天气教人大吃苦头。一个小兵去厕所，几分钟后同伴听到呼救声，原来是屁股冻在了马桶上，只好请军医把他弄下来。

11 月 24 日上午 10 时，沃克的总攻击以猛烈的预备性炮击开始。40 分钟后，麦克阿瑟的座机在清川江边的前进机场着陆。他召见沃克和米尔本将军时，蹲在地上抚弄着米尔本的德国牧羊犬。听罢战况简报，麦克阿瑟乘吉普车前往第 9 军军部，在那里，军长约翰·库尔特少将报告说，他的部队急于挺进鸭绿江。整个 75 英里宽的战线上进攻部队几乎未遇抵抗。欧内斯特·霍布赖特听到麦克阿瑟答复说：“杰克，你可以告诉他们，赶到鸭绿江，全都可以回家。我保证说话算数，他们能够同家人共进圣诞晚餐。”

视察前线的5小时里，麦克阿瑟踌躇满志，裹着花哨的方格围脖，同战地指挥官闲谈，对凛冽的寒风一无所惧。午后，他重新登上座机，随行人员个个做好返回东京3小时航程的准备，不料麦克阿瑟指示驾驶员飞往鸭绿江口。此语一出，满座皆惊。一位记者开玩笑地问："此行确有必要吗？"

他们先朝南飞，带上从金浦机场调来的又一架护航机，然后掉头北上，在鸭绿江口向右转沿江飞行。他们经过江界上空，据信那里有敌军指挥部，此时已燃起熊熊大火。

他们飞越冰雪覆盖的崇山峻岭，将军们得以俯瞰坐落着水电站大坝的两大水库。此时麦克阿瑟告诉驾驶员飞越惠山津，"摇摇翅膀什么的"。

乘员们系好安全带。几分钟后，飞机摇摆着双翼向库珀特遣队致敬，尔后开始返航。当护航机告别时，麦克阿瑟对着话筒说："为了这次壮观的飞行，感谢诸位。"

这一天对麦克阿瑟来说是令人陶醉的，对沃克则不然。当沃克的吉普车队驶往最高统帅部时，乔·泰纳和迈克·林奇注意到顶头上司神情古怪。他二人对沃克再了解不过了，即使在最危难的日子里，沃克也不会流露丝毫情感，而今天却仿佛变成另一个人。当他们站在跑道上目送麦克阿瑟离去时，沃克突然骂道："扯淡。"乔和迈克面面相觑，他们以前从未听到过沃克当着人面使用亵渎的言辞。但瞥了一眼沃克的脸色后，他俩立刻明白了为什么他再也按捺不住激动的心情。

他们正朝着准备返回平壤的L－17座机走去。沃克突然让迈克拦截住一辆正要离开机场的宪兵吉普。他爬上车，告诉司机送他前往第24师指挥部。此次巡访十分简短。沃克指示丘奇将军转告西线攻击的先锋团团长迪克·斯蒂芬斯，"一闻到中国炒面味，马上撤退"。这意味着擅自将先前全线总攻的命令改为一次试探性进攻。命令下达之后，沃克脸上又恢复了平静。

在外行人看来，沃克的举动似乎没什么了不起。但对职业军人而言，这将是戎马生涯中最难作出的决定。它发生在必须由服从上级无理的命令和顾及部下安危之间作出抉择的指挥官身上。马修·李奇微将军称此决定为一个战役总指挥必须面对的最伟大的挑战。乔治·C. 马歇尔将军说此举是“把军职豁出去了”。在未摸清中国军队的底细之前，沃克先是制造种种借口推迟进攻，最后奉命发起进攻时，他仍是顾虑重重。在陪伴麦克阿瑟的 5 小时里，他反复权衡关于中国军队威胁截然相反的两种意见，最后得出的结论是自己的情报来源更为准确。一俟确信，职业道德上则没有选择余地。于是，他抗命了。

在东京，麦克阿瑟发布了致联合国和全世界的特别公告。军事史上很少有哪一位高级指挥官将自己的进攻计划泄露给敌方。但无人能阻止他，他已成为无可争议的军中恺撒，唯我独尊，“巨大的钳形攻势按照预定计划今天开始行动”。两翼都取得进展，“我军损失微乎其微”。前景一片光明。3 日内，阿尔蒙德也将按计划发起进攻。

阿尔蒙德此时正计划将海军陆战第 5 团调往长津西侧，让巴尔的步兵第 7 师单独由东侧发起进攻，这样便可将敌军包围在两支钳臂之中。是日清晨，第 32 步兵团 1 营营长邓·费思中校抵达长津湖南端的下碣隅里，当他向东开进时，遇到迎面前来的雷蒙德·默里上校。这位陆战第 5 团团长通知费思，新到的第 32 步兵团团部在北面约 8 英里处，塔普莱特营还要向北 4 英里。这一地区的指挥权仍归默里，因为阿尔蒙德尚未签发新的任命。他指定费思营在通往塔普莱特营的半途中集结。默里向困惑不解的费思解释，他尚未接到将陆战第 5 团转移到湖西侧的命令，但估计上午就能接到此项命令。

塔普莱特已派遣一个排向北侦察巨大的水力发电站。他们遭遇到了中国人，打死 5 人，俘虏 1 人，摧毁丢弃的 75 毫米炮 1 门。他们继续北上，直到湖北侧顶端未再发现中国人，便返回了。北面看上去一切平静。

11 月 25 日，第 8 集团军继续谨慎推进。在 75 英里战线最左端的边缘地带，特罗洛普中尉一队人对向东发起的大规模进攻一无所知。他们千方百计寻找一条回归路线，好回到原先俯瞰黄海的阵地上。特罗洛普此时已信任了那 5 个年轻的朝鲜人，派他们搜寻可突破敌军防线的缝隙。天黑之后，一名朝鲜人在前带路，全体走上一条羊肠小道。到达一个村庄时，特罗洛普命令每个人都挎起枪，装作巡逻的样子。房屋在燃烧，村民忙于抢救财物，谁都没留意他们。当几名敌军接近时，他们拉低帽檐，加快了步伐。穿着各式服装的敌军士兵，很有礼貌地闪在路边让他们通过。双方都未吭一声。

前方火光通明。一个朝鲜男孩报告说，周围的树林里都是敌人，现在他们正回村洗手吃饭。特罗洛普等人继续前行至另一村庄，这里也在燃烧。这时前面开路的是片川，他沿河边小路快速行进。两名敌人突然出现在转弯处，片川用 M－1 步枪将其击毙。

多尔文特遣队是美军第 25 师的先头部队。11 月 25 日黄昏，其一部，第 27 团的伊赛连登上瞰控峡谷的高地，其位置在特罗洛普等人东面约 5 英里。3 排排长 J. C. 伯奇中尉将 3 个班分别扼守在三尖顶峰顶上，中尉所在的这个班发现置身于朝鲜人的坟地里。士兵们很不情愿地在冰冻的土地上挖掘掩体。暮霭中，他们看到远处灌木丛中有模糊的人影晃动，起初以为是平民，但夜幕降临后，右侧传来一挺机枪和一些步枪的射击声，寂静被打破了。

这是毛泽东的反攻。志愿军 3 个军（相当美军 9 个师）在黄昏时分突然向西线发起进攻。

几分钟后，伯奇右面的一班人已被全歼。伯奇听到附近有人用外语小声交谈，但什么也看不见。他企图用无线电请求炮火支援，但联系不上。20 分钟后，谈话声停止了，出现了短暂的宁静，接着五六颗手榴弹在坟地中炸开了。伯奇蜷缩成一团，继续联络。他看到手下两名韩国兵走到月光下，当十几名敌人越过山脊时，他们惊叫起来。一枚手榴弹投至卧倒在伯奇附近的一名中士身边，将中士炸得紧贴在伯奇身上，伯奇跳起身一看，少说也有 80 个中国兵三面包围着他，距离近得拿块石头即可打中其中任何一个人。

“撤到连里去!”他高喊一声。幸存者拔腿飞逃，伯奇用卡宾枪断后。他撂倒两个，趁敌人还未开火，转身就跑。敌人不断呼喊：“美国佬，回来呀！美国佬，害怕了吗?”

霎时间，步枪、冲锋枪从上面射向伯奇这帮人，敌人占有 10 比 1 的压倒优势。峰顶下 20 码十分陡峭，月光下中国人清晰可见。美军连续投掷手榴弹，用 M－1 步枪射击。

伯奇逃回连部，为被围困的 3 营要求炮火支援，同时要求派兵增援兰杰连。特遣队指挥官韦尔本·“汤姆”·多尔文中校此时却得到消息，说机动连正遭到为数众多大吹喇叭的中国人猛烈围攻。

特罗洛普等人仍在寻找突破敌军防线的空隙。午夜过后约 1 小时，劳伯在前开路，其他人紧跟其后。走了 1/4 英里后，劳伯停下脚步说："我听到有动静。"几个人四下散开。特罗洛普蹿到崖边，看到一棵树下出现一道闪光，他以为又是敌军潜伏哨，打算从旁边爬过去，却听到有人咕哝："上帝呀，我的脚可真冷。"

特罗洛普惊呼："嘿，美国丘八！"

"谁在那边？"一个声音喝道。

"哈里·特罗洛普中尉。"他站起身，枪口朝地。一个卫兵出现了，开始盘问他。家乡在哪？所在州的州府？隶属关系？有多少人？

"过来一个人。"哨兵最终说道。等特罗洛普走到跟前，哨兵说："OK，让其余的人也出来吧。"他始终端着勃朗宁自动步枪，逐个进行检查。

历经 25 个昼夜的磨难，哈里·特罗洛普的英雄传奇终于告一段落。他又重新回到在英阳以西 1 英里的第 89 坦克营。具有讽刺意味的是，他遇到的救星多尔文特遣队反倒自身难保了。

45 分钟后，"汤姆"·多尔文收到一份简报，说兰杰连已将中国人击退，尽管该连连长身负重伤。接到报告之后，出现了一段不祥的寂静。伊赛连前沿的激战一直进行到拂晓。但对其右面的兰杰连的攻击仍在持续。

多尔文此时得知兰杰连已丢掉了山头阵地，于是请求炮火集中轰炸山顶，多使用白磷燃烧弹。当崖顶炸成一片火海时，多尔文遇到了狼狈不堪的兰杰连幸存者。将他们送回师部之后，多尔文决定调第 35 团的贝克连投入战斗。

然而第 35 团没有跟特遣队齐头并进，多尔文与右翼的第 24 团又联络不上。第 24 团战区的一个制高点已落入敌军手中，威胁到多尔文的后方。夜里，贝克连同样遭到攻击，尽管伤亡不重。由于损失了兰杰连，给多尔文造成无法弥补的缺口。虽然不甘心，但他还是判定，除非第 24 团迅速靠拢过来，否则特遣队将被打垮。他有所不知，第 24 团在夜间的战斗中连续猛攻，径直闯入了中国军队的一个巨大的集结中心。在东面，第 2 师第 9 团罹受重创，还剩下两个步枪连，补给枯竭，通信断绝，陷入重围。

第 8 集团军右端，只有韩国第 2 军军长刘载兴将军发来的零星报告。沃克对于在彭德怀重兵猛攻下两个韩国师早已溃逃的情况一无所知。彭派遣小股部队渗透到联合国军背后，用手榴弹和刺刀死打硬拼，迫使敌军火力优势无法发挥作用。彭和毛采用的突袭战术打得韩国军队措手不及。结果是兵败如山倒，车辆互相冲撞，所有退路都被无可挽回地堵塞了。

是日下午，韩军总参谋长钟日昆与刚晋升少校的美军顾问吉姆·豪斯曼乘吉普车赶到军隅里，打算直接从刘将军那里了解战况。刘和其美军顾问刚从前线返回，告之两个师已溃散，亟须救援。刘载兴这位在鲍灵谷立下赫赫战功的英雄，敦促钟日昆速返米尔本的司令部报告情况。“你可以提交一份现场观察报告，说明我部的伤亡情况和我的请求。”不论钟还是豪斯曼都不乐意动身，因为天就要黑了，另据报告，中国军队已出现在后方。

刘载兴派出自己最得力的宪兵队长作前导，钟日昆和豪斯曼才勉强同乘一辆吉普车离开了。前排的护卫只有随身武器。漆黑的公路上到处是各种车辆和难民，拥挤不堪。宪兵队长迷失了方向，一向镇静自若的钟日昆愤怒地几次掏出手枪，似乎想要枪毙他。半小时的路程，却走了几个小时，但最终还是到达了第 1 军军部。

豪斯曼报告说，军隅里附近没有中国军队，“我们一个也没看见。钟和我踏勘了整个地区”。接着他又报告说，刘载兴的两个师已经瓦解，必须向韩军左翼的两个美军师增援。

远在东面的长津湖，陆战第 1 师和步兵第 7 师整装待发，准备实施“圣诞回家”攻势，对其左翼的大溃败毫不知情。

第六部

长津湖

第 20 章　坠入陷阱

（11 月 27～28 日）

1

美第 10 军按照计划于 11 月 27 日发起攻击。8 时 10 分，陆战第 7 团第 3 营的两个连从接近长津湖西北端的一个山村柳潭里外围出发，负责保证西去公路两侧高地的安全。约半小时后，陆战第 5 团第 2 营由同一山村出发发动主攻。他们计划沿公路转向北方，直捣鸭绿江，其后跟进的是陆战第 1 师的其他部队。美军未遇任何抵抗，但一架陆战队侦察机 9 时 35 分报告说，整条战线上都发现有中国军队的阵地。

陆战队原定先于柳潭里西北 40 英里处与第 8 集团军汇合，然后齐头并进直奔鸭绿江，结束战争。这实在是天上的馅饼，可望而不可即！沃克集团军本该前来会合的部队已逃往后方。更糟的是，阿尔蒙德将军对西线的灾难只字不提。陆战队越是孤军深入，就越有可能被摧毁。

是日清晨，阿尔蒙德离开司令部，乘吉普车北上，观察陆战队发动进攻。途中他超越了一些正向长津湖右侧运动、属于第 31 步兵团的部队。他们将协同步兵第 7 师于次日上午发起进攻。阿尔蒙德接近下碣隅里时掉头驶向湖南侧前往柳潭里，他发现沿途拥挤着陆战第 1 师的运输车队。路途的延误使阿尔蒙德未能赶上开场好戏，来到陆战第 7 团指挥所后，他被告知该地区中国军队的数量显然比预料的多，向鸭绿江奔袭恐怕并不轻松。

阿尔蒙德对上述言论权当耳旁风，照旧向军官和数名士兵颁发勋章。但进一步调查该地区后，他当即向麦克阿瑟报告，由于敌军数目可观，“有必要重新检查陆战师的部署”。

在湖的另一侧，塔普莱特中校在其第5团第3营向西迂回的过程中也遇到麻烦。清晨，他带领部队乘卡车离开东面的阵地，向南返至下碣隅里，然后由湖西侧驶往柳潭里。到达该村西北位处丛山险岭中部的集结地时，已是正午时分。塔普莱特发现前面不远有一交叉路口，一条是向西的主要通道，另一条稍窄通向正北。他本应紧跟第2营参加奔袭鸭绿江的攻击，但有消息说第2营已遭遇顽强抵抗和重重路障。塔普莱特接到命令，停留在集结地区，只不过是为安度夜晚占据有利地形。将命令下达各连后，塔普莱特亲自前往踏勘地形，很快发现一条山脊自北直插而下，巨大无比，仿佛剃刀刀背，高度为1450米。脊西是向北转弯的公路和一条溪流，脊东有一鞍形山包和楔入平地的谷底。他让兵器连占据这一阵地，不久便得到该连连长令人不安的报告，说山上有无数坑穴，与先前在湖另一侧所见到的相类似。这些是中国人挖掘的小型散兵坑，宽度仅容单人进入，但下面挖得既深又宽绰。塔普莱特和他的副手约翰·肯尼少校，发现这些坑中空空如也，既没有人，也没有装备。天渐渐黑下来。塔普莱特返回指挥所，派一个步枪连封锁向西的公路，另一步枪连封锁向北的公路，两条公路上都埋设下地雷。第三个步枪连则部署在南面的低地，并在附近高地上设置了警戒哨。在倚脊坡而设的营指挥所上方，他又部署了一个排。

两天前，毛泽东得知爱子毛岸英在美国飞机对平壤的空袭中丧生。他还收到彭德怀发来的一份令人泄气的报告，原计划11月26日在东线发起突袭，第9兵团首先攻击长津湖西侧，然后攻击东侧。但由于翻山越岭十分艰难，突袭要到27日黄昏以后才能实施。

倘若中国军队的突袭按预定计划进行，既没有塔普莱特营的支援，又没有额外的一天用于补充给养和增援，美陆战1师恐怕要片甲无存了。

大约傍晚9时，营部军医打电话给塔普莱特："我这里来了大批伤员，自称是陆战第7团的。"塔普莱特发现他们身受严重枪伤，惊恐万状，有些当是来自塔普莱特营西面1英里处的1410高地。中国人对他们的突袭是从背面发起的，但始终未攻上主峰。一小时后，又有二三十个陆战第7团的伤兵蹒跚而来，有的身负重伤，有的惊恐过度，还有的是冻伤。塔普莱特打电话给团长雷·默里上校，上校说："是的，他们仍坚守在主峰上，你最好送些电话线给他们。因为谁都跟他们联系不上。"

塔普莱特的通信官架设了一条线路到山上，但联络很快又不通了。此时接到默里的口信，2 营的一个连遇到严重麻烦，他们遭到穿插分割和猛烈的火力射击。此情况引起塔普莱特的关注，因为他本该在集结区域休整，待天亮后与 2 营换防。

半夜，塔普莱特又收到令人不安的消息。这次是 H 连，该连位于一英里外的小山上。中国人用相当兵力围攻 H 连的同时已从其右侧溜过来，这意味着是冲着营指挥所来了。乔治连也受到攻击。一等兵弗雷德·戴维森，俄克拉何马州人，极为崇信美国和陆战队，此时仿佛陷在白磷燃烧弹弹幕中。第一发炸在左方 50 码，白热的弹片四处横飞。第二发炸在前方 25 码，第三发则落在左方 25 码。戴维森估计下一发将炸在自己头顶上，于是跃起猛跑。第四发正好落在他脚跟处，他扑倒在雪地上。几秒钟后他意识到后背着火了，想将火苗拍灭，但怎么也够不到。他高喊救命，两个同伴帮他把衣服撕下来，用雪压住，一个卫生兵跑来尽其所能施救，然后送他下到公路前往营急救站。

谁都不懂得如何处治烧伤。天气如此寒冷，卫生兵可不想让戴维斯光着身子，于是决定包扎起来以防感染。戴维斯忍痛脱下风雪大衣、战地夹克、毛衣和羊毛衫，然后解开长裤纽扣。医生敷药裹绷带时，戴维斯丝毫没感到疼痛。重新穿衣服时，他临时缀个吊裤带，咬牙挣扎着穿好上衣。他冻得抖个不停，几乎戴不上手套。随后他被带出这所无加温设备的帐篷，送往别处。在那里，地上铺着干草，上面盖着一大张防水帆布，已有几名陆战队员钻进睡袋里。

此刻，塔普莱特得知，北面的路障遭到猛烈射击，守卫者已被迫后撤，后方的艾特姆连亦遭到猛烈攻击。坎尼少校爬进营部帐篷，"我来告诉你，这里就剩下我们这些人了，"这位副营长说，"H 连和 S 连的人全都后撤了，兵器连的人也已撤往公路另一侧。"营环形防御阵地已被打垮，"阵地只剩下由公路到这里的 300 码距离了"。

营指挥所完全暴露了，一发迫击炮弹炸坏了电话交换装置。塔普莱特此时要么留下来同各步枪连保持通讯联系，要么放弃营部，丧失通信能力。他作出困难的决定。"约翰，"他告诉坎尼，"你去对那些婊子养的说，赶紧给我回到这儿来。我们受到猛烈攻击，但他们却没有理由撤退。让他们都回到自己的阵地上。”坎尼带着命令离开时，一发子弹射入前额，当场毙命。

在公路对面的乔治连连部，代替迈兹连长的切斯特·赫尔曼森上尉正召集3位排长简要布置次日上午的巡逻任务，突然在后方发生了激战。

“那边搞什么名堂？”排长约翰·布莱基·卡希尔少尉问。

“肯定是艾特姆连，”赫尔曼森说，“一帮预备役军官和后备队士兵。谁都明白初上战场的家伙是啥德性，见了阴影就乱打一气。”

枪声有增无减，几发子弹穿透帐篷。“要是艾特姆连的话，”卡希尔说，“最好有人告诉他们打错了方向。”

他们身后几英尺，守在电话机旁的是自8月起就跟随塔普莱特的一等兵普雷斯顿·帕克斯。他听到话筒里有个声音在说：“艾特姆连受到猛烈攻击，需要立即增援。”他将此情况报告了赫尔曼森。赫尔曼森转向布莱基：“带上你的排去帮帮他们。”

卡希尔刚迈出帐外，战地电话又响了，“艾特姆连已被打垮，”一个声音说，“东方佬攻占了营指挥所。少校阵亡，中校失踪。”

帕克斯转述了关于坎尼和塔普莱特的坏消息。

“全体出动，”赫尔曼森对三个排长下令，“在公路这边组织散兵线。非把高地夺回来不可。”他转向帕克斯：“你留下跟我在一起。”其余的人跌跌撞撞走出帐篷。一片混乱之中，帕克斯很快就找不着赫尔曼森了。他抓起步枪，跑到公路边。阿诺德中士正在召集人马。

“喂，阿诺德，”帕克斯说，“上尉在哪儿？我找不到他。”

“让上尉见鬼去吧。过来加入拉冯班。”

“上尉让我跟着他。”

“他们都死绝了，”阿诺德说，“我们去攻打那个山头和那边的高地。一起出发吧。”

塔普莱特刚听说坎尼死了，通信参谋赫伯·凯利又告知无线电台出了毛病。塔普莱特除了有线电话以外无法与各步枪连联系。

凯利借了一只手电筒，冒着中国人的猛烈射击爬回去修理交换机，几分钟后返回，任务完成了。塔普莱特终于又能通讯联络了！他命令乔治连发动反攻，并告诉现为营作训参谋的查尔斯·迈兹中尉，冲过公路督促适时发起攻击。自釜山防御战之后，他和迈兹的关系非常亲密，他知道乔治连上上下下都很喜欢这个一团和气的南方佬。迈兹去看了看，乔治连的人围着连部团团转。幸运的是，他有两个能干的排长卡希尔少尉和达纳·卡申少尉。即使如此，还是费了很长时间才将所有的人带离前哨阵地。

塔普莱特与留下的参谋人员仍处于围攻之下，不得不坚守一个多小时。终于，中校听到卡希尔和卡申带领两个排从公路穿过低地打到山脚下。他们像一群野蛮的印第安人那样一路吼叫着，那叫声连塔普莱特也心惊肉跳，他想这样还不把中国兵吓得跑回鸭绿江去。

卡希尔报告说，两排人马已做好向山上冲锋的最后准备。当他们出发时，火光将天空映得如同白昼。为了寻开心，谁跌倒就哇哇怪叫一阵。帕克斯看到敌人四处乱窜，他跑步穿过有 75 码的开阔地。到了山下，阿诺德中士将团团转的士兵收拢起来，编成战斗小组。“我们必须夺回高地，否则大家都得完蛋，冲啊!”

他们向陡峭的山坡上攀登。帕克斯觉得，整个事情看起来就像一场暴乱。陆战队员跑来跑去，一边放枪，一边怪叫。中国人也是跑这儿跑那儿，一边放枪，一边怪叫。半山腰上突然闪现一道亮光。什么东西砸在帕克斯身上，他连忙卧倒。“耶稣基督，这是啥玩意儿?”他摇摇头，大声感叹。

原来是一枚震荡手雷，帕克斯爬起来。又一次被什么东西打中了，再次卧倒。他坐在雪地上，翻身平躺，竭力让头脑清醒清醒。血从嘴和鼻子往外冒，一发子弹打中了咽喉。他想啐，嘴唇上的血却冻结了，于是便用手套擦去嘴边的血块。他刚一站起来，膝盖又中了一枪。这回他看清了一道火光，下方 30 码外有个人在用步枪瞄准他射击。帕克斯抓起 M－1 步枪，打光了弹夹，那敌人翻滚着滑下山坡。

帕克斯坐了几分钟，将口中血块抠出，随后爬下去看被他打中的人。那人穿的竟是美军陆战队军服和风雪大衣！帕克斯解开他的衣服。感谢上帝，是个中国人！帕克斯呼唤卫生员。“耶稣基督，”他自言自语道，“没有一个人来帮我!”

他听到有人在问：“你是谁?”

“我是帕克斯。”

“哪个帕克斯?”花名册上有两个帕克斯。

“还管他妈的是哪个，我是受伤的帕克斯，快上来帮我一把。”

来人拿着手电筒。他们匆匆穿过开阔地来到急救站。为了让青霉素针剂融化，医务人员将药瓶含在嘴里。

将帕克斯带回来的卫生员问：“你伤在哪儿了?”

“不知道。全身上下吧。”

卫生员用急救绷带包扎了他的咽喉，擦去他脸和脖子上的血迹，然后让帕克斯脱下裤子准备注射青霉素。帕克斯觉得右腿支撑不住了，捋起裤腿，膝盖上有血。“耶稣基督啊，我的膝盖也被打中了。”

正给他包扎，一名陆战队员闯入帐篷。“我是陆战第7团的，现在要赶回去。我有辆吉普，可带走3名伤员。”

“只需再找两名，”帕克斯说，“因为我算一个。”

柳潭里附近遭到攻击的两个陆战团已意识到与之交战的是敌优势兵力，但如果确知有8个志愿军师在前设伏的话，定会吓得屁滚尿流。志愿军第79师三面围攻塔普莱特，其指挥所居然能有人死里逃生，这真是个奇迹。

凌晨1时45分，默里上校不顾兵力相差悬殊，命令第2营营长罗伊斯中校继续向西进攻（幸而没有多少进展），命令塔普莱特黎明时前出，整顿队伍，投入阿尔蒙德的大举进攻。罗伊斯中校尚未觉察已孤军涉险。当默里上校最终断定大势已去，将进攻命令改为撤退时，2营营长还以为地图标注有误。罗伊斯询问默里，究竟什么位置标错了以致命令他后退，此时方晓得已身临险境。

2

长津湖另一侧，中国80师已在毫无察觉的情况下逼近美步兵第7师的阵地。第31步兵团第3营11月27日傍晚也在第7师阵地附近，他们原定接替湖对岸的塔普莱特营。美军已连续行军两天一夜，此时饥寒交迫，精疲力竭。有的黑暗中走岔了路，有的失足跌下悬崖，还有的昏倒在公路上被抬上吉普车直到他们醒来。休息间歇，二等兵埃德·里夫斯唯恐一屁股坐下后就再也起不来了，因感恩节吃虾过敏，他心知自己挺不了多久。为驱赶睡意，他强迫自己计算脚步，心里暗暗祈祷早些到达目的地，管他什么地方呢，晚了身子骨非散架不可。睡着时仍在走，醒来时生怕跌落悬崖。里夫斯在路旁排水沟中打开睡袋钻进去，为防风雪又包上雨披。他昏昏沉沉，竟忘记了坦克在这种崎岖狭窄的冰封道路上行驶，往往将一侧履带压在路内侧的排水沟中。

里夫斯一觉醒来，太阳已高高升起，身上盖满了积雪。只有他一人。埃德多愁善感，家住在伊利诺伊州的一个农场。他 12 岁时离开农场，在乔利埃特市几家工厂里做工，直到 16 岁。两年后他应征入伍，成了一名能干的副排长。战争爆发后，他自愿奔赴朝鲜，想证明自己能否经得住战火的磨炼，同时也想玩儿命冒冒险。

阿伦·麦克莱恩上校，原沃克的作战处长，现任里夫斯所在团团长，刚过去不久。他将作为第 10 军全军的开路先锋，于次日清晨发起直奔鸭绿江的进攻。为加强其力量，这次又配置了第 57 野炮营，8 门高射炮，1 个坦克连，还有费思中校率领的第 32 步兵团第 1 营。

到达下碣隅里后，麦克莱恩和他的参谋人员向右方的长津湖东岸进发，走了 8 英里后来到费思的前进指挥所。麦克莱恩得知，塔普莱特的陆战营未等陆军部队前来接防，已先期撤走了。前线一片沉寂。同费思共进早餐后，麦克莱恩急于让部队进入攻击位置，便带上副官休·罗宾斯上尉向北先行。费思则派出搜索队侦察塔普莱特遗弃的阵地。他们见到几具中国人的尸体，但判断为误入陆战队防线的掉队人员。

罗宾斯受命在费思指挥部南面几英里设立团前线指挥所，位置在新兴里附近。中国第 239 团 4 连已秘密侦察过新兴里，为当晚夜袭做准备。239 团的任务是肃清该村北面的联合国军，封锁南逃的公路。

傍晚，美军第 31 步兵团 3 营露宿在横跨丰流里入口的引桥和俯瞰长津湖的高地上。与水库对岸的陆战队不同，这些步兵只有加衬的作战服上装和单薄的棉裤，羊毛皮手套在如此严寒中根本不顶用。所谓的“防水”裤已破破烂烂，哪里还防水。带护耳的便帽对防止金属头盔吸收头部热量多少有些作用。简而言之，当前的大敌与其说是中国人，倒不如说是严寒。傍晚 7 时，K 连连长罗伯特·基茨上尉走向 3 营指挥所，一座距离大桥南端几百英尺的简陋木屋。营长威廉·赖利中校命令基茨次日上午向北发起进攻，K连沿公路、L连沿大桥并进。赖利希望早些发起攻击，但未获特遣队指挥官麦克莱恩上校批准。半小时后，麦克莱恩告诉赖利再多等一天。有份报告说，东北6英里的小村里有数百敌军。赖利受命于天亮时派出一支小型巡逻队。夜里10时，基茨安排罢巡逻的事，正准备美美睡一觉，营部发来了红色警报。基茨将哨兵人数增加一倍，但没有向山头上的人发警报，因为按常规他们应以半数的人担任警戒。

西北几英里，陆战队上尉爱德华·斯坦福德钻进地堡准备过夜。斯坦福德被派来担任费思的航空指挥官，水库这一侧他是唯一的陆战队军官。他和另外3名陆战队队员占有两个地堡。斯坦福德所在的这个地堡，北边有一架观察望远镜，南边为防雪盖了一块军用雨披。午夜前，斯坦福德听到枪声大作，随后是A连连长埃德·斯卡利恩的喊叫声。外面有人嘀嘀咕咕，接着雨披被掀开了，斯坦福德不禁一怔，地堡外月光下有张裹着毛皮的脸。他开枪射击时一枚手榴弹在睡袋脚边炸开了，他倒安然无恙，但炸伤一名手下。4名陆战队的人夺门而出，一齐滚落壕沟蜷缩一团，一挺自己人的机枪向地堡上扫射着。斯坦福德组织手下据守，然后跑到1排排长的阵地上，结果听说斯卡利恩上尉已阵亡，他入朝的头一仗就送了命。斯坦福德四下寻找副连长，使他震惊的是，这位副连长龟缩在地堡里指手画脚，而不是亲临各排依战况酌情立断。

"上尉，"迫击炮指挥官卡洛斯·奥吞齐中尉说，"眼下论官阶你最高。我看你来指挥本连吧。"

斯坦福德是个头脑冷静的沙场老兵，于是承担起责任。他派一名陆战队员下各排了解情况，同时分派副连长指挥1排，他本人则带2排加强防线，肃清渗透进来的中国人。

第1营营部内，费思中校被乒乒乓乓的枪声惊醒。他召来D连连长比格尔上尉问："你看是不是韩国军队又在自己打自己？"前几夜，他们稍有风吹草动就乱放枪。"有人报告说埃德·斯卡利恩出了事，可能是被打死了。"他命作训参谋罗伯特·海恩斯上尉速往A连查明真相。比格尔自告奋勇，要与海恩斯同往。"我对A连情况熟悉，而且想去看看抽调给该连的重武器怎么样了。"

他俩爬上山前往A连。一个趴在公路当中身披风雪衣的人向他们喝问口令，声音像是朝鲜人。比格尔回答说："我们是美国兵。"那人端起步枪，原来是中国人。就在比格尔大叫“快跳入战壕”的瞬间，他开火了。比格尔和海恩斯跳进壕沟。中国人向他们走来，偏偏比格尔的枪栓冻住了。两枚手榴弹在身旁爆炸，幸运的是一个也没炸着。比格尔和海恩斯钻进灌木丛，退回到费思的指挥所。

费思真不明白这是怎么回事。一分钟前还在计划拂晓发起攻击，而现在反倒要自卫，还不知道敌人是谁，在什么地方。

后方几英里处，K 连基茨上尉被骚乱扰醒，于是问封锁公路的中尉：“谁在打枪？”

“阵地后面的什么人。”

基茨估计有人枪瘾大发。他穿上鞋，去团指挥部所在的小木屋了解情况。一阵猛烈枪炮朝这个地方打来。一群厨师蹿出帐篷，纷纷向后方飞逃。基茨想喊他们回来还击，太混乱了，他根本分不清哪个是自己人，哪个是中国人。

敌人的火力越来越猛，4 排撤到基茨的阵地上。“我们不能停留在开阔地段，”基茨说，“快向湖边撤。”当他们转移时，后方打来的炮火倾泻在他们头上。第 57 野炮营 A 连误把他们当成敌人了。多亏有个炮兵指挥官在，基茨才稳住手下并制止住 A 连的炮击。

军号声吵醒了迫击炮手二等兵爱德华·法利。他在湖边睡觉，不明白吹号干什么。刹那间，枪炮齐鸣。法利忙将两门迫击炮安装好，可是往哪里发射呢？法利和各小队长、各排排长一窝蜂跑去问连长。连长命令熄灭灯火，准备反击。法利想跑回到迫击炮那里去，可是炮火截断了去路。他掉头往回跑，想找个地方藏身。他拦住一个朋友哈罗德·德鲁斯军士。德鲁斯边喘边说，他的排被打散了，“你最好撤到高地上去”。

法利招呼各炮手向德鲁斯丢弃的阵地开炮，然后连蹦带跳拖起两门迫击炮向后跑。这时中国人一拨一拨地冲上来，一边呐喊一边用冲锋枪扫射。法利前面有个人准备发射无后坐力炮。“别放那鬼玩意儿，”法利大叫。可是太迟了，那小子被后坐力弹得在冰面上滑出老远。

昏暗中，美军和韩国军队抗击着三倍于他们的中国人。靠近引桥的第 3 营营部受到猛烈攻击。在棚屋里，赖利中校面对窗户坐着，中国人破窗而入，他用手枪击毙两人。接踵而来的混战中，这位营指挥官胸部中弹，其助手正拔枪时被一颗手榴弹炸掉右臂，他自己甚至都没感觉到。

营警卫连的奥立弗·罗伯森中尉听到军号声，知道事非寻常，因为该营没有一把军号。指挥部外，营环形防御圈内外都受到猛攻。惨白的月光下，罗伯森看到有个中国人在40码外奔突。他举枪射击，将那个中国人撂倒。突然，棚屋周围仿佛天塌地陷，中国人杀声震天，四下放枪。

北面山崖上，一连串"醉调"喇叭声吓了埃德·里夫斯一跳。他算是有运气，穿上一件白色风雪衣，站在散兵坑中张望，什么也看不见。山下溪谷传来阵阵奇怪的声音。大桥方向10码左右的散兵坑里有个韩国中尉叫道："埃德，有人在抽风。我去看看。"

韩国人爬到崖顶四下张望，"中国人！"他尖叫着跑回散兵坑。敌人从几个方面朝这边射击。长长一排戴着白色兜帽的脑袋赫然出现在崖边。我们的人还是敌人？里夫斯纳闷。另有许多白色身影幽灵般跃过雪挂丛林。我们的人还是敌人？一个美国兵从里夫斯身边跑过，高叫有人挨枪子儿了。阵阵喊杀声从里夫斯身后传来。山下溪谷大火熊熊，曳光弹满天飞。有我们的**也有**敌人的！枪弹纷纷落下。中共军人的说话声和铿锵的军械撞击声从两侧散兵坑传来。里夫斯蹲在地上，从散兵坑边缘窥探。身后传来一声中国话喝令。里夫斯转过身，一个白衣巨人用步枪对着他。这名中国军人命令里夫斯做什么事。里夫斯心想："做什么？伙计，你气数尽了。"他瞥一眼自己放在散兵坑边缘的步枪，自己对自己暗暗说："别等着让他们枪毙你。干吧。"他心中暗数节拍。当中国军人的枪口稍低一点儿，他大叫一声："4号棚。"中国军人莫名其妙，探身向前。里夫斯去抓枪，枪从戴着手套的双手中滑脱了，他再抄到手里，对准中国兵扣动扳机，那个白色的身影顿时像一麻袋土豆似地轰然倒下去。

里夫斯每次探头张望，都招致山上两侧散兵坑那边的轻机枪向他扫射一通。十几名敌人排成纵队从他身边跑过。他跃起来放了几枪。"大笨牛！"他放声大叫。敌人对他根本不理睬，继续跑步前进。里夫斯蹲下来，脑子急速空转。瞠目结舌的韩国人朴浩野（音译）惊呼："埃迪，中国人！埃迪，中国人！"里夫斯一边尽力回想朝鲜话怎么说"我知道"，一边向四面八方投掷手榴弹。根本投掷不到敌人阵地，不过爆炸声令敌人不敢上前，他指望争取时间等待援兵到来。

四面都是中国人在大声说话，俨然旁若无人。里夫斯探出头，放上几枪，朝伸向长津湖的山谷瞥一眼。炮弹和曳光弹交织成火力网环指示出友军坚守的地方。也许里夫斯和朴浩野可在敌人有所反应之前从散兵坑后面滚下山去。他抛出最后一颗手榴弹，跃出坑外，翻了几个滚却被什么东西挡住了。他跳起身向山下全速疾跑，可总觉得有什么东西将他往回拖，脚下磕磕绊绊，吃力地缓慢前行。行进中他不得不避开一个个大雪堆。当他经过那些雪堆时，雪堆中射出火舌。穿白衣的中国军人！他侧身朝雪堆放几枪。接着向山下跑。他咬紧牙关，准备后背吃枪子儿。竟然没有人朝他放枪。中国人根本不理睬他，只是一个劲向山下目标射击。里夫斯猜测定是敌人误把他和朴浩野当作中国军人了，因为他们穿着白色风雪衣。跑着跑着，黑暗中一棵大树闪现眼前，刹不住脚也躲不开，他一头撞在树干上。里夫斯恢复知觉后，借着炮火发现有人紧靠着他，原来是朴浩野拽着他的风雪衣。怪不得跑不起来，下山还拉着一位“乘客”呢。里夫斯推开朴浩野的双手，站起来缓缓向湖走去，朴紧跟其后。

到了谷口，他们放慢脚步。成群结队的中国人正开向美军火力防御圈。不顾迎面射来的弹雨，里夫斯竭力在想，“怎样才能让自己人知道我们俩不是中国人呢?”小心翼翼地摆脱了敌人的大纵队后，他俩尾随着攻向最近的防御圈的敌人。当 4 ~ 50 枚曳光弹射到这一地区时，他和朴浩野隐藏在一座颤动的土堆后面。每组 4 ~ 50 枚曳光弹的有效范围是 50 码。硝烟过后，他们迅速向靠近自己人的另一土堆转移。估计紧跑两步就到了，里夫斯高呼：“来的是美国人。”

“停止射击！来的是美国人。”声音发自一间农舍。里夫斯和朴浩野跃起疾跑。一个炮手组隐蔽在半履带式 4 ~ 50 自行火炮后面，注视着这两个穿风雪衣的人缓缓向农舍走去，那里是 M 连连部。一名少校拉住里夫斯，冲着他的脸大叫：“士兵，你的阵地在哪儿?”

朴浩野看看少校又看看里夫斯，不明白怎么回事。里夫斯回头望望闪烁着粉红色中国炮火的大桥，指着说：“应该在那上边。”

“士兵，你为什么离开阵地?”少校高声吼叫，子弹在耳边呼啸而过。

里夫斯只能想出一句话答复他：“长官，你疯了。”

“赶到那边去，带上武器，”少校指着房屋的另一边，“整整一个中国军打算从这里突破。”

里夫斯和朴浩野同其他几个美国兵一道度过了后半夜，阻击中国人。拂晓后，攻击减缓了。环形防御圈内的敌人或被歼，或被擒，要不就是被驱退了。里夫斯的衣服上弹痕累累，但他只受了些轻微的擦伤。山岭之中丢下横七竖八的尸体。他自己对自己说："你是打不死的，埃德。你是个好战士。"

少校从 M 连连部出来，呼唤里夫斯："士兵，你过来。"里夫斯刚迈出两步，一发迫击炮弹在他脚跟炸开，将他抛上半空。落到地上时他仍觉得难以置信。他喘着粗气，看到手脚多处伤口在流血。他想躲进棚子，可是动弹不了。他坐在肮脏的积雪中，愤怒地大叫，将他能记起的军官挨个痛骂一遍。伤成这德性，全怪他们。又一排迫击炮弹落在院子当中。少校一瘸一拐地和一名军士向他跑来，拖着里夫斯穿过炮火进了屋。

里夫斯遍体鳞伤，失血过多头有些发昏，但不愿为这些小事麻烦别人。屋里都是重伤员，凡是咽气的便拖出去，换一个伤兵进来。

搀扶里夫斯的军士问他是怎么搞的。天气寒冷，伤口已冻结。军士解释说，只要不剧烈活动，血就会止住。这时里夫斯才确知左脚已炸没了，不过右脚还在。"从你的裤裆穿过的弹片打中了少校，"军士说，"他刚因内伤死了。"

第21章　两线溃退

（11月28～29日）

1

截至11月28日拂晓，第10军在长津湖两侧的败局已定。然而在咸兴军部的阿尔蒙德将军将纷至沓来的遇险报告视为陆战队和步兵怯战的表现。他们口口声声说有大量中国军队，阿尔蒙德认为，这个数目是过于夸大的。有如此众多的中国人冒出来，为什么空中侦察从未发现呢？答案很简单。毛泽东和彭德怀要求其部队昼伏夜行，避敌耳目。这是古典的中国谋略胜过现代技术的一次较量。

他决心将进攻进行到底。阿尔蒙德与助手亚历山大·黑格中尉乘直升机前往下碣隅里的第1陆战师指挥部，抵达的时间是上午11时30分。使阿尔蒙德扫兴的是，O. P. 史密斯将军强烈要求取消向鸭绿江推进的计划，他的两个团（第5团和第7团）已遭受重创，应当继续防御。阿尔蒙德对此厌烦得要命。老调重弹，像上次向汉城推进一样，陆战队又在拖后腿。但由于他对陆战队没有完全的控制权，阿尔蒙德很不情愿地同意让谨慎的史密斯自行行事。

阿尔蒙德憋了一肚子气，乘直升机前往湖东侧跟麦克莱恩和费思两位中校磋商。这二人历经夜间的厮杀，惊魂未定。费思说，他的营指挥所在最北面，受到了猛烈攻击，其环形防御阵地的制高点已落入中国人之手。

阿尔蒙德嗤之以鼻。他在吉普车头上摊开地图，“眼下阻滞你们的是北逃的中国师残部”。他认为这两位中校都像史密斯和他的陆战队一样被吓住了。“我们仍然要进攻，仍然要直捣鸭绿江。不要让几个中国洗衣匠挡住你们。”这番话不仅惹恼了麦克莱恩和费思，而且激怒了所有在场的官兵。“收复夜间丢掉的高地，”阿尔蒙德断然命令，“第31团2营一到，马上做好北攻的准备。”

阿尔蒙德记起带来的三枚银星勋章。他授予费思一枚。费思又拣了一枚授给身边带伤的埃弗雷特·斯莫利中尉。阿尔蒙德又传来一个司务长，第三枚也授出了。

前两名受勋者怒不可遏。阿尔蒙德刚走，斯莫利摘下勋章塞进口袋。费思嘴里嘟囔着：“真他娘的……”一把扯下勋章，丢到积雪里。

阿尔蒙德飞回军部去了，而长津湖两岸让他搅得军情恶化了。不过，他本人的情绪已有所好转。有消息说，一支小规模摩托化特遣队已推进到长津湖西北直线距离几乎100空里处，正准备夺取鸭绿江畔的新乫坡津。

特遣队指挥官罗伯特·金斯顿少尉，22岁的爱尔兰人，生性好斗，来自马塞诸塞州布鲁克林市。既无地图又无航空照片，他战严寒，翻山岭，顶住敌人的进攻，一路向北，长驱直入。

抵达新乫坡津时，金斯顿手下只剩17名步兵了。他派范雷提军士带7人为尖刀组，他自己带领几名军官居中，金军士带8人殿后。这支小小的特遣队沿公路向村镇前进。右侧有一排完好的房屋。4人上前搜索第一间，是空的。

后面的两间也是空的。突然，在毫无防备的情况下，军官组遭到猛烈的步枪射击。敌人似乎坚守在第三间房屋中。金斯顿爬到水沟里避开自己人的火力射击。半小时后他跃起冲向房屋，一手拿手榴弹，一手拿步枪，扯足了嗓子咆哮着。表面结冰的积雪起初还经得住他，但接着崩塌了，他越挣扎前行陷得越深。范雷提与另外两人也在雪中奋力向房屋靠拢。

金斯顿气喘如牛，被寒风吹得双目直流泪，但还是拼命向前冲。他运足最后之力向房屋投出手榴弹。他眼望着手榴弹在空中划个圆弧，一样东西打中了他头顶。

他苏醒过来后，看到范雷提俯在他身上，手里拿着已被一发子弹打扁的钢盔。

“把他们都干掉了，”军士说，“手榴弹炸得真漂亮。”

“有人受伤吗?”

“没有。一个都没有。”

“里面有几个人?”

“5 个。全报销了。我们还以为你被打死了。”

此时，约 200 名美国步兵排着队绕过弯道走上前来。整整一个连。他们终于追赶上了金斯顿特遣队。村里残余的几个北朝鲜兵被肃清，敌营主力显然已越过冰封的鸭绿江逃往满洲。

金斯顿的捷报传到阿尔蒙德的指挥部时，将军已获悉沃克的第 8 集团军在后撤。同第 10 军的其他人一样，阿尔蒙德认定沃克是再次临阵畏缩，中国人的突袭没什么了不起。由于担心任何跨过鸭绿江攻入满洲的进攻都不会得到麦克阿瑟的赞同，故未将金斯顿的军功公之于众。少尉接到了后撤的指示。

2

西线的情况比东线更糟。第 8 集团军在中国人更为猛烈的大举进攻下节节败退。截至 11 月 28 日拂晓，后撤的步兵第 2 师全被压缩在一条公路上，引起令人恐慌的道路堵塞。该师的两个团近乎被全歼，只有保罗・弗里曼的第 23 步兵团负隅顽抗。

第 25 师已后撤。多尔文特遣队遭到几乎连续不断的攻击，不过该师其他部队的建制还基本保持完整。是日，右翼的溃败迫使沃克将仍然完好无损的第 24 师也撤了下来，同时撤下来的还有白善烨的韩国第 1 师，后者已遭受重创。

对中国人的突袭，阿尔蒙德满不在乎，而在东京的麦克阿瑟却不然。是日早些时候，麦克阿瑟电告五角大楼：“我们面临一场全新的战争。”他估计中国军队的数目接近 20 万，北朝鲜“残军”约有 5 万。“本司令部已做了力所能及的一切。但目前的局势已超越其职权和兵力所能承担的限度。”

华盛顿时间 11 月 28 日清晨 6 时 15 分，麦克阿瑟的电文通过电话传到总统耳朵里。“我们要应付的局势十分严峻。”参谋部惊慌失措，而杜鲁门仍保持镇定，他平静地说：“这是迄今我们所遇到的最糟糕的局势，我们必须面对它及尔后的发展。”

是日下午，杜鲁门召集了国家安全委员会非常扩大会议。布雷德利简述了军事形势。会议未形成任何决议，但与会者一致同意艾奇逊所说的：无论如何，必须避免同苏联开战。不得对中国东北进行先期空中进攻，那将导致苏联介入朝鲜战争。“美国比以往任何时候都更接近于同苏开战。”艾奇逊告诫说，北京未得到斯大林的命令或首肯是不会出兵干涉朝鲜的。“我们绝不能孤立地看待朝鲜问题，而必须将其视为苏联在世界范围内同我们对抗的一条战线。”第三次世界大战也许明天就要爆发。“我们希望促其罢手，”艾奇逊接着说，“我们无法在朝鲜打赢中国人。他们可动用的兵力远远超过我们。”

国会补选惨败后，杜鲁门和参谋长联席会议便任由麦克阿瑟一手操纵朝鲜战争。杜鲁门遇到自内战以来历届总统从未遇到过的难题。国家在分裂，双方整天都在互相谩骂。这种局面不仅瓦解了前方将士的士气，而且使获取全胜的计划化为乌有。其结果是，绝大多数美国人要求结束这场战争。

3

布雷德利将麦克阿瑟“颇有些歇斯底里”的电报转呈杜鲁门时，沃克和阿尔蒙德正飞赴东京。11 月 28 日晚 9 时 50 分，他们与麦克阿瑟及其幕僚的会晤于驻日大使馆举行。在沉闷的气氛中，麦克阿瑟像往常一样当家做主。他说，中国人可能将第 8 集团军和第 10 军击退到某一线，以便发动大规模春季攻势将联合国军赶出朝鲜。

他授权沃克继续防御，必要时进一步后撤。他问，第 8 集团军可在何处站住脚？沃克认为，在平壤城北和城东修筑防御工事大概能坚守一段时间。阿尔蒙德却甚为乐观，他重复了下午对麦克莱恩所说的一番话，自信陆战第 1 师和步兵第 7 师可从长津湖两侧发起进攻，直捣鸭绿江。

麦克阿瑟答复说，他希望沃克守住平壤，但不同意阿尔蒙德继续进攻。他要第 10 军和第 8 集团军都转入防御，但直到 11 月 29 日凌晨 1 时 30 分会晤结束，他始终未对两位战地指挥官下达任何具体命令。不过，当他们动身离开东京时，麦克阿瑟要求沃克，平壤能守则守，不能守就撤。要注意不要让中国人从右翼或后方迂回包抄。他命令阿尔蒙德将全军一直撤至兴南地区。

4

29日凌晨1时，长津湖东侧第10军前的环形防御阵地受到猛烈攻击，一发迫击炮弹落在距费思中校指挥所50码的地方。天下起小雪。作为临时指挥所的农舍内，费思中校和麦克莱恩上校正在听取各连遭受攻击的情况报告。据麦克莱恩的作战参谋休·罗宾斯上尉判断，该营每件武器显然都在以极限装填速度发射。指挥所周围阴影憧憧，跑进跑出，伤员不断运至。

罗宾斯除了袖手旁观这一可怕景象外无事可做，不禁盼着有个披白布的中国人出现在眼前。2时整，射击停止了。罗宾斯接到通知，麦克莱恩上校已下令该营做好撤退准备，杀出一条路，赶赴东南几英里外设于柳潭里河口的营部所在地。命令一个半小时后才送到C连，费思的副手克劳斯比·迪克·米勒少校正在那里指挥战斗。费思的命令是，全营将于4时30分撤离，尔后与第3营在河口会合。米勒徒步向东找到A连，该连正遭受攻击。他命令该连连长4时30分撤出战斗，黎明时进入河口环形防御圈。

同一时间，费思通知各单位，凡不得不留下的车辆，只需拆除重要零部件，因为24小时内将重新夺回阵地。费思命令，指挥所附近的卡车一律用于运送伤员。雪越下越大，罗宾斯上尉发觉脚下直打滑。驾驶员们都在吃力地发动冻结的马达。罗宾斯只好用曲柄发动自己的吉普车，险些把两条胳膊摇掉才点着火。4时30分，全体准备完毕。步兵排成纵队跟在车队两侧。60多台车辆组成的车队缓缓向东开往河口，一路上静得出奇。拂晓前，到达先前团指挥所驻地时，队伍停止前进。罗宾斯跳下车，走到前面麦克莱恩的吉普车那里。司机在，麦克莱恩却不在。有的说上校到前面去侦察一道路障，但无人知晓麦克莱恩究竟在何处。

有个人迎头跑来，沿途叫喊要所有车辆到公路左面疏散。部队闻声纷纷组织防御，以防中国人穷追猛打。罗宾斯觉得时间仿佛过了好几个小时。这时，一小队敌人小步跑入美军部队中间，突然觉得不对，便飞快地溜掉了。

罗宾斯回到麦克莱恩的吉普车边，其贴身警卫和通讯参谋都说，上校本是去侦察路障，但后来冒险上前查看一座水泥大桥。过了桥 200 码便是指定到达的目的地 3 营的环形防御阵地，到了那里就安全了。罗宾斯小心翼翼沿公路向前，在弯道处，他通过望远镜看到桥面上有部队，支援炮火正轰击桥头以内的目标。他正捉摸不透桥上的是中国人还是美军，费恩中校带来了好消息，说他的人已清理了路障，桥上守军是自己人。

罗宾斯回到吉普车上，跟随大队冲过敌人的交叉火力网。在十字路口处，许多车辆被打坏了，罗宾斯的吉普却一个弹洞也没有。3 营营部设在一座朝鲜土屋里，周围躺满了死尸和伤兵。罗宾斯根据棉衣胶鞋判断，中国士兵尸体散布整个地区，仅距离指挥所几码处就有 20 具。

罗宾斯在土屋中见到赖利中校撑坐在担架上，腿上有个枪眼和多处手榴弹弹片伤。赖利精神倒挺好，费恩一到，两人便一起研究将两营合并，并将火炮营安置到严密的防御圈中。

罗宾斯去找麦克莱恩，可他同比格尔上尉先出去了。罗宾斯得知，他两人看到部队正穿过 31 团 3 营南端的防御阵地，急忙赶上前。麦克莱恩高喊："这些都是我的部下！"然而，两侧一齐开火。麦克莱恩以为自己的两个营互相打起来了，殊不知南端阵地已落入中国人之手。他命令比格尔上尉从冰面迂回绕到桥背后去制止射击。麦克莱恩本人则径直从冰面上向大桥走去。

比格尔眼睁睁地看着麦克莱恩几次跌倒又爬起来向前走，也许是滑倒的，不然就是中弹了。麦克莱恩临近岸边时，中国人跑到冰面上，将上校拖进灌木丛，尔后就再也没找到麦克莱恩的踪迹。

费恩花了一上午时间搜罗 31 团 I 连和 K 连的残部，并将他们收编在自己指挥的三个连中。麦克莱恩特遣队现在成了费恩特遣队。

陆战队派出的前线航空指挥官斯坦福德上尉，解除了 A 连代理连长的职务，重返自己的工作岗位：呼叫陆战队"海盗"式战斗机实施攻击。他还报告了战斗部队缺少弹药给养的情况。下午，两架空中棚车（Box car）式运输机前来空投。一只降落伞未打开，货包砸在距罗宾斯上尉 20 英尺的几名韩国兵头上，一人死亡。其他空投物资全部落在中国人控制的区域。当一架直升机着陆接走赖利中校和野炮营营长时，凡目睹两名高级指挥官将被带往安全地带的官兵情绪一落千丈。一位目击者回忆说，那是“一枚实实在在的重磅泄气弹”。

5

在华盛顿，参谋长联席会议召开了一次晨会。福雷斯特·谢尔曼海军上将非常关注长津湖边的陆战队，坚持要求下令给麦克阿瑟，将第 10 军撤至朝鲜半岛蜂腰部建立协同作战的防线。然而柯林斯和布雷德利仍不情愿给麦克阿瑟下达战术命令。布雷德利认为，突出部战役期间，假如马歇尔对艾森豪威尔下达类似命令，会引起什么样的混乱呢？不过，他们同意给麦克阿瑟发去如下电文：“关于第 8 集团军和第 10 军的协调以及第 10 军的位置，你有何计划？在我们看来第 10 军各部队已突出在外。”

这意味着要建立一条横贯朝鲜半岛的连续防线。麦克阿瑟回电告知，任何这样一条防线，根据防线长度和现有部队数量，都是“不切实际的”。作为替代方案，他将把第 10 军撤至咸兴至元山地区。这一肆无忌惮的顶撞了激怒了布雷德利，他觉得麦克阿瑟把三军参谋长“当成一群毛孩子了”。

沃克于 29 日东京会晤后返回西部前线，当即下令全线撤退。良好的公路寥寥无几，于是他指示第 2 师扼守清川江南岸，直至第 25 师渡江完毕。

正午，坐落于军岳（音译）的第 2 师师部获悉，一支卡车运输队遭到中国人伏击。凯泽将军判定为小规模骚扰，遂派遣一个侦察连前去清道。侦察连被击退，凯泽又派出一个坦克排，外加一个步兵连。然而公路仍被封锁，运输车队仓皇后退，道路灾难性地堵塞了。

此时，第 10 军普遍对沃克过早撤出战斗进行非难。这些批评者有所不知，沃克此举是为了拯救已坠入毛泽东的陷阱的部队。问题是：他的命令下达得是否及时？

第22章 “在阴间你无法扩大力量!”

(11月28~29日)

1

在长津湖西侧，美陆战第1师第5团和第7团仍被围困在柳潭里，亟须补养和援军。在此危急关头，史密斯将军下令组成一支特遣队。该部队将撤离古土里，向北杀出一条直通下碣隅里的血路，从而为这两个正遭围攻的团开辟一条补给线，并增援下碣隅里的守军。特遣队由切斯特·普勒的陆战第1团属下3营的乔治连组成，卡尔·西特上尉指挥，英国海军陆战队第41突击队和美第7师第31步兵团的贝克连为后援。这些美国兵随后将从下碣隅里向西，奔赴长津湖东侧，解救那里被困的战友。这支有922名士兵的队伍由普勒上校组织，交给英军指挥官道格拉斯·德赖斯代尔中校统率。德赖斯代尔曾请求美国海军陆战队予以协助，史密斯将军高兴地答应了他的请求，并将手下的这支由14名军官和221名士兵组成的身经百战的队伍供他调遣。

由于中国军队的猛烈抵抗，美军的行动受到延误，令人不悦。德赖斯代尔特遣队直到11月28日下午1点55分才开始出发。队伍以17辆坦克为先导，陆战第1师第1团的乔治连紧跟其后，英军第41突击队、美军第31步兵团贝克连、师部人员和后勤部队及12辆坦克殿后。队伍的阵式颇为壮观，除坦克之外，还包括有141辆其他车辆，但是，由于西特上尉指挥的海军陆战队员不久便遭到了来自位于道路右侧的房屋和战壕中小股武装力量的枪弹袭击，部队的行进速度很慢。

然而，随着坦克爬过弹坑和翻过路障，队伍还是在缓慢地移动。步兵们不时得跳下卡车，扫除中国人的顽强抵抗。当德赖斯代尔特遣队于

4 时 15 分停下来的时候，他们只前进到古土里以北约 4 英里的地方。

德赖斯代尔、西特同坦克军官们碰了头，坦克军官们认为，他们能够强行闯过至下碣隅里剩下的 7 英里路程，但由于道路状况和中国人的抵抗日益增强，卡车将会遇到麻烦。德赖斯代尔明白，继续北进无望，于是，他命令西特掉转车头返回古土里。德赖斯代尔用无线电与史密斯将军取得联系，后者命令他，无论付出多么沉重的代价，也要继续前进。援军一定得到达下碣隅里，以解救长津湖两侧的部队。当西特和德赖斯代尔听到这一无线电发来的命令时，他们面面相觑，默默无言。命令必须服从。

在实施这项艰巨的回撤军事调动期间，有小股武装从东面向其开火，陆军上士罗科·朱洛站在一辆卡车上，端着一支 50 毫米口径的机枪还击，帮助掩护车队。朱洛在美国海军陆战队中早已是一位闻名遐迩的传奇式人物，他的战友们对他都很畏惧，甚至超过了他们对中国人的畏惧。罗基曾向他的士兵保证说，任何子弹都打不死他。不久，电台就传来了普勒上校直接发布的命令，不管付出多大代价，部队必须按预定计划向北前往下碣隅里。德赖斯代尔心里明白，他只有服从。卡车再次掉转车头。这时，德赖斯代尔命令坦克指挥官，把坦克散置于队伍中间，用坦克火力为卡车提供掩护。随后，他又下令每辆卡车须配备两名驾驶员，要将被击中的车辆推置路旁，以保证纵队的前进。此时，步兵与师部直属部队混杂在一起，指挥控制非常困难。命令相互冲突，队伍被迫暂时停止前进。

待坦克加满了油，等了很长时间后，他们又开始前进，但在黄昏时分，他们遭到了来自道路两侧的炮火袭击。西特乘坐的吉普车被摧毁。幸运的是，朱洛在他身后的一卡车中，他放慢车速，西特乘机跳到了卡车的脚踏板上。他们开始觉得就要突出重围时猛烈的炮火再次袭来，西特一下跳到路上，朱洛紧随其后，但是一排机枪子弹击中了他的腹部。

“全体下车!”西特吼道。这时，周围的士兵成片地被刈倒，但西特一人却似乎是被一张无形的盾牌保护着。“给我顶住! 射击!”他高声叫道：“大家背靠卡车，不论发现目标与否，给我打!”

他走到前面去找德赖斯代尔，“我中弹了，”这位英军第 41 突击队队长说道，“现在由你来指挥。”

西特，这名曾在二战中担任排长、荣膺过“银星”勋章的英雄此刻也惊恐万分。“那好吧，”他勉为其难地答道，“我来对付这一切，我得用坦克火力作掩护。”

西特步行回来找他的上士，有人告诉他朱洛死了，他的勤务兵也中了弹。于是，他下令把所有伤员都抬到卡车上。对此有人反对。“这我不管，”他说道，“我们得把每个人都带上。”他冲向一辆坦克，用手里的卡宾枪敲打着，塔盖打开，有人探出头来窥视。他冲那人说道：“在我们的右侧有一条铁路道基，我要求你们沿着那儿开火，你们要尽最大努力给我们提供火力掩护，因为我得让这支队伍前进。”

他跳上一辆卡车的车座旁，命令它向北开。终于，下碣隅里映入眼帘。他们来到了道路转弯处，他看到了许多巨大的帐篷，那是美军的帐篷。“喂！伙计，”他自言自语道，“我们成功了。”突然，从帐篷里冒出了中国军队发射的枪弹，枪弹如雨点般地倾泻在士兵们头上，队伍大乱，有几辆卡车被摧毁。西特下令，所有卡车和士兵必须全力以赴，构成环形防线。

他原以为整个队伍全都跟着他呢，可是，大约有 60 名英国海军陆战队第 41 突击队的士兵、美军第 31 步兵团的大部和差不多全部的师部人员及后勤部队落在了后面。不久，这批人员又被分割成一大群和三小群。最大的一群士兵距下碣隅里最近，它由 135 人组成，约翰·麦克劳林少校指挥。麦克劳林少校是美军第 10 军与海军陆战队的联络官。这支队伍的组成非常杂乱，它包括美军第 31 步兵团的士兵、一部分英国海军陆战队第 41 突击队队员、美国海军陆战队宪兵、后勤部队士兵以及一名叫弗兰克·诺埃尔的美联社摄影记者。身陷重围的士兵们仅有一门 75 毫米口径的无后坐力炮，外加几支卡宾枪、M-1 型机枪和一些手榴弹。

霎时间，卡车燃起了大火，中国军队发射的迫击炮弹铺天盖地地从四面八方落了下来。军号声、哨子声和中国士兵的呐喊声此起彼伏。不久，此地便以“冥火谷”很快闻名于世。到凌晨 2 点，麦克劳林手下的士兵几乎弹尽粮绝。美军的无后坐力炮已毫无用武之地，炮手死的死，伤的伤。美军曾两度将发射这种极具杀伤力的迫击炮的中国炮手逐离炮位，但是，他们又杀了回来，美军伤亡惨重。摄影记者诺埃尔跟两名士兵自告奋勇，顶着密集的炮火去搬救兵，然而，他们刚走出一百多码的距离，就当了俘虏。幸运的是，敌军的火力渐渐弱了下来，并且在凌晨3点过后不久突然中止了。

在距麦克劳林队伍以南约300码的地方，师汽车运输军官亨利·西利少校正同幸存下来的两排美军和几名海军陆战队员躲在排水沟内，筹划构筑环形防线。此刻，克雷格将军的副官、美海军陆战队的约翰·巴克中尉正与15名师部直属部队的士兵处在离排水沟约30码的地方，他只是听到照明弹的爆炸声及远处传来的枪声。这时，在一座熊熊燃烧的农舍附近，有个人朝他这边走来。“大家别开枪!”他喊道。很快，他发觉来人身披一件美海军陆战队的风雪大衣。“举起双手，过来!”他命令道。

当来人越过铁路道基时，巴克发现，这是陆战第1师军需处的一名上士。该上士透露，他的队伍一小时前已全部被俘，所有士兵几乎全都受了伤，但是，中国军队在照料着他们。一名会讲英语的中国军官命令他过来劝降。

“我们就是不投降!”巴克说。

此刻，南边发生一阵骚动，打断了他们的谈话。几分钟后，西利少校带着两人出现在他们面前。西利的右手刚打出一发子弹，手尚在微微地抖动。巴克立即向西利简要地汇报了一下情况，然后说道：“现在你是最高官员，我们必须作出最高决定，你下命令吧。”

“我去和中国人谈判，以争取时间。”西利说道。与此同时，巴克将做突围的准备。于是，西利带着那名上士去与中国人谈判。他刚一离开，巴克就与师情报官员迈克尔·卡普拉罗上尉开始组织士兵突围。10名战士负责帮助伤员，其余4名战士与巴克担任前锋。15分钟后，西利孤身一人返了回来，他对巴克说：“限你10分钟内投降。”中国军队将随后发起攻击。

巴克引路，士兵们以环形防御阵式尾随其后，他们朝宽约60码冰封下的长津湖撤退。开始过江时，由于担心冰层不够厚，巴克非常小心。不过，河面冻得很坚固，他们安全地抵达江对岸，并未遇到巴克原以为的机枪扫射。队伍里的其他士兵步步紧跟，只几分钟，全体人员便沿着一座长满松树林的陡峭山脊爬了几百英尺高。这时，迫击炮弹落在了他们原来的掩体上，随之而来的是一片呐喊声以及炮弹爆炸弹起的烈焰。

他们看到，中国军队推过了他们原来的阵地，开始朝长津湖方向前进。

巴克的人马竭尽全力，攀上了山顶。就在他们停下喘息的当儿，巴克中尉听到了中国士兵在山坡上穿过灌木丛的声音。巴克思忖道，只要他们能坚持到天亮，或许就有救了。然而，当接近山顶时，他们听到声音越来越大。巴克同英国突击队的队员商量了一下，他们一致决定在同一高度沿山脊向南进发。

与此同时，英军突击队的另一位人物安德鲁·康德伦也被困在公路东侧的排水沟内。他的中尉曾请求士兵自告奋勇，回古土里去搬救兵。这种情形无异刚出狼窝又入虎穴，但是，康德伦，这个出生于工人阶层的苏格兰人却认为，他不妨试一试。他与另外11名士兵一起行动。他们沿排水沟匍匐小跑，寻找越过公路的安全地带。此刻，公路被燃烧着的卡车烈焰映得通明，迫击炮弹与照明弹纷至沓来，整个世界形同白昼一般。厚厚的积雪覆盖着地面，凛冽的寒风不时扑打在士兵们的脸上。最后，他们决定一同越过一处开阔地。前面8个人过去了，可是，当轮到康德伦时，子弹如雨点般地扫射过来，他与剩下的两名士兵缩作一团，等了很长一段时间，真像待在一个马蜂窝里似的。待他们穿过开阔地，抵达安全地带的时候，他们的战友已经启程了。

三人商定，设法赶上其他战友。他们向南行，由一名军士前行，康德伦殿后。就在他们行至一棵大树附近时，只听一声枪响，那名军士应声倒地，当场死亡。随后，他们听见小河对面有人讲话，说的是美语。原来是美国佬枪杀了那名军士。

康德伦大喊着解释他们是自己人。他怒气冲冲地喝道："你们枪杀了我的弟兄！"美国人叫他们出来亮明身份，康德伦喊道："别开枪！我就出来。"康德伦跟那名戴贝雷帽的军士不同，他头上戴的是一顶美军的钢盔，这是他从一名阵亡的美国佬那儿拣来的，因为他觉得贝雷帽不能抵挡子弹。他疲惫地走出灌木丛，与同伴一道跨过了那条冰封的小河。

"你最好和我们待在一起，"一名美军上尉说道，"再过几小时天就亮了，他们会为我们派卡车来。"

康德伦与同伴同意，再想往前走是不行了。他们浑身上下湿得净透。康德伦脱下靴子和袜子，将其挂到树枝上晾干。他一面默默地祈祷但愿他的脚不致冻伤，一面期待着黎明的到来。

此刻，麦克劳林少校已认识到，他的队伍很快便要面临一场灾难。能够参加战斗的士兵仅有 40 名左右，除了投降，他们别无选择。他请求队伍出一名志愿人员，同一名朝鲜翻译一道，去与中国人谈判。看到没人搭腔，吉拉摩·托瓦中士，一位墨西哥淘金者的儿子，自告奋勇出来。托瓦的头上中了一颗 0.45 毫米的子弹，此时他还感受到吗啡所起的作用。

麦克劳林告诉他先要求向中国人投降，“他们定会嘲笑你，但是，我们必须得争取主动。”托瓦和翻译朝南走去，当行至约 150 码的距离时，他们就碰上了几名中国军官与一名会讲朝鲜语的翻译。托瓦重复了麦克劳林的口信，这时，一名中国主管军官答道：“回去告诉你们的指挥官，限他 10 分钟内投降。”

托瓦带着这道最后通牒返了回来。麦克劳林告诉托瓦，去对中国人说，为照顾伤员他需要等到 6 点 30 分才能投降。这位少校在玩时间把戏，他指望到黎明时分，空中掩护将会到来。

托瓦和翻译又回到中国人这边。中国人的回答是“不行”。他们还剩 5 分钟的时间。麦克劳林决定亲自出马游说。就在他与中国人谈判的当儿，托瓦趁机同詹姆斯·伊根交谈了几句。伊根是一位美海军陆战队的少校，他负了伤，此刻正躺在地上。“你对投降怎么看?”托瓦问道。

“在阴间你无法扩大力量!”伊根说。在那里，中国人至少有三个团。

托瓦看到麦克劳林还在争辩，中国人变得愤怒起来，中国士兵开始接近美军。

“少啰唆！痛快点儿!”托瓦冲麦克劳林喝道。于是，麦克劳林摘下身上佩戴带的 0.45 式手枪，把它交给了一名中国军官。

巴克的队伍仍在公路西侧的山脊上畅通无阻地移动。天眼看要亮了，就在他们接近古土里正准备下山之际，巴克发现，在距其不到 200 码的地方，有一支长长的志愿军队伍正穿过他们脚下的那条小路。他传下话，士兵们不许出声。大家看到，大约 500 名敌军士兵正在快速地向谷底移动，他们携带着迫击炮和水冷式机枪。突然，在志愿军的正前方，出现了两名披着黑色风雪衣的美海军陆战队队员，他们眼看就要撞上中国士兵了！大家除了呆呆地望着眼前这一切外束手无策。然而，就在这两名海军陆战队队员与中国士兵快要遭遇之际，敌军的队伍长龙出现了一段约一百码的空当。这时，奇迹发生了，两名海军陆战队员安然穿过了中国士兵的行军行列，而他们彼此都没注意到对方。

当巴克正在注视两名海军陆战队员死里逃生的时候，英军第 41 突击队安德鲁·康德伦的队伍一直隐藏在公路附近，只要天色破晓，他们便会安全地行进至古土里周围。这位苏格兰人正忍受着严寒的侵袭，他的衣服仍然冻得硬邦邦的。他在给一名负伤的英国海军陆战队员包扎伤口，这时，他听到身后有人咕哝了一声："嘿！"

康德伦转过身来看，他想那可能是一名南韩士兵，因为那人身上正披着一件防雪斗篷。那人看起来像是被炮弹震晕了，他又一次叫道："嘿！"同时，他举起冲锋枪，对准了康德伦。这肯定是名中国士兵！

康德伦站起身来，打算跟他较量一下。这时，一名美国兵喊道："喂！伙计，你把枪扔掉，我们投降。"

康德伦对此感到恶心，他把手里的枪丢到了一旁，说道："怎么没人告诉我们这里都是一群废物！"可更令人惊讶的是，那名手持冲锋枪的中国人跑了过来，开始与他握手。中国士兵粗粗地搜了搜康德伦和其他士兵，他们要武器，不要纪念品。接着，来了位中国军官，他将俘虏们集中到一起，发表了一段欢迎词。他讲道，美帝国主义者是真正的敌人，"你们不远千里被送到朝鲜，屠杀这里无辜的男人、妇女和儿童。但这不怪你们，我说的不是你们的过错。事实上我是无产者，你们也都是无产者。"康德伦实在搞不清何谓帝国主义者，何谓无产者。一名紧挨他的美国兵说道："无产什么？我猜想他们都是该死的共党分子。"

中国士兵把他们押到一间茅草屋内，一名卫兵提来一大葫芦开水。这 30 几名俘虏洗了起来。当看守返回时，水里已满是肥皂泡，污浊不堪。这名看守惊讶地看看水，愤怒地瞪了他们一眼，他舞动手中的枪，恐吓着把全体俘虏赶到一堵墙边，让他们背对墙站着。

康德伦和其他士兵们不知道是什么惹恼了他。只见他嘴里一边高声叫骂，一边用脚对着盛水的葫芦又是踢又是踹。不一会儿，那名先前发表热情讲话的军官又出现了，也很生气，解释道：那名看守为了那些水费尽九牛二虎之力，无法保持态度友善，他冒着遭美军飞机轰炸的危险燃起一堆火烧水，以便让战俘们能喝上开水，用这些水洗漱对他简直是莫大的侮辱。战俘们解释说，他们没有喝开水的习惯。那名军官继续斥责战俘，认为他们是故意怠慢卫兵，鄙视他的礼物，让他很丢面子。康德伦想，这是东西方接触彼此完全误解的一个实例。

与此同时，有大批美军俘虏被集中在了一辆美军卡车附近。当看到中国士兵开始撕开从国内运来的圣诞节包裹时，他们的眼眶中全都布满了泪珠。寒风在呼啸，圣诞贺卡随风四处飘散，中国士兵从包裹里拽出了手表、自动笔、长筒袜和其他礼物。在不远处，另外一些中国士兵已经搜查了一辆军用卡车，公路上到处都是丢弃的“宝贝牌”卷饼与“好时牌”巧克力的包装纸。

巴克的由 15 人组成的队伍走下山来，因为多数中国士兵看来是停止了行动。他们借助一块大圆木跨过一条水流湍急的小溪，开始朝公路走去。这时，巴克看见有几名中国士兵潜入了一座农舍，他们迅速奔到屋前，巴克一脚踢开房门，却发现中国人不知怎么已无影无踪了。美军继续向南走，所经之处的公路两旁，他们遇见许多具中国人和美军士兵的尸首，尸首全都冻僵了。不久，他们听到一架直升机的声音，士兵们一起朝飞行员挥手，飞行员在附近一块空地上将飞机落了下来。巴克认出这是一名美海军陆战队的飞行员，于是便对他解释了一番他们的处境。这时，一架机关枪朝这边扫射过来，巴克果断地示意飞行员起飞。当飞行员升空之际，这些海军陆战队员们迂回穿过齐膝深的大雪，来到一条排水沟，进入安全地带。他们谨慎地朝古土里方向前进，没人知道前面等待他们的会是什么。此刻，东面高地上的志愿军已全部散去，巴克的队伍最后终于抵达至古土里的美海军陆战队第 1 团的营地。当巴克中尉对普勒讲述完整个行动的经过时，上校递给他一杯滚烫的咖啡和一杯威士忌，并问他还需要些什么。“有的，先生，我想要一支牙刷。”

在遭到伏击处的北端，战场同样一片寂静。除了几座房屋之外，下碉隅里全部被志愿军摧毁了。由于行动出色，西特上尉被授予荣誉勋章。此刻，他正在哀悼着罗科·朱洛上士的阵亡。在一座临时搭成的陈尸棚内，一名看护兵正从朱洛的身体旁经过，忽然，他听到一声咳嗽，他赶忙进行查看。朱洛还活着！对此，跟他在一起的士兵们丝毫不感到惊讶，任何子弹都杀不死罗科·朱洛。

第 23 章　血腥大撤退：冲过“夹击岭”

（11 月 30 日～12 月 1 日）

1

11 月 30 日是第 8 集团军又一个倒霉的日子。拂晓，凯泽的第 2 师仍然受阻于军隅里南面的路障，其战斗人员只剩下筋疲力尽、冻得发僵的 600 人。凯泽向指挥官们简单说了说最后向平壤撤退的计划。到午后时，中国军队以 40 挺机枪、10 门迫击炮和大量步兵控制了这 6 英里道路。

步兵第 9 团试图强行冲过去。有些人成功了。当哈里斯·波普上尉报告说第 3 营约 800 人只冲过去了 37 人时，营长 D. M. 麦克梅恩斯中校（后来被授予优异服务十字勋章）搂住波普号啕大哭起来。

那些过了 6 英里夹击岭的幸存者还得通过一条后成为一块坟地的隘路。当胸口冻得发痛的凯泽将军在下午 3 点 30 分到达要隘时，它已被卡车和坦克堵满了。这些人在轰轰隆隆一片混乱中，似乎什么也看不见也听不到。

“谁在这儿指挥？”凯泽大声喊道，“你们没人能动活儿？”

没有人答话。偶尔有个人低声叫道：“水！水！”大部分人什么也不干，只是漫无目的地走来走去，由于粘了一层厚厚的尘土，他们的脸像戴了面罩似的。凯泽走到隘路的南端，看一看是否已被中国军队封锁。美军飞机刺耳地向下扫射着，把附近的岩石削去一块。友军飞机投下的凝固汽油弹从悬崖上反弹出去，落到将军附近的道上。

最后他看见一名美军正在一辆卡车上操纵一门 81 毫米迫击炮，这是唯一还在战斗的人，但其他人在照顾伤员。一个士兵正试图把一名伤员拖到隐蔽处。“快把你该死的腿蹝到吉普车下边！”他喊道，“快，听我的。”

凯泽从一片美军尸体中走过，沟渠里和路上躺满了土耳其人和韩国士兵的尸体。他回头走去，相信空中打击已经清除了中国人的机枪，打坏了的车辆可以被清理到一边去了。由于已疲惫不堪，他抬腿迈过一具尸首时脚绊着了一具尸体的肚子，那具愤慨的“尸体”坐了起来叫道：“狗娘养的，瞎眼啦!”

“朋友，对不起。”凯泽道了歉，随后继续前行。

2

在华盛顿，朝鲜传来的坏消息引起一片混乱。在杜鲁门举行的记者招待会上，他说：“我们希望中国人民不要再被迫或受欺骗为亚洲殖民政策卖命了。”记者们对此反应冷淡。当被问及是否在满洲发动的任何进攻都取决于联合国的行动时，杜鲁门说：“我们将采取一切必要的步骤来应付目前的军事形势，就像我们往常所做的那样。”

“是否包括使用原子弹?”一位敏感的记者问。

“包括我们拥有的各种武器。”

“总统先生，您说‘我们拥有的各种武器，’”《芝加哥每日新闻》的保罗·利奇打断说，“是不是说正在积极考虑使用原子弹?”

“我们一直在积极考虑使用它。我并不希望看到使用它。它是一种可怕的武器，不会对与这次军事入侵毫无关系的无辜的男人、妇女和儿童使用它。”

合众社记者不放过他。

“总统先生，不知道是否可以再回到您提到的原子弹上来?您刚才说正在积极考虑使用原子弹，对吗?”

“一直在积极考虑，”杜鲁门颇不耐烦地点头说，“它是我们的一种武器。”他大意了，违反了不提使用原子弹的禁忌。他语无伦次地说：“这是由军人们作出决定的一个问题。我不是处理这类事情的军事当局。”这个轻率的声明罪过可大了。根据法律，使用原子弹的唯一权力掌握在总统手上——而不是战场指挥官手上。

弗兰克·布戈尔策穷追不舍：“总统先生，您说这取决于联合国的行动。这是否意味着除非有联合国的授权，否则我们不能使用原子弹？”

“不，根本不是这意思！”他大声说，“针对共产党中国的行动取决于联合国的行动。战场指挥官将负责武器的使用，就像他平常负责的一样。”

几分钟后，合众社就宣布说：“杜鲁门总统今天说，美国已在考虑同朝鲜战争相关的使用原子弹问题。”美联社播发的新闻说：“是否投掷原子弹由战地指挥官决定。”当天下午报纸刊登的吓人的大幅标题使人感到好像杜鲁门正把原子弹送给麦克阿瑟，全权委托他来使用似的。

杜鲁门的讲话传遍了全世界，在伦敦和巴黎引起恐慌。第一批报道使英国下院一场单调无味的关于外交事务的辩论一下子变成了一场骚动。艾德礼首相宣布他认为不得不来美国讨论远东局势。

3

在长津湖，史密斯将军已命令第 5 和第 7 海军陆战团调整其阵地，这两个团都准备在 12 月 1 日晨进行突围，向下碣隅里撤退。利曾伯格和默里是分别按照史密斯将军的命令单独行动的，但两人的部队缠绕得太紧了，只好密切地协调着行动。在从北向南撤往下碣隅里的路上，他们围绕着一个中心点，把各自在东、西两面的防御半径换了个个儿，以共享必需品。尽管这一调动是在白天进行的，以便于利用空中掩护的飞机和大炮，由于某些原因，中国军队没有采取多少阻击行动。

塔普莱特营的任务是夺占通往下碣隅里的路段两边的高地。被人称为“黑马”的第 3 营在上午 8 点开始撤退。塔普莱特营的最后一支部队乔治连得从 1282 高地退下来。有两天时间他们与中国军队相距非常近，手榴弹成了双方使用的主要武器。

撤退遇到了不少麻烦，但成群的中国军队并未越过 1282 高地进行追击。一俟乔治连赶上第 3 营，塔普莱特便开始占领道路两边的高地。过了些时候，默里通过报话机让塔普莱特向柳潭里的海军陆战队联合指挥部报告。“我们想改变给你的命令。”他说。

“我们刚刚进入您指定的阵地！”

“阵地已经全变了。”

“给我什么任务?”

“把你的部队撤出刚才占领的阵地。你营将在前面进攻!”塔普莱特将朝南向下碣隅里方向突围。

塔普莱特折回柳潭里寻找弹药。电话机、食物、记录本——所有的东西全毁了。还从未见过如此慌乱的人们。在慌乱中,有人把一枚手榴弹扔到一堆火里,炸死了几个人。现在塔普莱特奉命要向南再前进 4 英里左右,到达最高地形 1520 高地。拿下该高地后,继续率先向南发动主攻。

“好吧。您给我提供何种支援?”塔普莱特问默里。

“给你提供大炮和从兵站起飞的飞机的炮火支援。”

“太好了。”塔普莱特说,心里却没有把握。他的两个连还在 1282 高地上,“我得把他们置于我的控制之下,因为已分派他们去占领另一个山头。我得把他们重新集合起来。”

“我们要你马上进攻。”

塔普莱特强压住愤怒。“我的上帝!我怎么能够马上进攻?他们还在从高地往下走,要过一会儿才能下来。”

当他大步走出指挥部朝吉普车走去时,营里的牧师伯尼·希基看到他的脖子根儿都气红了。“怎么啦?”他问。

“要我们从这儿往外打!”

“要去做忏悔吗?”

塔普莱特点了点头。

“你讲话时我要和你并肩走在一起。”等塔普莱特讲完话后,希基说:“为了赎罪,当在那个高地进展不顺利时,你画一个十字,说句‘不是我而是他们要这么干的’,你就会成功。”

塔普莱特坐吉普车回去后,他用报话机找到艾特姆连连长:“我们在路上运动时要保持进攻的阵形。”艾特姆连将打头阵,跟在后边的是 G 连和 H 连。当艾特姆连从高地下到路上时,塔普莱特已赶了上来。他只能从路边上前行,因为路上塞满了各种车辆。他注意到有支部队正从山坡上往左边下。这就怪了,那儿不应该有人。等走近后,他才看清那是海军陆战 7 团。

“你们他妈的在这儿干什么?”他叫道。没有人通知他在 3/7 防御主阵地前沿左侧的行动应当是进攻，沿前沿南侧以夺取 1520 高地，而塔普莱特同时穿过 3/7 继续沿着防御主阵地进行攻击。塔普莱特的任务是带着柳潭里的部队进入下碣隅里。

“我们要发动进攻了。”一名中尉答道。

真滑稽。“你们这群人是要进攻 1520 高地吧，”它在路那边。

“我们就要开始进攻了，先生。”

“你们另一个连在哪儿？”塔普莱特问。

“他们已过了这条路，正向高地运动。”

塔普莱特难以相信他听到的话，“那么进攻 1520 高地的是谁？”

“是我们。”

“你们的指挥官在哪儿？”这指的应该是陆战第 7 团第 3 营营长。中尉指了指正从山上朝这边蠕动的一个小点儿。塔普莱特跳出吉普车，气愤地甩开步子朝前走去，后面跟着查理·迈兹中尉和紧追其后的报务员以及负责背重装备的一等兵斯韦德·斯温森。

塔普莱特和迈兹看见附近站着一名中校。“你是这个营的营长吗？”他是。“我叫塔普莱特，我奉命在你夺取 1520 高地后从你那儿穿过。你准备什么时候拿下它？”

“等你下了崽儿。”

他的眼神使塔普莱特大吃一惊。“你这是什么意思？”

“我们刚刚准备开始进攻。我这里只有一个连，预备连还在路上。”

“你估计什么时候拿下？”

“鬼才知道。”

迈兹知道塔普莱特是不能容忍这种没有指望的局势的，担心他会发脾气。

“天啊，这人！”塔普莱特大声说，急忙回头冲报务员走去。这时已是下午半晌。“斯韦德，这种混乱局面太可怕了！用报话机同默里上校联系。”可是默里太忙了，无暇同塔普莱特说话。“那我同作战处说话。”

“作战处在哪儿？”

“陆战第 5 团指挥部里没有我可以说话的军官了？”塔普莱特非要通话不可。

“好吧，我想可以抓住多塞特上校。”

很快通过报话机找到了这位第7团的主任参谋。塔普莱特从未见过他。“第7团第3营离目标远着呢，”塔普莱特抱怨说，“他们还在瞎转悠。我已经在路前边约半英里到3/4英里处找到了艾特姆连，准备让他们去1520高地。而他们甚至还没开始！”他停了一下，“我想知道对我有什么指示！”迈兹心里明白结果会是什么，感到有点儿不安。

“你他妈看着怎么合适就怎么干吧！”

塔普莱特骂了他几句。“你可以告诉默里上校我要进攻了，如果他不喜欢，可以叫我！”塔普莱特同迈兹和连长们讨论了形势，决定让豪连打头阵，后面是艾特姆连，再后面是乔治连。工兵们到前面去清理路障。第3营开始往路前面运动，一英里过后遇到右边打来的几排子弹，但没有造成多少伤亡。在往前面派了步兵之后，塔普莱特跳下吉普车，在路边约20码的地方建立起指挥部。当他走过雪地去寻找该死的指挥部其他成员和后勤连时，天已漆黑了。他只听得一声巨大的爆炸声，看到雪开始飘满所有地方，然后就什么也不知道了。等他醒来时，发现他身上躺着查理·迈兹，他俩上面是报务员。塔普莱特第一句话是：“查理、斯韦德，你们没事儿吧？”还真有点儿侥幸，没有人受重伤。

豪连通过报话机叫了。“我们的报话机找不着你了，”哈罗德·威廉森上尉说，“您没事儿吧，艾特姆连已经占领了路左边，我来占领右边。”塔普莱特同意了，这两个连开始迅速在路两边运动。

默里在报话机里问情况怎么样，塔普莱特讲了他的计划。“好，继续进行，”默里说，“希望你一直往前走。压力在我们的背后，我们要设法进入下碣隅里。今天一晚上都要进攻。”这就意味着要塔普莱特扫清1520高地，以使海军陆战5团和7团能通过德洞通路，进入下碣隅里的安全地带。

当晚晚些时候，艾特姆连拿下了1520高地上的第一个目标，一个大山嘴。“我得通过那块平地进攻前面的另一个山嘴了，”艾特姆连连长哈罗德·施里尔上尉通过报话机说。尔后威廉森用报话机报告：“我们撞上了15～20个中国人并将其消灭，又遇上40～50个。”塔普莱特感到不安，这两个连离得太他妈的远了，道上只有营部的人马了。

午夜时分施里尔从高地上通过报话机说，“我这儿碰上一个圆矩形目标，它将是一场灾难。”

“知道了,”塔普莱特说,“撤回到另一个阵地过夜。”

尔后团部又来了一封电文:“继续进攻。”

“今晚上我不想再发动任何进攻,”塔普莱特答复说,“我不想越过对情况一无所知的地形。”

“我要你继续进攻。”

塔普莱特很不情愿地通过报话机找到了施里尔:“我受到了合伙儿的两名指挥官的压力。”他指的是默里和利曾伯格。“你还能进攻吗?”

“试试吧,”施里尔说。艾特姆连碰到另一个圆矩形目标。地面冻得很坚硬,散兵坑只比地面低一点点,对于倾泻而来的迫击炮弹、手榴弹和小型武器的火力起不了什么作用。参加过二战的老兵认为那儿的情况比硫磺岛还糟。在遭受严重伤亡之后,施里尔用报话机向塔普莱特报告:“塔普莱特,我们遭到前、左、右三面十分猛烈的攻击。”

“你们能退下来吗?”

“我们正准备撤退。”

艾特姆连再也没信儿了,塔普莱特用报话机找到作为预备队的乔治连。“我要你们进入艾特姆连后面的防御阵地,”塔普莱特说。后半夜他们将待在那儿。

乔治连刚进入阵地,赫尔曼森的报话机就响了:“我们听到前面行动频繁,那里火力很猛。”

在防御主阵地前沿右侧的高地上,豪连遇到强烈阻击。情况非常糟。作为最后一着,塔普莱特让工兵连进入赫尔曼森阵地背后。塔普莱特联系多次,都未能找到艾特姆连。几小时后,天蒙蒙亮,在急救站发现了施里尔。“怎么啦?”施里尔的脖子穿过一颗子弹。他只说了一句话:“不可能,人都死光了。”那天夜里,只有约 20 名士兵、1 名军官(威拉德·彼得森少尉)生还。对于第 3 营来说,那天白天是整个战争中最受欢迎的一天,那天晚上则是最漫长的一夜。

塔普莱特呼叫默里:“我的上帝,艾特姆连被吃掉了。我们这里极为困难,我刚在路上找到豪连和施里尔的部队。”

“我们将再度发起进攻。”默里说。他答应派援军来。

从默里那儿只来了一辆坦克。塔普莱特从急救站的小棚子里钻出来,看见默里上校正冲他走来。“发生了什么事?”默里问。

“我们已经用报话机全告诉您了。”疲惫不堪的塔普莱特说。

“好了，我们将继续进攻。”

“那我还需要增加人手。我现在只有两个连，一个连垮了。豪连只有约 60 人，乔治连约 80 人。艾特姆连已不复存在。”他得动用路上部分人员了。前面有路障，都有炮火掩护。“我一直在路上，这太受刺激了，我想抽出一些人到前方去。”

“好吧，”默里说，“这辆坦克给你，我们把陆战 7 团及炮兵和工兵剩下的部分人员组成一个混合连。”

塔普莱特叹息了一声。至少还有一天一夜的日子更不好过。

4

在长津湖对面，费思特遣队 11 月 30 日过得比较平静。黎明刚过，斯坦福德上尉引导海军陆战队的飞机降落在兵站，几乎没有发现敌人活动的迹象。几近中午时，一架直升机降落在费思营部附近的空旷地上。出人意料的是，来人竟是师长巴尔将军，他刚同阿尔蒙德和史密斯开完会。他鲁莽地从欢迎他的人中间走过，急着去见费思。

在他回到下碣隅里后，巴尔告诉史密斯将军，费思最大的困难是他在打开缺口之前得先把 500 名伤员撤走。但巴尔相信，如果有海军陆战队强有力的支援，费思可能会办得到的。

下午 2 点 10 分，阿尔蒙德和他的指挥官们在简易机场搭起的锥形帐篷里开始举行会议。显然被德赖斯代尔特遣队遭伏击的噩耗和柳潭里附近两个海军陆战团的危险处境所震惊，阿尔蒙德告诉他们形势已发生重大变化。这时候的他已同当初告诉费思不要害怕几个中国洗衣匠的那个阿尔蒙德大不一样了。他说，第 10 军将放弃长津湖地区。他还说，就是该军现存部队也危如累卵，要引起高度重视。然后他命令那两个海军陆战团撤退，要巴尔准备一项在次日（12 月 1 日）费思特遣队撤退的计划和时间表。

次日晨，费思中校做好了突围的准备。几近中午时，他命令罗宾斯上尉把卡车发动起来并把伤员装上去。过了一会儿，一发迫击炮弹落在罗宾斯身旁的路边上，弹片击中了他的一只胳膊和一条腿。令他吃惊的是，他手上的卡宾枪被炸飞了，弹夹里的几发子弹发生爆炸，炸坏了枪上的复进机。他很快被用绷带包扎好，抬到一辆卡车上，上面有列兵埃德·里夫斯和其他一些伤员，这时炮手们把磷燃烧弹扔进将遗弃的大炮的炮口里，把它们炸掉。驾驶员们把将要遗弃的车辆点起一把火。打头阵的是 C 连 3 排，该排装备有一辆 M－19 坦克和一辆装有一挺 40 毫米两用高射机枪的装甲汽车。

尔后是一辆装有一挺 30 毫米重机枪的吉普车，后面跟着指挥机关。其后仅 20 码之隔是斯坦福德上尉，他将根据费思的命令引导飞机进行攻击。费思的主任参谋迪克·米勒少校也在前面。跟在这队人马后面的是拉着伤员的约 35 辆汽车，步兵行进在车队两边。

当前卫排通过 A 连设置的路障时，敌人的重机枪和小型武器一齐开火了。虽然有人被打中，但队伍并没有停下来。费思指示斯坦福德呼叫飞机实施攻击。下士约翰·德拉姆看见一架飞机扔下一枚凝固汽油弹，那情景看起来真吓人，就像在那群美国大兵中点起了一堵火墙，他还从未见过这么恐怖的场面。人们痛得撕心裂肺地喊叫着，有些人恳求别人帮助结束痛苦，德拉姆亲眼看见一名中士朝一位恳求他的人的脑袋开了一枪。

罗宾斯在汽车上也亲眼目睹了全身着火的人在地上翻滚着喊救命的可怕情景，他的副军士长身上也着了火，就离他 10 码远，但罗宾斯却毫无办法，他痛苦得转过脸去。尔后他看到几名军官和军士在招集人马，让他们继续往前走。

在队伍的前头，米勒少校看到的场面使他毛骨悚然：C 连约 10 名战士被大量胶状汽油的火焰严重烧伤，在雪地里打滚，虽然第 1 营遭受严重伤亡，对士气是个沉重打击，但汽油弹也使路障后面的中国军队仓皇逃窜。汽油弹击中了中国人，壕沟里至少躺着 40 具尸体。

费思出面堵住了惊恐万状往回跑的士兵。他跑上前去，掏出手枪吓唬他们转过身去迎着敌人。尔后他用激励、命令、威胁等各种办法，率领部队向逃跑的中国军队进攻。

队伍继续前进，但许多人已失去控制。军官和军士们试图把他们赶到高地上以保护路上的部队，但大部分人拼命地往前面的安全地方跑。

在这次一塌糊涂的飞行中，斯坦福德引导的几架飞机可算在正在前进的美国大兵前面扫射和轰炸够了。高射机枪也向中国军队发射了最为猛烈的火力，但他们还是在这次遭遇战中给美国军队造成了严重伤亡。

当队伍行进了约两英里时，一辆吉普车上的电台收到一封电文："给费思中校：你们要自己掩护自己退往下碣隅里，不能给你们提供帮助了。陆战1师师长史密斯将军。"费思特遣部队可能得到的唯一帮助将来自海军陆战队的飞机。

这时，詹姆斯·莫特鲁德中尉和他的尖兵排已到达一座被炸毁的桥，桥身被炸毁20英尺长，坠入下面的河里。步兵发现有一幢坍塌的房子可以作掩护，迅速蹚过河冲到路上。

这时，车辆纵队已到达那座被炸毁的桥。一辆M－19重型坦克冲下陡岸，越过河流和沼泽地，毫不费力地冲上对岸。迪克·米勒指望汽车也能像这辆履带车一样不费劲地通过河流，但第一辆汽车就轧碎了坚硬的冰面，陷在沼泽地里。米勒立即命令M－19坦克掉转头，用一条绳子拴住陷在水里的汽车，把它拖到对岸。当一辆辆汽车拉着不停喊叫的伤员被从河流中拖过一片结了冰的沼泽地时，都遭到迫击炮和小型武器的火力袭击。进展十分缓慢。当一名驾驶汽车试图通过这段夹击岭的司机被击中后，汽车上的人便成为敌人的靶子，直到另一名司机接过方向盘把汽车开走。

罗宾斯上尉乘坐的汽车猛地冲过一片两英尺高的草地，他头上仍戴着钢盔，以保护他的脑袋在汽车里前后左右撞来撞去时不致撞坏。尔后汽车猛地停了下来，最后还是被M－19坦克拖上硬地，继续开动起来。罗宾斯可以听到从高处猛烈射来的子弹不断地打在汽车两边。前面传来话说，有一块中国军队重兵把守的路障把队伍给挡住了。

斯坦福德上尉看出停在那里的汽车成为正向路上运动的中国军队的囊中物，便把飞机招来实施空中攻击。敌人四散逃回山谷，否则的话，他们将全歼这支队伍并从屁股后面进攻正在向1221高地前进的美国兵。

在第32步兵团向路障运动的时候，第31步兵团正绕过路下面的山谷向路障逼近。第31团遇到中国军队从山谷对面和高地上射来的猛烈火力，但第32团看来可以突过去，随之他们遇上了猛烈的阻击，开始群龙无首地往回退。中国军队再次占领了路障。

32团的大部分军官都受了伤，麇集在陷住的汽车周围的该团士兵招来了向车上射击的火力。然后费思中校出现了，他喊叫着，挥舞着手枪逼迫部队回头往高地上冲。费思不顾越杀越猛烈的步枪火力，软硬兼施地重整着部队。当看到一名韩国士兵蜷缩在汽车下面时，费思要他出来。这个士兵不停地用日语喊着：“我受伤了。”就是不肯出来，斯坦福德和一等兵米切尔·希思都看见费思毙了他。“这个龟儿子想不干了！”这位上校大声说，“逃兵统统枪毙！”

希思自听到费思责备那位拒绝把伤员带上他的直升机的将军以后就一直很敬佩他。这次，他感觉到中校做得没错。

基茨上尉也控制不住队伍了，他命令他们往高地运动就是指挥不动。打了四天的仗了，疲惫不堪的士兵们挤在一起，相信只有汽车边上最安全，即使他们把大部分火力吸引了过来。

基茨和五名下级军官磨破了嘴皮才使 200 多名士兵动了起来。他们攻上一座山头，破坏了几处路障，然后派通信员跑回去催其他部队把车辆动起来。一些步行的伤员加入了基茨的队伍，可汽车依然堵在那儿。基茨派了两名士兵回去敦促汽车从拐弯处绕过来，跟在他们后面向西走。可是一辆汽车也没有过来，他便又带着约 210 名战士向长津湖而去。

与此同时，费思正试图从后面进攻路障。费了九牛二虎之力，他才集中了约 350 人。整个营显得杂乱无章，费思鼓励他们跟着他往高地冲。接近山顶时，费思拔出手枪喊道：“我们一起往路障冲！”他挥舞着手枪喊叫着冲下高地。等他回头一看，妈的！身边只有几个人。他又回到高地，对士兵们又是骂又是威胁，好让他们向路障冲击。

第 32 重迫击炮连 17 岁的二等兵路易斯·约瑟夫·格拉波，为费思的勇敢和身先士卒所鼓舞，一块儿跟着冲了上去。当接近路障后面时，格拉波听到中国军队在说话，认为他们是想投降，因为有这么多美军在进攻路障。他看见三辆美军坦克停在那儿，一辆歪在路上。这是 11 月 28 日奉命支援第 31 团和第 32 团途中被打坏的几辆坦克。格拉波匍匐过去，发现了那次失败行动中为数不多的幸存者之一。他试图同这名坦克手说话，但后者伤势太重，完全休克了。

费思命一队士兵去前面巡逻，但他们很快就跑回来了。他试图再派一队，但没一个人去。他便独自一人去了。前面的那辆汽车跟着费思开去，格拉波紧紧拉住一辆两吨半的汽车的车尾。后面的汽车也跟着往前开去。这时格拉波太累了，而且两只脚也严重冻伤，他实在走不动了。尔后他听到一个微弱的声音：“救救我！救救我！”一名中士喊道：“你是谁?”只听回答说：“我是费思中校！救救我!”

两名中士走上前去，在一条沟里发现了费思，他受了伤。他们把他抬进打头儿的汽车，车队往南开去。这时汽车上装满了伤员。走在路边上的伤员呼喊着把他们一块儿带上，用皮带拴在汽车的车篷和保险杠上。汽车上实在没有地方了，剩下的伤员被沿途遗弃在路边，他们伸出手，恳求帮助。格拉波不忍心看他们，他对他们真是爱莫能助，连他自己也马上就要坚持不住了。他的两只脚已冻伤，而且靴子里进了雪，但仍然紧紧拼命地跟在打头儿的汽车后面，因为他心里明白，如果被落下，他就没救了。

打头儿的汽车在一处铁轨那儿拐弯向前开去而没等后面的车队。当它进入退价（音译）村时，突然遇到密集的迫击炮和重机枪火力。格拉波从汽车尾板跳下，往后面的车队爬去。他碰上了主任参谋，他问他发生了什么事情。

“先生，他们伏击了我们，费思中校在第一辆车上!”

“排成战斗队形!”主任参谋大声喊道。

当格拉波和其他人及后面跟着的汽车往前行进时，他看到铁轨附近有几条黑影，尔后听到一声爆炸，便摔落在地上，他的右腿中间被一颗子弹穿过。这是他首次负伤，痛得要命。就在他流泪时，他的排长罗伯特·雷诺兹问道：“怎么啦?”

“挨了一枪。”他说。雷诺兹让格拉波排的两名士兵把他抬到一辆汽车上去，但这时所有的汽车都拉满了人，车篷里和车前面的挡泥板上一点儿空地方也没有了。格拉波冲一辆汽车上一位没受伤的朋友喊叫，问他能否把地方让给他，那人不干。

格拉波又冲另一位朋友（司机）喊道：“邦尼，我受伤了，你给我在车上找个位置!”

邦尼把汽车作了个回形滑行停下来，拿着45毫米手枪对准刚才拒绝给格拉波让地方的那个人：“你这头蠢驴滚开，要不我让你在车上清醒清醒。”那人赶忙给格拉波腾出了地方，下去和不时喊叫的伤员们一起步行。在汽车最后开动时，格拉波听到耳边一声爆炸。他的肩没有感觉到疼，但他后来才知道是弹片刺破了他头上的钢盔，钢盔的声音使耳朵响了起来，产生的震动差点儿使他昏过去。“我的上帝！”他大声喊道，从右肩共取出 13 块弹片，而且肩上的一大块肉也被削掉了。

他的连指手套里面有一朵玫瑰花。“我是个小孩，”他祈祷说，“我甚至不懂交女朋友是怎么一回事儿，也不会跳舞。如果让我活下去，我一年 365 天会天天去作弥撒和吃圣餐的。”但他知道他这是撒谎。他回想了一下他刚才的保证，然后说：“上帝，我对您胡说八道了。”他忏悔了。“我一年之内不想干这事了，但 6 个月内会干的。”说完，这个俄亥俄州扬斯城人，家中 12 个孩子中的老幺便失去了知觉。他祈祷得是那么用力，手套里的玫瑰花一片片地掉了出来。

一名狂暴的韩国士兵跳进罗宾斯乘坐的汽车，突然跳在伤员的头顶上，他们疼得叫喊起来。罗宾斯看出他并未受伤，只是给吓坏了，便把卡宾枪的枪口紧紧抵住他的脸。“你他妈的给我滚下去！”他嚷道——他气极了，会把那位士兵的脑袋痛痛快快地削下去的。那个人赶忙下了车，走到外面乱转的人群里。尽管腿痛，但罗宾斯还是决定下车去，而不愿冒被俘的危险。他要自己往南走。

这时，在停下来的车队中间的斯坦福德上尉听说费思在打头儿的那辆汽车里，伤得很厉害。这位不屈不挠的海军陆战队队员带着护送伤员的车队向下面的一座小山开去。他让车队停在山根，去看一看前面的桥是否可以通过。在去看桥的路上，他遇到一名士兵，士兵说他受到了一支中国军队巡逻兵的攻击，但设法逃了出来。他说，附近有一挺敌人的重机枪，但斯坦福德找不着它在哪儿。他又回到退价村去和那里的一小队陆军军官商量。当斯坦福德点燃一支烟时，他认出了一名中校。但不论是这位中校还是其他军阶比斯坦福德高的军官都不想接替费思来指挥车队。斯坦福德非常生气，他走到坐在打头儿的汽车里的费思那儿。“你想让我试着在今晚指挥车队继续往下碣隅里进发吗？”他问。

“可以。”费思有气无力地说。他疼得厉害，看来快要失去知觉了。

斯坦福德上了一辆停在前面的吉普车，因为看来除此之外没有别的办法使车队动起来。他带着车队摸黑下了山，朝一座部分被炸毁的铁路桥开去。斯坦福德小心翼翼地把吉普车开上路轨，试一试它能否承受得住汽车。吉普车的左轮压住了一条铁轨，右边的轮子压在枕木上。

“如果我过了桥，”他招呼道，“你们这帮人就把汽车开过来。”所有的拖车被迫留在后面。他已经向司机们说明了如何通过铁轨回到大路上的办法。

斯坦福德开着吉普车安全地过了桥。在使后面的汽车可以放心地跟着过桥后，他和3个士兵抄近路朝公路开去。在靠近公路时，他们停下吉普车，往南走去，看一看道上的路障是否清理掉了，但刚走了半英里，就突然被敌人包围了。一名中国人打着手势让斯坦福德躺到路边上，他动作十分迟缓，卫兵朝他开了一枪，子弹擦着他的脑袋而过。两名手拿自动武器的中国士兵赶着俘虏们回到路上，朝那座铁路桥走去。一名士兵被派到前面侦察，但从南边先是打来几发迫击炮弹，接着射来一阵子弹。斯坦福德猜想这是跟在后面的车队打过来的。

尔后他看见坐着费思的打头儿的那辆汽车朝他们隆隆驶来。显然惊愕得不知道开枪的中国兵逃跑了，这辆汽车冲了过去。第二辆从斯坦福德身旁高速驶过，但几秒钟后一枚火箭弹击中了这辆车，使它停了下来。斯坦福德转身看见了停在山水里正北费思乘坐的汽车，他想费思的司机这会儿正等着后面的汽车。

但是，其他汽车没有一辆试图冲过夹击岭，费思的汽车向山水里开去。斯坦福德偷偷摸摸地穿过这个村子到了路上，途中没有碰到中国军队。他对这个地方很熟，一个人平安地从一条小河的冰面上走过，决心找到费思的汽车，但根本没有发现他的指挥官的一点点迹象，他又继续往南走。附近走来一名中国士兵，他改变了方向，但那人却一直跟在后边。斯坦福德趁夜幕往西急忙钻进松树林，走到一片他从未见过的高低不平极难走的地带。当他从这座鞍状山脊的另一边往下攀爬时，绊了一跤，扭伤了脚踝。

斯坦福德后面的汽车设法通过了那座铁路桥，但车辆争着过桥挤得很厉害，伤员们又喊又叫。到了路边，第32步兵团团长韦斯利·J. 柯蒂斯少校向前走过停下来的汽车，在一辆车里找到了费思。他们俩同龄，都是32岁。“中校，”柯蒂斯说，“我是布克，您怎么样?”

“咱们走吧。”费思说。

柯蒂斯继续往队伍前面走，发现米勒少校横着躺在斯坦福德的吉普车的后座上。“迪克，”他说，“我们离开这儿时你得准备靠两条腿了。”

“我疼得厉害，走不动了。”他一只手被枪打伤，另一只手冻坏了，一条腿里还带着几颗子弹。在和柯蒂斯说完话后，米勒检查了几名士兵，这几个人都有枪，但却只剩一两发子弹了。他听说前面有个路障，他们难以通过。快到半夜时，两发迫击炮弹在距米勒 100 码远的路右边爆炸，打破了长时间的沉寂。接着又有两发炮弹打在离米勒更近的地方，他知道他们很快将遭到交叉射击。他可以想象出伤口又疼了起来；一辆着火的汽车就可使他们所有的人成为容易打中的靶子。

打头的汽车的司机请求米勒允许驾车快跑。他往前走了 100 码，没有发现任何动静。对于明摆着的危险只有一种前途未卜的选择。“开始行动。”米勒说道。

车队往前行驶了 200 码后到达一拐弯处，尔后从左边的一座小山上劈头盖脸打来一阵机枪和步枪子弹。打头的汽车被一阵子弹击中，一头栽进一条沟里，把路挡住了。米勒绝望地瞪着眼。车队不得不停在冰天雪地之中，受着残忍的惩罚。过了一会儿，中国军队开始靠近其他汽车，用手榴弹把它们炸得着起了火。米勒目睹着一名伤员爬过一片开阔地往一个隐蔽处爬。雪地上现出他的轮廓，他很快被打死了。

米勒明白他的双手如不保护起来就会被冻僵。他看了看倒下的那个士兵，确信他已经死了。可他还未来得及戴上手套，机枪子弹就从他的脑袋周围“嗖嗖”飞过。他向一堆连在一起的小丘爬去，那儿躲着两名没拿武器的美国兵。其中的一个士兵刚过铁路的路堤就匆匆退了回来。“中国军队朝我们这边来了。”他说。三人朝相反方向跑去，但身负重伤的米勒远远落在了后面。一名美国兵返回来帮他，但米勒却说：“你跑吧，你还有机会。”

米勒设法一下下挪到拐弯处，在那儿发现了一根棍子。他拄着它作拐杖，从一片地里向山水里走去，但他很快发现右手被冻在了棍子上。当他试图涉过一条布满冰块和石块的小河时，左脚一滑，鞋里灌满了水。他继续走，走进这个已没有人烟的村子，最后找到一间空房子，地上还有盖被。他坐下来，大概过了数小时之后，想法子用嘴把小刀打开，割断左脚上的鞋带，脱下湿透的鞋子。带在短裤上的备用袜子尚干，他费了半天劲弄出一只穿在左边的光脚上。他一点儿也没有感觉到痛，只是全身有点麻木，扯过一条被子盖起来，很快便睡着了。

在刚开始突围时，伤员们顺着汽车边走边打，把中国军队压在后边，喊叫着冲往前面的路障。车队后面拉伤员的汽车只好自己管自己了。他们把几条步枪集中在一辆车上，往南边夺路而去。几辆汽车一起往外猛冲，跳跃着冲过河床和大桥边上的路，伤员们的伤口都被震裂了，疼得乱叫唤。一路上连续不断打来的子弹打死了二等兵埃德·里夫斯乘坐的汽车上的几名伤员，使一些伤员添了新伤。他们被火力压得抬不起头来，直到被打死的司机由车厢里会开车的伤员接过去，然后拼命赶上去为止。

这会儿里夫斯乘坐的汽车和一辆熄了火的车停在离车队末尾一辆车300 英尺的地方。中士本·德赖登沉着地冒着敌人的火力走回来告诉他们："车队被拦住，你们要是走得动的话，再拉一名睡袋里的伤员越过长津湖的冰面。对岸有海军陆战队。"里夫斯走不了了。两条腿刚一动，他就疼得昏过去了。那些走得动的伤员，有的爬，有的拉着其他伤员，有的靠在一起互相帮着。有的为不能帮助里夫斯和其他不能动弹的伤员表示歉意，然后往前面的地里挪去。仍留在里夫斯那辆汽车上的伤员任何可以打仗的东西都未给留下。过了一会儿，一队中国士兵走到汽车这儿。他们喊叫着，用刺刀尖抵住这帮美国兵，打着手势让他们起来跟他们走。一些睡袋的拉链被拉开了，露出了伤员身上的伤口。中国士兵不想要重伤的俘虏，他们走了。

后来，一名中国军官出现在里夫斯那辆汽车的尾板。这显然是位大官，因为他是单独一人走过来的，身边没有跟着政治监察人员。他穿着一双擦得发亮的皮鞋和一件干净的厚大衣。"先生们好。"他用夹杂着英国口音的英语说道。伤员们使他想起了日内瓦公约中有关对待战俘的条款：保护、医生、食品。"对不起，这些东西我一样也给不了你们，"他遗憾地说，"如果有人听到我同你们说这些，我就没命了。不说了，上帝保佑你们，上天和你们在一起。"说完他转身走了。其他伤员对这位中国军官不予帮助很生气，但里夫斯感觉到上帝正在对他说："你并不是一个人在那儿，这一切我全知道。"

北朝鲜老百姓成家成家地带着老人、妇女和儿童从车队旁路过。走到每一辆汽车跟前时，他们都要停下来，看一会儿里面的美军伤兵，然后缓缓地弓一下腰。里夫斯感到很荣幸，因为这些朝鲜人这么做时可能中国军队就在附近，他们也许会砍掉他们的脑袋的。除了肉体上的痛苦外，里夫斯一想到做战俘的滋味就感到头痛和绝望。为了得到帮助和希望，他从口袋里掏出《新约全书》，翻到第 23 篇朗读起来，难友们静静地听着。

“嗨，司机，”里夫斯冲前面伤势很重的一个人喊道，“那股烟是从哪儿来的？”路上面升起一股黑烟。那位司机回头说，前面的汽车正在燃烧，里面还有伤员。里夫斯希望不管死多少次也不要被活活烧死。他乞求上帝把他的恐惧带走，让他像一个人一样去死。尔后他对上帝说他马上就会见到他。他对随之而来的平静感到惊奇，便坐了起来睁着眼，等着去死并想着见到上帝时的情景。

里夫斯那辆汽车的汽油从油箱上的几个洞已经漏干了。当三名中国士兵点不着这辆汽车时，他们便各自分了工。一个去枪杀趴在车底下避难的伤员；另一个从车尾往里开枪；第三个爬上汽车两边的厢板，倾着身子枪杀美国大兵，他朝每个伤兵头上开一枪。他一排排地朝里夫斯坐的前面一排干。当他边上的人进入来世后，枪口转向了埃德。“上帝，我就来。”他说。枪口的冲击波把他震得仰卧在地上。睁开眼睛，他看了看中国兵，对他没死感到惊愕：你离着 4 英尺远却没有击中我！感到惊愕的那名中国兵回头看了看，然后爬下汽车。三名中国兵刚走，里夫斯就滑进睡袋里，拉上拉链，摸了摸脑袋，只擦破了一层皮。

一些美军从长津湖的冰面上逃了过去。午夜，在下碣隅里以北约一英里处海军陆战队的一个前哨，100 名美国兵被问到口令。尽管无一人答得上口令，但海军陆战队还是建议他们不要动，因为他们就在雷区边沿，后来海军陆战队将其带到他们的防区，在那里让他们吃了一顿热饭。

罗伯特·E. 琼斯少校和休·梅中尉带领的是最多的几组人马之一。他们在中途带上了罗宾斯上尉，他离开了汽车，宁肯忍受疼痛也不冒被俘的危险。临近半夜时，远方重机枪和大炮的火光表明他们正在接近下碣隅里附近海军陆战队的地盘。他们决定冒险一直往前走，在附近的山丘里过夜不啻于被冻伤或被俘。当他们小心翼翼地接近冒烟火且有喧嚷声的地方时，一名绝对不会弄错的美国兵把他们吓了一大跳：“站住！”这是罗宾斯所听到过的最甜的字眼儿。侦察机飞行员们已经提醒海军陆战队说夜里要过来美国兵，所以他们已准备好迎接他们了。他们先提供了一顿热乎饭，让医生看了伤病，然后给了他们一间屋子。当罗宾斯不知不觉地快要入睡时，他充满信念地念了祷词，说他在这一天从老天爷那儿得到了许多帮助。

机智的斯坦福德也在往南摸，他小心谨慎地不走大路，因为路上有军人脚上的靴子留下的痕迹。在长津湖附近的一座小山上，他看到了下碣隅里的灯光。他一步步渗透到海军陆战队的哨兵那儿，被一个火箭兵连带走了。

当从扬斯城来的路易斯·格拉波终于醒过来时，天已微微亮。他已昏迷了 10 个小时，一点也不知道他乘坐的那辆汽车是为数不多的未着火的汽车之一。他听到到处都是中国军队。真该死，弹药快用光了。他旁边有个伙伴，子弹穿透了太阳穴，脑袋上的骨头凸了出来。格拉波爬过去，把这具尸体拖到自己身上以作掩护，手里紧紧握着一颗手榴弹。“如果他们来抓我，”他暗暗对自己说，“我就和他们玩儿命。”汽车上的其他人看来都死了。他又失去了知觉，当他醒来时，周围一片寂静。他屏住呼吸，发现没有什么动静，便推下压在身上的尸体。他的伤腿疼得很厉害，得想办法出去。他从汽车缝里仔细观察了一番，这里看起来像一个几百人躺着睡觉的宿营地，但他们都死了。

上帝啊！费思特遣队被消灭了。他尖声叫着他的伙伴：“杰里！”一片沉寂，尔后他听到一个低低的声音：“格拉波……格拉波。”格拉波大吃一惊，杰里·米勒就躺在这辆汽车的另一边！耶稣基督！他有点恐慌了。杰里说：“格拉波，格拉波，救救我。”他能做什么呢？他抓过一条睡袋扔给他的朋友。在远处，格拉波看到北朝鲜难民正把雪融化后给美国伤兵喝水。他向他们大声喊叫，并打手势指着米勒。老百姓把米勒装进睡袋，拉上拉链，格拉波给自己套上两条睡袋，感到又劲头十足了。

过了一会儿，两个脸上有微毛、看上去 16 岁左右的中国兵走过来拣美国兵的卡宾枪。他俩环视了一下汽车上的尸体，发现格拉波是唯一一个看来还活着的人。格拉波想他们可能对他表示歉意，便让他们看他的伤口。他对北朝鲜老百姓一直在帮美军伤兵感到惊奇，对为什么中国士兵没有向这些老百姓开枪感到不解。但中国兵只是为他们站岗。格拉波决定等到下午他有了足够的力气从冰面上逃过去时再开始行动。

在附近，车上唯一的幸存者二等兵埃德·里夫斯躺在死人堆里。当周围敌人都走光后，他想爬下汽车。但每一次都是刚一动就没力气了，又滑回睡袋里，尔后便晕了过去。“上帝，为什么别人都死了而我还活着？如果您要我下汽车，您可帮我啊，我自己下不去。”到了夜里，中国士兵爬进汽车找寻长筒靴子。里夫斯眼看着他们把手伸进睡袋里摸美国兵的脚，发现皮靴，就把尸体拉出来，脱下靴子穿在自己脚上。每当他们摸里夫斯的脚时，他就挺得直直的像一具冻僵了的尸体。他们要的是长筒皮靴，而他只穿着缚带的防水鞋。他们要走了，他也要再次试着下汽车了。尔后他做了祈祷。

到下午时格拉波决定离开汽车，即便是看来不可能走得了。他往口袋里塞了一颗手榴弹，抓了两支苏制来复枪，往杰里·米勒那儿爬去。当确信他的朋友死了时他放声大哭起来。但他得活下去。“为了你我也要把他们送回去，”格拉波说，然后就像正清除对面朝其开火的机枪的海盗们一样，一瘸一拐地通过铁路路轨。他看见一个赤身裸体的美国人正向前爬，尔后又看见一个光着脚的士兵。从身后射来一阵密集的子弹，后面的中国军队射出的子弹从他头上“嗖嗖”飞过。他变得歇斯底里了。“是死是活我都不在乎了。”他暗暗地对自己说，只管不停地挪动着他的躯体。最后他到达了长津湖的冰面，然后就什么也不知道了。等他醒来时，抬头看见一位海军陆战队的中校。格拉波扑到他的怀里，那个中校把他像孩子一样抱到一辆吉普车里，周围站满了手执冲锋枪的海军陆战队队员。

“孩子，”奥林·比尔中校问，“你在那边的伙伴们有多少人活着？”52 岁的比尔已经不知疲倦地指挥营救行动有几个小时了。

“几个人。”

“我们能攻过去把他们救出来吗？”

“可以救他们，”格拉波说。但随后又摇了摇头，“中校，不行，你们过不了那帮家伙据守的山头。”他被抬进一辆吉普车，拉到海军陆战队的一个急救站。他又受到了震惊，开始尖叫起来：“你们这些龟儿子，救救我！”他看见了所有躺在野地里、冻僵了的尸体。

格拉波感到军医剪开他的衣服，用一条毯子把他的光身子裹了起来。“你不能把我往火堆那儿挪……挪……挪一挪吗？”他哆嗦着问医生，过了好长时间才缓过劲来。他发现有人把他的手表、钱包和那支他要带回家的苏制来复枪拿走了。他向医生提出抱怨，过了一会儿，手表、钱包和枪又都还给了他。

“孩子，这支枪很漂亮，”富有同情心的医生说，“你想把它带回去我不怪你。”

在这块安全地带以北几英里处一辆被遗弃的、布满枪眼的汽车里，长眠着唐·卡洛斯·费思中校。在经历了一天惨痛的战斗，以惊人的毅力战胜了困苦和疲惫不堪之后，他到达了自由的大门口，最后只是死于身上的伤口。他赢得了豪侠的美名却丢掉了这一仗，但他死得其所——费思特遣队的前头。他无愧于杜鲁门总统追授给他的荣誉勋章。

费思的部队，有许多在恐怖中逃了出去，但更多的在那天冰天雪地、令人毛骨悚然的战斗中坚持到了最后一刻，成为英雄。为战友们所不齿的人寥寥无几。

第 24 章 “我们要拿出海军陆战队的样子撤出这个地方”

（12 月 1 ~4 日）

1

关于沃克在中国人发动进攻到第 8 集团军开始撤退这段时间内的思想和活动，有关的军事档案都鲜有记载。“11 月 28 日东京紧急会议之后，沃克就变了，”迈克·林奇回忆说，“他对自己的反省多了起来，并能更加坦率地透露内心的挫折感。”

沃克感到许多决定都是在远离前线的办公室里通过研究地图作出的。他深信自己的群山计划本来能够摧毁金日成的主力，使其数年内不能卷土重来。从表面上看，仁川登陆是成功了，但随后的战斗从战术和战略上来讲都失败了。他认为越过三八线的时间太早了，因为美军尚未摧毁敌人，尚未在三八线上站稳脚跟。如果上面两点都做到了，现在敌人的正规部队就不会在北方威胁他的两翼，游击队也就不会在南方骚扰补给线了。而尤为重要的是，他就不用和如此多的中国军队交锋了。

沃克的前面没有缓冲地带。第 8 集团军和第 10 军部署得相当分散，无法互相支援。麦克阿瑟在发表措辞强硬的声明把中国人拖入战争后，又公开向外界披露了第 8 集团军的进攻计划。沃克平生未像在 11 月 28 日这个致命的日子里面对那么巨大的不利形势。

最使沃克烦恼的是政治主宰决定的程度。他深信如果联合国军早几个月参战的话，肯定早已赢得了这场战争。他们在南方就有摧毁北朝鲜军队的机会。在政治问题获得解决之前，他们本来可以沿三八线以北建立一条防线。在仁川登陆之后，美国放弃了其国力所能实现的军事目标，反而错误地代之以超出国力的政治目标。

尽管有上述想法，沃克还是在拼命战斗。根据林奇的飞行记录，沃克将军每天平均有将近 4 小时在空中飞来飞去。当韩国军队在他的右翼溃败时，他一直在该地区上空观察。当第 2 师在军隅里以南遭到伏击时，他曾三次飞临战场，每一次都引来敌人炮火的轰击。

在东京紧急会议上，沃克说他打算固守平壤以北的防线，其前提是其右翼防线能够恢复，他的部队不遭受重大损失。但是在他返回朝鲜后的数小时内，韩国军队就土崩瓦解了。另外，土耳其军严重受阻，美军第 2 师则遭到了包围。这时候，他的注意力转到了确保部队的生存上。

“他想马上到每一个地方去”，林奇回忆道。他乘没有暖气的 L－5 飞机在司令部附近的公路上起飞，去会见前线的指挥官。后来他换乘有暖气的 L－17 飞机沿右翼防线侦察敌人的动向。最后他又飞到南部勘察地形，为部队可能的大规模撤退做准备。“他的工作节奏能使年纪比他小一半的人都精疲力竭”，林奇说。

像以前对付北朝鲜人一样，沃克也开始研究中国人的特点、模式和战术。他很快就发现了二者之间的共同点。中国人也是纪律严明、敢打敢拼、坚韧不拔。他们从营级到军级都喜欢使用包围的战术。他们一旦获得优势就会马上加以利用。但是，和北朝鲜人一样，后勤供应也是他们的致命弱点。沃克将牢牢抓住他们的这个弱点。

对沃克来说，12 月 1 日是很重要的一天。林奇回忆：“他带着一张平壤四周的军用地图来到机场。”和往常一样，他把决定该在何处进行防御的情报要素以及影响作战时机和方法的重要标志都标在地图上。他们向镇南浦港口飞去。假如敌人企图包围平壤，镇南浦将是至关重要的一个目标。如果镇南浦被敌人占领，第 8 集团军将被迫依靠随身携带的给养以求生存。沃克在这个三角洲形的地带上空飞行 10 分钟后即认定美军守不住镇南浦。

后来，他们沿沃克在地图上标出的防线飞行。与平常一样，他们看到的地形不像地图上显示的那样适宜于作战。当飞机飞出骑兵第 1 师的右翼防线时，他们发现一支敌军正在沿公路向前运动，还抬起头来朝飞机挥手。沃克深感不安：他们是中国人，未受到任何阻击；各部队均未报告他们已南进到这个地方；他们携带着从韩国军队手中缴获的武器装备。林奇马上驾机返航，因为沃克已经了解了所有的情况。平壤是守不住的。

在飞回司令部途中，沃克对自己的计划做了修正，他断定第 8 集团军的力量足以进行一场防御战。他们有充足的后勤供应，完全可以坚守一段时间。敌人缺乏给养，不可能马上发起进攻。但是镇南浦的防线太薄弱。从长远来看，该处的地形对敌人有利。敌人在过去几天内缴获的军需物资增加了他们实现其意图的力量。

他听从了巴顿的忠告：“你一旦作出决定，就千万不要耽搁。‘完美’是‘好’的大敌……现在就坚决执行一项好计划比下星期执行一项完美的计划要好得多。”他要命令部队马上全线撤退。撤退开始后，他将指定一支部队殿后，节节抵抗，以迟滞敌之推进。他将后撤到最好的防御阵地，无论距离有多远。他要在那位中国司令官的第 38 军和第 42 军完成包围以前布置好一切。

2

12 月 2 日，“黑马”塔普莱特营不顾前一天的重大伤亡，仍在率先向德洞通路突击前进，他们每前进一步都得进行殊死的战斗。乔治连在左翼，沿 1520 高地前进；多格连和伊赛连合并而成的连（被称为“诅咒”连）沿公路两侧运动。工兵遭受了重大伤亡，只剩一辆推土机在前面清除路障。

中午时分，乔治连攻占了预定的目标，但“诅咒”连仍受阻于距 1520 高地约 300 码的一座被炸毁的桥梁附近。在呼叫来的“海盗”式飞机有效地扫除了沟里的中国人之后，塔普莱特命令右翼的豪连攻占公路弯道南侧的高地。然而，威廉森上尉试图率部越过小河进攻时，马上受到了敌人的阻击。

塔普莱特和报务员斯韦德·斯温森步行在公路上，后面跟着装载报话机的吉普车。突然敌人的机关枪从右边吼叫起来，塔普莱特看到它们就在威廉森前面的高地上。他听到了一种怪音，但仍没有停步。当更多的枪弹射来时，他才卧倒在地上。他转过头来，没有看见报务员斯韦德。

继而，他发现斯韦德倒在路边的雪地上，就问："你怎么样?"斯韦德的地位很重要，不可或缺，在出现危机时他的表现尤其出色。

"情况不太好，"斯温森咕哝道。原来一块弹片穿透他背上的报话机嵌入了他的肺。塔普莱特还发现一直驾车跟在他们身后的司机也在流血，就叫来了军医和担架。当打头阵的工兵在被炸毁的桥梁旁筑好通道时，天色已经暗了下来。塔普莱特把唯一的一辆坦克派到了前面。几分钟后他获悉坦克滑下了公路。"从摩托排抽几个人，"他通过报话机命令，"去看看怎样才能使这个该死的铁家伙继续往前开。"

坦克终于上路后，塔普莱特又得知乔治连遇到了麻烦，赫尔曼森受了伤。塔普莱特把乔治连撤下高地，命他的作战军官——该连原任连长迈兹中尉继任连长。

全营的士气渐趋低落，战斗意志正在减退。默里上校认为他们推进得太慢，强令塔普莱特以更快的速度前进。塔普莱特带领一名新报务员走上公路，发现那辆坦克停在沟边，附近有几个懒洋洋的海军陆战队员。"'诅咒'连的连长在哪儿?"塔普莱特问。

"在坦克里。"

这时机枪子弹从右边的高地上射来，雨点般地落在雪地上。塔普莱特爬到坦克尾部拿起话筒喊话，但里边没人应声，他生气地大叫连长的名字。

"我不出去。"是连长无言的回答。

"如果你不出来，我就把你送上军事法庭。"塔普莱特大吼道。坦克里仍然没人回答。"好吧，你这狗娘养的卑鄙小人，你就窝在坦克里吧。"塔普莱特说。当他往回爬时，他的钢盔被高地上射来的一颗子弹打飞了。继而他听到有人喊："塔普莱特！塔普莱特!"

他转过身，看到有个人正在雪地上向他爬来。

"我是埃迪中尉!"那人说，"我来传达默里上校的命令。"

"你告诉他，让他等着亲自给我下命令吧。"

埃迪说，塔普莱特应在到达德洞通路后原地待命，改由陆战第7团第1营当先开路。同时，7团团长利曾伯格希望塔普莱特立即恢复进攻。埃迪还说："德洞山上的雷·戴维斯正率部向你部方向进攻，把中国人赶进你的怀抱。"

“告诉利曾伯格，他在胡说八道。我们正在追赶前面的中国人，没人跑进我们的怀抱。如果他不相信，他和默里可以亲自到这儿来看。”

他们没有来。塔普莱特对 H 连和 S 连进行了重新编组，还把乔治连从左边的高地上撤了下来。有人来传达默里团长的命令。塔普莱特对来人说：“就我个人而言，我想一口气冲进下碣隅里，因为我不想停下来。我部下的脚会被冻僵。我认为我们已经粉碎了所有的抵抗。我们不费一枪一弹就能长驱直入下碣隅里。”

塔普莱特对本部所处的困难并未夸大其词。例如，查理·迈兹的乔治连残部就几乎不可能完成其任务。乔治连现只有大约 40 人。迈兹从未见过那样绝望和无助的军队。他们没吃多少东西，因为他们太累，吃不下冻得硬邦邦味道又不好的食物。

他们愁眉苦脸、懒懒散散地坐卧在路上。迈兹把班排长集合起来开会。他低声说：“如果我们还要继续做一支战斗部队，首先得进行整编。我认为这是必需的。如果无人反对，就按我说的办。”他命布莱基·卡希尔负责指挥所有持步枪的人，又组建了机枪小分队和迫击炮小分队，分别有两挺机枪和两门迫击炮。他说：“把你们的人都集合起来，我给他们讲几句话。”

心怀怒气的士兵们被集合了起来。“弟兄们，”迈兹说，“我是查理，我又回来了。我感到有一种非常沮丧和担忧的情绪。我们陷入了可怕的困境。但是，你们曾和我一起经历过许多战斗。我们总是能完成任务，我相信我们定能再次完成任务。”这种类型的讲话一般会受到士兵们的讥笑，但是，和查理一起参加过釜山环形防线保卫战的战士们响应了他的号召。迈兹感觉到了他和战士们之间的情感交流。他的耐心说服比大喊大嚷和威胁恫吓的效果更好。“现在我们要重新编组。你们将和你们了解和信赖的人在一起。公路上有辆坦克，塔普莱特说它可以归我们使用。明天早晨，我们将依靠那辆坦克和这些军事装备一直向兴南挺进！”

12 月 3 日黎明时分，地上的积雪达到 6 英寸厚，使通向德洞通路的公路表面上显得很宁静。“黑马”塔普莱特营又开始前进了，他们的任务是击溃守在隘口的中国人，让陆战第 5 团和第 7 团进抵下碣隅里。迈兹率领重新振作起来的乔治连和那辆坦克当先开路。紧随其后的是工兵连，其中的 48 人已在两天前出发，现仅剩 17 人。塔普莱特和工兵连走在一起。在高地上打了一夜仗的豪连在竭尽全力跟上迈兹的步伐。

因“黑马”的进展非常顺利，塔普莱特再次请求默里允许他在到达德洞通路后继续当开路先锋而不是改由雷·戴维斯中校打头阵。但他的请求遭到了拒绝。正午时分，戴维斯在率部扫清隘口上方山脊上的敌人后，又率先向下碣隅里前进了。塔普莱特留在后面看着零零落落的队伍通过隘口。他用报话机对默里说，午夜以后部队才能全部通过隘口。之后，他将打退后面来的任何进攻。

3

三天之前，彭德怀就发现他在长津湖所面临的敌人比原来估计的要多一倍。他决定把第9兵团集中到长津湖防线最薄弱处——麦克莱恩特遣队防守的地段。他们的大规模强攻不但使麦克莱恩死于非命，而且使费思特遣队遭到了惨败。现在，彭德怀拿下了长津湖以东的所有阵地，可以集中兵力攻打湖另一边的美国海军陆战队了。

彭德怀并不因西线的战果而感到高兴。虽然他的部队获得了重大胜利，美国第8集团军在全线撤退，但此次战役的主要目标——摧毁沃克的主力——却没有实现。12月2日晨，当获悉行事难以预测的沃克可能要以平壤为中心建立新的防线时，中共中央军委就命令彭德怀让所有的部队在西线休整四五天，以便“重新编组和补充给养”。

他们恢复对沃克的进攻后将使用新战术。第8集团军将被无数个小分队赶回平壤。彭还命令部队尽快歼灭东线令人讨厌的海军陆战队。

4

沃克现在已把他的绝大多数部队成功地撤到了平壤。韩国军队3个师和美军1个师（凯泽的第2师）已被击溃，土耳其旅已被冲散。第25师和骑兵第1师等部也遭受了重大损失。沃克把幸存的部队部署在平壤周围，但情况很快就表明他必须得撤退。他请求麦克阿瑟同意他撤退，但未马上得到答复。沃克对参谋人员说：“如有必要，我会放弃所有的东西以免部队遭受危险。”他命令各部队全部撤到临津江边，殿后的部队负责炸毁公路和铁路沿线所有的大桥和涵洞，其中最重要的是平壤的大同江铁路高架桥，守卫这座桥的是萨姆·沃克的连。12 月 3 日，萨姆·沃克乘吉普车到他父亲的列车车厢前，敲开门说：“祝您生日快乐，爸爸。”这天是沃克将军 61 岁生日。

记者们正在撤离平壤。黄昏时分，当最后撤离的霍默·比加特和汤姆·兰伯特驱车绕城一周后向机场驶去时，街上空荡荡的，令人恐惧。最后，他俩登上飞机，当飞机低空飞过时，他们看到城里城外到处都是大火。美军的食品和衣物等军需物资正在化为灰烬。在飞往汉城的短途中，他们看到排成巨龙的卡车队正亮着前灯，把部队运往南方。平壤大撤退令兰伯特极为伤感。他说：“我们是逃出来的。”

那天，麦克阿瑟电告参谋长联席会议，阿尔蒙德的第 10 军正在全速向东海岸撤退；第 8 集团军的情况也十分严重。“沃克将军报告说他守不住平壤地区。在敌人的压迫下，他毫无疑问将被迫撤退到汉城地区。我同意他的上述估计。”麦克阿瑟还说他的小小司令部“在一场未经宣战的战争中面对的是整个中华民族。如不马上采取积极行动，成功的希望将成为泡影。另外也有充分的理由预料，迅速的战争消耗将导致最后的失败”。部队在经过 5 个月的连续作战以后已心力交瘁，疲惫不堪。

杜鲁门看了麦克阿瑟令人吃惊的电文后，同意参谋长联席会议马上作出答复。绝不能让部队遭受牺牲。给麦克阿瑟的答复是：“我们认为保存部队是当务之急。同时，要让部队牢牢控制住滩头堡。”杜鲁门还命令柯林斯将军马上飞往东京，了解东京和朝鲜的最新情况。之后，他开始为第二天艾德礼首相的来访做准备。

塔普莱特在被炸毁的一座桥梁边指挥了一场小规模战斗。12 月 4 日凌晨，他终于到达了下碣隅里。从柳潭里出发后，先头部队花费 69 个小时才走完了这段 14 英里的崎岖山路。按照海军陆战队的优秀传统，他们把大约 1500 具死伤者拉到了安全的地方。

塔普莱特惊奇地看到，在废墟之上帐篷林立，人来人往，十分忙碌。双引擎飞机在新建的机场上呼啸来去，巨型运输机在空中投下数以百计携带食品、燃料和弹药的彩色降落伞。天亮时四周一片宁静，没有中国人的踪影。

用飞机转移伤病员的工作全面展开了。人高马大的一等兵普雷斯顿·帕克斯自8月以来一直在跟随塔普莱特作战。他尽管受了伤，但仍坚持走完了这段艰难的路程。他打了一支青霉素，狼吞虎咽地吃完一听罐头后睡了几个小时。醒来以后，他被送上了双引擎飞机。槽擎抖动得非常厉害，使帕克斯感到那架破飞机要裂成碎片。不久，飞机在日本着陆，救护车把他送进了一家医院。数月以来，他第一次感到自己脱离了危险。

凯斯·比奇和其他记者使下碣隅里在美国成了家喻户晓的名字。这时候他们就在下碣隅里听默里上校给他的营长们讲话。雷·默里身材瘦长，颧骨很高，长着一双杏眼。他来自得克萨斯。他瘦长的脸型使他看上去有点像蒙古人。谈到撤退时，他的话有点虚伪。他对惊奇的部下说，这样的撤退在海军陆战队从未有过。“但是，先生们，我们要撤出这个地方，我们要拿出海军陆战队的样子撤出这个地方。我们生死与共。我们要带上战友的尸体、伤员和武器装备。你们还有什么问题吗?”大家都没有问题。营长们带着沉重的脚步走了出去。当比奇脱下北京产的高皮帽时，默里认出了他。“凯斯！你在这儿干吗呢?”

“鬼才知道。我更愿意在其他地方。”

默里倒了两杯波旁威士忌。自汉城解放以后，比奇就一直没有见过默里。默里面容憔悴、颧骨高耸，看上去老了许多。“我们在柳潭里的时候，你肯定也在那儿，”默里说，“你有一篇关于那儿的情况的报道。”

“我宁愿当时不在那该死的地方。”比奇说。他问默里他们怎样才能撤出下碣隅里。

“我们撤出了柳潭里，不是吗？我们能从那儿撤出来，也就能从这儿撤出去。”他承认自己原以为部队撤不出来：“我从未对任何人说过这个想法。”当谈到柳潭里时，他哭了起来。他用派克大衣的袖子擦掉眼中流出的热泪，想再谈柳潭里时，又泣不成声了。

比奇走出屋子，看到外边阳光明媚，只有很少的几个人在雪地上走动。他知道，有15000余人正挤在帐篷和地下掩蔽部里暖和身子呢。他走到专治能行走的伤员和冻伤的士兵的医疗站前。

“嗨，比奇。”师部外科医生尤金·赫林海军上尉向他打招呼。之后，他对一个双脚青紫的人说：“行，伙计，你能走出去。”

“但是，医生！看在耶稣的分上，你看看我的脚！”

“你能走，伙计。现在你往外走。”

那人痛苦地看了看医生，一瘸一拐地很快离去了。

“耶稣啊！”赫林平静地说，“这是我平生所遇到的最难办的事。他们都想乘飞机离开这儿。谁不想？连我都想乘飞机离开呢！”比奇对这位曾经情绪饱满、精力充沛的人的变化颇为惊讶。他现在就像一副躯壳，眼睛陷得很深，白花花的胡碴子使他看上去非常苍老。“你肯定到过柳潭里！苍天作证，我们把伤员都带出来了！”他说伤员被绑在吉普车的水箱和大炮炮身上。“他们当中有些人冒着严寒连续 72 小时没挪动一下身子。当我们到达下碣隅里时，辨别他们是死是活的唯一办法就是看他们的眼睛还动不动。他们都被冻成了冰棍。”

那天下午，阿尔蒙德将军飞抵史密斯将军的指挥部与他商议突围计划。他给史密斯、利曾伯格、默里以及亲自营救了费思特遣队许多官兵的奥林·比尔中校颁发了优异服务十字勋章。他表情悲痛，显然是为过去几星期中部队的严重伤亡而难过。和默里在早晨一样，阿尔蒙德也伤心地哭了起来。史密斯回忆说：“我不知道他为什么而哭，是因为寒冷、情绪激动或别的什么？我不得而知。”

他们一致决定派陆战第 5 团向下碣隅里东边的高地发动进攻，因为该高地上有大批的中国人。随后，陆战第 7 团在第 31 步兵团的配合下，向古土里推进。

5

12 月 4 日凌晨，中国人勇敢地冲上了公路和山岭。躺在卡车里的埃德·里夫斯知道战友们都在较远的地方，不可能马上赶来支援。他偷偷窥视，看到中国人在劫掠了美军的尸体之后，又把他们堆到了卡车后边。后来，他们拉开了里夫斯的背包。当有人搜他的口袋时，他假装死人直挺挺地躺着不动。那个中国人感到里夫斯还有热气，就朝他的脸打了一拳。他们打了他一顿，把他扔下了卡车。里夫斯曾祈求上帝保佑，结果上帝真保佑了他。他掉在地上，不管中国人怎样呵斥和拳打脚踢，他都站不起来。最后，两个中国人抓住他的头发，把他拖起来靠在卡车后厢板上，由另一个人搜他的口袋。搜完后，他们把他扔到尸体堆上，拿起了步枪。里夫斯说："耶稣啊，我来找你了。"他们用步枪枪托猛击他的头。他试图用双手护头，但已断的手指疼得难以忍受。有个中国人抓住他的头发把他的头拖起来，死死地盯着他的脸。他告诫自己："不要眨眼，也不要呼吸，要死盯着公路。"那人丢开他的头发和其他人，带着劫掠到的东西走了。

里夫斯从尸体堆里爬到路边的一棵树下。他抱住树，想站起来走路，但试了三次都跌倒在地上。他背靠树坐下，遥望着远处湖的堤岸，满腔悲愤地大声祈祷："上帝啊，既然迫击炮没有炸死我，子弹没有击毙我，敌人也没有打死我，你就应该让我离开这儿。但是我走不动，怎么能离开这儿呢?"他的脑海里显出了一个答案："在能走之前，你必须爬行。"

里夫斯用双肘和受伤的膝盖支撑着在白雪皑皑的田野上向湖边爬去。山上的中国人看见了，但没有开枪，也没有设法阻拦他。他爬过了铁路和一大片田地。当感到雪底下滑溜溜时，他停下来用一只胳膊肘扒开积雪，看到了厚冰！他在湖上面。他高兴地唱起歌来，还一遍又一遍重复："没错，耶稣真的爱我!"这时，天暗了下来。他开始顽强地爬越冰层，直到筋疲力尽为止。他的双肘和双膝总打滑，把他的身子摔在冰上。每次他都得花不少时间摆正胳膊和腿的位置再继续爬行。休息时，他把双手放在腋下缩成一团钻进宽大的外衣里。他刚昏昏欲睡时，突然听到雪地上有脚步声。他转过身子，发现40英尺远的地方有个中国人正手握半自动步枪小心翼翼地向他走来。他忍着剧痛历经千辛万苦才逃到这里，如果这个中国人朝他开一枪，一切就都完了。他愤怒地挥动双手大喊："啊，不!"那个中国人大吃一惊，转身逃走了。里夫斯惊讶地望着敌人消失在夜幕里。敌人有枪，里夫斯没枪，为什么敌人会逃走呢？里夫斯清醒了许多，转过身子继续往前爬。数节拍的方法无助于爬行，所以他就一遍又一遍轻声唱童年时代学会的圣歌："耶稣真爱我，《圣经》上这么说"，"耶稣真爱世界上所有的小孩子。无论红皮肤、黄皮肤，还是黑皮肤、白皮肤，在他眼里都是可爱的小天使……"他唱着歌，又在冰上爬了1英里。

极度的疲劳和寒冷使里夫斯心力交瘁，感觉不到剧烈的疼痛了。他以坚强的毅力挪动四肢，一点一点向前爬。他不知道 12 月 5 日的黎明什么时候才能到来。他爬了大约 3 英里，仍坚持向西南方向的湖堤岸爬。他看到堤岸上的灌木丛下有绿颜色的东西在动。难道是穿着美军军服的中共分子吗？如果是美军，他就可以获救了。他喊道：“嗨，步兵朋友，到这儿来！”有个伤员从灌木丛下爬出来走到里夫斯身边。当他俯视里夫斯时，海军陆战队的 3 架“海盗”式飞机在他们的上空分层盘旋。最下面的那架飞机俯冲下来，从他们头顶上掠过，向他们身后的敌人猛烈扫射。埃德·里夫斯大声叫伤兵在雪地上写“救命”。伤兵用脚写出了“救命”二字。当飞机掠过时，他和里夫斯都挥动手臂，力图引起飞行员的注意。有架飞机呼啸而过后又升到空中飞转回来。它降低机翼，只在他们头顶上盘旋，飞行员还打出了“OK”的手势。后来 3 架飞机都降低高度，来回盘旋以保护他们。

不久，海军陆战队的一等兵拉尔夫·米尔顿驾驶吉普车来到他们身边。他和奥林·比尔中校担心这是个陷阱，对周围进行了搜索。他们知道中国人有时会把受伤的美军放在冰上，设好埋伏单等营救的美军自投罗网。米尔顿把吉普车缓缓开到两名伤兵身边，比尔中校走下来先把那名步兵送进车内，然后蹲在里夫斯旁边问：“你哪儿受伤了，伙计？”

“请查看一下我的腿，先生。”

比尔把里夫斯轻轻抱进吉普车，把里夫斯因长距离爬行而磨烂的裤子褪到他的脚下，脱下自己的派克大衣把他的全身裹了起来。在前往机场途中，里夫斯看见了中校的姓名牌：“比尔。”他一定要记住这个名字。

比尔中校坐在吉普车的边上抱着里夫斯以防他从座位上摔下来。埃德抬眼看着比尔银灰色的头发想，简单地说一声谢谢是完全不够的。由于来到了战友的怀抱，他心中充满了暖意，精神放松下来。他说：“比尔中校，比尔先生，对我来说，您简直就是圣诞老人。”

当吉普车猛颠了一下时，里夫斯醒了过来。但经过一个由坦克组成的路障后，他又昏睡过去。不知过了多久，他听见比尔说：“拉尔夫，一直把车开到飞机旁。”他们停在一架已发动的 C－47 飞机前。里夫斯被放上担架抬进飞机前，中校轻轻地把他的派克皮大衣取了下来。当

C-47飞机展翅起飞时，埃德想："我每次祈求上帝，他都保佑我。"虽然上帝不一定每次都按他所期望的方式保他佑他，但总归是保佑了他。飞机飞到高空后，有位护士来问他疼不疼。她取来药剂给埃德打了一针。这是埃德受伤一星期以来第一次得到治疗。他们在咸兴附近的烟浦机场降落后，埃德被抬进医疗站的帐篷里。在军医剪开埃德的衣服包扎伤口的过程中，旁边担架上的海军陆战队一等兵乔治·格雷厄姆给他喂了9天来的第一顿饭，是热乎乎的美味C-口粮汤。医生给埃德打了一针。然后埃德被抬上另一架飞机，他在飞机轻微的震动中沉沉睡去了。

头部和双腿的剧痛使埃德醒了过来。他对抬担架的人大喊："疼死了，停下！"他们抬着担架跑步前进，前面的人碰了里夫斯的头，后面的人撞了他的脚，疼得他难以忍受。有位中士跑过来大喊："把他放下！"但他们还在跑，疼得里夫斯大叫不止。中士拖住前边的人，迫使他们放下了担架。中士厉声呵责他们，但他们仍是一副无所谓的样子。最后中士把0.45英寸口径手枪顶在前边那人的鼻子底下，才使他们害了怕。他咬牙切齿地警告道："要是再让我看到你们像刚才那样对待伤员，就把你们的脑浆打出来。"

他们把里夫斯轻轻抬起来，送进了一个帐篷。里夫斯注意到帐篷里有地板，可能是在朝鲜大后方的某个地方。有人给他注射了一支止痛针，他就睡着了。他醒来时感到双眼灼痛难忍，就告诉护士："我的眼睛又烧又疼。"护士把他眼中的药皂洗干净，叫他千万不要动。他看到灯光非常明亮，顶棚上还有镜子。有位护士抓住他的一大片头皮，另一位护士用药刷了刷他的颅骨。

里夫斯感到有人在割他的腿。他看见医生把他腿上的黑肉一片一片割下来，又用长长的镊子探进去钳出弹片，扔进地板上的盆子里。埃德刚满19岁，就有两个漂亮的姑娘为他治疗头部的伤，真有点受宠若惊。他想自己应该说点引人注目的话，就说："嗨，医生，你能把那些弹片给我留下吗？我离开这儿时需要带点纪念品。"医生告诉护士："这个要求可以考虑。"可以考虑？上帝把他从那么远的地方带到这儿，难道是让他来听"可以考虑"的吗？医生把弹片装进一个小袋，拴在了埃德的担架上。在他们缝合里夫斯的头皮时，他又睡着了。

一位日本司机驾驶救护车把里夫斯和其他伤员火速送到了东京陆军

总医院。他们的担架被放在一个很大的三角形房子里的金属架上，然后又被抬进一个又一个检查室。有些人从屋里被推出来时脸上覆盖着毯子。里夫斯心想：“他们肯定不会把我和尚未奄奄一息的伤员放在一起。”有位医生从里夫斯的枕头底下抽出病历，把毯子掀掉，让里夫斯躺在那里，身上除了绷带以外什么也没有。医生问里夫斯：“士兵，你受伤没有?”还手拿钢笔准备记录。里夫斯觉得这是他平生听到的最愚蠢的一个问题。如果他没有受伤，身上怎么会有那么多染满鲜血的绷带呢？他故意回答：“不，先生，我想自杀，却笨手笨脚地没死成。”

“把这个人抬到 4 号病房。”医生告诉两位助手。

“你不能把我和奄奄一息的伤员放到一个房间！把我抬到楼上去治疗，否则，第三次世界大战就会从这里爆发。”

查看了病历后，医生把里夫斯送到了楼上。每次里夫斯醒来呻吟时都会被打上一针。他的食品盘就在旁边，但他没有吃。在全身疼痛又注射了吗啡的情况下，谁还想吃东西呢？他听到大厅里医生们在议论，说二等兵里夫斯快要死了，“不要再为他花费时间了。还有许多人需要治疗呢”。里夫斯必须向他们证明自己不是奄奄一息的人，但怎样证明呢？他得吃东西，因为死人才不吃东西。他叫来护士要求吃饭。她很惊讶，但还是给他端来了满满一盘子吃的和喝的。他把所有的东西吃光喝尽后还要护士再端一盘来。护士慌忙跑去告诉医生。一名中尉、一名上尉和一名中校军医走了进来。上尉就是那个说不要为里夫斯再花费时间的人，这时他在里夫斯的手腕和膝盖上画了一些蓝线。埃德大声说：“不要给我做手术！”上尉问中校，一名二等兵是否有权力不让一名上尉做手术。中校说有。中校让他们给里夫斯的头部做 X 光检查，看看颅骨内是否有弹片。结果没发现弹片。他们把里夫斯和另外两个“可能会死”的伤兵放在同一个房间。他们三人被告知，如果他们能再活三天，就用飞机送他们回美国。他们都活了三天，都回到了美国。

6

塔普莱特到达下碣隅里的那天，柯林斯将军和几个参谋人员飞抵东京。与麦克阿瑟简短会晤后，柯林斯一行飞往朝鲜去直接了解那里的情况。詹姆斯·H. 波尔克中校是麦克阿瑟手下最得力的情报官之一。他那天夜里写信给妻子：

> 总司令部的人都情绪消沉，我想现在整个自由世界都是如此。我近来很沮丧，所以三天没有给你写信。战事发生了急遽的变化，几天前，战争眼看就要以一次伟大的胜利而结束，但是现在，谁也看不到它的尽头了。情况真是糟透了。
>
> 正如你在这儿时我多次对你说过的，老头子（我指的是麦克阿瑟）的确是个可怕的赌徒。不过，这次他赌得比较吃力。他的运气比以前差多了，输得很惨。他完全清楚会发生什么，但仍然孤注一掷，结果一败涂地。他就是不相信中共的军队会全力介入战争与他为敌。我真希望他遭到失败，因为它意味着一个时代的结束。

那天早些时候，毛泽东在北京对军政要员说，朝鲜战争有可能很快结束，但也有可能成为一场持久战。中国必须做至少再打一年仗的准备。当有人问及停战谈判时，他说只有当美军退到三八线以南后，谈判才能开始。目前，志愿军“应专寻南朝鲜军打”，这将加速美军的撤退。一旦美军撤出朝鲜，毛就接受联合国的决议，让朝鲜人民选举产生一个唯一合法的政府。不过，中国和苏联都将参加对普选的监督。他告诫说，美国和蒋介石一样，不遵守承诺和协议，因此，中国应该防止上当受骗。

印度驻华大使贾瓦拉姆·潘尼迦注意到中国人并没有因杜鲁门扬言要使用原子弹而惊慌失措，官方宣传机构对美国侵略的抨击也增多了。他们以“抗美援朝”的口号号召增加生产，加强各民族的团结，还加紧了对反政府活动的控制。大使认为，所有这一切都表明，杜鲁门的原子威胁非但没有引起毛的担忧，反被他当成了有用的工具。

第七部

进攻与反击

第 25 章　脱逃

（12 月 5～11 日）

1

12 月 5 日，当更多的新闻记者赶到下碣隅里时，美军已经作出计划，决定次日晨撤往古土里。在刚刚赶到的记者玛吉·希金斯看来，这里几乎不像是个战场，没有任何战斗的迹象，但默里上校对他手下那一打顶着风雪站在野地里的军官们一番简短的训话，却令人倍感形势之紧迫。"黎明时分，"他告诉他们，"我们要向后方进发。"在默里训话时，希金斯注意到那些军官的脸上流露出一种自尊心深受伤害的表情。"这绝不是退却，"默里厉声重复着，"这是向另一个方向的进攻。在我们去往海边的道上，有着比我们面前更多的中国人在围堵拦截。但我们还是要离开这儿。任何有不同看法的军官尽可以坦然地装成受伤的瘸子，被送离这儿。"他环视了一圈，"我不希望有任何人装蒜。"

这一天剩下的时间和晚上，玛吉都在设法与从柳潭里逃出的幸存者们交谈。这些人仍处在迷乱之中，一个个衣衫褴褛，肿胀的脸上流淌着被凛冽的寒风刮出的血迹，破旧的手套都已抽丝了。还有些没帽子的人，耳朵都冻紫了。这些人正光着脚丫子走进军医的帐篷，因为他们穿不进那冻成冰块的靴子。自仁川登陆成功后，玛吉就一直没再见到默里。现在默里看上去很憔悴，他对她说，能从柳潭里脱身，完全是托福于中国人犯了一个根本性错误。"假使中国人把军队聚集在出口处，我们就永远也休想逃出那个陷阱。可他们想要彻底包围我们，所以分散了兵力。"

"您认为他们还会再犯这样的错误吗？"

"一定会的！"

玛吉朝着那些躺在担架上等待运送的伤员们走去。一等兵温·斯科特望着她同几名伤员交谈，知道又会朝自己走来，但他不想说话。她冲他弯下腰来时，他说："不，我不想和你说什么。"她没有立即走开，他便吼道："见鬼去吧！"她终于离开了。斯科特自己也莫名其妙为什么会那样粗鲁地对待她。他只是没有任何想要说的话。

另一名伤员也提不起情绪说话。玛吉问他是怎么忍受战场上的严寒的，他拒不回答。"你必须对付的最艰难的事情是什么呢？"玛吉不死心，换一种方式问道。那伤兵想了想，然后咧开嘴笑着说："最难的就是得把一根三英寸长的针穿过六英寸厚的衣服，女士。"

2

毛泽东获悉沃克的第 8 集团军正在撤离平壤，显然已无意守它，便下令彭德怀不必等待供应和援军，立即进攻平壤。"如平壤之敌已撤退，则向三八线推进。"

彭德怀回电表示他正打算分兵三路南进，在平壤会合。一旦成功，他将越过三八线进军汉城。毛泽东同意了。

中国军队很快就抵达平壤，但见到的只是些挥舞着北朝鲜旗帜的市民。12 月 6 日黄昏，中国军队占领平壤。除了一些年轻人爬上吉普车和卡车，挥动红旗叫喊外，没有什么激动人心的场面。在憔悴羸弱、精疲力竭的中国军人看来，这里的北朝鲜人好像吃得很好，也很轻松自在。

首都的欢迎并不怎么热烈，有的也只是一些缺乏热忱的表面形式。中国士兵用欠条来支付食宿费用。大量的欠条将通过北朝鲜政府在以后向百姓课征食物税时予以扣除。

3

下碣隅里，陆战第 7 团第 1 营的战士们做好了在 12 月 6 日凌晨 4 时 30 分南撤的最后准备。该营的任务是清除前往河右岸地带的阻力，第 2 营在坦克群的掩护下充作先锋，沿路向古土里进击。黎明时分，设在下碣隅里的陆战第 1 师指挥部拔寨而起，史密斯将军正准备乘飞机抢先抵达古土里。第 11 团的 300 名炮兵被拨归利曾伯格上校指挥，补充了他第 7 团兵力的不足，这样一来，利曾伯格的总兵力达到 2200 人。

第 2 营的先头部队是在 6 点 30 分出发的。几分钟后，领头的坦克便被一枚火箭炮弹击中起火。20 分钟后，路左侧高地上出现猛烈火力攻击，致使部队的进程一直延误到近中午。在过去的 10 天里，这个营一直承受着很大的压力。营长伦道夫·斯科特·杜威·洛克伍德中校身染重流感和支气管炎，军医认为他已不能再继续指挥战斗。洛克伍德走后，另一位资深军官詹姆斯·劳伦斯少校接替他继续指挥部队南撤。

下午两点，史密斯将军欣闻利曾伯格已经乘直升机离开下碣隅里。不到 10 分钟，利曾伯格便和他的参谋一起在古土里降落。而这时，师指挥部已经在古土里新的营房里开始工作了。12 月 7 日日落时，陆战第 1 师最后一批队伍也进入古土里的防御阵地。

7 日上午，柯林斯将军离开了第 8 集团军。头天他视察了第 1 军军部和第 25 师师部。他再度感到放心。与传闻相反，他并没有在沃克的指挥部里发现有恐慌的情况。柯林斯飞回金浦空军基地，在那儿，记者们围着他问会不会把原子弹作为战术武器来对付中国人。“根据我昨天所看到的情况，显然不会。”他回答说。记者们又问他沃克会不会被正在包抄侧翼的中国军队困住，“我想第 8 集团军会照顾好自己的。”柯林斯说。

在兴南南边的一个简易机场，柯林斯见到了阿尔蒙德。他们简要地交换了意见，然后一起乘飞机视察了控制着海边滩头的最后的防御阵地，又视察了陆战第 1 师撤退的部分线路。阿尔蒙德觉得陆战第 1 师不必付出更多代价就可脱险，整个军团撤出来也不会太难——如果下命令这样做的话。柯林斯对此表示同意，随后，他便飞回东京，同麦克阿瑟及其参谋人员就今后在朝鲜可能采取的行动进行了充分磋商。他们认为局势可能有三种前景。头两种假设中国军队继续全力追击；第三种则假设中国方面同意不越过三八线进攻为前提。

第一种选择是继续限制联合国军轰炸鸭绿江以北地区，这意味着不能封锁中国，得不到蒋介石的军队援助，而在 1951 年 4 月以前美国也不会有大量的增援。麦克阿瑟强烈反对，认为这种选择就等于投降。

第二种选择是假设对中国实行有效的海上封锁，轰炸中国大陆，接纳蒋介石的国民党军队，必要时甚至不惜使用原子弹。对麦克阿瑟来说，这是最好的结果。如果这种选择遭到反对，他可以退到第三种选择：只要中国人同意不越过三八线，联合国军就接受停战。但北朝鲜的军队也应该停留在三八线以北，且他们所有在南部的游击队都应撤回北部。

无论如何，麦克阿瑟接着说，美军应增加到75000人；除非是迅速得到大量增援，否则美军就得退出朝鲜。基于同沃克和阿尔蒙德会谈的情况，柯林斯也表示同意麦克阿瑟的这一看法。如果美国不全力支持麦克阿瑟在朝鲜同中国人作战，就应当命令这位将军着手制订撤军的计划。

在这次磋商后，麦克阿瑟给阿尔蒙德和沃克发出了新的命令："目前的计划要求进行有秩序的撤退。第8集团军在保证不被围困的前提下，应尽可能久地控制汉城。计划还要求第10军尽早从兴南地区撤出，尽可能地与第8集团军会师。到那时，第10军将统归第8集团军指挥。"

麦克阿瑟这一突然的转变对他的一些下属来说是令人鼓舞的好消息，但也有些人认为他转变得太晚了。詹姆斯·波尔克上校在6日写给他妻子的信中说：

> 最近这两天这儿让乔·柯林斯弄得很不平静，每一个人情绪都那样急躁，苦闷不堪，对前景也感到悲观失望……这儿有许许多多的事情——我是说许许多多——需要去做，而整个指挥部却深深陷入一种可怕的消沉。毕竟我们是战士，以服从命令为天职，而老天爷，我们最好是去做起来……
>
> 为什么，为什么，为什么麦克能容忍那些人呢？为什么他还让那些会引他步入陷阱的人留在身边呢？为什么我们必须花费大量宝贵而关键的时间去满足人们的私欲，疑心他人的动机，追求最高的荣誉呢？究竟为什么人们不能在现有的环境下尽其所能地做好自己的工作，而要去别有用心地胡闹呢？我对这地方失望透了，必须摆脱出来。仅仅是出于我的正直和不屈的精神，我必须这样做。
>
> 亲爱的，我必须对你倾吐衷肠，再没有其他任何人。我只想松懈一下，发一通脾气。所有上面的话好像是疯狂的咆哮，但出于安全的考虑，我只能笼统地对你说这些，而不能进一步对你解释原因。

如果这番话令你感到不安，那么请原谅我。我只是处于一种狂乱的反抗情绪之中，在我知道事情不对的时候，这种情绪便冲击我的全身。我无法容忍却又感到那样的无助。

4

到 12 月 6 日黄昏，第 7 团第 2 营仍只向前推进了 5000 码，不过伤亡倒也不重。夜幕降临时，敌人加强了抵抗。当他们前进至德赖斯代尔特遣队受伏击的“冥火谷”时，被一挺机枪阻挡到夜里 10 点钟。最后坦克部队还是敲掉了中国人的火力。第 2 营又朝前推进了半英里，在一座被炸毁的断桥边又被阻挡了一会儿。

过桥后继续前进，很快又被第二座断桥挡了一阵。这一来，断后的“火车 1 号师”（Division Train 1）就麻烦了。由于先头部队的耽搁，快傍晚了他们才离开下碣隅里，又受到中国军队的阻击，前进得十分缓慢。凌晨一点半，几辆卡车被迫击炮和火箭炮击中。稍后不久，在等待修复路面的时候，后卫队再次受到了攻击。

“火车 2 号”在天黑后才出发，到半夜时只推进了很短一段路程。前面的麻烦是车辆受阻。在紧要关头，“黑马”再次奉令去协助清除混乱。默里命令塔普莱特去把“火车 2 号”领出来。“黑马”带着两个步兵连出发了。他们越过被困的运输车队在前面引路。敌人的轻火力从路面上扫过，还真玄乎，但没有伤亡。“黑马”过了一座重新修复的桥，来到更多的被阻车辆边。

“我赶过去看看是什么挡住了车队。”塔普莱特对他的作战军官说，说完便带上报务员出发了。他们看到士兵们都趴在路两边什么也不管。从南北两个方向不时有枪弹射来。塔普莱特想通过无线电同默里取得联系，但没有成功，只好徒步去察看究竟出了什么事。他不停地问那些坐在吉普车里的人是否看见陆战第 5 团团部的人。没有人看见。就这样走了一英里，他找到了一群炮兵。

“是什么挡住了车队？”他问。

陆战第 7 团是领路的，并很快就通过去了。但第 1 汽车运输营却遭到中国人的袭击。几个中国兵从路边 150 码的地方胡乱地向路上扫射，而这些炮兵们却躺在路沟里毫无反应。

塔普莱特无法容忍这种错误行为。“你们究竟怎么啦?”他愤怒地问道,“为什么不还击?他们不过只有几个人。”他好容易找到一名炮兵指挥官。“看在上帝的分儿上,你们就发一颗炮弹吧!”

没人搭理他,最后他遇见了比尔上校。这位中年人是汽车运输部队的指挥官,曾救过里夫斯和费思特遣队幸存者的命。“遇到什么麻烦了?”他问比尔。

他们正处在一片开阔的平地上,两边都是山丘。比尔指着路下端的房子说:“路很窄,且必须从那两幢房子中间穿过。我正打算冲过敌人的埋伏。”

“你什么也别做!”塔普莱特警告他说,“在我带领这两个连的人回来之前,别派任何人上路。我们会让队伍重新前进的。”

但比尔从屁股后面抽出两支袖珍左轮手枪,得意地挥舞着朝前冲去。他显然是急于求成了。背后传来一片呼喊声,接着两辆卡车突然出现,紧随其指挥官冲上前去。塔普莱特还没来得及阻拦,卡车便呼地迎着枪弹驶过去了。就在他们到达那房子时,中国士兵朝卡车里扔进了几颗手榴弹,车里人非死即伤。

塔普莱特走回来一通臭骂。他在一辆带篷的吉普车里找到了默里的主任参谋约瑟夫·斯图尔特。“约瑟夫,你知道究竟发生什么事啦?”斯图尔特也不知道。“你知道雷·默里在哪儿?”也不知道,主任参谋说他也找不到默里。

“你告诉雷,我要带领 G、H 两个连到队伍前头去。我们要打通这条路。”

就在他集合连队的时候,又有两辆卡车朝他这边开来。塔普莱特挥手要他们停下,但卡车越过他们继续朝南冲去。他又用报话机向车上的人呼叫,但仍是徒劳无益。不一会儿,这两辆卡车也遭到伏击被毁。

就在后面,塔普莱特的两位连长迈兹和威廉森忙着把士兵都挤进卡车里,然后找到一群坦克。“怎么啦?”迈兹问道,“你们为什么不上那儿去?”是没有炮弹吗?不,他们有的是。“你们能开火吗?”哦,能。“那么,究竟谁是这儿的指挥员呢?”

“我。”一名军官走上前来。

“你到底是谁?”威廉森问道。那军官说明了自己的身份。“你他妈为什么不采取点儿行动呢?”

“你们到底是什么人?”

“别他妈管我们是谁,”威廉森说,“我们在执行任务。把那些坦克开上去,准备开火,我们随后跟上。塔普莱特迟早会告诉你去干什么的。”

迈兹和威廉森又沿路把士兵们都从被堵的卡车上轰下来。然后去向塔普莱特汇报了情况。塔普莱特命令威廉森率部在他呼请空援的同时肃清守敌。“查理·迈兹将沿路跃进,从侧翼配合你清除那个障碍。”

这一计划得到了完美的实施,就像是教科书中的解答题一般。塔普莱特关切地注视着局势的进展。他惊喜地看到他的两个连在高地上与中国军队展开了交锋。他的手下正在把敌人从洞穴里赶出来。他看到一名陆战队员在往外拉一个人。没拉动,他再次用足劲一拉,塔普莱特看见拉出来的是一个他所见过的个子最小的中国兵。敌人多半被击毙,有几个当了俘虏。显然是由于天气太冷的缘故,俘虏们都冻麻木了,对所发生的一切变化似乎都毫无反应。

塔普莱特终于和团部取得了联系,他向团里汇报了情况的进展,说他们已不再停留在路边,而是重新向前推进了。很显然,他报告说,这支车队已经被隔断了;他将亲率前卫队伍进入古土里。

12 月 7 日上午 10 时,陆战第 5 团有一个营——罗伊斯的第 2 营仍留守在下碣隅里。最后该营获令离开这座已被炸得不成样子的镇子。仅在一星期前,美国人还根本没听说过这样一个小镇,而现在却有数百万人在为从那儿出逃的人们祈祷。

罗伊斯的第 2 营在中午时分出发,随后跟有几千名拖家带口惊慌出逃的朝鲜难民,离开了下碣隅里。工兵部队警告他们说,途中的桥梁可能会被炸毁。但他们更畏惧的不是路途的艰险,而是中国和朝鲜军队的袭击。在到达“冥火谷”之前他们只遇到一些零星枪击,在谷里时又遇到几发迫击炮弹的攻击。当最后一人进入海军陆战队设在古土里的防御阵地后,规模宏大的第一阶段撤退就结束了。

然而,从古土里再往南三英里半又遇到了麻烦。中国军队第三次炸毁了浦七林通路上的一座要害桥梁。得设法跨过这道16英尺宽的山涧（加上桥墩共24英尺），否则部队的辎重车辆、坦克大炮就撤不出去。两边山崖笔直陡峭，不可能从旁道绕行。唯一的解决办法，就是往古土里空投架设车桥的钢材构件，再用车运到山隘去架桥。以前曾在日本作过一次试投，但降落伞没有打开。没有时间再试投了。那天上午，载着三件重2500磅建桥钢材的飞机从日本起飞，安全地完成了空投任务。中午时又投下五件。一件砸毁了，一件被中国军队得去，其余六件安好无损。而铺架那座车桥只需四件就够了。接下来便是怎样把它们运到桥边去的问题了。

5

彭德怀并不理会东线正在慌忙撤退的阿尔蒙德的第10军。他电告毛泽东说，他打算把主力集结在西线第8集团军正设防守卫的三八线上。他向毛保证可以歼灭大批沃克所部，但又加了一句："如果我们过远南进，会增加以后作战的困难。"他还考虑到了气候问题，他的部队面临着严冬的考验，且需要一定时间来从思想上适应从运动战向攻坚战的转变。"故拟在三八线以北数十公里停止，让敌占三八线，以便明年再战歼灭敌主力。"他建议派遣适当兵力南进切断敌军的战略退却。毛泽东批准了这一折中性的建议。

在华盛顿，刚从东京飞抵的柯林斯正借助一张大型地图，几乎是逐营逐营地向杜鲁门指出联合国军目前所处的位置。他解释说，沃克将军确信他能够控制住朝鲜南部，除非不一定非要固守汉城。沃克相信，如果利用釜山作为军需供应港，他便可以控制朝鲜相当大一部分。柯林斯补充说，麦克阿瑟也相信这一点，但他又指出第10军的处境仍很严峻。撤退工作被延误了。柯林斯曾飞行巡视了海军陆战队的战区，目睹了他们行动的第一阶段。由于暴风雪的阻挠，他未能看见后面的情况。但他知道这支部队仍没有从陡峭的山上下到山谷里。假如他们遇见好天气可以进行空战，那就可以安全撤出。但这仍是无法预测的事。柯林斯最后表达了他个人的判断：朝鲜的军事形势虽说仍很紧张，但已不再是危急万分了。

6

漫天飞降的暴风雪延缓了从古土里的撤退，一天走不了一点路。12 月 9 日，普勒的第 1 团那些冻坏了的士兵看到太阳出来便欢呼雀跃。《生活》杂志的摄影记者戴维·道格拉斯·邓肯看到一名士兵想用匙子从罐头里挖一颗冻结的蚕豆却怎么也挖不出来。严寒深深地损害了他的眼睛，那双眼已看不见东西了。他最后总算挖出了那颗蚕豆，慢慢地把它送入嘴里，然后站起身，一动不动地等待着把蚕豆含化。

“假如现在是圣诞节，而我就是上帝，”邓肯对他说，“那么你想要得到的是什么呢?”

那个士兵琢磨了好一会措辞，然后抬头看着灰蒙蒙的天空，说道：“给我明天吧。”

不远处，普勒上校的两个连队正在攻占断桥侧上面的高地。负责运送架桥构件的约翰·帕特里奇中校正指挥卡车一辆接一辆地通过。途中他们曾在一较高的坡头上歇了会儿。帕特里奇和他手下的工兵跟在一辆清除积雪的推土机之后步行前进。一路上并没有遇到什么麻烦便抵达桥东面的山梁。不远处传来敌人的轻武器和迫击炮声。枪弹是从山上一个瞭望所里射出的。步兵很快便将那里的中国兵击溃了。帕特里奇细细察看那道豁口。桥南端的拱座又被炸掉了，使桥面被毁坏的部分又多了 5 英尺，这样一来整个豁口的宽度便达到约 29 英尺。

但帕特里奇并不在意，再宽一点也没问题。中午刚过他们便马上投入了工作。他们派了大约 60 名战俘从卡车上往下搬运钢材和铁路枕木。这一天天气很好，阳光灿烂，空中来回盘旋的尽是美国飞机。下午 3 点半，断桥修复了。

帕特里奇乘吉普车登上了山顶，宣布该师的车队可以出发了。但车队还没做好出发的准备。他又回到了桥边，这时已是下午 5 点，天渐渐转黑了。不到 6 点，第一批车队到达桥边。帕特里奇坐进一辆吉普车，与他们分享着从山顶上疾驰而下的喜悦。当不见有车跟过来时，帕特里奇又走回到桥边，看到了一起事故。一辆牵引车在过桥时一边履带在车辙桥的钢轨上，另一边却掉进了钢轨中间的承压木板上并将木板撞毁了。

技术中士威尔弗雷德·普罗瑟熟练地把那辆牵引车弄出桥面，但摆在帕特里奇面前的困难是：中间供胶轮车辆通行的承压木板已被撞坏，而每根都重约3吨的车桥钢轨现在架设的位置无法供胶轮车辆行驶。帕特里奇开始时感到十分沮丧，很快他想起当初勘察时发现，如果把两道钢轨尽可能地架设得靠近一些，便会使其总宽度变成136英寸。就靠着人力和一辆推土机的作用，他们把车辙桥重新架设好，这样在外沿给坦克车留下2英寸的宽裕，在内沿给吉普车留下1英寸半的宽裕。

不一会儿，第一辆吉普车从桥上通过，轮胎刚好够到两边的钢轨。它过去了。接着是卡车和坦克，在工兵们照明灯的指引下，一辆接一辆地安全通过。部队走走停停，越过一道道路障，在从4500英尺的高处急降到海岸平原的陡峭山路上缓缓地向前驶去。

车队由工兵车辆打头，后面跟着帕特里奇的步行队。在越过第二道路障时，帕特里奇听见有迫击炮声，还有手榴弹扔向山里的爆炸声。他正担心着前头的工兵队呢，但当他们走进普勒的第1营控守的阵地时，却受到了他们热情的致意。

“别担心，伙计，”1营的一名中士对他们说，“你们很安全。一切都很顺利。你们会活着通过这一关的。”

整整一个晚上，人马车辆川流不息地从那座车辙桥上通过。帕特里奇后来汇报说：“那一晚气氛非常怪异，似乎所有的东西都在发光，虽然没有照明灯但能见度却很好；有许多炮弹发射的声音；无数双脚和车辆的轮带把松脆的雪地踩压得咯吱乱响。在车队的一边是大批的朝鲜难民，另一边步行的是海军陆战队。人群中不时传来一阵阵婴儿的哭叫声。路上还有一些牲口家畜。这一切都增加了一种松弛或渴求解脱的气氛。”

东京，波克上校给他妻子的两封来信写回信说：

国内人们的确如你所说的对这一切感到失望，他们有权这样做，因为这些日子里事情的确一团糟。正如我早些时对你说的，我对总指挥部的态度感到十分失望，他们显得病病快快的，没有希望，对事情抱着一种“无所事事的态度”。一切全凭感觉而为，尽做些没头没脑的事，非常糟糕。然而我有一种清楚的意识，乔·柯林斯给他们注射了一剂活力，我们正开始重新顺利起来，去做一些不同以往的聪明事情了。

阿尔蒙德很快就要归属沃克麾下了，他一直就应该归他指挥的，但我们没能那样决定，理由是沃克可能同大“A”（指阿尔蒙德）合不来。无论如何，柯林斯硬是这么去做了，整个计划也将随之得到调整。如果说能给那些中国人一次沉重打击的话，我是一点也不乐观的。……

我常对你说麦克阿瑟是如何之好赌。他总是很走运。我们对此很有争议。我也常对你说，他拿他的军队去冒险我无所谓，但我绝不能允许他拿我的家庭去冒险。是的，当一个赌徒走红运时，就会被颂为天才，倘若失败了，便连叫花子也不如。这一次他失败了，正如我所看到的，他不得不承担失败的后果。但就在总指挥部情报处失利的时候，情况还不是这样的。他不理睬我们的忠告。我们不敢说什么，而“老鸦”（威洛比）却对尊敬的主子的超凡智慧卑颜称颂，而不是像一个好的参谋官应做的那样同他争辩。现在他正是自食其果了……

宝贝儿，别太为这里的情况担忧，不要把整个世界的分量都压在你的肩上；那可怜的欧洲大陆，特别是美国，处于严重的困境之中，这的确很可怕。但是有许多明白人正在尽最大的努力解除这困境。你我所要做的是从这一切事情中获得教益，这样当你我有朝一日也处于那位高级将军目前所处的决策地位时，能从中吸取教训，以此为鉴，不致犯同样的错误。也许这只是为10年后你我出任领导职务作准备的训练期吧。

那天下午，普勒仍和侦察连一起留在古土里，他们是最后一批离开的。在他的吉普车的保险杠上搭着一位坦克车长的尸体。另外还有两具尸体被捆在车篷上，几位伤兵乱哄哄地挤在吉普车的后部。普勒的驾驶员奥尔维利·琼斯仍在搜寻着沿途的其他尸体。

“要证实尸体是海军陆战队员，”普勒喊道，“带我们自己的人走。”

挤得满满的吉普车在下午3点开始南行，普勒步行走在它的旁边。当队伍遇到障碍停顿时，琼斯发现普勒的皮靴冻上了。他帮普勒脱下鞋子，把他扶进吉普车里。温暖使这位上校很快恢复了活力。队伍重新出发，普勒又下令说："无论你是怎么想的，都别让周围的平民靠近你们。"他说，"如果让他们靠近了，你们会受到伤害的。"

一路上，普勒不顾琼斯的反对，多半路程都是步行下来的。他对经过身边的每一个人叫喊着，直到把嗓门喊哑了。"别忘了你们是陆战1团的，敌人绝不可能战胜你们！"

次日，12月11日上午，负责据守桥梁上方高地的陆战第1团第1营最后听到了一句激动人心的命令："马上撤啦！"于是他们加入了全师的后卫队。他们离开那山头时，每人都扛着双份的枪械。谁也不想让中国人得到任何东西。A连的副机枪手戈登·格林扛着两挺M－1型机枪还要压满机枪子弹，回过头去看了那山头最后一眼。格林感觉颇好。他们终于离开了。他们连溜带滑地下山，不时地还回头望望，看是否有中国人跟来。再见了，你们这帮狗娘养的！格林心里说道。我倒希望你们配得上这称呼。

他们到达公路边便停下来休息，喝着咖啡，彼此胡侃一通。最后一批队伍终于到了，一溜五辆坦克，炮口全朝后面。格林他们加入了坦克队伍。格林觉得脚一下子缓和多了。那平稳齐整的步调令他和他的伙伴们重新活跃起来。他起初所在的那个排如今倒更像是个班。全排原本64人，可现在呢，他数了数，只有18个。如果有人下令"向后转，杀回北边去"，他将随时准备那样做。"我觉得自己闯过了鬼门关，活过来了，"他对自己说，"我们是最出色的，也可能是最幸运的。"

当最后这批海军陆战队员在12月11日下午1时安全下到山谷时，便被装上了卡车。摄影师对他们喊道："挥挥手，显得高兴点！"他们都舒心地笑了。为什么不笑呢？他们回到了能洗热水澡、有热饭菜吃的地方；他们都还活着。而这些照片就可以让他们在家乡的亲人们放心。

塔普莱特的"黑马"营已经抵达兴南了；查理·迈兹给妻子写信，首次告诉她所发生的一切。"我所经历的艰难险阻，亲爱的，我将永远难忘。我也将铭记那些死去的海军陆战队战士。在撤出时我们失去了许多好汉。但愿他们的血不会白流。我们不了解大局，只知道我们将乘船到釜山去等待重整旗鼓。我知道的是，只有那了不起的杰出的师才能从麦克阿瑟使我们陷进去的困境中摆脱出来……永远是你的查理。”

毛泽东的东西两路部队给战局带来了巨大的变化。仅在 17 天前，麦克阿瑟还在做着控制整个朝鲜的美梦呢。现在他已是全线溃退。

第 26 章 “你爸爸出事了”

（12 月 11～29 日）

1

就在最后一批海军陆战队撤出古土里的那天，中国人民志愿军总司令彭德怀顶着暴风雪视察了西线战场。他到达平壤，得知城里庆祝解放的活动不像许诺的那样热烈壮观。由于害怕敌机空袭，金日成呼吁举行的游行示威未能进行。彭德怀只好站在阳台上发表了一篇简短的演说，然后在一足球场上草草检阅了一番北朝鲜的军队作罢。

两天后，12 月 13 日，彭德怀得到毛泽东的新指示：“如果敌人不战而弃汉城，则我疲惫的西线军可在平壤汉城间休整一段时期。”

苏联大使特伦蒂·史蒂柯夫中将获悉这一决定后表示反对。他说，志愿军应立即开进南朝鲜。彭德怀断然拒绝。

“打仗时这样犹犹豫豫，”史蒂柯夫抗议道，“在这个世界上还从未见过。”

彭德怀解释：“徒步去追击一支现代化装备的军队并不一定明智。”但他还是受到了干扰，便给住在紫禁城附近的毛泽东去电：“两次大胜后，速胜和盲目乐观情绪在各方面滋长。苏联大使坚持认为美军将速逃，要我速进。据我看朝鲜战争仍是相当长期的、艰苦的。我军目前仍应采取稳进。”

毛泽东同意了。

两天后在华盛顿，杜鲁门告诉外交委员会、军需机构和拨款委员会的两党高级成员，他正在考虑发布国家紧急状态法令。朝鲜面临着巨大的危险，必须采取迅速果断的行动。

内布拉斯加州参议员、总统的公开反对者惠里直截了当地问杜鲁门：“假如你想要得到更大的权力，干吗不直接去找国会要呢?”杜鲁门巧妙而又有力地回敬说，他想每个人都知道他对获取更大的权力没有兴趣。

还有其他一些反对意见，但大多数与会者表示支持杜鲁门。

12 月 15 日（星期五）晚上，杜鲁门向全国发表广播讲话。他说，美国将“继续支持，如有必要，甚至用武力来捍卫联合国的准则——自由和正义的准则”。他宣布他将在第二天早晨发布国家紧急状态法。“在这种时刻没有一个国家比我们肩负着更大的责任。我们必须记住我们是自由世界的领袖。”

电报和信件随后便似雪片般飞往白宫，这其中提出反对这样做的很少。

在北京的印度大使潘尼迦对杜鲁门呼吁全民动员感到沮丧。但令他惊讶的是，中国人对那些带有挑衅性的言词几乎未加理睬。他们似乎为他们能在美国引起强烈反响而感到高兴。“令人纳闷的是，不论苏联和中国都没有对这些令人恐慌的行动表示出任何公开的注意，”他在日记中写道，“他们依然我行我素，似乎没有发生什么了不起的事情，而这种无动于衷实际上甚至比他们恐吓和发出威胁更令人可怕。共产党世界的秘密让人觉得神奇莫测。在北京，一切都出乎寻常地平静，这要比美国朝野的一片叫嚷声更具危险。”华盛顿宣布拨出巨额防务款项，这并没有吓倒中国人。“他们好像并不在乎美国飞机架数和炸弹重量的增加，这或许是因为他们知道没有多少工业可摧毁的，同样，他们知道美国人即使花上一百年来制造炸弹也无法有效地摧毁中国的人力。”

2

现在，沃克已把他的第 8 集团军大部撤到了三八线以南。奇怪的是，没有受到中国人的追击。这是一种政治上的决策呢？还是志愿军无力追击呢？抑或他们正在策划一次更大规模的包围战？沃克深感困惑。他在汉城以北大约 30 空里的临津江沿岸设下一道防线。从西到东分别由美军第 25 师、白善烨的韩国第 1、第 6 和第 24 师以及最右翼的韩国另外 9 个师的兵力逐次把守。

从理论上讲，第 8 集团军已是严阵以待了。从釜山运来的军需品补充了各部队武器和车辆的损失。弹药添足了，士兵们都得到了冬装。机动伙房每天供应三餐热饭。但沃克仍感到担心。他的情报处告诉他，大约有 11.5 万中国军队已经到了北面“不足一天路程”的地方了。他的一些参谋猜想敌人可能发动正面进攻，但沃克却担心他们从他的右翼防线发动强劲的袭击。前两次战役中国人都是这样做的，两次受攻击的韩国部队都溃不成军。

沃克正在争取时间让阿尔蒙德的第 10 军得以从兴南港经水路撤出。12 月初以来，一位年轻的朝鲜国内事务顾问尹炳学（音译）博士一直在请求阿尔蒙德把几千名与联合国部队合作的北朝鲜人救出去。如果他们逃不出去，共产党就会杀害他们。12 月 14 日下午，尹博士被召到阿尔蒙德的办公处。将军对他说，南面的地盘已被敌人控制，要从陆上撤走是不可能的。唯一可行之路是从兴南港走水路撤退。目前所有可用的船只都得用来运送军队，但很快又可准备好船只用来运送聚集在北面 10 空哩外咸兴的四五千难民。因此必须在午夜时用火车将这些难民从咸兴运到兴南港。

当尹到达咸兴火车站时，那儿已聚集了 50000 多人。大多数基督徒和所有韩国政界领导人上了火车，而其他大量要逃离的人却被甩在后面。凌晨 2 点钟火车终于开出了咸兴，3 小时后抵达兴南港。许多被甩下的人试图步行越过一片片稻田、一道道山梁，赶往兴南。大多数被宪兵阻挡回去了，但还有 50000 多人赶到了兴南。来自东北部朝鲜各个角落的十几万难民挤满了兴南。尽管阿尔蒙德下令给他们提供食品和住处，大多数人仍不得不在户外露宿，没有取暖设备，没有水也没有炊具。

12 月 19 日，难民撤离终于开始了。每艘标准运载 1000 人的坦克登陆舰至少挤上了 5000 人，这还不算母亲背上的婴儿。几个小时过去后，那些仍等在码头上的人群变得焦躁不安起来，他们已经能听见后面山上美军的枪声，敌人显然越来越近了。

12 月 21 日，尹在仍留在码头上的大批人群目光逼视下，登上了“安德鲁·米勒中士”号。三天后，难民全部撤离。当尹从爱德华·福尼上校那儿得知被安全运出兴南的朝鲜难民数量时，他激动得说不出话来。“我将永远难忘在你得知你自己国家的十多万人获救时你脸上的表情，”福尼说，“那表情充满了感激。”

3

毛泽东认为沃克的军队撤往三八线以南标志着第二次战役的结束。他对这一战果加以总结认为，尽管志愿军面临着食品不足、弹药短缺和气候严寒等困难，取得的战果却比预料的更令人满意。敌人遭到了决定性的打击。麦克阿瑟不仅未能像他许诺的那样控制整个朝鲜，而且他在仁川登陆后占领的地盘也丧失了。

12 月中旬，北京制订出第三次战役的计划。针对沃克沿临津江设置防线这一情况，彭德怀电告毛泽东说：“从目前局势看，我认为应继续采取稳进的策略。”他担心战争将会延长而且更加困难。“敌人由进攻转入防御，战线缩短，兵力集中。”第 8 集团军拥有远程超级大炮，几乎控制着全部空中优势。“敌人士气虽然较前低落，现还有 26 万左右兵力。敌人马上放弃朝鲜，对于帝国主义阵营说来在政治上是很不利的。英、法也不要求美国这样做。如再吃一两个败仗，再被消灭两三个师，可能退守釜山、仁川几个桥头阵地，也不会马上全部撤出朝鲜。这就是我们应继续采取谨慎前进策略的原因。”彭德怀随后建议，为避免意外过失，应集中 4 个军，歼灭南朝鲜精锐首都师。“如战役发展顺利时，再打春川之南朝鲜伪 3 军团。否则我必须暂停进攻。”

“你对敌人的估计是正确的，应该采取长期计划，”毛泽东回复说，“速胜论是危险的。美英正在利用三八线在人们中存在的旧印象进行其政治宣传，并企图诱我停战。故我军此时越过三八线再打一仗然后休整是必要的。我们完全赞同你的建议，因美英军正在汉城一带集结，进攻有困难。如你所说，我应寻歼南朝鲜伪军。如能歼灭所有或大部伪军，美军就孤立，就不能在朝鲜待得太久。如能歼灭几个美军师，朝鲜的问题将会得到更恰当的解决。”

沃克的情报官詹姆斯·塔肯顿获悉了彭德怀有关作战计划的一些迹象。他对临津江防线能否抵挡住将近 11.5 万中国军队的猛烈攻击表示怀疑。他提醒沃克，中国人很可能只对左翼的美军阵地发动小规模佯攻，而把主力用来攻击右翼的韩国部队。他们已经在清川江成功地运用过这一战术。塔肯顿预言这次大规模进攻将在圣诞节到来时发起。如果这一次韩国军队再度溃败，中国人民志愿军就可以冲破美军防线，攻占汉城。

为了防止这类情况发生，沃克命令第 2 师到右翼防线去支援韩国军队。仅 1 个师的兵力显然是无法起到阻止敌军主力进攻作用的，但美国人的存在本身可能会鼓舞韩国军队的斗志，防止再来一次灾难性的撤退。12 月 22 日，沃克命令他的工兵，一名二战中的老战士帕斯卡尔·斯特朗去炸毁公路铁路线上每一座被放弃的桥梁和隧道。斯特朗抗议说，如果有一天第 8 集团军再打回去，他可就没法子重新修建这些交通要害了。他请示能不能只炸毁一些关键性的桥梁，其他桥只炸掉一个桥孔呢？回答是否定的。沃克现在最首要的工作便是尽一切可能延缓中国人的进攻速度。

次日（12 月 23 日）上午，沃克将军开完战术情况通报会后，决定乘吉普车到距离汉城北边 14 英里远的议政府地带视察部队。沃克的副官乔·泰纳得知将军的儿子萨姆·沃克获得了二等银星勋章，便建议将军此次上前线视察时顺便授奖。

泰纳把勋章醒目地别在吉普车后座上，然后他们便出发了。天气很冷，雾蒙蒙一片，路面冻上了一层冰。往常泰纳总是坐第二辆吉普车跟在沃克的车后面，但这回沃克让他同乘第一辆吉普，以便同他交谈。沃克挨着司机乔治·贝尔顿中士坐在前排。车窗关得严严实实的，将军的腿上还裹着一件罩衣。泰纳和一名机枪手坐在后排，费力地听着将军谈论中国人按兵不动不过是为了发动重大攻击做准备。

泰纳总觉得贝尔顿的车开得太快，他屡次劝将军让贝尔顿慢点开。但沃克和贝尔顿一起安全经历了二战，他相信贝尔顿是不会出任何事的。

韩国第 6 师的一批运输车辆正排成长龙对着他们朝南驶来。突然，其中一辆载满武器的卡车冲出队列想超到前面去，一下子撞在沃克那辆吉普车的左后部。吉普车在结冰的公路上晃悠了几下便翻了下去。泰纳、机枪手和司机贝尔顿都被一下子甩出了吉普车，而沃克却被他脚上的罩衣缠住了。车窗撞碎，玻璃碴扎进了他的脑门。在翻车的同时，泰纳滑下冰路面，滚进路边的雪堆之中。

“拉我一把。”泰纳对机枪手和后面那辆吉普车的司机喊道，后面那辆车已经安稳地停在路边了。“扶我到将军那儿。”泰纳跪在沃克边上给他号脉，已没有脉跳。他又查看了沃克的眼睛，也没有反应。这位两年半来对他像父亲一般的人死了。这时，一辆 3/4 吨位的卡车开过来，泰纳让士兵们把沃克抬到卡车后面，用毯子把他盖好。他们把将军送到附近的第 8055 美国陆军流动外科医院。

泰纳只觉得浑身疼痛，他还没有觉察到右膝盖骨已断，在腿后扎出了一个洞。他躺在前线救护站里，得知将军确实当时就已死亡。

萨姆·沃克中尉并不知自己获得勋章一事。当第 9 军军长约翰·库尔特少将对他说“你爸爸出事了”的时候，他正在吃午饭。他冲进救护站，走向躺在担架上的泰纳：“先生，怎么回事?”

泰纳将真情告诉了他，将军的儿子悲痛万分，那泪流满面的样子令泰纳实在不忍观看。这位小沃克在最后一次看他父亲时还曾警告过贝尔顿：“中士，在这样的路上开车你可要当心点。”他父亲心目中的英雄，另一位鼓励开快车的将军乔治·巴顿，也是在同样的悲剧中丧生的。

李承晚总统得悉噩耗，异常激动，他下令处决开那辆武器运输车的司机，吉姆·豪斯曼少校表示反对：“您不能这样做，先生!”毕竟这是沃克坚持开快车的错。在豪斯曼的干预下，死刑被取消了，但还是判了那名司机三年监禁。

事故发生几分钟后，麦克阿瑟便得知了沃克的不幸。他立即打电话给在华盛顿的柯林斯。他们俩早已达成一致，一旦沃克出了什么意外，就由马修·李奇微来接替他。柯林斯又给杜鲁门、马歇尔和陆军部长佩斯打了电话。他们都同意对李奇微的任命。

柯林斯在朋友的家里找到李奇微。时已近午夜，晚会就要结束了。“马修，”柯林斯在电话里小声说道，“我很难过地告诉你，约翰尼·沃克在朝鲜的一次吉普车车祸中遇难了。你收拾一下东西，尽快离开那儿。”李奇微发现站在房间对面的妻子彭妮正在用询问的目光看着他。他微笑着耸耸肩，摇了摇头。他决定不在临别的最后一夜干扰妻子睡眠。

第二天早起喝咖啡时，李奇微夫妇俩说着一些无关紧要的闲话，他们的儿子马蒂在旁边的小床上蹦蹦跳跳。最后，李奇微对妻子说出了乔·柯林斯给他讲的那番话。妻子没有流泪，也没有问什么，只发出一声极其难过的、长长的“噘——”

虽说沃克功勋卓著，许多人还是欢迎李奇微的到来。他那灵活机智的指挥艺术曾促成了二战中巴尔干战役的胜利。阿尔蒙德的第 10 军中一些反对沃克的人并没有为他的不幸感到悲伤，但那些熟知沃克的人们，诸如泰纳和迈克·林奇等，则相信，正是沃克对装甲和机械化部队的杰出指挥才取得了釜山防御战的胜利。他们和麦克阿瑟同样认为，沃克指挥第 8 集团军在 11 月底和 12 月完成战略撤退是非常出色的，其撤退速度之快甚至让一些不知内情的新闻记者们误以为是仓皇逃窜呢。多亏沃克及时了解到了中国军队的实力，从而设法救出了他那庞大的军队。吉姆·豪斯曼也大为赞赏沃克在釜山防御战以前和那期间的成绩，以及他在遭中国军队袭击后成功地保存了第 8 集团军实力的能力。在发动进攻时一名普通的指挥官也可能表现得很出色，但要顺利地指挥防御就需要一名杰出的将领。而沃克，豪斯曼认为，正是这样一位将领。

沃克救了他的军队，但却很少有人承认他的这项功劳。接替他的马修·李奇微从中找出了一个沃克从未意识到的原因。李奇微这样写道，麦克阿瑟爱慕虚名，这就“使得他不断地追求或接受本不该属于他的功名荣誉，而拒绝为那些显然是由于他的错误造成的后果承担责任”。

几年后，一名英国作家卡勒姆·麦克唐纳为沃克申辩道：“至于沃克，他的罪名是与军队中盲目乐观思想的惨败联系在一起的。我们很难想象，换上任何其他将军能比他做得更好一些。”

4

圣诞节那天，阿尔蒙德同最后一批撤离人员一起在釜山附近登陆。这次撤离行动令他回想起了敦刻尔克。他顺利地撤出了 5 个南朝鲜师、3 个美军师和他军部的大批人员，还有 10 万名朝鲜难民。

海军陆战队在马山附近的豆地——一个海军陆战旅的营地休整。海军给他们送来了圣诞树和圣诞礼物。师部同陆战第 5 团一起举行了联欢活动。天气晴朗，空气清新，也不太寒冷。尽管他们个个筋疲力尽，并承受了失去众多战友的打击，但圣诞节的气氛压倒一切。史密斯将军把师部参谋和军官们都召集到他的指挥部里，让他们痛饮了一番。士兵们也一个个穿戴齐整，享用着啤酒、甜饼加火鸡的美餐。

然而，塔普莱特却一刻也没有闲着。他和第3营的其他军官决定派一人去东京给全营官兵都要点酒喝，以活跃节日的气氛。一位名叫哈普的军官主动要求前往，并在圣诞节前夜从东京带回了好几箱酒。和哈普同机回到朝鲜的师后勤参谋处的弗朗西斯·麦卡利斯特上校，他也给师部的人带回了一大堆酒。

那天上午，默里上校把塔普莱特召去问他哈普哪儿去了。

“在他连队外的某个地方。”

但默里已经知道哈普去东京弄酒了。“他这是擅离职守。”默里斥责说。

“不，他不是，”塔普莱特极力反驳，“我知道他在哪儿。”

“有人将因此事被送上军事法庭。”默里说。

“你可以做你想做的该死的任何事情，雷，但是如果不是这个营，你今天已经不在这儿了，我们其他任何人也一样不在了。我所做的是征得我所有军官和军士们一致同意的。我看不出派哈普去有任何不对。没有任何人从中谋取利益，也没有喝过了量。这是让全营人分享的一份圣诞礼物——也算是对他们在长津湖一战中表现的奖赏。”

这件事就这样了结了。

5

大批在长津湖战役中被俘的美、英士兵圣诞节那天被送到靠近鸭绿江的一个省的省会江界。他们步行了8英里来到一个营地。一名中国军官对他们讲解了毛主席的“优待俘虏政策”。在北上的长途跋涉饱受了痛苦和虐待后再听这番话真有点让人哭笑不得。被俘的军官们被单独编成一组，但和士兵俘虏关押在同样的地方。每组俘虏8～12人，关在一间屋里。每组有一名“进步分子”——即与他们合作或至少好像有点肯接受共产主义观念的人。而拒绝接受教化的俘虏就被称为“反动派”。

在第一次全体大会上，一名中国教化官向俘虏们保证说，他并不因他们来到朝鲜作战而怪罪他们。他知道美国和其他国家的人民是被战争贩子和华尔街的帝国主义者愚弄了。他对他们担保说，毛泽东下了令给予他们公正的待遇。但他又警告说，捣乱者会受到公开的批评和长时间立正的处罚。

在俘虏们接受教育的棚子里布置了两棵圣诞树，还有花环、蜡烛、红纸糊的铃铛和一块写着“圣诞快乐”的牌子。还挂着一条大幅标语，上面写着：

> 若不是华尔街的帝国主义者，
> 你们就在家里同妻子家人共度圣诞夜了。

教化官告诉他们，只要严格遵守纪律，每天都将安排得很愉快。早晨 7 点起床，散散步或做做体操。一小时后每组派一名代表到伙房领取份饭，食物是高粱米、豆腐、黄豆粉和谷子搭配供应的。作为圣诞节的加餐，他们将吃上大米饭、炖猪肉、糖果和花生。

教化官说，俘虏们每天得到大棚屋里上大课，或是进行政治讨论。每组专人负责布置关于马克思辩证唯物主义的讨论题目。

神父克罗斯比和其他平民俘虏被关押在鸭绿江边小城满浦附近。“圣诞节到了，”克罗斯比神父后来回忆说，“我们尽量装出高兴快乐的样子，彼此热情地道着‘圣诞快乐’。但我想，我们当中大多数人心里是伤感的。在上个月里，我们这些人里几乎都有好友丧生，而此刻，我们都强烈地意识到有一道鸿沟把我们同家中那些正在互赠礼物、互道祝福的亲朋好友们隔离开了。”

级别最高的战俘迪安将军此时也被单独关押在满浦一幢朝鲜房子里，在这吉庆之日他也不能给他的家人寄去一张圣诞卡，好让他们知道他还活在世上。

6

接替沃克的李奇微有一种能使官兵都深受感染的果断气质。他话音很轻，且字斟句酌。话中语义清楚，让人一听即懂。“经他带出来的部队是令人畏惧的，”随同他一起去朝鲜的一名伞兵沃尔特 · F. 温顿回忆，“他让我想起超人。你会有这样一种印象，好像他只需吹一口气就能摧毁一幢楼，或在墙上打个洞，如果他想那么做的话。那是一种力量的化身。”二战中李奇微已经证实了自己是美国军队中指挥集团军作战的最出色的指挥官之一——如果不是唯一最出色的话。

李奇微在圣诞节晚上 11 点半飞抵东京。他在好友多伊尔·希基——巴尔干战役中另一位重要人物的陪同下，在美国驻日使馆宴请了总指挥部的人员。当晚入睡前，他草拟了一份电文让希基发给第 8 集团军。电文称赞他推荐的沃尔顿·沃克将军在整个 1950 年夏天是深孚众望的。

第二天早上 7 点起床后，李奇微独自用过早餐，便开始了一天的工作。9 点整，他去见麦克阿瑟，受到后者热情的问候。李奇微早在西点军校当教官时就认识麦克阿瑟了，那时麦克阿瑟是军校的校长。李奇微至今仍对他那强烈的个性留有极深刻的印象。

麦克阿瑟劝李奇微不要小看了中国人。“他们是很危险的敌人。”正像沃克当初向他汇报的那样，中国人总是避开大路，利用山岭和丘陵作为进攻的途径。“他们总是插入我纵深发动攻击，他们步兵手中的武器比我们运用得更充分。敌人总在夜间运动作战。而且整个中国的军事机器都完全投入了这场战争。”

在麦克阿瑟讲到了李奇微想问的每一个问题之后，李奇微只提了一个问题：“将军，假如我到了那儿以后，发现局势于我有利，您是否让我向敌人发起进攻呢？”

出乎李奇微的预料，麦克阿瑟听完后哈哈大笑：“你认为怎么好就怎么干吧，马修。第 8 集团军是属于你的。”

弄清楚全部职责都在于他自己之后，李奇微才感到放心。他想，他们都是那种把全心用在士兵身上的人。下午 4 点，李奇微在大邱走下飞机，感到身上的衣服不适合朝鲜的气候。严寒刺骨。他决定私下对他的部队作一次巡视，以便了解部队在多快的时间内能够恢复进攻。但首要的任务是要让他的韩国盟友相信，美国不会突然撤离，留下他们不管的。

第二天天还没亮，李奇微就起床了。黎明时，他登上一架 B－17“飞行堡垒”（现在被命名为“希·彭尼”号）。他坐在投弹手的位子上，为的是把冰雪覆盖的朝鲜看得更清楚一些。“这一带的地形看上去，”他写道，“对机械化部队的士兵是不适合的。石峰高处离地 6000 英尺，山崖像刀锋一般，坡度极为陡峭，狭窄的山谷如蛇般蜿蜒曲折。

公路不过是些崎岖小径，较矮些的丘陵则为灌木松林所覆盖。对于一个善于隐蔽自己的士兵来说，那就是极好的掩体。这是一个适合打游击战的地方，是靠双脚行军的中国步兵理想的战场，而对我们靠轮子走路、受道路限制的军队来说简直糟糕透顶。”这次巡视增强了他要把第8集团军由静态防御转入进攻防御的决心。只有那样他才能对中国军队的实力及其部署有一个清醒的认识。

上午9点45分，李奇微的飞机降落在金浦机场。他又乘车来到第8集团军前沿指挥部。在那儿他发现将士们情绪颇为低沉，这令他深为担忧。“有一种明显的精神紧张、情绪悲观和心神不定的气氛，一种对未来掌握在谁手充满担忧的心态。正如士兵们所说的，有许多‘低头思故乡’之情。”

在深入各部队视察之前，李奇微在穆乔大使的陪同下拜访了李承晚总统。李总统在招呼他时显得非常冷淡。将军伸出手去，真诚地说：“我很高兴见到您，总统先生，到朝鲜这个地方来，我是准备待下去的。”

李承晚脸上立刻露出了一丝热情的笑容，眼含泪水用双手紧握住李奇微的手，然后带李奇微见过他的夫人。在一块喝咖啡时，李奇微尽力向总统表明美国决心不被赶出朝鲜，并向他保证将尽可能快地发起进攻。

但在发动这样的进攻之前，李奇微决定重振第8集团军的战斗精神。这就必须恢复第8集团军中的自豪感、对指挥将领的信赖感和对所负使命的忠诚感。他决定立即乘轻型飞机、直升机和吉普车等到阵地上走一走，同前线的战地指挥官进行交谈。在巡视途中他所接触到的人好像都不清楚他们来到朝鲜的目的。“我视察过的每一个指挥所都给我留下同样的印象：失去信心，缺乏斗志。从中士往上各级指挥官在回答我的问题时都显得迟钝而又勉强。”

大多数新闻记者都对李奇微那满怀信心的神态留有好感，但也有些记者嘲弄他具有一副好战的形象：系着降落伞背带，右胸前别一颗手榴弹，左胸前挂着一只急救药箱。他的这幅装束后来又被编成一个描述朝鲜战争的虚构故事——只不过在故事中他腰间别着的已是两颗燃着的手榴弹了。

美国大兵称李奇微是“老铁马”，但他们喜欢他那火一般的激情和果敢的决断力。在李奇微看来，手榴弹不只是用来虚张声势的象征，在战场上它是近距离作战的“极好武器”。

李奇微只要看到哪儿指挥不力，就直言不讳。他对前线指挥员们说，如果美国步兵的老祖宗看到第 8 集团军变得这般的受道路约束，准会气得在坟墓里打滚儿的。他告诉他们，中国人轻装行军，乘夜色作战，他们对这一带地形的了解远比美国人为甚。“没别的，就因为你们贪图舒服才把自己捆在了公路上，”他说，他们也可以深入山区的。“寻找敌人，再把他们盯在一个地方。找到他们！咬住他们！打击他们！消灭他们！”

还在华盛顿的时候，李奇微就一直对参谋长联席会议即使在得到杜鲁门支持的情况下仍控制不了麦克阿瑟之事一直很生气。“你们必须对你们的将官铁面无情，”他曾警告柯林斯，“对他们铁面无情是因为一切事情全仗他们指挥的好坏。”现在，他来到朝鲜，正是这样去践行他自己的这一观念的。当阿尔蒙德将军第一次与李奇微谈完话出来的时候，威廉·麦卡福雷注意到这位第 10 军的指挥官挨剋了。很显然，阿尔蒙德以后再也不敢像对沃克那样和李奇微捣乱了。

李奇微这边正全力以赴重树部队的信心，美国参谋长联席会议却已在严肃地考虑起放弃朝鲜的问题了。这反映出华盛顿的将军们有一种恐慌心理。12 月 29 日，他们电告麦克阿瑟说，所有可靠的估计表明，中国人只要愿意的话，就能够把联合国军赶出朝鲜。“要想从其他联合国成员国那里得到大量的兵力增援朝鲜是不可行的。我们相信朝鲜不是打大仗的地方。再者，我们认为，在爆发全面战争的危险性日益增加的情况下，我们不能把其他地面部队投入朝鲜对付中国共产党的军队。”参谋长联席会议命令麦克阿瑟在朝鲜逐次退守，直到退至大田附近的锦江。如果中国人又集结到锦江一带，“那时候命令您撤往日本也将是必要之举”。

麦克阿瑟接电后大为震惊。这封电报似乎表明，美国政府已经从“要赢得”朝鲜的立场后退了。他自己可从来还没想到过失败。他认为，如果允许他不受限制地使用所有的全部军事力量，“我不仅能拯救朝鲜，而且能够给予赤色中国发动战争的力量以毁灭性的打击，使得它此后几代人的时间里不能构成对亚洲和平的威胁”。12 月 30 日，夜已很深了，他仍在给华盛顿拟回电，考特尼·惠特尼还从来没有看到他如此痛心过。麦克阿瑟强抑心中的苦水，回电建议封锁中国海岸，摧毁——利用海军炮火和空中轰炸——中国赖以进行战争的工业力量，并接受蒋介石的兵援。

参谋长联席会议对这封回电感到震惊和愤怒。布雷德利觉得，这封令人震惊的回电相当部分是由于麦克阿瑟传闻中的骄傲秉性所致。“麦克阿瑟现在想要重振失去的个人尊严和军事威望唯一可行的办法，”布雷德利说，“就是让那些曾经愚弄过他的红色中国的将军们遭受到不可挽回的失败。”

彭德怀已经发布了进行第三次战役的命令。23 万中国志愿军在 7 万北朝鲜军队的配合下，将于除夕那天黄昏发起大规模进攻。

29 日晚，中国炮兵部队全部进入阵地。次日晚，所有的大炮都排列整齐，四周用树枝和雪巧妙地伪装起来。与此同时，以团为单位的各战斗梯队和指挥系统都已各就各位。他们进攻的目标是越过临津江，直取汉城。

12 月 31 日黎明，各师部指挥员都对自己的部队逐一巡察一遍，确信所有战士都已在地下掩体里藏好身了。他们命令所有人大小便一律在战壕里解决。在这一年的最后一天里，没有一个人、一匹马、一杆枪或一枚炮弹暴露目标。彭德怀胸有成竹，相信一定能够出奇制胜。

第 27 章　中国人的第三次战役

（1950 年 12 月 31 日 ~1951 年 1 月 20 日）

1

12 月 31 日下午 4 时 40 分，彭德怀的重炮开始了掩护性猛击。在敌人的阵地遭到削弱时，他们发射了三枚信号弹，发出清除地雷的信号。每个团携带 12 架云梯力图翻越过临津江岸。过河的士兵已把夹裤子向上挽起。每个士兵用猪油和牛羊板油把脚糊住以防冻伤。他们动手铺设木板，在敌人轰炸后的冰窟窿上架起桥来。跟随在这些部队后面的突击连，携带着安装在 20 英尺长杆上的扫雷钩状物。

5 时 3 分，发射了不下 5 发信号弹，中国军队停止了猛烈的炮火。步兵在蒙蒙亮中开始渡河时，轻重机枪一齐开火。为避免滑倒，冰上铺盖上稻草，他们很快就爬上了云梯。

李奇微在半岛的西部和中部配置了防御主力，因为他断定中国人就在汉城北部集结主要兵力。第 1 军和第 25 师、韩国第 1 师以及英国第 29 独立旅把守着临津江一线，同时第 9 军和骑兵 1 师、第 24 师，韩国第 6 师，英国第 27 旅以及新到的希腊营、菲律宾营共同把守中部扇形地区。李奇微预计在东部会遭到较轻的攻击，他部署了韩国部队。

号角一吹响，成千上万的中国人沿着 44 英里的战线叫喊着冲上来，受到最严峻打击的是韩国第 1 师。他们被大兵力割开，在黑暗中退却。韩国第 6 师把守中心地带达数小时之久，但在午夜之前，军心溃散，三个团撤退了下来，致使一些中国人穿插进第 24 师的两个团之间，迫使整个连撤退。

在第 9 军的紧右侧，韩国第 2 师的两个团也垮了下来。但是，第三个团（第17团），尽管其12个连中的6个连在激烈的混战中遭到沉重打击，但仍在顽抗坚守。在远处的东侧，一支强大的中国部队，由于得到新建立的两个北朝鲜军团的协助，向韩国第2军发起攻击，该军所属4个师中的一个师很快就覆灭了。

彭德怀当时命令："敌军封锁我前进路线或在途中发生遭遇，都须以击溃"，又说："不必非要全歼敌人，应避免'因小失大'，让小规模的战斗阻拦我主力部队前进。在遭到敌人阻截时，应迅速部署，采取主动以压倒火力攻击敌人，"小部队要迂回到山上，从背后攻击敌人。"然而，主力部队不要过早地展开，因为部队迂回绕过山区是不容易控制的。当敌人的攻击显出无力时，对其正面进攻最为奏效"，每次进攻要利用敌军的混乱，采取波浪式的进攻。"敌退我追，不让其有喘息时间。"

在彻夜的失望中，李奇微在他的司令部极力想知道发生了什么事。他了解到韩国第2师的崩溃，使美国第1、第9两个军陷入危险中。他可能不得不把他的部队一直撤退到水原以下一线。他决定紧密协同地撤退，使中国人每前进一步都付出代价。

清晨，李奇微发了一封颇有信心的新年贺信给麦克阿瑟，并乘吉普车出发视察情况。不久他跑进韩国一个师的士兵中间，他对因恐惧而逃跑的情况深感震惊。他说："我以前从来没有过这样的感受，我向上帝祈祷，不要再目睹这样的情景。他们乘卡车走在路上，士兵们站立着在运输车里紧贴着挤在一起，连小孩也不能从中找到空隙。他们丢弃了重炮、机枪以及全部武器。只有很少的人保留下步枪。他们只是一心想着逃跑，彼此相隔几英里，将可怕的敌人甩在后面。"

李奇微跳下吉普车，站在大路当中向他们挥手示意停下来，但头几辆卡车并没有减速闪过了他，他最后还是拦住载有一队韩国军官的卡车，这些军官听不懂话。"我也曾试图制止川流不息的韩国人。但我不会说朝鲜话，又没有翻译。"他们拒绝服从他的手势，车队继续向前行驶。他断定，唯一的解决办法是在前面设置路障来阻止他们。

当他看见美国的车辆到来时，设法拦住六辆车并命令宪兵在原地制止它们。这些人是第24师的。他发命令给约翰·丘奇将军，让他的士兵回原部队，可是，整个师正在准备撤退中，这个命令能否执行值得怀疑。

李奇微会见了丘奇的19团一个营的伤员。他发觉他们已像皮球一样泄了气，不像以往美国的战士没受重伤表现得那样渴望要归队。“我们清楚地看到，要建立起所需要的斗志还得有一段很长的过程。”

李奇微随后同现在的专机驾驶员迈克·林奇飞过前线上空。这位新的司令官像沃克一样，坚持冒险低空飞行，为的是直接了解必须做些什么。大多数英国部队由于大批中国人的进攻，不是正在后撤就是在准备后撤。飞机一着陆，李奇微就命令全军撤回到汉城的桥头堡。

几乎一切都按彭德怀所计划的进行。沃克 12 月 22 日的最后命令——派美国第 2 师去支援右翼缺乏战斗力的韩国军队，给了李奇微时间去援救第 8 集团军免遭毁灭。1 月 2 日拂晓前，他以数百辆坦克和相当数量的重炮支持着 10 个步兵团，环绕着汉城构筑成环形防御圈，又召唤沿海的海军炮火和附近的空军来支援。李奇微可能要使中国人遭受重大损失，但是，彭德怀的部队已击溃第 2 师，从东北方向威逼过来包围汉城的侧翼。李奇微接到麦克阿瑟的命令，不要冒毁灭第 8 集团军的危险。他认识到不得不全面撤退。

李奇微认定现在是面见李承晚提出韩国军队的拙劣表现这个问题的时候了。他由穆乔大使陪同见到了总统。他说：“除非我们有一些领导权，否则无法同您的军队办成事。”他又说，除非甩掉韩国军队的无能者并表明有一个军官团，否则，他是不会供给他们装备并加强其实力的。

李奇微敦促总统同他上前线，使韩国部队恢复一些信心。李承晚急于要去。他们飞到中部前线，乘坐在两个舱位用帆布盖着而没有暖气的小飞机里。气温接近华氏零度，李奇微穿着厚厚的冬衣都感觉到极冷。上了年纪的李只穿着一件白色的棉和服和矮腰鞋，连围巾也没有戴，爬上皱纹的脸似乎因寒冷而更加干缩，但他没有怨声。

当他们降落在宪兵为制止韩国军队退却而设置的路障时，李承晚滔滔不绝地暴躁地向韩国军队训了话。李奇微一个字也听不懂。但效果很明显。当他俩回到飞机后，李承晚把一只手放在李奇微的胳膊上说：“不要泄气，他们一定会再次战斗的。”

李奇微从汉城写了两封乐观的信给麦克阿瑟和华盛顿的柯林斯。在给麦克阿瑟的信中，他说：“第 8 集团军将继续执行它的任务，对敌人施以最大限度的惩罚，并节节阻击，保持主力的完整。”在给柯林斯的信中，他写道：“一切进展顺利，我们将面临几天困难的日子，但是，我完全相信第8集团军有能力完成指定的每一项任务。”

1月3日清晨，李奇微下令有秩序地从首都撤退。他告诉第1军和第10军的指挥官说：“这次后退行动，要执行全部必要的侧翼配合；要使敌人遭受最大损失，要以最大限度的阻滞来始终保持主力部队的完整。”为了严格控制汉江桥上的交通，他命令给人印象深刻的盖伊师的副师长查尔斯·帕尔默准将负责。帕尔默将以李奇微的名义执行“为保持第8集团军的交通畅通而采取的一切必要措施”。

老百姓难民只许在下午3时前使用这个桥。如果他们在此后使用该桥，宪兵就开火警告，然后“最后一着，就用武器直接对着冒犯者”。李奇微此话是要动真格的。

下午3时左右，李奇微离开指挥所，看到一辆接一辆川流不息的军车，驶过歪歪倒倒、摇摇晃晃的桥梁。卡车拖带着18英寸口径的榴弹炮，为了安全，坦克的间隔为75码。

“我站在那里一直到天黑，看着浮桥一再下沉和浮起，就我所知，所有的人都在祈祷，愿桥够牢靠。可是我的思绪并没有一直停留在军事问题上。在桥的左右侧正演出一场我们时代人类的巨大悲剧。冷风似刀，扑面而来。成千上万的朝鲜人逃过冰河走向南岸冰冻的平原时被绊倒摔在地上。一些人拉着两轮小车，车上堆满了货物和儿童。另一些人在戳刺负重的牛向前行进。时而见牛倒下去，四肢朝天仰卧着。那‘仁慈’的冰河裂开来，河水从人们身旁流过。在这样可怕的逃跑中，没有人停下来帮助邻友。”

没有哭泣和呼号声。“除了雪地上人们的鞋子单调的声音和艰难的深呼吸声外，静悄无声，他们在极度的沉默中行进。”

下午8时30分，一位记者打电话给在汉城南面陆军司令部的通讯社的同事，告知其有关撤离的报道：满载士兵的长形车队通过横跨冰冻的汉江的大桥向南移动。难民放火烧了他们的家园和其他建筑物，城里火焰熊熊。通讯社把这则报道呈送军部新闻检察官，但被盖上了“迟发”的戳记，因为发布这样的消息会帮助敌人。

凯斯·比奇那天从东京飞抵这里，同来的有玛吉·希金斯、美联社的哈尔·博伊尔和《时代》周刊的德怀特·马汀。美国人已全部被勒令离开这个城市，但比奇辛酸地感到，不战就放弃汉城对去年 9 月重占汉城的死者是一种背叛。他建议在他喜爱的楚顺（音译）旅馆过夜，但是，他首先驾驶一辆由有办法的希金斯征用来的吉普车穿过市中心。他们站立在市政厅肃穆地观望街对面一座燃烧的建筑物。偶尔也能在红色火焰的背景上看见老百姓的身影，唯一能听见的是远处火光中的爆裂声和大炮的隆隆声。然后，他们听到高声尖叫的痛哭声，原来是一个被遗弃而陷于绝望的小男孩站在市政厅的台阶上。他们能做些什么呢？韩国遍地的儿童都在哭喊。博伊尔说："可是我们不能把他留在这里。"马汀同意："对！我们不能留下他。"

他们把小男孩带进吉普车，朝楚顺旅馆走去之前用厚被子将孩子包裹起来。此时此刻没有什么热烈欢迎的气氛了，宾客和职员都早已离去。他们爬上楼梯去睡觉，墙上不时闪动着城市建筑在燃烧的火光中的阴影。这个被拯救的儿童至少是过了安全的一天。

回到汉城暗淡房间的李奇微正准备离去。他把马蒂和彭尼的照片细心地放进公文包里。他把个人用品装进野战背包时，发现在底部有一件旧法兰绒睡衣裤的下半截。这件衣服已撕破不能修补了。勤务兵把它粘贴在李奇微办公室的墙上，在它上面用印刷体的字写着：

> 敬致中国共军指挥官
>
> 第 8 集团军指挥官

当李奇微离开房间时，他最后看了一眼这件睡衣裤的下半截"在微风中嘲弄地摇摆着"。

2

在城的东北，英国第 1 皇家北爱尔兰步兵团拼命地把守接近柴根漾（Chaegunghyon）的战线。一等兵弗朗西斯·约翰逊是一名步兵，自愿来朝鲜之前当过警察。这个部队一整天都受到沉重的压力，夜晚又得知右侧的韩国军队已经逃跑。他们必须撤退。

每个人都在为自己着想，约翰逊同两个人冲过一片地。他们在黑暗中迷了路，但约翰逊则又回到大路上来。他看见一辆“丘吉尔”式坦克，就跳上坦克后部，加入其他六个人中去。中国人是在大路的两边，可是坦克猛冲过去。一枚迫击炮弹击中了坦克的顶部，约翰逊被抛进壕沟中，喉咙、胳膊和两条腿部受了伤。

另一辆坦克停了下来，两个人跳进了壕沟。约翰逊要咒骂，但因声带被切断发不出声。他竭力喊叫：“把我带走。”但是救护人员以为他在说：“把我留在后面，我要继续战斗。”

他们把他拖出壕沟。坦克隆隆地前进，几分钟后，一个中国人用绑有地雷的竹竿插进坦克的履带，在爆炸中，约翰逊二次受伤，再度被抛回壕沟里。

经过片刻的寂静，约翰逊听见中国人朝他走来，不得不装死。他们仔细检查他的口袋，拿走了所有东西。他只好屏住呼吸。

约翰逊整夜像个死人躺着，偶尔昏倒却又苏醒。终于天亮了。他发现仍在敌人战线两英里后面。他听见脚步声，心想这是中国人，然而却是两腿受伤的战友。另外一个北爱尔兰皇家步兵团的士兵也和他们在一起，他的肩部受了枪伤。

从上下左右摆动的机翼可以辨认出是一架小型飞机正低空飞来。驾驶员投下一把扳手落在附近，那个肩部受伤的士兵把它找了回来。扳手上附着一个字条，上面写道：“沿着干涸的河床向南走，直升机就在途中。”

另外一些人试图把无助的约翰逊扶起来时，听见“快、快、快”的声音。呵！是一架直升机！它不顾山上的射击，尽力降落在附近，美国佬把约翰逊带进了机舱。其他两个伤员被推上飞机时，美国的喷气式飞机猝然下降，把凝固汽油弹投在山上。直升机负荷沉重，但它全力躲避炮火升空而去。约翰逊轻拍驾驶员的肩膀，伸出拇指表示感谢。他知道如果被俘，势无生还可能。不久，他们降落在金浦机场。直升机让皇家北爱尔兰步兵团的士兵下了飞机，迅速飞去执行另一项任务。

约翰逊被带进一间临时营房，因传闻金浦就要失守，来不及裹扎伤口就打了吗啡针，他非常震惊，便猛跑到临时机场的跑道上。他乘坐的那架飞机在敌人炮火下已颠簸着冲出跑道。他又昏迷了过去，醒来时发现已在一所医院的手术台上。

他遍体鳞伤，共被击中 11 处。

4 日清晨，由于中国人和北朝鲜人紧紧追击，约翰逊的同胞们转移到汉城。在米德尔塞克斯团的朱利安·滕斯托尔看来，这是一座荒无人烟的城市。他坐的卡车经过一所新的医学院大楼时，看到美丽的花园已遭摧毁，只有大学的本部似未波及。他回忆说："国会大厦在整个城市的废墟中仍然像一个消瘦的怪物耸立着。"但外貌已遭受可怕的损毁。在他们穿过城市时，抢劫者正在奋力干他们的勾当，似乎发誓要把这个城市搜刮得一干二净。

在李总统的请求下，豪斯曼少校和钟日昆将军才随最后一批人离开了汉城。李总统告诉钟和豪斯曼，要研究第一次从汉城撤退的错误。大多数健壮的老百姓遭敌军蹂躏后，已不适合当士兵了。这时，老百姓在主力部队撤退以前已向南方迁移，因此现在有了兵源了。此刻没有敌军的坦克对准他们的咽喉。是的，他们终究是要回汉城的。

中国人正在逼近汉城郊外，李奇微得到情报，获悉中国的一支主力部队抵达原州和水原之间的一个村庄。他们如果成功的话，将在阿尔蒙德的第 10 军和第 8 集团军之间打进一个楔子，因此李奇微决定立即放弃防线。晚 8 时，他命令第 1 军和第 10 军撤退，暂时停留在水原，以便使 16 列装载补给品的列车撤离。阿尔蒙德接受命令，从进攻转入防守，把最前面的第 23 团和第 28 团战斗队的两支部队集结起来。

汉江南面的铁路出现一片混乱。成千上万的难民正竭力挤进向南开出的最后一列火车。火车上装有军火和炸药。韩国人拥挤在棚车顶上，把梯子挂在车两旁。一名要塞工程教授之子卡罗尔·莱特利尔中尉肩负炸毁列车、免被中国人利用的任务。他和士兵们竭力让老百姓下车，直到最后时刻才不得不奉命放火烧毁列车。

当天下午，中国人开始涌进汉城。他们随着高举的红旗向汉江前进。但是，他们在过河前必须重新集结起来。随之而来的短暂寂静，给被追击的人们一种虚假的安全感。

次日，北京举行了庆祝胜利大会。志愿军收复汉城受到赞誉。但是，首都的占领者彭德怀却感到厌恶。庆祝会开得过早了。他被迫停在汉江。

地雷必须清除，道路需要修理。粮食和弹药补给短缺，部队疲惫不堪。彭德怀也相信李奇微是在设下圈套引诱志愿军前进，然后包围他们。彭德怀后来表露出，苏联大使史蒂柯夫再次强求他去解放整个朝鲜。但是，他“断然拒绝这么做”。

3

这时，北朝鲜的部队协助中国的第2军和第5军猛插入中部战线向原州发起的进攻。1月8日，韩国军队溃散了。留下的美军第2师失去了掩护。第2师主要的补给线要通过一道隘口，新指挥官罗伯特·麦克卢尔少将确信，撤退并用重炮掩护原州是唯一的决定。他一整天都在费尽心机想到达阿尔蒙德那里，最后他不得不作出自己的决定。在一场眯眼的大风雪中，该师撤出了原州，尔后转移到隘口北面12英里的一个阵地，为的是布置雷区和陷阱。

当阿尔蒙德得知这次撤退时脸色发青，这直接违背了他和李奇微的命令。他命令麦克卢尔立即夺回原州。麦克卢尔接着又命令第23步兵团团长保罗·弗里曼上校派一个营去试一试有无夺回原州的可能。但是，就在此刻，雪下得很大，把新近布置的陷阱和地雷覆盖起来，无法清除掉。

弗里曼认识到整个师是慌乱的，不能正常地协同配合。炮兵也很混乱，他们在后方的远处设置阵地。指挥官也是一样。然而，弗里曼次日接到派两个营夺回原州的电文，他不得不和没有冬季服装装备的士兵去执行命令。弗里曼回忆说：“战场是奇形怪状的，穿着夹军服的中国人在雪地里很寒冷，被冻僵在战场上，因而这些尸体没有负过伤的迹象。”可他明白还有更多的中国人在他的部队前头。

李奇微同一天写信给柯林斯说：

> 我亲自一再指示两个军的指挥官指挥撤退，为的是保持强大的部队，使之处于有利的阵地，以便同装甲部队和步兵在白天进行强有力的反攻，根据需要在天黑时退回来（这些命令没有被执行）。那显然缺乏使美国人自负的足智多谋。我们仍然紧抱着卡车运来的

物质享受不放。因此，我们只能死死依赖公路。步兵大都丢掉了美国军事史上可尊敬的先人们的才干……除非你不仅从空中而且从吉普车上看见地形，否则就难于想象作战的困难。但是，对手却想尽办法行事，似乎从不缺乏弹药，后勤系统川流不息地装运沉重的物品。当然，他们是强迫人力搬运并利用各种当地的运输工具——牛、骆驼、马和两轮车。

一切的背后最有影响力的是某种类型（俄国人或中国人）的东方思想。如果我们面临 S－1 的战斗，我们必然也会找出许多同样的办法大规模地应用。

我要说，走吧！让我们去唤醒美国人民吧！不然就太晚了。

然而，在美国，对和平的要求日益强烈，特别是那些有儿子参加了这场不得人心的战争的父母们。

4

当华盛顿的领袖们在寻求办法解决朝鲜的灾难时，彭德怀也试图解决他大踏步前进带来的问题。敌军的装甲部队正在以一天 30 英里的速度后撤，这也是他的部队一个夜晚进军的限度。彭德怀猜想李奇微在诱使志愿军攻击联合国军防守的强大据点，在中国人全军疲劳时，李奇微就反攻，同时两栖部队在西海岸登陆，切断志愿军的后路。

志愿军自参战以来，打过三次筋疲力尽的战役。三个月来，遭受了残酷的空中轰炸和远程重炮的日夜骚扰。现正值严冬，全军蒙受寒冻之苦，疲惫不堪，伤亡很大，补给线之长已达极限。

彭德怀的部队需要进行休整以准备第四次战役。他们曾成功地越过汉江进入北纬 37 度线。彭决定必须把主力撤回到三八线，在那里构筑堡垒工事以阻击反攻。毛泽东同意并指示彭德怀向金日成汇报情况。

会议在朝鲜人民军和中国志愿军联合司令部召开。彭德怀开头说，因战士疲劳，运输又不能保证，不能继续进攻了。彭德怀承认第 3 次战役没有达到目标，因李奇微已设法安全地撤回了主力部队。李奇微要损失7万~8万人才会被迫撤出朝鲜。经过长时间讨论，金日成接受了彭德怀的估计。

5

尽管李奇微对后撤感到失望，但绝不沮丧。1月11日他写信给柯林斯的副参谋长韦德·海斯利普中将说："力量就在这里。我们具有实力和手段——只要苏联不进行军事干预。眼下当务之急——一个占主导地位的问题，就是要想办法在精神上使指挥者认识到其潜在才能。"这种乐观想法与华盛顿的看法不同。参谋长联席会议对麦克阿瑟要求对中国进行全力以赴的战争给予了最后的回答。他们发电报给他说，几乎没有可能派更多的地面部队去朝鲜，也不可能对中国进行军事封锁。然而，唯有中国人进攻朝鲜以外的美军部队时才能批准用海军和空军攻击中国，"如果不撤离就要遭受人员和物资的严重损失时，你就要准备从朝鲜撤到日本。"

这对麦克阿瑟来说是个不好的消息，也就是说把撤离的罪责落在他身上。他用急件发出对中国进行全力以赴的战争的热烈恳求：

> 这个问题实际上归结到美国是否打算撤离朝鲜的问题，也涉及国家和国际上最具重要意义的决定，远远超出战场指挥官的权限。指挥官在扩大战场时大都受到小事的支配而影响到战术的地位。这个决定也不应把战斗的主动权让给敌人，实际上这也是在你们的电文合情合理阐明的指导下确定下来的判断准则（原文如此）。因此，我有这样的疑问：美国当前政策的目的是在一定期限内明确地在朝鲜维持它的军事地位，还是尽快完成撤离任务以求最低限度减少伤亡？

惠特尼将军见麦克阿瑟发电报给华盛顿时"脸色窘迫又恼怒"。"他究竟怎样才能把问题说得更清楚些？""华盛顿和联合国是打算留在朝鲜还是一走了之？"

第二天，深感头疼的参谋长联席会议起草了一份备忘录，列出倘若从朝鲜撤退可以付诸实施的 16 点计划。这份研究计划呈送给国防部长马歇尔，副本送交麦克阿瑟。

华盛顿官方差不多普遍认为麦克阿瑟要对严重的形势负责，很少有人认识到杜鲁门和艾奇逊认为中苏阴谋发动了这场战争的错误估计是一个决定性因素。这两个人仍然相信中国只是不能令人信任和令人恐惧的傀儡政权。很清楚，华盛顿已忘记曾授权麦克阿瑟越过三八线。参谋长联席会议也远非无可指责，他们本可以制止麦克阿瑟的暴躁决定，即：挺进鸭绿江，如若受阻，向红色中国发动全面战争。政府中无一人可以为麦克阿瑟的作用而感到自豪。

自 1950 年 6 月以来最蒙受恶果的是朝鲜人民和没有适当训练和装备即投入战争的美国军队，以及承担着几乎不可能完成的任务的指挥官——沃克和阿尔蒙德。

麦克阿瑟在仁川登陆后曾被当作一位军事天才受到举国喝彩，现在则成为美国历史上最大军事失败之一的责任人而在一些报纸上受到谴责。麦克阿瑟遭到挫折后使用挑衅性的语言和手段，威胁要引向更加严重的困境。杜鲁门正在后悔没有在去年 10 月将麦克阿瑟撤职。主要由国务院准备的一份冗长又措辞谨慎的电文，由总统发送给这位将军。杜鲁门说在朝鲜进行成功的抵抗将提供一个集结点，即把自由世界动员起来，共同对付苏联的威胁。“我们此时行动的方针应当是进一步团结联合国的大多数国家。”如果苏联采取行动反对美国，极为需要这些国家成为美国的同盟国。

杜鲁门电文的结尾乐观地相信自由世界会联合捍卫自由，接着又不情愿地安抚这位将军：“全国感谢你在朝鲜的困难斗争中出色的领导，并感谢你的部队在最艰难的环境下的杰出表现。”

杜鲁门认识到这封电文不足以安慰麦克阿瑟，指示柯林斯和范登堡再次飞往东京。

6

1 月 14 日，毛泽东发电报给彭德怀说，麦克阿瑟只有三种选择：在中朝军队压力下，联合国军略作抵抗后撤退；第二种选择是在釜山地区顽强抵抗，但最终撤离南朝鲜；第三种可能性是，志愿军被迫在2月份打一个大仗。因此作出决定，在3月发动春季攻势之前，让疲惫的军队休息两个月。

次日，1月15日，李奇微发动了一次有限的协同反攻，作战计划代号是“猎狼犬”。拂晓，7个步兵营和约150辆坦克在3个重炮营的协同下，进攻两面的中国人。

麦克阿瑟向刚到东京的柯林斯和范登堡解释说，华盛顿的指令使他迷惑不解。要他在朝鲜继续战斗多久呢？要他在什么条件下继续战斗呢？他看了最近杜鲁门发给他个人的电报，说这封电文对于他的责任和任务，已讲得清清楚楚。他要无限期地留在朝鲜。这是否同先前的命令相矛盾呢？

柯林斯急忙指出，总统的电文不是指令，又补充说，就在他离开华盛顿之前，杜鲁门曾宣布只要第8集团军和日本的安全不遭到危险，撤离朝鲜的决定就应当推迟作出。杜鲁门的目的是给联合国以最长的时间采取政治行动。柯林斯指出，即使派增援部队来朝鲜，6个星期也难以到达，同时，麦克阿瑟保卫日本的根本任务仍保持不变。

柯林斯和范登堡飞往朝鲜。后者视察了空军，柯林斯则由李奇微陪同检阅了陆军。柯林斯和李奇微曾一同在突出部战役中作过战，但柯林斯现在是四星上将，比李奇微多一颗星。

两个人为第10军的困境感到担忧。北朝鲜军显然正在退出原州；第38步兵团的一个巡逻队发现该城几乎已放弃。阿尔蒙德告诉他的来访者说，他已经下令第2师夺回原州，但如果蒙受重创就退回来。

李奇微和柯林斯前往第10军。那里没有与敌人交锋，令人难解。作战军官建议用与“猎狼犬”作战计划相等的兵力重新夺回自水原至原州公路间的要冲。李奇微同意并建议第1军执行“猎狼犬”计划后重新集结，再支援第9军发动进攻。第二天清晨，米凯利斯的第27步兵团自各个方面向水原进发。当另一些部队试图对这个重要城市实施钳形攻势时，遭到中国人沉重的抗击。李奇微下令米凯利斯停止进攻然后撤回。白天，范登堡飞过半岛中部敌人的战线视察。几天前曾下过雪，范登堡看不见人烟、脚印和车轮的迹象，没有任何动向。敌人在哪里？柯林斯仍在视察地面，他发觉无论高级军官还是普通士兵，勇猛进攻的精神都给他印象深刻。他们忍受着寒冷，但吃得好，士气高昂。次日清晨，柯林斯和李承晚总统访问了韩国军队，然后和范登堡前往东京。飞行途中，两人发觉他们在朝鲜发现了军队中新的精神风貌，同麦克阿瑟的报告相反，李奇微的士兵既不疲惫也不怨恨。

柯林斯一抵达东京就打电报给布雷德利说："第 8 集团军状态良好，在李奇微的领导下日有改善。""就具体条件来说，士气是很令人满意的……李奇微有信心在被迫撤退之前拖延两三个月……总之，第 8 集团军现在已进入阵地，准备给任何大规模的进攻予以严厉的惩罚。"

布雷德利接到这封令人振奋的电文后，马上交给正在给杜鲁门打电话的马歇尔。布雷德利回忆说："当这个消息传到政府高层的那天，几乎能听见一片松了一口气令人宽慰的声音。"下午召开的参谋长联席会议没有批准麦克阿瑟提出的封锁和轰炸中国的建议。

麦克阿瑟在 1 月 20 日亲自飞往大邱去看望李奇微。他们在简短的会谈后会见了战地记者。麦克阿瑟说："很多的胡言乱语说中国人要把我们赶到海里，就像前些日子大量的胡说八道一样，说北朝鲜人要把我们赶进海里。司令部打算坚守朝鲜的军事阵地，只要联合国的政治家们决定我们该这么做。"

麦克阿瑟没有视察部队就走了。这次访问使李奇微等人感到困惑。麦克阿瑟在朝鲜逗留了不到一个半小时。这是为了什么？是为出风头吗？

第28章 “那老头也会使我们脱险的”

（1月24日~2月20日）

1

李奇微下令从1月25日开始“霹雳行动”，由第1军和第9军从西部发起攻势。他决定沿着20英里长的前沿阵地亲自作一次侦察，于是在总攻前夜乘缓慢的教练机起飞了。“整整两个小时我们飞越了那块寂静空旷的土地，掠过山顶，俯冲至山谷，盘旋在死寂的小山脊。”尽管危险重重，他们依然一如既往飞得很低。“我们所有前沿阵地的大片皑皑白雪地均未发现任何生命和活动迹象。”在一条山谷尽头的小村里，他们发现了一条细细的车辙。“很显然，在这个村子里，敌人正在趁夜晚挖筑工事以御严寒，而在日出之前躲进树林，因为在我们老鹰猎鼠般犀利的轰炸机监视下，白天整个村庄没有一处可供他们藏身的地方。”

在司令部，李奇微回顾了他所看到的一切，现在相信他不再会把第8集团军送进一个死亡陷阱中了。那天早上，他的两个军在空军的密切支援下，在陆军强大炮火和海军炮火的掩护下向北开进。由釜山战场老兵组成的汤姆·多尔文的第89坦克营在夜幕降临时已推进到了水原城墙边。在有了11月平壤北部的痛苦经历之后，多尔文期望来一次夜间袭击。进攻于凌晨2时开始。此时一支中国巡逻队正悄无声息地爬过城墙，离多尔文的部队越来越近，以至于他们不得不用手枪和机关枪射击。他们迅速地将众坦克后退至可以开火的距离地点，那些中国兵追逐着这些坦克，无望地试着向他们投掷炸药包。顿时枪声大作。一个中尉及时从指挥所跑出，看到两个中国人端着来复枪向他靠近，他抬起手枪，但两个中国人却出人意料地投降了。另一次在指挥所，一个中国人试图拉响手榴弹，但一个卫兵用步枪托砸在了他的脑袋上。

黎明时分，多尔文与第 35 步兵团一起继续向前推进，并拿下了通往汉城的一个关键城市。李奇微与迈克·林奇一起飞往水原视察这个被毁为瓦砾的城市。他们面无表情地继续前进。

两天后，刚过完 71 岁生日的麦克阿瑟降落在水原机场。李奇微前往迎接，一名英国记者听到麦克阿瑟说：“这正是我 7 个月以前开始十字军讨伐的地方。但是现在我们为之战斗的不仅仅是韩国，而是整个自由亚洲。”

李奇微尽力掩饰住对麦克阿瑟来访的不悦。此次访问持续了不到两个小时。“现在我们所能做的唯有摄下一张麦克阿瑟与胜利部队的合影留念，而这很可能是向中国人发出警告：一场大规模的攻击即将开始。”

那天夜里，李奇微的担心变成了现实。当时骑兵第 7 团受到了中国军队的猛烈攻击，丧失了阵地。次日夜，驻守 381 高地的希腊营又遭另一团中国军队的袭击，激烈的战斗持续了一整夜，但希腊人还是保住了这个战略高地。约有 800 名中国人阵亡。李奇微在其笔记中形容道，“满山遍野的斑斑殷血是这场残酷搏斗的无声证据”。显然这些中国人是决心与阵地共存亡的。但李奇微还是按原计划发动了攻势，与此同时，西线缓慢的推进仍在进行。为支援西线，阿尔蒙德在汉江河谷东南要阻击中国人可能发起的进攻。

1 月 29 日夜间，一支中国军队占领了位居原州西战略要冲的两处铁路隧道。保罗·弗里曼上校和他的第 23 步兵团被派去消灭两个铁路隧道的中国军队，并占领高地以保证通往水原的道路畅通无阻。这是一项艰巨的任务，因为步兵们必须迅速地、在运输工具缺乏的情况下和在有限的空间内，往返穿梭于狭窄陡滑的山路。但是行家弗里曼已做好了行动准备。待至次日下午，他的部队已集结完毕，大炮也已配置到相应位置以支援第一阶段的攻击。天刚拂晓，通道行军开始了。法国营被派去给费里曼当前锋。坦克、载高射炮的铁道敞篷车、战斗车辆开始向铁路隧道西边通往高高山脊的、狭窄坎坷的山路行进。第 3 营沿一条小溪逆流而上，这条小溪直通目标东边的山丘。按照约定，两支部队开始向山丘攀登并沿山脊行进在危险莫测、白雪皑皑的山路上。很多人留下携带的定量口粮，以便能满带子弹和手榴弹。但他们每个人身上都还披着厚重的大衣和毛毯。傍晚，目标地区被两个营包围。弗里曼指示他们包抄汇合，但竟没发现一个敌人！弗里曼命令士兵占领隧道，准备次日找到敌人并消灭之。两个营对其匆匆而就的防御工事和拉得过长的位置不满意，于是驻扎下来度过一个并不轻松的戒备之夜。黑暗中营地显得神秘而恐怖，但弗里曼的士兵们却相信他不会把他们带进死胡同。尽管弗里曼生性脾气暴躁并要求十全十美，绝大多数士兵仍然崇敬这位厉声厉色的长官。他们也喜欢他的精神，他是个军人并时常显出战斗精神。弗里曼的行政官弗兰克·梅扎尔有时会发现他很粗鲁，但相信这多半是其外表。“他是个和善、文雅、热心的人，是个卓越的指挥官，同时也是一个真正的绅士。”

是夜，弗里曼经历了一次令人发窘的场面。他训斥了法国营营长拉尔夫·蒙特克莱尔中校。法国营驻扎下来并为取暖生起一堆小火后，这位两次大战中曾13次受伤并被不停地打嗝所烦扰的59岁的蒙特克莱尔才到达营地。弗里曼注意到法国士兵的举动，便打电话给法国营营部，“告诉你们的人把那些火堆灭掉!”

“是，是，”蒙特克莱尔回答道，“明天早上我就告诉他们。”

“现在就去告诉他们!”恼怒的弗里曼命令道。

“但是，我的上校，那只是些很小的火堆。”

“我不管它是大火还是小火，统统给我灭掉！他妈的！现在就办！你们已经向100英里内的每个共军暴露了你们的位置!”

一阵沉默。“啊，我的上校，”蒙特克莱尔爽朗地回答道，“毫无疑问你是对的，不过如果他们知道了我们的位置而来袭击我们，我们也就可以歼灭他们了。”

弗里曼沉默下来没再反驳。但是不到一小时，所有法军的火堆都熄灭了。

次日（2月1日）清晨4时30分，弗里曼通报说，有一队中国兵置两辆装甲车射出的炮火于不顾，勇猛地向位于法军和他的L连中间的路障开进。很多人倒下了，但他们还是散到大路两侧，开始用火箭弹和手榴弹向那些装甲车进攻。一辆载高射炮的铁道敞篷车被火箭炮击中，摇晃着向后退去并爆炸了。

炮火现在向路东的L连倾泻。炮兵观察员呼叫来大炮和迫击炮进行反击。一时间，黎明前的黑暗被炮弹和手榴弹的火光所驱散。打击十分沉重，中国军队难以抵挡，匆忙撤退以重组进攻。

清晨 6 时，进攻继续进行。这次攻势的重点转向法军坚守的整个区域中心 453 高地。虽然重炮和迫击炮轮番轰击使中国军队伤亡惨重，但他们仍一次次汹涌向前。

由于在有限的空间里装甲车很难发挥作用，弗里曼便命令坦克后撤几千码来当大炮使用。令他欣慰的是，法军一直在以寡敌众死守阵地。现在双方开始了短兵相接的肉搏战。眼看中国军队就要占上风，法军营长下令上刺刀开始反击。中国军队即将取得胜利——一场足可使弗里曼的整个军队陷入险境的胜利——之时，他们被法军奋不顾身的冲锋陷阵所震慑而撤退了。

晨雾慢慢变成灰沉沉的阴天。防守者无望取得空中支援，但法军的冲锋与拼杀却已改变了战斗状况。尽管双方交火持续了一整天，但中国军队再没有向高地发动猛攻。相反，他们集结于 453 高地北面山谷的一个盟军力量空虚点，这个地方位于法军另两个连之间。一股股中国兵不断地向弗里曼的阵地外沿一排被毁坏的房子集结。在这里，由法军重机枪连骨干组成的防御核心小组击退了他们。

很幸运，那天早晨弗里曼坦克连带着 9 辆汽车不久赶到。一个排被派往战斗最为激烈的热点山谷去阻击中国军队的一次突破。现在战斗又在东边 3 营阵地打响，I 连承受了大部分打击，他们像法军在 453 高地一样击退了敌人的一次次进攻。他们阵地前尸体堆积如山。

中午时分，中国军队与法军及第 3 营的战斗交锋加剧。法军第 3 连最后被赶出阵地，致使 L 连左翼阵地向敌人暴露无遗。中国人攻到山顶后，便操起机关枪向弗里曼营地一阵扫射，摧毁了他的救护站、指挥部和车辆。法军几次试图夺回高地，但每次都付出惨重代价而被击退。现在整个环形阵地均陷入激烈凶猛的恶战中。弗里曼已派不出一兵一卒去支援承受巨大压力的法军。

在此危急关头，弗里曼毅然调派两辆坦克和一辆双管 40 毫米高射炮车进入阵地，“这是能清洗山脊的最有效武器”。他命令所有尚能使用的迫击炮和大炮集中在高地。此时，法国军队已甩掉钢盔，戴上了法国军帽，长官也在脖子上系上红布条。他们端着上好的刺刀高喊着“加梅戎”（Camerone）开始向高地冲杀。“加梅戎”是法国外籍军团在保卫一个叫“加梅戎”的墨西哥村庄时所喊的战斗号令，当时法国军团战士战斗到最后一人。而现在的这支法国军队也已打算这么做。

正当中国军队胜利在望之时，他们在法军和迫击炮火攻击下又一次退却了。法军到达山顶后发现数百个中国人的尸体堆在那里。

但是中国人并没有屈服。午后两点，他们把法军第2连赶出了阵地。高地另一侧，I连的形势也很不妙。一个排只剩下12个人，他们一直在用手榴弹和刺刀进行拚杀，看来他们要登上那刀锋般陡立的山脊已不可能。而中国军队又夺取了I连和L连中间的高地，并再次向弗里曼营地中心扫射攻击。激烈的战斗在453高地继续着，子弹低低飞啸而过，伤亡人数不断上升。3时，弗里曼担心两营之间的中心地带陷落，便划定一个必要时为保卫东边隧道所需的最小限度内部阵地的范围。但这将是最后的措施。“危机已经来临，”他后来报告说，“接着就像一场好莱坞式的战斗，太阳破云而出！”

停在附近机场跑道的战斗机现在可以飞掠鲜血染红的战场了。弗里曼看到四架“海盗”式飞机透过云端一字排开。地面上，战术空军指挥部指示“海盗”瞄准进攻L连的中国军队。由于交战双方混在一起难以分清敌我，飞机在上空盘旋了四次才辨别出敌军。然后飞机爬高以作俯冲准备。飞机冲下来，并投下了“野菊切割机”——一种500磅重的炸弹——正落在厮杀酣战中的中国军队中间。随后再次爬升再次俯冲投弹。这次投的是“大脑袋”，一种被美国大兵称为火箭的炸弹，同时还使用50毫米口径机枪向分散各处的中国军队扫射。

多么精彩的空中支援！弗里曼想。另一批飞机则集中攻击和消灭法军阵地前沿的中国军队。光秃秃山脊上的中国士兵犹如“暴风雨中之草木”纷纷倒下。经过总共24次轮番轰炸之后，残余的中国军队疲于奔命，而弗里曼的坦克则冲上去将他们消灭。高射炮车用50毫米机关枪——步兵们亲切地称之为“肉斧”——抢占有利地形以扫射受挫的中国军队。那天，侦察飞机第一次跟在战斗机后面为大炮提供目标线索。中国军队被追至其隐蔽的山丘后面并被粉碎。

美国兵和法国兵纷纷从其战壕向外攻击，他们呐喊着向掉队落伍的中国军队进行射击。在阵地边沿及其附近，他们发现了1300具敌人的尸体。而敌人伤亡总数则估计为 3600 人。中国第 125 师作为一支有战斗力的军队恐怕已被谋略大师弗里曼消灭了。

中国高级指挥机关对这次在原州和水原附近的失败看得十分严重。军队政治宣传部在 2 月 3 日编写了一本小册子。“美帝国主义阴谋策划的这个鬼把戏目的何在？正当我们准备休整和重新集结之时，敌人又发起了一场进攻。”为什么？因为美国人遭到了灾难性的失败，他们需要一次胜利来重振声威。这就是麦克阿瑟上演全线反击之原因所在。“他们占领了水原和原州，从两个方向夹击我们。这是一个新的阴谋。这个新阴谋必须粉碎。在战争的第四阶段……我们有信心取得胜利，因为在敌我力量对比上我们占绝对优势，而且在过去的战争的三个胜利阶段，我们获得了歼灭敌人的良好经验。”下一次攻势将会轻松些，因为不必去突破坚固的防御工事了。“相反，我们可以自由地发挥我们的游击包围战术，这是敌人十分害怕的……作为对他们拼命挽救面子的回敬，我们现在有进一步让杜鲁门、艾奇逊和麦克阿瑟等人出丑的最好机会……让敌人继续去牺牲他们的生命吧……他们最终会要命不要面子的。”

2

江界的联合国军战俘们一直受着中国的政治思想教育，每天都要听课。他们被告知，最“进步的人”将被送往前线以南并予以释放。

中国人挑选了部分战俘成立了一个战俘委员会，并命令他们写一份需每个人签字的关于世界和平的呼吁书。一位名叫哈里森的美军上士起草了一份自以为能令中国人满意的、而没将政治宣传内容写进去的文件。结果此文件被驳回，另外四份材料也遭到了相同的命运。最后，由首席翻译官起草了一份呼吁书译成英文。战俘委员会拒绝签署，但在受到威胁之后表示同意签字，条件是其他战俘不必签字。中国人同意了他们的要求，于是战俘委员会的成员们在呼吁书上签下了潦草、难以辨认或是故意拼错了字母的名字。

这项计划的失败导致其他苛待。俘虏们被禁止使用“战俘”一词，而必须称自己为“被解放的新朋友”。甚至在日常说话时都得使用有关共产主义道德的词语。宗教被斥责为企图控制人们头脑的资本主义诡计，然而战俘们却被允许保留着《圣经》和有关宗教的文章。他们还被允许举行有关宗教的讨论会和阅读会。

战俘们虽然有时会受到一些军事审问，但更多的是受到有关个人历史的盘问。审问官好像只对那些符合他们教条的回答满意。比如，当被问及父母的收入和社会地位时，战俘们就被劝导降低他们的社会地位，中国人才会高兴并接受他们修正了的回答。

3

成为联合国军俘虏的137000名北朝鲜人遭遇同样很惨。到12月初，他们所有的人一直被塞在釜山附近的一个转运营地。像朱永福少校那样投诚加入“民主”阵营的人，其待遇也同坚定的共产主义者一样严厉。朱起初还对追随他的战俘们说，“让我们一起为正义而战，为我们真正的祖国而战”，而如今，他已基本上放弃了希望。

朱永福被与其他500名北朝鲜校官一起关押在一个特别的帐篷营地内。当中国共产党人已经参战的流言传到各个营地后，战俘中的共产党员便组织了一个解放同盟。而另一个投奔“民主”却仍遭虐待的少校朴金吉则建议组织一个反共小组以为生存而战。

但朱不同意。“那样，全世界将会笑看红狗打白狗。”朱建议只请求长官将他们和共产主义者分开。等到被释放后，他们就可以与金日成战斗了。

看来1月底以前他们的处境不会有多大改观。因为一个最高级的北朝鲜俘虏到达了他们的营地。高级上校（大校——译者）李河九被半数军官尊为英雄，而被其他人嘲为“第一号卖国贼”。尽管如此，当被请作为高级军官代表整个战俘营时，他拒绝了。

次日，北朝鲜军官们欢呼拥选李河九上校为代表。但使朱永福十分惊愕的是，李河九发誓他将再次忠诚于战无不胜的英雄金日成。“如果再次犯错误，你可以用军法处治我。”

一周后，2月1日，他们全部被转移至马山附近离东南海岸不远的一个大岛巨济岛上。岛上匆匆建起四个围栏地，每个围栏又细分为8个战俘营。每个战俘营地原打算关押 1200 人，但巨济岛的围圈早已塞满了五倍于计划容纳人数的俘虏。

朱永福少校那帮人到达之前，这儿一直在忙乱地准备着可临时凑合的房屋、卫兵和居室的人员分配。

空间非常狭窄，致使管理和控制拥挤不堪的营地成为一项复杂的工作。由于围圈仅由带刺的铁丝网隔开，故平民俘虏与战俘之间可以自由交谈。巨济岛是个孕育阴谋与反抗的理想场所。

新来的北朝鲜被俘军官很快接管了围圈，他们鼓动其他战俘去争取更为人道的待遇并改善食物与衣物。美军战俘营长官答复说，他们必须绝对无条件地遵守整个战俘营的规章制度。李河九上校徒劳地进行了抗议和反对。但当其他北朝鲜军官坚持要举行全体俘虏绝食时，他却反对采取此种强迫性的步骤。大家置他的反对于不顾，于次日晨向战俘营长官递交了绝食抗议书。

几天来，那些红色军官一直在鼓动战俘们进行了暴动反抗。绝食开始的那天早上，没有一个人去动食物。战俘营长官怒不可遏，他告诉他们，要么吃米饭，要么吃子弹。北朝鲜军官不仅没派代表到前门口交涉，反却鼓动他们口出污言秽语。喧杂的吵嚷声中，一个战俘向战俘营长官扔了块石头，那位长官随即拔出手枪开了两枪。顿时，猛烈火力从机关枪中喷发而来。有两个俘虏被打死，至少有三人被打伤。战俘营长官很快制服了这群俘虏。令朱永福少校厌恶的是，这帮战俘此时正围在饭桶周围，眼巴巴地伸出自己的碗。多么可怜而又愚蠢的一帮人！他心里想。

4

到 2 月初，华盛顿的低落情绪由于李奇微在北方缓慢而稳固的进展和弗里曼在中央战线两个铁路隧道意外的胜利而昂扬起来。但是，2 月 11 日当 3 个中国师光天化日之下在原州北 10 英里处重创韩国第 8 师后，乐观情绪便消失得无影无踪了。在突然攻击之下，该师三个团很快在横城附近交枪投降了，7000 余人和这个师的绝大部分装备均损失了。这场突发灾难也危及了韩国第 7 师支援的大炮和步兵。

麦克阿瑟对这场灾难并不知晓，他致电华盛顿提出一个大胆的新计划。首先，他将“用大规模的空中袭击清除所有越过北朝鲜后方边境的敌人后继部队”，其次，“如果我仍未被同意袭击集结于鸭绿江边的敌人增援部队或炸毁鸭绿江上的桥梁，那么我将在敌人所有主要供给线上设置一块含有放射性物质的荒地——原子弹制造的副产品——以把朝鲜与满洲隔离开来。然后将在北朝鲜两个海岸上端进行一次陆海空联合作战和登陆，并进而封闭成一个巨大的罗网。中国人不久即会饿死或投降。”参谋长联席会议的首脑们对其异想天开的建议并未认真考虑。他们答复说这毫无可能。

李奇微一得知联合国军在横城的大灾难，就命令第 38 步兵团和第 187 空降团战斗队用能找到的所有大炮在原州建立一个坚固的防御阵地。如果中国人的压力太大，他们就撤至东南与韩国第 7 师联合行动。

李奇微命令弗里曼打惯了恶战的第 23 步兵团开赴离原州西约 6 英里的砥平里建立阵地，此行动由第 9 军的预备队英联邦旅配合。直率的弗里曼得知他得去保卫砥平里时很不高兴。阿尔蒙德 2 月 12 日中午乘直升机进入他的阵地，弗里曼建议立即撤至骊州，阿尔蒙德同意了，但李奇微却认为砥平里是阻止中国军队前进的关键所在。该地必须坚守住。

是夜，弗里曼召集手下军官开会，告诉他们，他们有可能受到包围。“我们要留在这里并突围出去”，他说。英联邦旅正在增援途中，第 5 骑兵团同样如此。弗里曼使军官们相信他们正处在最佳防御位置。由于没有太多的兵力在砥平里周围山峦布防，弗里曼便在这个村子的周围建了一个严密的长方形阵地。他的 3 个营加上骁勇的法国营和第 1 别动连，共拥有 14 辆坦克、高射炮车、重迫击炮，18 门榴弹炮和 6 门 155 毫米大炮。过去几天中，弗里曼储存了他参战以来最多的弹药。他做好了准备。尽管知道基本上被包围了，但他的士兵们仍然很有信心。“嗨！那老头把我们带到了这里，他也会使我们脱险的。”这是士兵们一致的看法。

晚 10 点，一个哨兵报告在 G 连前方的稻田里有人影。敌人用来复枪射击，但弗里曼训练有素的部队未上敌人的当，并没有向黑暗中枪声喧闹的地方开枪。他们耐心地等待着，等待进攻者跌入他们阵前的饵雷的绊索照明弹。由于阵地外围每个重要地点都已被定点，他们开始用大炮和重迫击炮向中国军队进行阻拦轰击。中国军队慌忙撤退，有的返回来却再次被炮轰。顽强的中国人一次次地发动进攻。155 毫米炮弹的火光使他们完全成为机关枪绝好的靶子。

直至午夜，整个阵地都处于交战状态。中国人一直在寻找联合国军的弱点和突破口，但对方守卫炮火十分猛烈，中国军队始终未能突破。直到凌晨 2 时才有片刻的宁静。很快，中国人又向机关枪哨卡右边的法国营发动了一个排的进攻。在军号和哨子的伴随下，中国兵端着刺刀呐喊着冲向法军。

一声警报响起，法军一个班高举手榴弹叫喊着也向中国军队冲来。双方都勇往直前似乎要与对方拼一死活。但当他们冲到相距 20 码处时，中国兵突然掉头后撤。进攻在一分钟的狂怒之后结束了。

2 月 14 日黎明，发现只有 3 个中国人冲到了前沿阵地。一个被杀，另两个被俘。其余的则撤至东西两面的山丘后面。联合国军阵地内所有的建筑物均被掀掉了屋顶，但墙壁结实厚重的砖挽救了弗里曼的大部分人马。帐篷被打得千疮百孔。

第一道曙光升起后，一发迫击炮弹落在弗里曼的指挥部附近。他当时正坐在帐篷中的地上。作战官哈罗德·休梅克当时在另一帐篷前站着，当即就被弹片炸死了。另一只弹片击碎了一瓶威士忌，并划伤了弗里曼的左小腿。伤口锯齿般深陷，疼痛难忍。弗里曼随便扯了块布包扎了一下便蹒跚着下去察看阵地。一个小时以前有消息说通往南方的路被切断，已无路可逃了。又一个艰难的夜晚，弗里曼已无预备部队，而他面临的最要紧的问题是给养的补充和 200 来名伤员的撤离。

师部报告说，横城的形势十分严峻，而原州亦在被危及之列。步兵部队在原州南方受到很大压力。但对被包围的第 23 步兵团来说也有些好消息，第 5 骑兵团的一个装甲纵队已渡过汉江，并沿着西线扫清障碍，向他们开进。英联邦旅也在沿第 23 步兵团主要供给线的东路扫清道路，开赴而来。坚持住！师部说。稍后得知弗里曼负伤的消息后，师部又电告坚持住。要派一架飞机把他接出去。“我既然把他们带到这里，”弗里曼粗鲁地答道，“我就要把他们带出去。”

部队情绪十分高涨，这天天气也很好。炮兵们挖起深深的战壕，然后向各战壕的榴弹炮增配人员，热腾腾的饭菜也都做好了。

令弗里曼极为恼怒的是，一架轻型飞机载着阿尔蒙德的作战处长杰克·奇利斯上校降落在机场附近。他是来接弗里曼的，但他的飞机在降落时撞毁了。而弗里曼转身回去的任务则是对付一场定会来临的夜间袭击。他们用在村里找到的铁路枕木和米袋垒筑工事、急救站、指挥部、火力中心和补给品堆集所。弗里曼精力旺盛地蹒跚转悠着，监管着弹药的配给，并命令后备队军官侦察路线和地形，以便他们能带领队伍在夜色降临时行动自如。他又派遣一个巡逻队，以便在白天袭击时向他发出预先警报。第23团战斗队已经做好了对付中国人下一次行动的准备。

这一次，中国人民志愿军制订了一个计划。第119、125和126师的军官们发现他们低估了敌人，并期望联合国军像在横城一样在首次遭进攻时就溃不成军。第23步兵团的拒不退让影响了他们整个区域战斗计划的推行。中国军队指挥官们认为敌人不过是设立野战阵地，而弗里曼却机敏地建立了防卫的关键措施——沙坑、带刺铁丝网、陷阱、绊索照明弹。此外，中国人的攻击并非集中指挥，同一个师的各团之间不能有效地配合彼此的行动。这样，志愿军不仅不能歼灭敌人，而且还犯了一个严重的错误，即在撤退主力部队时混乱不堪，毫无秩序。中国人的新计划是，趁天黑集中大炮、迫击炮之重火力轰击敌人。炮火持续轰了一个小时，但弗里曼的防御措施使其伤亡一直保持在低水平。此后又响起了军号与哨子的不和谐声音。

G连的士兵们在壕沟里紧张地等待着。一个排已在一个小山丘顶端构筑工事。小山脚下，中国人开始攻击一个机关枪阵地。火光在G连阵地前燃亮，曳光弹照亮了大炮的位置。

中国军队一次次向G连发动进攻，但都被挡了回来。晚上10时，又一次凶猛进攻开始了。

排长保罗·麦吉中尉向山下瞭望，发现中国军队已冲出干涸的小河，并开始向山上他的班长所在的壕沟开进。有个中国人扔了三枚手榴弹，但麦吉很快用一支勃朗自动步枪射杀了他。还没打10发子弹，枪就卡壳了。他试着从套子中拔出了匕首，但却掉在了地上。黑暗中他找不见匕首，却抓起一支卡宾枪瞄准离他10英尺远的一个中国人。麦吉开了4枪，那个中国人倒下了，邻近壕沟的另三名中国人也被打死了。

麦吉派通信员去求援。通信员很快返回并带着15个炮兵上了山。战斗又打响了。一发迫击炮弹袭来，炸死炸伤炮兵各一名，其余炮兵见势便开始向后溃退，退到山脚下时被 G 连连长托马斯·希斯中尉挡住。他把他们重新带上山，但快到山顶时，他们又掉头逃走了。希斯在后面一边愤怒地喊着一边追赶他们，抓住了几个人。“他妈的！”他吼着，“统统给我回到山上去，你们反正会死在这里，还不如回到山上并战死在那儿。”他一直喊着，终于将这些人拉上了山，形成一个防线。他们与中国人在各个壕沟进行了一场持续三个小时的凶猛残酷的徒手肉搏战。希斯得到了他自己连的轻迫击炮、H 连的 81 毫米迫击炮和团部重炮连的炮火支持。但他仍无法阻止敌人占领山凹。他连续三次试图与那些踌躇不前的炮兵一起重新夺回失地，但都失败了。于是他决定返回去搬援兵。他组织了一个突击小队，咆哮道：“我们要么攻上那个鬼山头，要么完蛋！”

但是中国人仍死咬住那个山头不放。他们无情地一条条壕沟向前推进，直至山顶。他们从高处开始向敌人大炮及迫击炮所在的盆地开火。到凌晨 3 点，G 连已丢掉了整个山头，而弗里曼也被迫撤退他设为路障的装甲车队和在法军营地左边的士兵。混乱中，中国人突入了炮兵阵地。B 炮兵连的部分士兵放弃了大炮，开始向野战炮所在的位置溃退。炮兵连长集合队伍企图再次击退敌人，但已无望，因为 G 连的山头现已掌握在中国人手中。

黎明时分，弗里曼精疲力竭的部队期望中国军队像以往那样突然撤走，中国军队反而在阵地周围继续发动进攻。弗里曼只剩下 230 发 81 毫米和 4.2 英寸的迫击炮弹。8 时，形势已十分严峻，他不得不动用团预备队 B 连帮助恢复 G 连的阵地。B 连几次夺回阵地却又得而复失，始终未能保住。

尽管如此，中国人还是从其整个夜间占领的阵地上被赶了出去。炮兵们使用直接射击、无后坐力炮、坦克和双管 40 毫米高射炮，把中国人炸下了秃秃的山脊。晨雾一散尽，友军战斗机进入阵地并有条理地清理山脊。中国人受不了这样的惩罚，便从除 G 连山头外的所有地点撤退了。志愿军顽强地防守着 G 连山头，决心战斗到最后一人。他们不屑掩蔽，继续用来复枪和机关枪向轰炸他们的飞机射击。

那日晨，第 2 师副师长乔治·斯图尔特电告弗里曼，催促他离开阵地。弗里曼强烈地抗议，当他的士兵们在战场上拼杀时他岂能独自撤离指挥岗位？这是一个军官的最大耻辱。但是，斯图尔特坚持要他撤离。他说，骑兵第5团很快会从东路赶到，砥平里的战斗已经结束。没有谁会怀疑他的表现。无疑地，他应被授勋和提升。弗里曼勉强同意将指挥权移交给奇利斯。他被直升机载往忠州的一个陆军流动外科医院，在那儿他见到了李奇微。李奇微向他道贺，并给他一种印象，即在美国稍作休息与文娱之后，他将被允许再返朝鲜战场。

然后，李奇微飞过了正在行进中的骑兵第5团的装甲纵队。看来向砥平里的进军正在取得进展。李奇微电贺这个纵队的指挥官马塞尔·克罗姆贝上校。当B连终于冲上了G连山头顶端时，骑兵第5团也到了。死硬的敌人似乎在踌躇，正在此时B连听到后方传来一阵枪声。骑兵第5团的领头坦克在拐弯处出现，令山上的士兵欢呼雀跃。对弗里曼的团战斗队来说，这是另一种好莱坞式的结局。

弗里曼，这位易怒的上校给他的部队写了封告别信："官兵们，我想对你们说，世界上没有比第23团战斗队更伟大的战斗团体了……上帝保佑你们所有的人。"

2月18日，李奇微接到西线第9军的一份报告，说中国人已从汉江南岸拉了出去。第5步兵团在他们的战壕中发现600具敌军尸体和丢弃的武器与炊具。李奇微将这个消息告诉另两个军军长的同时告诫他们："这也许是个骗局。"但是这天晚些时候，从阿尔蒙德的中央战线也传来一个有关中国和北朝鲜军队大规模后撤的消息。看来中国与北朝鲜人正在往回撤。

那天晚上，李奇微在第8集团军前进指挥部作战帐篷里会见了他的参谋人员。他说，有关情报表明中国军队在撤退。出乎每个人的意料，他宣布将于三日之内在中央战线对中国军队进行反击。此行动将被称为"屠夫行动"。

过了一会儿，李奇微站在泛光灯照着的地形图前，向在大邱的记者们讲述了他的计划要点。合众社记者拉瑟福德·波茨报道说，"他有十分雄辩的口才，除了麦克阿瑟，很少有军人能比得上他。""他所说的话充分反映出他对他的部队及敌人的心理有深刻洞察力。他为帮助第8集团军恢复自信所做的一切，使他在伟大的杰出的同行中受到普遍欢迎。"

20 日早晨，麦克阿瑟飞抵朝鲜检查新的攻势。他与李奇微反复讨论了战略，李奇微强调，形势已经由于阿尔蒙德的战线遭到重击而发生了变化。等中国人的出击被完全制止后，第 8 集团军才能对那个危险的穿插侧翼实施强有力的反击。“我告诉了他，”李奇微在其回忆录中写道，“同时我让参谋人员审查一下，看是否能用两个师渡过汉江往北出击，以切断正在进攻第 10 军的敌军的退路。麦克阿瑟将军表示同意，并补充说我应固守汉江一线。我说我是打算这么干的。”

麦克阿瑟飞往原州。“我对前线的情况非常满意。在那里敌人在战术上遭到不可估量的重大失败，”他告诉记者们，“其损失是现代战争中最为血腥的……我们的战略计划——尽管敌人在人数上占有巨大优势——的确效果很好，我已指挥军队正在恢复丧失的主动权。”

这些话给人一种感觉，好像“屠夫行动”是麦克阿瑟而不是李奇微的主意。麦克阿瑟清楚地暗示他已从东京飞到了这里，与部下一起讨论了局势然后命令李奇微发动进攻的。李奇微不仅感到惊讶而且很愕然。麦克阿瑟的虚荣已经造成一种没有想到的激怒。但对李奇微打击最大的是“令人不快地想到还有一个我早已了解却几乎忘掉了的麦克阿瑟”。这位盟军最高司令必须一直使他的公众形象闪烁着光芒。

第 29 章　李奇微在行动

（2 月底 ~4 月 5 日）

1

2 月中旬，彭德怀被召回北京说明第三次战役及第四次战役第一阶段失利的原因。他告诉毛泽东："我以为速胜是不可能的。"

"能速胜则速胜，"毛主席回答说，"不能速胜则缓胜。"他花了几天时间研究彭的报告，尔后得出结论："我们必须准备在朝鲜作战至少两年以上。"显然美国人在准备进行一场消耗战。"由于联合国军的轰炸，我们的补给只有大约 2/3 送抵前线。"为了打一场持久战，中国军队决定在朝鲜采取轮番作战的方针。

大批新军已经跨过鸭绿江，以支援计划在 4 月份进行的春季攻势。更多的军队很快也将过江。第一批部队已经遭受到令人震惊的损失。毛泽东对补给运抵前线状况的估计离实际情形差得很远，甚至在某些部队，有 75% 的人被饿死或在开赴前线途中丧失了战斗力。

秦海洋（音译）是第 32 师一位年轻的农民子弟，当他跨过鸭绿江的第二天，他所在的部队就突然遭到空中打击。凝固汽油弹"雨点儿"般落下来，很多人被活活烧死。那情景很恐怖：几百位战友倒在一起化为灰烬，幸存者逃到附近的树林里一直躲到天黑。他们吃了一点干粮（由每个人携带，装在像长筒袜一样的袋子里），又继续前进了。几匹马驮着重武器，机关枪不得不拆开由人扛着。

翻越雪山艰巨而危险；不时有人滑倒坠入山下。到前线的长途跋涉要花费 2 ~ 6 个星期，只能靠每个人身上携带的物品。大约一个星期后口粮吃光了，他们只好见什么能吃就吃什么。白天，美军飞机一见有东西移动就轰炸，部队只好隐蔽起来。夜晚他们不生火。但就是这些预防措施也未能有效地避免人员伤亡。

向南开赴的路上，他们遇到许多从前线下来的伤员。那些虚弱不堪的人乞求把他们枪毙掉。像秦一样，大多数人都不忍心杀死一个同志。

尽管秦有手套和一条毯子，在寒冷的夜晚还是很凄惨。白天，部队通常只是蹲着，偶尔打个盹。到达前线时，秦所在的 250 人的连队只剩下 40 人了。

魏祖亮（音译）被征入人民解放军之前是开盐店的。他那 12 人的重机枪班随第 12 军跨过了鸭绿江。他们用的是苏制武器，备用枪管由魏扛着。他班里的人只有 1/3 抵达了前线。

曹鹏（音译）是一个农民的儿子，曾在国民党军队中服役。部队到达目的地时，他所在的重机枪班只剩下一支步枪。配给的炒面和饼干本打算维持到到达前线，但一个星期后他们就没东西吃了。一路上看到许多人不是死就是伤，这尤其令曹苦恼。当那些还活着的人向他们乞求帮助或食物时，曹什么也帮不上。几乎每天敌机都在行进中的战士们头顶盘旋，用中国话劝降，保证给他们好吃的和体面的待遇。

2

“屠夫行动”未能名副其实，李奇微得到麦克阿瑟的同意，拟定了一个新的“撕裂者行动”，意图使联合国军一直推进到三八线。考虑到麦克阿瑟在全面发起进攻前夕可能出现在朝鲜，那样将再次把行动计划暴露给中国人，李奇微采取了直接行动，给这位将军发了一份电报，下属之中几乎无人敢有此胆量发出。电文开头令人作呕地圆滑：“我怀着莫大的荣幸和骄傲期待着您的视察。您每一次视察都带给我们极大的鼓舞。”接着他礼貌地请求麦克阿瑟不要在全面进攻开始时来朝鲜。

> 对于您选择视察日期的原因了解不详，相信您将会考虑到敌人可能从中推断出什么。无论如何。敌人了解您个人的英勇无畏，会毫无疑问地获悉：每次大规模攻势前夕，您都会亲临朝鲜视察，并无畏而机敏地露面……如果这一推断适合于您，请不要在总攻发起

之日视察。是从长计议贬低敌人推断的价值呢，还是给敌人增添一次证明其推断正确的机会呢？如果不选择在总攻之日视察，将更有利于证明您行动的机敏。先生，您知道您的期望是我唯一的指导，希望上述意见不致影响您的思考。

您忠诚的李奇微

为了使麦克阿瑟推迟视察日期，李奇微于3月6日早上召集特别会议，以防止麦克阿瑟再次声明是他亲自下令恢复攻势的。与此同时，李奇微谨慎地赞扬了将军给予第8集团军的行动自由和支持。

第25师将首先发起进攻，目标是夺取汉城以东汉江北岸一处9英里长的前线地区。“撕裂者行动”于次日（3月7日）凌晨2时30分以猛烈炮火开始，成千上万发炮弹落在汉江北岸，炫耀着令人生畏的火力。一个半小时后，在第89坦克营和第21高射炮营的半履带高射炮车掩护下，第24团开始渡江。首先乘攻击艇渡江的是E连和F连。由于先前的火力掩护，他们没遇到什么抵抗，迎着轻武器火力向前推进。

战地美术记者约翰·格罗斯随一个步兵连等待渡江。在过去的几周里，他访问了希腊、土耳其、澳大利亚和加拿大等国的部队，现在有机会亲眼目睹进攻中的同胞了。

格罗斯感到像个被遗弃的孤儿，他身边蜷伏着一个怕得要死的美国兵。这个美国兵说，“我的两条腿都走不动了。”

一发迫击炮弹落在一排坦克附近。“伙计，你有伴了。”格罗斯说。

“我该做些什么，先生？”美国兵问。

格罗斯想起亨利·海明威《英勇的红徽章》里的故事：他开始想逃跑，后来想到兄弟们会说他是胆小鬼。于是格罗斯把故事讲给这个年轻士兵听。

“你们班其他人全在那边儿，”格罗斯说，“你不走，他们会知道你没和他们在一起的。到了晚上，看你对他们怎么交代。”

“多谢，先生”，这个士兵说完就朝一条船跑去。

格罗斯原打算在南岸一直等到对岸安全了再过去。格罗斯现在得为使那个怕得要死的士兵进入险境负点责任了，他也疾跑到河边，那里有一群人湿漉漉地正在发抖。他们乘坐的船翻了，正等着疏散。格罗斯见到一位神态自若的工兵，他是第77战斗工兵连的，这支黑人部队先前由查尔斯·布西中尉指挥，现在由戴维·卡尔斯利中尉指挥。格罗斯问这位工兵是否可以让他搭船渡江。

“你这该死的算是找对人了。我在这儿就是为了不让一个人留在这边。上来吧。”

一枚炮弹在江心爆炸，激起高高的水柱打在格罗斯身上，疯狂摇动的船桨早已把他打湿了。终于，船上的人们爬上岸，开始向一座陡峭的山攀登。前头的士兵跳进敌人的散兵坑，然后像从蹦床上反弹起来似的又突然蹦出去。格罗斯瞪着眼朝坑里看，看见一具无头死尸，其他敌人的尸体到处都是，凝固汽油弹的火舌还在吞噬着他们。

这儿不像在诺曼底，美军和德军都倒在四散在地上的信纸、干粮、烟盒和快照堆里。在这里，格罗斯只是偶尔看到一个饭碗、一双便鞋和几张当作卫生纸用的传单。格罗斯跟着一名中尉带领的一个排继续前进。他们悄悄地沿着河岸往下走，遇到了往回走的车辆——担架上躺着伤员。一颗迫击炮弹在附近爆炸，炸着了两个人。格罗斯看到一个人倒在了树丛里，他的两条腿被炸飞了。另一个美国兵紧紧抓着他的右腿哀叫着：“我被击中了！”

看护兵爬向树丛里的那个人，血从那人嘴里汩汩地往外流。看护兵用步兵夹克裹紧伤员，格罗斯脱下军用橡胶夹雨衣给伤员盖上，然后与趴在雪地上的另一个士兵交谈。这名战士说他自己是列兵约·汉德逊，来自阿肯色州哈里斯博格。

这个排准备向下一个目标进发。“你不介意把汉德逊送到岸边吧？”中尉排长问格罗斯。格罗斯欣然同意，他已经看够了。

格罗斯像副拐杖，扶着汉德逊慢慢地向河边走去。他们和树丛里那个垂危的人一道被抬上一辆水陆两用车。汉德逊在营急救站处理好腿伤后，格罗斯扶他朝疏散伤员的吉普车走去。他们在路上看见一摊血，还有扔掉的毯子和衣服。最上头是格罗斯的军用橡胶夹雨衣和夹克，下面盖着的士兵已经死了。在吉普车边，格罗斯和汉德逊握手告别，此时格罗斯才感到自己有多冷，跑向那滩血边找回他的衣服。

格罗斯再次渡过江，画他的战地素描。偶尔有敌人的零星炮弹落下来。他沿着堤岸走到新拿下的一个小镇里。在一间被遗弃的屋子里，他发现两张不协调的肖像——一张是圣母和圣婴的彩色石画，另一张是毛泽东的肖像。刚出镇子，他遇上一名押送着两个战俘的韩国士兵。韩国兵误以为格罗斯是美军军官，就急忙把战俘移交给他后跑开了。两个战俘是北朝鲜人，穿着肮脏的棉制服。一个好像手臂负了伤，另一个还在流血，他的手指甲掀了起来，只连着一点儿皮。

格罗斯从枪套里掏出45毫米手枪，这是他第一次干这种事。他像一个单独作战的突击队员，押着战俘向后方走。他突然发现他押着三个战俘，不止两个了。第三个是个面目冷酷、赤着脚衣着破烂的中国兵。他是从哪儿加进来的？显然他一直躲着，后来才决定做格罗斯的俘虏，因为这个美术家个子不大，看起来也不那么军人气。

看着首批部队渡过汉江后，李奇微在江边他的指挥部同第25师师长会合。有消息说麦克阿瑟将于上午晚些时候抵达水原。早都料到会如此，李奇微乘了一架轻型飞机去迎接将军。刚一飞上天，李奇微就告诉驾驶员林奇飞越汉江，他想亲眼目睹这次行动。看到河滩有一片干燥的、铺满砾石的着陆地，林奇把飞机停下来。麦克阿瑟走在先头部队第25师官兵中间。一切进展顺利，李奇微他们朝水原飞去。

在水原，李奇微见到了麦克阿瑟。麦克阿瑟说："如果此次行动达到预期目的，你就可以用你的部队干一切能干之事了。"

李奇微承认他在日前举行的记者招待会上谈起有关"撕裂者行动"的事。他机敏地补充说，他告诉记者们在他以往的经历中，从未得到过上司如此多的大力支持。这似乎是讨好麦克阿瑟。"不要受他们的任何影响，"麦克阿瑟又说，"马修，任何时候，只要你认为对的你就做，不要考虑我想要你怎么做。干吧，出了错，我百分之百地支持你。"

麦克阿瑟用几小时视察了骑兵第1师，回到水原后举行了一个记者招待会，他肯定料到这次招待会将在华盛顿引起轩然大波。他过分自信地说：有迹象表明，中国军队将在春季发动一场大规模攻势。"即使在目前受到限制的条件下，我们显然也可遏制住共军的攻势。他们休想凭武力把自己的意志强加于朝鲜。"敌人已经败了两次。"必须作出能给敌人以致命打击的决定——决定权要远远超出授予我作为军事指挥官的权限，决定权既不是纯政治性的，也不是纯军事性的；而是必须通过这些决定，把由于红色中国在朝鲜不宣而战导致未解决的、混乱不堪的难题提交到最大国际范围内寻求答案。”

拉瑟福德·鲍特和其他记者吃惊地感觉到此番话将会对第 8 集团军的士气产生影响。鲍特报道说，“实际上，他是在告诉部队他们将被推上死亡线，因为政府除了穷于应付根本没有对策。麦克阿瑟发表谈话的目的当然是针对远在朝鲜以外的读者。”

这些话不只意在华盛顿，而且也是讲给北京听的。麦克阿瑟对中国进行诋毁而具挑战性的言词出口时，恰值美国政府正试图把毛泽东拉到谈判桌边之时，艾奇逊大怒。当时华盛顿正与它的盟友讨论谈判问题，以图寻求某种解决办法。“从朝鲜刮出的这阵风，使每个人感到死亡的威胁，表明这位将军对盟国正与美国官方讨论的问题毫无同情心，并煽动美国舆论对其政府正在考虑的事情的敌对情绪。”

两天后，当“撕裂者行动”一直向北推进时，麦克阿瑟又发动了以使他获得更多行动自由的战役。当合众社的休·贝利问及以后的作战计划时，麦克阿瑟回答说：“这个问题更多地牵扯到超出军事指挥官职责的重大决定，这些决定绝不能忽视一场拖延的和没有什么结果的战役将会使盟军付出的惨重代价。”实际上，麦克阿瑟是在要求对中国全面开战。

3

在战争的狂飙席卷一条 50 英里的前线时，在麦克阿瑟的公共卫生军官、陆军准将克罗福德·F. 萨姆斯的东京办公室里，正在发生一件将使人震惊的事情。几个星期前，一名深入到东海岸元山附近敌人阵地后方的特工通过电台报告说，敌军正染上一种疾病，其症状是发高烧、腰痛、头痛、大面积疮肿。萨姆斯将军担心这是一种没见过的满洲地方性流行病。要是中国人带来这种瘟疫，就会把没有进行免疫的联合国军消灭。萨姆斯向麦克阿瑟报告说，这种瘟疫可以像流感一样通过呼吸道迅速地、大范围地扩散。黑死病（鼠疫）死亡率几乎百分之百，这种疾病是黑死病的一种后期症状，此事和任何军事行动一样重大。

萨姆斯详细查询了战场上所有医务人员，发现没有人熟悉这种瘟疫，而在北朝鲜也没有任何卫生方面的谍报人员。48 岁的萨姆斯决定自己亲自去一下这个地方，以确定是否真存在一种瘟疫。他在埃及时曾见到过这种流行病，因此对此病有所了解，此外他熟悉元山地形。他求助于在特别行动部队和海军中的朋友，把他一个人或一小队人带到海岸，以期给麦克阿瑟一个明确的答案。

这一行动全部由海军中尉尤金·克拉克筹划，他曾在仁川搞过两星期的间谍活动，对元山一带也很熟悉。这次行动对克拉克而言简直是轻车熟路。他并未感到有多少困难，只是确实担心被染上这种瘟疫。

“别着急，中尉，”萨姆斯说，“我会给你和其他人注射疫苗的，但你应知道要分阶段打，共打三针，可是我们没时间了。”

“好吧，你就碰运气吧，我也听天由命了。”

克拉克考虑到北朝鲜人也许会有萨姆斯的照片，于是机敏地提醒他最好刮去胡子假扮成外科医生。萨姆斯高兴地接受了他的建议，他不想成为另一个迪安将军。

他们跟尹钟（音译）一起向釜山进发。尹钟是一个韩国小伙子，曾跟克拉克在仁川搞活动。萨姆斯此番行动对他的手下保密，说是去第 8 集团军进行例行访问。他们在釜山登上一艘防疫船 LGIL 1091 号，船上配有必要的实验室设备，用于化验化脓的疮伤和血样。

3 月 8 日早上，船开往元山，次日中午抵达港外约定地点，然后被护送通过布雷水道。萨姆斯的小分队首先去了附近的丽岛，他们从当地居民那里打听到，中国军队中许多人得了伤寒和天花。一名韩国海军陆战队军官已经分别派了两组特工人员上岸摸情况，但是 22 名特工无一返回。由于中国军队已进入这一地区，韩国人不愿冒险再派一组人马。

3 月 10 日，小分队返回丽岛向其他特工人员和难民进行了调查。他们报告说，元山一带大面积传播的疾病主要是天花和伤寒。克拉克了解到，空投的 6 名韩国特工已在沿海着陆，除一人外都被北朝鲜或中共的人抓获。最初报告瘟疫病症的那名特工现在已在据说中国军队大量患病的山区的西南 20 英里处了。大浦里附近的一家野战医院据说同时接收了 1500 位重病号。

3 月 12 日，由于决定不再使用笨重的装有实验室的船只，小分队登上一艘由卡尔森中校指挥的美国驱逐舰“华莱士·L. 林德”号。“林德”号的任务是炮轰沿海所能发现的目标，它一直向南行进到大浦里附近海面。天黑了，大海喧闹起来。船长说这时乘橡皮艇登陆太危险。克拉克和萨姆斯商量了一下，除推迟行动等待时机外别无选择。“林德”号起锚计划向元山返航。次日下午 5 时，大海平静多了，小分队又登上“林德”号向大浦里进发。抵达大浦里后不久，他们换乘“林德”号上的救生艇，一名海军记者带着相机急忙跳到艇上。在离岸几百码的地方，小分队改乘充气筏。那个记者也想上去，被克拉克阻止了。看起来很滑稽：他们三人一组乘充气筏向海岸划去，充气筏由救生艇用一根长绳子连着，船上的雷达一直跟踪，以便把他们很快拉回来。

登上一片黑漆漆的海岸后，迎接他们的是令人恐惧的景象。一英里以外是被雪覆盖着的高大险峻的群山。前面有几辆卡车闪着车灯，顺着岸边的公路向南行驶。突然，美军飞机投下照明弹，飞行员们不知道他们这样干危害了一次秘密行动。炸弹爆炸了，几辆卡车被火舌吞没。飞机开始扫射这支车队。克拉克和萨姆斯意识到幸存者将会散开来，这一地区很快将布满巡逻兵，但二人都决定继续向约定地点进发。在岸上的联络员用步话机警告说，他们正接近雷区，应该再向南运动。这时他们的作战服已被冰冷的浪头打得湿透了。他们没戴徽章，但都拿着手枪和手榴弹。萨姆斯还带着一些试管、注射器和装着吗啡的可折叠的皮下注射器。这样做有双重目的。“首先，”萨姆斯回忆道，“通过静脉注射吗啡迅速使病人进入昏迷状态，这样我们可以把病人弄出来抬上船。在他平静的情况下，我们可以进行化验诊断；吗啡注射器的另一个目的更玄乎一点，即我们已商定，一旦落在共军手中下场不会好，还不如早些结束生命。”

经过大约 20 分钟的英勇搏击，他们安全到达目的地，迎接他们的联络员是一位讲英语的美国中央情报局的韩国特工人员高先生。高带他们通过雷区，说这一地区挨炮轰是常事，附近只有一些中国公安部队。“我们过于担心了。”克拉克自嘲地说。在一片较偏僻的海岸附近，他们从一个伪装的洞口进入狭窄的通道，通道一直通向一个大山洞，高躲开了。克拉克和尹动身去找报告上所说的附近村子里的医院。他们试图抢出一个病人并把他带到山洞里来——抢不来活的，死的也行。与此同时，萨姆斯将向两名曾仔细观察过这种可疑瘟疫病人的特工人员询问情况。这位将军慢慢爬下通道，手扣着手枪扳机，因为他知道他可能正在进入他自己的坟墓。

在萨姆斯询问特工人员的同时，克拉克和尹小心地找到了看来已饱经炮轰已无人居住的村子。三个中国士兵懒洋洋地倚在上面搭着粗帆布的断壁残墙上。他们背着枪但很松懈，以至克拉克误以为他们是医院里的服务员。他闪身进去，看见两个病号躺在帆布床上。问题是得干掉三个守门的。克拉克悄悄地命令尹去吸引他们。不一会儿出了一阵声响，两名士兵跑去看，克拉克蹑手蹑脚走到第三名士兵背后，一刀刺死了他。第二名卫兵跑向医院，被克拉克用刀刺死。又一个中国兵从树丛里冲出来，被尹割断喉咙。他们把这三具尸体拖进树丛，尔后冲进房子里看看里边有什么。克拉克希望发现一名死了的中国病号给萨姆斯带回去，但两个病号都活着。克拉克决定先向萨姆斯报告再杀死他们。也许没这个必要。

克拉克爬回山洞时，萨姆斯已询问完毕并得出了满意的结论：这种病不是瘟疫。萨姆斯简洁地跟克拉克说，这些特工人员已仔细观察了这种可疑病例。脸上、腿上、胳臂上和身上发疹子，除了出血的天花不会是别的病。“没有任何身体感染或患横痃性（鼠疫）或败血症之类瘟疫的证据。没有呼吸方面的病症。”萨姆斯总结道，造成混乱的原因主要是出现了“黑”，使北朝鲜医生误以为是瘟疫，因为朝语中的“瘟疫”意即“黑死病”（鼠疫），而且这些医生从未见过一例瘟疫。

过了一会儿，萨姆斯小分队又返回橡皮艇。克拉克猛拉系在救生艇上的绳子，便被马上拖回救生艇。他们一登上驱逐舰，卡尔森上校就让他们每人喝了一口“药用”白兰地，克拉克指指他们冰冷湿透的鞋和衣服。萨姆斯给麦克阿瑟发了一封电报，说他们对于瘟疫的恐惧已烟消云散。不幸的是，公共关系部门把这一事件泄露给了新闻界。也许是克拉克拒绝带上岸的那个海军记者已经完全得知此消息。合众社头条新闻是：“美国将军冒生命危险深入敌后调查致命的传染病”。这就是中国人认为美国正在进行细菌战的证据，结果后来使许多战俘遭受了不幸。克拉克和尹暗暗庆幸，他们可以逃过注射另外两种防疫针了。

4

3 月 15 日，“撕裂者行动”正在按计划进行。11 个师——美国 6 个、韩国 5 个——在遇到较弱抵抗的情况下横扫半岛。对于某些人来说，进展相当缓慢，只前进了 1 ~ 2 英里，可李奇微只要求在前进中肩并肩，各部队之间不留空隙。

李奇微惊讶地获悉麦克阿瑟将再次来朝鲜，要在 17 日上午抵达水原。李奇微迎接了他，在前往原州的短暂飞行中，他们讨论了苏联参战的可能性。据美国联邦调查局、蒋介石及英国驻莫斯科使馆随员报告，苏联可能不久将加入中国和北朝鲜的一次重大进攻。李奇微说他已有所准备，一旦受到沉重压力，就马上撤退到釜山附近原来的“戴维森线”。

访问期间，麦克阿瑟并未显露出他日益增长的不满情绪，但四天后当看了参谋长联席会议发来的联合国正准备讨论解决朝鲜问题的条件的电报时，他的情绪一下子爆发出来。“联合国强烈认为军队在向三八线以北进行任何推进之前，应做进一步的外交努力，以寻求解决的办法。采取外交行动和同意进行新的谈判需要时间。国务院认识到三八线没有任何军事意义，已询问参谋长联席会议，今后几周，为了给联合国军提供安全并同敌人保持接触，你需要有什么样的自由行动的权力。请你提出建议。”

麦克阿瑟不明白要他建议些什么。华盛顿了解他关于如何结束战争的意见。他拒绝讨论如何收回他当初发出的美国要恢复朝鲜正当权力的誓言。他不得不重申一件事：他的行动自由受到太多限制。他回复了一份急电，要求“不要再对在朝鲜的联合国军指挥官强加更多的军事限制了”。

他指示李奇微，没有他的授权不要越过三八线。“如果新闻界硬要你谈这些问题，”麦克阿瑟补充道，“不要直接回答，就说事情由我决定。”

李奇微从开始构思“撕裂者行动”之时起，就把注意力放在一个重要目标——春川城。占据这一公路枢纽将会一箭三雕：迫使敌人通过拥挤的小路为部队提供补给；给联合国军一个补给通道以支持将在朝鲜中部展开的行动；从侧翼包围集中在汉城的敌军。尽管如此，第 9 军和第

10 军还是遇到顽强抵抗。为减轻压力，李奇微决定调用由弗兰克·鲍温准将指挥的第 187 空降团战斗队。他计划将其空投在春川正北，由骑兵第 1 师配合。“鹰行动”将在 3 月 20 日开始实施。

到 19 日中午，伞兵部队和运输机已聚集在大邱。一清早，骑兵第 1 师就开始了一系列渗透活动以夺取发动攻势的有利地形。尔后，奇怪的事情发生了，除了公路上埋设的地雷外，没有遇到任何抵抗。李奇微刚回到指挥所就收到了推进过程中没遇到抵抗的消息。他和迈克·林奇急忙返回狭小的临时机场，五分钟内上了飞机。马科斯·沙利文上尉和李奇微的高级助手陆军准将小瓦尔特·威顿紧随其后上了第二架飞机。两架飞机向春川飞去。

快到这个镇时，李奇微看到骑兵第 1 师的一个装甲纵队正从南边 10 英里处向这个山谷开进。李奇微感到又惊奇又得意，现在他面临着一个关键的决断。春川已被选为空降攻击和装甲部队联合行动的军事目标，能守住这个镇则继续按计划空投，守不住则取消计划。

李奇微和林奇开始在镇外小范围内低空盘旋。沙利文和威顿在高空尾随。下面没有动静。李奇微的飞机持续下降，直到林奇都能看清房子了，还是没有动静。时间飞逝，必须作出决定了。这时，骑兵第 1 师已在几英里之外了。

“你认为我们可以进去吗?”李奇微问道。

在 12 月那些令人激动的日子里，春川被围困，林奇曾驾驶一架饱经战火的 L－5 战斗机到过这个镇子；现在他驾驶着威力更大且更灵敏的 L－19飞机。林奇考虑了各种情况后回答道：“可以，先生。我认为行，不过得加点小心。”

李奇微让他告知另一架飞机他们要着陆了。

“老头子想进去。”林奇用无线电通知沙利文。

“别冒险！我们还没占领这个镇!”回答说。

“我们必须进去，沙利，”林奇说，“骑兵师就要来了，守不住这个镇，我们就得取消空降。”这将是一场真正的挑战。他们降到电线以下，擦着边儿滑行躲过一座石桥，接着马上降得更低以避开更多的电线，最后在通往火车站的一条又脏又窄的公路上着陆。

“你们发疯了。”威顿说。

林奇在电线下扫视着，飞机在桥上陡直上升，跟着又及时地在另一片电线下降下来，尖叫着奔向火车站前。林奇看了看，四周除了他们没别人。他打开门，递给李奇微一支卡宾枪。

“掩护我，”林奇说，带着卡宾枪跑向最近的一所房子。一阵声响从地下室传出来，林奇警觉地朝门道瞄准。一个满脸笑嘻嘻的小男孩儿走了出来，十几个当地人跟着出来了。林奇和将军开始朝大街走去，更多的当地人从各个房子里出来。他们两人检查了桥是否有爆炸物，没发现有危险物，也没有中国人。一辆骑兵侦察吉普车后面跟着不下两辆吉普车和一辆装甲车到了。后到的这些部队惊奇地发现，迎接他们的是第 8 集团军司令和他的飞行员。最后，一辆坦克隆隆地驶进来，从里面走下骑兵第 1 师师长查里斯·D. 帕尔默准将，他接替的是盖伊的职务，在西点军校时就认识李奇微。

帕尔默的第一项任务是配合空降团大约 3000 人的战斗队降落。可他发现由林奇和李奇微两人组成的部队已占领了这个镇子。李奇微告诉帕尔默要抓住时机继续向春川以北推进。李奇微希望获取尽可能多的地带，同时，他考虑一回到指挥部就发布继续行动的命令。

林奇让骑兵师离开公路，他们得马上起飞。他明白飞出去要更加小心。他们必须顺下坡、下风向起飞。当林奇他们费劲地调转飞机时，李奇微并未感到焦急。飞机刚离开地面，他们就跟沙利文和威顿一起往指挥部飞去。

“你和老头子真可谓死里逃生，”沙利文说着，把飞机平飞在几千英尺外林奇的飞机边上。威顿插进来说，“我敢打赌将军准发抖了。”迈克转过身看着李奇微，他正平静地研究地图，寻找第 187 团新的降落地点，现在春川已攻破了。

回到骊州的指挥部后，李奇微取消了原计划在春川的空降行动；敌人退得太快了。他把行动名称改为“战斧”，时间定在 3 月 23 日。新的空降地点选在汶山更北的地方。李奇微打算像在诺曼底那样参加空降，但又断定这样做是犯傻，万一摔断脚踝将会使他不得不放弃第 8 集团军的指挥权，而迈克·林奇会驾机让他从高空亲眼目睹这次行动的。

李奇微在 3 月 23 日早晨被麦克阿瑟授权他越过三八线的命令唤醒。一个惊人的转变！“完全同意你在电报中提出的本阶段进攻计划，”麦克阿瑟继续说，“不要发表任何讲话，让事实成为独家新闻。本阶段进攻行动之后的下一步行动，将由你根据我以前给你的电报来决定。星期六在汉城机场见。”

听到第187团已于下午7时30分空降后，李奇微和林奇就从骊州的小型机场起飞了，一直飞往汉城以北第1军与空降部队的会合处。就在他们到达一瞬间，打头的两辆美军坦克触了雷。纵队停了下来。尽管急于抵达汶山，但李奇微知道他承受不起拖延合拢空隙的后果。他们降到树梢高度在报废的坦克上面盘旋。当部队看到飞机上的星号标志和他们的司令时欢呼起来。李奇微明白他们会竭力去干的。“展示司令旗”后，林奇又在空中绕了一小圈，尔后飞向敌人防线后25英里处的汶山。这时离预定进攻时间还差一刻钟。

这次行动包括村北和村南两个空降区。第2和第3营以及第2和第4别动连在北边空降，第1营在南边空降。李奇微和林奇首先奔北部的空降点飞去，导航飞机也飞了过来。林奇核对着放在膝上的作战方案。3分钟后将有3组飞机到达。第2和第3营着陆时，林奇把飞机保持在上方。李奇微建议再飞低点儿以便看清部队的整个行动。飞机降到500英尺高度，迈克知道下一步要干什么了。不一会儿，一个声音从后座问，“我们能着陆吗?”

威顿上校和沙利文乘第2架飞机在几英里后面跟着。迈克提醒沙利文他正准备着陆。“别这么干，”威顿插嘴说。“告诉老头子，”林奇说，“我要让他来定。”鸦雀无声，尔后又说，“没关系，行了!”

迈克对准一条看上去足够长的公路，俯冲下去看了一遍。到处都是伞兵，李奇微挥手让他们让出道，他们没有挪动。林奇又飞了一次。李奇微回忆道，“我们又试了一次，挥动手臂用能想出来的各种语言诅咒他们，他们这才稍微向后动了动。”

接着出事了！第1营的领航飞机在南边空降失败了。第二批找不到降落地点的飞机向北边飞来。这时李奇微和林奇正在100英尺以下的高度，突然间他们的上空满是伞兵。林奇无处可走。

“抓紧，将军，”林奇喊道，“我们必须得着陆了!”

对准降落点边上的一条大堤后，迈克放下阻力板来了个急转弯。绕了一圈，他第一次看清了。这条大堤不足300英尺长，比飞机起落架宽不了多少，两边倾斜达 8 英尺，尽头上有一辆正在燃烧的坦克。他打开所有的阻力板，试图斜着着陆，但尾轮撞裂了附近一端的一个棚子，飞机摇摇晃晃地向前冲，靠近了大堤。他们在空中又试了一次。“上帝，保祐我再次降到大堤上吧！”林奇默念。他们着陆了。迈克全力刹闸，飞机在离报废的坦克 10 英尺处停住了。

飞机立即引来了轻武器的射击。“你先下去！”林奇说，“我来弄飞机。”

李奇微走下大堤，像个谨慎的老兵，紧盯着一条阴沟。他看到 5 个中国兵都死了，头上的伤口还在冒血。敌人的迫击炮开始向这里开火，李奇微朝公路走去。他听到了斜坡上 M－1 步枪的枪声，一个穿棉军服的中国兵从小山上滚下来悬在李奇微上面的河边上。他没有动，李奇微以为他死了。

将军走在队伍里，像是重访诺曼底。看见了第 187 团团长鲍温，他询问起第 1 营的情况。没人知道他们为什么被空投到这个主要地带。更糟的是，那架导航飞机里的亨利·威尔逊中校及其指挥小组成员都找不到了。

李奇微有些不安。他没有按计划切断敌人，而且又找不到空降部队中的老友威尔逊中校。他决定立刻离开此地，以便调集一个联合纵队向西搜索敌人。同时，他将尽力查明威尔逊出了什么事。

在倾斜的大堤上，林奇竭尽全力调转飞机以便起飞。他看见几个士兵，便向他们求援。敌人的机枪子弹从他身边滑过，他急忙跳到大堤那边的安全处。

“你们这帮家伙降错地方了，应该降在离这儿 10 英里的地方。”这是主要空降地域。“头儿降在这儿了，”林奇说，“如果不马上离开这儿，他就要完了。”他指向机枪火力眼。“我们必须冲过去，夺取机枪。”

林奇组织三小组士兵，建立了火力点，成功地向前冲击，最后扫除了机枪掩体。当林奇和几个士兵押着 4 名俘虏返回大堤时，其中一个士兵惊叫：“上帝！那不是李奇微将军吗！”

林奇说：“嘘，操蛋！我这儿有麻烦了。你们这伙人过来，帮我把飞机转过头去。”

李奇微直着身走着，好像子弹不敢打他。“迈克，”他抱怨着，“我们必须尽快离开这儿，可你还没把飞机掉过头来！”忙碌的驾驶员没空儿解释原因。

李奇微和林奇上了飞机后，迫击炮弹又落在大堤上。林奇及时地冲走了。炮火间隙，他关闭了风门，飞机隆隆地驶往大堤，在炸弹落在他们后面一刹那起飞了。

晚饭后，李奇微收到一份空降行动结果的报告。威尔逊及其指挥部人员已降落在南部地带，他们一着陆就被敌人的火力压制住了。这小队人马阻挡了一支敌军，直到被装甲纵队救走。

将军还获悉在大堤附近抓获了 8 名俘虏，其中 4 名是他自己的飞行员抓住的。他转向林奇问：“为什么不告诉我？”

“没空儿。”

第二天上午 11 点，麦克阿瑟如约抵达金浦机场。李奇微亲送麦克阿瑟乘吉普车到汉城正北的永登浦。罗伯特·索尔少将指挥的美军第 3 师正在那里作战。

麦克阿瑟访问期间，李奇微计划好了他要到达的战线，“服从战术情况，按照第 8 集团军的既定基本目标行动”。麦克阿瑟已通过无线电重申了他的肯定意见。难道将军对苏联想介入这场战争的估计发生了变化？没有，麦克阿瑟说。苏联是否决定参战乃取决于其对国际形势的实际分析。但中国的全面溃败有可能会把他们拉进战争。

“那将是俄国的末日。”李奇微说。

“那将是它的末日。”麦克阿瑟重复道。

就在麦克阿瑟于下午 2 时 40 分离开金浦时，东京正在发布他的公告，其中包括了他所有的抱怨和愤慨。尽管看上去措辞文雅，但它又是一枚炸弹。麦克阿瑟蔑视总统给他的把军事和外交政策混在一起的命令。“现在我们已基本清除了南朝鲜有组织的共产党军队”，他说赤色中国缺乏进行现代战争的工业能力，其军事上的弱点已暴露无遗。“因此敌人现在一定痛苦地明白，联合国军如果决定不再把战争局限于朝鲜境内，把军事行动扩大到中国沿海和内地的基地，就会使中国面临军事上崩溃的危险。”朝鲜和朝鲜人民，他继续说，将不再是牺牲品。根本问题仍是政治性的，必须在外交范围内寻求答案。

华盛顿于 3 月 23 日晚间 10 时收到了这份公告。一个小时后，一群高级政府官员聚集在艾奇逊在乔奇顿家里的起居室里。大家一致同意，必须甩掉麦克阿瑟了。他的电文是企图直接恫吓北京。它嘲弄了志愿军战士，并威胁敌人：除非投降，否则将被消灭。

“上帝欲让谁灭亡，必先使其疯狂。”艾奇逊说。有人建议给杜鲁门打电话，但国务卿说他们应该先回家休息，把问题留待第二天解决。

次日早上，杜鲁门对麦克阿瑟向宪法赋予他的作为总统和三军总司令发出的命令提出公开挑战感到震怒。将军的公告不仅对总统是个挑战，而且也影响到联合国的政策。麦克阿瑟这一行动使杜鲁门别无选择：“再也不能容忍他的桀骜不驯了。”

但杜鲁门还在犹豫。4 月 5 日发生的一件事使他再也不能忍受了。那天，少数党领袖乔·马丁在众议院宣读了麦克阿瑟给他的信，说将军同意马丁的建议，即在一场对中国的入侵中使用蒋介石的国民党军队。“看来让某些人认识到这一点相当困难，”麦克阿瑟继续道，“亚洲的这一地区已被共产主义阴谋家们选为征服全球的试验场所，我们已经卷入战场上提出的问题。我们在这里为欧洲真枪真刀地干，而那里的外交家们却还在没完没了地打嘴仗。一旦在亚洲败给共产主义，欧洲的陷落将是不可避免的。如果赢得了这场战争，欧洲就最有可能避免战争并能维护自由。正如你所指出的，我们必须赢。没有什么能代替胜利。”

这封信终于坚定了杜鲁门的决定：麦克阿瑟必须滚蛋。

第八部

“这次战斗是联合行动”

第 30 章　“珍妮，我们终于要回家啦！”

（4 月 6～25 日）

1

第二天，4 月 6 日星期五，杜鲁门把马歇尔、布雷德利、艾奇逊和哈里曼（柯林斯不在华盛顿）召集到白宫，开会讨论有关麦克阿瑟的问题。杜鲁门没显露出已作出解除将军职务决定的任何迹象，他首先询问与会者的意见。

“总统先生，”哈里曼说，“这个问题您去年 8 月就遇到了。你当时曾决定晚些时候再解决的。”

马歇尔告诫总统，要谨慎从事，特别是国会正在讨论军事拨款问题，解除麦克阿瑟的职务，很可能会对国会的讨论产生不利影响。布雷德利同意马歇尔的意见，他对麦克阿瑟是否“真的违反军规，做了不服从军令的事”深表怀疑。他建议慢慢来，希望“能有时间进行思考，并与参谋长们讨论这个问题”。

艾奇逊尽管认为应该解除麦克阿瑟的职务，但是他还是赞同布雷德利的意见。“如果解除麦克阿瑟的职务，”艾奇逊说，“您这届政府将面临一场恶战。”

杜鲁门说：“我再好好想一想。”

当天下午，4 位顾问聚在马歇尔的办公室讨论了两个小时。马歇尔建议给麦克阿瑟家打电话进行磋商，其他人坚决反对，马歇尔最后收回了他的建议。

那天晚上，杜鲁门的情绪仍然非常激动。“麦克阿瑟通过乔·马丁又投掷了一颗政治炸弹。”他在日记中写道：“这看上去像是让人不能忍受的最后一击了。我已决定，必须罢免我们这位驻远东的司令官大人。”

次日清晨8时50分，4位顾问又与总统会面。他们建议总统把采取行动的时间推迟到下个星期一，那时乔·柯林斯就回来了。杜鲁门不情愿地同意了他们的意见。但是过后不久，布雷德利便产生了疑虑：“作为总统和总司令，杜鲁门制定了进行朝鲜战争的政策。而麦克阿瑟对他进行公开的、对抗性的挑战，这不仅仅是一个谁对谁错的问题。”

当天下午，布雷德利召集参谋长全体会议。他通报了总统正考虑解除麦克阿瑟职务的情况，并请大家发表意见。与会者虽然不太情愿，但还是一致赞同，认为应该解除麦克阿瑟的职务。当天下午4时，一群表情悲痛而庄重的官员来到马歇尔办公室，向国防部长汇报讨论结果。作为一名当事人来讨论罢免一位杰出军官的职务，个中滋味并不好受。每个人都发表了意见。马歇尔直率地提示布雷德利，他第二天应向杜鲁门汇报参谋长联席会议所达成的一致意见。

星期一早晨，在总统与他的主要顾问们召开的会议上，布雷德利转达了参谋长联席会议的意见。曾认为应重新考虑处理办法的哈里曼和艾奇逊，这时也认为应该解除将军的职务。杜鲁门这时才泄露，早在几天前他就已作出决定，一定要罢免麦克阿瑟。那么谁来接替麦克阿瑟呢？

布雷德利说，他和柯林斯已经推荐李奇微为接替这一职务的当然人选。他们认为，詹姆斯·范佛里特将军应接任第8集团军司令。杜鲁门对这两个人选表示赞同。

就在人们对麦克阿瑟的命运作出决定时，后者正在向难得有一周休假的阿尔蒙德告别。将军看上去郁郁不乐。“我可能再也见不到你了。那么，再见吧，内德。我已陷入政治纷争之中，很有可能会被总统解职。”

阿尔蒙德这位麦克阿瑟的真正崇拜者不相信他说的话。“噢，麦克阿瑟将军，我认为那样做是荒谬的。我不信总统要采取那种极端的行动。”

次日下午3时，4位首席顾问又与总统会面。杜鲁门同意让当时待在朝鲜的陆军部长弗兰克·佩斯立即回到东京，当面向麦克阿瑟转达解职命令的建议。这样做，可以使得这位将军避免通过军方直接传达命令带来难堪。让穆乔大使转给佩斯的第8743号电报已经拟好并拍发出去。

不凑巧的是，《芝加哥论坛报》驻远东电台的一位记者给报社回电，说根据权威渠道得到的内幕消息，麦克阿瑟将要被解职。艾奇逊对《芝加哥论坛报》得到内幕消息一事不以为然，但总统的其他顾问们却对此事极为关注，担心麦克阿瑟会对杜鲁门进行反击，并提出辞职。他们决定立即向麦克阿瑟传达一项命令，同时决定于星期一凌晨 1 时召开前所未有的记者招待会。一份公告也匆忙拟好了：

> 我非常遗憾地得出结论，道格拉斯·麦克阿瑟将军在其职责范围内，已经不能全心全意地支持美国政府和联合国制定的政策。根据美国宪法赋予我的特殊责任和联合国赋予我的职责，我决定撤换远东司令官。因此，我宣布解除麦克阿瑟将军的指挥权，任命马修·B. 李奇微陆军中将接任。

不久，这一消息就通过新闻广播传到了东京。在东京，麦克阿瑟正在午餐上款待客人。大家正在安静地进餐，突然，麦克阿瑟夫人发现麦克阿瑟的助手西德尼·赫夫站在门口。她朝赫夫走过去。赫夫满眼含泪地告诉了她从收音机中听到的消息时。

麦克阿瑟夫人走回桌边，拍了拍丈夫的肩膀。她悄声告诉麦克阿瑟这一消息时，声音轻得连同桌就餐的人都听不到。一时间，麦克阿瑟的面孔呆滞了，他沉默片刻，然后抬起头望着妻子，她的一只手仍放在他肩上。“珍妮，”麦克阿瑟温柔地说，“珍妮，我们终于要回家啦!”

麦克阿瑟继续与来宾交谈着，仿佛未曾发生过任何事情。客人们离去后，他打电话给惠特尼:“考特，听到新闻了吗?”在惠特尼听来，麦克阿瑟好像是在谈论一场重要的足球赛。

“是的，将军，我马上就到。”在去使馆的路上，惠特尼费尽心机冥思苦想，一会儿他应该或能说些什么。他们一见面，惠特尼所能做的就是紧紧握着麦克阿瑟的手说:“将军，我可以肯定，结局会好的。”

但是，令惠特尼诧异的是，麦克阿瑟只想讨论自己离任后，惠特尼会面临什么局面。“为什么？将军，”惠特尼以略带怀疑的口吻打断麦克阿瑟，“我当初陪您来到日本，当然要陪着您离开日本啦。”

“但是，考特，”将军平静地回答道，“我积极服役这么些年，早已超过退休年限了，只需国防部的批准了。我可以肯定，如果我今晚提出退休申请，是不会遭到华府反对的。”

惠特尼对像秃鹫般聚集在一起的记者们说：“我刚从将军那里来，他庄重地接受了解职令……我认为，这是他一生中最光辉的时刻。”

美国驻日本大使威廉·西博尔德是在参加日本首相吉田茂举办的花园宴会时听到这一消息的。吉田茂把他叫到一旁问：“你能证实这条消息的真实性吗?”西博尔德说，他没得到任何官方的确认，但很可能回到办公室后会弄清真相。在得到进一步确认之后，西博尔德回到吉田茂官邸，在楼上的书房受到首相接见。日本首相这时已换上和服。西博尔德想，身为日本政府首脑的日本首相这样做，是为了给自己增添几分威严。

西博尔德说，他希望首相和他的内阁不会为抗议罢免麦克阿瑟而辞职——这位大使知道，这是日本人一贯的姿态，特别是考虑到吉田茂与麦克阿瑟关系密切，所以他才这样讲。吉田茂看得出大受震动，最后终于同意不辞职。

西博尔德来到第一大厦。麦克阿瑟将军面带礼节性的微笑接见了他。紧张加激动使得西博尔德说不出话来，泪水顺着面颊淌下。在沉默了难以忍受的片刻之后，大使艰难地说：“将军，在处理这类事情方面，你是一名远比我出色的战士。”

“没想到在陆军服役52年之后竟会受到这种公开的侮辱，”麦克阿瑟忧郁地答道。他又说，如果杜鲁门事先暗示要他辞职，他本来就会不加反对就退休了。在西博尔德看来，麦克阿瑟显然受到了深深的伤害，也可能是暂时被击败。“看着他，听着他讲话，是我所经历的最痛苦的一次会晤。”

西博尔德问将军是不是会让日本人支持李奇微并与他合作。当麦克阿瑟说他不会那样做时，西博尔德请求他重新考虑一下。“日本的现状，对您来说，毕竟是个不朽的功绩，我希望应尽一切努力保持这一功绩。”

麦克阿瑟没发表意见，但他又说，罢免他是华盛顿阴谋的一个组成部分，这个阴谋最终将瓦解美国在远东的地位。他否认曾有过不服从华盛顿命令的行为。

李奇微陪同陆军部长佩斯视察前线时，一位记者问他是不是可以向他表示祝贺了。李奇微困惑不解地说："我不明白你在说什么。"

当佩斯接到从华盛顿拍来的一份电报时，他也同样困惑不解：

> 别理会我拍去的第8743号电报。请通知马修·B. 李奇微将军，他现在是太平洋地区最高司令官了；麦克阿瑟中将（有误，应为上将——译者）被罢免了。请你去东京，以协助李奇微中将接任。
>
> 马歇尔

但是，佩斯从未收到过第8743号电报，原因是釜山的供电发生了故障。这种局面令人难堪。佩斯把李奇微叫到屋外，那时正下着冰雹。"李奇微将军，"佩斯说，"我的任务是告诉你，你现在就是太平洋地区总司令了；麦克阿瑟中将（有误，应为上将——译者）已被罢免。"

冰雹倾泻而下，砸在他们头上。"我不信，部长先生。"大吃一惊的李奇微最后说了这样一句。

大韩民国总参谋长钟日昆将军听到这一消息后，烦恼至极。他急忙赶到李承晚住地，泪水正从总统的面庞上淌下。"杜鲁门毁灭了我们的希望。"他抱怨说。钟日昆知道，总统指的是朝鲜的重新统一。总参谋长同意李承晚的一席话。

在北京，直到下午7时英国广播公司广播了这一新闻后，潘尼迦大使才知道发生了什么事情。麦克阿瑟不再是自认为可以蔑视任何人，而且做错了事可以不受惩罚的超级天皇了。"不可思议就是民主的力量所在，"他评论说，"一个指挥庞大军队、曾对一个大帝国行使过最高权力的最为孔武有力的大将军，竟因一纸命令而被解职，他别无选择，只好向上司投降，然后离任。"使潘尼迦惊奇的是，中国人对这件事丝毫不感兴趣。他们的报纸也没作任何评论。

在欧洲，人们正在为这一消息而欢庆。在伦敦，上、下议院里充满欢呼声。"麦克阿瑟被解职"，伦敦的《旗帜晚报》报道。法国报纸发表的社论也对此举表示赞同，评论说，同盟国不能屈服于“一个讲硬话的人”，一个像麦克阿瑟一样讲大话的人。但是，在仍旧把麦克阿瑟作为幕府时代的将军来崇拜的日本，人们心慌意乱。《朝日新闻》报道说，“我们感到好像失去了一位慈祥的、受人爱戴的父亲”。《每日新闻》说，“他的罢官，是自第二次世界大战结束以来最令人震惊的事件”。只有日本共产党人为此公开欢呼。“斯大林最伟大的预言——一切干涉者无疑将肯定遇到挫折——已成为现实。”

在美国，愤怒远胜于欢乐。每个普通市民都同情麦克阿瑟。E. J. 卡恩从朝鲜给《纽约人》周刊打来电报说，几乎在听到关于罢免麦克阿瑟消息的同时，一阵可怕的大风刮过他正访问的兵营。“几分钟后，一阵冰雹席卷了这片旷野。在冰雹过后几小时，暴风雪铺天盖地而来。由于前几周气候还如同春天一般，这种不合节气时令的现象引起一位士兵大发议论：‘哎呀，难道你认为他是真的上帝吗？’”

在收到大批严厉指责他的信件之后，杜鲁门随之犯了个错误。就在发生爆炸性事件的当天晚上，他通过电台向全国发表了讲话，全国都等着听他讲突然罢免麦克阿瑟的原因。由于听从了艾奇逊的建议，杜鲁门反而着重讲了政府的战争政策。“简言之，我们正在朝鲜做的，是努力防止第三次世界大战的爆发。”杜鲁门没完没了地讲，最后才提到他个人对不得不罢免麦克阿瑟一事深表遗憾。在布雷德利看来，那个讲话“完全是个失败”。杜鲁门没对罢免的原因作出特别解释，却选择了极玄虚、极枯燥无味的事情来讲，并且也未能把全国都动员起来拥护他。

李奇微和佩斯第二天下午便离开釜山，4 时 40 分到达东京。参加过突出部战役的战友多伊尔·希基将军把李奇微带到大使馆的图书馆，麦克阿瑟正在那里等候。希基受邀留下参加为时一小时的会议。希基回忆说：“他（指麦克阿瑟）依然如故——镇静自若，沉着温和，充满友善，并乐于帮助他的继任者”，“他几次暗示被匆匆解职一事，但语气中并未流露出丝毫的怨恨和愤怒。我认为，这件事对一名处在职业生涯顶峰的军人来说，是个毁灭性打击。但能如此镇静地接受打击，确是对这个伟大人物豁达性格的赞赏。”

麦克阿瑟确实告诉过他们，一位著名的内科医生曾告诉他，医生本人从总统的医生格雷厄姆那儿得知杜鲁门患了高血压，并为此病所困扰，受到迷惑感和思维混乱的症状的折磨。据大夫们说，杜鲁门只能再活半年。

麦克阿瑟还说，有人出30万美元，请他作50次能引起轩然大波的讲座。在回答李奇微的询问时，麦克阿瑟说，他认为在中国人和苏联人之间没有任何分裂的征兆，并且仍旧坚信，后者是不会突然发动一场世界大战的。他还说希望李奇微离开日本后将成为陆军参谋长，并且称李奇微在第8集团军的表现非常卓越。“如果让我选择接班人的话，我也会选择你的。”

李奇微在当晚的日记中写道：“他的思维总是那样敏捷。他那不屈不挠、一往无前的精神看上去并未减弱。”

在华盛顿，政府被遍及全国的敌对反应所震惊。在接下来的一次内阁会议上，杜鲁门要艾奇逊讲讲对过去几天发生的事情的看法。这位有尊严的国务卿说，可以用一个故事，一个发生在军营边一个家中有位漂亮姑娘的故事来做一概括。“这位妻子一直在为他们的女儿所面临的危险担心。一天下午，丈夫发现妻子眼睛红肿，坐在门口的台阶上哭。妻子告诉他最坏的事情发生了：女儿怀孕了！他边擦着眉毛边说：‘感谢上帝，事情总算完了。’”

除了要求弹劾“白宫中把我们顺流出卖给左翼分子的犹大”的呼声外，绝大多数有影响的报刊都认为，总统这么做没有错。《华盛顿邮报》、《纽约先驱论坛报》和《纽约时报》赞同杜鲁门的做法，尽管认为罢免一事处理得不够得体。《基督教科学箴言报》发表社论说：让麦克阿瑟“听从指挥、辞职或把他解职都是必要的”。《商业周刊》认为，要求弹劾的提法是不负责任的，但是指出，总统打算在朝鲜滞留下去并像密考伯*那样希望什么事情会突然发生的做法，是与我们的民族经历不相容的……和这位将军打交道不是件容易事。但是，政府没有在几个月

* 密考伯是英国作家狄更斯的小说《大卫·科波菲尔》中的一个人物。此人庸碌无能却又总指望时来运转。——译者

前就制定出一项政策的做法，也是不可思议的。为什么不直接把麦克阿瑟召回国，与参谋长联席会议进行磋商？

麦考密克、赫斯特、鲁斯、斯克里普斯－霍华德这类保守派出版商们支持麦克阿瑟，攻击杜鲁门。

2

与麦克阿瑟会面之后，李奇微回到朝鲜检查刚刚制订的作战计划，即“无畏行动”。虽说这一作战计划执行得比较缓慢，但与他的其他作战计划一样，进展顺利，准确无误。中国人正在撤回铁三角地区，这是一个环绕铁原、金化和平康的重要交通运输地。李奇微于4月13日下午5时告诉军长们，第二天范佛里特将军将来接任第8集团军司令。

14日中午过后不久，范佛里特到达大邱。李奇微会见了他，并举行了正式的指挥权交接仪式。李奇微私下告诉范佛里特：“如果你对形势有充分的把握，请在把兵力运过‘犹他线’之前告诉我一下。”“犹他线”是指北部的第二道防线。

新闻记者们喜欢范佛里特这位宽宏大度、富有威严的人物。《时代》周刊形容他是“一个强健的军人和第一流的指挥官”。记者波茨报道说，李奇微和范佛里特两个人迥然不同。“李奇微是一位温文尔雅而又精干的陆军元帅，命中注定要高升。范佛里特则低一档次。他性情温和，不装腔作势，强悍，但不是一个能扭转乾坤之人。”

在范佛里特上西点军校时，学校的年鉴形容他是“一个粗鲁、坦率的人，不善交际。他在报刊和书籍的世界中找到了欢乐，并且常去体育馆锻炼身体。也许正是这种寡言少语的态度使我们中的一些人不能如愿地了解他”。在第一次世界大战时，他是机枪营的一名指挥官，战绩辉煌，佩戴步兵勋章是再合适不过的了，而很多士兵却喜欢佩戴其他种类的勋章。波茨认为，在与士兵、地图和战略问题打交道时，范佛里特会很得心应手——他就像一位冷静、机警的足球教练，足智多谋。

那天晚上，李奇微飞回东京，在帝国饭店住下。他在那儿见了西博尔德大使，并同他一起起草了就职声明。在最后定稿前，李奇微删掉了

"以应有的谦卑态度"那句话。"我在上帝面前是谦卑的。但在这个职位或其他任何职位面前就不会那样谦卑了",他说。

4月15日那天,是为麦克阿瑟离任作准备。西博尔德早上5时就起床了,为的是能赶在麦克阿瑟到羽田机场前2小时到达那里。通往机场的路上布满了美军和东京市及郊区的警察。成千上万的日本人颇有耐心地等待着他们称之为麦帅(字面意思是麦克阿瑟元帅)的人。道路两旁的高楼上装饰着五彩旗和标语。最值得美国人评论的一条标语横挂在一座高楼的顶层,意思是希望麦克阿瑟当选下届总统:"祝您在未来的大选中走运。"

早上6时28分,车队离开大使馆。尽管时间很早,但从市区到机场12英里长的路上,还是密密麻麻地站满了日本人。很明显,大批群众对麦克阿瑟非常崇敬,而他们从来没有这样对待过其他外国人。他们挥动着小小的美国国旗和日本国旗,一些人大喊着"再见!"另一些人举起"我们爱您,麦克阿瑟"和"我们非常感激将军"的横幅。

在羽田机场,李奇微和多伊尔·希基正式欢迎麦克阿瑟。当珍妮·麦克阿瑟微笑着向占领军军官的夫人们走去时,她的丈夫检阅了仪仗队,麦克阿瑟同仪仗队指挥官握手,结束了这一简短的礼仪式检阅。然后他面带微笑,快步走向高级军官们,同他们一一握手,对每个军官都深切地看了一眼,对其中很多人还私下寒暄几句。西博尔德被这一情景所感动。很多妇女当众抽泣起来,曾同麦克阿瑟共同作战的汉子们也强忍住泪水。

陪同麦克阿瑟返回美国的几位工作人员登上飞机,这批人中最后一个上飞机的是一位中国保姆,她陪伴着小麦克阿瑟。麦克阿瑟夫人最后终于从她那些痛哭流涕的朋友中挣脱出来,将军搀扶着她走上飞机舷梯。他们走到舷梯顶端时转过身来,在19响礼炮隆鸣声中最后挥手告别,然后走进机舱,飞机开始滑行。"不一会儿,飞机就起飞了,"西博尔德回忆说,"军官们和他们的夫人慢慢散去,旗子也收起来了。部队解散了——一天的正常工作开始了。"

李奇微在第一大厦里召开了他上任后的第一次工作会议。西博尔德感到李奇微讲起话来坚定有力、简明扼要并且具有说服力。"从这一点来看,与会者中没人怀疑谁是占领军的首领。在我看来,这个开端是令人难忘的。”

麦克阿瑟回国的场面十分隆重，任何一位美国英雄都没经历过。在旧金山，他受到大批群众的狂热欢迎。由于沿路欢迎的人多达50万，因而从机场到麦克阿瑟下榻的饭店走了两个小时。两天以后，也就是19日，麦克阿瑟在雷鸣般的掌声中走进华盛顿的众议院。在为时37分钟、由电视转播的讲演中，他讲了自己的一生。他的举止、雄辩的口才和情绪使约2000万电视观众大为着迷。在很短的时间里，他坚定有力、绘声绘色、令人信服地扼要介绍了他的政策。他说：“有人宣称，我们没有足够的能力同时保护欧洲和亚洲，还说我们不能分散自己的力量。我想象不出还有什么能比这样表示失败更妙的说法了。共产主义的威胁是全球性的。它在一个地区的成功，就构成对其他地区的毁灭。你在亚洲对共产主义绥靖或投降的同时，也只能削弱我们为防止共产主义在欧洲蔓延所做的努力。”

麦克阿瑟拒绝接受关于他是战争贩子的指控。“超出真理一步，就是谬误。”但美国人是被迫参战朝鲜的，除了迅速地结束这场战争，别无其他选择。“在战争中，没有胜利的代名词。某些人以各种各样的理由对赤色中国绥靖。”他们对历史的教训视而不见。绥靖永远只能导致虚假和平。然后，他称赞了韩国人。“他们假作出了选择，宁肯去死，也不作奴隶。他们对我讲的最后一句话是：‘不要匆忙地放弃太平洋。’”

他的听众们永远不会忘记他在结束时讲的几句话。“自从我在西点军校宣誓以来，世界几经翻天覆地的变化，希望和梦想从那时起早就破灭了。但我仍记得当时军营中最流行的一首歌曲，歌中非常自豪地唱道：老兵决不会死去，只会悄然逝去。”

“我，一个在上帝的神明指引下，力图尽职尽责的老兵，像那首歌中的老兵一样，现在结束了军人生涯，开始悄然逝去。再见！”

他向夫人招手致意，然后走进人群。每个人都想和他握一下手。“我们今天在这儿听到上帝讲话了！”众议员杜威·肖特高声喊着。几乎所有收听广播的人和电视观众都被麦克阿瑟的讲话所感动。全国各地报社的电话铃响个不停，打电话的人要求“同那个破产的服装零售商（指杜鲁门——译者）”和“叛卖的”国务院“对着干”。白宫的电话也忙个不停，大多都是一顿臭骂。

全国都轰动入迷了。第二天，当麦克阿瑟驱车穿过纽约市区长达 19 英里的游行队伍时，2852 吨五彩纸屑、彩带和其他纸片雨点般地落在他身上，规模大大超过欢迎林德伯格和霍德华·休斯时的游行纪录。据纽约警察估计，欢迎群众是有史以来为数最多的——750 万人。毫无疑问麦克阿瑟当时是美国最受欢迎的人。但是，有头脑的观察家怀疑，当参议院举行的远东军事形势听证会闭会时，当公布解除麦克阿瑟职务的真相时，麦克阿瑟是否还会受到如此热烈的欢迎。听证会将在 5 月初召开。

3

就在范佛里特到达朝鲜之前，李奇微明确地告诉高级将领们，尽管他对他们的新指挥官充满信心，但还是打算把范佛里特牢牢地控制住。中国共产党人随时都可能大举进攻。他们必须遵照计划，做好撤退准备。

范佛里特听了李奇微和第 8 集团军军官简要的情况介绍后，确信中国人“已准备就绪，要发动开战以来最大的进攻”。4 月 16 日清晨，当第 8 集团军的战线出现令人不安的平静时，设在大邱的范佛里特的司令部内，气氛更加紧张。后来传来更确切的消息。第 8 集团军的进攻“实际上并没有遭到抵抗”。赤色中国的部队撤退了，原因不明。尽管如此，范佛里特还是担心敌人将发动进攻。他命令自己的部队小心翼翼地向前推进了 3 天，然后在 4 月 19 日那天，下令停止前进 48 小时，以防备在下几个目标遭到夹击。

在日本，李奇微不仅关注着中国军队将要发动的进攻，而且还关注着日本的防卫问题，以防万一苏联入侵。他给参谋长联席会议拍了电报，要求一旦中国军队发动重大进攻，允许他：“（1）根据我的意见，让联合国军队撤出朝鲜；（2）用重新部署的联合国军队保卫远东战区。”4 月 19 日，参谋长联席会议回电，原则上同意李奇微的意见，但并未授予李奇微所要求的权力。“只有在你接到命令时”，才能开始撤军。

21 日清晨，李奇微飞往朝鲜，观看范佛里特发动的双重进攻：一个在铁三角的左翼，另一个在华川水库上方防线的中间地带。在确信发动这种双重进攻可能促使中国军队迅速发动猛攻后，李奇微命令范佛里特做好有步骤地撤退的准备，并且完成主要任务——尽可能多地杀伤中国人。李奇微对失去地盘一事并不在乎。

范佛里特在某种程度上同意李奇微的意见，但他认为不能让共产党人重新占领汉城。如果他们再次占领汉城，将会使南朝鲜人士气低落。范佛里特还认为，在夏季晚些时候，第8集团军应该在北至元山的东海岸进行两栖登陆。由于对范佛里特的元山计划不满，李奇微离开了朝鲜。元山计划具有当初造成麦克阿瑟分散第10军兵力、慌手慌脚地酿成大错的那些因素。李奇微发给范佛里特一个书面命令，说占领地盘是没有多大用处或是根本就没价值。他说，“你的任务是击退对你现在占领着的大韩民国这片辽阔地区（和那里的人民）的进攻，并与大韩民国政府合作，建立并维持那里的秩序。”他不允许范佛里特越过铁三角地区，在任何情况下也不能渡过鸭绿江进入满洲。

一个多月以来，数十万中国援兵如潮水般地涌过鸭绿江，承受了在他们之前过江的那些人所承受的困难。在他们到达前线之前，粮食就已经吃光了。他们不得不吃马、灌木——任何能吃的东西。在行进途中，他们看到数千名已死的和快死的人，有些人身上的干粮袋被拿走了。这些援兵也遇到数千名能走动的伤员，对这些伤员来讲，没有任何交通工具可以把他们运往北方；他们之中最后到达鸭绿江边的为数极少。当时，遍布北朝鲜乡间的很多具冻僵的尸体已经开始解冻，并散发着令人窒息的恶臭。

王宗明（音译）在集训了几个月之后，最终随同部队（第3师）被派到鸭绿江北岸的一个城市。到那儿以后，一开始有人告诉他们，他们的任务只是守卫边防，后来又通知他们过江，“看守战犯”。但是，当通知他们卸下所有多余装备时，他们才发现要去前线打仗。第一天夜行军后，政委告诫他们，“这一地区有不少南朝鲜土匪出没抢劫，大家都不能离队，否则很有可能被土匪干掉。”

一连几个晚上，政委都要宣讲美国人的残忍，说他们用凝固汽油弹烧毁农民的房舍。10天后，所有的人都因过度疲劳和没有粮食而身体虚弱。

当王宗明所在的部队临近前线时，政委便以其他志愿军连队伟大的英雄事迹激励他们。在此关头，王突然患了腹泻病倒了，不得不留下来和伤员们待在一起。他掩饰住解脱之感。

4 月 21 日，当志愿军进入进攻位置时，第 12 军的郗祖良（音译）因脚部感染而离队。郗的父亲是个商人，即资本家。因为害怕受到牵连，郗便参加了解放军。当他正一瘸一拐地在路上走着时突然遇上了十来个美国兵。他们也和他一样感到惊奇。当看到一位翻译写了几个中国字，意思是“确保你生命安全”后，郗宽慰地叹了一口气。他这就成了美国人的俘虏。

第二天早上，另一位中国人刘昌（音译）被俘了，他是个连长，一位爱国的志愿军。他因被活捉而感到耻辱，对另一位战俘夸口说，他要逃出去，再来消灭腐朽的资产阶级。他的部队（第 2 炮兵师）正在为第二天的主攻集结炮火。但是，除了无关紧要的细节外，他不愿告诉审讯员任何事情。

“中国有没有坏人?”他被问道。

“在中华人民共和国，再也没有小偷和罪犯了，因为，自从共产党当政以后，每个人都吃上饱饭了。”

“你们团士气如何?”

“士气很高。因为他们想帮助朝鲜人民战胜美国人，因为美国飞机轰炸中国，我们必须为此报仇。”

4

4 月 22 日清晨，西线空气清新。在由英国第 29 独立旅守护的整个阵地上，没有丝毫动静。陆军准将汤姆·布罗迪已经把他的 3 个步兵营——皇家诺森伯兰步兵营、第 1 格罗斯特营和皇家第 1 阿尔斯特营——部署在临津江南岸一带了。格罗斯特营驻守在中间，占据着距汉城以北、距临津江南岸 30 英里进攻汉城的传统路线之一的地区。这是一个宁静的星期天，萨姆·戴维斯牧师正在相邻的诺森伯兰营营部主持早祷，纪念圣·乔治节。

快到中午时，传来大批敌人在临津江以北活动的报告。那天下午，格罗斯特营做好了战斗准备。毫无疑问，第一次进攻会在渡江时发生。以前，有一条小路直通临津江边的一个路堑，现在由于雨天潮湿，有履带的或带轮子的车辆无法运行，那条小路被人们用工具拓宽并加固了。钢筋编成的地席被铺在路堑的坡面上，一排浮标标出水下桥梁的走向。

就在当晚10时前，既善战又会吹军号的第7排司号员托尼·伊格尔斯看到月光下有些东西。“有人在渡江，先生。”他打电话向副官上尉安东尼·法勒报告。伊格尔斯辨认出好多人正在涉水过江。当这些人接近北岸时，机关枪向他们横扫过去，一片尸体倒在江面上。不一会儿，更大一批人开始过江，他们逆水而行，在江中蹒跚行进。这一次，北边也向守江的部队开火了。在机枪和迫击炮火力掩护下，更多的中国人向前冲来，一边开枪，一边高喊着。

当进攻方就要取胜时，大批英国伏兵开始用轻机枪和迫击炮扫射。托尼·伊格尔斯在敌人靠近时才开枪，然后投掷手榴弹。月光下，中国人成了靶子。当幸存者力图跑回对岸时，却被格罗斯特营拦截了。战斗只间歇了一会儿。不久，更大批的敌人出现了。格罗斯特营猛烈的炮火驱使他们撤回，但他们又返了回来，发动第三次、第四次进攻。

陆军中尉坦普尔给格罗斯特营营长詹姆斯·卡恩中校捎去口信：大批中国人仍企图渡江。再过5分钟，坦普尔巡逻队的弹药就会用光了。

“叫坦普尔3分钟后开始撤退。”卡恩说。他下令迫击炮最后一次集中火力开炮。“当巡逻队一回到江南岸第一道地堑时，便开始向格罗斯特渡口不远的地方发射迫击炮弹。”

正当坦普尔的部下们坚守格罗斯特渡口时，中国第187师的两个营在西边一英里半的地方已渡过临津江，直奔绰号“城堡山”的148高地。他们如果占领了这个高地，便能打垮格罗斯特营。

中国人突然发起冲锋。身着咔叽布军服的中国士兵们的棉布子弹带斜挎在肩上，交叉在胸前。在他们身后，骡子驮着枪炮和弹药，两人一排的队伍搬运着迫击炮和机枪。靠近时，他们投掷了木柄手榴弹。江边响起迫击炮声，火焰向东边蔓延，把“城堡山”包围了。中国人坚持顽强地攀上高地，双方开始了肉搏战。中国人还遭到精心策划的防御炮火的袭击。维克斯（Vickers）炮弹把岩石和山坡劈开，碎片砸向成群的进攻者。向高地扑来的中国人进入迫击炮和机枪的射程之内。午夜时分，他们开始后退，以便重新编队，再次发动进攻。精疲力竭的守卫者们伤亡惨重，但还是击退了进攻者。可是，中国人轮番不断地发动进攻，格罗斯特营一个遭到重创的排被迫撤退。最后，经过 6 小时激战，守卫的制高点“城堡山”被中国人夺去。

残忍的战场在暗淡的曙光下展示在人们眼前。坚守着另一边高地的格罗斯特营士兵们，沉浸在汗水和尘土的污秽中，朝陡峭的山坡下望去，可以看到上百名用灌木伪装起来的中国人。到早晨 8 时半卡恩中校才弄清，A 连和 C 连正遭到中国人潮水般的冲锋的攻击，遂命令这两个连撤退。旅长通知卡恩，第二天才能增援，但如果他届时不能增援的话，格罗斯特营也要坚守住。

在英国旅的右侧，第 1 军也正遭到猛击。有一个菲律宾营增援的波多黎各第 65 步兵团也一败涂地，在其右侧的土耳其部队的命运也一样。土耳其人一旦被击垮，波多黎各人和菲律宾人也将被迫后退，因而使远在东边的第 25 师陷入危机。在其右侧，第 9 军在汉城附近、朝鲜半岛中部地区的一次主要进攻中被击退，志愿军的两个师已经摧垮了在其左翼、装备很差的韩国第 6 师。夜间，第 6 师的两个团溃不成军，撤了下来。一个团后退了 6 英里，另一个团则后退了 12 英里。奉命反击的预备团不久也糊里糊涂地败下阵来。这三个团都丢下了好多武器装备，而且韩国第 27 野战炮营丢下了 13 门榴弹炮。“从各方面来看，”突出部战役的英雄，新上任的师长威廉·霍格少将说，“这几个团的溃败和伤亡，是毫无理由和不光彩的。”

愤怒已极的阿尔蒙德命令第 21 步兵团团长威廉·麦卡弗里上校阻止韩国军队的大溃退，“把他们赶回阵地去，”他说，“不得已时，可以朝他们开枪。”

麦卡弗里——驻韩国美军中最年轻的团长——不情愿地让一个步兵连在河床上散开，后面有十几辆坦克为其助威。后来，他碰见阿尔蒙德正与韩国的一名中将发生激烈的口角。“谁要是挡住我的士兵，”韩国军官说，“我就打死他。”

“我要朝你的军团中任何一个不停止撤退的人开枪，”阿尔蒙德驳斥道，“除非他们回到自己的阵地上去。”

陆军准将弗兰克·法雷尔，一位驻韩美军顾问团的顾问，在这两个愤怒的人之间走来走去，试图为其调解。麦卡弗里注视着这场穿梭外交。

阿尔蒙德会朝那些向河下游慌忙逃跑、赤手空拳的友军士兵开枪吗？阿尔蒙德并不想这么做，但他已预料到如果他不这样做将会发生什么事情。

幸运的是，老练的法雷尔已使阿尔蒙德确信，他应该让韩国士兵撤退，重整旗鼓，然后再投入战斗。麦卡弗里不停地感谢法雷尔。因为他知道，除了使用武力之外，是没有什么可以阻止韩国军队后退的。如果击毙这些盟军士兵的话，他可以想象报纸的头版头条会写些什么。总之，韩国人的溃退，在范佛里特的中间防线上打开了一个10英里长的缺口。

4月24日凌晨3时，卡恩指挥部里的电话暂时没有声响。但是几分钟后传来消息说，C连已经被打垮。中国人现在占领了凹地。“指挥部收拾东西赶快走!”卡恩说。他命令格罗斯特营撤退，挖壕固守，等待援军。

5

李奇微飞到朝鲜，会见范佛里特和第3师师长罗伯特·索尔，他对索尔的左翼（由严阵以待的英国旅固守的地区）非常关注。索尔向李奇微简单地汇报了自己解救格罗斯特营的计划，他并不知道执行救援任务的菲律宾人和“百人团”坦克已经撤回。范佛里特和李奇微两人都很生气。为什么索尔等了那么久才进行救援？索尔解释说，波多黎各人还没做好准备，而且布罗迪旅长当时确信格罗斯特营还能坚持一天。

李奇微和范佛里特同意取消骑兵第1师的反攻计划。一旦格罗斯特营被解救出来，第8集团军应该于次日开始全面撤退。范佛里特还想保卫汉城。他指出，第8集团军比1月份被中国军队赶出汉城的那些军队的装备要好得多，而且久经沙场。再者，现在天气很暖和，甚至连作战夹克也不用穿。范佛里特现在的大炮比李奇微那时的大炮要好得多。李奇微最终同意坚守汉江北岸及首都。中国人也许会遭受重大伤亡，从而不得不同意进行停火谈判。

李奇微发表了一个公开声明：“在我看来，现在，这场进攻是我们的共产党敌人想把联合国军从朝鲜赶出去或消灭他们的又一次重大努力，他们置自己的部队进一步受到挫败和朝鲜不断遭到破坏于不顾。这次战斗是联合行动，它将很好地证明，它是具有决定意义的。”

对于被围困、等待援军的格罗斯特营来说，那个早晨是漫长的。破晓前，卡恩决定把兵力集中在重新命名为格罗斯特高地的 235 高地。几乎所有重武器都被毁坏了，他们把其他武器搬上高地，准备拼死一战。在几小时的黑暗过去之后，中国人的军号响了，紧接着就是一次猛烈的进攻。中国人被打退了。进攻持续了一整夜，每次进攻都被格罗斯特营打退了。

到 25 日拂晓，格罗斯特营的弹药快用光了。军号又响起来了。法勒·霍克利上尉建议吹中国人的军号来迷惑中国人。卡恩命令鼓手长吹起床号、射击号——他所知道的全部号令。鼓号队中唯一一把军号是托尼·伊格尔斯的。“我来吹。”他自告奋勇地说。

“不行，你这该死的，不用你吹，”鼓手长说，“你待在这儿守着你的布朗式轻机枪。”

鼓手长从团号吹起，然后吹了一个长长的起床号，吹得非常感人。伊格尔斯从未听过吹得如此动听的起床号。战斗中，在朝鲜的一座高地上，军号声引起了一阵轰动。军人们发狂地欢呼着。当中国人跨过山头后，格罗斯特营的士兵们跳出战壕，高喊着，刺刀刺向前方。中国人被军号声和突如其来的冲锋惊呆了，溃不成军地败下阵来。鼓手长继续吹着他的全部曲目——各种号令都吹了，只是没吹撤退号。

破晓时，伊格尔斯看见上百名中国人朝山坡上前进。被痛击了整整一夜的 A、B 两个连的残部，急切地请求空援。几分钟内，两架 F－80 战火轰炸机出现在空中，银色的机翼在阳光下闪闪发光。它们盘旋着，然后飞过来投掷凝固汽油弹。这些汽油弹突然燃起橘红色的火焰。当冻得结结实实的汽油弹落到敌人身上时，伊格尔斯和他的战友们欢呼起来。他们依然守卫着格罗斯特高地，真乃奇迹。

旅长意识到不会再给格罗斯特营任何援助了，他命令卡恩中校撤退。卡恩把法勒·霍克利和其他军官召集在一起，把他们带到山崖上，指出每个人向南撤退的路线。然后他对军医希基说：“博比，恐怕我们得把伤员留下了。”

希基停顿了一下，说：“好吧，先生。我很明白现实的处境。”

A连首先撤退。2点57分，法勒·霍克利发出同主力部队撤退的信号。不一会儿传来命令说，由于炮兵部队也正遭受攻击，因此不会再有大炮支援了。卡恩修正了他的命令。他们得分散开——每个人自己想办法撤下去。

法勒·霍克利见到希基时说：“快点，博比，我们差不多是最后一个撤走的啦!”

“我不能走,”这位军医说,“我必须和伤员在一起。”

法勒·霍克利爬下格罗斯特高地。在穿过凹地时，连长一路上听到了机枪响。当他那伙人来到山脊上时，凹地的峭壁变狭窄了。他可以感到敌人枪炮的呼啸声。虽然没人中弹，但他知道他们当时能像大镰刀前的草一样被刈倒。“我们在他们的枪炮口下沿着小道朝前走，完全暴露在他们的火力之下。他们传达的信息非常清楚：我们在上边，你们在下边，你们已完全暴露，而我们在隐蔽处，你们在我们的视线之内。”

法勒·霍克利知道，他的士兵们要想活命，只有一条路可走。他提高嗓门大喊了一声：“停止前进!”

士兵们站住了，脸庞上显露出希望之态。

“放下武器!”

几秒钟后，在山脊下，他听到支援连的连长也发出同样的命令。“这些话语像回声——一种令人耻辱的回声那样，在我的耳边回响。在为完成任务竭尽全力之后，现在一切都结束了：向敌人投降了!”

整个凹地现在宁静下来了。几个中国人向他们跑来，一副兴高采烈的样子。他们并没做出不友善的举动，但拒绝让俘虏们搀扶伤员。他们都继续朝高地下边走。因为有伤员，所以步子走得很慢。

接到撤退命令后，托尼·伊格尔斯砸坏了他那把心爱的机枪，然后赶上一位名叫库克的下士和一位中尉。“我们能做的事情就是，用仅有的子弹匆匆朝这儿开几枪，再朝那儿开几枪,”中尉说,“让他们觉得我们所有的人还都活着。”三个人躲在树丛和灌木丛后边不停地走着，时不时地放一枪。半小时后，中尉命令两位战士撤退，他留在后边掩护他们。伊格尔斯和库克猛冲下高地，不久又遇到另外三个人。在一个隘口，伊格尔斯说：“我来侦察一下。”他一下子撞上了一挺机枪后面的三个中国人。他们没开一枪。五名英国人都被赶下高地，加入一大批俘虏的行列中。头上有几架海军陆战队的飞机，它们倾斜着机翼致敬，好像在说：“好啦，你们的战争结束了。”

21岁的二等兵萨姆·默塞尔那天一早就受了伤。后恢复了知觉。他的一位祖先参加过滑铁卢战役，他的父亲在格克哈步枪队服役，在印度打过仗并参加过第一次世界大战。萨姆早在三年前就参加了格罗斯特营，并且非常想一试身手。一切都静悄悄的。战斗结束了吗？他在急救帐篷内可以听到外边悄悄的说话声。为弄明白发生了什么事情，他爬出帐篷。一些人坐在那里，低声交谈着。默塞尔发昏的脑子渐渐意识到，抵抗已经结束。然后他看到帕德尔·戴维斯，戴维斯同往常一样镇静。默塞尔感觉好了一些。

突然，3个中国人出现在他们头顶的山坡上，他们衣衫褴褛，挥舞着手中的武器，兴奋得不停地讲着。所有格罗斯特营的士兵都举起手来。戴维斯通过一位被俘的韩国翻译问一位中国军官，他们是否可以把担架上的伤员抬进凹地。

“不行。别担心，”中国军官回答道，“我们中国人民志愿军一会儿会把你们的伤员抬下去的。”

默塞尔站不起来，但他痛苦地举起手来。一个中国人用枪捅他，直到他最终艰难地站起身来。他试图走走步，一个军医帮他迈了几步。但是那个中国人大喊起来，摆头示意军医走到前边去。在没有任何帮助的情况下，默塞尔尽可能一瘸一拐地慢慢走。他随后知道的事就是，一颗子弹射出，他旋转了一下，倒在地上，子弹击中并穿透了他的左腿。

默塞尔瞧了瞧朝他开枪的中国人，高喊着英军兵营里的骂人话：“我不明白他为什么不再扣一下扳机。多亏他不懂英语。”那个中国人转身凝视了一会儿，然后走了。默塞尔感到高地非停留之地，因为美国人很可能会回来用凝固汽油弹轰炸这个地方。他用力抬起身来爬下高地，最后来到谷底，中国人正在那儿抢夺美军的物资。他看到一个中国士兵掏出一罐科尔曼芥末粉，放了一勺在嘴里。默塞尔知道会发生什么事情，幸灾乐祸地注视着。只见那中国人跑到一边，把勺子扔到另一边，大喊着，找水喝。“天很亮，我可以看清他。他有30岁出头。我不能说这下使我忘记了在我身上发生的事情。但这件帮了大忙，它使我的内心感到平衡。真的，这件事使我感到很开心。”

默塞尔一瘸一拐地走到载满双方伤员的救护车，爬了上去。他们被拉到附近的一个村子里。在那儿，默塞尔和另两个人被推进一间矮小的朝鲜棚屋。默塞尔感到，能活下来实乃幸运，尽管要忍受伤痛和饥饿。

在江对岸，中国人非常害怕空袭。他们和手中的战俘们整个下午都躲藏起来。黄昏时分，他们把300余名格罗斯特营士兵带到渡口。中国人激动的喧闹声很是吓人。在俘虏们看来，志愿军的每个师都标出了自己的渡口。这种喧嚷声和愤怒的喊叫声，听上去好像这些中国人随时都能掐住对方的喉咙。由骡子驮着大炮的部队不时地超过步兵部队，飞驰过江。每个中国人看来都急于南进，投入战斗。

俘虏们等待着轮到他们渡江北进。他们脱去衣服，只穿靴子，因为水中有尖硬的石头和有倒刺的铁丝网。他们在湍流的冰凉江水中慢慢地前进，头顶上举着成捆的衣服。每个人都知道在黑暗中随时都会被踩倒并被临津江的急流卷走。即使安全地过了江，在江对岸又会有什么在等待着他们呢？

第31章　战俘

（4 月 25 日 ~5 月初）

1

1951 年 4 月 25 日清晨，当中国人占领了溃不成军的联合国守军身后的高地组织伏击时，英国旅正在撤退。英国皇家爱尔兰轻骑兵的“百人团”式坦克试图突破防线，解救被围困的英国部队。由于中国人勇敢地冲过来进行近战，英国人被迫关上坦克舱盖而战。

“百人团”坦克费尽气力，最终冲破包围，还用火力掩护诺森伯兰步兵营和乌斯特营的一个连，使他们脱离交战。很明显，中国人正在紧紧地控制联合国军的退路。残存的乌斯特营的几个连，只有一个连在同被切断的退路平行的地段冲过了高地。在坦克的掩护下，乌斯特营最后一个连和一支不屈不挠的比利时部队在凹地展开了撤退战。高地上满是中国人，他们显露出发狂的胆量和勇气，屡次力图用人海战术来一举消灭“百人团”坦克。20 磅重的炸弹和同轴机枪的火力落到蜂拥而至的人群中，但仍有中国人攀上坦克，试图打开舱盖，但又一次次被其他坦克的火力击中，摔下坦克。一个英军指挥官为甩掉车上的敌人，横冲直撞地冲过一间房子。当“百人团”抵达安全地带时，坦克上高高地堆满了死伤者，坦克四周鲜血流淌，履带上也沾满血迹。

英国旅的撤退使其东面的美军第 3 师陷入险境，只有第 7 步兵团留为后卫。这个团虽然损失了一个营，但仍然控制着从议政府到汉城的公路边的高地。再往东，重新编队的第 25 师在没损失一门火炮的情况下撤了下来。但韩国第 6 师的溃败，使美第 1 军右翼的第 24 师处于危险之中。第 24 师的两个团成功撤退但中国人截住了第 5 步兵团，摧毁了纵队的中路。黑暗中，曾在釜山环形防线上溃散的第555野战炮兵营，不得不丢弃13门105毫米口径榴弹炮和60辆汽车。纵队的后翼也遭到痛击，损失了7辆巴顿式坦克。总之，那天晚上，第5步兵团伤亡人数达800人。

在韩国部队溃退造成的大缺口的右翼，陆战1师正有序地向东南方撤退。次日清晨，年仅17岁的陆战第7团第1营的陆战队员唐·汉森下士，用望远镜仔细巡视着山下的大道。他看到几百具尸体，还有被击毁的卡车、坦克、急救车和大炮。在路两侧，帐篷被推倒，那儿有数不清的尸体。这片凄惨的景象简直太可怕了。他不知道，他所看到的是韩国第6师的一个团、美军第555黑人炮兵营和“三镍”营的遗迹。

第3排撤到凹地底部。没有看到一个东方佬，他们人都走光了。有人按上喇叭，用无线电通知部队从高地上下来。汉森和其他人转圈挥动着步枪，朝发出叮当—叮当—叮当声响的地方走去。他们把树丛拨开，发现了一名黑人士兵。“谢谢上帝，你们是陆战队员。”他说。

他们把那个人从洞中拉出。“所有的人都逃走了，只剩下我了。他们不愿打仗。”

“他们都是黑人吗？”汉森问。

“混蛋，不是。也有白人。他们都是一路货。我喜欢你们这些陆战队员，希望我也能成为一名陆战队员。我会打仗。”

保罗·范图尔上尉，一个白人军官，后来在给一个朋友的信中谈到这次撤退：“我参加了向后方的大撤退，**有黑人，也有白人**。在以后的几天几夜内，有机会看到不同种族的部队，没带武器或头盔。有一天晚上，我们差一点被切断退路遭到伏击。我的排收留了几个掉队的伤员，他们讲他们的团部已被打垮。这些伤员是白人，既没钢盔，也没武器。如果对第24师来说这不是最光彩时刻的话，那么对其他人来说也不是最光彩的时刻。”

2

中国投入了大约35万人参加这场重大进攻。他们中的绝大多数勇猛善战，但也有一些人“投奔”到联合国军一边。联合国军印发的小册子向他们保证，将对他们施以人道，让他们吃饱喝足。姚青春（音译）是个国民党老兵，地主的儿子，1949年被共产党人抓住后被送到一个集中营，然后编入第60军。进攻开始后，他就想找机会投降，终于在25日下午，他看到两个美国人登上高地朝他走来。

“喂!”他大声喊着。两个美国人都没带枪。姚青春放下他未曾放过一枪的步枪，举起双手。美国兵给了他面包和香烟。他的战争终于结束了。

林青强（音译）在地方政府中当职员，他是被人民解放军征兵参军的，没有受过任何训练就被送到了朝鲜。他的任务是用骡子运送食品和武器。他和两个战友打算一有机会就投降。就在进攻开始前，他们离开部队，沿着一条山间小路向南走去。当他们看到一伙韩国士兵正在吃饭时，便举手投降。他们讨要饭吃，希望能受到优待。相反，韩国人把他们身上所有的东西和鞋子都抢去了，然后用枪托打他们。

北朝鲜士兵也有“投奔自由”的。韩蔡云（音译）下士不仅看过答应提供良好待遇的小册子，而且听过飞机上的广播，听上去像是答应提供同样的待遇。他无拘束地回答着美国人提出的所有问题，并且袒露说，他开小差是由于受到了歧视。他以前曾当过中国国民党军队的排长。他说，他以前在中国国民党军队当兵的经历，“成为我和其他军士接触的障碍”。

二等兵金永春（音译）在战争开始时是韩国军队的一员，7月初在水原被俘。在被监禁了5个月后，他被派到一个反坦克连当炮手。春季攻势时，他第一次有机会开小差了。他告诉审讯者，他的战友中绝大多数士气高昂，每三个人中有一人是热情的共产党员，几乎所有人都相信红色军队可以取胜。但是金发现，他手中的反坦克武器对付不了联合国的装甲部队。

另一个战俘，二等兵金平奎（音译），曾被征入中国第193师当一名步枪手。他泄露说，他那个连的士兵们被可怕的联合国军的炮火吓坏了，由于没有吃的和缺乏休息而士气低落。

李百春（音译）是个二等兵。他和其他11个人在开战一周后被征入北朝鲜军队。这批人中的绝大多数属于北朝鲜蓝友党，这是一个反共组织。在开始行军后的第四天，他们逃跑了，躲在山里。但在1月份被抓获，编入铁路警卫队。李是一位弹药兵，不得不参加一项打击韩国一个师的战役。但4月25日当他的营撤退时，他开小差逃走了。

朝鲜人民军第8师政治部副部长金泰铉中校4月25日在汶山负伤。他也看到了答应给予人道主义待遇的传单，但不相信传单上的话。即便如此，他还是很配合审讯者的提问。“他的回答是谨慎的，前后一致的。”

到4月26日，由于联合国军的空中优势，中国和北朝鲜军队很难把弹药和给养送到前线，部队实力明显削弱。但是，如果他们不顾困难坚持施压的话，第8集团军就很可能陷入极大困境。

3

26日午夜，渡过临津江的一批英国战俘排成行，听一位中国军官操着生硬的英文训话。“英国军队的官兵们，”他说，“你们现在是在朝鲜的中国人民志愿军的战俘。你们被美帝国主义欺骗了。你们是反动的战争贩子用来对付朝鲜人民正义事业的工具，而这个事业是他们的兄弟、中国人民所支持的。你们是李承晚这个野蛮的傀儡政府的雇佣兵。但是，你们可以通过学习了解事实真相，改正你们的错误。别害怕——我们不会伤害你们。在你们国内，你们所爱的人正等待着你们。要遵守我们的规定和法规，这样，你们就不会被处死。”

战俘们被集中在马厩和棚子里。他们痛得像抽了筋一样蜷缩成一团。戴维斯——格罗斯特营的一个牧师——想睡一会。渡江时他把衬裤、多余的一双袜子、牧师的项圈和衣领都丢了。约在清晨2时，黑暗中，他被一位翻译和向导带到一个矮小的地下隐蔽部。一位面无表情的审讯军官盘腿坐在一个小桌边。由于这位军官脸上的伤疤，别人给他起了个绰号：“凝固汽油弹脸”。在闪烁的蜡烛光下，这位军官让戴维斯讲出英国第29旅的情况。戴维斯搬出日内瓦公约，说，他只能讲出自己的名字和编号。

“我们不知道什么日内瓦公约，”审讯官说，“你必须服从命令。”戴维斯虔诚地抬起眼睛，在胸前划了一个十字说：“我是牧师，基督教神父，教徒——教授基督教信条的人。”

“你是个上尉。”

他们就军事活动问题审问了牧师达 1 小时之久。“我不知道任何军事情报，”他反复说，“我身上不带枪。”

“你撒谎！我们可以处罚罪孽深重的人。”然后，令牧师惊奇的是，“凝固汽油弹脸”突然沉默下来，挥手示意让他出去。

美第 1 军向汉城方向缓慢撤退，28 日中午时分占据了议政府附近称为“林肯线”的一个防区。这个地区设有一连串深深的、分散的战壕和地堡，里面摆满了机枪、无后坐力步枪和火焰喷射器。战壕和地堡前是一排排环绕的、布满倒刺的铁丝网，上面密密麻麻地挂满了杀伤性地雷、饵雷和无数个装满凝固汽油和白磷的汽油桶。

那天晚上，北朝鲜第 8 师猛烈攻击了韩国第 1 师。白善烨的部队放弃了一个高地，但后来又用从第 73 坦克营搞到的巴顿式坦克向这一高地发动反攻，打死约 1200 名北朝鲜人。韩国军队打得非常出色，年轻的白善烨也因此升为军团长。

第二天，29 日，星期天，6000 名中国人乘小船渡过首都西边的汉江，对汉城发动猛攻。他们一到达河对岸，就会向金浦半岛下方移动，包抄首都的守军。“我们就是在这儿，最有效地发挥了制空权，”李奇微回忆说，“我们的飞行员突袭了正涉水渡河的进攻者，杀死很多人。他们被打垮的残部虽然成功地抵达南岸，但根本不是守卫半岛的韩国海军陆战队第 5 营的对手。”

中国人和北朝鲜人加倍猛攻。当 E. J. 卡恩联络官问范佛里特是否将被迫撤离汉城时，尽管前途未卜，但范佛里特仍用强调的口吻回答说：“不行！”他把 3 位军长召集起来说：“保持部队完整。小股部队只能布置在受援范围内。”对有限目标进行快速反击时，可使用装甲部队和步兵，要考虑周全。“让由大炮和坦克保护的步兵团做好对较远距离目标进攻的准备，时机合适时便可出动。”第 8 集团军已被迫后退到可攻击汉城的距离以内的地方，尽管如此，大批中国后备军并没来参战。范佛里特推断说，几天之内一定会发动“第二次进攻”，目标就是占领汉城。

范佛里特很可能过高估计了敌人的伤亡人数，但他无疑使中国人遭到重创。至少中国一个师（第 180 师）被包围了。美国人凶猛地打击了曹鹏（音译）所在的机枪连，使他的部队没能再开一枪。就在头天晚上，这个机枪连的士兵们还被告知：“我们现在要同美国人作战了。我们每5个人对付1个美国人。”

中国人向后退却，但无法摆脱困境。他们有5天没有吃东西了。情况很混乱，部队被调来调去。炮击十分猛烈。曹鹏的部队既不能开战，也不能撤退。

第180师的另一个士兵俞择安（音译）以前当过国民党兵。当他发现自己的部队被包围时，就扔掉了手中的机枪。他和另3人向前爬去，为的是可以投降，尔后便一定会有吃的。他们等到一辆汽车开过来时便爬上大道，暴露了自己。5个黑人士兵手持卡宾枪跳下车，搜遍了他们全身，什么也没拿，告诉他们要把他们送到后方去。然后，他们给中国人香烟抽。俘虏们还得到了罐头食品。食物的味道很怪，但他们饿极了，只要能吃就都好吃。

张色青（音译）的父亲是个中药商。他念过初中，学过中国古典文学。他在部队的工作是教文盲士兵读书，教其他士兵唱歌。就在发动大举进攻前，他对一个个战士进行挑战，要他们争当英雄。有人同意，他便大喊。比如：“林同志已经接受我的挑战，并且准备比连里的其他任何人都要杀死更多的资产阶级敌人！”宣传队的女兵会边唱边敲着盘子加入进来。战斗一开始，张便成了战士。他所在的师一遭围困，他和另4人便藏进一个山洞里。当他们认为战斗结束、偷偷爬出山洞后，便被俘了。

进攻中，除第180师外的其他师也遭到损失。但北京却因收复了大片土地而把这次进攻看成是一大胜利。在没有低估这次人员伤亡和物资损失的情况下，毛泽东决心再发动一场进攻，一定要占领汉城——这一次——彻底打垮韩国军队。

4

为免遭联合国军飞机的扫射，英国俘虏们几乎都是在晚上向北艰难地行进。在酷热的白天，他们躺在山坡的树丛下或简陋的小木屋中，驱赶成群的虫子，徒劳地捉身上的虱子。重新上路往往是件痛苦的事。负担过重的肌肉已是紧绷绷的了，他们的脚底板已痛得难以形容。

5 月初，司号员托尼·伊格尔斯决定同 B 连的罗恩·奥鲁姆以及他们收留的两名美国兵一起逃跑。他们 4 个人躲在树丛中，一直等到那批人晚上出发上路。伊格尔斯的任务是（学猫头鹰叫）发信号："呼特！呼特！"他们将向东海岸进发，希望在那儿能找到一条船，还希望美国或英国皇家的海军陆战队能收留他们。

有几天他们成绩不小，但后来奥鲁姆中暑了，伊格尔斯不能丢下自己的战友。"我要和他一起留下并设法帮他治疗一下，"他对两个美国兵说，"如果你们两人想接着往前走，那也行。"美国人坚持要几个人待在一起。4 个人又开始向内陆进发。一位朝鲜老妇人让他们在她家休息，但两天后她说，他们得马上离开，她的孙子看见他们了，要去告发。

不一会儿，那个男孩和他的父亲来了，手里拿着枪。奥鲁姆被一个中国士兵带走了，但其他人却留给北朝鲜警察听凭处理，他们的手腕被电线绑上，被迫蹲下，一个警察点燃一支烟，准备用它来烧 3 个俘虏的嘴唇。过了一小会儿，一个老头冲进屋，手里拿着一根大棍子。他一家人在一次轰炸中全部丧生，他决心把伊格尔斯当作复仇对象。为保护自己，伊格尔斯朝那个老头的裆部踢去。令伊格尔斯惊奇的是，那个警察竟无动于衷。但是一个会讲英文的警察对一个美国兵说"过来"把他带走了。后来伊格尔斯听到枪声。那个警察又返回来，抓住另一个美国兵。一分钟后，伊格尔斯又听到了枪声。

那个讲英文的警察回来了，嘴里咕哝着："你们这些美国人啊！"

"如果你要打死我，"伊格尔斯说，"就把我当作英国兵来打死，不要把我当作美国兵。我是英国人。"

"是不一样。"那个警察说，并对他的同事们解释了伊格尔斯讲的话。伊格尔斯得去上厕所——他不知道是不是由于害怕的原因。他被带到屋外，令他惊奇的是，他看到那两个美国兵——他们居然还活着。假枪杀是为了吓唬他们。结果，那两个美国人被气疯了，怀疑他们是不是毛泽东的门徒。

听到枪响，一支中国巡逻队冲进村子。当他们弄清发生了什么事情后，便高声叫喊着说，毛泽东如果知道北朝鲜的盟友们无视他的宽大政策的话，是不会高兴的。中国人把 3 个战俘带进他们的司令部，3 个战俘在那儿见到了罗恩·奥鲁姆。4 个人都吃到了豆芽馅的小蛋饼，这是他们多日来吃到的第一顿真正的饭。“对我们来说，好像是在天堂。”

伊格尔斯从未想过，他还会再乐意见到中国人。他们被押走了，和其他战俘关在一起。罗恩要求留下，因为他不能走动。但其他人知道，如果丢下他，他会死掉的。他们半拖半拽地拉着他，沿着小路朝前走。他们最后加入了卡恩中校带领的那一队，不久便到达离鸭绿江不远的地方。他们在村子里休息了 48 小时。“凝固汽油弹脸”审问了这 4 个新来的战俘。他坚持认为伊格尔斯是魁首，因为他年纪最大。实际上伊格尔斯是最年轻的，只有 22 岁，但其他 3 人说他们是 20 岁。“凝固汽油弹脸”把左轮手枪塞满子弹，旋转了几下。伊格尔斯不想仅仅因为是个该死的魁首而死去。他讲了几句话。

“凝固汽油弹脸”的眼睛发亮了。“啊！我就知道你是魁首。”他说，并且判罚伊格尔斯在洞里待两周，两个美国人也受到同样的处罚。其后不久，一个美国人因患肺炎而死。

二等兵萨姆·默塞尔和其他伤兵乘一辆卡车到达平壤，当天晚上便住在一个破烂不堪的仓库里。第二天早晨，一位朝鲜妇女提着一大桶加了水的米饭走了进来。唯一的一位中国卫兵没理她。通过手势，她暗示知道他们是英国人，英国人曾帮助过她，她是来还情的。

当天黑这批战俘准备出发时，一大群愤怒的朝鲜老百姓围在卡车周围，唯一的中国卫兵举着上了刺刀的步枪，阻止他们对这些敌兵实行报复。这个中国卫兵什么也没说，但清楚地表明，他将开枪打死任何一个攻击战俘的人。当他们安全离开首都时默塞尔想，这是件令人惊奇的事。事实上，自从在格罗斯特高地负伤以来，他已经目睹了好多怪事了。几乎每天中国人都换一个新的卫兵，每个卫兵都冒着生命危险来阻止老百姓用私刑处死战俘。默塞尔有这样一种感觉，他认为，中国的上层指挥不知道有这卡车伤兵，正是他们的下级让这车伤员活了下来。到目前为止，他们受到了良好的待遇，但是，下一个卫兵是否会同样关心他们的安全呢？

第 32 章　中国人的最后一次攻势

（5 月 1～30 日）

1

5 月 1 日上午 10 点，毛泽东在天安门城楼露面，这是一个象征和平的神圣之门，他在这里检阅“五·一”游行队伍。广场上竖起了全世界无产阶级领袖们的巨幅画像，还有一些巨大的讽刺漫画，都是谴责美国人进行朝鲜战争的。100 多万人观看了由 70 多万男女老少组成的游行队伍从这里浩浩荡荡地经过，漫长的队伍一眼望不到头。直到午后很久，毛始终都站在城楼没有休息，这使在京的外交官们大为惊诧。贾瓦拉姆·潘尼迦回忆说：“在过去两个多月里，香港报纸都在议论毛的病情，说他已被俄国人撇到一边去了。事实上，甚至有很多在京的西方外交官也开始相信，毛病情严重。因为，自 1 月 26 日的印度国庆庆典以后，毛一直没有在盛大的公开场合露面，但这一次他居然像一块岩石屹立在城楼长达 5 小时零一刻钟，而且每两分钟便向群众招手致意。瑞典大使哈姆斯特罗姆坚持认为，城楼上的那个人不会是毛泽东本人，而是他的替身，他还反复列举了希特勒当政时期的一些轶事，以证明他的这一看法。丹麦公使莫奇也同样认为，毛是被人为的因素支撑着，在参加检阅仪式以前，他肯定注射了大量药剂。这就是西方人愿意相信的东西。”事实上，毛的身体确实很好，在最近的几个月里，他一直在这附近的一所小房子里活动，细细地研阅地图，和他的顾问们一起讨论在朝鲜的攻势。

潘尼迦希望停战，尽管他对前景感到悲观，但他还是与苏联集团保持着接触。波兰大使刚从北朝鲜回国，他报告说朝鲜的现状十分可怕。“据他估计，有 85% 以上的北朝鲜房屋被毁坏，平壤成了一片废墟，人们生活在地洞、地窖中。但是，北朝鲜人士气高昂，他们比以往任何时候都更富有战斗精神。这些情况别人也对我说过，他们去了北朝鲜，回来以后就对我讲了那里的一切。所以，我乐观地认为美国人不可能取得军事上的胜利，尤其是中国空军发挥重要作用以后。”

这支空军由俄国的米格飞机组成，美国人认为飞行员大部分是苏联人。自4月底以后，不管是谁在驾驶米格机，这些飞机一出现就是对盟军的一个威胁，它们活动的区域被冠以一个带有几分敬意的绰号——“米格走廊”。但不管怎么说，美国空军后来又重新取得了制空权，在毛泽东所制订的进攻计划中，米格飞机未能成为一个重要角色。

虽然第一次春季攻势受挫，毛还是下达了命令，进行第五次战役第二阶段的战斗。在5月的第一周，美国飞机报告说，在敌后发现了近4000部车辆，其中一半以上车头朝着南方。这一消息吓坏了范佛里特的情报处长詹姆斯·塔肯顿，他对范佛里特将军说，看来中国军队马上要全力以赴进攻汉城了。第二天，范佛里特取消了“狂暴作战”计划，并通知李奇微，在未来的72到96小时内，敌人将要发起攻击，参加进攻的兵力包括9个师的中国军队和三四个师的北朝鲜军队。大约有10个师的中朝军队随后发起第二次进攻，以增援主攻部队向汉城推进。范佛里特坚信他的新防御线坚不可摧。由于他没有给这道防线取名，所以人们就称之为“无名线”。

李奇微致电参谋长联席会议，在他看来，对美军发动这样两次进攻是自取灭亡。中国军队怎么可能翻山越岭，以那么长的补给线发动一场重大的军事进攻？事实上，毛的计划大为不同，他打算在“无名线”上消灭阿尔蒙德的第10军，然后便挥师南下至原州，再折向西部的水原。这个计划比范佛里特和李奇微所料想的还要大胆，该计划一旦成功，那么釜山将门户洞开。

到5月12日，中国军队还在集结以发动这场进攻。前国民党军上尉方海成（音译）现在是第60军的运输员，那天上午，他奉命牵上战马，给先遣部队第540团运送200公斤TNT炸药，路上，他捡到美国飞机散下的一张传单，传单用英文、朝鲜文和中文写成，是一份投降指南。他把货物送到后，次日早上准备投降。这时，他突然发现离他准备投降地点约100码远的地方，坐着40来名中国战俘，由一位端着机枪的韩国士兵监押着。突然，韩国士兵扣动了扳机，中国战俘被扫翻在地，一名美军上尉叫嚷着冲向那个韩国人，给了他一顿拳脚。

方海成被这一幕吓坏了，他在路旁隐蔽起来。两小时以后，他听见有一辆坦克驶来，一看，原来是一辆美军坦克，于是，他就站起身来，举起了双手。坦克停了下来，两个美国黑人探出头来，方海成可从未见过黑人，顿时吓得魂不附体。两个美国人先搜了他的身，然后给他送香烟和口香糖，再把他带回后方。有一个美国人通过翻译对方海成的举动大为赞赏，方是他的第一个俘虏。

3 月第 34 师后勤部队排级军官陈荒（音译）在跨过鸭绿江时，是立志要做毛主席的好战士的。但是，开往前线的漫漫征途上，他的亲身经历使他断定，志愿军处于劣势，因为没有空军，不能在白天作战；缺乏后勤供给，身体由于饥饿而变得虚弱不堪；火力和武器质量远在联合国军之下，所以，他决定投降。

陈荒加入了一群逃兵的队伍，但在一条河边受了伤。那天，他正逃到河边，有 4 架美军喷气式飞机向他们俯冲而来，一阵扫射以后，投下了几枚凝固汽油弹，有一间草房顷刻间被大火吞没，只听有人在草房内发出痛苦的叫喊。夜里，又有一颗炮弹在不远处爆炸，弹片击中了陈荒，他顿时失去了知觉，醒来时发现自己正躺在吉普车内的担架上。老天保佑，他是被美国人发现的，若是落入韩国人手里，就必定呜呼哀哉了。

中国军队接到了发起进攻的命令，同时，也传达了关于敌人战斗力的绝密情报。敌军的坦克和火炮配合密切，部队机动性能好，“步兵装备有很多自动武器，火炮射程远，火力强”。但另一方面，敌军步兵战斗力差，“在进攻和防御方面都很差劲，唯依赖飞机、坦克和炮火的支援”。由于敌军装备沉重，天气和地形将大大不利于运动，“敌人惧怕夜战和近战，所以，应当利用敌方的这些弱点。进攻的队形应有宽度和纵深”。

5 月 16 日，天气阴沉沉的，满天的乌云使得侦察机无法飞越前线进行侦察活动。整个下午，中国前线部队神不知鬼不觉地派出了穿插部队。9 个师的中国军队及 4 个炮兵团悄悄地部署在华川水库以东靠近杨口的地方，准备对韩国第 5、第 7 和第 9 师发起主攻。

黄昏时下起雨来。几小时后，进攻开始了，中、朝军队约175000人发起冲锋，军号震天，炮火闪耀。当时，范佛里特准备迎击一次进攻，但不是在这个偏远的东部，他的防御重点是在汉城前面的西部地区。不过，更为糟糕的是，他东部有两个军的指挥官为了防区管辖权问题刚刚闹了一场纠纷。韩国第5和第7师占据了阿尔蒙德第10军的右翼，而其右邻是韩国第9师，该师属于刘载兴准将指挥的韩国第3军团。对第9师来说，唯一的补给线是一条山路，这条山路在转回到韩国第3军团防线之前，有几英里的路线蜿蜒在第10军的防区内。韩国第7师的指挥官对这段短短的入侵线路并未提出异议，但是，阿尔蒙德则不顾刘载兴的恳请，坚持要控制这一狭窄地段，并且命令刘的一个营保卫山路所经过的那个向外凸出的地区，这条山路是一条退往其防线的道路。

那天夜晚，中国军队钻了这个处在韩国7师和第9师之间的空子，他们发现，这个要地几乎没有什么军队防守。几小时之后，中国军队便出现在刘载兴的师的背后，现在，他面临的不仅仅是自己的部队被切断补给线的问题，而且还不得不仓促应战，他简直一筹莫展。到第二天结束时，阿尔蒙德的右翼出现了一个巨大的漏洞，暴露了“无名线”的后方，并且威胁到阿尔蒙德自己的第2师。只是由于第2师和第10军的猛烈炮火，才避免了一场混乱，猛烈的炮火持续不断地倾泻在6个中国师的阵地上，延缓了他们的进攻。

在击溃了韩国军队之后，彭德怀的部队涌向美军第2师，其首个目标是一个具有战略意义的山头，该山头由美第38步兵团3营K连防守。传统方式的战斗进行了两天，K连的士兵顽强抵抗，终于抵挡住了中国军队持续不断的大规模进攻。随后，19日早晨4时，阵地上突然一片寂静，敌人消失了。

几小时后，阿尔蒙德遇见克拉克·拉夫纳将军，他接替麦克卢尔任第2师师长。当时，华莱士·哈尼斯中校的第2营在前线占据了一块伸入敌方纵深的地盘，他们认为，哈尼斯应当撤回来，以平直该军的防线。哈尼斯深信，他的部队能够守住现在的阵地，对他们的意见表示异议。但是，拉夫纳命令他把部队拉回南面。

整整两天，刘载兴将军一直想从第8集团军获得补充和援助，加强他那被围困的两个师，但一无所获。他在绝望中飞往韩国第 7 师指挥部，当时，该师还在想方设法控制阿尔蒙德的东部。该师师长是刘的老友，刘向他求援，但这支友军已经失控，“无名线”上的突破口在向纵深发展，一切都无济于事。

那天上午，李奇微到达朝鲜，乘一架联络机飞越了第 2 师的新防线，然后回到第 10 军司令部会见了阿尔蒙德和范佛里特。

“我以为，我们目前处境险恶，”范佛里特说，“阿尔蒙德将军，你以为如何?”

“在我的右翼，中国军队到处如潮水般涌来。第 2 师正节节溃退，但右翼的韩国第 5 师和第 7 师在这次重大攻击之下正土崩瓦解，这种局势将继续发展，并会很快波及海边，波及右翼的其他韩国军团。我认为，我们的处境十分险恶。”阿尔蒙德急切地要求美国人从第 8 集团军的后备队中派出支援，同时，也希望有更多的炮火支援。但是，范佛里特仍挂念着汉城，中国军队的进攻可以转向韩国首都。

阿尔蒙德坚决认为，必须把敌人阻挡在他的防区内。如果他不能马上得到增援，中国军队将会给他以毁灭性打击。他请求当时作为后备队的第 187 空降团给予增援，还希望得到第 3 步兵师。“我将把他们以团为单位进行战斗部署，每团相间约 15 英里布防，把他们当作岛屿一样来使用，逼迫前进中的中国军队绕道而行，或是去消灭他们。”

范佛里特转向李奇微，问道：“我们俩能单独谈谈吗?”

5 分钟以后，范佛里特告诉阿尔蒙德：“我们今天夜里就把第 187 空降团交给你。”第 3 师也将于午夜开始到达，归阿尔蒙德支配。

“这下好了，我可以打击敌人的后方，把他们的交通线切断。”得到援助的阿尔蒙德高兴地说。

李奇微和范佛里特想得更多。他俩认为，阿尔蒙德能够抵挡住中国军队的进攻，他想在东部切断中国军队的计划是可行的，这将为第 8 集团军发动强大的全面反攻铺平道路，很多失地可望收复。最不济，中国军队未来发动的进攻会被粉碎。

两位指挥官决定让阿尔蒙德牵制中国军队，比尔·霍格的第 9 军于次日发动一次进攻。阿尔蒙德反攻时，霍格的军队就北上，推进到华川，迫使那里的中国军队撤退。如果霍格拿下了华川，东部的大多数中国军队将成瓮中之鳖。为了保护霍格的左翼，第 1 军奉命于 20 日发动进攻。3 天以后，三个军的部队将全面发起大反攻。

为了观察这两次进攻，李奇微决定再待一天。那天夜里，他致电参谋长联席会议，概述了这个新计划，电文最后说：“士气高昂。”

5 月 20 日，由于雨水和山区地形的原因，霍格的进攻受阻。这一天，李奇微走访了第 8 集团军的每个军和师的指挥部，还走访了前沿阵地。他对 4 个韩国师的仓皇撤退极为恼怒，命令韩国参谋长钟日昆将军解散他的第 3 军团。李奇微走了，他不知道钟日昆是否还能重新组建起他的部队。所幸的是，钟日昆有豪斯曼少校做顾问。

李奇微于那天夜间离开朝鲜前往东京，一到那里，他就给参谋长联席会议发去电文。“我走访了所有美国军、师，还有韩国第 1 师，我希望你们，为了崇高的精神，为了在战斗中把这种精神发扬光大，通令嘉奖所有这些部队。”4 个韩国师的表现令人失望，这一点也十分明显，“我们正在继续努力以挽回糟糕的局势。”

第 9 军不顾雨天发起的进攻持续不断地向前推进，但崎岖的山地使得推进十分缓慢。5 月 23 日上午，阿尔蒙德发动了反攻。随着三个军节节前进，范佛里特致电李奇微，报告了鼓舞人心的消息，“第 8 集团军的反攻正取得成效，很多以前由第 2 师防守的阵地正在收复”。

美国人不知道，中国人民志愿军已经把战线拉得太长了，他们夺取了地盘，击溃了数以千计的韩国军队，同时自己也遭受了伤亡，剩下的战斗人员已精疲力竭，且几乎弹尽粮绝。

彭德怀打击了“无名线”上最薄弱的环节，在联合国军防线上撕开了一个巨大的缺口，从而愚弄了美国人。虽然如此，他的胜利是短暂的。4 个韩国师中，很多部队惊恐逃窜，但其他部队并没有惊慌失措。对彭德怀来说，他冲不破联合国军防线，难以把军队推进到原州、攻到釜山，这一点很快就显示了出来。中国军队在山区受到阻挡，进军速度大为减缓，如爬行一般，因此，他下令停止进攻。

同一天，5 月 11 日，范佛里特出其不意地用两个军的兵力在西线发起反攻，截住了彭德怀的进攻。23 日，阿尔蒙德用一个师的兵力参加反攻，这时彭意识到，他的进军已大为不利。联合国军控制了朝鲜半岛两边的海域，也重新夺得了制空权。

2

到 5 月 26 日上午，中国军队的形势极为危急，投降的人数规模空前。美国人估计，出现此种局面是因为营养不良及疾病，但投降的人中，大部分是原国民党老兵，他们趁战局发生变化，向“民主”一边“投诚”。

但是，还有很多人为了他们的国家战斗到底。17 岁的张达（音译）踊跃地参加了中国人民志愿军，他被编入志愿军第 539 团派往朝鲜，春季攻势旗开得胜的那些日子令人兴奋不已，但后来，他所在的团被美军第 2 师包围，很多连队人数减至 20 人，而且已弹尽粮绝。5 月 24 日夜晚，该团首长集合残部，命令他们突围。大家都饥肠辘辘，有人提议先把剩下的最后一匹马宰了，饱餐一顿再说，此时，马的饲养员眼泪夺眶而出。“这可是一匹革命的战马啊！”他恳求说，“它追随我南征北战已好多年了，你们不能杀它。”

于是，大伙同意放生这匹英雄的战马。此事一定，突围就开始了。到早晨，张达发觉他已孤身一人，但他幸运地发现了一小口袋大米，他匍匐前进，但被一位朝鲜农民逮住。当时，他已虚弱不堪，无望脱逃，但他生出一计，用蹩脚的朝鲜话主动提出要把那袋大米送给他，这位朝鲜农民便把他的大米倒进一只布袋，此时，张猛地抓起一块石头，向那个朝鲜人的脑袋砸去，他重新夺回了大米——这可是他的生命啊！

张匍匐着穿过一片旷野，不料被一发炮弹击伤，弹片飞进腿里，他从衣服上撕下布条，包扎了伤口，随后又蹒跚而行几个小时，试图返回部队，但还是昏了过去。当他醒来时，发现附近有一间朝鲜人的茅舍，他能看到从草房升起的缭绕炊烟，一位妇女正忙着做饭。他问她，附近是不是有美军或中国军队。她说军队都走了，还答应给他煮饭，然后，她就走出茅屋。张以为她是出去搞柴火了，但她回来时却带来了 3 名士兵——两个美国兵，一个南朝鲜士兵。

他们捆绑了张的双手，把他拖进一辆吉普车里，然后就带往野战医院，他在那里遇见了自己部队的一位参谋军官，参谋军官对他眨眨眼说：

“那时，我知道自己该怎么做，拒绝接受任何治疗，为此被一个美国兵揍了一顿。”

5 月 26 日，中国人民志愿军的形势已非常严峻，某师在前线召开了一次党委会，会上的一致看法是，美军取得了空中和海上的控制权，中国步兵只有步行，而美军则有卡车、坦克。但“最为糟糕的是供应问题”，这是他们的共识。志愿军有 800 辆汽车，其中 600 辆已被敌军炸毁，每次发起进攻，中国军队只能维持个把星期。“当我军开始收缩时，敌军便乘机反攻。”在最后这场进攻中，志愿军没料到敌人如此迅速地发动了反击。美军的坦克机械化步兵追击该师，而伞兵则占领了桥梁、山隘及渡口等战略要地，“我们师被切断了退路”，师党委认为“由于发报机炸掉了，我们已经与指挥部失去了联系”。

代理师政委，政治部主任吴成德（音译），这位干了 14 年革命的老战士，此时在屋子里踱来踱去，回忆着该师光辉的历程。但是他们早在 3 天之前就已断粮，弹药也所剩无几。

“怎么办呢?”他终于问道。

一阵沉默，然后有人开始耳语：“分散突围。”若是在中国，这么干是可行的，吴想，可这不是在国内，而是在朝鲜山区，他们既不熟悉地形，又不懂语言。然而，使他失望的是，师党委接受了这一建议。

吴在马背上检阅了部队，借着燃烧弹爆炸的亮光，他看到了差不多 400 名男子汉——受了伤的同志们——在一山道上挤在一起。政委击毙了他的坐骑，对大家喊道：“同志们！我和你们在一起!”他召集党员和军官，命令他们把战士们按 40 人为单位重新编队，每一队由一名军官率领，任务就是突破封锁线。但是，当吴意识到他所率的分队无法突围时，他朝天开了两枪，抖擞着喊道：“同志们，我们打游击去!”然后，他便率残部往南而去。

在北京，也在 5 月 26 日这一天，毛泽东总结了前 5 次战役。他不承认第 5 次战役已彻底失败，而只是命令彭德怀缩短战线，“在消灭小股敌人的时候，挤一挤美国佬”。但在进行一种新型的战争之前，彭德怀必须首先巩固他的阵地，地上防线将转入地下，深深的地下坑道形成一个周密的体系，沿着整条三八线伸展开来。

同时，毛在全国范围内发动了一场“抗美援朝，保家卫国”的运动。年轻人踊跃报名参加志愿军，男女老少捐出了大笔钞票来购买米格战斗机。周恩来为志愿军烤面包，以表达对前方将士的支援。毛宣布：“我们全力以赴支援朝鲜的战斗，朝鲜要什么，我们给什么。”

3

敌人逃脱了阿尔蒙德在中央战线设下的圈套，范佛里特一得知此消息，便立即重新实施海军陆战队在三八线以北 60 空里的东海岸的两栖作战计划。这支部队能够向西南方向推进，与霍格的第 9 军连接起来，从而围捕逃逸之敌。李奇微听到这个计划时大为震惊，此前他已断然否决了范佛里特在元山实施两栖登陆的计划。他立即飞往朝鲜，并很快与范佛里特制订出一个大为不同的计划。根据这一计划，第 1 军向北发起进攻，其目标是“铁三角”；而霍格的第 9 军继续向北进击；海军陆战队留在华川水库的右侧，向北进攻，目标是一个称为山坳的死火山口；白善烨指挥的韩国第 1 军团将接管从火山口到东海岸 20 英里的地域。

5 月 30 日，李奇微回到东京，在此之前，他在朝鲜冒着如注大雨巡视了军、师指挥部。“敌人遭受了惨重失败，”他致电参谋长联席会议，“根据战地指挥官们提供的数字，在这次军事行动中，被击毙的敌军人数高得令我难以相信。不过，在我看来，敌军的损失远比 4 月 21 日的进攻惨重。”损失的实际人数是：击毙 17000 人，约有 10000 人被俘。“所有 3 个美军的军长都报告了一个值得注意的问题，即中共军队斗志衰退。”大量的弹药、迫击炮、冲锋枪和自动武器被丢弃，这表明，无论是中共军队还是朝鲜人民军，都存在着混乱散漫的现象，“所以，我认为，”他得出这样的结论，“美国政府有充分的理由相信，在未来的 60 天内，可以借朝鲜有利的军事形势，提供适当、有利的条件，支持其外交谈判。”

虽然取得了胜利，但是，有些胜利者却为那么多生命的丧失所震撼。厄尔·埃德森是一名军官，参加过西南太平洋上的战斗，现在是第 13 工兵部队的副排长，5月28日，他给妻子和两个孩子写了信，他在信中说：“昨天，我们再次跨过了三八线。”

> 我们俘获了溃退中的中国佬……在公路约3英里处，空袭猛烈，那里成了一个地狱……空军和炮兵以他们的怒吼配合我们。现在，我们处在一个令人可怕的景象之中，在这旷野里（我们现正处在一条长长的河谷里），我们捕住了一群中国人。这无疑是一道丰盛的菜肴，一百多辆汽车，大量加农炮，无数死马，当然，还有中国人，我们大约在前天就围住了他们，这确实是一场残杀。这些日子，天气暖和，太阳一照，恶臭熏天。这一切毫不夸张——我们四周都是这些阵亡的军人和战马……我们用推土机清除了这些马匹和骡子。不过，当然啦，我们得搜集阵亡的中国军人，把他们安葬在墓穴里。许多人在想被埋葬的人数越多，必须与之对阵的小伙子就越少！开始埋尸了，这时我想，美国空军和炮兵，还有我们的神枪手们，不要做得那么绝情，那么精确。呵，小伙子！我希望我能看到片刻的和平。闻到死尸及行将死去的人身上散发出的恶臭，看着这些撕碎的躯体像废纸一样在一个狂风大作的日子散落遍地，我感到浑身难受。

由于中国军队无力再发动一场重大攻势，毛泽东便命令中国军队将这场战争转变为一场全面的持久战。

第九部

通向和平的崎岖之路

第33章　开始谈判

（5月31日~8月23日）

1

到5月底，一个由英国左翼分子莫尼克·费尔顿和其他左翼分子组成的代表团完成了漫长的查访工作。这一组织受到共产党国家的支持，取名为“调查美国及李承晚军队在朝鲜所犯暴行国际妇女委员会”。

他们所提出的正式报告，以生动详细的材料披露了几乎被彻底毁坏的平壤和其他一些地方的情况。在一些城镇，平民受到韩国军队和美国军人的拷打，该委员会成员不能相信后者作为基督徒竟会犯下如此野蛮的暴行。北朝鲜官员向代表们出示了被使用过的凶器，例如一根美军的标准棒球棍。一条条鲜血流过的痕迹玷污了走廊里的木地板，走廊里面的小屋正是关押过受害者的地方。

一位妇女控诉了她怎样受到严刑拷打，她的指甲被烧得通红的针头插过，她伸出手来让人们看清了手上的伤痕。她还描述了她所看到的有人被活活地扔进深坑的事例，代表们察看了井坑，“这井坑看上去有七八米深”，报告书上说，“在早晨明亮的阳光下，人们可以清清楚楚地看到井底的残骸。”费尔顿博士注意到，在井口附近，有一具身穿黑色外衣的小男孩的尸体，衣服上的纽扣光亮闪烁。人们还把费尔顿和代表团的其他成员领到了一个埋人坑现场。“这些墓坑已被挖开，以便大家能够察看这里的残骸。”这些躯壳残缺不全，无法确定身份。除了残骸以外，“代表们还能到了小孩的鞋子、妇女的发簪、书籍以及其他私人用品，还有曾经用来把人们捆绑在一起的绳索”。有一个叫韩辛野（音译）的证人揭露了这样一件事：她母亲被活埋，但她母亲又设法挖开泥土爬出了泥坑，“她随后又被捕获，并再次被活埋。在这个墓坑里，据说活埋了450人，而在这个山坡上，这样的墓坑有20个。”人们告诉代表团成员，这种被用于同样目的的山坡大约有12个。

当费尔顿的小组成员惊诧地倾听这些控诉的时候，代表团的其他成员也听到了来自平壤地区与上述一样的消息。人们告诉正在北朝鲜考察的第3小组成员，联合国军的飞机故意沿着很多施行过拷打和屠杀的地方点燃了6处森林大火。

由每一位成员签名为证的代表团的调查结论如下：“朝鲜人民受害于美国占领军残酷而系统的灭绝人性的战争，这不仅有背悖于人道的原则，而且也违反了海牙会议和日内瓦公约所制定的战争规则。”

当这一结论被共产党国家高高兴兴接受的时候，西方人并没有对这个恐怖的应答祈祷留下深刻印象，因为代表团的考察访问是由北朝鲜政府安排的。毫无疑问，南朝鲜人犯下严重暴行，而且一些美国人可能也犯下了一些暴行。但是，当这些证词被善良的委员会成员们当作事实而接受下来的时候，是不能为任何一个民主的法庭所接受的，因为缺少更为确凿的证据，从而没有进一步讯问——只有那些失去了亲人、并想复仇的狂怒的人们所作的陈述。

但是，在客观公正的西方专家眼里，美军飞机杀害了成千上万的北朝鲜平民，这几乎是无可怀疑的。这些残暴的行径从天而降，落在无辜的老百姓头上，这得到了大多数美国人的认同。

那年春天，在华盛顿举行的麦克阿瑟听证会上，空军将领埃米特·奥唐奈的发言生动地反映了公众的上述态度，他描述了北朝鲜5个重要城市遭受轰炸的情况。“我们能炸毁这5座城市，可以在10天之内把它们夷为平地，我们以为这种快速轰击的效果也许十分可怕，会给他们以极大的震动，从而能迫使他们逃离这些地方。”事实是，一位参议员问他，那些城市实际上没有被摧毁，是吧？“噢，对啦，不管怎样，我们在后来把它们全部毁了……我想说的是全部，几乎整个朝鲜半岛就是一片可怕的废墟，一切都遭到了破坏，没有留下值得一提的耸立着的建筑物。”

佐治亚州参议员、听证会主席理查德·拉塞尔向奥唐奈表示祝贺：“我认为，你显示了军人的品质，这些品质能使你受到美国人民的喜爱。”

2

5 月的最后一天，参谋长联席会议给东京发去电报，取消以前所有的指令，澄清早些时候困扰过李奇微的含义模糊之处，再次拒绝授权李奇微在中国军队实施突破的情况下，对中国发动报复性袭击。如果中国军队发起这种突破，他将从朝鲜撤出部队而保卫日本。眼下，他的任务“是要利用朝鲜的地形（及附近海域）使北朝鲜和共产党中国的军队遭到最大限度的人力、物力损失”。他现在的主要目的是“为解决朝鲜冲突创造有利条件”。

他得到准许，可以继续在朝鲜境内进行空中和海上的军事活动，但不得对苏联的领土、满洲以及鸭绿江沿岸的水电站采取任何军事手段，同时，他也将约束地面军事活动。这些命令已清楚地向李奇微表明，华盛顿正在为谈判解决这场战争做准备。6 月 2 日，范佛里特对新闻界散发了一份油印的声明：“随着南朝鲜境内（临津江以西以前属南朝鲜的大部地域内）敌军再次被歼，第 8 集团军的追击阶段现在宣告结束。”

在东京和美国的报馆，改写员大肆渲染这些消息，整个世界都传播着停战就要开始、和平就要来临的流言。战地记者们故意对战争的结束唤起幻想，即使范佛里特向他们吐露过他要把战争打下去的打算。他打算把战线向北推进，试图把敌军从平康—铁原—金华这个重要的铁三角地区驱逐出去。

两天以前，乔治·凯南非正式地会见了苏联驻联合国代表雅各布·马立克。凯南用俄语向马立克声明，他不是作为政府官员前去拜访的，因为他在政府中没有职位，而是作为一个与美国政府**关系接近**的人物拜访马立克的。“我认为，如果我们打算关注朝鲜目前的局势，并且希望看一看是否存在任何会导向停战的对话可能性，那么，进行此次会晤也许是值得的。我向他作了说明，我意识到，我们俩谁都不能使我们的政府表明态度，这纯粹是试探性的接触。”

6 月 5 日，他们再次会晤。这一次，马立克明确表示，苏联政府希望和平解决朝鲜问题，“并且要在尽可能早的时候”。马立克还说：苏维埃社会主义共和国联盟认为“它不能参与停火问题的任何讨论”，这个问题应当与北朝鲜和中国共产党来谈。

凯南在美国国务院向他的上司报告了会晤的情况，向他保证，马立克所说的话“确实反映了莫斯科方面经过非常细致、反复考虑的官方决定，我们可以相信这一决定。如果我们准备继续进行对话，指望停战，那么，苏联人就不能仅仅作为一种手段来利用，而使我们处在尴尬的境地”。

凯南认为，马立克关于与北朝鲜和中国共产党人打交道的建议意味着苏联已对北朝鲜和中共方面施加了影响，要他们自己“来表明他们自己对停火建议的接受”。他敦促美国国务院“知难而上”。

在进行这几次最初的外交活动的同时，战斗仍在进行，伤亡仍在发生。美军和白善烨的韩国第 1 军团正在进行艰苦的搏斗，力图拿下位于杨口以北约 25 英里处的火山喷发口。耸立在火山口底面以上几百英尺的地方，是刀片一样锋利的喷发口，守卫部队在这里挖起了坚固的战壕，双方都伤亡惨重，但阵地几乎没有易手。

这场战斗在继续之时，一场代号为“打桩机作战”的重大攻势朝着“铁三角”方向展开。范佛里特深信中国军队已被重创，期待着军队迅速推进。米尔本的第 1 军将用两个师的兵力坚守临津江左边的地方，而其他 3 个师——骑兵第 1 师、第 3 师和第 25 师——将越过汉江，夺取“铁三角”的底部。第一天（6 月 3 日），第 3 师遭到了中国军队的猛烈反击，有一个营被赶回汉滩河。第 25 师也遭到了驻守在高地上的中国军队的顽强抵抗。

第二天，右翼的阿尔蒙德第 10 军重新开始其对火山口的进攻。凶猛的战斗进行了 5 天，收效甚微，以至本来准备在他们进行残酷战斗之后充当预备队的第 7 海军陆战团，连同在其右翼的第 1 海军陆战团及在其左翼的韩国海军陆战队都被提前派往前线。

11 日上午 2 时，韩国海军陆战队在一次夜间袭击中奇迹般地解决了他们的北朝鲜敌手，这次进攻造成了一场大规模的残杀。这一胜利使他们得以向火山口推进。到此为止，“打桩机作战”也取得了进展，后来，在联合国军攻占了位于“铁三角”底部西面山脚下的铁原城以后，终于逼使中国军队放弃了东部城市金华。

三天以后，李奇微致电参谋长联席会议，报告他对未来 60 天内朝鲜局势的预测。虽然取得了最新胜利，但是，无论是他还是范佛里特，都担心中国军队会发起一次猛烈进攻。李奇微认为，向北发动一场全面攻势将会丧失第 8 集团军目前对敌人拥有的军需供应上的优势。由于人数上的优势，中国人可能保留着全面进攻的主动权，至少，他们能够发动一场破坏性很强的进攻。

3

一星期以后，即 6 月 23 日，雅各布 · 马立克发表了震惊世界的广播讲话。尽管他的讲话按惯例首先对美国在朝鲜进行臭名昭著的武装干涉作了一番谴责，并宣扬了苏联巩固世界和平的方针，但他的讲话最后部分号召结束朝鲜战争。“苏联人民相信，保卫和平的事业是能够做到的。苏联人民还相信，目前最为尖锐的问题——在朝鲜的武装冲突问题——也能够得到解决……苏联人民认为，作为实现停火和停战的第一步，交战双方应当开始进行讨论，以便为双方从三八线撤出武装力量做好准备。采取这一步骤可能吗？我认为，这是可能的，假如大家真诚希望结束朝鲜的流血战争的话。”新闻界要求马立克对这番讲话作进一步解释，但马立克突然“身体不适”。

当天晚些时候，美国国务院通过发布新闻对此作出反应：“如果马立克的广播讲话意味着共产党人现在愿意结束在朝鲜的侵略行为，我们将一如既往地乐于发挥我们的作用结束敌对行动，并且防止其重新爆发。”

杜鲁门当时正在田纳西州参加一个航空工程奠基仪式，他利用这一机会作出了口头反应。他说：“我们无法断定苏联统治者将要做什么。”虽然杜鲁门认为，克里姆林宫仍在想方设法分裂自由世界，但他仍断言，自由世界一定乐于在朝鲜采取任何有助于世界和平进程的步骤。“我们必须避免后果严重、冒失的行动，这种行动会冒世界大战的危险，是不必要的。我们也必须避免较弱的行为，这种行动会助长侵略势力。”

在苏联，马立克的建议得到了大肆渲染。但北京电台几乎沉默了两天，最初的评论来自《人民日报》。在宣布了中国由衷地支持马立克的建议之后，《人民日报》抱怨美国人“占领中国领土台湾”。中国人对苏联的不满在两天以后发表的《为了持久和平，为了持久民主》一文中表现了出来。在一份庆祝中国共产党成立30周年的报刊中，文章的作者不怎么提斯大林在中国共产主义发展中的作用，把中国的成功归功于毛泽东的理论和领导，虽然俄国革命具有重要的历史意义，但它只适合于工业化国家。

北朝鲜也作出了犹豫不决的反应，它显然不赞同苏联对停战谈判的态度。平壤电台提醒听众，他们自己为自由而进行的战斗，也将有助于对苏联的支持。美国正在重新武装日本，“以便继续进行对朝鲜、中国、越南以及其他爱好和平的亚洲国家的人民，以及对苏联和其他人民民主国家的侵略。”

北京和平壤双方发表的评论，清楚地显示了中国和北朝鲜不满于苏联对战争的干涉。虽然，这两个国家的声明都接受了马立克的建议，但是显然都怀疑它们的这个邻居大国所抱的目的和承担的义务。

在马立克发表讲话的第二天，李奇微将军给他的下属指挥官们发出警告，要部队克服任何松懈散漫现象。“有两件事不应当忘记，其一是，苏联人口是心非、善于欺骗，这是他们惯用的伎俩；另一件事是，像联合国安理会这样审慎的机构要做出明确的行动得有一个缓慢的过程。”

第二天是朝鲜战争爆发一周年，李奇微接到参谋长联席会议发来的电文，电文说，停战谈判可能很快就要开始。他立即派他的一位参谋去和范佛里特进行磋商。将军会认为第8集团军要夺取介于目前的前沿位置和拟议中的停火线之间的那块高地是否可行？这一行动是否值得考虑？范佛里特答道，在东部前线发动这一进攻将使美军付出惨重伤亡，而且得到的只是这么一块土地的占有权。他接着又说，停火谈判将考虑礼成江以西、三八线以南的地区。他没有占领这片地区的想法，但是，为了在西部地区获得想要的土地，占领这片地区可以在谈判桌上作为筹码。

29日，李奇微从参谋长联席会议得到指示，让他就可能的停战谈判与敌人进行接触。第二天，根据杜鲁门的指示，他向朝鲜的共军总司令播送了一条信息：“我获悉你们可能想举行一次会议，以讨论在朝鲜停止敌对和一切军事活动，为维持这种停战提供充分的保障。一旦从你处得到消息，期望召开这样一次会议，我就准备指定我的代表，届时，我也愿意提出一个可以让他与你的代表进行会晤的日子。我建议在元山港的一艘丹麦医疗船上举行这样一次会议。”

那天深夜，布雷德利将军将一份参谋长联席会议发给李奇微的最新指示草案呈送给总统。参谋长联席会议认为，对于停战谈判取得圆满结局的最佳时机“至少可依赖于开始阶段的保密程度，所以，不打算公布这些指示”。军事方面的首要注意点在于停止敌对行动及联合国军的保护。讨论必须“严格限于军事问题”。

杜鲁门同意这个草案，随后，草案被发送给李奇微。

7 月 1 日，金日成和彭德怀通过广播发出联名倡议，这两位指挥官同意与联合国军代表进行会晤，但建议谈判的地点定在开城，而不是在丹麦船上。虽然李奇微感到，从不全盘接受的做法是共产党人的典型政策，但他还是通知他们，他准备于 7 月 10 日在开城会晤他们的代表。他还提议，每方各派出 3 名联络官提前 5 天举行会议，以便安排谈判的细节。共产党人同意这个建议，但日子定在 7 月 8 日。

至此，美国新闻界猜测颇多，有些报刊在使用这样的短句：“让我们把孩子们弄回家”、“厌战的部队”。李奇微大发雷霆，他致电参谋长联席会议，担心公众为了和平所施加的压力可能会迫使他作出军事上的让步。任何要他放弃目前防线的命令将“在根本上损害我们在朝鲜的整个军事地位”。

7 月 8 日上午 9 点，李奇微的三位联络官乘直升机飞越临津江，几分钟后，他们就盘旋在开城废墟的上空，战争爆发的第一天上午，这儿就成了北朝鲜人乘火车攻击的目标。他们寻找着想象中的红色使者们的踪迹，但是，除了看到一辆沿着坑坑洼洼的街道疯狂开动的吉普车，几乎看不到一点生机。难道敌方使者被什么事耽搁了？海军陆战队的詹姆斯·莫里上校被选为头儿，率联合国军工作小组前来决定军事分界线，他感到奇怪，难道对这次会议的时间、地点安排发生了误解？

莫里看到一块白色的飞行标志布板安放在开城北部的空地上，那儿离三八线不远。直升机着陆了，三位联合国军使者突然发现自己处在红色士兵的一个圆圈之中。莫里、空军上校杰克·金尼和韩国的李寿荣中校走出直升机。飞机发动机一熄火，死一般的寂静便随之而来。敌人互相交换了眼神，然后，一位北朝鲜官员和两名翻译（其中一位是年轻妇女）心领神会地向新来者走去，并把他们带进两辆受过炮击的美制吉普车，前往会场。会场的房屋为一层结构，以前曾是一家茶馆。

“我们进入茶馆时，”莫里回忆道，“敌方小组成员站起身来。”通报各自的身份后，双方成员坐了下来。北朝鲜联络官张春山大校随后又引路到了毗邻的一个房间，房间里搭起了一张桌子，桌子上覆盖着一块绿布。上午 9 点 47 分，会谈开始。在进行了不到两小时的会谈后，共产党方面请求休会用餐，午餐在接待室里进行，招待的食品有饼干、巧克力、啤酒、伏特加和苹果酒。

下午的对话向莫里展示了大量共产党人和东方人的逻辑。

“你们代表团同意在 7 月 10 日举行会谈吗?”金尼问道。

共产党发言人张春山上校说:“会议的时间已由司令官安排妥当。”

“不，”金尼说，“司令官们同意谈判代表团在 7 月 10 日至 15 日之间举行会议，他们还没有确定具体日子。”

“代表团谈判的日期，”张上校坚持道，“将根据司令官们同意的时间来决定。”

“但是，那是什么时候呢?”金尼问道，“是 10 日，11 日，还是 12 日？到底是哪一天呢?”

莫里私下暗示金尼，他是在单方面安排谈判的日期。显然，张上校无权安排谈判时间。

“联合国军代表团，”金尼以不容置疑的口气宣布，“将于 7 月 10 日 11 点到达开城。”

“司令官们已经同意，”张平静地说道，“那就这么办吧。”

在金尼谢绝使用共产党人为联合国军代表团搭建起来的住房时，双方发生了一场争执。他作了解释，李奇微希望联络小组每天夜晚都被带回到南边去。张表示异议，但金尼直截了当地告诉他，“给我的指示就是这样。”在临津江以南汶山郊外的一个乡村苹果园里，已经为联合国军小组建好了以基地兵营闻名的停战总部。为谈判代表团提供住宿的帐篷已准备妥当。

7 月 10 日上午，联合国军代表团朝直升机简易机场走去。李奇微就他们在谈判桌上适当的举止阐述了他个人的意见。要扬长避短，他劝告说，还要对长篇宣传演说做好准备，要耐心，千万不要使他们丢面子。同时，应当利用每一个机会，加剧中苏之间的摩擦。总而言之，李奇微向代表们保证，只要他们灵活地应付停战谈判，“历史也许会记载，共产党人的军事侵略在朝鲜达到了顶点。此后，共产主义本身开始在亚洲自行衰退”。

远东海军司令，首席谈判代表 C. 特纳·乔伊海军中将率队走向直升机，随行人员有：空军少将劳伦斯·克雷吉、第 8 集团军的亨利·霍兹少将、阿利吉·伯克海军少将及韩国代表白善烨少将。

他们在直升机旁合影留念以后，乔伊中将发表了简短演说：“我们，联合国军谈判代表，将前往开城，我们充分意识到会谈对整个世界的重要意义。”他控制着自己的举止，神态严肃地说道：“我们将做出真诚的努力，在符合联合国军司令部谈判条件的情况下，实现体面的停战。”

“将军，祝您好运！”记者们喊叫着。

直升机起飞了。紧接着，另外两架飞机载着翻译和联络官先后起飞。15 分钟以后，飞机在开城卫理公会大院附近的一块空地上着落，拉里·泽勒斯牧师先生曾在这里听到了战争的第一枪。

代表团成员被共产党的摄影记者们团团围住。当他们挤进了飘动着标明他们使者身份的白旗的吉普车时，伯克注意到，有一辆标着“威尔马”牌子的吉普车，挡风玻璃上有两个弹孔。伯克估摸着驾着这辆车子来迎接是显示他们对来者的蔑视。他们被带到一所给他们准备的石头房子里，房子的四周由手持冲锋枪的卫兵把守着。代表们估计这所房子装有窃听装置，大家极少说话。不久，乔伊中将走到屋外，向对方解释道，他们在汶山有总部，不需要这所石头房子。

他们在茶馆的一间小接待室里会晤了共产党代表团。双方代表团正面相对时，曾有过刹那间的紧张气氛。共产党人拘谨而有礼节，双方几乎都微微欠身示意。一位高个子北朝鲜官员说：“我是南日。”南日将军是共产党代表团的首席代表，朝鲜人民军参谋长。

“我是乔伊中将。”将军点点头，他注意到，南日看上去是一位机智的年轻人。

共产党代表团中还有两位北朝鲜人和两位中国人。前两位身穿苏式制服，漂亮的灰色军装上装饰有红色拷边，蓝色的裤子显得肥大。而两位中国代表则穿着单调的土黄色军装，制服上没有用来指示军阶的标志。

上午11点，双方代表在盖着绿色台布的桌子旁坐定。美方代表坐在放了垫子的椅子上，但坐椅仍显得低矮；而共产党代表则坐在高高的木椅上。乔伊将一面联合国国旗放在谈判桌上，从而赢得了心理上的首次胜利。

乔伊中将的开场白被译成朝文和中文，他说："今天在此地开始的谈判成败与否，直接取决于在座的代表团的诚意。"

他坐下后，南日站起来说话。他用朝鲜话发言时显得紧张和不安，屡屡忘记让他的翻译把他的讲话译成中文。他试图用中国火柴点燃俄国香烟，可划了十来次也没有点着，"在窘迫和失望之余，他掏出一只美国打火机，只听'咔嗒'一声响，打火机闪耀着明亮的火焰。他深深地吸了一口烟。随后，他显然感到自己在某些方面没有忠实于共产主义的物品，于是就把那只美国打火机扔出了背后的窗户。"

南日最后坐了下来。这时，乔伊发现他自己的坐椅远比南日的椅子贴近地板，这位北朝鲜人正俯视着他。将军坚决主张双方的椅子要一样高。然后，他以平静而有力的语气宣布："需要解决的第一项议题是，会谈只限于军事方面。"他接着说，会谈也应只限于朝鲜问题。他提议，他们现在就签署这样一个协议。

"这次会谈将着手安排朝鲜停战事宜，"南日提出反对意见，显然，他是被乔伊从容平静地操纵会谈的态势所触怒，"我想知道像你刚才所作陈述的理由，以及签署这样一个协议的必要性。"

这一反对意见使乔伊想到，共产党人打算讨论的内容远不止军事方面。南日提出了共产党方面的立场：双方部队撤回到三八线，从朝鲜撤走所有外国军队。这一点一旦得到解决，战俘问题才能讨论。

乔伊拒绝在目前讨论这些实质性问题，他要求共产党方面拿出会谈议程。而共产党方面则要求休会，以便准备一个抄本和用午餐。

在3小时35分钟的休会期间，共产党方面反击了乔伊初次所获的小小胜利，他们在联合国国旗边的桌面上放了一面朝鲜国旗，这面旗帜比联合国旗高出几英寸。当南日来提交书面议程时，闯进了4名共产党记者来抢拍照片。

记者的出现引起了乔伊的强烈抗议。他提议让一些联合国记者进入谈判大院，当然不得进入会议室。南日勉强同意，随后又沉思片刻说，他必须得到上级的批准。

会谈以冷冰冰的礼节告终。共产党人已明确表示，他们最初的目标是退回到三八线，并清除在朝鲜的外国军队，而这就意味着向着有利于他们的方向重新调整军事力量的平衡，然后，他们就可以为所欲为。

那天夜里，基地兵营里的新闻记者们就谈判时间的长短下了一次赌注，有些乐观的记者打赌一两个星期，而大多数悲观的记者认为需要 6 个星期。

第二次会谈在次日举行，会谈毫无进展。特别使乔伊感到恼怒的是，北朝鲜的武装卫队限制了联合国代表的活动，他向李奇微抱怨此事，李奇微转而致电彭德怀和金日成，电文说，谈判现场要撤除武装警戒，联合国军谈判代表和工作人员应被允许在谈判现场获得与共产党方面一样的行动自由，他只有得到这样的保证，联合国军才能重开谈判。最后，李奇微从彭德怀和金日成那里得到了答复，他们在原则上同意他的要求。

7 月 15 日下午，联合国军代表团回到了茶馆，所有成员，包括白善烨将军都出席了谈判。乔伊首先发言，他概述了李奇微关于开城中立的建议要点。从临津江通向开城的道路应当向联合国军的车辆开放，不受任何限制，应设置一中立地带，半径为 5 英里，只能以最少量的武装人员执行警戒任务。南日同意这个建议，会议继续进行。次日下午，李奇微在第 8 集团军司令部会见了李承晚总统。穆乔和乔伊中将出席了会谈。李奇微概述了设置一个非军事区的基本设想，因为双方都已同意把这一内容列入谈判议程。

应李承晚的请求，李奇微指示了目前的前线位置。李承晚仍希望联合国军推进到鸭绿江边。李奇微回答他，进一步发起军事进攻必须有大量的军用物资，而他们目前的公路、铁路状况无法承受这样的负担。李承晚激烈地辩论了半个小时，李奇微彬彬有礼但态度坚决。不会再发动一次重大进攻了，李承晚重新稳定了情绪，“我将向内阁报告，他们必须接受联合国的行动。”他说道。

李承晚一定度过了一个不眠之夜。上午，他写信给李奇微：“我们政府的立场的实质是，我们不能在半壁江山上维护我们的民族，一个分裂的朝鲜就是一个被损毁的朝鲜，它在经济、政治和军事上都是不稳定的。”唯一解决问题的办法就是重新统一，否则，要想防止它的人民产生自己被盟国抛弃的感觉，那是不可能的；同意它的民族继续分裂下去，那就要接受丧失自由这一不可避免的事实。朝鲜人，无论是北朝鲜人还是南朝鲜人，都坚信重新统一是必然的，“在每一个朝鲜人的心里，在每一个朝鲜人的头脑里，这个事实是很清楚的，那就是，我们的民族将由于对分界线的任何一种认可而不可挽回地被抛入灾难之中。”民主国家是强大的，“共产帝国由于其内在的虚弱而腐败。怀着这种信念而继续进行的谈判将走向成功，本着这种精神，我们除了重新统一的目标和自由选举之外，没有需要解决的其他问题。”

李承晚及其他 6 名政府要员在这份充满激情的恳请书上签了字。

在开城，关于撤退外国军队问题的争论还在继续。休会 3 天以后，代表们于 7 月 25 日重新集会，双方终于同意讨论确定军事分界线，制订停火和停战的具体方案。但是，短暂的蜜月于 7 月 25 日随着南日的脾气大发而告结束。联合国代表团提出，以目前的战线为基础建立非军事区的建议是“不可思议的、天真的、毫无道理的，同样也是荒谬的和傲慢的”。乔伊在他的日记里把南日的评论称为“不恰当的”、“不礼貌的”和“无道理的”。

“尽管现在预测还为时过早，”李奇微致电参谋长联席会议，“三八线问题上的讨论可能会陷入僵局。”

在汉城，南朝鲜总统仍然情绪激昂。穆乔大使对总统的举止极为关切，以至他致电艾奇逊说：“李总统正凭借着盲目意气，企图破坏停战。”

在下一周里，不和谐的气氛笼罩着开城。8 月 4 日，乔伊注意到有一连中国士兵行进在会场区内的公路上。一回到基地兵营，他就将这一情况报告给李奇微，李奇微向金日成和彭德怀就破坏中立区一事提出了强烈抗议。

第二天下起了倾盆大雨，代表团在基地兵营打发了日子。8 月 6

日，共产党方面作出答复，保证不再发生类似事情，那只是一次小小的意外。8 月 10 日，会谈终于继续进行。南日提出一个问题开始了当天的会谈：联合国军是否已放弃以目前的战线为基础建立非军事区这个荒谬的建议？不，乔伊作出有力的回答，“我们将不再进一步讨论以三八线作为军事分界线的问题”。此后沉默了长达 2 小时 11 分钟，谈判桌上的每一个人好像都冰冻了似的。但在第二天上午，爆发了一场面红耳赤的争吵。

“事实已经证明，你们的建议是站不住脚的，而我们的建议则是以理性为基础的，”南日宣布说，“所以，不论你们制造出什么新奇的、可笑的理由，都不能支撑你们的方案。我可以坦率地告诉你们，只要你们不放弃这个无理的方案，会谈将不可能取得任何进展。至于我们的方案，其理由是无可辩驳的，所以，它是不可动摇的。我们坚持我们提出的以三八线作为军事分界线的方案。”

整个表演发展为一场黑色喜剧。自制力很强的乔伊一直抑制着怒气。“昨天，”他说，“你使用了‘傲慢’一词，把它与联合国军代表团在这次会议以前提出的一个方案联系了起来。联合国军代表团一直在寻找一个可以表述你这样目中无人、顽固不化、任性专横以及盲目冲动的强硬态度的用词，‘傲慢’一词确实适合你的态度。由于你执拗而无理地拒绝谈判，已经使会谈停滞了下来，你已呯然关上了每一扇可能通向进展的大门。”他说，南日一直在设法行骗，让全世界相信，共产党人已击败了联合国军。“除了按照你自己的条件，你拒绝进行谈判，你这样做是企图把自己虚伪地打扮成一个支配战败者的得胜者。”

“你的高论并不使我们感到惊异，也不能改变我们的立场，”南日反驳道。

在以后的十天里，谈判毫无进展，这几天的会谈再次表现了谩骂、讽刺的特点，谈判桌的两边都以带有辱骂性的用词来润饰他们的唇枪舌剑。随后一天夜晚，即 8 月 22 日，艾伦·温宁顿，这位来自伦敦《工人日报》的记者正在朝中司令部附近的新闻中心消遣这夏日的夜晚，突然，他听到有一架轰炸机低空飞来。

“熄灭那该死的灯火！”他冲着威尔弗雷德·贝却敌大声叫喊。贝却敌是一位供职于巴黎左翼报纸《今晚报》的澳大利亚籍记者，他当时正在蚊帐中阅读。温宁顿一听到熟悉的警报声和近处的炸弹抽鞭声就扑倒在地。

贝却敌看到一连串的白色光亮起伏闪烁，一位中国哨兵把他领到一条壕沟，这时，他的脑子里闪过这样一句话：“中立区和谈判‘呼呼’作响。”

即使美军第5航空队承认，有一架美国飞机在这次被指控的袭击发生之前6分钟正好飞越了开城西部的上空，两位美国官员在对该地区作了调查后仍然报告说：“这一事件百分之百是由共产党导演的。”贝却敌和其他共产党记者都大肆反对这一报告，双方都缺乏确凿的证据。

第二天，8月23日，共产党方面突然中止了谈判。彭德怀和金日成就这一“破坏”事件向李奇微提出愤怒抗议，并“等待你方作出令人满意的答复”。李奇微也以同样的愤怒作了答复，被指控的这一事件“纯系乌有，十分荒谬，而且显然是为了你们自己的可疑目的而制造出来的”，此事不值一答。但他接着又说，一旦共产党方面愿意结束谈判中止，“我将指示我的代表，为寻求一个合理的停战协定与你们的代表进行会晤。”

这一消息的抄本在得到确证以后，由直升机送往开城，白善烨将军的副官李上校把这一文件送交给北朝鲜联络官张上校。李用英语说，他有幸将李奇微将军的这份信件抄本呈送给金日成和彭德怀。

“你干吗不说朝鲜话？”张轻蔑地问道。

李挺了挺身体说道：“我愿意说我喜欢的任何一种语言，这就是我们现在为之而战的东西，言论自由。”

对话结束了，谈判被无限期推延。

第34章 “一场全然徒劳的战争”

（8月初～11月26日）

1

到8月初，根据毛泽东的命令，彭德怀的部队从迷宫一样的地洞和坑道中钻出来进行活动，他确信，这种几乎处于静止状态的防御战，将逼使美军回到阵地战状态，就像第一次世界大战时那样，在阵地战中，血腥的战斗几乎可以在不变更阵地的情况下展开。

在过去那些动荡不定的岁月里，经受了地盘的巨大得失的人们中，很多人都已过世。沃克将军死了，他的对手内德·阿尔蒙德已为格洛维斯·拜尔斯将军所取代。詹姆斯·豪斯曼少校，这位韩国军队的缔造者也不在了。曾经做过豪斯曼顾问的两位韩国最早的参谋长中，一个早已归天，另一个是钟日昆，他由于种种原因（并不是因为缺乏能力）而被解职，现在正在去美国的途中，去利文沃斯要塞研修。

像塔普莱特，还有林奇那样的人们，曾在釜山环形防线，在黑夜里，在隆冬那危急的日子里向北进军，进行过殊死的战斗，大多数也都早就走了。前线主要为一些缺乏经验的替补人员把守着。现在，豪斯曼在五角大楼对亚历山大·R. 博林少将抱怨朝鲜的形势，“你约见一下陆军部长弗兰克·佩斯，”博林说，“我希望你到他那里跑一趟，把你刚才说给我听的那通夸张的演说，原原本本地说给他听听。我还希望你能像敲我的办公桌那样，狠狠地搡搡他的桌子，否则，我会把我的脚丫子踹到你的屁股上！”

豪斯曼对佩斯谈了他认为应当在韩国采取的措施，首先应停止对韩国部队的训练，“让韩国军官做这项工作，他们有自己的训练方式，有些方式虽然粗暴一点，但行之有效”。他还建议让韩国的后备军官在美国学校受训。

“我们不能那么做。”

“部长先生，这就是今天韩国的症结所在。我们说我们不能做这，不能做那，我说先生，我们从现在开始得**有所作为了**。”

8 月 24 日，阿尔蒙德离开朝鲜 4 天以后，天气有所好转，足以使范佛里特发起一场有节制的进攻，人们指望这场攻势来加强联合国军方面在谈判桌上的地位。这场攻击进展缓慢，直到 9 月 4 日，拜尔斯将军才最终夺取了他的第一个目标——“血岭”，而这是经过了 3 个星期的苦战，以伤亡 2700 多人的代价才获取的。下一个目标是另外一个山头，位于离此 3 英里的南部，该山头不久被称为“伤心岭”。

第 8 集团军错误地报告说，进攻中只使用了韩国军队。现在，他们公布了这样一个事实，3 个师的美军投入了这场有限的攻势。戴维·麦康奈尔于 9 月 5 日给《纽约先驱论坛报》发电报，电文说：“直到昨夜，新闻检查才准许提及南朝鲜人以外的参战人员。在汉城，3 个星期以前，新闻记者被告知军方不希望用这样的新闻去骚扰美国公众：当和谈正在取得进展的时候，美军参加了一场军事进攻。”一位名叫 I. F. 斯通的美国政策评论家以犀利的语言评论道：“正当停战谈判看起来像要取得成功的时候，美国军方发动了这场进攻，并且对此一直秘而不宣，这样说更确切些。”

尽管中国军队和北朝鲜军队几乎未丢失阵地，但他们伤亡惨重。向阵地战的转变产生了一些问题。中国的老干部经历了革命的岁月，他们受到了游击战的锻炼，但以前从未打过这种规模巨大的战争。毛泽东也关心生产，中国只能提供朝鲜战场所需的 1/10 的装备。当时，苏联也在提供大量无偿援助，问到怎么结账时，斯大林只是回答说：“签个收条就行了。”现在有迹象表明，苏联提供的物资援助可能要价极高。

2

被指控为轰炸的事件有两起以上，这些事件进一步激化了两个和平使团之间的矛盾，双方仍是互不理会。9月2日，北京电台播送了一条彭德怀和金日成致李奇微的电文，他们要求李奇微“认真、负责地”处理这些由联合国军所为的严重的挑衅事件，他必须“绝对保证不再发生类似破坏开城中立协定的行为，以使停战会谈能够重新继续下去”。

9月6日，李奇微的答复送给了金日成和彭德怀，他斥责共产党的指控是无中生有，联合国军良好的诚意再次受到了怀疑，他呼吁共产党人停止其卑鄙的惯用伎俩，继续进行停战谈判，“当你们决定要结束你们在8月23日宣布的中止停战谈判时，我提议我们的联络官在板门店桥头举行会晤，讨论选择一个新的场址，使谈判得以在不受干扰的情况下继续进行”。

10日早晨5点，一个电话吵醒了乔伊，电话里说，又发生了一起扫射袭击事件，两位官员被派往开城进行调查，他们没有发现丝毫袭击的证据，《纽约时报》的大字标题这样写道：“开城的证据缺乏说服力”。《先驱论坛报》则说：“去开城调查的联合国联络官说，指控看来是子虚乌有的。”美联社引用一位联合国军参谋部成员、空军上校唐·达罗的话作为对共产党人的质问：“你们怎么知道这架飞机是我们的？为什么不会是你们的？”

共产党方面没有对李奇微关于新的谈判场址的建议作出答复，李奇微极为恼怒，他气冲冲地给参谋长联席会议发电，请求授予他武力夺取开城的权力，这样一次行动，不仅可以“除掉不止一个的共产党拖延战术的基地”，而且“将使敌人丧失其目前所拥有的、明显的军事优势”。李奇微接着说，他将给共产党人24小时时间作进一步考虑，不附带会暂停或终止会谈的条件。答复是否定的。

同时，来自第5航空队的一份报告证实了共产党方面的最新指控，有一架B－26轰炸机在共产党方面所说的时间**飞越了**开城上空，并且朝一些灯火处**进行了扫射**，这使美国方面感到难堪。乔伊觉得，他们应当承担自己的责任，李奇微这么做了，他对“由于飞行员的误航”而引起的攻击表示道歉。但是，金日成和彭德怀拒绝接受李奇微的道歉，他们要求联合国军结束其无休止的、故意破坏协议的行为。

这一事件使两位美国人的心情久久不能平静，他们是《纽约先驱论坛报》的戴维·麦康奈尔和哥伦比亚广播公司的乔治·赫尔曼。他们决定了解一下正在采取什么预防措施，以免再次出现这样鲁莽的袭击事件。他们先后问了一位少校、一位中校、一位上校，最后还问了一位准将，但都没有如愿。与两位很有韧性的记者打过交道的这位准将就是弗兰克·A. 艾伦，他是美军公共关系首席处长，他的回答十分简洁：“不要忘了你们站在哪一边。”这一不怎么含蓄的恫吓更加深了他们对美军公共关系部门不断增长的不满。

李奇微被共产党方面拒绝接受他的道歉一事所激怒，他建议给金日成和彭德怀送交一份措辞强硬的答复，声明一下，证据确凿的违反协议事件只有这一次。但是，参谋长联席会议劝他发送一份语气委婉的电文，电文的结尾处主动表示要派遣他的联络官去板门店桥头与共产党联络小组进行磋商。

彭德怀和金日成的回复再次重述了对联合国军背信弃义和欺骗行为的指责，他们看不出有什么好会晤的，因为联络官没有谈判的权力。李奇微转而请求美国方面同意他，绝对拒绝派遣代表团回开城，并坚持另择一个新的谈判地点。他提议的这个最后通牒使美国国务院吃了一惊：这有使停战谈判无限期破裂的危险。奥马尔·布雷德利对国务院的态度表示异议：“我们觉得，除非李奇微将军满意谈判环境，否则不应逼他返回开城。”他还有和李奇微一样的担心，共产党人也许会拿联合国谈判代表作人质。但是，美国国务院的态度是如此坚定，使得参谋长联席会议只好从命。26 日，在进行了 4 个小时的电话会议后，柯林斯将军和国务院的代表们告诉李奇微、乔伊和伯克，国务院和参谋长联席会议都认为，应当尽一切努力，尽快安排一次首席代表谈判，以使共产党人的真实意图得以昭示。“在谈判无限期中止的时候，我们拒绝回到开城将对我们不利。”

李奇微很苦恼，他发了一封“柯林斯将军亲阅”的私信，抱怨参谋长联席会议总是迁就共产党人的要求。“我们得告诉他们，‘我们站在这儿，而且待在这儿！’”“到时候了，在谈判的过程中，采取这种方针，也许这是最后的机会。”在给参谋长联席会议的正式复文中，他再次请求他们给予支持，“在代表团重返开城问题上，不管你们作出什么样的决定，我将继续竭尽全力，忠实地执行你们的指示”，然后，他投下一枚炸弹，他说：“但不管怎样，除非你们决定命令我重新启动在开城的谈判，否则我是不愿这么干的。”

华盛顿大为震惊。此人扭转了朝鲜的战局，人们认为这是自麦克阿瑟以来一次可喜的变化，可他这是在拒绝服从直接命令，美国总统有理由解除他的职务。但是，他们怎么能够解除一个在整个西方世界享有如此崇高声望的人的职务呢？

布雷德利同情李奇微，并主动提出访问东京，以便心平气和地把事情解决好。奇普·波伦将陪同前往，他是一位与共产党人谈判的老手。9月 29 日，他们抵达东京。李奇微将军概述了停战谈判，随后便详细陈述了军事形势以及他未来的地面行动计划。布雷德利完全赞同李奇微，反对发动全面的地面进攻。

10 点半，多伊尔·希基加入了谈话，形成了“三重奏”。李奇微对万一发生第三次世界大战而撤离朝鲜的问题发表了意见，之后，布雷德利问他是否主张空军追过鸭绿江。不！李奇微回答。乔伊海军上将和远东空军副司令克雷吉将军应召而来，他们谈到了要害问题。“谁都认为我们不能返回开城”，布雷德利说。波伦阐述了国务院的意见，他说：“我们百分之百地支持你。”对这种爽快的依从，李奇微必定感到有趣，好像华盛顿风平浪静似的。“我们交换了看法，我们准备不传达指示，也不作决定。”就在散会之前，布雷德利的这个声明使得所有反对意见的消失更具有魔术般的色彩。

8 天以后，共产党方面建议把谈判地点从开城移至板门店的小村子，双方都负起责任，使停战谈判立即重新开始。李奇微同意此建议，并指示其联络官会见他们的对手。

前线的战斗仍在继续，战斗是痛苦的，也没有决出胜负。10 月 15 日，恰好处在火山口北部的“伤心岭”终于得手——那是在伤亡了 3700 名美军以后才得到的。在第 8 集团军的左侧，“突击队作战行动”用了 4 天时间如愿完成，但也损失惨重。在美国，民意测验的结果显示了公众的态度，有 2/3 的人把朝鲜冲突评述为“一场全然徒劳的战争”。

在板门店，联络官们正在商讨，以便达成一个协定，而李奇微则想方设法要稳住记者。《纽约时报》记者汉森·鲍德温大为不满，他说：“经过修饰的用词已经替代了事实，二战的战报写得简单，不过通常都很精炼，但在这场战争中，战报已成了一个所谓‘行为’动词和形容词短语的摸彩袋”，其结果是“自从在朝鲜实行新闻检查以来，所有严重的事情更加严重，而且经常是诡辩的”。

在10月16日的记者招待会上，李奇微承认军方没有提供过“完整而及时的信息”，他还许诺“将采取措施以扭转这种状况”，同时，他认为，发布某些信息将会是“愚蠢的诚实”。至于战况，李奇微承认，从某些方面来看，人们愿意把战局“说成是处在军事对峙状态，这完全取决于你自己怎么看”。

几天以后，双方联络官达成一个协议。22日，乔伊在协议上签了字，两天后与南日互换文本。10月25日，即在延期了63天以后，在板门店重开对话，板门店地处荒凉的土地上，泥垒的草房组成了这样一个村落。村子的附近搭起了帐篷，这是为参加谈判的代表、工作人员及新闻记者提供住宿用的，里面装修了地板，还安装了供暖、供电设施。离帐篷半英里开外的地方，临时建起了食堂、通讯、安全及机械工程设备。

谈判代表在一所巨大的帐篷内举行会谈。他们面临的两个棘手问题是：缔结停战协定以及在联合国军和共产党军事力量之间确定军事分界线——北朝鲜和南朝鲜之间的未来国界。南日提议把这两项议程提交给小组代表，因为他们先前的会谈比全体谈判会议取得了更大的成功。老骑兵、陆军少将亨利·霍兹和海军将官伯克会晤了两位共产党小组代表。几小时后，两位共产党代表在地图上标出了一个包括开城在内的非军事区。美国代表提出异议，理由是，若不是因为谈判场址最初选在那儿，联合国军也许已经夺取了该城。他们主动提出放弃一些被联合国军控制的近海岛屿以换取开城。共产党代表拒绝进行这桩交易，开城的地位无论在政治上还是在心理上都十分重要，因为它位于三八线以南，李承晚总统一直要求交还开城。会谈旷日持久，谁都不肯退让，但与规模更大一些的谈判不同，除了紧张的讨价还价，这里没有出现过骂人的情况。

虽说李奇微为乔伊和他的两位小组谈判代表撑腰，但是，来自于华盛顿方面意见一致的压力，逼使李奇微主动向共产党人作出退让：把开城置于中立区内，谁都不得占领。共产党方面拒绝了这个建议，随后又做出惊人之举：在军事分界线问题获得令他们满意的解决之前，他们甚至拒绝开始停战问题的讨论。

在美国，新闻界被李奇微拒绝放弃开城的态度搅得沸沸扬扬。《纽约时报》发表社论，说李奇微的谈判代表“正在一些看起来微不足道的琐事上下赌注，小题大做”。板门店的西方记者也指责李奇微发表不能令人满意的公报，不允许他们采访霍兹和伯克，他们怎么向读者交代在这些重要的小组代表谈判中正在发生的一切？玛吉·希金斯报道说，“在停战谈判的午休时间，盟军官员——盟国的新闻记者不许接近他们——从他们的直升机上阔步走下，这些飞机把他们送回基地兵营，营地又依次被那种带倒钩的铁丝网和军警所包围，没有得到官方的邀请，或没有官员陪同，任何新闻记者都不得入内”。每天晚上由一位普通官员向记者们发布一个会谈简况，而这位官员并没有出席联络会议。她和同事只好依据他们的赤色同行贝却敌和温宁顿提供的消息，“共产党方面的会谈简报一向十分准确，到会谈的最后几天，共产党方面提供的资料比盟国在晚间举行的情况简介所提供的信息更为丰富”。她特别提到威尔弗雷德·贝却敌对她帮助甚大，在停战会谈行将结束时，有一天，她与他闲谈，“贝却敌先生为自己与共产党联络官的谈话进行辩解，‘我要去发现正在发生的一切，为的是给你们这帮家伙提供信息，作临时补充’，贝却敌先生说。如他所许诺的那样，他给我们提供了暂时的信息补充，正是通过他，我们才得知上午讨论的实质性问题”。

贝却敌同样帮助了其他西方新闻记者，是他告诉他们，这次谈判中的一位关键人物是他的老朋友乔冠华，乔是周恩来最亲密的助手之一。温宁顿经常遇见这位在开城谈判会场散步的神秘人物。这位诨号“瘦子”的乔冠华周游列国，能讲一口漂亮的英语和德语，像周恩来一样，他了解“中央王国”以外的世界。

联合国代表团官方发言人威廉·纳科尔斯准将警告新闻记者不要接受赤色记者对实际战线的说法，在这以后，记者们邀请贝却敌和温宁顿来到他们的营帐，查看由美国军方绘制的准确的前线地图，他们要求贝却敌检查中、朝军队司令部在这份地图上的位置。他把地图带回开城，发现美国地图不准确。西方记者们觉得他们一直被纳科尔斯耍弄，于是，在 8 月 5 日，当贝却敌和温宁顿透露了共产党谈判代表建议严格按照当时的战线确定军事分界线的消息时，他们的抱怨演变成强烈愤慨。记者们得知这个消息后冲向纳科尔斯，指责他隐瞒了极为重要的消息，他否认共产党方面提出过任何新建议。贝却敌和温宁顿给他们的西方同行提供了一份正式英文文本，该文本曾在前一天的谈判帐篷里宣读过。西方记者回到纳科尔斯那里，纳科尔斯好像初次接触到这一文本似的，他看完文本，然后把它解释为“一个意见，而不是一个建议”。这些长期得不到完整、准确消息的西方记者气得脸色铁青。第二天，他们的报道成了头条新闻。

到 11 月 12 日，由于李奇微未能同共产党方面达成妥协，华盛顿被搅得乱七八糟，终于，华府召集了由国防部和国务院官员参加的联席会议来解决此事。柯林斯将军提议，以总统的名义给李奇微发一个指示或命令，让他接受共产党方面关于开城问题的最后通牒。布雷德利同意发一个指示，但不要用杜鲁门的名义，因为他担心李奇微以为这意味着参谋长联席会议私下里赞同他的立场，而被总统所否决。

午夜后不久，参谋长联席会议电告李奇微“亟待早日解决”。他将作出一些小小的让步，比如放弃开城。乔伊和所有的谈判代表泄气了，李奇微则怒气冲冲，他致电华盛顿：“我以为，向共产党人宣布你们指示给我的方针，极有可能助长共产党人在每一个实质性问题上的强硬态度。随着这种形势的进一步发展，我内心更为确信，多一些刚强，少一些柔顺，更直率地坚持我们的地位不可动摇的逻辑，将给我们带来我们力争的体面的目标。如果退让，我们会失去一切，我以我的全部良知力请坚定立场。”

那天上午，霍兹和伯克深切体会到，那两位共产党小组谈判代表的表现“如魔鬼般的高傲”。在进行了几分钟的讨论后，霍兹说：“我们得去见一见头儿，休会 5 分钟怎样？”

一等到两个美国人单独相处，霍兹就说：“这两个狗杂种已经得到一些消息了，他们知道某些我们不知道的情况。”

他们一回到基地兵营就得知了华盛顿关于接受共产党建议的命令。他们简直不能相信这个命令，于是就写了一份急件，对华盛顿的指示提出异议，他们认为不能接受这些指示，否则，联合国军的整个谈判地位将土崩瓦解。“我们对共产党人许诺过，我们不会欺骗他们，而且也没有欺骗过他们，”伯克回忆道，“我们对他们说，我们不会接受以目前战线作为最后的军事分界线，可是现在，我们得到的正是要接受以目前的战线作为最后分界线的命令，我们不能这样干。”

那天夜里，乔伊在他的日记中写道：“目前，第 64 号问题（原文如此）是：参谋长联席会议会坚持他们所表达的，让我们接受共产党人建议的意愿吗？或者说，他们会受到李奇微那份漂亮的（电文）左右吗？霍兹和伯克明显感到，如果我们被逼接受共产党的条件，他们就无所作为了。就我自己在将来的作用而言，我与他们具有同样的感觉。”

华盛顿接着在第二天又发来一封电报，这个电报并没有使李奇微感到惊异：“参谋长联席会议理解你在（你的电文）中表达的看法，并且承认，在根据我们的（电文）指令采取行动的时候会涉及某些不利条件。但不论怎样，从更为广泛的观点来看，他们以为，就谈判的第二项议程早日达成协议，这个愿望的重要性压倒了这些不利条件。”说得明确点，李奇微和乔伊将听从命令，放弃开城。

伯克和霍兹很不情愿地回到板门店，在抗议声中前去谈判。乔伊海军上将也有着与他们同样的愤慨，“我讨厌这些命令，就与你们所讨厌的一样。”李奇微说：“不过，我们是军人，我们知道自己应处的地位，我们已经把它说得清清楚楚。现在，我们是受命做我们认为错误的事情。但是，军人就得执行命令。”

伯克和霍兹表示，他们将服从命令，“但这样做就使我们成了说谎者，所以，我们将离开这个代表团。”此外，伯克坚信，我方有人向共产党分子泄密。11 月 17 日，他们递交了一份在实质上赞同共产党建议的新提议。4 天以后，联合国方面提交的建议在原则上被接受。

在 5 个月的会谈期间，联合国军在战斗中遭受了 60000 人的伤亡，其中 22000 人为美军。杜鲁门的批评者们确信，战争是没有必要再拖延下去了。共产党方面最初提出的要求，即以三八线为军事分界线本来可迅速实现停战。李奇微和乔伊则坚信，由于减缓了对共产党方面的军事压力，以及对共产党方面作出让步，杜鲁门和参谋长联席会议犯了一个严重错误。

11 月 26 日，代表团就双方的接触线达成最后协议，该线划在由双方标注的一式两份地图上。次日，双方代表团在谈判帐篷内举行全体会议。在进行了65次会谈以后，关于军事分界线的协议终于正式得到双方的同意。

虽然共产党人被迫在三八线上做出退让，但明确确定一条军事分界线使他们取得了相当大的胜利。更为重要的是，共产党人明智的拖延战术，使他们有时间构筑一条横贯朝鲜的极为坚固的防线，而这使得联合国军难以在地面上持续不断地施加军事压力。

现在，双方代表团面临的问题是建立一个执行停战协定的机构，这个问题远比刚刚解决的那个问题更为棘手。

第35章 “我赞同李奇微的立场”

（1951年11月末~1952年2月初）

1

停战谈判就军事设施问题重新开始了冗长乏味的讨价还价。联合国方面试图使交战双方都不要增加，特别是兴建机场方面，因为联合国军队绝对掌握了制空权，而共产党方面则决心在休战期间加强其空中力量。在经历了为期一周毫无结果的争吵之后，参谋长联席会议命令海军上将乔伊把停战谈判列入议事日程，并继续讨论另一个重要问题——战俘的命运。

小组谈判代表于12月11日举行会谈，在谈判桌上，共产党一方有朝鲜人民军李相朝将军和一名中国军官柴成文；谈判桌的另一方是年轻的陆军上校乔治·希克曼和海军少将鲁思文·利比，利比是代替当时还在美国的伯克与会的。像伯克一样，利比也机智聪明，反应迅速，而且阅历颇深，是个经验丰富的参谋军官，是希克曼的好搭档。他们在会谈中提出，共产党方面是否准备交换战俘材料，并邀请国际红十字会视察战俘营。

李相朝认为重要的不是交换资料，而是应立即释放所有战俘。脾气暴躁的利比马上责问，为什么共产党人拒绝日内瓦公约所要求的交换战俘资料？“难道这就是你们对我们提出的正式建议的答复吗？”

李相朝则强调，他们准备在签署停战协定30天之后释放所有战俘，“这不比交换资料或国际红十字会的来访更为迫切吗？”

利比和希克曼措辞强硬，坚持要求得到战俘资料和由红十字会进行检查。第四天，这两位固执的美国人正式要求共产党人根据日内瓦公约，承担道义和法律上的责任，世界人民在期待着回答，纾释人们对目前战俘状况的担忧。

李相朝反驳道，我们尚未在日内瓦公约上签字，联合国军司令部怎么能用它来要求我们呢？“在实现停火后联合国军司令部为什么还不解决战俘问题？如果我们不答应你们毫无道理的要求，联合国军司令部是不是就不会有停火的诚意了？我们能相信吗？”

喋喋不休的争论使会谈没有取得任何实质性进展。最后，在12月底的第16轮谈判中，利比和希克曼把己方的战俘名单放在了谈判桌上，并正式提出要当场进行交换。共产党方面拒绝了。

毛泽东对谈判作出了指示，要求采取灵活机动的战略，不要急于表露出想停战的意向。谈判代表拟在年底争取达成协议。“赢得和平是好事，但是你们不要担心有计划的拖延。”他没有料到战俘问题会成为板门店谈判的重要问题，所以在震惊之余，他意识到该考虑新的方案了。

在华盛顿，海军上将伯克在拒绝继续担任谈判代表之后，获得了15分钟的机会向杜鲁门总统禀告朝鲜战况。总统提出问题并认真听取了他的汇报。突然，直率的伯克大声说道：“总统先生，到底是谁？是您在下达这些命令吗？”

“不，我同意参谋长联席会议的做法。”

“谁最先提出的？”

“国务院。”

“国务院中的哪一个人？”

“确切地说，我还不知道。”

“总统先生，我们政府中的一些人泄露了情报，因为我了解到在我们之前共产党人就搞到了我们的命令。我们无法证实，但我知道这一点。”

15分钟之后，“先生，我的时间到了，”伯克起身告辞，但总统挽留他再谈一会。“总统先生，李奇微上将是个很出色的人，为使我国获取最大利益，他提出了自己的建议，但还是没有人注意到那些建议。”

“是啊，我同意你对他的评价，但我们不得不做一些对政府整体来说更有利的事情，这是他所不能完全理解的。”

“这就是了，先生。”

“好吧，我赞同李奇微的立场。”

2

11 月中旬以来，板门店笼罩在争吵不休的气氛之中。第 8 集团军的总律师詹姆斯·汉利上校在釜山召集韩国当地记者，发布了战争期间一次极其重要的消息。次日早上，赫然醒目的大标题“美国揭露共产党人在朝鲜残杀 5500 名美军战俘”出现于报端。两天之后，死亡人数上升到 6270 人，美联社据此发表了另一条轰动新闻：“被共产党屠杀的美国人数超过了 1776 年死亡的人数。”美联社新闻称：“一位联合国军高级军官今天说，在朝鲜，共产党人杀死了数以千计的美国战俘，撕开了共产党人阻挠朝鲜停战会谈的面纱。”

紧接着这些大多都是推测的新闻之后，军方电台开始不时地向部队广播有关详细情况，部队中许多人早已不满意目前谈判的缓慢进程。李奇微对汉利送给报界的消息一无所知，他后来对新闻界作出了如下正式声明：“把与我们在朝鲜作战的那些军队的领袖们的道德原则公之于我国人民和世界上有良知的人们，这是聪慧，也是不可思议的做法，或许这是上帝的选择……也许难以找到其他办法或采取别的方式来消除我国人民对共产党人所愿意使用这些办法（他们也确实这样做了）的怀疑。他们试图以此摧毁自由人民及其为之恪守的信条。”他希望公众意识到，发表汉利的报告“当然与现阶段的停战谈判没有任何关系”。

一些西方新闻记者怀疑汉利报告的准确性。《纽约时报》记者詹姆斯·赖斯顿报道说，目前的形势变化令人难以捉摸，“几天以前，好像在停火问题上就已达成妥协，当时，国务卿迪安·艾奇逊在巴黎举行的联合国会议上发言，攻击中国共产党人的举动‘连野蛮人都不如’。此后，即在停战谈判的关键时刻，公开发表了汉利上校令人不愉快的报告。连在这里的官员们都承认，他们也觉得是美国在全世界面前有意避免在朝鲜实现停火。”

在板门店，西方新闻界人士又去找《今晚报》记者威尔弗雷德·贝却敌了解事实真相。贝却敌告诉他们，汉利报告玩弄是非，纯属谎言。在战俘营的采访过程中，贝却敌亲眼目睹了美国人在那里待遇良好。美联社驻东京分社负责人鲍勃·尤恩森两天后曾就此事专访了贝却敌。他问贝却敌："如果如你所说，我们的战俘还活着，而且处境不错，我相信你所言。但是，据我所知，我们有一位名叫帕皮·诺埃尔的人被俘了，他是一位富有经验的摄影师。我们为什么不通过渠道送给他一台相机和胶卷，让他拍下俘虏们的照片，然后我们在国内报纸上发表，这样，人们就会再次呼吁他们的归来。"

由于大多数在战俘营中的战俘都由中国人监禁，所以，贝却敌先向负责幕后帮助谈判进行的乔冠华提出了他的想法。这位纤瘦的中国人回答道："为什么不呢？只要美联社能冒险把相机送进去就行。"几天之后，美联社便把一台新闻照相机和大量胶卷送往北方的帕皮·诺埃尔。当板门店战俘问题开始讨论的时候，美国报纸纷纷在头版位置刊登了美国战俘在打排球、打篮球和踢足球的照片，一些地方报纸也随之登载了一些个人的照片。

贝却敌因此成了大忙人。这次是一位合众社的高级官员找到他，抱怨美联社抢在他们之前刊登了那些照片。"北朝鲜人说他们关押着迪安将军，我们的人却硬说他已经死了。你能否给我们拍些照片来，以证实迪安还活着？"

贝却敌立即开始为被允许采访迪安和拍照而四处奔走交涉。

板门店谈判终于在 12 月 18 日取得了进展。共产党方面最后同意提供战俘材料，宣布短暂休会，以让双方核查资料。

这一僵局的突破，对联合国军的最高级军官战俘的生活产生了戏剧性影响。迪安将军在满浦以南 100 多英里的两间房子和两个地窖里度过了一年，在此期间，几乎完全被俘虏他的人忽视了。"我已无法记起我是谁，我在哪里，也不知道我的神志是否还算正常。"

第二天，迪安的监狱生活突然之间发生了变化。一个姓金的朝鲜少校问他是否愿意给妻子写信。迪安用铅笔写了一封信，但他自己都对他的笔迹感到吃惊。"我把 N 写得看上去像是 M，而 M 则写得连我自己都难以辨认。我艰难地写完了给米尔德里德的信，回头一看，乱七八糟不知所云，所以我不得不又重新写第二遍。"

迪安也给女儿写了信，重新誊写之后，把他刚被俘不久照的几张照片也一块儿塞进了信封。那天夜里，他激动得久久难以入睡，因为他终于有了一支铅笔。

此时，贝却敌获得了探望迪安的机会，他日夜兼程，在一位中国摄影师陪同下，从开城匆匆北上。

第二天上午，也就是 12 月 20 日，迪安有了一位访问者，一位姓李的少将。他很友好，通过翻译问了迪安几个问题，令人将迪安床上铺的薄垫子换了条厚褥子。他还责成给换了条被单，可惜那条被单大约只有 20 英寸宽、7 英尺半长。对于迪安来说，更重要的是把他夏天穿的衣服给换了一身由东德生产的细条子毛纺料衣服和一件衬衣。迪安身材魁伟，穿上那件衬衫连脖子上的纽扣都扣不上，袖子也太短，看上去滑稽可笑。

李建议他们喝两杯。副官拿来一听黄油、面包片、鱿鱼干、黑鱼子和米酒。在吃喝过程中，李问迪安如何看待这场战争。你真的认为联合国军能最终取得胜利吗？不可能，迪安自问自答道：在北朝鲜人处境最困难的时候，联合国军都未能取胜。北朝鲜军队最主要的运输问题已得到解决，现在只有一个最后的胜利者，那就是 The lnmun Gun*，朝鲜人民军。

迪安狼吞虎咽地吃喝着，根本顾不上谈正事儿。“黄油太棒了，面包片是我所见过的最好的，鱼子和鱿鱼干也很不错。我不太喜欢米酒，不过还是喝了两小杯。”

次日，一位姓吴的上尉让他写个材料，证明他没有挨打。“这对我们首长有好处，他想和你交朋友，并礼貌待你；这对我也有好处。如果你不同意的话，我们首长会受到惩罚的。”

迪安答应了。事情果然如此，那天晚上，迪安正准备就寝，听得屋外有人谈话。他看到一帮人挎着照相机走进了卫兵的营房。打头的是一个西方人，他径自走到迪安跟前，笑着伸出一只手。“您好，迪安将军，我叫威尔弗雷德·贝却敌。”他们握了握手。在这里会碰到另外一个欧洲人，迪安高兴得和贝却敌拥抱起来。“你是美国人还是英国人？”

“我是澳大利亚人，来这里是想了解您被俘的经过。请进来坐下谈好吗？”贝却敌指着窄小的卫兵室里中间的一块地方对迪安说。

---

* 此为朝语人民军的发音。——译者

他们两个在地上就座，地板采用朝鲜式的取暖方法。一些中国和朝鲜新闻记者很快带着笔记本围拢上来。眨眼工夫，地板就热了，他们俩只得坐在毛毡上，即便如此，仍是大汗淋漓。

“现在，我们开始吧，”贝却敌说，“我想知道您对目前的战争形势有何高见？”就从1950年7月以来谈起吧，“先给您一个时间范围，简要提示一下。”迪安惊愕地得知1950年联合国军向北推进了多远，又被打退了多远，第二次又向北推进了多远。1951年5月以来，战线基本上在三八线附近稳定下来。

贝却敌给迪安讲述了一个俄国发言人如何提出停火建议，讲到开城会谈的细节以及美国飞机袭击该停火区，差一点中断谈判。现在双方又恢复了和谈，目前最大的障碍是机场建造和解决战俘问题。在列出合适的战俘名单方面也还存在麻烦，不过这个问题在12月底会得到解决，停战协定也会随之签署——“如果你们的空军不再挑衅，贵国人民能够阻止李承晚采取进一步的行动。李承晚是强烈反对任何形式的停火的。”

贝却敌确信，美国人民和美国陆海军期望和平。“但是你们的空军和李承晚却不愿意接受任何形式的停火。”他从兜里掏出一瓶戈登产的杜松子酒，“咱们还是言归正传，请您谈谈你是如何被俘的吧。这里实在是太热了，不过我想喝点这种酒也不会有什么事。”找不到酒杯，贝却敌干脆连酒瓶子一块递给了迪安。迪安勉强呷了几口。贝却敌、吴上尉和那位中国摄影师轮流喝将起来。

迪安花了3个小时讲述他的被俘经过，因为在场的新闻记者们得通过吴上尉翻译之后才能进行记录。

这时，一瓶酒几乎喝完了。“昨天，我冒昧地摘录了您写给妻子的信。”贝却敌说。

迪安恼怒地问道：“难道说那封信落到了记者手里？”他写的信纯属家信，而且还涉及其他人的事。

“我也不想提起您不想提的事，”贝却敌边说边在本子上划掉了一些笔记。

两人又回到了迪安的小屋，在那儿，将军抱怨说，每天只允许他活动一刻钟。

“您每天散步吗？”

“不只是散步，我还想进行日光浴。但是我想站一会儿他们都不同意。只有在上厕所时才能站起来。”

贝却敌感到不可理解。“我觉着那不是最高指挥官的命令，这不是朝鲜人民共和国的政策，准有某种差错。”

“直到昨天我才得到了一支铅笔，我还担心他们会要走。”

贝却敌递给迪安一本书，是巴斯托夫斯基著的《短篇小说选》。

“别给我那个，贝却敌先生，他们不会让我看任何东西的。”

“您可以留存这本书，我已经征得指挥官的同意。我想他们不会把您的铅笔拿走的。我还想让您知道，您的名字已写在了两天前提交的战俘名单上面。您妻子获悉您的情况后倍感喜悦这条消息，我也看到了。”

贝却敌答应迪安，他返回板门店以后要办的第一件事，就是给迪安的妻子写信。“我会告诉她，我见到了您，您目前情况不错。她会像东方人那样学着做米饭，做泡菜，这样在您返回故里后，就可以吃到您想吃的饭菜了。”

经过长时间采访后，摄影师们给坐在地板上的迪安和贝却敌拍了几张照片，还给迪安照了几张象征性的运动相片。贝却敌一行告辞时已是黎明时分。几个小时之后，吴上尉来了，非常客气。12 月 20 日李将军曾探望了迪安，吴解释道，因为那天是斯大林的生日，是个应该庆祝的日子。23 日还将有更多的庆祝活动，这是迪安夫人的生日，迪安曾经跟李将军提过此事。要是其他战俘也能享受到这种待遇就好了，迪安这样想。

距迪安住处大约 100 英里的北方，许多普通战俘已被遣返回满浦。卫理公会牧师拉里·泽勒斯没能认出这个地方，马路上的路标不翼而飞，只剩寥寥无几的几栋楼房在风中摇曳。11 月 27 日，战俘们被告知，已经达成停火协议，关于停战分界线和最后协定的谈判正在进行之中。消息灵通人士透露，“圣诞节之前，战争可望结束”。不久，一位朝鲜将军举办了一次豪华的午餐盛会，款待英法两国被俘的外交官。在就餐过程中，这位将军让英国使节维维安·霍尔特上尉给金日成写封信，为受到这样良好的待遇表示感谢。维维安·霍尔特曾亲眼目睹了死亡行军途中的血腥与残暴。

霍尔特耐着性子听着，然后冷峻地说：“我和我的伙伴们在被关押期间，遭到了许多违犯国际法和外交公约及惯例的非人道待遇。您希望我在感谢信中把所有这些细节也都禀报给阁下吗？”

“请不要这么说，”将军非常窘迫地说，“你伤害了我的感情。是出了一些差错，但是，我希望现在给予你们适当的待遇。”他没拿到霍尔特上尉的信，便空手离去了。

这时，贝却敌已经把他拍摄的照片的底片转交给了合众社，并且向其他新闻界人士介绍了他采访迪安的详细情况。迪安同看守他的卫兵下象棋（一种朝鲜棋），用筷子吃饭，练太极拳，做体操和在林中散步等照片，迅速刊登在美国各家报纸上，引起了巨大轰动。更使李奇微感到恼火的是，连《星条旗报》都用了两版篇幅详细报道迪安的事！看上去迪安好像是住在一个糟透了的旅馆或是大饭店里。该报主编当即就被解雇了。

3

中国人为第2号战俘营的美英战俘提供了许多五彩盒，里面装有儿童绘画颜料，让他们为圣诞节的装饰做准备。门上挂的小木牌很快就做出来了，上面写着“全球和平，祝您好运”、“圣诞快乐”、“新年好”和“1952和平年”等祝福的话。每个小屋都内外装饰一新，似乎要回到过去的幸福时光了。“为了完成圣诞节的图画，”上尉丹尼斯·兰克福德，一位皇家海军战俘，在回忆起那令人难忘的圣诞节时说，“圣诞节前夕，下了一场铺天盖地的大雪，第二天清晨，大地山野一片银装，当我们透过晨曦，从小屋里凝视着外面清新洁净的皑皑白雪时，许多人喉咙都哽住了。我们的监狱小屋掩隐在白茫茫的冷杉丛林之中，看上去一定非常像一幅圣诞卡上的图画，但今年我们却收不到这样的贺卡了。”

兰克福德和其他人组成了唱诗班，到每个监房巡回演唱。他永远也不会忘记，当大伙在听《圣诞之夜》那首歌时，一个个硬汉子们脸上挂满泪珠的情景。他也不会忘记在临时搭成作为医院的小木棚里，那些躺在地上的伤病员对他们的到来默默无言地欢迎的感人场面。“我知道，他们许多人不曾会想到圣诞老人会再次出现在他们的小屋里，就在他们同胞之间。”

还有传统的宗教节目，由战俘们表演了耶稣诞生剧。“这时，中国卫兵们也都凑上来看表演，他们中间绝大多数从未见识过西方人的圣诞节庆祝活动，他们一个个面无表情，但显然颇感兴趣。其中受过一些教育的人故意摆出一副不在意的样子；而那些农民出身的卫兵却不同，他们尽管听不懂，却也是看呆了。”兰克福德通过认真观察后断言，几个月来他们试图给战俘们强行灌输共产主义理论的努力，在圣诞节那天全部付诸东流了。

对兰克福德来说，这种友好的态度为时不长，两天之后就结束了。他被带到了镇子边上一间朝鲜人的空房子里，然后卫兵对他说：“审讯期间，这就是你的新家。”

他纳闷，他们为什么选中了他。过了一会儿，一个审讯官带着翻译走进来。“你是一个间谍、阴谋破坏者、特务！”他大声嚷道，“你不要把自己当成是战俘，你是个战犯。”

兰克福德想他一定是发疯了。审讯官把一张纸和一瓶墨水推到他跟前，“现在就写悔过书吧，你要在你写的东西上签上名，以此求得世界上热爱和平人们的宽恕。”停顿了一下，他又补充道：“如果你选择做一名和平卫士，认真地学习共产主义理论，并信奉共产主义，你就不会受到伤害了。”

兰克福德赶忙解释说，他本是战舰上的一名海军情报官员，只负责制作海军图片和新闻短片。他的话马上就被打断了。

“让你写你就写！”审讯官命令道。然后就和翻译一块离开了。晚上他们俩回来的时候，见到的仍是一纸空白。审讯官反复威胁他，如果拒绝合作，对他没有好处。他们折腾了一夜，每次命令兰克福德写时，他的回答总是那句话：“我不会写的。”

夜幕就要退去时，那张纸仍旧是一片空白。“我看你需要运动运动了。”翻译对他说道。在他俩走进冷杉树覆盖的山丘之后，中国人冷静地做兰克福德的工作，说他不自首是愚蠢的。当他们回来时，兰克福德吃惊地得到了一份热气腾腾的米饭和炒鸡蛋。他索性又要了点米饭，不顾一切地吃了下去。然后，紧追不舍的审讯又开始了。“即使让我在这里待20年，我也不会写悔过书的，”兰克福德说，“因为那不是事实。”

“如果你拒不合作，你还真有可能和我们待20年。”

几天来，两个中国人不停地强迫兰克福德写悔过书。最后，审讯官告诉他，在48小时之内必须写一份自我批评的检查。“你写篇检查算了，但是如果不老实，你会受到志愿军处罚的。”

过了一会儿，中国人返回来后，发现他还是什么也没写。这次，他被警告：“如果有必要，我们会枪毙你，你方指责我们暗杀了战俘也没用。我们的回答是：你是一个间谍。根据《日内瓦公约》，我们有权处置你。”

“我永远也不会知道为什么，”兰克福德回忆道，“但是任何威胁都无济于事，我绝不恐惧，也不在乎什么，我只会变得更骄傲。”

两个中国人命令兰克福德坐在他们对面。“现在要你老老实实地认错，我们建议你还是写为好。”

“鉴于他们拒绝听我对我在海军真正的工作的解释，所以，我决定把这些东西写下来。中国人看着我写得潦草难认，甚为不快。”

但是，当他们看懂了我写的材料后便大发雷霆。审讯官抄起稿子，把它撕了个粉碎，把一团碎纸朝兰克福德的脸上扔去。“你浪费了人民的墨水，用坏了人民的钢笔尖！”

当翻译离开屋子后，审讯官脱下一只笨重的高筒靴子，劈头盖脸地朝兰克福德打起来。他挥舞着像印第安人常用的棍棒一样的靴子，一遍遍猛击兰克福德的头部。过了一阵儿，像是一台机器关闭了电门，他无奈地穿上靴子，迈着沉重的脚步出去了。

天黑之后，两个人回来了。“你知道，”翻译对他说，“我们中国人民志愿军从来不虐待俘虏。如果你站在我们一边，就不会受到任何体罚了。”

“那为什么要用靴子打我？”

“你撒谎，你什么时候挨打了？你又犯下对中国人民志愿军说假话的罪行。就冲这一点，你就该受到惩罚。今晚你就这样罚站一夜吧。”

起初，兰克福德感觉行，可是越往后越难受。两个审讯官和两个卫兵眼睛死死地盯着他。他的膝盖疼痛难忍，全身依偎在墙上。一个卫兵立刻冲上来，用一根沉甸甸的木头棍子朝他的小腿就打。他摔倒在地上，痛得满地打滚。另外一个卫兵则用棍子打他的肩膀和脖子后面，直到他踉踉跄跄地爬起来为止。

整个通宵，每当兰克福德站立不稳时，膝盖上就会重重地挨上几棍子，使他翻滚在地上。他的腿实在是一点气力也没有了。最后，他只得在雨点般的棍棒下爬到一个墙角，靠着墙支撑着站起来。他已无力抵挡一阵紧似一阵的棍棒。他就这样撑到了天亮。“不用我们动手，你自己就会垮的。”翻译不断地叨叨着。第二天一整天，除了中间有几次极短暂的机会可以蹲一会之外，他不得不站在那里，稍有晃动，顷刻便是一顿棍棒。最后，他使出最后一点力气做了个记号。你想说什么？翻译问道。“蹲在那里，身上到处伤痕累累，血肉模糊，处在崩溃的边缘……我实在是无法用语言来描述当时的情景。”

兰克福德真希望他们当时能暴跳如雷。可是，他被告知，“你污辱了世界上爱好和平人们的代表中国人民志愿军，你要付出代价的。”之后，审讯官和卫兵们离去了，让兰克福德去捉摸他将付出什么“代价”。那天晚上，他睡得香极了。

4

战场处于相对平静时期。范佛里特指示各军司令官：“让部队处于高度戒备状态。”做好通过伏击捉拿战俘、采取行动的准备。但是板门店方面的进展不大。新年之际，乔伊上将对美国作了一次特别广播：“六个月之内，”他说，“在争取体面、公平和稳定的停战方面，我们取得了一些进展，但是这种进展对于正在进行停战谈判的我们，对于那些在前线战壕里的战士，对于那些身陷囹圄的战俘和对于在国内期待着的你们来说，是痛苦和缓慢的。可是，对付共产党，没有别的办法可以选择。”

第二天，他的小组代表提议，应允许所有战俘自愿地——而非强制性地返回自己的国家。这个建议遭到共产党方面的抵制。转天，李将军就作出答复，说这个提议是无耻的。联合国军司令部在如此野蛮的基础上交换（战俘）是荒谬和毫无道理的，是不可容忍的。中国方面谈判团成员柴成文上校补充道，允许所谓的“自愿遣返”，即把联合国军队扣留的中国战俘交给蒋介石国民党军队是很危险的。很自然，他们应交还给中国。时间一天天过去，中国共产党方面始终拒绝承认自愿遣返战俘的原则，并颇有道理地说这种做法有悖于《日内瓦公约》。直到 1 月底，双方在这个问题上分歧依然很大。

在停火谈判全体会议上，双方互不相让。“在过去的每一天，”乔伊上将忧伤地在日记中记道，“越来越没有理由可以相信共产党方面想实现持久的停火，当然也没有人能指责他们急于表现出的良好愿望。”停火仍看不到希望。

媒体的战斗也进入了白热化状态。2 月初，李奇微仍对报纸刊登迪安将军和其他战俘照片的事耿耿于怀，禁止联合国军方面同共产党记者友好接触。他还攻击盟国的一些记者：“不要滥用新闻舆论工具来达到与敌亲善的目的。”指责他们在同自己的敌人携手和交流。

艾伦·温宁顿在李奇微发表声明后的次日早上，乘坐吉普车来到板门店。此时，气氛相当紧张。“有非常之多的‘联合国’媒体人士聚集在一起，”温宁顿报告说，“他们似乎是在期待着什么人带个头。”

《时代》周刊远东分社负责人德怀特·马丁大胆地向不许与敌友好禁令挑战。他在《工人日报》记者身边走来走去，“艾伦，去溜达溜达怎么样?”他大声嚷着，以便让陆军准将纳科尔斯听到。

当温宁顿和马丁散步的时候，大家都注视着他俩。他俩走出一百多步后又回来了，马丁掏出一瓶酒，拔去塞子，递给温宁顿，他啜了一口，用衣袖擦了擦嘴。然后，马丁喝了一口酒，大声喊道：“老子们就这样了，滚他妈的军方!”

他在下一期《时代》周刊里写道：“夏天以来，联合国军新闻记者进退维谷。他们发觉，在板门店每天都会看见的那些共产党方面的记者们，有很好的停战会谈的消息来源，而联合国军的新闻发布官所提供的则是些很简单的消息。甚至在联合国军谈判代表宣布已提出建议之前，联合国军记者们就已经从像伦敦《工人日报》的艾伦·温宁顿和巴黎亲共产党的《今晚报》的威尔弗雷德·贝却敌那里，获知共产党方面对联合国军建议的反应了。”

《纽约时报》也称，共产党的记者知道板门店会谈的一切事情。“然而，盟军却认为，不能让联合国军的记者们发表同样的消息。”

《记者》杂志的乔治和鲁思·巴雷特引用过美联社一位老记者的报道：“如果艾伦·温宁顿不在，我们大家就只好写些浮浅的东西，想起这事我就愤愤不平。” 于是，不许与敌友好的禁令被搁置起来。

内华达编辑会议在评论这种形势时，合众社的罗伯特 · C. 米勒宣称，美国公众经常指责报纸新闻失实，那些指责没有错。“我们没能告诉他们有关朝鲜的事实真相……除非军方的新闻检查政策有大的变动，否则，我们就无法改进对有关战争事态的报道。联合国军的消息来源要么否认，要么对共产党提供的消息不加评论，而在几个星期之后，终究还是承认了事实，只是为时晚矣。” 联合国军在一场被称之为“冷战”的斗争中，对共产主义发起了殊死的、代价昂贵的战斗，“在这场战斗中，我们最具破坏性的武器就是事实”。然而，编辑和出版者却发表的是些纯属捏造的朝鲜故事。“我们之中许多人在发表新闻时也知道这些新闻是错误的，但他们不得不这样写，因为这些素材都是由军队司令部负责发布的官方消息，只有这些消息才能公开发表，尽管有关负责人也都知道这些消息是不真实的。”

第十部

集中营里的战争

第36章　友乎？敌乎？

（2月7日~2月底）

1

1月底，一名海军直升机飞行员，军士长杜安·索伦，救出了另一名海军飞行员。当时，这位飞行员落入离北朝鲜东海岸不远的冰水里。这一大胆而别具一格的援救行动使他赢得了声誉。索伦使用自己设计的专用器械（两年前，他实施过一次类似的营救，但未能成功），与他最亲密的同事厄尼·克劳福德一起，将这位失去知觉的飞行员从公海上打捞上来。2月初，又一次本应是轻而易举的搭救行动却归于失败。这次也是打算从敌方领土上救出一位海军飞行员。一名陆军上尉登上索伦的“罗切斯特”号，他是驻在附近小岛上的陆军情报站站长。他告诉索伦，他在北朝鲜的特工已救起一名几星期前被击落的海军飞行员，名叫埃廷格，现已将他偷偷运往海岸。

先前的计划是打算将这位飞行员用小船运出北朝鲜，但眼下该飞行员健康状况欠佳，需改乘一架直升机。此项计划业已得到第七舰队司令马丁上将的批准。那位陆军上尉对索伦说，他的特工将趁夜色把埃廷格送到一条山脊上。该处是一片丘陵，距东海岸约10英里。他们将燃起三堆篝火作为引导，飞机的降落点是位于中间的那堆。由于目前直升机不可能执行这样的夜间行动，索伦于是打断上尉的话。“告诉我那里的情况，”他对上尉说，“然后我再说说我们是否打算以及怎样去搭救他。”

某种可能性是存在的，即该上尉的特工们也许已被抓获，等待他们的将是一个陷阱。但在真正执行一项援救计划之前，这需要得到进一步证实。上尉执意要派他的一名部下代替索伦那位经验丰富的同事去执行这次使命。这名谍报军官名叫内勒·富特，是两栖登陆指挥中心的一名中尉，外号叫“鸭嘴”。他曾与韩国特工一道工作过，知晓供应物资的贮藏地以及战线那边的安全区。他还是一名跳伞好手，第二次世界大战中曾作为敌后特工在中国作过战。

2月7日黎明前一小时，内勒·富特来到索伦面前并通知他说，埃廷格躺在担架上，不适宜用升降机搭救。他把地图坐标指给索伦说，韩国特工一听到执行任务的飞机发出由远及近的盘旋声，就立即点火为号，然后他们会把埃廷格带到一块适合直升机着陆的平地上。说完，内勒·富特便去更衣，快吃午餐时才返回，和他一同前来的还有两名水手，每人扛着一只又大又重的纸箱。内勒·富特说，这是为特工们准备的美国香烟、威士忌以及罐头食品。

“我们可不能带这些笨家伙！”索伦吃了一惊。

“就带一箱怎样？”

“好吧，真见鬼，快搬上去！我们已经晚了！”护航机在头顶上吼叫着，“我什么时候叫你抛掉它，你就得照办！”

绿旗举起来，飞机开始起飞。索伦告诉护航机机长说，他打算在10000英尺的高空穿过海岸线，然后保持该高度直飞营救地。地面上那些突出的标志赫然眼前。索伦向内勒·富特询问飞机降落地点。“就在最远处山脊的背面。”他回答道。

“那得有50英里远！”索伦惊叫起来。其实，目标就在前面7英里至8英里处。索伦突然意识到他这位同伴对该地区并不熟悉。

一股浓重的烟雾呈圆柱状从一道山谷里冉冉升起。索伦开始盘旋而下。在距地面几百英尺处，他发现了伫立在白雪皑皑的稻田中间的目标。“这是我们的人，他就站在那儿，”他说道。“马上扔掉你的箱子，快！”他没有听到回答，但他想内勒·富特肯定会照办不误。此时，索伦正全神贯注于作螺旋下降。在站立着的埃廷格身边并没有担架或毯状物的迹象。很显然，他是可以用升降机搭救的，而且很可能他正期望这样做。现在，索伦只好设法将飞机降落到埃廷格站立的那块梯田下方的梯田里。由于没有老练的同事的帮助，他只好自己来调整飞机右轮，以免它落在梯田较低的那一侧边缘之外。

昨天夜里，有特工通知埃廷格说，原本打算用升降机搭救他，谁知这个东西出了问题。他正患肺炎，两只鞋不知丢到何处了，以致几乎无法步行。当埃廷格摇晃着身躯走向直升机时，内勒·富特对他全无表示。他正无精打采地坐在机舱里，卡宾枪横放在双膝上，两眼呆呆地出神。埃廷格走到直升机前试图攀上去，内勒·富特一把扯住他的衣服，将他连拉带拽地拖上飞机。由于内勒·富特没有扔掉那只沉重的箱子，埃廷格进入飞机时他也没有挪动一下位置，以至直升机难以承受埃廷格的体重，它的头部猛然前倾。索伦只好作紧急拉起，以免直升机的水平翼撞上高处梯田的边缘。这一突然启动使水平翼失去了控制，不等索伦将水平翼恢复正常，直升机已飞进一道浅谷，山谷的两壁将飞机水平翼撞得粉碎。

索伦回过头去，见埃廷格正蜷缩在横陈着超载货物的机舱后部。他通过无线电向正在上空警戒的突击队长报告了出事经过。此时内勒·富特登上 20 码开外的一座小山丘，激动地呼叫起这个行动小组的密码代号来。随即响起一阵轻型冲锋枪声。内勒·富特扔掉卡宾枪，举起了双手。

三名身穿北朝鲜军装的人从附近一小片树林走出来。见他们没有朝直升机射击，索伦想这大概是几名游击队员。他向突击队长电告了地上所发生的事。他估计韩国特工很可能将他们带往山里。“如果发现有人从聚居区向我们接近，恳请你尽一切力量击退或阻止他们。”他随即关闭电台，走到埃廷格和内勒·富特中间。内勒·富特正徒劳地想同三个朝鲜人交谈点什么。这三个朝鲜人，两个不满 20 岁，另一个佩戴着中士徽章。

“是他们把你带到这儿来的？”索伦问埃廷格。埃廷格说从未见过他们。

“你认识他们吗？”索伦转向内勒·富特。

“我怎能认识他们？”内勒·富特回答道。

索伦不由得想起那位陆军上尉临行前向他作过的保证。他曾说他那些能干的下属熟悉“该地区里所有的自己人”。不过，索伦觉得此时已没有必要再提及此事。他猜想这三人一定是接受了韩国特工的命令，否则，他们早该下了三位美国人的左轮手枪。另外，三名美国人大提琴重奏般地窃窃交谈，似乎也未引起那位朝鲜“中士”的烦恼，相反，他的表现就如同一位朋友。

几分钟后，中士示意他们离开，由他在前面带路。他们沿着一条弯弯曲曲的小溪走下树木丛生的山坡。树林的尽头是一片荒芜、铺满了积雪的坡地。就在此时，索伦朝中士“嘀”了一声，用手势表示说，如果他们走到前面的空地上，头顶上的友机就会向他们扫射。中士带领大家迅速返回树林，躲到溪水两旁的堤坝后面。不一会儿，一架“海盗”式飞机射出一排20毫米口径的子弹，给洁白的坡地镶上一条几百码长的花边。子弹的响声如同爆米花一般。

第二架“海盗”式飞机出现了。索伦估计敌人的队伍正向他们靠近。接着响起一阵轻型冲锋枪和来复枪声，从而证实了这一判断。索伦从堤坝后面抬起头来探视，视野所及未见敌兵。但是，被“海盗”式飞机射出的枪弹所溅起的雪片离他这样近，却是他始料不及的。弹片“嗖嗖”地呼啸着掠过树梢，索伦赶忙压低了头。中士提醒他注意不要四下张望。索伦这时才相信此人一定是一位友善的特工。索伦问埃廷格，搭救行动前他被关在何处。

“就在距前面村子不远的一间屋子里。”

如果中士与特工们是一伙的，很显然，他不知道应如何处理飞机被撞之事，也不会带他们去别的地方。索伦指一指刚才响枪的方向，比比划划地表示有部队正朝这里移动。接着他又指了指自己腰间装手枪的皮套。中士马上解除了索伦和内勒·富特的枪。

“为何要提醒他这么做?”内勒·富特闷闷不乐地说，“现在他很可能要搜查我，我还有手榴弹呢。”

中士从内勒·富特飞行服的下部裤兜里敏捷地摸出几颗手榴弹，然后又瞥了瞥索伦与前者一样鼓鼓囊囊的裤兜。索伦摇了摇头。中士点点下巴，没再费工夫去搜他。

解除内勒·富特的武装，对所有的人来说都是件大好事，索伦这样想。内勒·富特的言行举止至少表明他神经系统正常与否很成问题。两名年轻的士兵在紧靠堤坝和三个美国人的地方坐着。中士自己在树林里找了根圆木，然后坐在他们对面。他们待在那里，等着飞机飞走。

在等待的时候大家都陷入沉默。内勒·富特坐在地上，耷拉着脑袋，两眼直直地盯着两脚之间的地面。埃廷格两臂交叉搁在双膝上，头疲乏地枕在上面。他费力地呼吸着，身体十分虚弱。一次他抬起头，满含悲伤地说："真抱歉，是我让你们陷入这步田地的。"

"不怪你，"索伦说，他始终站着。埃廷格问直升机是否真的坏了。"没有，"索伦回答道，"我们以后再谈。"中士是朋友抑或敌人，仍然无法判明，而且，当着他的面谈论此问题显然并不明智。内勒·富特坐在那里，两眼继续盯着地面，好像没有听到索伦和埃廷格谈话似的。这时索伦已经肯定，内勒·富特先前关于埃廷格身体状况的描述是故意说谎。他这样做，就是为了取代索伦那位老练的同事以参与这次行动。

天上的友机始终保持着警戒，地上的敌军不得不隐藏起来。几个小时过去了。埃廷格、内勒·富特以及两个年轻战士，在中午温暖的阳光里不时打着盹儿。索伦和中士不敢掉以轻心，两人依然清醒得很。太阳消失在山的背后，最后一批护航机已开始返航。又过了一会儿，两个人朝这边走来，前面的一位身穿北朝鲜将军服，后面的一位身着便装，讲一口流利的英语。正是他们安排了这次营救行动。在向埃廷格就计划未能成功表示了歉意之后，将军指示中士和所有在场的人一起步行到山坡下的村子里去。

一群愤怒的村民一面挥舞着棍棒和草耙，一面发出威胁性的怒吼。中士向他们说了些什么，这群人才停止向美国人靠近。中士和索伦排成一列纵队，深一脚、浅一脚地沿着狭窄的小路往山下走。内勒·富特急走几步与索伦并行，用头向后点了一下行走困难的埃廷格，"这狗娘养的废物让我们上了圈套"。

"你他妈干的好事，"索伦脸上格外平静，"如果你不对我说有关他健康状况的谎话，或者你按我的吩咐及早将箱子扔掉，他现在早就躺在'罗切斯特'号的病号间里得到及时治疗了。"

他停下等着埃廷格，看看是否需要照顾。埃廷格并不需要帮助，只是走得太慢，赶不上前面的人。中士有意放慢脚步。这使索伦和埃廷格得到了增进彼此了解的机会。埃廷格说以前他从未见过这三位朝鲜人，但他相信他们肯定是在按两名特工人员的命令行事。就是这两名特工将他带到营救地点的——现在他们又把他带回来。

中士让美国人在一座小楼前面停下，自己离开了。该建筑物看上去像是某部队的总部或某城镇的公所。外边没有卫兵，办公桌旁坐着的那个人也没佩戴军衔。进来几个好奇的村民，盯着这些美国人上下打量，但脸上没有流露出任何敌意。

不一会儿中士返回，将美国人带往附近的一所房子。他们被领进楼上的一个房间，那位将军和他的翻译官正在里面候着。先送上来吃的东西——几大碗味道精美的鲜鱼汤。内勒·富特的那份儿他没有吃，索伦和埃廷格高兴地分而享之。

将军想知道直升机到底发生了什么事。索伦明白，对此问题的答复须格外小心。很显然，面前的两位正扮演双重间谍的角色，至于他们真正属于哪边尚不得而知。同样，也不能指望埃廷格知道得更多。有可能那些真正亲美国的特工已被逮捕。由于从他们身上获取了足够的情报，双重间谍们想乘机打入美国情报网。救出一个被击落的飞行员——埃廷格——旨在使美国人相信他们既可以信赖，又胜任工作。

现在，索伦总算明白过来。内勒·富特并不认识特工中的任何人，也从未在这地方开展过工作。尽管面前这两位朝鲜人表现得十分友好，但索伦仍难以判断他们到底是朋友还是敌人。因此，一件事是绝对必要的，即绝不告诉他们飞机出事的真正原因。

“引擎出了点问题，”他说，“好像一个活塞坏了。由于动力不足，飞机难以承受超载的重量。”

从脸上的表情看，两个朝鲜人对事情的变化的确流露出不少歉意，也许他们正为此大伤脑筋。因为不管出于何因，他们显然乐意看到埃廷格被救并被带出。不过索伦深信，他们期望营救成功，主要是出于自己的利益，无论如何不是为埃廷格着想。

朝鲜人陷入困境。“他们现在须考虑将我们仨怎么办，”索伦回忆道，“如果他们外表上忠诚于北朝鲜而实际上为我方服务，他们当然要为三名美国人的到来寻找出合适的借口。如果他们果真是北朝鲜的人，我亦能感到某种欣慰。因为我个人的不幸至少有助于阻止敌人对我方情报机关的渗透和利用。”

两位朝鲜人在一起商谈了许久。那位翻译官——一个姓全的老百姓——转身对索伦说：“我们的中士称你是一位了不起的战士。”

“能被了不起的战士视为了不起的战士是一种荣耀。”翻译官将这句话译给中士听。中士坚定的目光在索伦脸上停留了一会儿，一言不发就走开了。索伦仍然搞不清他们到底归属哪边，只知道他们是那些作为敌人时值得尊敬、作为朋友时值得信赖的人。

筋疲力尽的埃廷格已进入梦乡。索伦还要考虑许多事。其中一件事他已打定主意：如果逃跑，决不与内勒·富特一起逃。有他在身边，成功的可能性就会大打折扣。埃廷格虽然看上去衰弱不堪，但实际上很有胆量。

次日清晨，四周未见持枪的哨兵。有人送过来几大碗米粥。他们没着急动嘴，而是泛泛地交谈起来。埃廷格想起他是于 12 月 13 日被捉住的。当时他从被击中的飞机里跳出，刚落到地面就被俘了。在靠近前线的一个地堡里，他被关了近三个星期。在那里他冻伤了手指，染上了肺炎，还生了一身虱子。由于吃的食物太缺乏营养，定量又不足，致使他体重锐减。1 月 9 日，他被带往一个大型审讯中心。该中心位于平壤近郊，囚犯们一般称之为“朴氏宫”，因为该中心的长官是一位姓朴的上校。1 月 31 日，将军和姓全的翻译官将他从中心带往元山。两天后，他被带到现在这个地方，并被告知说他即将获释。

现在索伦明白过来了，他的东道主确实是北朝鲜的一位将军，而不是身穿敌服、办事冒失的特工。一个冒充者无论如何不能将一位战俘从北朝鲜最重要的审讯中心救出。那位姓全的翻译官，看上去亦比一般的战地特工要聪明、机敏得多。

接近晌午，全翻译和那位将军将埃廷格用吉普车带往元山，傍晚时分又返回带索伦，直到天黑，他们才抵达元山。三个美国人在位于地下司令部入口处的一幢条形建筑里重新聚首。该司令部坐落在一条山脊的西面，为的是避开停泊在港湾里的联合国军舰的炮火。几碗汤端了上来。然后全把索伦叫到一旁，告诉他将军仍希望埃廷格得到遣返，以使他得到必要的治疗。他不知道索伦对此有何打算。

索伦建议把埃廷格放到他们从直升机上带来的救生筏上，他和内勒·富特穿上蛙人潜水衣，一起游向港湾里的美国军舰。全答应将此主意转达给将军，并说“明天上午咱们再谈”。

这天夜里，他们三人躺在草席上，与一队北朝鲜士兵睡在一起。临睡前，索伦向同伴们通报了事情的进展情况。第二天早晨，埃廷格和几个士兵正在理发，全和将军走了过来，示意索伦到他们跟前来。内勒·富特也跟了过来，紧靠索伦站着。全对索伦说，“将军想知道，你们能否派个人把埃廷格用筏子送走。派谁去由你们定。”

不等索伦回答，内勒·富特向前迈了一步，抢先说：“这种场合应派我去。我是军官，能直接面见马丁上将，还能为你们争取赏金。”

全将内勒·富特的话译给将军听，将军甩头对全说了几句什么，随之生气地走开了。

傍晚，全独自返回，走到索伦面前。“我很抱歉，”他说，“现在只有把你送往平壤了。一会儿你乘吉普车走。我不能给你太多的保证，但我认为你不会受到大的伤害，我相信你的能力足以应付你将遭遇到的磨难。”

索伦意识到已无必要再提及救生筏的事。“我想问一下埃廷格眼下咋办？”

“我们将在有限的物质所能提供的最大限度内，给他以最好的治疗，然后……”全的声音逐渐低了下去。有好几分钟，他站在那里沉默着，与索伦一起等车。

吉普车来了，索伦登上车，坐在车后部。全对他说，“再见吧，祝你好运”。他是敌是友倒无关紧要，反正这是一句表达私人之间诚恳心愿的祝语。内勒·富特问索伦，全是否说过他们将去哪里。索伦只回答道：“去平壤。”吉普车开动后，索伦脑海里泛起一种奇怪的想法：在战争中，一个可信赖的敌人远胜过一个不可信赖的朋友。

抵达平壤后，他们被带往北面10英里远的“朴氏宫”。他们就在那里分了手。当索伦被带到一个没有窗户的房间里时，天已经黑了。“里面有人，”卫兵解释说，“这样你会觉得暖和。但你不许同他们讲话，他们也不许与你交谈。”

几个身影晃动了几下为索伦腾出一个空位。索伦紧挨着一个靠墙角的人躺下了。房间里的谈话继续进行。墙角里的身影压低嗓门说，“我叫乔·格林，是美国空军中尉。你是谁？”等索伦介绍完毕，格林告诫他，“不要让敌人知道有关你的一切。在这里什么都不要讲……”格林对他说，有几个美国人简直是话匣子，在敌人面前说话毫无顾忌，有时竟直接找敌人谈。对面角落里还有一个韩国士兵。尽管他并非不忠诚，但要得到他的合作，尚需对其施以重压。

其后几个日夜，索伦被隔离了。整个白天都要受审，晚上形单影只，格外冷清寂寥。由于太寒冷，很难入睡。他要事先斟酌一番审讯时的言行举止，以应付和答复审讯者。他想，他毕竟“只是一名服从命令的普通士兵。除此之外别想知道得更多”。

令索伦惊讶的是，不知是早已澄清事情的真相，还是根本不予在意，审讯官根本没有提及有关这次行动的任何问题。不久以后他才意识到他已投入一种完全不同的战争——一场政治攻心战。审讯官并不打算从俘虏身上获取多少情报，而是想得到俘虏们违心的同意，要求他们就微不足道甚至毫无意义的事情进行合作。接下去是录一些词意模棱的磁带到电台去宣传广播。下一步是为有关细菌战及其他战争罪作假证。最后是为本国政府指使他们从事这种犯罪行为进行公开谴责。

在审讯中，内勒·富特为编造一个足以充作杂志题头的故事而着了迷：他说他是一名情报特工，曾在朴上校的办公室里接受过一次较长时间的审讯，此间给过他一些米酒。审讯结束后富特对索伦说，“我已告诉他们我知道藏药品的地窖在东海岸的什么地方。我还说你可以帮助确定具体地点并能带路。那里边有威士忌和毒药。我的主意是我们把毒药倒进酒里并趁机溜掉。现在，有一点你必须明白：你要绝对服从我的命令，我是领导。”

索伦让他尽管说下去。看来内勒·富特并没有意识到他行为中的诸多错处。最后索伦说，“有件事我一直不明白，你那位上尉告诉我，你认识这里所有的特工，但等我们到了这里，你却并不认识。”

内勒·富特疑惑地问：“你为什么一直喊他上尉？他不过和我一样是个中尉罢了。”

索伦不由得暗暗吃惊。莫非此人神经异常？是谁凭空想出了这样一个毫无把握的营救行动？谁应对这一系列灾难负责？他于是决定逃走以澄清这些疑团。

第37章 “一塌糊涂”

（2月~4月28日）

1

1951年2月在巨济岛联合国军战俘营发生的绝食抗议，初步表明共产党日益具有举行暴动的意图。到这时，关押北朝鲜军官的营地已完全被共产党人控制。那位发狂的朱永福少校就是被分到该集中营的。为了活命，他被迫隐藏起来，后来才找机会逃往白营（与赤营对立）。赤营的战俘头儿已不再是三心二意的李学九上校，而换了一个对共产主义赤胆忠心的北朝鲜人。他在登记册上写的是二等兵钟文日，其实他的真名叫朴相显。他幼年曾随父母去过苏联，后来成为一名红军军官。朝鲜战争前，他在平壤与苏联军事代表团团长一道工作过。入侵开始时，他奉命加入北朝鲜军队。被俘后，他通过平壤电台接受密码指令，在巨济岛加强并控制了共产党组织。

朴相显的确精明强干。尽管忠实的共产党人的人数远远低于那些已不再抗拒而投奔自由的人，朴仍然控制了大部分集中营。北朝鲜向他传达了关于准备一次大规模越狱行动的特殊指令：“一俟发动暴动或越狱时机成熟，即派人到集中营外策应战斗部队，攻占固定火力点，奇袭岗楼，协助战俘撤出集中营。然后，在山顶点火为号，夺取武器，摧毁联合国军弹药库及武器库。派出的人应从在中国和南朝鲜打过游击、作战经验丰富的党员中选拔，还要熟悉敌人的武器，最好是在人民军中当过工兵或侦察兵。”

朴相显还接受了一项更为详尽的指令。这是关于一旦越狱成功后将要采取的下一步行动计划。“创建敌后根据地，烧毁集中营司令部、油库、粮库及其他后勤设施，破坏交通运输线。完成任务后即返回大陆，向一位少校军衔以上的军官汇报情况并加入其队伍。越狱或逃跑要赶在天亮前，趁勤杂人员执勤或在大雾天实施。”

那些没有建立完善的组织及领导的非共产党人，尤其是先前曾是蒋介石国民党军队的人，在激烈抗拒着。他们中有数千人将反共和拥蒋口号刺在身上（在同伴帮助下），打算以此表明不愿返回中国而希望被送往台湾的强烈意愿。

结果是内战。争辩往往导致使用拳头、木棒和自制武器的流血冲突。双方的袋鼠法庭*程序相当简单，往往将对手处以死刑。由于不许卫兵在夜间进入战俘营，战火遂愈演愈烈。第二天早晨，那些挨揍的人要么心惊胆战，要么缄默不语。他们既害怕，也不愿将事情抖搂出来。战俘营总管即使掌握了殴斗的证据，参谋长联席会议也禁止他采取相应的司法措施。

此间，共产党囚犯们还被一项管理当局宣布的知识与教育计划所激怒。该计划旨在显示“民主”制度的优越而揭示共产主义的“谬误”。尽管事先已说明听课者纯属自愿，战俘中还是发生了暴力冲突。实际上，共产党人更倾向于接受一项旨在增进其战后职业和专业技术的教育计划并从中获益颇多：他们把金属加工课堂转变为制造小刀、长矛、大棒和其他武器的小型工厂。

1951年秋，15名反共战俘被一“人民法庭”宣判死刑。此时巨济岛上的骚乱达到高峰。在第78号集中营的暴乱中，有3人被杀。军队设法恢复了秩序，将200名担惊受怕的战俘转送到别处。范佛里特进一步强化了保安措施，委派莫里斯·菲茨杰拉德上校担任战俘营总管。莫里斯是这个并不为人羡慕的职位的第8任长官。其后一个月，范佛里特向巨济岛调来了3个宪兵营、4个警卫连。11月，第23步兵团的一个营到达巨济岛。到12月时，已有9000多美韩士兵驻扎在这个弹丸小岛上，监管着十多万战俘。

12月，板门店有关战俘问题的谈判刚一提上议事日程，战俘营内两

---

* 袋鼠法庭：指非法的或不按法律程序的非正规法庭；也指囚犯在狱内举行的模拟法庭。——译者

派的殴斗就剧烈起来。18 日，战俘营爆发了一场大规模的石块战，接着发生了骚乱和游行示威。人手不足又缺乏训练的卫兵立即进行残酷镇压，对人群胡乱开枪。结果，14 名战俘被打死，24 人受伤。

到 2 月初，除第 62 号集中营的 5600 名战俘外，其余所有战俘营都已经过投票表达了获释后的个人意向。62 号集中营的头目声称，该营所有战俘都愿返回北朝鲜，因而没有理由再行甄别。韩国卫兵则坚持履行职责。2 月 18 日晨约 4 时，他们在第 27 步兵团第 3 营的护卫下，来到 62 号集中营。当士兵们上好刺刀踏入集中营大门时，1250 名共产党人手持镐头柄、刀子、斧头、连枷和帐篷柱子涌出营房，其余的人则高声喊叫，猛掷石块。士兵们投出几颗手榴弹，企图加以阻止。但尽管军队已经开火，战俘们还是围攻上来。结果，55 名战俘被杀，另有 22 人死在医院里，140 人受伤。联合国军方面有一个美国人丧生，38 人受伤。

为正视听，美国参谋长联席会议命令李奇微立即发表一份官方报道，将罪责完全推诿给集中营战俘头儿，并指出，只有 1500 名囚犯卷入此事，他们是民事犯，而不属于战俘。两天后，范佛里特任命弗朗西斯·杜德准将担任集中营总管。

2

在板门店，停火和战俘问题上的僵局一直持续到 4 月。4 日，双方同意休会，先由双方各自确定应遣返战俘的大概数字。联合国军司令部还要求共产党方面在进行最后甄别前先发表一项对战俘的大赦声明。两天后声明发表。事情的进展还算顺利。

双方又开始单独秘密会谈。4 月 19 日，当在板门店的联合国军代表团宣布，由联合国军监禁的 13.7 万名战俘中，约有近 7 万人不愿返回时，这个数字被南日冷淡地拒绝了。

共产党要求什么数字呢？回答是 13.7 万。所有他们的人都必须遣返。会谈搁浅，双方立场的距离比以往任何时候都大。

4 月 22 日上午近 10 点，乔伊海军上将与另外三位代表一起离开基地兵营，于当天后半晌抵达羽田机场。目的是就一项有关停战问题的一揽子建议与李奇微、希基以及三位参谋人员进行协商。该建议的文本包括对敌方新近做出的一些让步，规定对方必须限期接受，否则即终止和谈，重启战端。李奇微对此十分欣赏，认为最好是让爱吵闹的赤营分子坐下来谈一谈。他电告华盛顿，说他已授权代表团将上述建议在关于战俘的内部会议上提出。“如果共产党人对该试探性建议感兴趣，那么，双方可就该建议的具体内容作进一步协商。协商级别可按对方要求加以确定。”

4 月 26 日，乔伊在双方代表会议上陈述他的新建议。“9 个多月来，双方一直在寻求一项旨在在朝鲜结束对立状态的停战协定，”他说道，“谈判已取得重大进展。目前在我们和最终停战协定之间，只剩下 3 个有待协商的问题。”它们是，对修建军用机场的限制，交换战俘，以及“中立国监督委员会”成员国的选定。

“我们相信，由于双方在历次会议上都表明了不妥协的立场，如果我们继续拖延对这些问题的讨论，抑或打算分别予以协商解决，那么，我们之间的分歧就只能越来越大。因此，我方认为将此 3 项问题一并解决是绝对必要的。很显然，对于上述问题，如果双方坚持目前的立场，不作任何妥协，今后的谈判就只有无限期地僵持下去。”

次日上午，美方建议提上板门店的谈判桌。共产党方面要求休会以进行研究。下午两点半，他们返回会场。“我方认为，你方今天上午的建议不足以说明所有尚未解决的问题。”

整整一个星期，共产党方面对美方提议不理不睬。乔伊深感前景不妙。翻译官理查德·安德伍德见上将散会后独自一人待在帐篷里，头伏在桌子上，还以为他生病了。“将军，是否需要帮助?”乔伊把头抬起。他不是病了，而是陷入深深的悲哀中。“你莫非听到了什么坏消息或令你伤心的事?”

“没有，没有。上帝啊，但愿我们没有收音机，”乔伊说，“我们的人天天在前线死去，就是因为我无法谈成这该死的停火协议。”

3

尽管李奇微曾给范佛里特一个明确的提示，让他放手去控制巨济岛上的战俘营，范佛里特还是指示战俘营总管杜德将军，对战俘要“慢慢来”，让他们尽量保持安静——快要停战了。52 岁的杜德与前几任总管不同，他常常不带任何武器去集中营的通道门口。他觉得这样做更易于与搞暴乱的战俘头儿们进行对话。虽然通过这种途径，他与战俘们的关系融洽了不少，但同时也使他们的胆子大了起来，使其产生了遵照北朝鲜司令部的命令进行一次大规模暴动的想法。由于勤杂工经常出入，集中营大门从无上锁的习惯。平日里，只有卫兵携枪，其余安全人员按规定一律不许射击，除非遇到紧急情况或是出于自卫。在此之前，曾有几个联合国军官兵被战俘抓去又放回，其中有第 94 宪兵营营长威尔伯·雷文中校。现在，共产党战俘头儿朴相显决定趁杜德再次来通道门的机会绑架他。这将多么震惊世界！当板门店谈判由于战俘问题而陷入僵局时，这真是一个天赐良机。

5 月 6 日晚，最后的计划拟定完毕并立即付诸实施。共产党的一名勤杂工声称在见到雷文之前，决不返回 76 号营地。他抱怨说卫兵打了他们集中营的人，还强行搜身以寻找违禁品。

雷文答应对此事进行调查，然而战俘们坚持要见杜德将军，说有要事相告。雷文无奈，只得应允将他们的请求禀报将军。战俘们说，如杜德将军肯见他们，他们就答应注册和按手印，让他得到一份全体战俘的花名册。这个苦差事是杜德的上司一直逼他干的。杜德吞下了诱饵。他答应次日下午到 76 号集中营来。

5 月 7 日下午两点刚过，杜德将军与雷文一起来到 76 号集中营未上锁的大门口外面并与战俘代表交谈。代表们向杜德询问了几个有关伙食和穿着方面的问题，然后邀请两位美国人到大门里面去，说在那里可以更加轻松自如地谈话。雷文拒绝了。他不愿再次上当。

一大群战俘聚集在通道门门廊内倾听谈话。代表们再次提出邀请，又被拒绝。这时从外面走来一名勤杂工，使谈话停了下来。就在开门让勤杂工进来的一刹那，聚集在门廊里的那群战俘装作走近些以听得更清楚的样子，突然跳出来抓住两个美国人。雷文紧抱住一根柱子不放，直到卫兵端着刺刀赶来将他救下。杜德被拖进了集中营，并被推进一顶早为他准备好的帐篷里。这顶帐篷用军毯和床单分割成 5 个小房间，使杜德拥有一间卧室、一间办公室和一个厕所。他享受贵宾待遇，还配备了两名勤务兵。然后他被告知，这是一次有预谋的绑架。

很快，大门上方树起了一幅标语，上面写着：“我们生俘了杜德。只要我们的要求得到合理解决，他的安全就能给予保障。如果发生诸如射击等野蛮行径，杜德将军就性命难保。”

一张便条从栅栏里面递了出来，这是杜德的手书，说他眼下很好，要求在 1700 小时（原文如此，似有误——译者）内不要派任何军队前来救他。第 2 后勤司令部长官保罗·扬特准将将此信交给范佛里特。后者命令他不经允许，不得动用武力解救杜德。扬特指示其参谋长威廉·克雷格上校即刻飞往巨济岛担负总责。克雷格打算通过谈判使杜德获释。“不过，”扬特说，“如果有人企图大规模越狱，必须予以制止。”除非他们试图这样做，否则，任何情况下都不要用武力解救杜德。“如果刺激他们，天晓得会闹出什么事来！”

出于同样考虑并希望大事化小，杜德决定与战俘们合作。他同意担当他们与管理当局的中介人。帐子里装上电话机后，他立即命令部下将全岛各集中营的战俘代表统统接到 76 号集中营来，打算听取他们的要求并代向联合国军司令部转呈。

那天早晨，第二次世界大战期间任驻意大利美军司令的马克·克拉克将军抵达羽田机场。他已被选定为李奇微的继任者。由于艾森豪威尔辞掉军职去竞选总统，其北约总司令这一荣耀的职位将由李奇微接替。李奇微即将离开韩国赴巴黎。当天夜里，克拉克与李奇微在就要归属前者的前田住宅共进晚餐。餐毕闲聊，李奇微说明天一早要飞回韩国，一来向各战地司令官们话别，另外则打算为克拉克作作引见。两人丝毫未提巨济岛的事。

杜德与来自 17 个战俘营的 43 位代表举行的会议还在进行中。朴相显坚持让朱永福少校的朋友李学九上校担负起领导责任，因为他的军衔最高。李于是被推选为战俘代表团团长。杜德被告知，代表们提出的要求次日再呈交给他。他们打算去观看由战俘自己排演的戏剧，并邀杜德一同前往。杜德将军此时哪还有那份心思？

不久，杜德打电话给克雷格上校，说他得到了友善对待，再次强调不要试图用武力解救他。周围的气氛并非全是敌对的，他确信自己不会受到伤害。至此，事态的进展表明共产党人取得了辉煌胜利。他们不仅生擒了杜德，而且利用他打开了谈判的大门。此外，各集中营之间都通了电话，两辆汽车充作各营间的交通工具。次日上午，代表们将请愿书递交给杜德。杜德答应为战俘们提供一些急需物品，如急救箱等。不过，此时的杜德只是口头说说而已，他已不再拥有实践诺言的权力。

此时克雷格正忙于四处派人去搬救兵。他向上级要求速调技术娴熟的机枪手、掷弹兵以及防化部队来巨济岛。第 9 步兵团的一个营正乘坐坦克登陆舰由釜山开来。韩国海军的船只为提防大规模逃跑行动而将全岛围得水泄不通。陆海军以及海军陆战队的飞机已处于临战状态。一个中型坦克连也已在来釜山的途中。范佛里特又调 55 岁的美第 1 军参谋长查尔斯·科尔森准将接替杜德统管战俘营。科尔森被告知要救出杜德。

清晨，克拉克一觉醒来便急于投入新的工作。他驱车来到机场，与李奇微一起飞往韩国。飞机起飞后，李奇微对他说："我们在韩国遇到一个小小的麻烦。据说几个战俘劫持了一个名叫杜德的战俘营长官，并将他作为人质扣押起来。到第 8 集团军司令部后，我们必须先处理这件事，将事情真相查清楚。"李奇微决定自己来处理这一棘手问题，不想这么快地把它扔上克拉克的餐桌。

克拉克被这一消息吓了一跳。"虽然事先我在华盛顿听说过有关各种可能发生的情况的汇报，但我还是第一次听到巨济岛以及我们后方正在发生严重的战俘问题。"

到第 8 集团军司令部后，李奇微急忙给范佛里特下达书面命令："立即在战俘营确立秩序并予以维持，为此可使用任何必要之武力，甚至坦克。"如果共产党人抵抗，李奇微就决心"尽全力射击，射击"。范佛里特当即命令第 3 师一个坦克营马上从 200 英里外的阵地经陆路出发，然后由登陆舰运往巨济岛。

4

在巨济岛，科尔森将军已全面接管了战俘营。此前他是一名战地指挥官，并不熟悉现在从事的新工作。同样，对于板门店正在激烈辩论的战俘问题，他也不过是一知半解。不久他即发现共产党人对待杜德相当不错。不仅允许外面给杜德送去治胃溃疡的药品，而且还允许送去美国饭菜。战俘们未对杜德进行任何肉体折磨，反而尽一切可能使他过得舒适。此时战俘营里的杜德心里明白，如果科尔森试图以武力解救他，共产党肯定无疑会将他杀掉。幸好科尔森对此已有充分认识。上司命他将一份要求杜德能安全获释的官方声明差人送往集中营，他决定等到天亮再说。

5 月 9 日凌晨，科尔森递交了一份官方声明。6 小时后没见回音，科尔森又发出一份。最后李学九上校出现在通道门门廊，声言杜德已经承认犯有“虐杀和残暴对待”战俘罪。由于科尔森此时已成为总管，李于是邀请他来集中营与杜德一道参加战俘代表的重要会议。

科尔森对此严加拒绝。他意识到他必须等待，因而没对李学九下最后通牒。坦克营要到夜晚才能到达，而采取军事行动，则只有等到天亮以后。他与扬特及第 8 集团军参谋长略作协商，他们也认为目前只能这样做。

科尔森决定不再对战俘作过多让步。他下令禁止各集中营战俘之间相互串门、交往等活动。这个决定惹恼了战俘们。他们要求杜德询问科尔森是否可以不中断战俘们的往来，如他收回成命，并保证在杜德获释后彼此能相安无事，他们就答应释放杜德。科尔森同意了。

杜德的审判会就如同一个东方样板的法国革命法庭。杜德被开列了 19 条虐杀和伤害战俘的罪状。由于翻译起来相当困难，会议议程不得不长达数小时之久。在集中营外面，科尔森调来第 38 步兵团充实了各营地的防卫力量。所有战略要点都配备了自动枪炮。科尔森还令第 38 步兵团团长草拟一个捣毁 76 号集中营的作战计划，使用的武器包括坦克、火焰喷射器、装甲车、30 毫米口径多管火炮、催泪弹以及防暴枪。

中午刚过，范佛里特飞到巨济岛。他通知科尔森说，他、李奇微以及克拉克一致同意严禁记者采访和拍摄巨济岛上混乱不堪的景况。科尔森打算给俘虏们以和平投降的机会。因此，在动用武力将战俘们赶往邻近一些小集中营之前，他始终没有硬性闯入集中营，虽然他此时很清楚他有权使用任何必要的武力手段以解救杜德和制服暴乱者。范佛里特为科尔森规定了动武的具体时间，强调说，必须在第二天绑架达到 100 小时时中断谈判。

黄昏时分，杜德与科尔森通了话。审讯还在进行，看来整个晚上都不会结束。杜德要求将期限延长到第二天中午。科尔森与第 8 集团军进行了磋商。对方没有松口。最后期限仍定为 100 小时。

20 辆坦克冒着倾盆大雨进入预定战斗位置，其中 5 辆配备了火焰喷射器。16 个小集中营已做好接收 76 号集中营战俘的准备。防毒面具分发下来，心神不定的士兵在安营扎寨后转入休整。杜德与科尔森最后一次通了话。互道再见时两人都明白：杜德在这次行动中是必死无疑了。

5 月 10 日天刚破晓，战俘们向科尔森提交了一份请愿书，提出了最新要求。这份请愿书的英文译得既匆忙又蹩脚，有的地方甚至语意不通：立即停止你的军队的"野蛮暴行，停止侮辱、拷打、强迫写血书声明的做法，停止威胁监禁、大量虐杀、机枪扫射以及用战俘做毒气、细菌武器和原子武器试验品的做法，按国际法保障战俘的人权及生命"。也不要再强迫战俘进行所谓的甄别。

科尔森进退维谷。他毕竟不愿看到惨烈的流血和杜德丧生。于是，他打电话给扬特。战俘们所开列的"罪行"，绝大多数是虚构的，联合国军从未这样干过。"我为什么不通知杜德说这些指控是不真实的呢?"他问扬特。如果扬特被授权宣布放弃有名无实的甄别，战俘们也许能听从劝说将杜德释放。扬特就此主意与第 8 集团军参谋长进行磋商，后者予以同意。

科尔森立即给战俘写回信。他首先声言美国人并没有犯那些所谓的罪行。然后他答应对战俘不再进行强迫性甄别。他要求至迟在中午以前将杜德释放。

战俘们就科尔森复信中的措辞争论了好几个小时。中午过去了，下午又过去一半。最后杜德——战俘领袖们就坐在他身边——打电话告诉科尔森，说以前曾有一些战俘被杀。科尔森显然不能否认这些事实。杜德按战俘们的要求修正了科尔森的回信。科尔森最后同意并通知了扬特。

李奇微了解到战俘们的要求后，企图阻止科尔森予以答复，但为时已晚。范佛里特向他担保说，科尔森的答复决不会承认犯有任何非法和应受谴责的罪行。直到傍晚，仍听不到有关科尔森谈判结果的回音。

由于翻译的困难和反复讨论，等战俘们研究完科尔森的复信时，夜幕已悄悄降临。最后，战俘们对它表示满意。复信中科尔森承认，“以前确曾发生过几起流血事件。在这些事件中，联合国军士兵曾使许多战俘伤亡。我承诺今后按国际法原则给战俘以人道待遇”。对于广大战俘来说，这的确是一场令人眩晕的胜利。

科尔森在声明上签字后，杜德也被要求署上姓名。当杜德签字后抬起头来时，战俘总翻译官张泽石注意到将军脸上挂着几滴水珠。战俘代表们依次上前与他握手。张泽石走到他跟前，发现那些水珠竟是眼泪。“我忽然觉得在他脸上新增加的皱纹里隐藏着某种人类共有的东西，不由得握紧他的手摇了摇，我希望他能懂得一个中国人的心地。”

当晚 9 时 30 分，神色忧郁的杜德缓缓地步出 76 号集中营的营门。他的脸上显露着胃溃疡的折磨和煎熬后的痛楚。他的军人生涯就此终结。

范佛里特似乎轻看了科尔森信件所造成的危害。可是参谋长联席会议却被下列事实惊得目瞪口呆：科尔森不仅承认发生过屠杀战俘的事例，而且还承诺今后“给战俘以人道待遇”。

翌日下午，李奇微夫妇离开了日本。这是一场伤感的道别。夫妇俩对于即将离这么多日本朋友远去而深怀歉意。在送别宴会上，吉田首相感动得不能自持，几乎无法念完他那份言辞谦逊的送别词。李奇微起身致词时，喉头也不免有些哽咽。“我们曾在一起密切工作，共同处理那些意义重大而又极为艰巨复杂的问题。我越来越感受到他那和蔼可亲的性情。这使我对他无比敬仰，把他看作一位故交，一位难得的朋友。”去羽田机场的大路两旁到处是挥手致意的人们。“他们表达了一种炽热的情感，这是祝愿和友谊的象征。这么美好的留念我必予以珍藏。”

李奇微刚步出一个是非之地，又作为北约首脑走进另一个多事之地。在过去的 17 个月里，他感到了胜利的喜悦，也品味了非难带来的苦涩。人们一面称赞他使一支打了败仗的军队变成了胜利者，一面又责备他在板门店的立场过于强硬。参谋长联席会议早有解除其指挥权的打算，然而最终却把他送上一个几乎与美军参谋长平起平坐的位置。难道只有把他打发走，他那位在东京的、较为顺从的继任者才能达成最后的停战协定吗？但不论怎么说，李奇微仍将全力以赴，就如同他在韩国的所作所为。因为执拗是他的脾气，只要认为正确他就必定去做——从不计较这样做的后果。

那天晚上，在汉城第8集团军司令部举行的记者招待会上，仍留有被囚痕迹的杜德将军，讲述了他遭劫及被释的经过。在声明的最后他声称："战俘们的要求微不足道，战俘管理当局所作让步也是区区小事。"

这些话使克拉克深感震惊。更令他震惊的是，范佛里特在写给他的一封信中竟然也表达了同样的想法。5月13日，克拉克任命美第2师副师长海登·波特纳准将接替科尔森将军任战俘营总管。绰号"公牛"的波特纳是一个中国通。他虽长了一副五短身材，却显得机敏干练。年轻时他在中国待了6年，当过骑兵侦察分队队长，作过汉语翻译官。第二次世界大战中，他在约瑟夫·史迪威将军麾下干过18个月，后来在中国作战指挥部担任过6个月的参谋长。

接到克拉克的调令时，波特纳正在东京度他的休整假。克拉克向他清楚阐明了当时的形势：巨济岛正发生公开的暴乱，业已持续数月。接着他给波特纳下达了命令。命令简洁明了，使他不至于误解："你必须重新控制巨济岛上反叛的战俘，并维持今后的秩序。"

克拉克进一步阐述道，巨济岛之事威胁了正在板门店进行的停战谈判。他说，巨济岛上所发生的一切，已使美军丢尽了脸，这种局面绝不能再容忍下去。

"整肃巨济岛意味着要流血。"波特纳答道。

"干你必须得干的事。我支持你。"

波特纳随即飞往釜山，当晚下榻在扬特将军处。两人与杜德一起共进晚餐。杜德是波特纳在西点时的老朋友，他就可能出现的新情况向这位新长官作了警告。粗壮的波特纳自感比他的前几任更优越几分。"首先，我直接从克拉克将军处得到明确指示——为重新控制战俘营，他会全力支持我采取任何行动。其次，目前大军云集巨济岛，采取军事行动的可能性远比杜德和科尔森时为大。"他再次强调了在亚洲的8年经历。"我不光会讲汉语，也同样理解东方人的心理。"凭借这些优越之处，"公牛"波特纳对粉碎这个小岛上的密谋充满着自信。

次日上午，波特纳走进科尔森的办公室。科尔森表现得镇定自若，就像平日里一个老资格的长官在向新来的下属传达特别指令，令刚刚在釜山耳濡目染了一场新闻风暴的波特纳不由得暗自称奇。为对集中营先有一个初步印象，波特纳坐上吉普车去集中营区兜风。忽然，他被映入眼帘的景象惊呆了。战俘营里的气氛不仅紧张异常，而且咄咄逼人。“在战俘营里，俘虏们不时地进行大规模的示威活动——游行，挥舞着共产党旗帜，一齐大声唱歌、喊叫。营地中央矗立着斯大林和金日成的塑像，一旁的旗杆上红旗在迎风飘扬。战俘们试图推倒营地周围的环状栅栏，还不住地咒骂在外边巡逻的韩国士兵。各个集中营都在铁皮棚子顶上安置了一名充当哨兵的战俘，传递和接收着某种信号。从外面望去，营地和营房处于一片混乱之中。营地的环状栅栏由一排排几近腐朽的小树干构成，一卷卷倒刺在外的铁丝网缠绕其上。圆桶状的岗楼坐落在栅栏里面的角落处。无怪乎那些稍有理智的士兵总要称这里是一塌糊涂。”

此时宣传战线上也是一塌糊涂。在整个共产党世界，报纸的大字标题都是有关杜德认罪的公告。那份供驻韩国和日本的全体联合国军事人员阅读的《星条旗报》，登载了反映战俘暴乱、死伤以及大量共产党宣传品的新闻图片。在板门店，南日正经历一个特别愉快的时刻。对于杜德的供认不讳，他的兴奋溢于言表。联合国军的一揽子建议，他说，恰恰表明“你方并没有愿就战俘问题达成一项协议、从而在朝鲜实现停火的诚意。铁的和不容置疑的事实是，我们的被俘人员正在对你们的非人道待遇进行决然的抗拒，正在同你们的强迫甄别进行正义斗争。事实证明，你方强行扣留我方被俘人员充当炮灰的阴谋，是永远不会得逞的”。

尴尬的乔伊只得答复说，看来很明显，共产党方面仍不打算接受 4 月 28 日联合国军提出的公平合理的停战建议。在返回基地兵营的路上他心里清楚，他的一揽子方案，其失败的命运已经昭然若揭。果真如此，他将不得不辞去首席代表的职务。这天的《星条旗报》上没登载慰问词。有两版篇幅被共产党提供的图片占得满满当当。图片上的联合国军战俘，有的正在做游戏，有的正在自由活动。这些图片旨在向全世界表明，共产党人对待他们的俘虏是多么的人道。

那天，在第 2 后勤司令部，第 2 集团军的一个军官团裁决杜德和科尔森不受指责。但范佛里特将军却建议给予杜德以行政处分，给予科尔森以惩戒性处分。克拉克对第8集团军的裁决报告极为不满，决定重组调查团前去审理。新调查团将两位准将降为上校。由于扬特没有删除科尔森声明中那些极具危害性的言辞，调查团也一并将他处罚。陆军部对上述决定表示赞同。

第二天一早，波特纳接到报告，说一个志愿军战俘营正在举行大规模示威。一个美国兵开枪打死了一名战俘。这时的波特纳简直无愧于他的绰号。“由于汲取了杜德的教训，起初我决定先置身事外。后来我发现我的参谋人员缺乏与中国人打交道的经验，办起事来很不得力；而我以前曾同他们打过十多年交道，无论是作为朋友、盟邦，还是作为敌人；况且，我还是这里的总管。于是，我决定承担起责任。”

为不引起注意，他带上随从参谋，乘吉普车绕道来到中国人战俘营。他们见到了一幅令人难以置信的景象：在集中营里，近6000名中国战俘，人手一面蓝色或黄色小旗，正在有节奏地高声或低声吟唱着；手中的旗帜也随之舞动。在集中营外面，数千美军士兵喧嚣成一团，好像正在旁观一场大火或者争看一场演出。他们一面挥动着拳头，一面向中国人喊着粗话。

波特纳命令一个随从，二级准尉罗伯特·米尔斯，去把这伙美军的头儿、志愿军战俘头儿外加一名翻译一同找来。“不要通知其他人，也不要让这帮家伙看见你。”

米尔斯带回一个谢了顶、留有一撮小胡子和一身步兵装束的人。

“谁是这里的指挥官?”

“我。”说话者是第9团第3营营长罗伯特·加勒特中校。

“怎么搞的? 真见鬼! 让那些与该集中营无关的美国杂种滚蛋!”

不到半小时，加勒特报告说示威已停止。调查表明一名战俘被杀，责任在美方。波特纳派人送去20卷手纸和一夸脱红药水，让中国人制作举行葬礼用的纸花。“我告诉他们，我将派一名美军上尉代表我出席葬礼。他们要求让7000名战俘步行去墓地，对此我加以拒绝。但我安排了一辆配有卫兵的卡车，用来运送尸体和参加葬礼的人。此后，中国战俘营再也没有找我的麻烦。”

5 月 17 日，克拉克将军通知乔伊上将，不再在巨济岛进行个人甄别。“只要可行，即派联络官通知共产党方面，说大约 8 万人将重归其控制。同时指明，只要他们原则上同意修正后的数字，不久即可得到一份至少不低于该数字的战俘花名册。”

克拉克的建议使乔伊及代表们大为震惊。他们答复克拉克，“我们认为，提供给共产党的任何新数字必须是一个确定的数字，重复一下，是确定的数字，而不是阁下信件中所计划的那个大约数。在我们看来，这一点绝对必要。如联合国军向共产党方面提交一个新的、庞大的不确定数字，必将使其备受鼓舞，从而采取进一步的谴责行动。而由此造成的对问题的拖延，又要迫使联合国军再次增大刚刚提交的数字。总之，提交一个新的不确定数字，关系到联合国军能否坚持其鲜明立场。这是一个至关重大的问题。”

为提防将来发生大规模的暴动或逃跑，波特纳构思出一个分三步走的计划。首先，逐渐控制拥挤超员的所有战俘营；第二，拆毁那些不适宜居住的战俘营和难民村；第三，将参与骚乱的战俘驱往新落成的小型集中营，每营至多不超过 500 人。最后一步几星期后实施，而头两步必须立即执行。“我还对战俘施以手腕，旨在使北朝鲜人与中国人相互为敌。我先到中国人那边，为诱其上钩，我故意用模棱两可的言辞迷惑他们，让他们觉得似乎他们得听北朝鲜人的。后来，中国人发觉在我面前丢了‘面子’，于是，他们和北朝鲜人之间就产生了裂痕。另一方面，北朝鲜人试图强迫我谈判，但我需要时间来建立管理规章。因此，我让部下将战俘们写给我的信全都交到我手上。我至今记得，有一次我觉得一封信中提出的要求太过分，于是大吼了一声：‘战俘岂可谈判！’结果反把副官吓了一跳。”

随着战俘营内紧张局势与日俱增，一些观察家对波特纳的推土机策略提出了抗议。美联社报道说，波特纳是以“沙袋、掩体和重新配置的火力”来支持其政策的。在各个战略据点都修筑起掩体。“每个掩体都由 2—3 名联合国军士兵 24 小时轮番执勤。车厢四周架设着 50 毫米口径机关枪的卡车在集中营门口警戒。22 辆坦克随时处于战备状态，一俟命令下达，即可马上出击。波特纳还下令将位于集中营区角落里的岗楼向外挪移 50 英尺，给机枪手们以更为广阔的射击视角。”不用说，波特纳来以前，岗楼是位于集中营区里面的。为避免侵扰，他就把它们移到营区外面。一周之内，波特纳整顿了管理局，剔除了不胜任工作的员工；动员起全部军队进入战斗准备，并命令他们枪不离手。他向各个集中营下达命令，让战俘们降下旗帜，涂掉带侮辱性字眼儿的标语，并捣毁共产党领袖的塑像。不过，他往往给出一个恰当的时限，以让他们从容照办。

“我们从未使他们感到意外，”波特纳追述道，“所有的命令都以书面形式下达。有关内容不仅通知他们的头儿，还通过广播让所有战俘知晓。为不暴露我们的意图，所有参加行动的士兵都是分批分步进行演习。因此，当我们发起行动时，战俘们都对行动的突然性和细微之处的准确性深感惊讶。我勒令营房顶上打信号的战俘限期撤走，他们果然进行了抵制，直到从不远处射来一颗 8 号滑膛枪弹击中一个人的大腿，他们才最后撤离。我的下一道命令是禁止战俘们倚靠环状栅栏并将其活动范围限制在距栅栏 5 码以内。结果他们服从了。”

波特纳还竭力提请美国兵们注意：对战俘给以人道待遇，或许能为在北朝鲜战俘营里的自己人换来较好的对待。对战俘施加过多暴力的美国兵受到惩处。由于韩国卫兵对战俘的态度极为恶劣，波特纳将他们全部从靠近营区的岗位上撤换了下来。

到 5 月 22 日，神情沮丧的乔伊确信与共产党的谈判已经无望。他对其对手说：

> 这些冗长乏味的会谈越来越清楚地表明，你方从未打算为谈判带来诚意。从一开始，你们就对会议议程百般挑剔。你们为讨价还价，不惜编造不合逻辑的问题，以至它们自相矛盾。当你们发现我们之间业已达成协议的履行不尽合你们心意时，你们就对其横加否认。你们根据自己的利益杜撰出罪名，然后对我们进行毫无根据的指控。当所有诡计都已用尽且证明无效时，你们就醉心于谩骂和攻击。你们经常使用拖延议程、强词夺理以及矫揉造作的手法来阻碍停火协议的达成。本来，达成这样的协议，如果双方在会议桌前表现出同样的真诚，那将是件轻而易举的事。但是，会议记录中没有

一件事表明你方的确是出于真挚和诚恳的心愿以取得会谈成果，而这些成果正是该谈判所预计要实现的目标。相反，在全世界面前，你们的行为越来越证明，你们既缺乏谈判的诚意，又缺少崇高的目的。你们之所以坐在谈判桌前，是因为你们想争取时间以重整被击垮的军队；是因为你们想在谈判桌上得到你们的军队在战场上所得不到的东西。你们的本质决定了你们无法理解联合国军的正义和尊严。对你们来说，这真是天大的不幸。你们更不可理解的是，这些强大、自豪和自由的国家，正是因为强大，才这样不计牺牲而捍卫人类原则；正是因为自豪，才这样面对诽谤和欺诈而保持尊严；正是因为自由，正是因为不惧怕真理，才这样敢于说真话。你们的行为正相反。你们总是将怀疑、贪婪和狡诈转嫁到联合国军头上，殊不知这正是你们自己的惯用伎俩。你们总是从字缝里挑出字来，从别人的好心里找出阴谋。

经过数月的谈判，联合国军司令部终以异常坚定和不可变更的口吻告诉共产党方面说，他们决不从有关战俘问题的立场上退却。

4 月 28 日，我方曾就双方遗留的问题向你方提出一项平等、具体的解决方案。我们当时告诉过你们，现在依然要告诉你们，我们坚决遵守人道主义原则，坚决维护个人抉择的权利。这些都是无价之宝，我们绝不会拿原则做交易。再多的争吵和谩骂都无济于事，我们绝不会为其所动。至于恢复和平和使成千上万的无辜平民免遭涂炭，你们只要怀有一丝这样的愿望，就会对解决问题抱以诚意。这种诚意，正如我在双方第一次会议上所说，将直接决定着双方谈判的成败与否。选择权操在你们手中。

在 10 个月零 12 天以后，对我来说已无事可做。谈判已没有余地。现在，我把继续同你们交涉这份不值得羡慕的工作移交给威廉·K. 哈里森少将，他将接替我担任联合国军代表团首席代表。愿上帝与他同在。

第38章 “我被迫成为这些战争贩子的工具，受命投掷了细菌弹”

（5月23日~9月28日）

1

李奇微一到巴黎，墙上的标语触目皆是：“李奇微，滚回去。”大都市的警察摩托车队护送着李奇微，其场面令人难忘。当李奇微及其夫人的车队招摇过市时，有一名男子突然冲开了警戒线，叫喊一些谁都听不懂的话。但李奇微认为，这一不友好的行为无疑受到共产党人的指使，他们仍在朝鲜制造事端，此事并不反映法国人民的真实情感。

此时，艾森豪威尔将军得了眼痛病，卧室里的光线调得十分暗淡，他在那里接待了李奇微。他们在北约谈到了一些重大问题，在进行了一次长时间、非正式的会谈后，李奇微了解到艾森豪威尔的全部观点。艾森豪威尔将离开法国，参加总统竞选，他意识到，李奇微并没有解决朝鲜的问题——发生在板门店的小小争执只是发热而没有发光。如果他当选为美国总统，他决心迅速地结束这场战争。

乔伊因为没能达成协议而情绪沮丧，虽然他离开了板门店，但是，除了显然难以解决的战俘遣返问题外，他已成功地解决了所有问题，有大量的易手交换，但在很多事情上，他获得了比华盛顿所期望的更大的成功，他从未在任何至关重大的问题上作过让步，不论遭受多大痛苦，他都设法压抑自己的感情，总是忍耐着坚持谈判。

接替他的是威廉·K. 哈里森少将，他作为谈判代表已在板门店工作了4个月，5月23日，他以饱满的精神投入了这场唇枪舌剑。哈里森出身名门望族，这一家族产生过一位《独立宣言》的签字者和两位总统。

他是一位热心的基督徒，性情开朗。他哼着小调，以友好的微笑招呼着众人，快步跃入板门店的谈判帐篷。他准备去谈判——根据自己的主张。比如说，在第一次全体会议将要结束时，他心平气和地把下一次会议推延了 4 天，尽管参谋长联席会议希望日常举行的会议时间按共产党人所希望的长短来进行。

他确信共产党人在打一场拖延战。“用语言而不是用武器来作战，”他曾对一位记者说，“他们不想让我们如愿达成停战协定，以此要挟我们让步，滚回老家去。我们既然都是聪明人，就要实现我们所希望的停战。做事应当有一定的目的，我们如果没有目的，也许最好什么都甭干。”共产党人有一个目的，他们想主宰世界，而且不容真正的讨论商议，“当你与人进行协商的时候，双方都试图获得一个结果”，可共产党人从来都不是这么做的，他不准备听取共产党人的任何胡言乱语。

南日对这样一位人物毫无防备，在经过了几天反复的讨论以后，哈里森开始强硬起来，他平静地说：“显然，我能使你相信的唯一方法，我想说的意思是起身告辞。”他和他的全体谈判代表陆续退出谈判帐篷，惶惑的共产党人在他们身后惊讶地看着他们。哈里森识破了毛泽东拖延谈判的战术。

像哈里森一样，波特纳也是一位实干家，他决定新建一些小型的战俘营，以便把那些骚乱的俘虏隔离开来，他打算首先从最不驯服的俘虏营动手。6 月 10 日上午 5 点 15 分，那天正好是杜德将军获释一个月，76 号营地外面，有人叫喊着命令 76 号营地内的战俘以百人为一队集合起来，准备在半小时以后把他们转移到新的战俘营去，如果他们好好配合，也许谁都不会受到伤害。一切正常进行，波特纳站在附近一个低矮的山坡上审视着现场，每一项工作，哪怕最细微的琐事，都按计划做得井井有条。他胸有成竹。

一发信号弹缓缓飞向天空，第 187 团战斗队向前开进。步枪上的刺刀闪闪发光，隆隆挺进的巴顿坦克把篱笆柱子轧得粉碎，带倒钩的铁丝网轧进了尘土里，此时，催泪弹的烟雾笼罩了 76 号营地，步兵背着火焰喷射器跟在坦克后面，然后是戴着防毒面具的伞兵，他们的步枪已装上了弹夹，当然，除非得到命令，他们不得把子弹推上膛。

一阵愤怒的尖叫从76号战俘营传出，很快，同样的叫喊声传遍了邻近的战俘营。战俘们用尖刀武装起来了，他们削尖了帐竿，并且手挽手地唱起悲壮的歌曲。迎着密集投来的石块和梭镖，美国军人坚定地开进。爆炸的催泪弹散发出一股股螫人的白色烟雾；从火焰喷射器吐出的火舌使建筑物燃起了熊熊大火；震荡弹击中了死硬战俘的隐蔽所。美军士兵迎着顽强的抵抗进抵到第一道阵线，并在那里停了下来。

“把他们挤到B线!”波特纳下达命令。

戴着头盔的伞兵开始慢慢地迎着越来越弱的抵抗前进。至此，大多数战俘已被催泪瓦斯熏得喘不过气来，他们迈着踉跄的步子开始向中部的空地上汇集，互相勾住的双手按在头顶表示投降，其中有些人被那些企图继续顽抗的战俘打死或打伤。大约有1550名战俘在营地边远的角落对伞兵发起了进攻，这些伞兵是在未发一枪一弹的情况下前去集合那些战俘的，战俘们先后投出了震荡弹和催泪弹。突然间，一群约有300人组成的战俘向伞兵发起进攻，并将伞兵击退。伞兵稳住阵脚后继续挺进，他们只使用刺刀和枪托，白刃战变得疯狂起来，尽管有些伞兵被长矛或被带倒钩的铁丝击中，但这支训练有素的部队仍是一弹未发。直到6辆巴顿式坦克开到，这场搏斗才告结束。在这场搏斗中，41名战俘被打死，数百人受伤。美军方面有1名伞兵死亡，14人受伤。

波特纳走进依然火焰滚滚的战俘营，他在一间小屋里发现了一具倒挂的战俘尸体，显然，这么做是为了警戒那些不愿积极参与反叛的战俘。伞兵们在一条水沟里找到了李学九上校，他们粗暴地把他拖出水沟。他们还发现了两份计划，其中一份是进行抵抗的防御计划，另一份是准备于6月20日结伴越狱的具体实施方案，这一方案号召战俘躲进深山，对任何阻挡方案实施者格杀勿论。

波特纳的打击终止了任何越狱的企图。76号营地的6500名共产党人，在他们以500人为单位重新组合、安置在新建的战俘营时，没有作任何抵抗。77号营的战俘，他们同样献身于共产主义，可他们也是二话没说，服从了新的安置。为了防止在战俘中出现新的武器库，营内进行日常的监督，定期搜查违禁物品。反共的战俘被转移到别的营地，把他们隔离开来以保护其安全，使他们免遭敌人所施行的恐怖行动。不久，亲共产主义的战俘被转移到其他海岛的新建战俘营，巨济岛上的战俘便被分成两半。

波特纳的做法激怒了共产党新闻界，甚至使很多西方人也大为震惊。加拿大人通过其驻华盛顿大使休姆·朗表现得尤为尖刻，这位大使经常痛斥美国人，他说只要少量的部队和军官就可把混乱的局面整顿好。

贝却敌和温宁顿也发表了谴责性的报道，他们先前在开城所写的关于谈判及谈判中的枝节纠纷的报道，要比西方记者的报道更为真实。但是，巨济岛反叛事件以后——他们明显反映出对巨济岛大屠杀的恐惧——他们的叙述是附和了北朝鲜和中国记者的报道。玛吉·希金斯对贝却敌的变化大为惊奇，她感激他以前曾给予她的帮助，并把他看成是一个误入歧途的理想主义者，但现在，他正替共产党人滔滔不绝地发着议论。即使这样，她仍然喜欢他，就像其他许多西方记者那样。而在另一方面，温宁顿由于其傲慢自大的态度，几乎受到大家普遍的厌恶。美国人为了报复他而送给他一块蛋糕：蛋糕上插着一支用桃红色的酥皮做成的阴茎，上面刻画着这样的题词：“生日快乐，挺起你那玩意儿!”

不论美国人干过多少好事，也不论他们受到过多么严厉的挑衅，显然，他们在全世界的形象已被他们残酷对待战俘的行径所玷污。只有联合国军战俘的新闻报道通过图片显示出他们过得很快活。毫无疑问，正在赢得这场宣传战的是共产党人，这主要是因为国际红十字会组织得到许可，察看了关押联合国军的战俘营，当然，他们不准进入北朝鲜的战俘营考察。

2

在板门店，整个 6 月份甚是平淡。哈里森力图指望休会 3 天来激怒南日，但收效甚微。于是，他建议由中立国对战俘重新进行甄别，如果共产党方面还是不愿意在作过这种甄别后达成停战协定，那么，联合国军将仅仅根据战俘的宣誓，释放除选择遣返者以外的所有战俘。在共产党人签署停战协定之前，他将继续奉行休会策略。

7 月 26 日，哈里森宣布，全体会议在休会 7 天以后方可重新进行，这使南日颇为诧异。在南日提出异议时，哈里森尖锐地评论道：

在这几次会谈中，我们一直在声明中自我克制，并试图做到实事求是。而在另一方面，你们所作的陈述显示出十足的虚伪，你们说，我们想扣留你们的战俘。但就我们所知，世界上人所共知的事实是，那些战俘害怕回到共产党人控制下的仁慈之中而沦为奴隶。

你们说，我们践踏了日内瓦公约——一个旨在保护个人人身权利而不是保护极权统治者暴政的协定。也许，没有哪一个政府，没有哪一支军队，比你们更随意地忽视或践踏日内瓦公约了。你们没有权利来提起这些道义上的问题，也没有权利提出日内瓦公约的问题。你们对我们的行为所作的声明纯属无中生有，每一个人都认为，这种谎言只不过是共产党人进行宣传的一个典型事例罢了。

哈里森又接着说，他的代表团将于 8 月 3 日返回，然后，他便率领他的全体谈判代表走出谈判帐篷，踏上归途。南日目瞪口呆，连反驳的机会都没有。哈里森手下一位名叫威廉·瓦彻的年轻代表恭贺他作了如此气势磅礴的演说。“瓦彻，”将军用他的田纳西语调慢吞吞地说，“这都不是我自己的话，是上帝把这些话语放进了我的嘴巴。”

3

自从萨姆斯将军和克拉克上尉为了确定关于北朝鲜流行瘟疫的传说是否属实而作了那次天真的考察以后，中国一直谴责美军在进行生物战。

美国人驳斥道，除非敌人首先使用生物武器，美国将永远不会使用这种武器。但是，美国人的反驳并不能消除中国方面的疑虑。在这种极不信任的背景下，现在，中国方面坚信，美国人确实在朝鲜进行了细菌战。1952 年3 月 8 日，周恩来愤怒地宣布，使用生物武器作战、被击落的美军飞行员将作为战犯处理。几天后，苏联方面也表明了同样的态度，他们在联合国裁军委员会上对美国人进行细菌战提出了类似的谴责。

3 月 26 日，周恩来给联合国秘书长发去一份电报，声明说，中国政府和中国人民完全支持北朝鲜的“正义立场”，“谁都知道，美帝国主义在其干涉朝鲜的战争中使用了细菌武器，这已不是第一次了”。他列举了大量事实。

“必须指出的是，美帝国主义在它所发动的干涉朝鲜的战争中，在遭受了英雄的朝鲜人民军和中国人民志愿军毁灭性的打击以后，被迫进行停战谈判。但是，美帝国主义决不承认自己的失败，它在谈判过程中，一方面使用各种无耻的拖延手段阻止谈判进程，另一方面又无情地使用残酷的细菌战。”

周宣称，美国空军出动了 448 架次飞机，在中国东北上空散布了大量携带细菌的昆虫，企图进一步实现美国“侵略中国”的目的，并企图“通过大规模屠杀爱好和平的人民的犯罪的、恶毒的手段，威胁中国人民的安全”。

美国方面把这些抗议看作是一派胡言。不过，北朝鲜确实发生了流行病，所以，北朝鲜人坚信，美国恶魔投掷了带毒的昆虫，这并不缺乏逻辑。难道他们用炸弹残杀全体人民还不足以表明他们的灭绝人性吗？

周恩来提交的报告清清楚楚地证实了中国方面的谴责。一星期以后，美国飞行员、空军中尉肯尼思·伊诺克终于坦白交代，他投掷了细菌弹，他驾驶的 B－26 轰炸机是在 3 个月以前被击落的。几天以后，他的同伙约翰·奎因也坦白了罪行。“非常清楚，”他交代说，“华尔街的资产阶级战争贩子们，他们贪得无厌，为了给自己攫取更多的金钱，企图使这场战争蔓延开来，他们制造了这场生物战的可怕罪行……我被迫成为这些战争贩子的工具，受命投掷了细菌弹，对朝鲜人民和中国人民志愿军犯下了极为严重的罪行。”中国人民一直宽以待人，他说：“他们发给我保暖服御寒，给我送来可口的食物，还提供了被褥和温暖的住所。对他们给予的友好待遇我将永志不忘。在志愿军耐心细致的关照下，我终于认识到了自己的罪行。我极为内疚，消除这个包袱，坦白悔过，使我心里得到安宁。我承认我对中朝人民犯下的严重罪行。”很显然，这份自白书的语言既不自然，又不合文理，它是在共产党的授意下写成的。

到 7 月份，细菌战成了一个全世界关注的问题。许多国家发生了由共产党策动的骚乱，接踵而至的怒潮，加上美国人在巨济岛所干的活生生的恐怖行径，使得哈里森在板门店的工作几乎无法展开。“巨济岛呵！”俄国的《真理报》惊叹道，“你使我们认识到，‘文明的’美国佬甚至比残忍的希特勒分子更残酷、更无耻。达豪*只是一个死亡营，马伊达内克只是一个死亡工厂，而整个巨济岛却成了一个死亡之岛。”

《真理报》刊登的另一篇文章把美国将军称为“戴白手套的屠夫、嗜血成性者，他们借助于细菌、跳蚤、虱子和蜘蛛来进行战争，他们是从事了历史上最残忍的大屠杀的死亡贩子”。

坎特伯雷大主教休利特·约翰逊博士也口诛笔伐。7月份，他从中国回到伦敦后，在英中友协的一次会议上说：“关于细菌战的事实是确凿的、无可辩驳的。”在沈阳，他看见了一些从滑冰场上搜集来的昆虫，这些昆虫被存放在试管里面，别人告诉他，这些都是被毒菌感染了的昆虫。在东柏林，世界和平理事会谴责美国人不仅在朝鲜倾泻了受毒菌感染的生物体，而且还在沿海捕鱼水域投放了毒药。

这些谴责更加剧了中国和北朝鲜竭力对被俘的美国飞行员的逼供。“进行细菌战是对世界和平的威胁，”弗洛伊德·奥尼尔中尉承认，“美国人民必须意识到这些可怕武器的严重性，大家一起来制止这场细菌战，只有到那时，全人类才能享有和平。”

“我希望，每一个看到这份声明的人都知道，”保罗·尼斯中尉写道，“是我的正义感、我自己辨别是非的能力驱使我，希望让每一个人都知道事实的真相，我向全世界提供这样一个事实：美军正在朝鲜使用一种不人道的武器。”

除了这少数人，美国飞行员都顶住了来自中国方面极为巨大的压力。

一连几个月，中国方面都阻止国际红十字会和世界卫生组织对细菌战的说法进行调查，他们认为这些组织怀有偏见。他们完全信赖国际科学委员会，该委员会由富有同情心的西方人士，包括剑桥大学生化学家李约瑟这样的著名人物组成。

“朝鲜人民和中国人民确实成了细菌武器的目标，”该委员会的报告

---

* 达豪是德国第一个纳粹集中营。1933年3月10日在慕尼黑北16公里的达豪市郊区建立。由150来个支营组成。第二次世界大战期间，主营至少关押过16万人，支营关押过9万人。至少有3.2万人死于疾病、营养不良和非人的虐待，有更多的人被运往设在波兰的灭绝营。马伊达内克是德国纳粹集中营和灭绝营，位于波兰卢布林东南部。1940年11月建立，最早用于关押苏联战俘，后因冻馁全部死去。1942年秋，该营又成为犹太人灭绝营。起初几个月是将被害者在附近森林中集体枪杀，后改用专门为集体屠杀建造的毒气室。1943年11月，营内绝大多数犯人被消灭，党卫军力图消除集体屠杀的痕迹。估计死于该营的总人数为20万～150万。——译者

说：“这些武器一直来为美军所使用，美军应用了大量不同的方式来使用这些武器。”这些结论是国际科学委员会得出的，但只是勉强得出，因为该委员会的成员发现，“在各国人民发出的世界性的责难声中，这样一种野蛮的方法竟能一贯得到实施”，这难以置信。

又有 3 位美国飞行员的坦白书支持了共产党的断言，他们是在同一架 B－26 轰炸机上被击落的，这 3 个美国航空兵是：空军中尉、飞行员詹姆斯·E. 格默，领航员、空军中尉戴维·E. 彭尼和投弹手、空军中尉博比·哈米特。

4

尽管前线的战事相持不下，但是，为了夺取铁原附近的那片荒地，双方在一个绰号“老秃山”的高地周围展开了激烈的拉锯战，互有人员伤亡。从 6 月 6 日到 7 月 21 日，克拉克的部队死伤 351 人，而中国军队的伤亡人数估计为 1093 人。随后，暴雨连下 6 天，溪涧、河流水位猛涨，桥梁被冲垮，道路或被泥石流堵塞，或被冲毁。美军第 2 师企图再次获得“老秃山”的控制权，于 7 月底在前线发动了一次进攻，其特点是规模小，但战斗十分残酷。

在西线边远处，临津江附近一个称作“凯利”的高地发生了一场艰苦的争夺战。7 月 30 日，约翰·艾森豪威尔少校在第 15 步兵团指挥部报到，他是一位新被任命的军官。他得到指示，他的第 1 营集结待命，准备在早晨发起进攻。就在启程前往朝鲜之前，约翰与他父亲道别，他父亲在芝加哥召开的共和党全国代表大会上被提名为总统候选人。“我们没有谈及什么重大问题，但在交谈过程中，爸爸向我提出忠告：千万不要做俘虏。步兵作战时，活生生的人被迫击炮或火炮弹片击中的可能性随时存在，他耸耸肩，表示对此不屑一顾。但是，作为一位新的总统候选人的儿子，我若被俘，不仅会遭受到特别残酷的对待，而且也会使共产党人借机对我敲诈勒索。”

“如果你被俘，”他父亲艾森豪威尔说，“我估计我得退出总统竞选。”

约翰向他父亲保证不会发生这种事情，让他不要担心：“如果我突然发现自己处在中国军队或朝鲜军队的包围之中，我唯一希望便是信守诺言，而且我希望用我的45毫米手枪先干掉他们几个，然后同归于尽。”

第二天，艾森豪威尔在营部指挥官雷德·艾伦少校护送下来到前沿阵地。强烈的探照灯光束穿过低空飘荡的云雾，把前沿阵地照得雪亮。艾森豪威尔回忆说：“勇士们头顶上白色的光柱穿过云层，反射到前线，看到他们奋战在悬崖峭壁边狭隘的泥路上，一种不安之感油然而生。”他们在上山的路上遇到了一位躺在地上的士兵，艾伦把他推醒，但这位士兵不肯向艾伦通报姓名，一怒之下，艾伦对他施行了拳脚，这也无济于事。艾伦不理会从其他美军士兵脸上反映出来的愠怒和害怕，像老师对小学生似的转向艾森豪威尔说：“如果他向你通报姓名，他就是个好士兵，若是他不愿意，那你留着他也无用。”

艾森豪威尔一来到设在山顶的营部观察哨，就意识到已处在临近进攻的时刻，观察哨高出“凯利”高地，居于阵地的高处，视野广阔，这使观察所看上去像一个搭在正面的检阅台，这时，3个连的士兵穿过布雷区的两条通路，黑暗的天空逐渐变得灰亮。艾森豪威尔注意到，在观察所的地下隐蔽部里，聚集在一起的不仅有营级指挥官，而且还有团、师和军指挥官，这使他大为惊异，“所有这些高级军官都出来进行观察，看一看一个加强连对一个孤立的前哨阵地发起攻击究竟是为了什么！”

那年夏天，中国和北朝鲜加强了对联合国军战俘的审讯，这使许多战俘起了逃跑的念头。即使所有的逃亡都因逃亡者再次被俘而告流产，直升机飞行员杜安·索伦仍坚信他能如愿脱逃。英国战俘营附近有一附属建筑，他一到那里，就着手为这一冒险行动悄悄做准备，到7月下旬，他终于准备就绪。

他决定找一个同伴，并挑选了一位身强力壮的士兵、卡车司机约翰·肖。肖没有受过正规的学校教育，但反应敏捷，学了几句朝鲜话，而且身体也棒，肖坚持要把另一名士兵带走。索伦没有指南针，但他能够靠北斗星辨认方位。他们计划在一个暴风骤雨之夜逃跑，到那时，风雨声将有助于他们顺利出逃。

终于在一天夜里，暴风雨吼叫着袭来，索伦用一把磨得十分锋利的钢条，割断了横钉在囚室后窗户上的木条。

索伦在漆黑中带领他的同伙翻山越岭向某一山峰奔去，那是他们的第一个目的地。黎明时分，他们已逃到了山顶。雨止了，他们用了一天时间来到鸭绿江边，此时都已精疲力竭，零星阵雨时下时停，即使这样，他们还是决定在树林里打个盹再说。但是，第二天上午，一位朝鲜妇女发现了他们，于是，他们再次被俘，并被遣送回战俘营。

“你们犯了企图逃跑罪，已被捉拿归案，”战俘营的李政委说，“你们知道该受到何种处置?”

“你知道，一个战俘想逃跑，这算不上什么犯罪行为。”

“嗨，这就是犯罪。”李大声叫嚷着。在此以前，他一直以为索伦是一位恬静的囚徒。李接着又说:“中国可不是日内瓦协定的签约国。”

“你说你们的宽大政策比日内瓦协定还好，所以，你该知道战俘想逃跑不算犯罪。”

李气得大叫大嚷，突然，他抡起左手，一拳打向索伦。这大出索伦的意料，这一拳打得他摇摇晃晃，打掉了他一颗牙，戴在李手指上的戒指还划破了索伦的脸。即便已成这个样子，李还是叫嚷着:“你现在还有什么好说的?”“还认为你想逃跑是合法的?”

索伦退回到一处被看管起来，他轻蔑地吐出那颗被打落的牙齿。“很显然，你是不希望我说出自己的想法，只是希望我对你言听计从，这样，我能做的唯一事情就是沉默。”

卫兵奉命看管索伦，桌上放着以前发给索伦使用的碗和勺。“这碗我是随身带走，还是怎么?”

李愤愤地抓起饭碗，一言不发，然后一把将碗塞给索伦。黑暗中，索伦被带到一间朝鲜人用过的房子里，这房子现在用作禁闭室，他被带进了一间暗室，板门呼然关上，一根沉重的圆木把门紧紧拴住，暗室对面的小窗户上开始钉上木板，索伦清清楚楚地听到上钉声。他在黑暗中摸索，摸到了稻草，于是就铺了一张床，四仰八叉躺在草床上。就在他迷迷糊糊快要入睡的时候，有一只耗子咬住了索伦的手指，他一把捏住耗子、猛地扔向墙壁，第二天早上，他看到耗子挺尸在墙根。有人从门缝里塞进了纸张和铅笔，还有配给他的那份米饭，有一张纸上这样写着:“你必须认识你的错误。”他在大半天时间里冥想着事件的经过。开始时，逃跑的事搞得如此精彩，后来，突然间出了差错，他大惑不解。

“我不明白为什么上帝帮了我那么多的忙，但最后还是又回到了这个地方。我想到，在被俘的那段时间，我懂得了很多东西，但是，我以后显然还会学到更多的东西。”

几天以后，李政委的脑袋从门口伸了出来，他问索伦为什么一字不写。“我没有发现任何写检查的理由，我不需要给什么人写检查。”

“你必须承认你的错误。”

“我认错。”

“你把它写下来。”

第二天，李拿起索伦的检讨书念道：“我承认，我犯了错误。”

“你必须把你的错误说清楚，”李说。

此事变成了一次游戏。索伦写道：“我出发了，但我没有地图，不知道是向哪儿走，我也没有指南针来辨别方向。”第二天，他承认自己的准备工作做得不够充分。李敦促他写得多多益善。这时，索伦明白了敌人的用意，他用一种不自然的风格写了检查，给人造成一种是在胁迫下写检查的印象，但他从不承认自己做过什么错事。李向索伦指出，写一句话，保证不再重犯这类错误，“你必须明确写上，保证不再逃跑。”

“如果你想要这样的保证，那就只好劳驾你了。”

李果然这么做了，此举显然表明他已惯于伪造索伦的笔迹。后来，索伦被处以 6 个月的禁闭。

5

雨季持续到 8 月底，这大大妨碍了前线的军事行动。即使这样，8 月份在“邦克”高地的战斗中，海军陆战队的伤亡也极为惨重，以致不得不搞一次紧急空运以加强兵力。玛吉·希金斯在这场殊死的搏斗中，乘吉普车来到高地的前沿观察所，看到一位海军陆战队的上校跪在弹坑累累的路边，“他怀抱着一位受伤的海军陆战队军官，这位伤员踩响了共产党军队埋下的盒雷（boxmine）”，造成可怕的后果，地雷炸断了他膝盖以下的双腿，“凹凸不平的弹片飞进了他的脸部和头的其他部位，也飞进了手臂和躯体，他浑身鲜血淋漓，已很难发现他身上还有（如果有的话）任何完整无损之处”。

希金斯目睹着这位伤员死去。上校把一件军用雨披覆盖在死者身上，然后转身对她说，“你刚从美国来，”他的表情极为痛苦，“你能不能告诉我，美国人民期望我们打一场什么样的战争？看到那边的山脊了吗？在那山脊的后面，中国人在地下挖掘了火炮掩体，而他们的炮弹正毁灭着这上面的生灵，我们用两颗战术原子弹就可以把他们收拾干净。”前天夜里，该师为了拿下“邦克”高地损失了100多人，“有些政治家屈从于某些人的压力，决定不使用这种可以拯救士兵生命的武器。我们清楚，很多人将因此而作出不必要的牺牲，可在这种情况下还要命令士兵去拿下山头，你能理解我们的感受吗？在这里看过比尔以后，你就说不出究竟哪一种武器更可怕了，这些该死的盒雷，其杀伤力就如一颗原子弹，而伤者濒临死亡的痛苦时间却更长。”说完，眼泪顺着他的脸颊刷刷地流下，玛吉的眼也湿润了。

伤亡人数在继续上升，而在板门店，9 月份的头 3 个星期几乎没什么动静，双方都拒不接受对方的建议。哈里森认为，共产党人准备要坐等下去了，他们希望联合国军代表团在极度疲乏中作出让步。9 月 20 日，互相之间的抨击达到了高潮。“你们硬要扣留战俘，这个无耻的计划已经落空，”南日驳斥道，“你们再也不能以此为幌子进行欺骗了，在这种情况下，你们不得不在这几次会议上求助于谩骂，歪曲真相，这只能表明你方已变得多么绝望，多么声名狼藉——这多么天真可笑呵！”他滔滔不绝地演讲着。

杜鲁门给军方以有力的支持，自愿遣返联合国军战俘必须在停战协定中得到解决，而不是在某种危险的、无休无止的政治会议中去解决。在共产党人大闹板门店 4 天以后，杜鲁门在白宫的一次会议上说：“除非我们澄清指责，否则，停战对我们毫无益处。”9 月 27 日，杜鲁门写了一封私信给克拉克将军打气，敦促联合国军的建议应“最坚决地、无条件地”得到实施。

第二天上午，即提出最初的一揽子计划 5 个月后，哈里森将军简要地重述了联合国军司令部为了打破联合国军战俘问题上的僵局所提出的、结果却被共产党拒绝的先前的那些计划。他敦促共产党人“理性、细致地考虑我们的建议，为此，我提议休会 10 天，10 月 9 日 11 点在此继续开会”。

但南日依然坚持中国人民志愿军的被俘人员“必须全部遣送回国”，他说，仅此就可以使“朝鲜战争迅速结束”。

“联合国军司令部没有进一步的建议要提出，”哈里森回答道，“我们所提的建议依然悬而未决，联合国军代表团将不会仅仅为了听取荒谬的、虚假的宣传而来此地，因此，联合国军代表团正呼吁休会。我们并不是要终止停战谈判，只是暂时中止，我们将乐于在你们愿意接受我方的任何建议，或者在你们以书面的形式提出你们自己的、可能会导致体面停战的建设性建议的任何时候会晤你们。”联合国军司令部已竭尽了全力，“我没有别的什么可说的，因为你们没有建设性的意见，我们决定休会。”

从 1951 年 7 月 10 日开始的谈判终于明明白白地结束了，停战的前景还是那么渺茫。哈里森和他的代表们回到了自己的基地兵营，他们打点行装，准备启程前往东京。前线也处在对峙状态，每一方都变得更为强大，而克拉克面临着进退维谷的处境：他得使用多大的军事压力才能逼使敌人作出退让而又不会挑起大规模的战争？

第十一部

战争与和平

第39章 “艾克能赢得这场战争吗？”

（1952年10月3日～1953年4月1日）

1

10月3日，第8集团军从一名中国逃兵那里得知，一场对铁原西北5英里的白马山的进攻已准备就绪。丢失此地将迫使第9军退至高地，从而使整个“铁三角”地区陷入敌人的包围之中。进攻于10月6日开始，采取声东击西的战术，并打开了一个水库的闸门。然后，中国军队猛攻白马山，但被韩国第9师击退。尽管损失惨重，但中国军队仍坚持进攻，只是被大炮和飞机炮火所打垮。这场战斗到10月中旬才结束，约23000名共产党军队未能击退顽强的、训练有素的韩国军队，韩国军队损失3500多人。这次胜利显然是李奇微制订、由范佛里特继续执行的强化训练韩国军队计划的结果。

在板门店的会谈突然结束后，有迹象表明中国急于达成某种协议。10月12日在北京结束的亚洲及太平洋和平会议期间，中国方面的语调明显缓和了，主要强调“和平共处”，会上的发言表明，比起朝鲜战争，中国更担心日本军国主义复活。

甚至在莫斯科，朝鲜战争的重要性似乎尚不及其他问题。斯大林在北京和平会议结束三天后召开的第19届党代会上的讲话，暗示对国外的冒险行动持谨慎态度。

当哈里森率联合国军代表团步出板门店的帐篷时，战争又进入了一个新的阶段。共产党方面指责联合国军破坏谈判，这导致华盛顿给克拉克发了一份要他不要使用“无限期休会”一词的命令。

在联合国大会上，美国极力使双方回到谈判帐篷中去。但苏联人谴责美国单方面结束和谈，尔后又再次指责联合国军在战俘营里的暴行。为了回击这一指责，国务卿艾奇逊在10月24日的联合国政治委员会会议上发表了讲话。他提出了一个议案，呼吁中国人和北朝鲜人“同意一个承认所有战俘有不受限制地被遣返的机会，并在遣返过程中避免使用武力的停战协定”。

然后艾奇逊指出，苏联人反对联合国在朝鲜不强制遣返战俘思想上的立场前后不一，因为苏联以前是支持战俘有权选择或拒绝遣返的。他在讲话结束时说，一俟共产党接受了非强制遣返的基本原则，联合国军就准备在板门店重开会谈。后来巴基斯坦外长对艾奇逊说：“我并不知道我们有这么大的势力。”

艾奇逊在给杜鲁门的信中写道：“我认为可以这么说，形势的发展比我们预料的有利得多。”他描述了他关于遣返的建议。“20多个国家的政府同意我们的建议，这实际上包括了所有派兵去朝鲜的政府。我认为我们在朝鲜问题上的立场占有绝对优势，这或许会对共产党方面的想法产生影响。”

然而这却令在东京的克拉克将军大失所望，他在10月16日致电五角大楼：“我认为有必要制订使用原子武器的计划”，应轰炸满洲和北朝鲜。

参谋长联席会议和杜鲁门拒绝了他的建议，虽然总统本人曾威胁过要使用这种极限武器。

这时大部分美国人对朝鲜战争和拖了14个半月多之久的毫无结果的和谈已十分厌倦，许多人准备投艾森豪威尔的票，因为他答应如果当选总统，将亲自去朝鲜，以对那个国家的情况有一确切了解。许多人认为他办事果敢，他可以结束这场大悲剧。

11月4日，艾森豪威尔夫妇在纽约市投了票，当晚出席了在“海军准将”饭店举行的一次聚会。艾森豪威尔的医生在10点半左右催他上了床。“我睡了一小会儿，午夜之前就醒了，因为有信儿了。选举结果：我们获得了55%的选民票和531张选举人票中的422张，以多出650万张选票的巨大优势获胜。”

11 月 18 日艾森豪威尔正式拜会杜鲁门时，情况介绍简明扼要。杜鲁门回忆说：“艾森豪威尔没有笑容，显得很紧张。”20 分钟后，艾奇逊等人来了。“我想使艾森豪威尔及其助手们了解情况，这将有助于他们接手政府的行动。”杜鲁门说。联合国将于次日开始辩论艾奇逊提出的议案，杜鲁门建议艾克对此表示公开支持。艾克看了为当选总统准备的一份声明，但他对要说什么自有主张。然后他把杜鲁门草拟的一份联合声明过了一下目，提出对两处进行修改后，再向新闻界发表。会议在下午 3 点 15 分结束。

别人刚一走，杜鲁门便陷入了沉思。

> 我有这样一种感觉，直到这次在白宫的会晤，艾森豪威尔将军一直没有抓住摆在他面前的繁重工作。会晤期间对他的态度我有些许不解。也许这次会晤使他明白了总统职位和总统职责的含义。可能他对这一长串问题和总统要面对的决策感到惧怕。如果是这样的话，我对他在会晤的整个过程中面无表情的神态基本可以理解。但也许还有其他什么原因。他也许未能抓住政府正在从事的工作的实质，因为在激烈的党派政治中，他得到的是事实被严重歪曲的看法。不管它是什么，我一直在思考着。

后来杜鲁门把他给艾森豪威尔的建议写成一份坦率的备忘录。他说：“我想所有这些都是一只耳朵进，一只耳朵出。”

杜鲁门的推测是对艾森豪威尔的侮辱。作为北约首脑，艾森豪威尔非常清楚摆在他面前的有关国家安全的重任，他也明白其前任在朝鲜所犯的错误。

2

当李承晚听说艾森豪威尔要来韩国时，他宣布当选总统将在汉城受到热情接待——阅兵式、宴会、群众集会。克拉克提醒参谋长联席会议，李承晚要做的精心安排太过分了。“我还要让华盛顿完全明白，当李承晚得知出于安全考虑，当选总统将不能在公众集会上露面时，将对他是怎样大的一个打击。我知道会有反应的，李承晚的感情将受到伤害。”

另一个主要问题是新闻报道的范围。六个出类拔萃的记者将随艾克来朝，此外还有40～50名在现场的记者和其他从东京飞来的一架架飞机满载的记者。

由于这次旅行有一定的危险性，克拉克不得不制订了保证艾森豪威尔安全的周密计划，同时还要帮助记者团把他这次十分重要的访问告诉全世界。参谋长联席会议也甚为关注。布雷德利写道：“如果事先泄露他的日程安排，中国共产党可能会对艾克起降的机场进行空袭或派秘密小分队暗杀他。”

官方的迎接场面有意安排得很小。飞机于12月2日降落在韩国，范佛里特和克拉克迎接了艾森豪威尔，后者的第一句话是：“约翰在哪儿？”

“约翰一大早就来。”克拉克说，并说艾森豪威尔儿子的每一行动都受到关注，如果让他提前来汉城，就有可能暴露整个计划。

翌日，在汉城的高级将领们向艾森豪威尔简要介绍了情况，然后带他参观了空军和地面战斗部队指挥部。4日又视察了一圈并听了情况简介。首先去的是英联邦旅，那天的高潮是艾森豪威尔父子俩同约翰营的战士们在外边共进午餐。12年以前，当父亲的指挥的也是第3步兵师第15团第1营。

在那日程繁忙的一天里，艾克亲眼目睹了业务纯熟的韩国首都师的示范表演。此间尽管天气寒冷刺骨，但李承晚总统始终陪同着。

时间很快到了访问的最后一天，12月5日，直到傍晚，克拉克才打电话给李承晚，问是否能立即见他。克拉克天黑后到达，他说艾森豪威尔将军将于下午5点45分准时到李承晚总统那里与其道别。李承晚笑了，艾克的来访具有重要的政治意义，因为这将向人民显示李是多么受到美国人的宠爱。

约定的时间到了，艾森豪威尔、他的儿子及一些官方人员出现了。李承晚与这位当选总统寒暄了几句，在艾森豪威尔准备启程时，李说：“我想让您见一见我的内阁成员。”门打开了，里面站着一群身着自己最好的制服的韩国人，他们都急于见到这位当选总统。

在第 8 集团军司令部，军事指挥官们向艾森豪威尔告别并目送他乘车前往机场。克拉克不知艾克会得出什么样的结论。当时前线有 35 万中国军队和 14 万北朝鲜军队，与他们对峙的是 35 万联合国军队。随着冬天即将来临，战事突然缓了下来。中国军队和北朝鲜军队在坑道和地堡内过冬，不时派出巡逻队和小规模的奇袭部队，而范佛里特则想安心地坐等谈判的新进展。

但战俘营里，战争还在继续。11 月 30 日，共产党人声称，在过去的 61 天里，有 542 名中朝战俘被杀或受伤。

与此同时，联合国军的一些战俘也在进行他们的战争：拒绝承认他们没有犯的罪行，勇敢地坚持他们的人权。不像共产党战俘，他们既不抗议也不使用任何武器袭击卫兵。

自从去年夏天以来，企图逃跑的大多数战俘都被单独监禁，或挤在一间小屋里，服刑 3 个月至 3 年不等。与这些人待在一起的是拒绝学习或对那些同情共产党生活方式的“进步战俘”制造麻烦而被判刑的战俘。

战俘中有两名海军陆战队军官度过了一个最惨淡的圣诞节，一位是海军陆战队第 1 空军联队的参谋长弗兰克·施瓦布尔上校，另一位是该联队的军械官罗伊·布莱少校。7 月份，他们驾驶一架“山毛榉”飞机在一次非战斗性飞行中无意飞越了敌人的防线而被对方的战斗机击中，发动机被打坏，他们跳伞平安落地。

中国军队知道他们逮住了好东西，因为施瓦布尔是一名在第二次世界大战期间执行过 65 次夜间飞行任务并获得 4 枚优异飞行十字勋章的老兵，他身着军服，随身带有军役证明卡、一张弗吉尼亚的驾驶执照、一张飞行保险单、他的全家福照片和一份飞行计划。几个月来，他一直被单独关在一座朝鲜式屋檐下一间肮脏的破屋里。44 岁的施瓦布尔备受折磨，他被指控是一名战犯，吃的给得很少，被剥夺了去像样的公厕的权利，也不给检查身体，饱受酷暑和寒冬之苦。除了一次“两周的反省期”外，他频频接受审讯，但从未受过刑。最后在 12 月底，这名联合国军高级战俘继迪安将军之后，在恐吓和威逼之下，不得不作了使共产党中意的坦白交代。

“在作出我最困难的决定以寻求唯一出路时，”施瓦布尔后来写道，

“我最重要的想法是，与宁死不屈而牺牲生命或一辈子做中国共产党的俘虏相比，揭露这骇人听闻的毁谤宣传对我的国家来说更有价值，我对此毫不怀疑。”

他的同伴布莱也受到了紧张的审讯，但受到的对待更严厉，有时还被拷打。1953 年 1 月初，布莱被关在一间没有取暖设备的泥棚里。“我只穿件单战俘服，无法暖和，几乎每天被罚立正，晚上不许躺下。不管怎样，我得在小屋里不停地来回走动，否则会被冻僵的，因为当时的温度在华氏零度以下。我想这种待遇持续了有六七天，我记不清了。由于被冻僵半截，多夜不能眠，身体和精神都垮了。”

一天半夜时分，布莱被带到集中营司令官的办公室，被告知他们有确凿证据证明他参与了细菌战，并让他看了一份用英文写的限期 48 小时答复的最后通牒。“事实上，上面写明我知道细菌战这回事并参加了部分行动，我将被作为战犯送往中国，由一个刑事法庭审判，罪名是参加反对中国人民志愿军和朝鲜民主主义人民共和国的细菌战。它还进一步写明，如果全部招供，我将被当作一般战俘，并在这场战争结束后被遣送回国。我又被带回了小屋，48 小时内不给一口吃的，夜里还是不让合眼。”

最后通牒的期限将至，审讯队又回来了。布莱同意撒谎，用好几个小时重新写了口供，直到审讯官完全满意为止。“他们在决定具体让我说什么和怎么写时遇到很大困难，我没有机会反对，更没机会与他们争论。”

施瓦布尔写使共产党合意的供词用的时间更长，他们拍下了他看最后一份供词的照片。他的供词很机智地加进了战斗数据和听起来感到真实的技术术语。1953 年 1 月 21 日，他在供词上签了字。这份口供加上布莱的供词，都可作为共产党的一大成功，因为联合国大会定于两天后重新开始，这两份重要的供词可在代表中传阅。

3

两周前，约翰·艾森豪威尔少校曾收到一封电报，命令他立即去金浦机场乘飞机回国，显然是叫他回去参加他父亲的就职典礼。这可是个不受欢迎的消息。“我刚获荣升。如果我走得太久的话，师里可能会另派人来的。”他以最快的方式给父亲发了信，表示不同意回去。但没有回音，他很快启程回国了。使他大吃一惊的是，当选总统在纽约拉瓜迪亚机场迎接了他。

1 月 20 日的就职典礼是在寒冷的天气和冷淡的政治气氛中进行的。杜鲁门严厉批评了艾克的朝鲜之行，称之为“一种煽动行为”。在那周的早些时候，艾森豪威尔夫妇拒绝了与杜鲁门共进午餐的邀请，但那天早上他们去白宫接了杜鲁门夫妇。

两位男人进了艾克的高级轿车，二位夫人上了另一辆轿车。当杜鲁门和艾森豪威尔驶在宾夕法尼亚大街上时，艾克问杜鲁门是谁命令约翰从前线回来参加他的就职典礼的。“总统回答说‘是我’，我真诚地感谢了他的关心。”这是艾森豪威尔后来回忆起的他们之间唯一的对话。

艾森豪威尔在就职演说中说，自由世界的人民并不是历史上孤立无援的囚犯而不得不接受牺牲，因为那些把权力看得高于原则的人很快将两者都失掉。他在演说结束时说：“那么，我们寻求的和平，不只是让大炮停止轰鸣，减轻战争的痛苦；也不只是避免死亡。和平就是一种生活方式。和平不只是精疲力竭的人们的歇脚站，它更是勇敢者的希望。”

在联邦火车站，杜鲁门夫妇发现有约 5000 名忠实崇拜者在等候他们。杜鲁门穿过人群，许多人想吻他或同他握手，不一会儿他的脸上就印满了口红印。杜鲁门和夫人终于挤到了火车跟前，他走进熟悉的后站台向人们招手致意。“这是任何人都可能得到的最伟大的时刻，因为现在我是杜鲁门先生，一个普通公民了，这是你们第一次送我衣锦还乡。我难以用语言表达我对你们的感谢。我活到一百岁也不会忘记的。这正是我想做的事情!”

对一个在任何情况下都坚持原则的人，这是最好的告别。和所有总统一样，杜鲁门也有过错误；但即便是错了，他也仍然是密苏里独立城的哈里·S. 杜鲁门。他被朝鲜战争搞得焦头烂额，部分是因为中央情报局和军事情报机关的错误情报，部分是由于他坚决反对强制敌方战俘回国，还有部分原因是，世界上的所有大国还不明白，拥有核武器的主要大国之间的战争再也不可能发生了。

现在全世界都在问：“艾克能结束这场战争吗?”就职典礼后的游行

热闹了很长时间，此后的仪式和舞会也是如此。艾森豪威尔累极了，他面临的任务还很多。“大约在凌晨1点，这长长的一天终于过去了，已是美国总统的我上床睡觉了。”

4

在朝鲜，战争还在持续，没有大的行动，只有对双方都无益的小规模行动持续不断。在1952年的空袭中，空军和海军的飞机先后63次击错目标，范佛里特对此很不满，导致了对近期的空军轰炸技术和陆军地面战术进行测验的“鞭挞行动”。这次行动选择的目标是铁原附近的“马铃薯”高地，这是“T骨”高地以东、“怪状前哨”以北不到一英里的敌人的一个据点。先是战斗轰炸机和雷达制导的轻型和中型轰炸机对“T骨”山地带的目标进行轰炸，随后用猛烈的野战炮火直接掩护第7师的袭击部队。

支援第7师第312团的第57野战炮兵营，在总统就职典礼日向“T骨”高地倾泻了几千发口径105毫米的炮弹。在发起攻击的前一天，1月24日，空军对“T骨”高地投掷了136000磅炸弹和14箱凝固汽油弹，观战的有第5航空队、第1军和第7师的将军们、约12名记者。来者都发了一份6页、3种颜色的试验说明书和一份附有主要项目的“剧情说明”。这种小册子使某些记者想起百老汇的演出节目单。

第二天，大规模战斗开始了，由8架F-84雷式喷气式飞机、每架携两枚重1000磅的炸弹拉开了进攻的序幕。它们横扫了“T骨”高地，投下了炸弹。与此同时，步兵和坦克集结待命。晌午之前，至少有3架飞机击中了敌人的目标，随后又有24架雷式喷气式飞机实施了攻击。

第一步行动结束后，第二步行动开始了，坦克隆隆前驶以分散敌人的注意力。攻击部队准备就绪，15辆支援坦克猛冲出去。按照计划，由4架雷式喷气式飞机中的两架轰炸“马铃薯”高地，但第一架没炸中，第二架只向目标投掷了一枚凝固汽油弹。原来设想的由海军陆战队的8架海盗式飞机在空中表演最后一幕——在坦克和步兵前面释放一道烟雾——以失败而告终。有的飞机炸弹投早了，其他飞机则没有击中目标。

空袭结束后，炮兵、摩托化部队、高射炮兵和自动武器的火力向敌人的主要抵抗线发起了摧枯拉朽般的轰击。支援坦克一进入“马铃薯”高地防区就加入了炮击。现在该小约翰·阿博加斯特少尉指挥的 E 连 2 排登场了，他们将向此高地发起攻击。阿博加斯特的部队曾在相似的地形里进行过九次演习，每个人都清楚自己的任务。为确保成功，又增加了两个火焰喷射器小分队。

进攻的时间并没作具体规定，因为该排得等空中打击结束后才能发起攻击。将由 2 营营长发出进攻命令，但他的报话机坏了，阿博加斯特的部队出击晚了一刻钟。两个班开始登“马铃薯”高地的北峰，另两个班攻南峰。

阿博加斯特少尉打出一发绿色信号弹，这是让坦克把火力转向 299 高地的信号。2 排往高地猛冲，当他们接近第一个土丘时，上面的中国军队开始劈头盖脸地投下手榴弹。

阿博加斯特被击中，但还是爬了起来呼叫火焰喷射器。“我要爬上山顶!”他吼道，“谁跟我去?”尔后他第二次被击中，打着了右臂。一个士兵去帮他，但他说他只想休息。然而他已不能行动了，中士罗伯特·科菲接替他指挥。上边又甩下一阵手榴弹，科菲的两条腿受了伤。

1 排开始往高地上冲，但他们很快遭到猛烈攻击，不得不找地方躲起来。雷式喷气式飞机试图支援，每半小时投下一批炸弹；但已经攻上高地的 2 排却中了埋伏。第 3 排向高地猛攻，但却拖着许多伤员被赶了回来。团长命令停止进攻。

这场大规模的表演在哭泣声中结束了。共投掷了 224000 磅炸弹、8 箱凝固汽油弹，支援的火炮、坦克、重迫击炮和机枪、步枪还发射了 150000 发炮弹和子弹。中国军队损失不到 65 人，美军 3 个排共伤亡 77 人。“鞭挞行动”本可以无人知晓，但一位刚刚到达的记者写的一篇关于陆军和空军的高级将领手攥三色计划单观看一场表演的报道，活灵活现地描述了这幕“剧情”。

敌人没有发动大规模进攻。此后不久，2 月 11 日，范佛里特的职位被陆军中将马克斯韦尔·泰勒接替。泰勒深知艾森豪威尔希望结束这场伤亡惨重的战争，尽快实现体面的和平。范佛里特的任期成为关于打一场有限战争的争论和受挫的话题。尽管如此，不管怎样，他使第8集团军做好了万一敌人或华盛顿决定发动一场全面攻势以赢得战争时打恶仗的准备。范佛里特很不光彩地离开了朝鲜，但相信他的部队是本可以在1951年春天击败共产党军队的。他的反攻曾使中国人大吃一惊。范佛里特在自传中写道："虽然我们可以乘胜前进，但华盛顿不想这么干；国务院已经让共产党人知道我们愿意在三八线解决问题。我们不但没有接到进攻行动的命令，反而随着时间的流逝，我们的行动越来越受到限制。即便在加强我们的防线问题上，我们也受到了在日本的远东司令部的限制，或许它执行的是华盛顿的指示。"至今仍不是没有机会，"只要我们的政策制定者们给他机会，新任第8集团军司令官马克斯韦尔·泰勒将军还是能像我可能会做到的那样，尽早抓住这个机会的。"

在远东，没有任何达成真正的政治解决方案的可能性。"我已十分了解中国军队，我的判断是；如果重新召我回去同其作战的话，我会满怀信心地踏上归程的。"

"如果我们从亚洲的共产党那儿撤退，我们就彻底失败了。我们担心什么呢?"

5

整个2月份，无论是在战场上还是在几乎空无一人的板门店的谈判帐篷里，都没有什么行动。而后在3月5日发生了一个戏剧性变化：约瑟夫·斯大林死了。《真理报》关于他的死亡的社论没有一篇提及朝鲜战争。一些专家感到，斯大林的接班人没有他那样的气概，对美国人的反应估计也不像他那么有信心，不会对美国施加太大的压力。斯大林的接班人乔治·马林科夫还需要时间来建立他自己及其助手们的势力。在4天后北京为斯大林举行的追悼会上，苏联大使只是简单地提到这场吸引全世界的注意力已近三年的战争。

北京和平壤都向马林科夫表示祝贺，《真理报》的一篇文章引用了金日成的一段话，这段话暗示北朝鲜只希望在中国的大力支持下把朝鲜的这场战争继续打下去。"我们的人民在其无私的勇敢的战斗中并不是孤立的，"金日成坚持说，"强大的人民中国派出了志愿军来帮助我们，这种帮助是斯大林对强大的社会主义阵营人民的友谊的典范。”这种讽刺性语言显然很清楚地提醒北京和莫斯科：在严酷的 1950 年的冬天，斯大林给北朝鲜或中国的帮助很少，只是由于中国出手相救才有了今天。

3 月 15 日，陷入僵局的朝鲜和平谈判有了进一步重大突破的迹象。这一天，马林科夫在最高苏维埃第 4 次会议上说：“目前在有关国家相互同意的基础上，没有有争议的和不能解决的问题，这适用于我们同所有国家，包括同美国的关系。对维护和平感兴趣的国家都可以在现在和将来对苏联坚定的和平政策感到放心。”

6 天后，莫斯科电台报道说，苏联人同意积极帮助使战争爆发以来在北朝鲜被俘的 9 名英国外交官和传教士获释。这种姿态在非共产党世界的外交圈内产生了希望：这是一场真正的共产主义和平运动的开端。

3 月 26 日，周恩来代表毛泽东率中国代表团参加完斯大林的葬礼后回到北京。两天后，彭德怀和金日成在答复克拉克将军关于交换伤病战俘的要求时说，他们愿意执行日内瓦公约关于这方面的条款，再次建议恢复和平谈判。

克拉克致电参谋长联席会议说，他将通过板门店的联络官为交换伤病战俘进行安排，但不同意在共产党提出一揽子建设性意见或愿意接受联合国军的一项建议之前恢复全体会议。在华盛顿进行考虑的时候，周恩来发表了一项调和性声明，打开了迅速解决战俘遣返问题的通路，他建议“参加谈判的双方停战后，应立即遣返在彼此监禁下坚持回国的战俘，而将其余战俘交与一中立国，以保证遣返问题的公正解决”。

这时停战之路似乎已经打通，但华盛顿的反应很谨慎。中国方面已经公开提出了执行其提出的遣返建议的详细计划，但周恩来所说的“中立”如何理解，谁来决定不愿遣返的战俘的最后安置？中国的提议在 4 月份愚人节那天得到了莫斯科的支持。马林科夫宣布：“我经授权声明，苏联政府完全支持中华人民共和国政府和朝鲜民主主义人民共和国政府的崇高行动。”他还说，苏联政府“也相信美国政府会正确理解这项建议的”。

马林科夫的话进一步证明，现在在朝鲜战争问题上决定共产党政策的是中国。实现停火似乎只有一步之遥了。由于双方互不信任，相互拖延，彼此担心，相互之间理解有误，本可在两个月内解决的问题用了两年时间。这项新的建议会不会也在一系列相互争吵中告吹并且造成更多不必要的流血呢?

第40章　李承晚造反

（2月~6月20日）

1

就在杜德事件之前，朱永福少校逃出了共产党人控制的66号战俘营，被送到釜山一个安全的战俘营。在1952年年底和1953年年初5个月的时间里，他受到美国情报局官员的审讯，讲了他所知道的有关北朝鲜军队的情况，尤其是为向南朝鲜发动进攻进行的部署。尔后中央情报局派了一名会讲俄语的文职人员来了解关于苏联军事顾问的情况。为了表示感谢，这名文职人员送了朱5本学英语的书，这些书被一名认为北朝鲜战俘没有理由学英语的韩国宪兵没收。几天后，朱被投入一个关押反抗当局的战俘的监狱。

2

1953年3月初，海军陆战第1师的28000人准备在西线迎击中国军队对其由凹凸不齐的山峰和深谷组成的33英里长的防线发动的一次重大进攻。日益变暖的天气融化了大量积雪，正在解冻的临津江使美军的供应路线变成了泥潭。中国军队如发动一场任何规模的进攻就会结束5个月来的僵局。对美国国内的头面人物来说，“僵局”或许意味着没有任何事情发生，在过去的几个月里，西线伤亡很大。

马丁·拉斯自入伍以来，用各种方式尽可能地参加步兵的战斗。他愿意打仗，最终成为海军陆战队1团1营艾布尔连第2火力小分队的一名自动步枪手。

3 月的第二个星期，海军陆战队 1 团突然被从预备队中抽走开往“邦克”高地的前哨阵地。下士拉斯在其回忆录中记述道：“这一带主防御线南部和北部的地形之不同简直令人难以想象，两边好像没有任何联系。这里的无人区是一大片平地，一眼可看到几英里之外。‘邦克’高地看上去像城里的破烂房子，鬼才会住在里面。”从拉斯待的位置可以看见蜘蛛腿般的战壕。一大早，敌人的高音喇叭就开始叫了：“欢迎海军陆战队 1 营的士兵们。”拉斯想，敌人是怎么知道他们部队的番号的？

一小时后，中国军队的一门迫击炮开始打出一连串炮弹。在不到一分钟的时间里，海军陆战队给予了回击，5 枚白磷光炮弹在敌人阵地前爆炸，中国军队的一门迫击炮哑了。“看着敌人的迫击炮炮口爆炸真过瘾，当知道那门迫击炮附近有一帮中国人而我们正处于反射击的位置时真开心。”

五天后一大早，当阳光透过晨雾时，拉斯向外望去，听见战壕前什么地方传来一声咳嗽声。“我对那声音感到很奇怪，浑身突然冷得要死，好像刮过一阵刺骨的寒风。这咳嗽声突然很清晰，就像在剧院听见的咳嗽声一样。我的枪差点儿掉到地上。我像弹簧轴似的僵硬地坐在那儿，强烈地想像出有一两个中国士兵躺在离战壕不到 20 英尺的地方。尽管冻得直发抖，但我仍从缝隙往外搜寻了一番，很快回到洞里，在附近看到了我想象中的画面——一个人的脑袋和肩膀。”他至少在 70 码开外。“你肯定能看见他——在周围淡黄色的地面衬托下黑乎乎的侧影，这完全是由于几个月来断断续续的炮击把草木都炸光了的缘故。第一次看到中国士兵，心情异常紧张，这是一种软弱无力的表现……我从来没有这么紧张过，以至于还没有瞄准就向他开了一梭子。实际上只要瞄准了，开一枪就足够了，但我怕他溜了。”

虽然整个 3 月份都在进攻“邦克”高地，但中国军队企图夺回战场主动权的计划破灭了。共产党方面提出恢复谈判，使得李承晚给艾森豪威尔写了一封信，坚决反对共产党方面提出的回到板门店的建议。他说和平协议将使中国军队可以留在朝鲜，那样的话，南朝鲜就会感到应该要求其所有盟军离开这个国家，那些愿意一同往北打到鸭绿江的例外。然后美国可能提供支援，用飞机、远程大炮和海军炮火在半岛两边掩护前线的部队。

艾森豪威尔觉得李承晚的信语气激烈，用词过分。“我立即回了信，努力说服他并使其安心。”在对李承晚的处境表示同情的同时，艾森豪威尔又说双方肯定都愿意在体面的基础上达成协议。他在信的结尾说，美国将寻求一种解决办法，但如果李承晚政府采取不能得到美国和联合国支持的行动，这种努力将不会有什么成效。

4 月 11 日，板门店的联络官们最终完成了有秩序地交换伤病战俘的安排，并签署了一项声明“在签署此协议十天内在板门店开始遣返”的文件。经过 21 个月的争执后，终于实现了一个重要目标，使最终就交换所有战俘达成一项协议有了希望。

代号为“小转换行动”的交换战俘行动定于 4 月 29 日晨开始。在这次行动中，将释放 149 名美军战俘、64 名其他联合国军战俘和 471 名韩国战俘。一个美国医疗队和 3 个救护车队在板门店等待把第一批战俘运送到汶山以南 15 英里处的自由村。早晨 6 点到了第一批 50 名联合国军伤病战俘。

同时，有近十倍之多的共产党战俘在北面几英里处获释。当新闻纪录片的摄像机“嘎嘎”作响、照相机“咔嚓咔嚓”响个不停时，战俘们大吼大叫着表示抗议。许多战俘脱下美国人给的衣服扔在地上，一些人则拒绝撒滴滴涕粉，还有的绝食，说给他们的食物里有毒。

与上述战俘们相反，联合国军战俘则温顺得多。当记者们围住他们问其经历时，许多人不大愿说，有些人只谈仍关在敌人集中营里的伤病难友们的情况。韩国战俘被转到韩国的基地医院，一些美军战俘被用飞机运到日本休养治疗。美联社报道说，“今天从共产党集中营回来的美军士兵都说受到了良好待遇”。一名战俘赞扬他所受到的治疗，另一个说他待的集中营周围没有铁丝网，每人都有一床被子和一条毯子，他从未见到哪名战俘受虐待。他们讲述的故事太平淡了，合众社东京办事处收到纽约发来的一封急电：“除了受虐待和引起轰动的故事外，关于归来的战俘的报道篇幅不需太长。”

《时代》杂志的记者报道说：“在汶山的记者们催问之下，战俘们才在记者们的引导下谈一点有暴力行为的内容。大多数战俘说他们没有见到过难友被虐杀或被蓄意虐待。当有的战俘在记者引导下谈及战俘营的死人事件时，一些新闻记者只管堆积‘虐杀’的数字，而不看这些数字重叠了多少。”

《新闻周报》写道：“并非所有战俘都是大张旗鼓地回到家里的。一架美国飞机几乎是在完全秘密的情况下从东京飞回来的。”机上乘客的名单是保密的，“其原因是：一些乘客在东京经过‘有限的’甄别后，就被暂时列入了‘共产党宣传的牺牲品——洗脑’者的名单”。他们将被送到雾谷的陆军医院接受精神病和医药方面的治疗。

在“小转换行动”开始的那天早晨，靠近鸭绿江的战俘营里，拉里·泽勒斯住的小屋的门被推开了，有人用朝鲜话高声叫道：“走啦！”7 名美国平民俘虏被告知准备动身。没有政府代表过问、无国籍的苏联和土耳其平民俘虏流出了眼泪，他们恳求道：“请转告你们见到的所有的人，我们在这里！”

到达平壤后，这批美国人被安置在一个隧洞的两间屋子里，住在这里的是朝鲜人民军指挥部的人员。与在他们之前的 7 名英国俘虏一样，这些美国人也被量体做衣，天天洗热水澡，给他们吃营养丰富的食物。

就在泽勒斯一行离开平壤之前，一位将军用朝鲜话向他们发表了讲话。“根据朝鲜民主主义人民共和国政府极为人道的政策，你们今天就被释放回国。”当翻译这几句话的时候，他直盯着这些美国人。照相机的镜头从这位将军那儿转向俘虏，他们无动于衷地站着，好像什么也没听到。

照相机的闪光灯不再亮了，将军又重新来了一遍，所有的照相机的镜头又都对准了他，然后转向不怎么配合的俘虏。“你们这些美国人就要回家了，听见了吗？你们很快就要见到家人了，你们要回家了难道不高兴吗？”照相机的闪光灯又亮了起来，但这些执拗的美国人却一声不吭。将军突然转身走了。他离开得太突然了，就连翻译也忍不住神经质地笑了笑。

苏联集团的记者们围住了美国俘虏。一位记者问泽勒斯：“要回家了，你好像不高兴。”

“哦，很高兴。我只有离开了这个国家才会高兴。”

“难道你们不感激朝鲜人民政府对你们十分人道的对待？”

没有一个美国人说一句话。好几个穿红十字会衣服的文职人员走近他们说："我们是朝鲜人民政府红十字会的，有什么需要我们帮忙的吗？"

"我们现在都很好，谢谢，"卫理公会传教士克里斯蒂安·詹森医生说，"我们以前从未见过你们，在我们真正需要你们的时候你们在哪呢？"

一位红十字会的人淡淡地笑了笑。另一个问道："你们对受到的非常好的待遇有什么想法？"还是没有人答话。记者们开始面有难色。一位记者无可奈何地问："难道你们没有一样可以感谢朝鲜人民政府的吗？"

"有，实际上有，"奈尔－戴尔说。在死亡行军中她曾表现出这种勇气。几乎过了3年地狱般的生活，她还是那么精神十足，"谢谢北朝鲜政府让我还活着。在这个生命不值钱的国度里，我感到幸运的是我的小命还在。"

"你被虐待过吗？"

"是的。"她简洁地说。

"我们已查出了1950年对你们干坏事的那个少校并严惩了他，"一位北朝鲜军官大声说道，"他拿了合67000美元的朝鲜钱给你们提供交通和食宿，但他贪污了。他是个大坏蛋！他偷了你们的，也偷了我们的！"

"我们并不知道发生在你们身上的所有这些坏事。"一位朝鲜军官说。

"你们不知道，也不想知道。"路易斯·丹斯说出了所有俘虏想说的话。

又陷入了令人窘迫的沉默，尔后记者们缓慢走向汽车。第二天，北京的电台报道说，7位被北朝鲜释放的美国俘虏对给予他们的人道待遇表示感谢。

这7个人先被送到沈阳，然后穿过西伯利亚到达莫斯科。第二天，5月12日，一架美国空军的C－54飞机把这批人送到西德的滕珀尔霍夫机场。从那儿，一架泛美航空公司的飞机将其送到法兰克福，他们在那里待一段时间后启程回国。

那位澳大利亚神父克罗斯比又过了3周才最终获得了自由。他丢失了日记本，但几乎一字不拉地全记存在了脑子里，他又开始重记日记。"我又一次开始了生活。又回到了能透过光线且没有风的屋子里，这里有充足的热水、肥皂和干净的亚麻布，有即使不饿也想吃的食物。我又得到了也许别人认为理所当然但对我来说难以置信的好东西。然而尊重及个人自由的法律比这个国家的好东西都更重要，我珍惜所有这些东西，但我得到了更有价值、更重要的自由。这就是信仰自由，公开地承认我的信仰；有自由让所有与我一样向天国迈进的人们知道，上帝的爱在等待着我们，给我们的心灵以安托。"

3

直到4月26日（星期天）下午才在板门店重开全体会议，这是自去年10月以来第一次高级代表团全体会议。气氛很紧张但无火药味。南日提出了一份6点建议以结束在战俘问题上的僵局。哈里森同意某些建议但极力反对其他几点建议。会谈再度陷入困境。

最后在5月10日，美国空军发动了这场战争中火力最为集中的一次攻击。3天后，哈里森带着一份反建议回到板门店，该建议在次日被认为"绝对不能接受"而被断然拒绝。

与此同时，对北朝鲜的猛烈轰炸还在继续。这一次，平壤以北20空里德山的水坝和土坝被炸毁。空军的决策者们长期以来认为，炸毁灌溉大坝将严重影响北朝鲜的粮食收成，但由于"人道主义的原因"直到现在才动手。据美国空军官方历史记载，5月15日，"洪水突然倾泻而下造成一片混乱……房屋、庄稼、灌溉渠统统被滔滔洪水冲走了"。受到轰炸德山战果鼓舞的空军又轰炸了其他大坝，但共产党吸取了教训，在敌军飞机进攻时排干了水库里的水。"水流掉了，但避免了水灾。"

这时，美国人在板门店的立场使会谈陷入僵局，并逐步发展成一场危机。尽管国际上对美国的好战精神批评日甚，但国务卿杜勒斯还是在5月22日让尼赫鲁总理捎话给北京，如果双方不尽快达成协议，美国将轰炸鸭绿江以北的军事庇护所。

三天后板门店谈判复会时，共产党方面意识到艾森豪威尔政府是不会在自愿遣返问题上让步的。这场战争消耗了北朝鲜和中国大量的人力和物力，他们能坚持多久？

哈里森带着参谋长联席会议的指示回到板门店：不坚持一旦停火协

议生效就立即释放朝鲜遣返人员。这些战俘将移交给由印度、波兰、捷克斯洛伐克、瑞典和瑞士组成的中立国遣返委员会。除此之外，必须接受联合国军最近提出的那项建议。如果共产党不同意，也不提出进一步讨论的基础，将停止谈判。

显然李承晚不愿意将非共产党的朝鲜战俘移交给中立国委员会。25日上午，克拉克将军会晤了李承晚，把这个坏消息告诉了他，并试图减轻对他的打击。

与此同时，哈里森建议结束这次全体会议。共产党方面同意后，哈里森提交了一份新的计划。休息一个半小时后，南日提出了几条反对意见，建议4天后再度开会。哈里森认为应再晚些时间以便认真研究此项建议，提出再推迟两天。南日表示同意。事情好像解决了。

为了支持这项计划，克拉克将军在27日给金日成和彭德怀送交了一封语气强硬的信，敦促其接受这些新条件。“如果你们的政府真心希望停战，你们就应该抓住目前的机会。”

4

虽然共产党的宣传机构还坚持说李承晚是美国的傀儡，和他共事的那些美国官员倒也是唯愿如此。独立是他的信仰。自停战会谈伊始，李承晚就公开预言谈判将失败，他认为计划中的停战协定是战争的最后结局，也是完全不能令人满意的结局。他决心不惜一切代价阻止会谈。

5月30日，李承晚写信给艾森豪威尔，说接受任何允许中国军队留在朝鲜的停火安排都等于“不容分说地判韩国死刑”。

对事态十分关切的艾森豪威尔向李承晚保证，美国将努力以一切和平方式来实现朝鲜的统一，而且将在一项可以接受的停战协定签署后，立即同李缔结一项共同防御条约。

当6月4日代表们回到板门店时，南日提交了一份反建议，表示接受联合国军的建议，但作一点小小的修改。这项反建议对艾森豪威尔“似乎很有利”，他通知李承晚可以接受建议的条件，李的大韩民国将保留其战前的全部领土，美国对朝鲜的最终重新统一承担义务——但只能通过和平手段。

李承晚还是很强硬。在一项政府公开声明中，他略述了他事先向艾森豪威尔透露的停火的最低条件：联合国军和共产党军队同时撤出北、南朝鲜。6 月 7 日，他把他的话付诸行动，在南朝鲜颁布了戒严令，把他的新任参谋长白善烨从华盛顿召回，取消了 15 名韩国将军预定中的美国之行，取消了所有官兵的休假，并向人民发表宣言，要求他们支持他的“生死”决定。

使李承晚沮丧的是第二天，6 月 8 日，协议最后在板门店通过。经过一年半激烈争执后，双方首席代表在一项遣返战俘的协议上签了字。消除了达成一项停战协定的最后一道障碍，和平看来即将来临。但李承晚认为，这样一种和平将使他建立一个真正自由的朝鲜的美梦破灭。他决定必须马上采取行动，召来了陆军中将元容德（他信任的极少几名将军之一）。李承晚说：“在板门店的联合国军谈判人员急于在与我们政府的观点相左的停火条件上签字。”按照他的观点，所有北朝鲜战俘都应释放，愿意去哪儿就去哪儿，不强制他们回其出生国。“你有什么高见？”

元容德花了两天时间秘密搞出了一项释放共产党战俘的计划，得到了内政部长、板门店的韩国代表和政府发言人的同意。只有李承晚和上述 4 个人知道此项秘密计划。

6 月 8 日，克拉克将军拜会了李承晚，发现这位总统失望和愤怒交集。克拉克和李还是各执己见。李说：“我永远不会接受他们坚持的这些停火条件。大韩民国将继续打下去，即使这意味着自杀也在所不惜，我要带领他们打下去。”

克拉克试图向李承晚重申，华盛顿一向支持他的正当目的，但已决定按照目前的条件达成一项停战协定。克拉克提出是否有可能把不遣返的战俘转移到像巨济岛或济州岛这样的岛上。李只是说今后他将自由采取他认定适当的任何行动。

“您的意思是撤销我对韩国军队的指挥权吗？”

“不是今天，也不是明天，”李承晚说，“但如果要撤销的话，我会事先同你商量的。”

在华盛顿，现为中校、在负责处理日本和朝鲜的战略情报的部门中任行政官员的詹姆斯·豪斯曼在星期日凌晨被叫醒，奉命在一张白纸上写下了李承晚万一可能采取的四种行动。李曾威胁要向到达朝鲜监督停火的印度军人开枪。“不会的，”豪斯曼写到，他也许比任何其他外国人都更了解这位总统，“他决不会这么干的。”第二种可能性，李曾威胁说，如果命令他的部队撤至事先确定的分界线，他的部队将按兵不动。“不会的，”豪斯曼写道，“那将使他的整个军队有被歼灭的危险。”第三种可能性，李会在停战协定上签字吗？“他决不会签字的，”豪斯曼断言，“他要在历史上留名，会一直反对下去，不断强调他的观点：‘你们不能同共产党人或胆小鬼共事。’”第四，李敢不敢释放北朝鲜战俘？“敢，”他写道，“他肯定美国人真的希望他这么干。”

但豪斯曼的结论没有引起重视，他写的那张纸被束之高阁。

第二天，元容德将军召见了韩国宪兵司令肃楚岩准将及他的执行官和行动处处长宋有顺上校。首先他们必须发誓：“在任何情况下，他们都不能向任何人泄露将在会上讨论的任何情况。”元说，这个计划必须在绝密情况下执行，连国防部长和白参谋长也不让知晓。他还说，包括他个人在内，谁都不能肯定大批释放北朝鲜战俘会出现何种的结局。

肃将军说他不能对随之肯定出现的严重后果负责，要求允许他离开房间。但他首先得再次发誓保守秘密。作为副指挥官的宋上校将负责这次行动，他没有表示异议，尽管他似乎明知当宪兵队单方面释放北朝鲜战俘时第 8 集团军和宪兵队之间可能会发生冲突。

第二天早晨，中国军队突然从地下掩体出击，向韩国 3 个师发动了进攻。韩国军队伤亡惨重，一步步退至防守坚固的阵地。4 天后，志愿军再次发动攻击，这次是全面进攻，在这次战争以来最猛烈的炮火掩护下向前推进，打垮了韩国第 5 师和第 8 师。波茨报道说：“猛烈得几乎不间断的大炮炮弹倾泻到韩国军队的阵地上，韩国军队在攻击下退却。”第二天，美联社报道：“今天韩国第 5 师和第 8 师在中国军队潮水般的猛烈进攻下全线崩溃，中国军队推进到朝鲜分界线沿东部中央前线一条 30 英里宽的突出部达 2 英里。美国第 8 集团军司令部加强了新闻检查制度。”

毛泽东和彭德怀使敌人大吃一惊，他们获得了有价值的地盘。在这次危机中，第 5 航空队和美驻远东空军轰炸机指挥部对中共军队的供应线和前线部队进行了朝鲜战争以来最猛烈的轰炸。尽管谣传李承晚计划要对釜山附近的战俘营发动一次袭击，克拉克仍不敢从战区抽调任何美军，他担心中国军队会进一步推进。

在征得五角大楼的同意后，克拉克采取了故意的冒险：李承晚是在吓唬人。克拉克手上仍持有李亲笔写下的由联合国军全面指挥所有韩国军队的委任书。他还刚刚得到李的保证：李只有在事先通知并同他进行全面磋商后才会从联合国军中撤出韩国军队。如无外界的帮助和韩国卫兵串通一气，大批释放战俘是不可能的。

泰勒将军同意克拉克的判断。到 15 日，由于伤亡惨重，韩国军队受到的压力有所放松，泰勒认为这是敌人最后一次欢呼。现在泰勒和克拉克最关心的是制定出停战协定的最后细节——确定最后分界线，沿分界线在两军之间划出一块缓冲区。到 17 日，尽管参谋军官会议是在秘密状态下进行的，但在板门店的每一个记者都获悉已达成协议。克拉克将军个人估计，停战协定将在战争爆发 3 周年纪念日那天签署。

但汉城的美国大使馆却深为不安。那天，李承晚召见了美国大使埃利斯·O. 布里格斯，交给他一封给艾森豪威尔的回信。在艾森豪威尔给李的那封信中，他提醒李有必要达成一项解决办法。李首先对美国愿意提供援助和签订相互安全条约表示感谢，尔后又提出，接受美国的上述援助是否意味着大韩民国必须同意签署一项停战协定。

那天晚上，李承晚陷入一生中最大的困境。他欠美国人的很多，且与美国人之间的个人关系也很好。但他怎样才能在父老乡亲们面前不丢面子的情况下改变自己反对停火的率直、不可改变的立场呢？另一方面，释放北朝鲜战俘肯定会使同美国的关系紧张起来，即使他敢肯定大多数美国人会对他的行动暗地里拍手叫好。

但情况已无可挽回了。在宋上校的指挥下，已经在朝鲜半岛南端关押着 36000 名朝鲜战俘的集中营里秘密做好了准备。在釜山附近的 9 号和 2 号集中营里关押着 7097 名战俘。午夜零点，桑永昌（音译）中校率领一支韩国宪兵特别行动队潜入 9 号营，把铁丝网剪了 4 个 20 米宽的口子。与此同时，6 名宪兵解除了拘留室里两名美国卫兵的武装。6 月 18

日零点一刻，桑中校带他的人进入已把战俘集中起来的集中营。他很严肃地说："我奉宪兵司令部指挥官命令，临时占领该战俘营，释放所有你们这些反对共产党的战俘！"

战俘营里所有的灯光都被熄灭了，约4000名战俘悄悄地出了战俘营，成了自由人。美国人直到凌晨一点才获悉越狱之事，但四周一片漆黑，他们无能为力。在附近的2号营，战俘们直到凌晨2点40分才被释放。那时美国人已知道发生了什么事情，结果只有几个战俘跑了出去。

在西边的光州地区有1号、2号、3号3个战俘营，关押着10610名战俘。釜山的零点就是那里的两点。3个战俘营里的反共战俘头领在傍晚就已被元将军的副官通知要释放他们。他们要向他们的人念如下指示："我们解放的日子终于到来了。李承晚总统已命令元中将在6月18日凌晨两点释放我们。到时候你们只需从韩国宪兵队事先为我们打开缺口的铁丝网里出去。有一点你们韩国必须记住，在宪兵的带领下，你们在天亮之前必须走出集中营至少12公里。此后韩国国民警察会照顾你们的。"

临近半夜时，负责宽子湾（音译）所有3个战俘营的指挥官韩昆（音译）中校开始从里面剪断铁丝网。与此同时，韩国宪兵悄悄剪断外面的铁丝网。凌晨两点，山上射出一道手电筒的光示意零点到了。在此之前，韩中校已命令卫兵放出了2/3的战俘，然后放起火来，假装是防止越狱。但这堆火点早了，惊动了美军卫兵，1名韩国卫兵和5个逃跑的战俘被击毙。即使如此，等集中营的美军指挥官4点钟到达出事地点时，发现集中营里仅剩下10160名中的165名战俘了，这么一点儿人是又被抓回来的。

在北边的论山有关押着11038名战俘的6号集中营，釜山的零点也是这里的两点。3个集中营有两个已做好了准备。但1号营里的人知道计划太迟了，只有1/3的战俘逃了出去，而2号和3号营则有8000多名战俘在黑暗中逃掉了。惊愕不已的美国兵报告说："他们在逃跑后30分钟内就消失在论山城里，他们肯定长了翅膀。"

论山的美军指挥官由一开始的震惊和迷惑变成了愤怒。他真真切切地相信他被韩国人欺骗了，特别是被第3公安营营长洪尚荣（音译）中校给耍了。"我的部下所做的一切我要负全部责任，因为这是我的失职，"洪中校镇静自若地说，"但我敢保证这不是上级的指示。"尔后他又说："我不是在作为一名负责看守战俘的营长讲话，而是在作为一名大韩民国的公民在讲话。你们必须记住，今天凌晨重新获得自由的战俘以及未能阻止他们大批逃跑的我的部下都是我的朝鲜同胞。你们如果理解这一点，就不会责怪我对他们的同情了。"

马山、永川、富坪和大邱一些小集中营里的战俘们也逃掉了。总共有 27000 多名战俘不仅逃了出去，而且躲藏在友好的人家里。被重新俘获的不到 1000 人，死了 61 个人。

克拉克将军在早晨 6 点被叫醒。他采取的第一个步骤就是用美军换掉了战俘营里的韩国卫兵。一个半小时之后，元将军通过电台向公众宣布，韩国卫兵是在他的指挥下放走战俘的。他呼吁人民"帮助保护这些爱国青年"。当天早晨晚些时候，李承晚宣布："根据日内瓦公约和人权原则，这些反共的朝鲜战俘早就该释放了。我同许多联合国机构谈起过释放这些战俘的愿望，他们中的大多数人都同情我们，也同意我们的原则。但由于一些国际矛盾，我们把这些人关得太久了。"他说，因此是他自己下令释放他们的。"我之所以没有同联合国军司令部及其他有关机构全面协商就这么干，其中的原因很清楚，就不用我解释了。"

艾森豪威尔总统非常恼火。他打电报给李承晚说，释放战俘显然违背了他最近向克拉克和泰勒所作的不经事先磋商不采取任何行动的承诺。"除非你准备立即坚决地接受联合国军司令部指导并结束目前敌对状态的权力，否则肯定会影响其他安排。"作为朋友，艾森豪威尔希望李立即扭转目前的局势。"我将相应地把这封电报公之于众。"

联合国军新闻机构简短地宣布，有近 25000 名坚决反共的北朝鲜战俘逃出了集中营，但在包括李承晚总统在内的韩国高级官员发表了讲话之后，很显然这次行动是经过高层人士的秘密策划和精心安排的。美军人员对阻止这次集体越狱尽了各种努力。

这是事实。但全世界，甚至盟国之间都怀疑这次轰动世界的越狱事件肯定得到了马克·克拉克和其他美国领导人的默许。合众社的波茨把这次行动描述为"阻碍停火的最大胆的行动"。在几小时后的一条新闻电讯里，波茨更加直言不讳："马克·克拉克将军有意冒险让韩国卫兵看守关押反共战俘的集中营。他从李承晚的嘴里和南朝鲜政府的声明中知道李不想让‘爱国’的北朝鲜战俘受建议中的中立国委员会的照看并再次受到共产党特务的教化。”

波茨是对的。克拉克曾担心过会发生集体越狱，而且像豪斯曼一样，向五角大楼提出过警告。但这位将军对这次密谋的细节一无所知，对它的成功大感震惊。哈里森立即向南日通知了释放战俘之事，把全部责任推到李承晚政府身上。但南日及其助手们都肯定这次密谋是李承晚和联合国军之间“有意的默契”。

虽然北京同意南日的看法，但其对美国人言辞上的攻击只是表面文章。他们真正担心的是李承晚的行动可能危及停火谈判，他们要求在汉城使停火夭折之前尽早达成协议。

美军士兵还在试图找回逃掉的北朝鲜战俘，但只找到了一小部分，因为南朝鲜人已把北朝鲜战俘混藏在他们的家里。搜寻没有什么结果，因为对美国人来说，所有的朝鲜人长得都差不多，而且战俘们现在穿的是老百姓衣服。

到处都在不断谴责李承晚的行动。温斯顿·丘吉尔把它称之为“背叛行为”，并坦率地声称，联合国军无意替李承晚征服朝鲜。华盛顿处于惊愕、愤怒之中，这一事件在白宫讨论了很长时间。美国处于窘境。艾森豪威尔回忆说：“我们现在无法最大限度地保证我们同对手讨价还价的砝码。”

然而艾森豪威尔相信局势还可以挽救，他得到了国务卿约翰·福斯特·杜勒斯的支持。杜勒斯强有力地表明了他的观点，即如果共产党像他想的那样希望停火的话，他们就会宽容李承晚的鲁莽，并将很快在一项他们得到适当保证的协议上签字。

第二天，彭德怀和金日成给克拉克将军写了一封信，提出如下问题：“联合国军司令部能否控制南朝鲜的政府和军队？如果不能，在朝鲜停战究竟还包不包括李承晚集团在内？如果不包括，何以保证南朝鲜方面执行停战协定？”信的末尾写到，如果包括李承晚集团，“那么你们方面必须负责立即追回在逃的战俘——那些被释放并被强迫留下来抓进南朝鲜军队的战俘。”

相信毛泽东还是非常想停战的美国外交官们希望这个声明只是一个想做成一笔好买卖的策略，但其中有些人暗地里为李承晚鼓掌，因为他这个铤而走险的行动为停战协议的达成省去了不少时间和繁冗的文书工作。

第41章　和平时刻

（1953年7月8日～1953年9月6日）

1

李承晚的叛乱引起了一系列问题，艾森豪威尔不得已只有派特使前往韩国控制这位易冲动的总统。国务卿助理沃尔特·罗伯逊被选中。大家认为罗伯逊文雅且通情达理，他舒缓、圆滑的嗓音能够驯服像李承晚这样性情古怪的人。

当李承晚和罗伯逊在汉城总统府争吵不休的时候，板门店的僵局还在持续着。但是在7月8日事态有了起色。在给克拉克的一封复信中，共产党人同意再次举行谈判。

最后，于7月10日，即和平谈判两周年纪念日，双方在板门店再次会晤。哈里森将军说，联合国军随时准备签署停战协定。但是，如果韩国军队在停战之后有任何侵略行为的话，联合国军将中止对南朝鲜的所有援助。这次会晤在没有出现争吵的情况下顺利结束了。

翌日，罗伯逊终于说服李承晚答应不再阻挠执行停火协定。作为交换条件，罗伯特和李承晚签署了相互安全条约，并保证向李承晚提供长期经济援助。除此之外，李承晚还得到另外的奖赏。美国总统派遣的特使和他进行了两个多星期的会晤，这使他在亚洲的知名度大增。

李承晚已向全世界宣称韩国政府并非傀儡政府，但是7月13日（第二天）晚上，他的部队蒙受了自战争开始以来最猛烈的一次袭击。彭德怀为了向美国人表明中国人民志愿军仍然强大无比，足以使战争持续下去，发动了第二次进攻，志愿军攻击了韩国军队的4个师。

“蜿蜒的战线上炮声不绝，响了整整一个晚上，韩国军队守住了一部分战场，而在其他地方，韩国军队或屈降，或被围困。”合众国际社记者报道说。

前沿阵地连连崩溃失守，到14日晨，共产党的攻势扩大到6个师，韩国急忙派出6个师，协同美军第3师作为抵抗主力，开赴战场应战。

合众国际社记者说，有关共产党人再次进攻的报道非常简略，一方面是因为实行新闻封锁，另一方面这次战斗的性质也令人迷惑不解。14日下午共产党人再次发动进攻时，联合国军的步兵部队措手不及，被迫把盟军战线收缩到一个仅20英里长的狭窄高地上。韩国4个师丢下成千上万的卡车、坦克、大炮，被迫撤退。撤退过程中，许多部队失去了联系和运输工具。

至此，克拉克相信了“共产党这次凶猛进攻的主要目的之一，如果不是唯一目的的话，就是想给韩国军队一点颜色看，向他们及全世界表明‘北进’并非所说的那么容易”。

毛泽东已证明了这一点。从6月到7月间，联合国军死伤50000多人，其中大部分是韩国士兵。尽管共产党方面的伤亡也很大，但共产党的兵源补充却是源源不断。

在板门店，共产党人正在等候战斗的结局。南日仓促接受了联合国军司令部将监督韩国军队停火的保证。哈里森敦促联合国军方面单方面暂时休会，直到共产党人意识到他们再也得不到更多的保证和允诺为止。共产党发动的大规模进攻已表明他们对达成一项停火协定并不认真，哈里森现在有理由离开。但出乎他的意料的是，第二天共产党的代表提议暂时休会到7月19日。

当哈里森和他的助手们19日返回板门店时，对方已为会谈做了充分准备。战线重新稳定下来，这次大规模进攻以双方死伤惨重而告终。

南日对有关分界线等一系列问题仍持有异议，协调这些最后争议的任务落在了参谋们的肩上，而甚至连哈里森最悲观的参谋人员也感到“前景令人鼓舞”。

第二天，双方着手修订分界线。双方都想占有更多的地盘。经过3天的讨价还价后，有关分界线的草图拟完了，到7月25日，所有的细节问题都已解决。翻译们受命翻译两天后双方即将签署的停火协定。不过，仍有其他一些问题亟待解决。共产党为庆祝停火协议的签署而特意修建的大楼已经竣工。当克拉克知道共产党在大楼入口处画了两个巨大的蓝白色相间的和平鸽的油画（这是临摹毕加索的油画而成的）时，他打电话给哈里森说，除非两幅油画被撤掉，否则，联合国军将不会在庆祝会上露面，因为和平鸽是国际共产主义的政治宣传。结果，毕加索的和平鸽被涂掉了。

经过又一次的讨价还价后，双方最后通过了有关文件。首先由哈里森将军和南日将军在板门店签署，几小时后最高司令官——彭德怀、金日成和克拉克将分别在各自的总部签字。

7 月 27 日星期一，近 10 点时，联合国军和共产党方面代表陆续进入新建的 T 形和平塔。凯斯·比奇注意到联合国军成员在墙一侧的席位上就座。共产党代表坐在对面神态严肃而冷峻。"北朝鲜代表佩带金色肩章，穿着蓝色的带红条纹的裤子。与之形成对照的是，中方代表身着灰色制服，未有任何饰物，显得非常肃穆。"

10 时整，哈里森和南日步入大厅，他们在铺着绿色桌面呢的桌子旁就座，然后签上各自的名字。比奇回忆说："挑选演员的导演再也挑不出另外一对像他们这样形象迥异的人了。哈里森短小，长相平平，本来也许应该是一位浸礼会教士，他的衬衣领敞开着，胸前没有佩带任何勋章。南日则年轻得多，身材高大，表情冷峻，是一位典型的美男子。"

两人在 18 份停火文件上签了 18 次名字，但相互未说过一句话。"我听见远处大炮的轰鸣声，这是驻守板门店战线的海军陆战队在最后示威。"比奇回忆道。停火拖了近 12 个小时才得以实现，因为共产党的通讯设施不好，花了很多时间向其各部队传达指示。"当仪式结束时，哈里森和南日又像木偶人一般从座位上站起来，步出了大厅。战争终于正式结束了，尽管是在犹豫不决的情况下结束的。"

下午一时，马克·克拉克钻进汶山苹果园的军营戏院。戏院已挤满了官兵，克拉克在舞台前一条长桌旁坐下。拍摄现场的新闻电视摄像机的灯光非常强烈，令人难以忍受。克拉克在签了 18 次名字后，宣读了一项声明："此时，我感到的并不是狂喜，相反，我想祈祷，我们也许能够克服困难，努力使这次停火真正有利于人类。如果从这一刻看到了一些希望的话，那就是我们在等待希望的同时，必须意识到我们的拯救需要不懈的警惕和奋斗。"

他很庆幸这场杀戮已经结束，但同时认识到反对共产主义的斗争在他的一生中是不会结束的。朝鲜战争仅仅是在自由世界的周围地带所进行的一场劳民伤财的小“战斗”，敌人仍未被打败。

彭德怀在签署停战协定时心中想：“先例既开，来日方长，这对人民说来，也是高兴的。”中国人民志愿军和朝鲜人民军并肩战斗，抗击了西方世界最强大的军队。“中国人民志愿军与朝鲜人民军并肩作战，兄弟般地相互支持。在三年的共同斗争当中，我军与朝鲜人民及朝鲜人民军之间用鲜血凝结起来的战斗友谊是更加巩固了，国际主义的感情是更加深厚了。”

那天晚上夜幕渐近时，乔治·S. 巴顿上尉——二战中著名指挥官巴顿的儿子、第 140 坦克营 A 连连长——注意到敌方发射的炮火明显减弱。前沿阵地的战火都在逐渐平息下来。但乔治上尉和附近的人仍保持高度警戒。他们并不相信中国人。“我们都认为整个前沿阵地将遭到对方一次猛烈攻击。到了晚上 7 点钟，整个世界万籁俱寂，似乎连针掉在地上的声音都能听到。”这种寂静持续了两个小时，然后敌方阵地上空升起了绿色信号弹。信号弹还未升至最高点，它散发的光芒便照耀了整个弹痕累累的战场，炮弹随即从敌方阵营飞扑过来。整个前沿阵地的北部响起了震耳欲聋的爆炸声。数以千计的大炮和迫击炮炮弹发射过来，爆炸声此起彼伏。巴顿召集部下，命令他们仅向固定目标开火。他说：“我告诫他们要坚守在坦克里待命，其实也用不着我最后下这道命令。但是在整个这段时间，我们驻守的阵地上实际上并没有发一枪一炮。”

大约 9 点半，一串红色的信号弹升至天空。“就像关上厨房的煤气炉子一样，战火骤然停止。一瞬间，战场又是死一般沉寂，让人揣摸不透，偶尔能听到受伤的韩国士兵痛苦的呻吟声以及部队下级指挥官嘈杂的说话声。”巴顿说道。从美国军队驻守的山头那边升起白色信号弹，猛烈的炮火击中了中国军队的阵地。“炮声震耳欲聋，令人难以忍受。”巴顿接着说。

比奇正在前沿的海军陆战队指挥所。迫击炮和大炮不停地怒吼着，士兵们蜷缩在战壕里。现在与其说是一场战争的结束，还不如说是一场战争的开始。离美军哨所最近的中国军队仅在35码之外的一个以赫迪·拉马尔的名字命名的哨所。一名排长向连长肯尼思·麦克莱思上尉报告说："敌人在哨所上面走动。"上尉命令打开探照灯。比奇出去查看。哨所被探照灯照得如同圣诞树一样发光。但除了一辆炸毁的坦克黑色的残骸之外，比奇什么也没有看到。

有人说："距停火只有半小时了，中国军队再也没有时间发动任何作战行动了。"

"他们是想利用这最后的时刻发起攻击。"另外一个人反驳道。

比奇又听到电话话筒里有人请示的声音："敌人正在'石头城'上走动，他们没有射击，也没干别的事。我们怎么办?"

"我们为什么不向他们开火?"一名战地卫生员说，"离停战还有25分钟。"

"再说一遍，不许开火，"麦克莱思上尉在话筒里说，"除非敌人从我们的堡垒缝隙里钻进来，21点45分后不许再开火。如果敌人真从堡垒缝隙里钻进来，就用你们的刺刀。"

"蠢驴，用刺刀!"有人嘟哝着。

晚上9点45分，每个人都走出哨所，站在战壕里。他们注视着仍被探照灯照得通亮的"赫迪"哨所。一只遭惊吓的鸟，看到黑夜突然变成白昼，慌忙躲过探照灯的光束。死一般的寂寞再次降落在前线。所有的武器都停火了。海军陆战队员从掩体里蜂拥而出，毫无顾忌地站在月光下，注视着对面哨所上的敌人，而仅仅五分钟前，这样暴露地站着是必死无疑的。

"山谷里吹过的凉风吹拂着我们的面庞。一只蚊子在我耳边嗡嗡飞着。云朵飘过，露出一轮圆月。"

10时整，射击检察官迪克·威廉中士发射了一颗白色的信号弹。紧接着发射的信号弹将天空照得如同白昼一般。但是，中国军队一方则始终是一片黑暗。欧内斯特·麦克法兰中士接到命令要捡起空弹壳，准备后退2000码。

"这一切似乎都出人意料，"麦克法兰中士喃喃自语，"战争以这种方式结束似乎总觉得不太对劲。"

不远处，海军陆战队下士马丁·拉斯能够看到白、红、黄色的信号灯照亮了整个山头。美丽的圆月悬在天空，如同中国的灯笼一样漂亮。他看到士兵们出没于掩体，一些人头戴钢盔，身穿防弹背心。我们首先听到的是从驻守天军里（音译）墓地后面的中国军队驻地上传来的一阵刺耳的尖叫声，中国军队在唱歌。战壕下大约一百码处，有人正在放声高唱海军陆战队的颂歌，别的人也在随声附和，大声唱着歌词，唱出的调子五花八门。宽阔的水稻田对面，人们划着了火柴。后来中国军队慢慢走到山底，把糖和手绢作为礼物放下。山上面的美军呆呆地看着这一切。他们奉上级命令，不能和敌军亲善。

乔治·S. 巴顿中士在他的驻地想听受伤的韩国士兵的呻吟声。那个美丽的夏夜，他所听到的全是盛满米酒的酒杯的“叮当”撞击声和人们的狂欢声。

2

在最南边，靠近三八线的前沿阵地，北朝鲜农民最先在黎明之后听到停火消息。他们于是向开城涌去。男的穿着雪白的盛装，女的穿着用各种色彩的丝绸做的传统的裙子。通往城镇的路上挤满了兴高采烈的游行队伍。人们敲锣打鼓，边跳边喊。快到正午时，他们来到了开城，和城镇市民聚集在城镇的主要广场上。在他们的头顶上，五彩缤纷的旌旗随风飘扬。

中午，喇叭里传出了金日成在平壤举行的庆祝胜利大会上的讲话：“亲爱的同胞们，兄弟姐妹们，官兵们，英雄的中国人民志愿军，亲爱的同志们，尽管美帝国主义动用陆、海、空三军，配以现代化武器装备，联合了他们的同盟军，但还是被击败了，在人力、物力方面遭受了巨大损失。”

当金日成说他相信国际上会为朝鲜的重建提供援助时，人群中响起了雷鸣般的掌声。“朝鲜属于朝鲜人民，”金日成说，“它将继续属于朝鲜人民。”

但是在南部却没有举行任何庆祝活动。从釜山传来美联社的报道：停战消息在这个临时首都受到出人意料的冷遇。“这里人们既没有感到欢欣鼓舞，也没有高呼反对停战的口号。当韩国议会议长曹奉岩被要求发表个人看法时，他感到非常恼怒。”

美国的气氛也同样很冷淡，“这个国家很平静地接受了这个消息，”合众国际社从华盛顿报道说，“没有公众集会，没有狂喜，街道上没有出现任何庆祝活动。”这种胜利并不是德怀特·D. 艾森豪威尔将军和盟军在欧洲伟大的十字军讨伐中所获得的那种胜利。一些有影响的国会议员批评了停战条款，而参议员约瑟夫·麦卡锡说了一句话，表达了许多人的思想情绪：“美国遭受了一次巨大的失败。”

艾森豪威尔和约翰·福斯特·杜勒斯对这场战争的结束还是表示了一定程度的满意。但是，他们的满意之情逐渐减弱了，这是由于艾森豪威尔无法排遣的疑虑造成的，即除非自由世界和共产主义世界之间斗争的根本冲突有一天得到解决，否则任何和平谈判都不可能统一朝鲜。不过，毕竟三年的英勇奋斗、挫败、沮丧和流血牺牲终于结束了。

3

马克·克拉克有足够的证据证明共产党人仍关押着 3404 名联合国军战俘，其中 944 名是美国士兵。使他感到棘手的是如何不用向共产党放一枪一炮要回自己的人。

为最终交换战俘，联合国军方面精心制订了“大转换行动”。交换时间定在 8 月 5 日，而在此前几天，人们就明显感到实施“小转换行动”的自由门的旧址太小了，无法胜任将持续一个月之久、每天接纳 400 多名战俘的交换活动。新选的地址是靠近汶山的自由村，原是一个旧军用仓库，后被改建成第 11 后方医院，工作人员来自人们所熟知的一个陆军流动外科医院。

8 月 5 日晨，执行交换行动的部队指挥官、海军陆战队上校艾伯特·梅茨对这个场地作了最后检查。他必须负责交换场地一切工作的顺利进行。他在这种场合出现并不是没有道理的，因为他本人在二战中就是一名战俘。

越过临津江向北约 15 英里，被派遣到临时接受和控制指挥部的海军陆战队员们正恭候在板门店附近著名的和平塔。交换协议明确指出交换仪式于早晨 9 时开始，在此前 5 分钟，三辆苏制吉普车（每一辆乘有一名中国军官和两名北朝鲜军官）在卡车和救护车的伴随下驶出和平走廊的共产党一方。

“海军陆战队，开始行动!”一位将领高喊一声。护送的军队停了下来，海军陆战队员们则开始叫战俘的名字，瘦削、阴郁的战俘们从卡车上下来，转送到军营帐篷里。直升机上满载着担架，飞往陆军流动外科医院。病情稍轻一些的战俘们则被救护车送到了自由村接受治疗。

经过透视后，健康状况较好的战俘又到人事处接受询查，人事处对他们迄今为止的军旅生活作了记录。之后，这批战俘被获准接受新闻采访。一群记者和摄影记者已在焦急等待。两名海军陆战队的战地记者也出现在采访现场。美陆军中士理查德·E. 阿诺德看到接受采访后归来的战俘都很坦然，只有少数人显得有点忐忑不安。“这是他们获得自由后的第一个小时，很多人说不敢相信这是真的。一些人明显地颤抖，还有一些人则惶恐不安。但是，所有的人因知道自己已重获自由而欣喜若狂。”他们谈得很少。

南归的战俘们秩序井然，而北归的战俘们则喧闹不已。美国哈佛大学校长的儿子西奥多·科南特拍摄到这一场景：当北归的战俘们被抬上卡车时，他们向周围看守他们的士兵破口大骂。他们撕破身上的美军制服，把身上穿的美军上衣、裤子、靴子脱下扔到大路上。许多人一丝不挂，只在腰间围了一条毛巾。他们情绪高昂，高唱着爱国歌曲。

到达共产党控制区的第一辆救护车载了 10 名北朝鲜战俘。车门打开后，每一位瘦弱的回归者手里都拿着一面国旗。他们用嘶哑的声音唱起了《金日成将军之歌》，眼里充满了对迫使他们来到这里的美国人的仇恨，越来越多的卡车和救护车载着回归的战俘们抵达这里，战俘们的情绪和表现无不相似。他们一下车就被护送到帐篷里，在那里第一次受到了烟、茶的款待。中国、北朝鲜的记者一见战俘们下车就紧随其后，进行采访。

4

杜安·索伦，直升机驾驶员，坐在载着联合国军战俘开往板门店交换地的火车的最后一节车厢上。在火车开动之前，他就听到前几列车厢传出的喧叫声。部分喊声出于欣喜，更多的则明显是对那些“进步”分子的仇恨，因为这些“进步”分子替共产党干事，在战俘营里称王称霸。现在这些“进步”分子受到早就伺机报复的愤怒的战俘们的围攻。

甚至当火车启动后，在火车钢轨的“咔嗒、咔嗒”声中也可以听到阵阵辱骂声。而杜安·索伦乘坐的车厢里，人们在静静地交谈。到了晚上，所有的人都进入酣睡状态。当太阳徐徐升起时，索伦醒了。他感到一阵阵颠簸，像是坐在一艘轮船上。向外望去，他发现列车正行进在横越一条大河的高架桥上。“整个列车顺利通过了桥，但是，并不是车上所有的乘客都安然无恙地通过了。一节节车厢里的乘客从窗口伸出脑袋，传说有两名著名的‘进步分子’在火车从桥上呼啸而过时离开了火车。”显然这两名“进步分子”是被扔出火车的。过了一会儿，有话传到了索伦乘坐的最后一列车厢，“谁也无法知道，当这两名‘进步分子’被扔出车厢尚未掉进大河之前，是否有时间反省自己的所作所为”。

火车在平壤停了近一个小时。北朝鲜士兵围成一道坚固的防线，把蜂拥而至的市民们阻挡在一百码远的地方。突然一位士兵离开防线，甩下他的带红星的帽子，向那列火车跑去。随着一声令下，约 8 名或是 10 名北朝鲜士兵紧随其后，在距火车上美军战俘伸手准备把他拉上火车还差 20 码远的时候，逃跑的士兵向后一望，一下子摔倒在地上，追赶他的士兵又踩又踢，使他不省人事或是一命呜呼，然后又把他拖到人群前示众。

在平壤南部几英里的地方，火车停在一座被炸毁的大桥旁。战俘们挤进了停候在那里的卡车，卡车很快开到了离开城很近的集结待运地域。令索伦感到吃惊的是，他的帐篷并不是他想象的那样简陋，反而有点奢华。帐篷里安置着双层弹簧床，他们看来不用再睡在地上了。

索伦在穿过三八线后，一想到他将面临的繁杂任务，他那份对自由来临的喜悦之情就减弱了。他必须马上向陆军情报局汇报内勒·富特中尉以及他的上司对索伦和海军高级将领谎报军情的恶劣行为，而索伦本人则并不想报复富特。陆军情报局现在肯定会认为他患了精神病，会对他采取相应措施。但是他的上司必须受到责问，因为是他向索伦肯定富特富有经验，可信赖，而且富特本人声言他对人、情、地理环境掌握了第一手材料，这使得索伦的上司更认为富特能胜任其职。但实际上富特对这些情况一无所知。

8 月 30 日晨，索伦和另外约 50 名战俘坐在地上，漫不经心地听着一位看守官给他们上最后一课。随后，让他们上了三辆小卡车，带到了南部。一路上他们看到美国军用卡车上挤满了运往北部的共产党士兵。这些红色战士经过美军的卡车时，随着令下，纷纷扔掉手中的衣物，向美军大叫。约过了数英里后，这三辆卡车转了个弯，退到一个简朴的拱门前，拱门上写着几个大字：欢迎来自由门！

蔡，一位身材矮小堪称索伦战俘营里最优秀的翻译急步上前，试图比较正式地向一名美国海军陆战队上尉呈上回归战俘的名单。但是，上尉一下从翻译手中抓过名单，走上前，熟练地叫起了名单上的名字。

当每位战俘从卡车上走下时，一位年轻的海军陆战队员便在一旁握住他的手，护送他走到拱门口。“欢迎您回来，头儿，”护送索伦的士兵说，“您感觉怎样？”

“您好，下士，很高兴回到这里。”索伦摸着年轻海军陆战队队员宽厚的肩膀感到很高兴，同时不由得感觉到自己身体很虚弱。

医生初步进行了检查，在从“失踪”官兵资料中核实了战俘的名字后，索伦以及其他几个海军和海军陆战队的飞行员被安置在接待室里，受到了美国海军陆战队伦道夫·佩特将军的欢迎。有人给他们端上了饼干、冰激凌等茶点。

佩特打开了一个略有些扯碎的雪茄烟盒。烟盒内装着一个海军陆战队飞行中队的飞行员们从其军服上摘下的十几对金质空军徽章，用来赠送给每个从战俘营返回的海军和海军陆战队的飞行员。本来还计划将赠送空军徽章的仪式拍成电视，但是，当佩特将军带领众人走向拍摄室时，一名助手告诉他，由于所有这批归来者都说他们不愿见记者，拍摄计划就无法实现了。

短暂的沉默之后，索伦代表全体归来者说：“我和其他海军和海军陆战队员在等待交换战俘时，都一致决定我们不愿在战俘交换地与新闻界会面，因为敌人将《星条旗报》的许多复制品带到了战俘交换地；我们已经看到了新闻界根据与已归返战俘们的会谈而发表的那些荒谬文章。现在，如果让摄影机拍摄佩特将军给我们戴空军徽章，无异于是给记者们提供机会，让其错误引用或夸大我们将要说的话。那些自愿从胸前摘下军徽让佩特将军戴在我们身上的飞行员，应当被邀请来参加这个仪式。我想美国国内的人们应该看到和听到的是这样的实情，而不是他们从以前的新闻报道中得知的废话。”

佩特将军再也没有说话，只是暗示人们跟着他走进摄影室。赠送徽章的仪式结束后，每个归返者便有机会单独见到佩特将军，向将军汇报任何他认为应该立即予以报道的事情。索伦向佩特将军汇报了两件事情。第一，一个很有名气的通敌分子那天跑掉了。要不是海军陆战队的一名上尉劝阻两个被通敌分子出卖的士兵不要在战俘交换地杀死他，那个卖国贼早就活不到那一天了，但是，他要活着渡过太平洋是不可能的。索伦和那个海军陆战队上尉关心的并不是这个卖国贼的命运，而是担心如果那时有好人将那个卖国贼除掉的话，日后是否会受罚。

第二，索伦简要地告诉佩特将军，他自己之所以没有完成任务，是由于美国陆军情报局的两名官员造成的，他认为这两名官员的上司应该立即听取他的详细汇报。佩特将军没有打断索伦的话，也没有再进一步提问题，而是指示并安排索伦绕道东京回美国，以便他能直接向美军远东司令部汇报这些情况。

5

在过去的两年里，“反动的”联合国军的战俘们挫败了北朝鲜和中国审讯官想要教育他们的企图。战俘中意志最坚定的莫过于西奥多·R. 哈里斯上尉，他是 B－29 轰炸机的飞行员。他坚决不承认他曾经投掷过细菌炸弹。十个月来，他拒不认罪。为此，他经常遭到残酷的毒打，然而这类严刑拷打使哈里斯更加坚强。最后，他被押在一个火刑场的前面，行刑者递给他一块遮眼布，但被哈里斯拒绝了。他听到一声令下“烧”，接着就是锤子咔嗒声，他立即失去了知觉。有人告诉他：“火刑只是你不坦白时给你动用的一个样板罢了。”

1953 年 1 月下旬，哈里斯被蒙上双眼装进卡车，带到了中国的沈阳。此时他并不知道他的整个机组人员都在那儿。虽然中国审讯官想方设法使他屈辱，但他们同北朝鲜审讯官一样，也无法使哈里斯认罪。但是有一次当一名中国官员用哈里斯的衬衣来擦他的皮靴时，哈里斯终于发怒了。他不顾一切地挥手猛击那个中国军官。中国军官离开后不久，便带着一个很大的木盆子式的刑具返回来，盆子的四边和顶部用铁链连接起来，如同一个十字架。哈里斯被命令坐在十字架的中间，十字架的四周折起来后，顶部"呯"地合上了。行刑者将他的膝盖抬起来顶着胸部，盒子上仅留半英寸大小的一个小洞用来呼吸。哈里斯被关在这个十字架里长达十几个小时，没有水喝，没有饭吃，也不能活动身体。每天10个小时的惩罚，如此关了10个月后，哈里斯被蒙上双眼，转移到沈阳的另外一所监狱。囚禁他的牢房的地上总有一英寸厚的水。他在这里经受了无数次审问，但始终未能使他认罪。他的"不合作"给自己招致了另外一种长达14个小时的盒子式的刑罚。不过，这次增添了一些新花样：卫兵用木棍不断地有节奏地咚咚地敲击这个盒子。当他最后被放出来时，哈里斯的下半身暂时瘫痪了。释放后的十天里，他的脑子里还响着木棍咚咚的敲击声。

其后的6个星期，每天他都要受到军事法庭的提审。在法庭上他总是在问他们是不是在以战争罪审判他？他的问话总是得不到答复，法庭也不理睬他一再要求请律师为他辩护的请求。相反，法庭总是问他："现在你认罪吗?""我不会认罪的，"他总是这样回答，"现在不会认罪，将来也不会认罪!"

最后，在1953年5月，不屈不挠的哈里斯被告知："作为战犯，你已被查明有罪，很快就要宣布对你的惩罚了。"他被蒙上双眼后又被带回在沈阳他第一次蹲过的那所监狱。接下来会是什么呢？哈里斯在想。

9月1日，也就是停战后的第四天，哈里斯上尉被带出他在沈阳的那个阴暗的小监牢。有人告诉他："虽然查明你有战争罪，但仍要把你遣送回联合国军司令部。"哈里斯想不出他们这句话里有什么诡计。他被推进一辆等候运送武器的汽车里。在车上，他14个月以来第一次见到了他飞机上的那5个机组人员。他们不能交谈，但是，他们的眼睛告诉哈里斯他们经历了与他类似的苦难。他们被装上了一辆窗帘密封的火车，转移到了开城。

9月3日午饭前不久，威尔弗雷德·贝却敌来到开城的博物馆，见到了被当作囚犯关押的迪安将军。一大群中国和北朝鲜记者和摄影师随同贝却敌一同来到这里。"我要告诉你一个坏消息，"他对迪安说，"这是我们最后一次共进午餐。这对我是坏消息，但对您则是好消息了。明天您就要回家了。"

经过一番拍照后，迪安接受了赠送给他的两件装有礼物的包裹，一个是联合国红十字会赠给的，较大的一个是共产党的红十字会组织赠送的。最好的礼物是一个美国制造的安全剃须刀。那天晚上他刮胡子时，想着或许他真的快要回家了。

第二天早上，迪安又刮了一遍胡子，然后和两名北朝鲜人同坐一辆苏制老式吉普车出发了。他穿着崭新的蓝色斜纹粗布做的裤子、一件红色衬衣、一双网球鞋、一件由西装改成的外套。在开城郊外，吉普车追上了许多停下来的卡车。只见卡车上载着一批消瘦的美国战俘。他们认出了迪安将军，便向他叫道："嗨，迪安将军，我们不知道原来是在等您。"

吉普车停在所有汽车的最前面，迪安将军的朝鲜陪同现在换成了一位能讲英语的中国军官和一个拿着冲锋枪的中国卫兵。在等候的这几分钟里，迪安将军想着这三年的囚禁生活以及他所碰到的北朝鲜和中国的军官。"但我想得最多的还是那些卫兵，那些下士们一方面会将毛毯披在发抖的病人肩上，数小时地护着毛毯不让它滑下，另一方面当他们看到狗被弄死时则放声大笑，他们会狼吞虎咽，饱餐一周，在下一周又可以同你一起分享他们最后的几碗米饭；他们一方面偷别人的东西用，另一方面又将他们自己宝贵的钢笔或是纽扣送给别人；他们会遵守最严格的规章制度，也情愿在寒风中步行十英里为你取一封信，因为他们知道你需要这封信。"

在那几分钟的时间里，他试图总结一下他究竟从三年的囚禁生活中学到了些什么。"可能因为我天生就很幼稚，但我感到最重要的是那些看管我、同我生活在一起的普通共产党人的信条，他们相信自己是在为了他们和子孙后代过上更美好的生活而奋斗。"

整个卡车车队在走在最前面的迪安将军乘坐的吉普车带领下缓缓地向板门店驶去，路边是堆放在一起的破烂衣服。路上，南下载有的美国战俘的卡车遇到了北上的载着将要被遣返的共产党战俘的卡车。北上的战俘脱得几乎裸体，手里举着很小的北朝鲜国旗，嘴里高呼着口号。陪同迪安将军的中国军官用发音不很准确的英语告诉他："唉，我们到达那儿时，会有个中国军官越过分界线走过来，念交换战俘的名字，当叫到你的名字时，你才能从吉普车上下来。"

当吉普车缓慢地驶向战俘交换地点时，有个身材高大的美军上校快步走到吉普车前，向迪安将军敬了个礼说："迪安将军，欢迎您回来，您现在下车好吗？"

"不，不行！"中国军官唾沫飞溅地说道："只有叫到他的名字时才能下车！"

美军上校转向中国军官，怒视着他说："你的权力到此终止了。我们现在马上就要把迪安将军接过去。"说完他又向中国军官迈近了一步。

"不要紧，上校，"迪安说，"就让他们叫名字吧，再待几分钟也没什么关系。"

9 月 6 日，也就是战俘交换的最后一天，最后一批签字承认他们进行了细菌战的美国官兵到达了自由村。弗兰克·施瓦布尔上校，联合国军战俘中官职仅次于迪安的美国军官，同其他两个飞行员一起乘坐一辆吉普车，行驶在护卫卡车的前面。谢天谢地！他想着。洗过澡后，医生给他进行了体检，他接受了媒体的采访。"我认为长时期的缓慢的精神折磨比急剧的肉体折磨还要难以忍受，"他告诉记者，"整日整夜地坐在那里。你几乎没有什么选择。你要么承认罪行，要么就待在那儿。"

其他承认有罪的人避免正面回答问题。凯斯·比奇注意到这些战俘顾虑重重，除非安全方面的军官保证对他们不会有任何伤害，否则他们是不愿多说话的。尽管这样，他们只是断断继续地讲述了一些故事。"他们做了羞愧的事情，他们自己也很清楚，"比奇说道，"他们的问题是如何使我们理解他们为什么做这种事情。他们的神态举止就像是灵魂患了癌症一样。"

这批战俘中说话最直率的是沃克·马胡林上校，他是最后认罪的战俘之一。比奇知道他在第二次世界大战中击落了 21 架德国飞机，因而毫不怀疑他本人的勇气。马胡林始终精神昂扬地面对比奇和其他记者，坐在他旁边的是空军联队的副队长小安德鲁·埃文斯上校。他俩都 34 岁，但埃文斯看起来要大好多岁。他身材消瘦，嘴不停地抖着，似乎马上就要放声痛哭。仅仅在三天前他才最后签名认罪。

“我们都认为我们是国家的叛逆者，”马胡林平静地承认，“我们有些人招供了，有些人则没有。那些不招供的人应当得到荣誉勋章。”他用焦虑的目光看着埃文斯，埃文斯则像患了伤寒，不停地发抖。当记者开始向他的朋友提问时，马胡林巧妙地给予了答复。

记者们忙着作记录，摄影师不停地拍照。闪光灯闪烁着，照相机“咔咔”地响着。马胡林继续讲着，声音录进了录音机里；“审讯官的凶残是你们无法想象的，你们只需看看迪安就知道他经历了怎样的一场磨难。”马胡琳解释了审讯如何持续到9月2日。到那时，共产党已经获得了足够的供词。他接着说贝却敌和温宁顿就写了认罪书。“他们把认罪书拿来，强迫我们抄写，然后签上自己的名字。当然了，在共产党的社会中，那些认罪书是互相吻合的。那时，共产党已得到各种各样的情报和资料，便能够使认罪书相互联系起来。认罪书的实质内容相当荒谬，任何一个小孩，只要具备起码的智力，都不会相信这些认罪书的。”他和其他人使用的是那些已经阵亡的军官的名字，或是使用很多年前便已从军队退役的军官的名字。“情况就是如此。共产党将认罪书买过去，他们以为认罪书都是好的资料。”

比奇发现很难给这些归来的战俘下结论。“在同样情况下，我们会怎样做呢，我会屈服认罪吗？我又没有身临其境，我怎么会知道呢？”但是，有一点是不容怀疑的：“无论调查的结果怎样，那些认罪的战俘从此就永远不会是职业军人了。”“这便是所有事情中最伤心的了。”

同一天早上，有人告诉一个经历了许多次残酷审讯仍拒绝服罪的战俘说，他可以在开城搭乘卡车。兰克福特，那个意志坚定的英国海军军官，简直不敢相信他的运气。他兴奋的心都快跳出来了。但是，卡车并没有往南方行驶，而是向开城郊外一座大楼驶去。他们这一群战俘被带到一个佛教寺庙里。兰克福特完全绝望了，难道就因为他拒绝认罪，便会在最后一刻失去自由吗？

黎明时刻，一位中国军人拿着一张纸来了。他们要被分成两组，移交给联合国军。那个中国军人念完第一组战俘的名单，其中并没有兰克福特。他环顾四周，数了一下还剩7个战俘。两个小时过去了，又来了一辆卡车。他真的要乘这辆卡车离开，还是又要失望一次？“我看着卡车，卡车的发动机在空转着。我心里还指望着、盘算着，如果最后还没有念到我的名字，我就会等别的战俘都上了车之后猛冲到驾驶室，逃走。”

那个中国人小心翼翼地叫了 5 个战俘的名字。接着便停下来了。兰克福特和一个名叫科斯特洛的陆军中尉焦虑地等着念他们的名字。中国军人平静地望着他们，最后念道：“英国海军上尉兰克福特，英国海军……英国陆军中尉科斯特洛。”两人跳上卡车，他们很快来到一个桥边。“桥的一端站着一个中国士兵，另一端则站着一个身材高大的美国军警。军警在挥手表示欢迎时，他那饱经沧桑的脸大笑着。我怀疑在回答他时，我是否也笑了，我想我只是直直地盯着他。”

他们朝桥的另一端走去，过了桥，就看到一色彩明艳的拱形门，上面写着“欢迎回归自由”几个大字。

北上的男女战俘们也在讲述着心酸的故事：他们没有吃过饱饭；妇女们遭到韩国士兵的虐待和强奸。一些美国士兵也同样残忍。一个名叫金永珠的姑娘讲述了美国士兵是如何强迫一群女战俘待在一间大屋里，剥光她们的衣服，然后将一些赤身裸体的北朝鲜战俘推进屋内。一个美国士兵高喊着：“我们听说你们共产党人喜欢跳舞，来，就在这儿跳吧。”他们把刺刀和左轮手枪对着男女战俘们。战俘开始跳舞。喝得醉醺醺的美国军官叼着雪茄烟，大笑着，用火烧女战俘们的乳房，接着施行兽欲。

一个大学生说：“在士兵的淫威之下，没有人会得到安全。他们甚至还强奸了一个 14 岁的姑娘，她本是一个仆人，却被他们当成战俘抓了起来。”在仁川的集中营，两个怀抱婴儿的母亲不断地被拿着刺刀的士兵拉走。婴儿的嘴被用东西塞住，两个母亲则被拉到美国士兵的军营里轮奸了。

9 月 6 日，也就是交换战俘的“大转换行动”的最后一天，绑架杜德行动的组织者朴相显最终乘一辆救护车来了。当车门打开时，人们看到的是他憔悴的脸、蜷缩的身体，他不再像个人了。“我只想光荣地死去，”当他被轻轻地搀扶到接待帐篷时，他这样大叫道，“我知道我快不行了，我想做的一切就是挣扎到最后。”有人问他杜德事件后发生了什么事？他回答说：“你知道吗？我简直难以置信，20世纪的今天竟然还有这样惨无人道的美国人。”他讲述了强行甄别、各种严刑拷打和屠杀，以及他被捕后受到的不间断的审讯。他被单独关在一个牢房里，受到酷刑和饥饿的折磨，一直到那天早晨。

6

前一天，哈里斯上尉和他机组的五个成员被带到离开城很近的一个帐篷里，然后听了一份分别用朝鲜语和英语宣读的文件，文件宣称哈里斯和B－29轰炸机成员被带往北部，在沈阳接受了有关生物战罪行的审讯，哈里斯和他的组员已自愿认罪。

哈里斯大叫起来：“这全是撒谎！”他要求把他的名字从认罪战犯的名单上划掉。当遭到中国人回绝时，哈里斯上尉声言他将拒绝接受遣返。他抗拒中朝两方面的审讯已经一年多了，到现在也不会屈服。

6日早晨，哈里斯和他的组员受命要准备离开这里。这位固执的上尉端坐在帐篷前一动也不动地抽着烟。当一位翻译问他为什么不准备行装时，他回答说：“我坚决反对在恶意诽谤的情况下遣返。”他的五位机组成员被送进一辆卡车，卡车向板门店驶去。五位机组成员向哈里斯挥手告别。哈里斯也向他们挥着手，但他还是端坐在地上吸烟，没有站起来。

一小时后，翻译和三个士兵试图把哈里斯抬进一辆卡车，但没有成功。翻译于是又乘坐一辆载着更多士兵的卡车返了回来。他们围着哈里斯，但哈里斯还是不愿意离去，除非他得到一份英文文件，表明那段叙述哈里斯承认其他美国空军人员使用细菌武器的文字被勾掉。6名士兵围着愤慨的哈里斯上尉。哈里斯最终被强行带到了自由村，虽然双手戴着镣铐，他还是争辩不已。他是最后一位获得自由的美国人，也是共产党为最终摆脱他而感到由衷高兴的一个人。

这场不是战争而称为“警察行动”的战争结束了，朝鲜最终获得了“和平”，尽管这种和平并不是真正意义上的和平。约两百万名中国人、北朝鲜人、南朝鲜人、美国人以及其他联合国军的士兵们战死在战场上。两百多万名朝鲜平民死于交战双方的炮火和暴行中。美丽的半岛现在变成了一片废墟。幸存下来的人们在吊唁死者的同时，试图在这片余烟未散、还散发着死人恶臭的废墟上重建新的生活。

朝鲜战争开始于1950年6月25日，地点是在三八线上；三年之后，战争结束于几乎同一个地点。当北朝鲜战俘踏上故土时，他们为在世界上最强大的国家的屠杀下幸存下来而欢欣鼓舞；南朝鲜战俘则带着低落情绪回到故土，尽管有强大的美国的支持，他们还是为这场毫无决定性成果的内战的结束而伤感。金日成本人是很高兴的，尽管战争结束时和开始时的状况没有任何差别；李承晚则万分沮丧，因为他的宏伟计划——把朝鲜统一为一个共和国，实质上是他的共和国的伟大计划——付诸东流了。

朝鲜战争的特殊性质促成了南朝鲜人、美国人、北朝鲜人和中国人的一系列暴行。东西方之间殊死的意识形态斗争很可能会导致第三次世界大战的爆发，并可能引发朝鲜和中国的内战。历史表明，世界上最残酷的战争莫过于这种同胞相煎的战争了。不过，暴行也培育了意想不到的成果——反抗压迫的崇高的不懈的斗争精神；例如克罗斯比神父和泽勒斯牧师表现出来的无私精神，共产党战俘在巨济岛表现出的永不屈降的精神，西奥多·哈里斯这样的联合国军战俘表现出的英勇无畏的气概。

后　　语

1

当“大转换行动”的最后一名战俘获释的时候，远在南方关押战俘的岛上，22604 名北朝鲜战俘和中国战俘正在被装上一支由运输登陆舰组成的舰队，这些战俘大多数是反共分子。他们被告知将被运往北边的非军事区，他们在那里必须在 90 天的时间里就回国还是到其他庇护地作出决定。

第一批 400 名战俘于 9 月 12 日到达非军事区，被带到这个狭窄无人区的南端，在那里为他们建了 10 个临时集中营，此为南营。在稍北的地方一个小得多的集中营里，有 35 名南朝鲜战俘和 24 名联合国军战俘，他们选择了仍然和共产党人待在一起。在 24 名联合国军战俘中，有 23 名美国人、1 名英国人。双方的“解释人”将努力劝说每一名战俘去北方投奔共产主义或去南方投奔民主。

第一批 491 名反共的中国战俘按照日程安排该去专门为解释人建立的帐篷了，但他们却拒绝离开战俘营。这些人担心共产党会逮捕他们并强迫他们回中国。

当时负责非军事区里所有战俘的印度的蒂玛雅中将恳求这些固执的中国战俘：“你们如果像你们所说的那样是反共的，就应该进去向解释人说清楚。”最后实在没有办法，他用几辆汽车拉上战俘头儿，让他们去亲眼仔细看一看解释人所在的区域。他们在附近没有看到任何可能会绑架他们的成群的共产党军队，只有宣过誓要保护他们的印度士兵。战俘头儿们回去后向同伴们保证出去很安全。

几个小时之后，他们被说服了，开始排成队向 16 个解释篷走去，每个战俘都由一名印度士兵护送。“就像要去观看 16 部话剧，一下子都去了。”美国情报局的记者保罗·加维说。一名战俘刚进篷子，三名中国解释人立即站起来，弯了弯腰，笑了笑。“差不多所有第一天进来的战俘都往他们脸上吐唾沫，骂他们，当天上午就离去了。解释人则用袖子擦去脸上的唾沫，费劲地使表情恢复到常态。一到解释篷，战俘们就感到可以自由地向共产党表明自己是怎样看待他们的了。”

在解释的过程中，一张小绿桌子后面坐着中国解释人，对面折叠椅上坐着一名战俘，解释人一边躲闪着向他们扔来的东西，一边极力把意思讲清楚。他们以一种劝导性的、友好的方式，向听他们说话的中国战俘保证，如果他们回国，将原谅其以前所有的罪过。中国马上就要统治整个亚洲了，因此他们应该回到即将获胜的一边来。一个光辉灿烂的新生活正在建立。回家吧，因为祖国需要她的儿子们。

第一天不断有暴力事件发生。一名战俘突然站起来，抢起了折叠椅。三名解释人吓得倒伏在篷子的墙上，战俘骂他们是王八蛋，这是中文里最侮辱性的骂人的话。然后他把椅子掷在绿桌子上。

中国解释人吓出了一身冷汗，样子很窘迫。联合国军人员对于这些反共奖品则喜形于色，这使得中国解释人样子更窘了。在那难忘的一天里，共有 10 名战俘进了去台湾的门；4 名战俘在耐心地听完了联合国军方解释人的解释后进了去中国（中国大陆——译者）的门；另有 6 名战俘热情地向共产党的解释人致意，尔后往联合国军代表的脸上吐唾沫。他们从通往中华人民共和国的门出去时，受到了篷子里所有共产党人的热烈欢迎。

向中国战俘解释的恼人结果使共产党人束手无策，便要求让北朝鲜战俘进来，但这些战俘坚决不出集中营。

劝说其他战俘进那些篷子费了好长时间。3 个月后，只有 3100 名战俘同解释人谈过话，要求被遣返的只有 137 人。年底之前，大多数北朝鲜和中国战俘作出了选择，剩下的少数人如朱少校和朴少校等，既不去北朝鲜也不去南朝鲜，而是坚持去中立国。

这时几乎每一个战俘营都被反共分子所控制，中立的战俘们不得不保护自己免遭被称为“昨天的朋友，今天的敌人”的攻击。

朱永福所在的集中营里有个少校逃跑了，反共党团的书记便设置了袋鼠军事法庭来审讯他那伙人。第一个被抓的是朱，他不仅受到了恐吓，而且饱尝了失望、沮丧和酸苦。

“你们有多少中立分子?”那个书记问，手里拿着一根棒球棒，“如果你说了，我们就饶了你。否则，你就会没命!”

“我不知道任何名单。”朱说。

“你认为说一句‘我不知道’就可以逃脱掉?”有人朝朱的脑袋猛击一棒，其他人连续猛击他的肩、臀部和脊背。他甚至没来得及喊叫就失去了知觉，模模糊糊地听到有人说：“也把他杀了算了。”那个书记说：“明天再审讯他，先打断他一条腿。”

当朱来到一个篷子时，他全身疼痛难忍，一条肋骨好像被打断了，因为稍一碰它就剧烈地疼。两条腿也麻木了，肿得老高。他听到一阵尖叫声，不一会儿，一个软得像棉团的人被拖了进来。不到一小时，又有十几个人呻吟着被带进来，他们都是中立分子，都认为李承晚总统及其政府是比北朝鲜共产党分子更坏的罪犯。

几个星期后，朱没人扶还是不能走路，但他每天晚上按摩两条腿，以便有一天逃出去。1 月 10 日，他决定不惜一切代价闯一次。天黑之后，他躲过看守，向带刺的铁丝网猛冲过去。卫兵冲他大声喊叫，但他还是爬到了对过。两名印度士兵跑过去帮他。“你没事吧?”一名士兵大声问。

没事?他的两只手鲜血模糊，衣服被挂成了碎条，在他走过的雪地上留下了一条红色的印迹。“是的，我没事!”他说。当这俩士兵把他带到印度人的医院时，他失声痛哭起来。

10 天之后，1954 年 1 月 29 日，印度士兵聚集在各个集中营。当战俘们走出集中营时，他们还有最后一次向北去的机会。没有一个人犹豫：21805 名战俘兴高采烈地挥舞着自制的国民党中国和南朝鲜小旗，带着叠得整整齐齐的铺盖，一直向南走去，其中有 14343 名中国战俘。有些人边走边敲着用饭盆等锤打成的锣鼓，吹着自制的喇叭，炫示般地通过检查站。最后共历时 15 小时 43 分钟。朱少校和其他中立的战俘看着他们离开时松了一口气。他们兴高采烈、手舞足蹈地通过自由大桥，到达临津江对岸，受到一支美军乐队和一幅用中文写的大幅标语的欢迎。

北朝鲜战俘在登上汽车前往仁川之前受到了南朝鲜方面的迎接，并受到了从中国台湾来的国民党高级军官和政府官员极为热烈的欢迎。他们拉下汽车车厢两边的帆布，以便向路两旁列队欢呼的人群挥手致意。“在仁川，”保罗·加维报道说，“中国人的聚居地早已做好了欢迎准备，大街上沿途到处都是铙钹和中国乐器的铿锵声——纸龙在头上欢腾翩翩，身着传统服装的美丽少女踩着高跷向他们频频致意。思乡的中国战俘还能再要求什么呢？”

那些在战俘营进行了顽强斗争，保持了共产党人本色的英勇崇高的战俘们，在通过通往中国的门时被当成英雄，受到5名中国高级官员的欢迎。但后来他们被带到满洲的一个集中营进行再教育，凡是和西方打过交道——即使在战俘营里——的人均未受到信任。几年后，这些勇敢仗义的人被释放送回老家，却被自己的家人当作叛徒而极力回避。他们回到当年工作过的地方，却只被给予低下的工作。一位姓张的战俘，原先是位中学校长，回去后被降级使用当了一名教师，几乎每天都要站在桌前为其罪过忏悔。一年后，他又被降成看大门的。他对此略有微词，被判了10年徒刑。一位姓丁的战俘回到家里后，妻子被迫同他离了婚，一个女儿因缺乏医疗而死去，另一个女儿因被人奚落是“叛徒的女儿”而离家出走了。丁先后几次被监禁，前后加起来达12年之久，直到1983年才被释放。在朝鲜赤胆忠心地为毛泽东打仗的志愿军司令员彭德怀，1959年被从国防部长的位子上赶了下来，10年后在“文化大革命”中被折磨至死。

如果这些真正信仰者还被怀疑并受到了惩罚，那些曾被保证将在中华人民共和国受到良好对待的前国民党士兵的命运就可想而知了。

2

自这场流血冲突结束以来，把这场冲突作为一场被遗忘的战争的描述无以计数。400万生灵命归黄泉，南北朝鲜之间的分界线仍一如3年前，只是某些地方略有变更，54246名美国军人白白地送掉了性命。

毫无疑问，杜鲁门政府和美国军方领导都犯了许多错误。诚然，战场指挥官们赢得了许多战术上的胜利，但战略上的失败主要是麦克阿瑟和参谋长联席会议造成的。

从战争一开始，美国领导人就想主要通过诸如使用原子弹等威胁手段来迫使中国人和苏联人作出政治上的决定，而不是用切合实际的必需的战术行动来反击敌人大批的地面部队。“在这个过程中，”曾是沃克和李奇微的飞机驾驶员后成为将军的迈克·林奇作出结论说，“我们在战争中犯了最严重的错误。开始时低估了敌人的能力，高估了我们自己的能力。具有讽刺意味的是，到了争取实现停火的谈判时，同样是这些人反而过高估计了敌人的能力，过低估计了我们自己的能力，从而使我们做出了不必要的妥协。”

描写这场战争的胜利者和失败者的著述也很多。李承晚及其政府无疑是得救了，蒋介石也得到了差不多同样的好处；战争使中华人民共和国在 1950 年拿下台湾的计划成为泡影；日本虽然没有积极参战，但它是另一个胜利者。作为美军和联合国军其他军队的服务、供应和娱乐基地，日本聚积了许多财富。它还为战争生产了许多武器，朝经济复兴迈了一大步。

当今的中国人认为最大的胜利者是苏联，它在遥远的地方观看了这场战争，沾沾自喜地看着美国把兵力集中在东方而非欧洲。此外，苏联没有出一兵一卒，在给北朝鲜人或中国人提供军火方面也不慷慨，让中国人为其得到的物资付额外费用而羞辱了他们。根据一名中国历史学家的观点，苏联人最大的收获，则“是这场战争扼杀了美国和中国大陆之间建立任何友好关系的可能性”。

与此同时，朝鲜的这场战争使美国为其保护自由世界反对共产主义的声明获得了信誉。杜鲁门成功地使这场战争成为一场联合国的战争，这也是对斯大林的一个重大打击。此外，这场战争还使北约从一支停留在纸上的力量变成一支真正的威力，并证明了美国愿意坚定地反对共产党。

尽管美国公众从来就不喜欢这场战争，但战争大大刺激了国家的经济，使美国的繁荣发展到了一个新的高度。这场战争使美国的经济和军事实力大大膨胀，没有美国的介入，战后任何问题的持久解决都是不可能的。这场战争创造出了一个泛美组织，由于有强大而变化无常的武断的美国，该组织成为一个世界将不得不与之打交道的勉勉强强的巨人。

中国对美国进行生物战的指控是个极为复杂的问题。西方历史学家一般认为这种指责是中国显而易见的一种宣传手法。然而，在日本和美国新发现的资料和研究结果随后证实了中国人的指责中的许多要点。英国杰出的生物化学家和汉学家李约瑟在1952年声称，他有“97.5%的把握”朝鲜战争期间使用了生物武器。1979年他又明确宣布，“在朝鲜战争中，生物战的办法……被美国一方尝试过。”

最近解密的美国参谋长联席会议记录和国务院文件表明，在朝鲜战争期间，美国军方对使用生物武器兴致极高。文件中有关生物武器的部分被删掉了，一般不让研究者们查阅。尽管有这一证据，但对该问题进行了彻底研究并写有专著的马克·瑞安得出结论说，美国要是使用了生物武器的话，它肯定得有大的隐蔽行动，而且几乎必定“要在将来露出蛛丝马迹，特别是朝鲜战争以后的10年内，从政府和军方其他行为的特定范围上肯定能看得出来”。同时瑞安又说，很可能“即使不存在上述对美国的非难，中国人上至最高领导层也认为美国使用了生物武器”。

在会见了许多英美战俘及中国官员和历史学家后，我难以相信美国进行了生物战，反过来说，中国领导层并不一定真的认为他们是生物战的受害者。

这场战争是以一片啜泣声而不是以一种快感结束的——它是近40年来在美国历史上唯一一场没有被国家树碑立传的重大战争。但如果把20世纪发生的所有战争当作一连串事件来看待的话，朝鲜战争的重要性就很明显了。使德国及其盟国遭到决定性失败的第一次世界大战，给欧洲留下的是一片混乱，导致了纳粹主义、法西斯主义和共产主义的兴起。不公正的和平和争夺欧洲势力范围的激烈斗争，连同亚洲一个现代化的侵略国家的惹人注目的出现，酿成了第二次世界大战。希特勒及其帮凶被粉碎了，但这一危险刚被消除，另一种危险又出现了——冷战和经常不断的核阴影。

这些事件不断发展的结果便是朝鲜战争，一种大国从未遇到过的危机。前面的两次世界大战打得都很残酷无情，但在朝鲜，如不放出核魔，要进行一场全面冲突是不可能的。因此，朝鲜的这场战争应当引以为鉴。它证明——或应当证明——现在要打全面战争是不可能的。可是大国没有吸取这个教训，在越南甚至付出了更大的代价。

这场朝鲜战争值得打吗？对于参战双方的高、中、低各阶层人民来说，它都是一场残酷、愚蠢、错误、判断失误、种族歧视、带有偏见的和凶暴的战争。只有各个层次上大量具有人性的事例——战场上的英雄主义、自我牺牲精神、对敌人个人的仁慈和同情——才使有关战争的著述持久不衰。

可是欧亚两洲最近发生的事件使人们对否定朝鲜战争的观点提出了疑问。无论如何，在那场战争中打过仗的人没有白打，死掉的人也没有白死。

我一直试图作为一名不分国籍和意识形态的超党派人士来探讨历史，并试图通过普通的和非凡的人们所遭受的苦难，以惨痛的详细情节来描写战争的恐怖。

在写了7部有关20世纪的战争的历史著作之后，我得出了许多结论。历史不会重演，不断重演的却正是人类的本性。我们经常是从现在更多地了解过去，而不是相反。我还发现，一个卑微小人偶尔也能讲实话，而一个达官显贵偶尔也会撒谎；历史经常创造人，而人并非经常创造历史；历史的进程无法预言。最后，战争史永远不会是确定的。

致　　谢

这本书的写作多亏了亚洲、欧洲和美国数百人的合作，尤其是接受我访问的那些人，均给予了鼎力合作。对本书作出了巨大贡献的图书馆和档案馆有：国家档案馆（约翰·E. 泰勒、艾米·施密特、吉尔·布雷特、洛兰·赫伯特）；（康涅狄格）丹伯利公共图书馆；哈里·杜鲁门图书馆（伊丽莎白·萨弗利、本尼迪克特·佐伯里斯特）；美国海军陆战队历史中心（埃德温·H. 西蒙斯准将）；汉城美国大使馆图书馆；伦敦帝国战争博物馆；富兰克林·罗斯福图书馆（威廉·埃默森、雷蒙德·泰克曼）；麦克阿瑟纪念馆（小林恩·H. 哈蒙德上校、小爱德华·布恩、小约翰·利兹）；宾夕法尼亚卡莱尔·巴拉克斯美国陆军军史研究所（罗德·帕斯卡尔上校、理查德·J. 萨默博士）；美国陆军军史中心（华盛顿特区）（汉纳·蔡德里克、艾伯特·E. 考德雷）；中国社会科学院世界历史研究所（张海涛研究员、朱庭光研究员）；中国人民解放军军事科学院军史部；中国人民解放军国防大学；天津社会科学院美国研究中心。

许多机构、组织和个人做出了重大贡献：

美国　斯坦福大学胡佛研究会的艾格尼丝·彼得森；斯坦福大学助理档案保管员埃琳娜·S. 丹尼尔森；唐纳德·E. 罗森布鲁姆中将；罗伯特·E. 琼斯上校；E. A. 格莱格中将；安洪均（音译）（我的第一个韩国联系人）；小约翰·T. 卡里格；小保罗·N. 麦克洛斯基；加利福尼亚美国国外作战退伍军人协会的州副官杰里·威廉斯；巴尼·多布斯中校；沃伦·G. 艾弗里；杰里·弗朗索瓦；国防部长助理办公室的安·厄本德；马丁·布卢门森；卡尔·马扎尼；乔治·拉苏拉上校；西奥多·科南特；诺姆·斯特里克宾；赫伯特·特拉特纳；海军陆战队军士威

廉·克利夫兰；保罗·马丁；詹姆斯·福特；理查德·G. 史迪威将军、哈维·金斯伯格、弗兰克·蒙特、威廉·莫罗的经济顾问和合作伙伴；莱顿·泰纳上校（沃克将军的助手）、E. M. 林奇准将（沃克的飞行员），他俩提供了许多关于沃克将军的性格和日常活动的有价值的资料。

英国　英国朝鲜战争退伍军人协会（唐纳德·克拉克、彼得·法拉尔、萨姆·默塞尔、托尼·伊格尔斯夫人和女儿；彼得·威斯特洛普）；泰晤士电视台的艾索贝尔·欣谢尔伍德。

韩国　托马斯·G. 弗格森上校；美国驻韩国总领事安德鲁·F. 安提帕斯；韩国退伍军人协会的安有泽（音译）中校，曹满植（音译）纪念会的朴宰昌；美国大使馆情报处的苏珊·J. 梅特卡夫；韩美联合指挥部司令官伯顿·D. 帕特里克中将；李仁淑（音译）；彼得·佩斯上校，钟日昆将军的助手李昌儒（音译）上校；霍勒斯、理查德·安德伍德；美军指挥部历史学家托马斯·瑞安。有两人做出了突出贡献：白善烨将军，他不仅带我进行了几次实地考察，而且带我去了许多纪念处；弗兰克·李，他是我们的主要翻译，为我们安排会见了许多人。

台湾　情报和礼宾处的保罗·W. C. 昆；情报和礼宾处处长米切尔·L. J. 张，基督教浸礼会的吴辰强（音译）牧师；杰克·贝特曼牧师；总统国家政策顾问梁云长（音译）；政府情报处的淳成黄（音译）；共产党叛逃者援助中心主任范士毅（音译）；外交部的詹姆斯·黄；我去台湾时的主要翻译刘望平（音译），他还把42次会见的谈话译成了英文。

中华人民共和国　江苏扬州市委统战部部长唐椿；扬州广陵区教育局局长王长福；国防大学的徐焰上校（现为少将——译者注）和姚旭上校；孟庆龙，他给我提供了不少公开出版的图片；天津社会科学院的华庆昭教授，他作为富布赖特基金会的学者，在美国杜鲁门图书馆作研究期间多次与我共同探讨，1989年我在中华人民共和国访问期间，他是我们的向导和翻译。

最后，我还要感谢六位对此书作出最突出贡献的人：我的主要助手和翻译，我的太太寿子；精力充沛地帮我作研究的助手、朝鲜战争退伍兵、上士刘易斯·米切罗尼；我的秘书海伦·科利斯考恩；三位不辞辛苦地帮我搞了三遍书稿的我的朋友弗雷德·斯托金、代理人卡尔·布兰特、编辑卡罗林·布莱克莫尔。

资料来源

除了下面各章所列的主要资料来源之外，还有些书目和文章也很有价值，它们是：罗伊·阿普尔曼：《南至洛东江，北至鸭绿江》，华盛顿特区美国陆军军史中心1986年版（Roy Appleman, *South to the Naktong, North to the Yalu*, Washington, D. C.: Center of Military History, U. S. Army, 1986）；贝文·亚历山大：《朝鲜，我们失去的第一场战争》，纽约希普克林书屋1986年版（Bevin Alexander, *Korea, the First War We lost*, New York: Hippocrene Books 1986）；克莱·布莱尔：《被遗忘的战争》，纽约时代书屋1987年版（Clay Blair, *The Forgotten War*, New York: Times Books, 1987）；《杜鲁门回忆录》第2卷，《考验和希望的年代》，纽约花园城双日出版公司1956年版（Harry S. Truman, *Memoirs*, Volum Ⅱ, *Years of Trial and Hope*, Garden City, N. Y.: Doubleday, 1956）；《麦克阿瑟回忆录》，纽约麦格劳－希尔出版公司1964年版（Douglas MacArthur, *Reminiscences*, New York: McGraw-Hill, 1964）；J. 劳顿·柯林斯：《和平时期的战争》，波士顿霍顿·米夫林出版公司1969年版（J. Lawton Collins, *War in Peacetime*, Boston: Houghton Mifflin, 1969）；迪安·艾奇逊：《朝鲜战争》，纽约W. W. 诺顿出版公司1971年版（Dean Acheson, *The Korean War*, New York: W. W.: Norton, 1971）；1959年2月13—14日迪安·艾奇逊等举行的“普林斯顿讨论会”（Dean Acheson et a1., *Princeton Seminars*, Feb. 13—14, 1959）；奥马尔·布雷德利和克莱·布莱尔：《一个将军的自传》，纽约西蒙和舒斯特出版公司1983年版（Omar Bradly and Clay Blair, *A General's Life*, New York: Simon & Schuster, 1983）。

序言　历史之车

会见的人有：白善烨将军（Gen. Paik Sun-yup）、钟日昆将军（Gen. Chung Ⅱ-kwon）、金昌顺（音译）（Kim Chang-soon）、朱永福少校（Maj. Ju Yeong-bok）。书目有：布鲁斯·卡明斯：《冲突的产物》，西雅图华盛顿大学出版社 1985 年版（Bruce Cumings，*Child of Conflict*，Seattle：University of Washington Press，1985）；布鲁斯·卡明斯：《朝鲜战争的起源》，新泽西普林斯顿大学出版社 1981 年版（Bruce Cumings，*The Origins of the Korean War*，Princeton，N. J.：Princeton University Press，1981）；格雷戈里·亨德森：《中心政治论》，马萨诸塞哈佛大学出版社 1968 年版（Gregory Henderson，*The Politics of the Vortex*. Cambridge，Mass：Harvard University Press，1968）；尚未出版的《朱永福少校回忆录，1990—1991》（*Memoirs of Mai. Ju Yeong-bok*，1990—1991），本章资料来源于朱少校给作者的信。

第 1 章　战争时刻

会见的人有：格雷戈里·亨德森、白善烨将军、刘载兴将军（Yu Jai-hung）、李大庸（Rhee Dai-yung）、威尔·乔登（Will Jorden）、凯斯·比奇（Keyes Beech）、拉里·泽勒斯（Larry Zellers）和朱永福少校给作者的信。书目有：杰里·赫斯：《口述历史：会见小弗兰克·佩斯》，哈里·杜鲁门图书馆 1972 年 1 月 17 日（Jerry Hess，"Oral History Interview with Frank Pace，Jr. "，Jan. 17，1972，Harry S. Truman Library）；理查德·麦肯齐：《口述历史：会见约翰·J. 穆乔》（Richard Mckenzie，"Oral History Interview with John J. Muccio"），杜鲁门图书馆 1973 年 12 月 27 日；哈罗德·诺布尔：《战时的大使馆》（Harold Noble，*Embassy at War*），西雅图华盛顿大学出版社 1974 年版，亨德森：《中心政治论》；格伦·D. 佩奇；《朝鲜的决定》，纽约自由出版社 1968 年版（Glenn D. Paige，*The Korean Decision*，New York：Free Press，1968）。

第 2 章　"不管怎样，我们挡住这帮家伙！"

会见的人有：李承晚夫人（Mrs. Syngman Rhee）、詹姆斯·豪斯曼

(James Hausman)、凯斯·比奇、詹姆斯·李(James Lee)、郑东和将军(Gen. Chung Dong-hua)。书目有：诺布尔：《战时的大使馆》；金灿凯(音译)：《朝鲜战争》，汉城广梁湾出版社 1973 年版(Kim Chum-kon, *The Korean War*, Seoul: Kwangynyang, 1973)；杰里·赫斯：《口述历史：会见约翰·J. 穆乔》，杜鲁门图书馆 1971 年 2 月 10 日、18 日。

第 3 章 "炸桥啦!"

会见的人有：李承晚夫人、詹姆斯·豪斯曼、凯斯·比奇、格雷戈里·亨德森。书目有：菲力普·奈特利：《第一个伤员》，纽约哈考特·布雷斯、乔瓦诺维奇出版公司 1975 年版(Phillip Knightly, *The First Casualty*, New York: Harcourt Brace, Jovanovich, 1975)；理查德·克卢格尔：《报纸：纽约先驱论坛报的历史和终结》，纽约科普夫出版公司 1980 年版(Richard Kluger, *The Paper: The Life and Death of the New York Herale Tribune*, New York: Knopf, 1980)；玛格丽特·希金斯：《朝鲜的战争》(Marguerite Higgins, *War in Korea*)；纽约花园城双日公司 1951 年版；安托万内特·梅：《战争目击者：玛格丽特·希金斯传》，纽约博福特书屋 1983 年版(Antoinette May, *Witness to War: A Biography of Marguerite Higgins*, New York: Beaufort Books, 1983)；凯斯·比奇：《东京和东点》纽约花园城双日公司 1954 年版，(Keyes Beech, *Tokyo and Points East*)；赫斯：《朝鲜的决定》；佩奇："穆乔口述历史"(Hess, Korean Decision, Paige: "Oral History, Muecio,")；诺布尔：《战时的大使馆》；雷蒙德·A. 莱恩：《戴镣铐的大使》(有关毕晓普·帕特里克·伯尼部分)，纽约 P. J. 肯尼迪父子公司 1955 年版(Raymond A. Lane, *Ambassador in Chains*, New York: P. J. Kennedy and Sons, 1955) (On Bishop Patrick Byrne)；佩奇：《朝鲜的决定》；李承晚夫人：《朝鲜战争与李承晚》，汉城《东亚日报》，1983 年 6 月 24 日—1984 年 4 月 19 日(Mrs. Syngman Rhee, *The Korean War and Syngman Rhee*, Seoul: *Joong-An Daily News*, June 24, 1983 to April 19, 1984)。

第 4 章 "我们的军队连一天也坚持不了啦!"

会见的人有：朴基炳上校(Col. Park Ki-byung)、白善烨将军、钟日昆将军、凯斯·比奇。书目有：莱恩：《戴镣铐的大使》；拉里·泽勒斯：《冬天的路》，肯塔基莱克星顿肯塔基大学出版社 1991 年版（Larry Zellers, *Winter Roads*, Lexington, Ky.: University Press of Kentucky, 1991）；诺布尔：《战时的大使馆》；希金斯：《朝鲜的战争》；梅：《战争目击记》；克卢格尔：《报纸》；奈特利：《第一个伤员》；李承晚夫人：《朝鲜战争与李承晚》；佩奇：《朝鲜的决定》；厄尼斯特·霍布赖特：《亚洲是我的熟门熟路》，佛蒙特拉特兰塔特尔出版公司 1961 年版（Earnest Hoberecht, *Asia Is My Beat*, Rutland, Vt.: Tuttle, 1961）；金：《朝鲜战争》；威廉·曼彻斯特：《美国的恺撒》，波士顿利特尔－布朗出版公司 1975 年版（William Manchester, *American Caesar*, Boston: Litter Brown, 1975）。

第 5 章　“给，喂你们两把土吧！”

会见的人有：钟日昆将军、格雷戈里·亨德森、霍默·比加特（Homer Bigart）、卡尔·迈登斯（Carl Mydans）、卡尔·伯纳德（Carl Bernard）、尤金·琼斯（Eugene Jones）、莱顿·泰纳上校（Col. Layton Tyner），徐焰上校（现为少将——译者注）、华庆昭教授。书目有：《泰晤士报》电视采访沃允旭（音译）中尉谈马修·李奇微的《朝鲜：不被人所知的战士》，纽约花园城双日公司 1967 年版（Thames TV Interview of Lt. Oak Hyung-uk for “Korea: The Unknown War Soldier” by Matthew Ridgway）；尚未出版的 E. M. 林奇准将的论文《沃尔顿·沃克将军在朝鲜》（Brig. Gen. E. M. Lynch, General Walton Walker in Korea, 1991）；《乔治·凯南回忆录》第 2 卷（George Kennan, *Memoirs*, Vol. Ⅱ），波士顿利特尔－布朗出版公司 1972 年版；中国人民解放军军事科学院军史部编：《中国人民志愿军抗美援朝战史》，北京军事科学出版社 1988 年版；姚旭：《从鸭绿江到板门店》，北京，解放军出版社 1981 年版：罗伯特·斯卡拉皮诺、李昌模：《共产主义在朝鲜》，伯克利加利福尼亚大学出版社 1972 年版（Robert Scalapino and Chong-sik Lee, *Communism in Korea*, Berkley: University of California Press, 1972）；罗伯特·西蒙斯：《奇怪的联盟》（Robert Simmons, *The Strange Alliance*），纽约自由出版社 1975 年版；诺布尔：《战时的大使馆》；希金斯：《朝鲜的战争》；威廉·L. 沃登：《迪安将军小传》，纽约瓦伊金出版公司 1954 年版（William L. Worden, *General Dean's History*, New York：Viking，1954）；沃尔特·彭尼诺少校：《拯救朝鲜的流血的七小时》，《真实》杂志 1952 年 10 月（Major Walter Pennino，"7 Bloody Hours That Saved Korea"，*REAL* Magzine，October，1952）；李承晚夫人：《朝鲜战争与李承晚》。

第 6 章 兵败大田

会见的人有：莱顿·泰纳上校、詹姆斯·豪斯曼、马丁·布卢门森（Martin Blumenson）。书目有：乔治·S. 巴顿：《我所知道的战争》（George S. Patton，*War As I Knew lt*），波士顿霍顿·米夫林出版公司 1947 年版；达里奥·波利特拉：《蚱蜢行动》，威奇托罗伯特·朗古出版公司 1958 年版（Dario Politella，*Operation Grasshopper*，Wichita，Robert Longo，1958）；希金斯：《朝鲜的战争》；金：《朝鲜战争》；梅：《战争目击记》；克卢格尔：《报纸》；沃登：《迪安将军小传》；诺布尔：《战时的大使馆》；马丁·布卢门森上尉的两篇文章：1. "1950 年 7 月 16 日的锦江防御"，美国第 8 集团军军史部；2. "1950 年 7 月 20 日撤离大田"，华盛顿特区军事史中心美国陆军第 8 集团军军史部；林奇：《沃克在朝鲜》。

第 7 章 一个二等兵掌握了指挥权

会见的人有：查尔斯·布西中尉（Lt. Charles Bussey）、托马斯·兰伯特（Thomas Lambert）、尤金·琼斯、泰纳上校、朴金吉少校（Maj. Park Ki-cheol）、二等兵查尔斯·道森（Pvt. Charles Dawson）、二等兵弗兰克·迈耶斯（Pvt. Frank Myers），二等兵詹姆斯·耶格尔（Pvt. James Yeager）。书目有：迈耶斯给作者的信；查尔斯·琼斯、尤金·琼斯：《战争的外表》，纽约普伦蒂斯－霍尔出版公司 1950 年版（Charles Jones and Eugene Jones，*The Face of War*，New York：PrenticeHall，1950）；希金斯：《朝鲜的战争》；托马斯·弗格森上尉：《会见阿尔蒙德将军》（Capt. Thomas Fergusson，*Interviews with General E. M. Almond*）。（弗格森是阿尔蒙德将军的孙子，他在 1975 年 3 月先后六次会见了阿尔蒙德将军。1987 年他听说我在朝鲜，给了我一套会见的副本。）

第 8 章 “将军，真是又混乱又凄惨！”

会见的人有：安洪均（An Hong-kyoun）、李仁淑（音译）（Lee Yun-sook）、菲力普·克罗斯比神父（Father Philip Crosbie）；林奇准将、泰纳上校、罗伯特·塔普莱特中校（Col. Robert Taplett）、罗伯特·哈维博士（Dr. Robert Harvey）、切斯特·伦农中尉（Lt. Chester Lenon）。书目有：一等兵弗雷德·戴维森和 H. R. 勒斯特（Pfc. Fred Davidson, Pfc. H. R. Luster）给作者的信；莱恩：《戴镣铐的大使》；菲力普·克罗斯比：《战俘画笔》，澳大利亚墨尔本霍索恩出版社 1954 年版（Philip Grosbie, *Pencilling Prisoners*, Melbourne, Australia: Hawthorn Press, 1954）；伯特·哈迪：《伯特·哈迪自传》，伦敦劳伦斯和威沙特出版公司 1986 年版（Bert Hardy, *Bert Hardy: My Life*, London: Lawrence and Wishart, 1986）；希金斯：《朝鲜的战争》；梅：《战争目击记》；金：《朝鲜战争》，林奇：《沃克在朝鲜》。

第 9 章 洛东江之战

会见的人有：詹姆斯·豪斯曼、白善烨将军、塔普莱特上校。书目有：弗朗西斯·芬顿上校（Col. Francis Fenton）和一等兵弗雷德·戴维森给作者的信；林恩·蒙特罗斯、尼古拉斯·A. 坎佐纳上尉：《釜山防御圈》，《美国海军陆战队在朝鲜的作战行动》第 1 卷，华盛顿特区；美国海军陆战队 1954 年（Lynn Montross and Capt. Nicholas A. Canzona, *The Pusan Perimeter*, Vol. I, *U. S. Marine Operations in Korea*, Washington, D. C.: USMC, 1954）；安·M. 斯珀伯：《默罗生平》，纽约弗罗因德里奇书屋 1987 年版（Ann M. Sperber, *Murrow: His Life and Times*, New York: Freundlich Books, 1987）；诺布尔：《战时的大使馆》；弗格森：《会见阿尔蒙德将军》；“会见小芬顿上尉——朝鲜战役”，美国海军陆战队历史处（“Interview of Captain F. I. Fenton, Jr. ——Korean Campaign” by Historical Division, U. S. Marine Corps）；林奇：《沃克在朝鲜》。

第 10 章 形势糟透了

会见的人有：林奇将军、塔普莱特上校、罗伯特·博恩少将

(Maj. Gen. Robert Bohn)、尤金·琼斯。书目有:“会见芬顿”;芬顿上校和一等兵戴维森、戴维·道格拉斯·邓肯(David Douglas Duncan)给作者的信。琼斯孪生兄弟:《战争的外表》;蒙特罗斯、坎佐纳:《釜山防御圈》。

第11章 仁川

会见的人有:尤金·克拉克海军中校(Cdr. Eugene Clark)、钟日昆将军、姚旭上校、弗格森:《会见阿尔蒙德将军》;沃登:《迪安将军小传》;考特尼·惠特尼:《麦克阿瑟同历史的幽会》(Courtney Whitney, *Mac Arthur: His Rendezvous with History*),纽约科普夫出版公司1956年版;林奇:《沃克在朝鲜》。

第12章 “这是小意思”

会见的人有:塔普莱特上校、博恩将军、克拉克中校、尤金·琼斯、二等兵雷·沃克(Pvt. Ray Walker)、凯斯·比奇。书目有:一等兵戴维森、朱永福上校给作者的信;弗格森:《会见阿尔蒙德将军》;林恩·蒙特罗斯、尼古拉斯·A. 坎佐纳:《美国海军陆战队在朝鲜的作战行动》第2卷,《仁川—汉城作战》(*The lnchon—Seoul Operation*),华盛顿特区美国海军陆战队1955年;惠特尼:《麦克阿瑟》;比奇:《东京和东点》;希金斯:《朝鲜的战争》;梅:《战争目击记》;琼斯兄弟:《战争的外表》;朱永福的回忆录。

第13章 跨越两条河

会见的人有:塔普莱特上校、霍勒斯·安德伍德(Horace Underwood),博恩将军。书目有:朱永福少校和朴基炳上校写给作者的有关李学九上校的情况的信;朱永福少校的回忆录;弗格森:《会见阿尔蒙德将军》;惠特尼:《麦克阿瑟》;林奇:《沃克在朝鲜》;波利特拉:《蚱蜢行动》;佩顿:《我所知道的战争》。

第14章 攻陷汉城

会见的人有:凯斯·比奇、一等兵普雷斯顿·帕克斯(Pfc. Preston

Parks)、查尔斯·迈兹少将（Maj. Gen. Charles Mize）、埃德温·西蒙斯准将（Brig. Gen. Edwin Simmons）、泰纳上校、林奇将军、爱德华·罗尼中将（Lt. Gen. Edward Rowny）、军士特德·塞尔（Sgt. Ted Sell）。书目有：一等兵戴维森给作者的信；伯克·戴维斯：《“海军陆战队!”》（Burke Davis, “Marine!”），波士顿利特尔－布朗出版公司1962年版；雷金纳德·汤普森：《哭泣的朝鲜》，伦敦麦克唐纳出版公司1958年版（Reginald Thompson, *Cry Korea*, London: Macdonald, 1958）；诺布尔：《战时的大使馆》；惠特尼：《麦克阿瑟》；蒙特罗斯、坎佐纳：《釜山防御圈》；罗伯特·德布斯·海纳尔：《胜利的高潮》，纽约利平科特出版公司1958年版（Robert Debs Heinl, *Victory at High Tide*, New York: Lippincott, 1958）；沃尔特·谢尔登：《地狱或高潮》，纽约麦克米伦出版公司1968年版（Walt Sheldon, *Hell or High Water*, New York; Macmillan, 1968）；弗格森：《会见阿尔蒙德》；曼彻斯特：《美国的恺撒》；林奇：《沃克在朝鲜》。

第15章　越过三八线

会见的人有：钟日昆将军。书目有：《彭德怀自述》，北京，人民出版社1981年版；《中国人民志愿军战史简编》，北京，解放军出版社1986年版；弗格森：《会见阿尔蒙德将军》；西蒙斯：《奇怪的联盟》；斯卡拉皮诺和李：《共产主义在朝鲜》；柴成文、赵勇田：《抗美援朝纪实》，中共中央文献出版社1987年版。

第16章　“来了好多好多中国人!”

会见的人有：尤金·琼斯、克拉克中校、詹姆斯·豪斯曼、林奇将军。书目有：林奇：《沃克在朝鲜》；詹姆斯·F. 施纳贝尔：《朝鲜战争第一年中的美国陆军：政策和范围》（James F. Schnabel, *U. S. Army in the Korean War: Policy and Direction: The First Year*），华盛顿特区军事史中心1970年版；曼彻斯特：《美国的恺撒》；琼斯兄弟：《战争的外表》；《中国人民志愿军战史简编》；《彭德怀自述》；朱利安·滕斯托尔：《我在朝鲜打仗》（Julian Tunstall, *I Fought in Korea*），伦敦劳伦斯和威沙特出版公司1953年版。

第 17 章 死亡行军

会见的人有：克罗斯比神父、塞莱斯蒂恩·科伊奥斯神父（Father Celestine Coyos）、肖坎特·萨拉哈特津（Shaucat Salahutdin）、马萨拉·沃罗索夫（Marsara Vorosoff）、一等兵威尔伯·雷·埃斯塔布鲁克（Pfc. Wilber Ray Estabrook）。书目有：内尔·戴尔自印的小册子《思想与事件》（Nell Dyer，"Thoughts and Incidents"）；A. 克里斯蒂安·詹森自印的小册子《在北朝鲜被俘》（A. Kristian Jensen，"Internment in North Korea"）；沃登：《迪安将军小传》；莱恩：《戴镣铐的大使》；泽勒斯：《冬天的路》；克罗斯比：《战俘画笔》；E. H. 库克里奇：《被出卖的叛徒》，伦敦潘书屋 1962 年版（E. H. Cookridge，*Traitor Betrayed*，London：Pan Books，1962）；安得烈斯·博伊尔：《叛逆之地》，伦敦科罗奈特－霍德和斯托顿出版公司 1980 年版（Andres Boyle，*The Climate of Treason*，London：Coronet，Hodder and Stoughton，1980）。

英国公使乔治·布莱克是替苏联干事的间谍，但却没有向莫斯科发送任何有关朝鲜战争的情报，送情报的是英国其他外交官：盖伊·伯吉斯、金·菲尔比、唐纳德·麦克莱恩。由于联邦旅与第 8 集团军并肩作战，五角大楼和麦克阿瑟之间所有电讯的副本都是通过在华盛顿的英国大使馆和白厅的美国司转给英国有关机构。白厅美国司的负责人就是麦克莱恩。菲尔比和伯吉斯都在英国内务局工作，前者是美国中央情报局和英国秘密情报机关之间的联络官。

第 18 章 毛泽东设下陷阱

会见的人有：W. G. 多尔文将军（Gen. W. G. Dolvin）、詹姆斯·豪斯曼、刘载兴少将（Maj. Gen. Yu Jae-hung）。书目有：《审问报告第 2 号》，远东司令部，军事情报处逃避和逃跑科：哈里·B. 特罗洛普中尉，1951 年 7 月 18 日（*Interrogation Report* # 2，Far East Command，Military Intelligence Section，Evasion and Escape Division：Ist Lt. Harry B. Trollope，18 July 1951），华盛顿特区美国陆军军史中心；《彭德怀自述》；《中国人民志愿军抗美援朝战史简编》；西蒙斯：《奇怪的联盟》；斯卡拉皮诺和李：《共产主义在朝鲜》；施纳贝尔：《政策和范围》；拉塞尔·A. 古格勒:《在朝鲜的战斗行动》,华盛顿特区美国陆军军史主任办公室 1970 年版(Russell A. Gugeler, *Combat Actions in Korea*, Washington, D. C.: Office of Chief of Military History, U. S. Army, 1970); S. L. A. 马歇尔:《鸭绿江与夹击岭》(S. L. A. Marshall, *The River and the Gaunt - let*),纽约威廉·莫罗出版公司 1953 年版;柴成文、赵勇田:《抗美援朝纪实》。

第 19 章 功败垂成

会见的人有:塔普莱特上校。书目有:特罗洛普:《审问报告第 2 号》;《中国人民志愿军抗美援朝战史简编》;汤普森:《哭泣的朝鲜》;霍布赖特:《亚洲是我的熟门熟路》;罗伊·阿普尔曼:《长津湖东》,得克萨斯学院站得克萨斯 AM 大学出版社 1987 年版(Roy Appleman, *East of Chosin*, College Station, Tex.: Texas A & M University Press, 1987);古格勒:《在朝鲜的战斗行动》;林奇:《沃克在朝鲜》。

第 20 章 坠入陷阱

会见的人有:一等兵普雷斯顿·帕克斯、塔普莱特上校、一等兵埃德·里夫斯(Pfc. Ed Reeves)、二等兵爱德华·法利(Pvt. Edward Far - Ley)。书目有:阿普尔曼:《长津湖东》;《中国人民志愿军抗美援朝战史简编》;《彭德怀自述》;柴成文、赵勇田:《抗美援朝纪实》;爱德华·P. 斯坦福特上尉:《关于长津湖东部行动的陈述》,美国海军陆战队司令部历史处,1951 年 3 月 16 日(Capt. Edward P. Stamford, "Statement on Action East of Chosin," Historical Division, HQ, U. S. Marine Corps, March 16, 1951);休·罗宾斯上尉的报告"突围"(Breakout Report by Capt. Hugh Robbins);罗伯特·里兹上尉整理的第 31 步兵团团部的报告,1951 年 3 月 10 日(31st Infantry Command Report, Enclosure 2 by Capt. Robert Ritz, 10 March 1951);奥利弗·W. 罗伯逊少校 1986 年的叙述(Accounts by Maj. Oliver W. Robertson, 1986)及华盛顿美国陆军军史中心里兹和罗伯逊的报告。

第 21 章 两线溃退

会见的人有:罗伯特·金斯顿将军(Gen. Robert Kingston)。书目有:

马丁·布卢门森、詹姆斯·L. 斯托克斯伯里：《指挥艺术大师》（Martin Blumenson and James L. Stokesbury, *Master of the Art of Command*），波士顿霍顿·米夫林出版公司 1975 年版；弗格森：《会见阿尔蒙德将军》；罗宾斯："突围"；斯坦福特：《关于长津湖东部行动的陈述》；古格勒：《在朝鲜的战斗行动》。

金斯顿及其部下从未谈论过其明显的失败。那次退却的确很危险但却只死了一个人——被山里的一只虎吃掉了。金斯顿后成为四星上将。

第 22 章　"在阴间你无法扩大力量！"

会见的人有：卡尔·西特上校（Col. Carl Sitter）、约翰·巴克（John Buch）、皇家海军陆战队指挥官安德鲁·康德伦（Royal Marine Commando Andrew Condron）、吉勒莫·托瓦上尉（Sgt. Guillarmo Tovar）。书目有：林恩·蒙特罗斯、尼古拉斯·坎佐纳上尉：《长津湖战役》，田纳西纳什维尔巴特利出版社 1987 年版（Lynn Montross and Capt. Nicholas Canzona, *The Chosin Reservoir Campaign*, Nashville, Tenn.: Battery Press, 1987）。

第 23 章　血腥大撤退：冲过"夹击岭"

会见的人有：塔普莱特上校、查尔斯·迈兹将军、一等兵路易斯·格拉波（Pfc. Louis Grappo）、一等兵埃德·里夫斯。书目有：马歇尔：《鸭绿江与夹击岭》；罗宾斯："突围"；阿普尔曼：《长津湖东》；斯坦福特：《关于长津湖东部行动的陈述》；弗格森：《会见阿尔蒙德将军》；古格勒：《在朝鲜的战斗行动》。

第 24 章　"我们要拿出海军陆战队的样子撤出这个地方"

会见的人有：塔普莱特上校、迈兹将军、一等兵帕克斯、一等兵里夫斯、霍默·比加特、托马斯·兰伯特、詹姆斯·波尔克将军（Gen. James Polk）。书目有：蒙特罗斯、坎佐纳：《长津湖战役》；比奇：《东京和东点》；《中国人民志愿军抗美援朝战史简编》；林奇：《沃克在朝鲜》；波利特拉：《蚱蜢行动》；巴顿：《我所知道的战争》。

第25章　脱逃

会见的人有：一等兵温·斯考特（Pfc. Win Scott）、詹姆斯·劳伦斯准将、塔普莱特上校、迈兹将军、乔登·格林（Jordon Greene）。书目有：华盛顿特区美国海军陆战队历史中心历史处："美国海军陆战队采访约翰·H.帕特里奇中校"（"USMC Interview with Lt. Col. John H. Partridge"）1950年6月25日；波尔克将军、戴维·道格拉斯·邓肯给作者的信；蒙特罗斯、坎佐纳：《长津湖战役》；希金斯：《朝鲜的战争》；梅：《战争目击记》；弗格森：《会见阿尔蒙德将军》；戴维斯：《"海军陆战队!"》；《中国人民志愿军抗美援朝战史简编》；《彭德怀自述》；西蒙斯：《奇怪的联盟》；古格勒：《在朝鲜的战斗行动》。

詹姆斯·波尔克将军后成为四星上将。

第26章　"你爸爸出事了"

会见的人有：尹奉学（音译）博士（Dr. Hynn Bong－hak）、泰纳上校、林奇将军、萨姆·沃克将军（Gen. Sam Walker）、詹姆斯·豪斯曼、塔普莱特上校、李奇微将军。书目有：温顿会见克莱·布莱尔谈李奇微（Winton Comment on Ridgway; Interview by Clay Blair），1982年11月6日；弗格森：《会见阿尔蒙德将军》；马修·李奇微：《朝鲜战争》（Matthew Ridgway, *The Korean War*），纽约花园城双日公司1967年版；李奇微：《军人》（*Soldier*）；《中国人民志愿军抗美援朝战史简编》；《彭德怀自述》；林奇：《沃克在朝鲜》；卡勒姆·麦克唐纳：《朝鲜，胜利前的战争》（Callum MacDonald, *Korea, the War Before Victory*），伦敦麦克米伦出版公司1956年版。

第27章　中国人的第三次战役

会见的人有：李奇微将军、林奇将军、凯斯·比奇、弗朗西斯·约翰逊、詹姆斯·豪斯曼、卡罗尔·勒特里尔少将（Maj. Gen. Carroll Le Tellier）、保罗·弗里曼将军（Gen. Paul Freeman）。书目有：弗里曼将军给作者的信；李奇微：《军人》；比奇：《东京和东点》；希金斯：《朝鲜的战争》；惠特尼：《麦克阿瑟》；弗格森：《会见阿尔蒙德将军》；《中国人民志愿军抗美援朝战史简编》;《彭德怀自述》;施纳贝尔:《政策和范围》;滕斯特尔:《我在朝鲜打仗》;古格勒:《在朝鲜的战斗行动》;马丁·布卢门森上尉:《1951 年 1 月 3 日中国的新年攻势》,华盛顿特区美国陆军军史研究所第 8 集团军第 4 历史处(Capt. Martin Blumenson, *Chinese New Year's Offensive*, 3 Jan. 1951, 4th Historical Detachment, Eighth Army, U. S. Army Military History Institute, Washington, D. C.);1950 年 2 月 3 日中国发布的小册子《军队政治宣传部》(*Army Political Propagnda Department*),朝鲜战争被俘敌人文件,华盛顿特区国家档案馆;林奇:《沃克在朝鲜》。

第 28 章 "那老头也会使我们脱险的"

会见的人有:多尔文将军、弗里曼将军、朱永福少校、朴基炳上校。书目有:保罗·弗里曼上校的报告:《从原州到砥平里》(*Wonju thru Chipyong*);拉瑟福德·波茨:《在朝鲜的决定》,纽约麦克布赖德出版公司 1964 年版(Rutherford Poats, *Decision in Korea*, New York: McBride, 1964);迪安·艾奇逊:《产生现场》,纽约诺顿出版公司 1969 年版;李奇微:《军人》;李奇微:《朝鲜战争》;朱永福少校的回忆录;1973 年 11 月 30 日和 1974 年 4 月 16 日詹姆斯·埃利斯中校(Lt. Col. James Ellis)同弗里曼将军的会见;弗兰克·梅扎尔准将(Brig. Gen. Frank Meszar)给作者的信谈弗里曼;李奇微将军:"1951 年 2 月 19 日备忘录",宾夕法尼亚卡莱尔巴拉克斯美国陆军军史研究所("Memorandum for Record, 19 Feb. 1951" by General Ridgway, U. S. Army Military Institute, Carlisle Barracks, Pa.)。

第 29 章 李奇微在行动

会见的人有:秦海洋(Chin Hai - yan)、魏祖亮(Wei Tzu - liang)、曹鹏(Tzo Peng)、约翰·格罗斯(John Groth)、李奇微将军、克拉克中校、克劳福德·萨姆斯将军(Gen. Crawford Sams)、林奇将军。书目有:约翰·格罗斯:《亚洲广播室》,纽约世界出版公司 1952 年版(John Groth, *Studio Asia*, New York: World, 1952);李奇微:《军人》;李奇微:《朝鲜战争》;波茨:《朝鲜的决定》;靳大营:《志愿军战俘纪事》,

昆仑出版社 1987 年版。

第 30 章 “珍妮，我们终于要回家啦！”

会见的人有：李奇微将军、钟日昆将军、布格勒·托尼·伊格尔斯（Bugler Tony Eagles）、二等兵萨姆·默塞尔（Pvt. Sam Mercer）、王东明（Wang Tsun – ming）、锡祖良（Hsi Tzu – liang）、刘长（Liu Chang）、威廉·麦卡弗里中将（Lt. Gen. William McCaffrey）。书目有：惠特尼：《麦克阿瑟》；曼彻斯特：《美国的恺撒》；施纳贝尔：《政策和范围》；拉塞尔·布林斯、威廉·西博尔恩：《与麦克阿瑟在日本》（Russell Brines and William Sebald, *With Mac Arthur in Japan*），纽约 W. W. 诺顿出版公司 1965 年版；李奇微：《军人》；李奇微：《朝鲜战争》；安东尼·法勒 – 霍克利：《剑刃》，伦敦参考书俱乐部 1955 年版（Anthony Farrar-Hockley, *The Edge of the Sword*, London：Companion Book Club, 1955）；蒂姆·卡鲁：《光荣的格罗斯特斯》，伦敦利奥·库珀出版公司 1970 年版（Tim Carew, *The Glorious Glosters*, London：Leo Cooper, 1970）；波茨：《在朝鲜的决定》；E. D. 哈丁上校：《翻滚的临津江》，英国奇尔顿·格罗斯梅菲尔德出版社 1976 年版（Col. E. D. Harding, *The Imjin Roll*, Chilton, Glos., U. K.：Mayfield House, 1976）；塞缪尔·迈耶斯、艾伯特·比德曼：《战斗和被俘时的大众行为》，芝加哥大学出版社 1968 年版（Samuel Meyers and Albert Biderman, *Mass Behavior in Battle and Captivity*, Chicago：University of Chicago Press, 1968）。

第 31 章 战俘

会见的人有：下士唐·汉森（Cpi. Don Hansen）、保罗·范杜尔（Paul Vanture）、林青强（音译）（Lin Chin – chiang）、金平魁（Jing Ping – kuei）、于择安（音译）（Yu Tzeh-an）、曹鹏（音译）、常色青（音译）（Chang Se-ching）、林南平（音译）（Lin Nan-ping）、孟也（音译）（Meng Yen）、二等兵默塞尔。书目有：第 8 集团军关于北朝鲜战俘的审讯报告（Interrogation Reports, Eighth Army on North Korean POWs），华盛顿特区国家档案馆；布赖恩·佩雷特：《朝鲜战争：历史与策略》（Bryan Perrett, *The Korean War*：*History and Tactics*）；S. J. 戴维斯：《蔑

视地牢》(S. J. Davis, *In Spite of Dungeons*),伦敦霍德和斯托顿出版公司1954年版;《中国人民志愿军抗美援朝战史简编》;迈耶斯、比德曼:《战斗和被俘时的大众行为》;靳大营:《志愿军战俘纪事》;李奇微:《朝鲜战争》;E. J. 卡恩:《罕见的战争》,纽约兰多姆·豪斯出版公司1952年版(E. J. Kahn, *The Peculiar War*, New York: Random House, 1952);《1952年4月15日美国第8集团军和韩国军队指挥部报告》(EUSAK Command Report 15 April 1952),华盛顿特区美国陆军军史中心;西蒙斯:《奇怪的联盟》。

第32章 中国人的最后一次攻势

会见的人有:方海芹(音译)(Fang Hai - chin)、陈闯(音译)(Chen Chuang)、刘载兴将军(General Yu Jai-hung)、张达(Zhang Da)。书目有:李奇微:《军人》;李奇微:《朝鲜战争》;弗格森:《会见阿尔蒙德将军》;迈耶斯·比德曼:《战斗和被俘时的大众行为》;"中共中央报告",被俘敌人的文件,第8集团军,朝鲜战争被俘敌人的材料("Communist Party Committee Report," Captured Enemy Documents, U. S. Eighth Army, Captured Enemy Materials, Korean War),华盛顿特区国家档案馆;《中国人民志愿军抗美援朝战史简编》;靳大营:《志愿军战俘纪事》。

第33章 开始谈判

会见的人有:白善烨将军。书目有:莫尼卡·费尔顿:《我为什么去》(Monica Felton, *That's Why I Went*),伦敦劳伦斯和威沙特出版公司1953年版;《凯南回忆录》;温宁顿:《同毛泽东共进早餐》(Winnington, *Breakfast With Mao*);威尔弗雷德·贝却敌:《路障面前》(*At the Barricades*),纽约时报书屋1983年版;威尔弗雷德·贝却敌:《又一个朝鲜》,纽约国际出版商公司1965年版(*Again Korea*, New York: International Publishers, 1965);西蒙斯:《奇怪的联盟》;沃尔特·G. 赫姆斯:《休战篷与战斗前线》(Walter G. Hermes, *Truce Tent and Fighting Front*),华盛顿特区美国陆军在朝鲜军史主任办公室1966年版;《国际妇女委员会关于美国和李承晚军队在朝鲜所犯暴行的调查报告》(Report of the

Women's International Commission for the Investigation of the Atrocities Committed by United States and Syngman Rhee Troops in Korea)，杜鲁门图书馆；威廉·H. 瓦彻：《板门店》（William H. Vatcher，*Panmunjom*），纽约普里格出版公司 1968 年版；C. 特纳·乔伊上将：《共产党如何谈判》（Admiral C. Turner Joy，*How Communists Negotiate*），纽约麦克米伦出版公司 1955 年版；艾伦·E. 古德曼：《边打边谈》（Allen E. Goodman，*Negotiating While Fighting*），纽约麦格鲁－希尔出版公司 1968 年版。

第 34 章 "一场全然徒劳的战争"

会见的人有：詹姆斯·豪斯曼。书目有：温宁顿：《与毛泽东共进早餐》；贝却敌：《路障面前》；瓦彻：《板门店》；乔伊：《共产党如何谈判》；古德曼：《边打边谈》；希金斯：《朝鲜的战争》；梅：《战争目击记》；赫梅斯：《休战篷与战斗前线》；李奇微：《朝鲜战争》；I. F. 斯通：《朝鲜战争秘史》，纽约每月评论出版社 1952 年版（I. F. Stone，*The Hidden History of the Korean War*，New York：Monthly Review Press，1952）；"阿累·伯克上将美国海军口述史"，马里兰安纳波利斯美国海军研究所（"U. S. Oral History of Adm. Arleigh Burke"，U. S. Naval Institute，Annapolis，Md.）。

第 35 章 "我赞同李奇微的立场"

书目有：拉里·泽勒斯给作者的信；乔伊：《共产党如何谈判》；古德曼：《边打边谈》；泽勒斯：《冬天的路》；瓦彻：《板门店》；赫姆斯：《休战篷与战斗前线》；伯克口述历史；沃登：《迪安将军小传》；丹尼斯·兰克福德：《我否认》，伦敦温盖特出版公司 1954 年版（Dennis Lankford，*I Defy*，London：Wingate，1954）；斯通：《朝鲜战争秘史》；奈特利：《第一个伤员》；梅尔文·沃里斯中校：《朝鲜的故事》（Lt. Col. Melwin B. Voorhees，*Korean Tales*），纽约西蒙和舒斯特出版公司 1952 年版。

第 36 章 友乎？敌乎？

先后 16 次会见了陆军一级准尉杜安·索林（Chief Warrant Officer

Duane Thorin)。杜安及哈里·埃廷格上尉(Capt. Harry Ettinger)给作者的信。

第37章 "一塌糊涂"

会见的人有:理查德·安德伍德。书目有:朱永福少校给作者的信;朱少校的回忆录;艾伯特·E. 考德雷:《医生们的战争》(Albert E. Cowdrey, *The Medics' War*),华盛顿特区美国陆军军史中心1987年版;乔伊:《共产党如何谈判》;古德曼:《边打边谈》,瓦彻:《板门店》;赫姆斯:《休战篷与战斗前线》;马克·克拉克:《从多瑙河到鸭绿江》,伦敦乔治·G. 哈卢普出版公司1954年版(Mark Clark, *From the Danube to the Yalu*, London: George G. Harrup, 1954);西蒙斯:《奇怪的联盟》;威尔弗雷德·贝却敌、阿兰·温宁顿:《没有幕帘的巨济岛》,伦敦英中友协1954年版(Wilfred Burchett and Alan Winnington, *Koje Unscreened*, London: British-China Friendship Association, 1954);威尔弗雷德·贝却敌、阿兰·温宁顿:《明确的背叛》(*Plain Perfidy*),伦敦英中友协1954年版;斯通:《朝鲜战争秘史》;沃里斯:《朝鲜的故事》;奈特利:《第一个伤员》;李奇微:《朝鲜战争》;宋有顺(音译):《为自由而战》,汉城朝鲜图书馆学会1980年版(Song Hyo - soon, *The Fight for Freedom*, Seoul: Korean Library Association, 1980);"海登·L. 博特纳少将讲述他是如何粉碎巨济岛上战俘暴乱的,"《陆军》1963年8月("Major General Haydon L. Boatner Tells How He Crushed the P. O. W. Riots on Koje", *ARMY*, Aug. 1963);海登·L. 博特纳少将:"亚洲需要日内瓦公约的强制"("Asian Teeth Are Needed for Geneva Convention"),《陆军》1954年1月;博特纳文件,斯坦福大学胡佛研究所(Boatner Papers, Hoover Institution, Stanford University, Stanford, Cal.)。

第38章 "我被迫成为这些战争贩子的工具,受命投掷了细菌弹"

会见的人有:一级准尉索林。书目有:博特纳文件第37章;约翰·S. D. 艾森豪威尔给作者的信;约翰·S. D. 艾森豪威尔:《严格的人》(John S. D. Eisenhower, *Strictly Personal*),纽约花园城双日公司1974年版;瓦彻:《板门店》;赫姆斯:《休战篷与战斗前线》;贝却敌、温宁顿：《明确的背叛》；希金斯：《朝鲜的战争》；梅：《战争目击记》；李奇微：《朝鲜战争》；肯尼思·K. 汉森上校：《铁丝网里面的英雄们》，新泽西范诺斯特兰出版公司 1957 年版（Col. Kenneth K. Hansen, *Heroes Behind Barbed Wire*, Princeton, N. J.: Van Nostrand, 1957）；马克·A. 瑞安：《中国对核武器的态度》，纽约阿蒙克 M. E. 夏普出版公司 1984 年版（Mark A. Ryan, *Chinese Attitudes Toward Nuclear Weapons*, Armonk, N. Y.: M. E. Sharpe, 1984）；乔恩·哈利戴：《朝鲜发生了什么》，载《亚洲科学家公报》，1973 年 11 月 1 日第 5 卷第 3 期（Jon Halliday, "What Happened in Korea", *Bulletin of Concerned Asian Scientists*, Nov. 1, 1973, Vol. 5, No. 3）。

第 39 章　"艾克能赢得这场战争吗?"

书目有：约翰·艾森豪威尔给作者的信；J. 艾森豪威尔：《严格的人》；德怀特·D. 艾森豪威尔：《受命变革》（Dwight D. Eisenhower, *Mandate for Change*），纽约花园城双日公司 1963 年版；瓦彻：《板门店》；赫姆斯：《休战篷与战斗前线》；汉森：《铁丝网里面的英雄们》；贝却敌、温宁顿：《明确的背叛》；克拉克：《从多瑙河到鸭绿江》；玛格丽特·杜鲁门：《哈里·杜鲁门》（Margaret Truman, *Harry S. Truman*），纽约威廉·莫罗公司 1977 年版；《第 8 集团军、韩国军队的作战行动》（Operation SMACK），华盛顿特区美国陆军军史中心第 8 集团军军史处。

第 40 章　李承晚造反

会见的人有：克罗斯比神父、詹姆斯·豪斯曼、宋有顺上校。书目有：朱永福少校的回忆录；马丁·拉斯：《最后的炫示》，纽约莱因哈特出版公司 1957 年版（Martin Russ, *The Last Parall*, New York: Rinehart, 1957）；赫姆斯：《休战篷与战斗前线》；瓦彻：《板门店》；汉森：《铁丝网里面的英雄们》；艾森豪威尔：《受命变革》；泽勒斯：《冬天的路》；克罗斯比：《战俘画笔》；戴尔：《思想和事件》；库克里奇：《被出卖的叛徒》；博伊尔：《叛逃之地》；宋有顺：《为自由而战》；波茨：《在朝鲜的决定》；克拉克：《从多瑙河到鸭绿江》。

第41章　和平时刻

会见的人有：凯斯·比奇，一级准尉索林、西奥多·科南特（Theodore Conant）、乔治·S. 佩顿少将。书目有：佩顿将军给作者的信；赫姆斯：《休战篷与战斗前线》：瓦彻：《板门店》；汉森：《铁丝网里面的英雄们》；贝却敌、温宁顿：《明确的背叛》；拉塞：《最后的炫示》；比奇：《东京和东点》；《中国人民志愿军抗美援朝战史简编》；朱永福少校的回忆录；沃登：《迪安将军小传》；兰克福德：《我否认》；西奥多·哈里斯上尉文件（Capt. Theodore Harris documents），国家档案馆；弗兰克·施瓦布尔上校文件（Col. Frank Schwable documents），华盛顿特区美国海军陆战队军史中心；靳大营：《志愿军战俘纪事》。

后　语

会见的人有：丁尚文（Ding Shang-wing）、张泽石（Zhang Ze-Shi）、林奇将军。书目有：汉森：《铁丝网里面的英雄们》；瓦彻：《板门店》；威廉·怀特：《朝鲜战俘》，康涅狄格韦斯特波特格林伍德出版社1979年版（William White, *Captives of Korea*, Westport: Conn.: Greenwood Press, 1979）；朱永福少校的回忆录；靳大营：《志愿军战俘纪事》；瑞安：《中国对核武器的态度》。

译后话

美国著名的自由撰稿人约翰·托兰先生的《朝鲜战争——冗长的战斗（1950—1953）》（中译本名为《漫长的战斗——美国人眼中的朝鲜战争》），出版于1991年10月。托兰先生用他极擅长的纪实手法，向读者展现了发生在60多年前的这场战争的全景。作者站在人道的立场上，指出美国进行的这场国际警察行动是“没有结果的、不受人欢迎的和毫无用处的战争”。

参加本书翻译的有（按译文先后为序）：王辛华、杜继东、毕健康、王丹妮、丁毅、孟庆龙、李庆红、李小宪、张俊义、谢闻歌、卢少忱、冯潇、李国彤、顾宁、俞金尧、李凉、曹宏举、田淑芳、孙峰等。葛振家等同志对书中不少朝鲜人名、地名的翻译工作给予了很多帮助；天津社会科学院美国研究中心华庆昭先生为本书的中文本早日问世费了许多心血；在此表示衷心的感谢！此次再版，由孟庆龙、李庆红进行了校订，改正了不少错误和不当之处。

译　者

2013年3月

编者的话

约翰·托兰先生是曾获普利策奖的美国著名作家，他的作品已有不少先后被译成中文出版刊行，在中国拥有众多读者。这里再版推出的《漫长的战斗——美国人眼中的朝鲜战争》是约翰·托兰先生最后一部历史著作。长期以来，中国社会科学出版社一贯坚持有选择地翻译国外优秀（包括社会科学及文学方面的）作品，把它们介绍给中国读者。约翰·托兰先生的这部著作，是迄今为止描述50多年前发生的那场残酷而漫长的战争的许多著述中最为全面的一部。不仅如此，该书还以独特的角度——透过亲身参加者（普通的美国士兵及记者）的眼光——来审视、观察那场战争，反映他们的切身感受：恐惧、痛苦、苦闷、迷惑、彷徨，以及对和平的渴望、对战争的厌恶。我们相信，让中国读者特别是那些也曾是朝鲜战争亲历者，了解他们当年战场上的对手们的复杂的感情世界，增进彼此的理解，加强国际间交流与沟通，对于我们今天的改革开放，总归是有益处的。另一方面，我们也必须指出，尽管作者对中国一贯友好，并以“世界公民”和公正立场自称，但由于国家间的利益冲突、东西方文化观念上的巨大差异和意识形态方面的尖锐对立，书中所反映出来的某些观念和结论仍然值得商榷。对此，我们在尽可能不损及全书原貌的前提下，做了某些技术处理；同时，我们希望读者在阅读时，能以分析、鉴别、评判的眼光来看待它。

编者　2007年8月